고시넷

교육공무직원

충청남도교육청

소양평가

최신기출유형 모의고사

9회

충청남도교육청 교육공무직원

WWW.GOSINET.CO.KR

최고 강사진의
동영상 강의

류준상 선생님

수강생 만족도 1위

- 서울대학교 졸업
- 응용수리, 자료해석 대표강사
- 정답이 보이는 문제풀이 스킬 최다 보유
- 수포자도 만족하는 친절하고 상세한 설명

김지영 선생님

고시넷 취업강의 수강 인원 1위

- 성균관대학교 졸업
- 의사소통능력, 언어 영역 대표강사
- 빠른 지문 분석 능력을 길러 주는 강의
- 초단기 언어 영역 완성

양광현 선생님

공부의 神

- 서울대학교 졸업
- NCS 모듈형 대표강사
- 시험에 나올 문제만 콕콕 짚어주는 강의
- 중국 칭화대학교 의사소통 대회 우승
- 前 공신닷컴 멘토

정오표 및 학습 질의 안내

고시넷은 오류 없는 책을 만들기 위해 최선을 다합니다. 그러나 편집에서 미처 잡지 못한 실수가 뒤늦게 나오는 경우가 있습니다. 고시넷은 이런 잘못을 바로잡기 위해 정오표를 실시간으로 제공합니다. 감사하는 마음으로 끝까지 책임을 다하겠습니다.

WWW.GOSINET.CO.KR

모바일폰에서 QR코드로 실시간 정오표를 확인할 수 있습니다.

학습 질의 안내

학습과 교재선택 관련 문의를 받습니다. 적절한 교재선택에 관한 조언이나 고시넷 교재 학습 중 의문 사항은 아래 주소로 메일을 주시면 성실히 답변드리겠습니다.

이메일주소

qna@gosinet.co.kr

차례

충청남도교육청 교육공무직원 소양평가 정복

권두부록 충청남도교육청 교육공무직원 소양평가 최신기출유형

파트1 충청남도교육청 교육공무직원 소양평가 기출예상문제

파트2 인성검사

파트3 면접가이드

책 속의 책_충청남도교육청 교육공무직원 소양평가 정답과 해설

권두부록 충청남도교육청 교육공무직원 소양평가 최신기출유형

파트1 충청남도교육청 교육공무직원 소양평가 기출예상문제

구성과 활용

1

채용안내 & 채용직렬 소개

충청남도교육청 교육공무직원의 채용 절차 및 최근 채용직렬 등을 쉽고 빠르게 확인할 수 있도록 구성하였습니다.

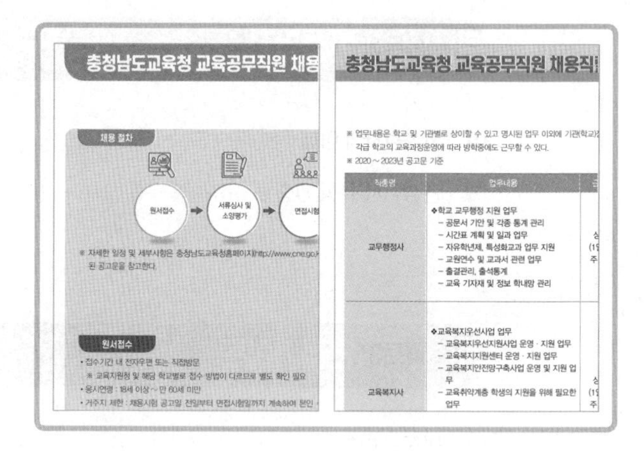

2

충청남도교육청 교육공무직원 소양평가 기출 유형분석

충청남도교육청 교육공무직원 소양평가의 최근 기출문제 유형을 분석하여 최신 출제 경향을 한눈에 파악할 수 있도록 하였습니다.

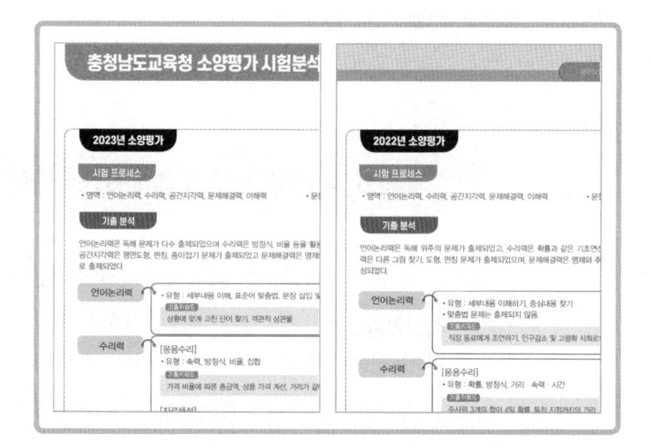

3

충청남도교육청 소양평가 최신기출유형 수록

충청남도교육청 교육공무직원 소양평가의 최신기출유형을 반영한 30문항의 문제를 권두부록으로 수록하여 최신 출제의 경향성을 문제풀이 경험을 통해 자연스레 익힐 수 있도록 구성하였습니다.

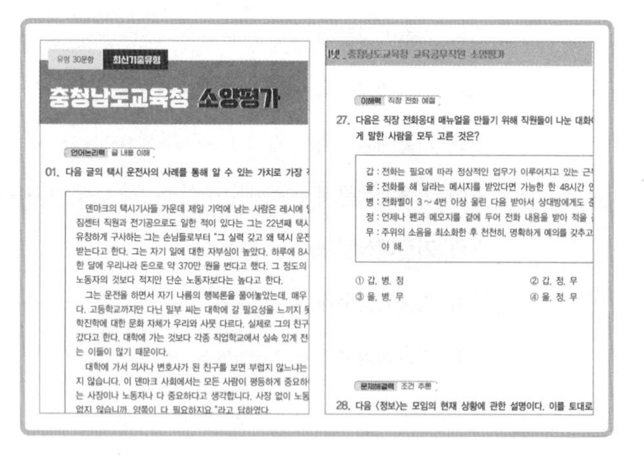

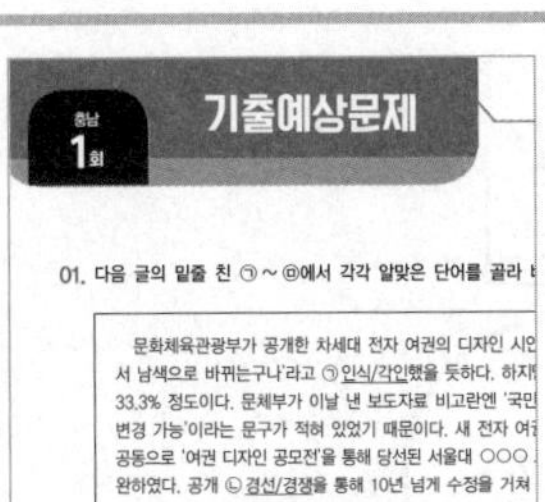

충남 1회 기출예상문제

01. 다음 글의 밑줄 친 ㉠~㉤에서 각각 알맞은 단어를 골라

문화체육관광부가 공개한 차세대 전자 여권의 디자인 시안
서 남색으로 바뀌는구나'라고 ㉠인식/각인했을 듯하다. 하지
33.3% 정도이다. 문체부가 이날 낸 보도자료 비고란엔 '국민
변경 가능'이라는 문구가 적혀 있었기 때문이다. 새 전자 여
공동으로 '여권 디자인 공모전'을 통해 당선된 서울대 ○○○
완하였다. 공개 ㉡경선/경쟁을 통해 10년 넘게 수정을 거쳐
'색상 변경 가능'이라는 설명에도 불구하고 대부분 사람들
확신하고 있다. 무슨 일이 생긴 걸까? 문제는 보도자료에 있
여권 표지의 색상이 녹색에서 남색으로 디자인도 ㉣개선/개
대로 해석하면 색상은 이미 '남색'으로 변경된 셈이다. 하지만
표기된 설명에는 '여권의 색상을 한 가지로 통일한다면 어떤
라며 '남색', '진회색', '적색' 3가지 색을 후보로 올렸다. 한
뒤섞인 것이다.

㉠ ㉡ ㉢ ㉣ ㉤
① 각인 경선 현재 개수 병기

충남 9회 기출예상문제

01. 다음의 ㉠~㉣ 중 그 쓰임이 적절한 것은?

"내가 집이 가난해서 말이 없으므로 혹 빌려서 타는데, ㉠
면 비록 급한 일이 있어도 감히 채찍질을 가하지 못하고 조
여기다가, 개울이나 구렁을 만나면 내려서 걸어가므로 후회
날카로운 ㉢준마로써 잘 달리는 말에 올라타면 의기양양하
놓으면 언덕과 골짜기가 평지처럼 보이니 심히 ㉣장쾌하였다
서 떨어지는 근심을 면치 못하였다. … "

① ㉠ ② ㉡
③ ㉢ ④ ㉣

02. 다음 중 절약을 이야기하는 속담이 아닌 것은?

4

기출예상문제로 실전 연습

총 9회의 기출예상문제로 자신의 실력을 점검하고 완벽한 실전 준비가 가능하도록 구성하였습니다.

인성검사 01 인성검사의 이

면접가이드 03 면접 최신 기출

1 인성검사, 왜 필요한가?

채용기관은 지원자가 '직무적합성'을 지닌 사람인지를 인성검
말하는 인성(人性)이란 그 사람의 성품, 즉 각 개인이 가지고 있
은 사람의 생김새처럼 사람마다 다르기 때문에, 몇 가지 유형으
억지스럽고 어불성설일지 모른다. 그럼에도 불구하고 기관들의
을 가졌는지에 대한 정보가 필요하다. 그래야 해당 기관의 인
채용할 수 있기 때문이다.
지원자의 성격이 외향적인지 아니면 내향적인지, 어떤 직무
생활할 수 있는지, 업무 수행 중 문제가 생겼을 때 어떻게 대처
자기소개서나 면접을 통해서도 어느 정도 파악할 수 있다. 그
없기 때문에, 객관화되고 정형화된 인성검사로 지원자의 성격
채용기관은 직무적성검사를 높은 점수로 통과한 지원자라
다면 탈락시키게 된다. 일반적으로 직무적성검사 통과자 중 인
져 있다. 물론 인성검사에서 탈락하였다 하더라도 특별히 인성
없다. 자신을 되돌아보고 다음 기회를 대비하면 되기 때문이다
맞는 기관을 찾으면 되고, 적합한 경쟁자가 많았기 때문이라

1 면접 빈출키워드

- 직무별 업무내용
- 특정 상황에서의 교육방법
- 개인정보법
- 전화 응대법
- 업무자세 / 마음가
- 교사, 동료와의 갈
- 업무 처리 방법
- 해당 교육청의 교

2 충청남도교육청 교육공무직원 최신

2023년

교무행정사	1. 다른 동료가 휴가로 인해 업무를 맡 놓여 있다면 어떻게 할 것인가?
	2. 교감, 부장교사가 사적인 업무를 맡
	3. 교무행정사의 역할에 대해 말해 보

5

인성검사 & 면접가이드

최근 채용 시험에서 점점 중시되고 있는 인성검사와 면접 질문들을 수록하여 마무리까지 완벽하게 대비할 수 있도록 하였습니다.

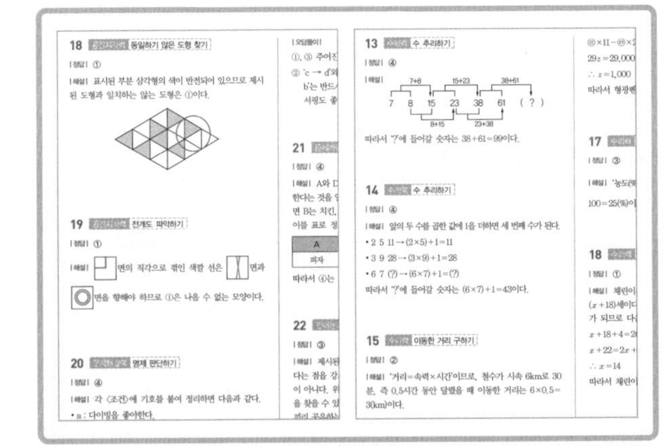

18 동일하기 않은 도형 찾기
|정답| ①
|해설| 표시된 부분 삼각형의 색이 반전되어 있으므로 제시된 도형과 일치하는 않는 도형은 ①이다.

19 전개도 파악하기
|정답| ①
|해설| 면의 직각으로 꺾인 색칠 선은 면과 면을 향해야 하므로 ①은 나올 수 없는 모양이다.

20 명제 판단하기
|정답| ④
|해설| 각 〈조건〉에 기호를 붙여 정리하면 다음과 같다.
• a : 다이빙을 좋아한다.

|오답풀이|
①, ③ 주어진
② 'c → d'와
b'는 반드
서핑도 좋

21
|정답| ④
|해설| A와 D
한다는 것을
면 B는 치킨,
이를 표로 정

A
피자

따라서 ④는

22
|정답| ③
|해설| 제시된
다는 점을 강
이 아니다. 위
을 찾을 수 있
끼리 공유하

13 수 추리하기
|정답| ④
|해설|
7+8 15+23 38+61
7 8 15 23 38 61 (?)
8+15 23+38
따라서 '?'에 들어갈 숫자는 38+61=99이다.

14 수 추리하기
|정답| ④
|해설| 앞의 두 수를 곱한 값에 1을 더하면 세 번째 수가 된다.
• 2 5 11 → (2×5)+1=11
• 3 9 28 → (3×9)+1=28
• 6 7 (?) → (6×7)+1=(?)
따라서 '?'에 들어갈 숫자는 (6×7)+1=43이다.

15 이동한 거리 구하기
|정답| ②
|해설| '거리=속력×시간'이므로, 철수가 시속 6km로 30분, 즉 0.5시간 동안 달렸을 때 이동한 거리는 6×0.5=3(km)이다.

ⓐ×11−ⓑ×
$29x=29,000$
$\therefore x=1,000$
따라서 형광펜

17
|정답| ③
|해설| '농도(%
100=25(%)이

18
|정답| ①
|해설| 채린이
$(x+18)$세이다
가 되므로 다
$x+18+4=2$
$x+22=2x+$
$\therefore x=14$
따라서 채린이

6

상세한 해설과 오답풀이가 수록된 정답과 해설

최신기출유형과 기출예상문제의 상세한 해설을 수록하였고 오답풀이 및 보충 사항들을 수록하여 문제풀이 과정에서의 학습 효과가 극대화될 수 있도록 구성하였습니다.

충청남도교육청 교육공무직원 채용안내

채용 절차

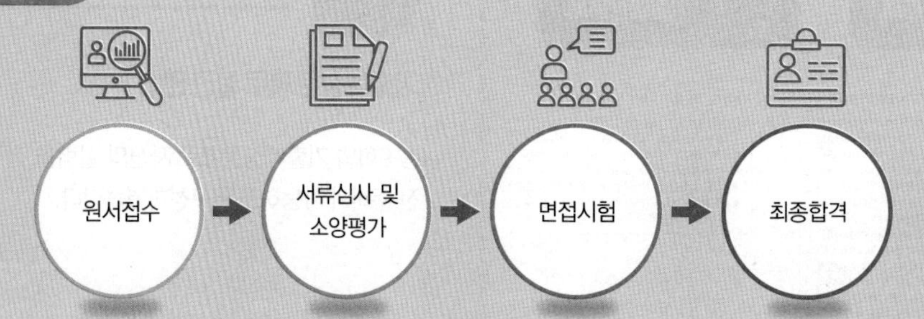

※ 자세한 일정 및 세부사항은 충청남도교육청홈페이지(http://www.cne.go.kr) 또는 각 시 · 군 교육지원청 홈페이지에 게재된 공고문을 참고한다.

원서접수

- 접수기간 내 전자우편 또는 직접방문
  ※ 교육지원청 및 해당 학교별로 접수 방법이 다르므로 별도 확인 필요
- 응시연령 : 18세 이상 ~ 만 60세 미만
- 거주지 제한 : 채용시험 공고일 전일부터 면접시험일까지 계속하여 본인 주민등록상 주소지 또는 국내 거소 신고가 해당 충청남도 시 · 군으로 되어 있는 사람이어야 한다.
- 충청남도교육청 교육공무직원 취업규칙 제11조(고용시 결격사유)에 의해 취업이 제한되는 사람이 아니어야 한다.

시험 방법

1차	소양평가	인성검사(50%), 직무능력검사(50%)
	서류심사	기본 점수 80점+경력 점수 10점+자격증 점수 10점
2차	면접시험	1차 시험 합격자에 한하여 응시

서류심사

※ 조리실무사 채용 기준

- 일반 기준 : 『기본 점수 80점+경력 점수 10점+자격증 점수 10점』을 합산하여 총 100점 만점
- 기본 점수 : 연령 · 주소지의 응시자격을 갖춘 사람에 대하여 기본 점수 80점 부여
- 경력 점수(10점)

해당 직종	1개월 이상 ~ 6개월 미만	6개월 이상 ~ 1년 미만	1년 이상 ~ 1년 6개월 미만	1년 6개월 이상 ~ 2년 미만	2년 이상
조리원(실무사)	2점	4점	6점	8점	10점

※ 충청남도 내 유 · 초 · 중 · 고 · 특수 · 각종학교 및 교육행정기관에서 교육공무직 조리원(실무사)으로 주 15시간 이상, 1개월 이상 연속하여 근무한 경력만 인정함(단, 사립유치원 제외).
단, 원서접수 마감일 전일까지 근무한 경력만 인정

- 직무관련 자격증 점수(10점)

해당 직종	1개 취득	2개 취득	3개 취득	4개 취득	5개 이상
조리원(실무사)	2점	4점	6점	8점	10점

※ 직무관련 자격증은 『국가기술자격법』에 따른 조리(한식, 중식, 양식, 일식, 복어)기능사(산업기사 포함) 및 조리 기능장 자격증임. 단, 원서접수 마감일 전일까지 취득한 자격증만 인정

소양평가시험

직무능력검사(50문항, 50분)

- 5개 영역(언어논리력, 수리력, 공간지각력, 문제해결력, 이해력)의 50개 문항에 대한 평가 결과를 채점하여 점수를 산정한다.

인성검사(200문항, 40분)

- 응시자가 응답한 결과에 따라 근면성, 책임감, 사교감, 적극성, 리더십, 준법성, 배려심, 심리안정도(침착성, 감정, 정서)로 구분하여 점수를 산출하고 산출된 점수를 집단 평균을 중심으로 표준편차 단위로 표준점수화하여 최종점수를 산정한다.

면접시험

- 제1차 시험 합격자에 한하여 응시할 수 있다.
- 교육공무직원으로의 자세, 응시직종 관련 지식과 응용 능력, 의사 발표의 정확성과 논리성 등으로 평정한다.

충청남도교육청 교육공무직원 채용안내

신분 및 처우

정년	만 60세
수습기간	3개월 미만(※ 수습기간 평가 있음)
근로시간	직종별로 상이하며, 주당 근로시간 내에서 학교(기관) 여건에 따라 근무시간 변경 가능
보수 및 근로조건	충청남도교육청 교육공무직원 취업규칙 및 단체협약, 충청남도교육청의 보수 지침 등을 적용
근무지	충청남도교육감이 지정하는 기관(학교)

합격자 결정

[1차 시험] 서류+소양평가	• 소양평가 직종의 경우 총점 40점 이상 득점자 중 고득점자 순으로 채용 예정인원의 1.5배수를 합격자로 결정(소수점 이하 인원 절상) • 서류심사 직종의 경우 서류전형 평가항목의 고득점자 순으로 채용 예정인원의 1.5배수를 합격자로 결정(소수점 이하 인원 절상) • 단, 직종별 채용 예정인원이 2명 이하인 경우 3배수, 3~4명인 경우 2배수로 합격자를 결정하며, 동점자 발생 시 1차 시험 합격 예정인원을 초과하여도 모두 합격 처리(모든 직종 적용)
[2차 시험] 면접시험	• 1차 시험 합격자에 한하여 면접시험을 실시 • 2차 면접시험의 평정점수에 따라 다음의 순서로 최종합격자를 결정 • 고득점자 순으로 선발 예정 인원만 합격처리 • 동점자가 있을 때는 ① 취업지원대상자, ② 1차 시험 고득점자, ③ 주민등록상 생년월일이 빠른자 순으로 합격처리(※ 직종별 기준 상이) • 최종합격자는 자격 여부 조회 결과 적격 판정을 받은 사람이어야 함.
채용 취소	합격자 통지 및 채용 후라도 채용신체검사, 면허증 · 자격증 · 경력증명서 등 제출서류 검증, 범죄 경력 조회 등을 통하여 결격사유가 발견될 경우 합격 또는 채용이 취소됨.
추가 합격자 결정	최종 합격자의 고용포기, 합격 취소, 고용 후 즉시 퇴직 등의 사유로 결원을 보충할 필요가 있을 경우 최종 합격자 발표일로부터 6개월 이내에 불합격 기준에 해당하지 아니하는 사람 중에서 면접시험 성적순으로 추가 합격자를 결정 ※ 「지방공무원 임용령」 제50조의3 제4항 준용

충청남도교육청 교육공무직원 채용직렬

※ 업무내용은 학교 및 기관별로 상이할 수 있고 명시된 업무 이외에 기관(학교)장이 지정한 업무를 포함하며, 방학중 비근무 직종은 각급 학교의 교육과정운영에 따라 방학중에도 근무할 수 있다.

※ 2020 ~ 2023년 공고문 기준

직종명	업무내용	근무형태	자격 요건
교무행정사	❖학교 교무행정 지원 업무 – 공문서 기안 및 각종 통계 관리 – 시간표 계획 및 일과 업무 – 자유학년제, 특성화교과 업무 지원 – 교원연수 및 교과서 관련 업무 – 출결관리, 출석통계 – 교육 기자재 및 정보 학내망 관리	상시근무 (1일 8시간, 주 40시간)	정보관리기술사, 컴퓨터시스템응용기술사, 정보처리기사, 전자계산기조직응용기사, 정보보안기사, 사무자동화산업기사, 정보처리산업기사, 전자계산기제어산업기사, 정보보안산업기사, 정보기기운용기능사, 정보처리기능사, 컴퓨터활용능력(1급, 2급), 워드프로세서 중 1개 이상
교육복지사	❖교육복지우선사업 업무 – 교육복지우선지원사업 운영 · 지원 업무 – 교육복지지원센터 운영 · 지원 업무 – 교육복지안전망구축사업 운영 및 지원 업무 – 교육취약계층 학생의 지원을 위해 필요한 업무 – 지역사회 교육복지 자원의 발굴과 활용 업무 – 교육 · 문화 · 복지 등 지역사회 기관 연계 · 협력 업무	상시근무 (1일 8시간, 주 40시간)	교육청 및 교육지원청(교육지지원센터) 근무자, 학교 근무자 가. 교육 · 문화 · 복지 분야에서 3년 이상(학교 근무자 2년 이상)의 아동 · 청소년을 대상으로 상임 근무 경험이 있는 자 나. 관련 학과(사회복지학, 교육학, 청소년학, 상담학, 평생교육학) 전공자로서 관련자격증(사회복지사, 학교 사회복지사, 청소년상담사, 청소년지도사, 평생교육사)을 소지한 자 ※ '가'와 '나' 두 가지 요건을 모두 충족하여야 함
방과후학교 운영실무원 (특수)	❖ 특수학교 방과후학교(돌봄) 운영 업무 – 오후 · 종일반 방과후 프로그램(돌봄) 운영 업무 – 방과후 프로그램(돌봄) 연간 · 월간 · 주간 운영계획 수립 – 참여 학생 출결관리, 생활지도, 안전지도, 귀가지도 등 – 그 외 특수학교 방과후학교 운영과 관련된 업무 등	상시근무 (1일 8시간, 주 40시간)	보육교사 또는 이와 같은 수준 이상의 자격 요건(유치원 · 특수 · 초중등 교사 자격증 등) 소지자

임상심리사	❖ 학생 심리치료 등 관련 업무 – 심리평가 : 다양한 문제 영역에 대한 심리검사 실시 및 해석, 심리검사 결과 활용 – 상담수행 및 사례 관리 : 내담자 사례 관찰, 상담 수행 및 사례 관리, 학생정신건강관리 사업 지원(학생정서 · 행동특성검사 등) – 상담 프로그램 개발 및 운영 : 상담 관련 교육 및 프로그램 개발 운영 – 그 외 Wee센터 관련 업무 등	상시근무 (1일 8시간, 주 40시간)	❖ 아래의 2가지 자격증 중 1개 이상 자격증 소지자 – 정신보건 임상심리사 2급 이상(보건복지부) – 임상심리사 2급 이상(한국산업인력관리공단) ❖ 청소년상담사 3급 이상 자격증 소지자 ❖ 전문상담교사 교원자격증 2급 이상 소지자 ※ 위의 자격증 3개 중 1개 이상 소지자 지원 가능
조리원(실무사)	❖ 학교 급식실 조리 · 배식 · 위생 업무 – 급식품의 조리 및 배식, 검수지원 – 급식기구 세척 · 소독 – 급식실 내 · 외부 청소 및 소독 – 그 외 영양(교)사 지시사항 이행 및 업무협조 등	방학중 비근무 (1일 8시간, 주 40시간)	없음.
초등돌봄전담사	❖ 학교 초등 돌봄교실 지원 업무 – 학생 출결관리, 생활 · 안전 · 귀가지도 – 돌봄교실 관리, 연 · 월 · 주간 운영계획 작성 – 프로그램 관리, 개인활동 관리 – 급 · 간식 준비, 제공, 사후처리 – 그 외 돌봄교실 관련 업무 등	방학중 비근무 (1일 8시간, 주 40시간)	유 · 초 · 중등 교사자격증 또는 보육교사 2급 이상 자격증
언어재활사	– 특수교육대상자 순회 언어치료 지원 및 진단평가 업무 – 특수교육지원센터 치료 지원 업무 지원	상시근무 (1일 8시간, 주 40시간)	언어재활사 국가공인자격증 소지자

특수교육실무원	❖ 특수교육대상 학생 지원업무 – 학습자료 및 학용품 준비, 이동보조, 등·하교 지도, 급식 및 방과후 활동 등 교내·외 활동 지원 – 용변 및 식사지도 등 신변처리, 보조기착용, 착·탈의, 건강보호 및 안전생활 지원 – 적응행동 촉진 및 부적응 행동관리 지원, 또래와의 관계 형성 지원, 행동지도를 위한 프로그램 관리 – 그 외 특수교육대상 학생 지원에 관한 업무 등	방학중 비근무 (1일 8시간, 주 40시간)	고등학교를 졸업한 자 또는 이와 같은 수준 이상의 학력이 있다고 인정된 자
환경실무원	❖ 기관 내 화장실 등 청소 및 주변환경 정리 – 화장실 등(지하실, 계단 포함) 청소 – 기관 건물 주변 환경 정리 – 잡초제거, 조경관리	상시근무 (1일 8시간, 주 40시간)	채용일 기준 만 50세 이상 만 65세 미만

충청남도교육청 소양평가 시험분석

2023년 소양평가

시험 프로세스

• 영역 : 언어논리력, 수리력, 공간지각력, 문제해결력, 이해력 • 문항 수 : 50문항 • 시간 : 50분

기출 분석

언어논리력은 독해 문제가 다수 출제되었으며 수리력은 방정식, 비율 등을 활용하는 계산 문제와 도표 해석 문제가 출제되었다. 공간지각력은 평면도형, 펀칭, 종이접기 문제가 출제되었고 문제해결력은 명제와 조건 추론 문제, 이해력은 예절 상식 문제가 주로 출제되었다.

언어논리력

• 유형 : 세부내용 이해, 표준어 맞춤법, 문장 삽입 및 순서배열, 작품 특징 파악

기출키워드

상황에 맞게 고친 단어 찾기, 객관적 상관물

수리력

[응용수리]

• 유형 : 속력, 방정식, 비율, 집합

기출키워드

가격 비율에 따른 총금액, 상품 가격 계산, 거리가 같아지는 속력 찾기

[자료해석]

• 유형 : 그래프, 표의 수치 해석

기출키워드

흡연자 비율 증감, 지원자 통계

공간지각력

• 유형 : 그림 조각 맞추기, 펀칭, 종이접기, 평면도형

기출키워드

필요한 도형의 개수, 접어서 나올 수 없는 모양

문제해결력

• 유형 : 명제 추론, 삼단논법, 조건추론

기출키워드

점심 메뉴, 날씨 추론하기, 수확량 추론하기

이해력

• 유형 : 일반적인 상식 문제

기출키워드

전화 예절

2022년 소양평가

시험 프로세스

• 영역 : 언어논리력, 수리력, 공간지각력, 문제해결력, 이해력 • 문항 수 : 50문항 • 시간 : 50분

기출 분석

언어논리력은 독해 위주의 문제가 출제되었고, 수리력은 확률과 같은 기초연산문제와 도표 분석 문제가 출제되었다. 공간지각력은 다른 그림 찾기, 도형, 펀칭 문제가 출제되었으며, 문제해결력은 명제와 추론 문제가 나왔다. 이해력은 사회 상식 문제로 구성되었다.

언어논리력

• 유형 : 세부내용 이해하기, 중심내용 찾기
• 맞춤법 문제는 출제되지 않음.

기출키워드
직장 동료에게 조언하기, 인구감소 및 고령화 사회로의 변화에 대한 대책

수리력

[응용수리]
• 유형 : 확률, 방정식, 거리 · 속력 · 시간

기출키워드
주사위 3개의 합이 4일 확률, 특정 지점까지의 거리, 상품 가격 계산

[자료해석]
• 그래프, 표 등의 자료를 해석하는 문제가 출제됨.

공간지각력

• 유형 : 다른 그림 찾기, 도형 규칙 찾기, 펀칭, 도형

기출키워드
도형 잘랐을 때의 모양, 다른 그림 찾기, 필요한 도형의 개수, 도형의 변화 규칙 파악

문제해결력

• 유형 : 명제 추론, 삼단논법, 조건추론

기출키워드
좌석 찾기, 팀장 고르기, 빈칸의 명제 추론하기

이해력

• 일반적인 상식 문제가 출제됨.

기출키워드
전화 예절, 도덕적 판단, 잘못된 대화 고르기

고시넷 충청남도교육청 교육공무직원

영역별 기출 키워드

- ▶ 언어논리력 : 표준어 맞춤법, 주제 파악, 세부내용 파악, 문장 배열
- ▶ 수리력 : 거리 · 속력 · 시간, 비율, 방정식, 금액 계산, 자료 해석
- ▶ 공간지각력 : 종이접기, 펀칭, 전개도, 도형 조각, 그림 조각 배열
- ▶ 문제해결력 : 명제 · 대우, 삼단논법, 참 · 거짓 추론, 진위 추론
- ▶ 이해력 : 직장 내 예절, 통화 예절, 근로윤리, 일반 상식

충청남도교육청 소양평가

권두부록 최신기출유형

언어논리력

수리력

공간지각력

문제해결력

이해력

충청남도교육청 소양평가

정답과 해설 2쪽

언어논리력 | 글 내용 이해

01. 다음 글의 택시 운전사의 사례를 통해 알 수 있는 가치로 가장 적절한 것은?

> 덴마크의 택시기사들 가운데 제일 기억에 남는 사람은 레시에 밀부(46세) 씨다. 한때 이삿짐센터 직원과 전기공으로도 일한 적이 있다는 그는 22년째 택시운전을 하고 있다. 영어를 유창하게 구사하는 그는 손님들로부터 "그 실력 갖고 왜 택시 운전을 하느냐"는 질문을 자주 받는다고 한다. 그는 자기 일에 대한 자부심이 높았다. 하루에 8시간 정도 택시를 모는 그는 한 달에 우리나라 돈으로 약 370만 원을 번다고 했다. 그 정도의 임금은 덴마크에서는 숙련 노동자의 것보다 적지만 단순 노동자보다는 높다고 한다.
>
> 그는 운전을 하면서 자기 나름의 행복론을 풀어놓았는데, 매우 생각이 깊음을 알 수 있었다. 고등학교까지만 다닌 밀부 씨는 대학에 갈 필요성을 느끼지 못했다고 했다. 덴마크는 대학진학에 대한 문화 자체가 우리와 사뭇 다르다. 실제로 그의 친구 중에 20 ~ 30%만 대학에 갔다고 한다. 대학에 가는 것보다 각종 직업학교에서 실속 있게 전문교육을 받아 사회에 나가는 이들이 많기 때문이다.
>
> 대학에 가서 의사나 변호사가 된 친구를 보면 부럽지 않느냐는 필자의 질문에 그는 "그렇지 않습니다. 이 덴마크 사회에서는 모든 사람이 평등하게 중요하다고 믿습니다. 덴마크에서는 사장이나 노동자나 다 중요하다고 생각합니다. 사장 없이 노동자 없고 노동자 없이 사장 없지 않습니까. 양쪽이 다 필요하지요."라고 답하였다.

① 자아실현
② 자기만족을 통한 행복감
③ 선행의 사회적 기능
④ 동일한 사회구성원이라는 자부심

언어논리력 | 문장 수정

02. 다음 글에서 부적절하게 사용된 단어를 찾아 수정한 사항으로 옳지 않은 것은?

지구온난화 문제를 해결하기 위해 선진국을 중심으로 온실가스 감축에 대한 국제규제를 강화하여 국가 간 기후변화기본협약을 체결하고 교토의정서를 통하여 전 세계적 차원의 온실가스 감축노력을 전계하여 왔으며, 지난 21차 파리 당사국 총회에서는 선진국과 개도국 모든 국가가 참여하는 2020년 이후 '신기후체제' 출범을 위한 파리협정문이 체택되었다.

① 온실가스 감축에 → 온실가스 배출에
② 전계하여 → 전개하여
③ 선진국과 개도국 → 선진국과 개발도상국
④ 체택되었다 → 채택되었다

언어논리력 | 문장 삽입

03. 다음 글에서 〈보기〉의 문장이 들어갈 위치로 적절한 곳은?

기억이 착오를 일으키는 프로세스는 인상적인 사물을 받아들이는 단계부터 이미 시작된다. (가) 감각적인 지각의 대부분은 무의식중에 기록되고 오래 유지되지 않는다. (나) 대개는 수 시간 안에 사라져 버리며, 약간의 본질만이 남아 장기 기억이 된다. 무엇이 남을지는 선택에 의해서이기도 하고, 그 사람의 견해에 따라서이기도 하다. (다) 분주하고 정신이 없는 장면을 주고 나중에 그 모습에 대해서 이야기하게 해 보자. (라) 어느 부분에 주목하고 또 어떻게 그것을 해석했는지에 따라 즐겁기도 하고 무섭기도 하다. 단순히 정신 사나운 장면으로만 보이는 경우도 있다. 기억이란 원래 일어난 일을 단순하게 기록하는 것이 아니다.

보기

일어난 일에 대한 묘사는 본 사람이 무엇을 중요하게 판단하고, 무엇에 흥미를 가졌느냐에 따라 크게 다르다.

① (가)
② (나)
③ (다)
④ (라)

수리력 | 자료해석

04. 다음은 주요 국립공원의 면적 현황에 대한 자료이다. 이에 대한 설명으로 옳지 않은 것은?

(단위 : km^2)

구분	20X1년	20X2년	20X3년	20X4년	20X5 ~ 20X8년
지리산	471.758	471.758	471.625	483.022	483.022
계룡산	64.683	64.683	64.602	65.335	65.335
한려해상	545.627	545.627	544.958	535.676	535.676
속리산	274.541	274.541	274.449	274.766	274.766
내장산	81.715	81.715	81.452	80.708	80.708
가야산	77.074	77.074	77.063	76.256	76.256
덕유산	231.650	231.650	231.649	229.430	229.430
북한산	79.916	79.916	79.789	76.922	76.922
월악산	287.977	287.977	287.777	287.571	287.571
소백산	322.383	322.383	322.051	322.011	322.011

① 20X1년 덕유산 국립공원의 면적은 같은 해 계룡산 국립공원 면적의 3배 이상이다.
② 20X1 ~ 20X8년 동안 가장 면적이 넓은 국립공원은 한려해상 국립공원이다.
③ 면적 순으로 6 ~ 10위에 해당하는 국립공원의 면적을 다 합해도 한려해상 국립공원보다 작다.
④ 20X3년부터 20X4년 사이 면적이 늘어난 국립공원은 총 4개이다.

수리력 | 부등식

05. 구매팀 최 사원은 사무용품비 50,000원으로 계산기와 볼펜을 살 예정이다. 7,000원짜리 계산기 두 대를 사고 남은 돈으로 볼펜을 구매할 예정인데, 정가 500원인 볼펜이 현재 20% 할인 중이라고 한다. 최 사원이 살 수 있는 볼펜은 최대 몇 개인가?

① 50개　　② 60개
③ 80개　　④ 90개

수리력 | 집합

06. A반 학생 40명은 컴퓨터 자격증 시험과 운전면허 시험을 보았다. 컴퓨터 자격증 시험에만 합격한 사람이 12명, 모두 합격한 사람은 7명이며, 운전면허 시험에만 합격한 사람이 모두 불합격한 사람의 2배일 때 모두 불합격한 사람은 몇 명인가?

① 5명
② 6명
③ 7명
④ 8명

공간지각력 | 도형 개수

07. 〈보기〉의 그림에서 크고 작은 사각형을 만들 때, 다음 중 그 개수가 가장 많이 나오는 사각형은? (단, 제시된 도형은 회전할 수 없고, 사각형을 만들 때 활용할 수 없는 부분은 고려하지 않는다)

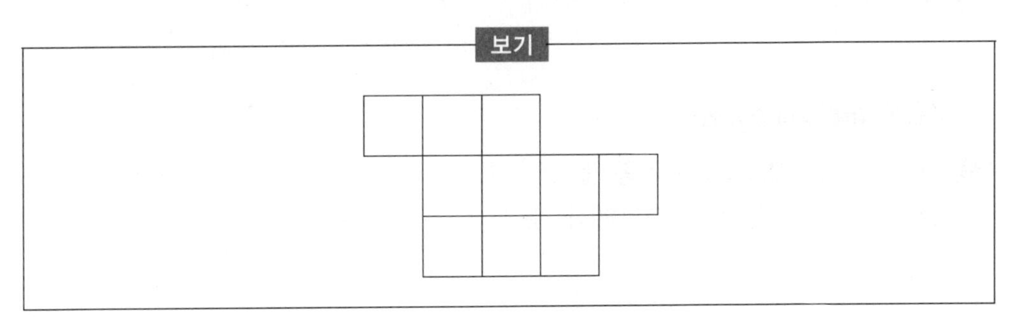

① 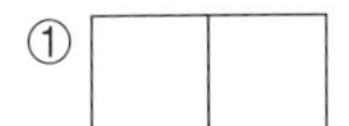

② 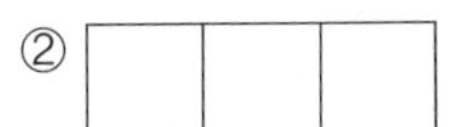

③ 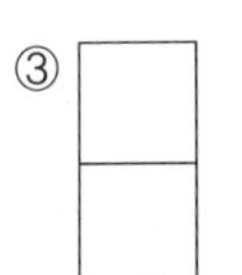

④ 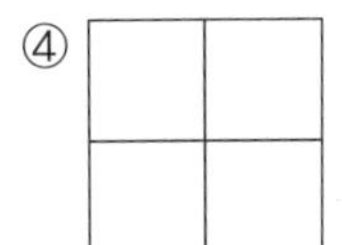

공간지각력 | 조각 배열

08. 다음 그림의 조각을 순서대로 배열한 것은?

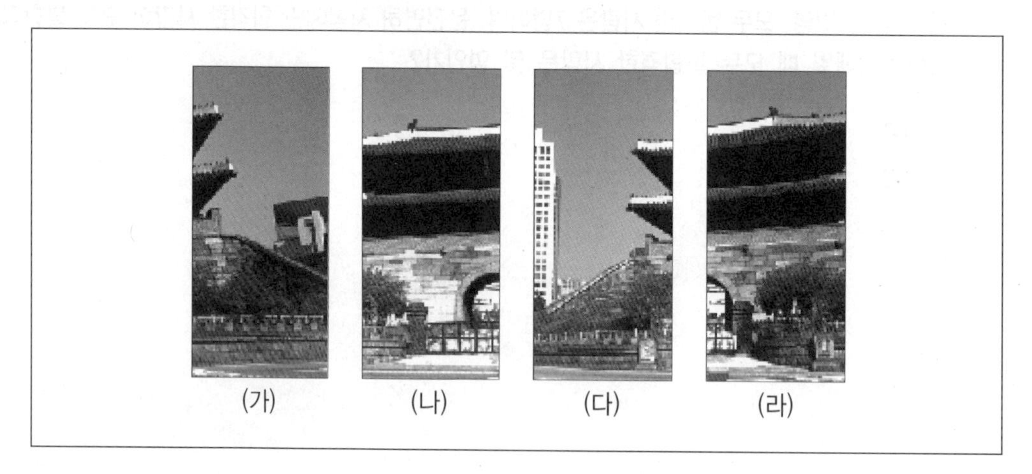

① (나)－(다)－(라)－(가)
② (나)－(라)－(가)－(다)
③ (다)－(나)－(라)－(가)
④ (다)－(라)－(나)－(가)

공간지각력 | 종이 접기_펀칭

09. 다음과 같이 화살표 방향으로 종이를 접은 후, 마지막 그림과 같이 펀치로 구멍을 뚫고 다시 펼쳤을 때, 온전한 동그라미 모양의 개수는?

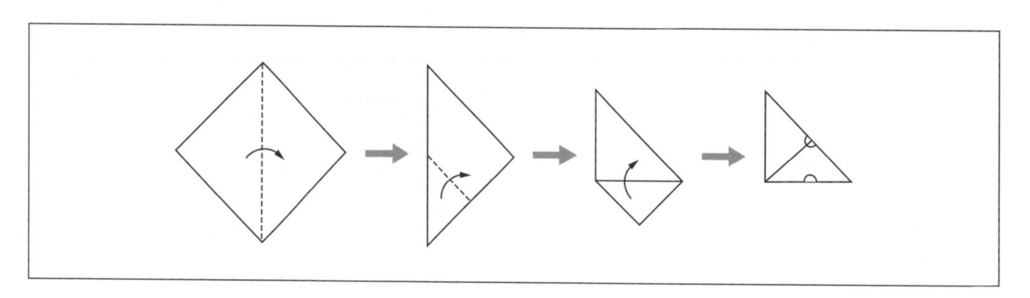

① 2개
② 3개
③ 4개
④ 5개

문제해결력 | 명제 추론

10. 다음 전제를 바탕으로 항상 참인 되는 결론은?

> [전제 1] 손재주가 좋은 어떤 사람은 공학도이다.
> [전제 2] 모든 공학도는 수학을 공부한다.
> [결론] (   )

① 모든 손재주가 좋은 사람은 수학을 공부하지 않는다.

② 모든 공학도는 손재주가 좋다.

③ 어떤 공학도는 손재주가 좋지도 않고 수학을 공부하지도 않는다.

④ 손재주가 좋은 어떤 공학도는 수학을 공부한다.

문제해결력 | 진위 추론

11. 5명의 용의자 A ~ E가 범인에 대해 다음과 같이 진술했다. 이 중 범인이 1명이고 1명만 거짓말을 하고 있을 때, 범인은 누구인가?

> • A : 내가 범인이다.
> • B : 범인은 D이다.
> • C : B는 범인이 아니다.
> • D : B의 진술은 거짓이다.
> • E : 나는 범인이 아니다.

① A　　② B

③ C　　④ D

이해력 | 근로윤리

12. 다음 사례를 읽고 김 대리에게 할 수 있는 조언으로 적절한 것은?

> 김 대리는 이직한 기업이 정직과 신뢰를 중요시하는 문화를 지니고 있어 이러한 기업의 문화에 적응하고자 노력하고 있다. 그는 시간 약속, 출근 시간, 업무 마감시간 등 약속을 지키며 조금씩 신뢰를 쌓고 있고, 이전 기업에서 부정적인 관행이 공공연히 행하여지던 것을 생각하며 이직한 기업에선 부정적인 관행을 범하지 않도록 조심하고자 한다. 최근 김 대리는 회계 업무상 실수를 저질렀다는 사실을 뒤늦게 발견했다. 실수한 금액과 항목이 크지 않아 자세히 보지 않으면 모를 테지만 누군가 자세히 볼까 전전긍긍하고 있다.

① "정직과 신뢰라는 자산은 쌓기 어렵기 때문에 평소에 작은 일부터 잘하는 것이 중요해."
② "부정적인 관행은 끊어내기 어려우므로 애초에 싹을 잘라 생길 일을 없애야만 해."
③ "잘못된 것이 있다면 정직하게 밝혀야지."
④ "정직하지 못한 일을 눈감아 주기 시작하면 더 큰 부정이 되니 조심해야지."

수리력 | 거리 · 속력 · 시간

13. 은영과 미희는 동일한 지점에서 출발하여 자전거로 각각 25km/h와 30km/h의 속력으로 60km의 거리를 쉬지 않고 달려 집으로 가려 한다. 동시에 집에 도착하려면 미희는 은영보다 몇 분 뒤에 출발해야 하는가?

① 15분 ② 18분
③ 24분 ④ 30분

수리력 | 방정식

14. 가로와 세로 길이 비율이 1 : 2인 사각형 모양의 화단이 있다. 이 화단의 가로 길이를 20%, 세로 길이를 29cm 늘리면 화단의 둘레가 원래 화단의 둘레보다 3배 커질 때, 원래 화단의 둘레는? (단, 화단의 가로, 세로 길이 단위는 cm이다)

① 30cm ② 32cm
③ 34cm ④ 36cm

언어논리력 | 순서 배열

15. 다음 (가)~(라)를 문맥에 따라 순서대로 배열한 것은?

> (가) 인터넷은 세계 각지의 뉴스가 시시각각 올라오고 새로운 문화가 탄생하는 변화의 장이며, 사람들은 이에 적응하기 위해 의미전달이 되면서 가능한 짧은 말과 기호를 고안해서 사용하게 된 것이다.
>
> (나) 통신언어의 사용은 한글파괴를 초래하는 문제가 발생하고 있어, 대부분의 언론에서는 한글파괴에 대한 심각성을 역설하며 젊은 세대들이 사용하는 통신언어인 '이모티콘'이나 '외계어' 사용을 질타하고 있다.
>
> (다) 이번 설문조사에서 '인터넷 소설'의 맞춤법 사용에 대해 질문한 결과 55%가 '맞춤법을 지켜야 한다'고 답한 반면, 45%는 '맞춤법은 중요하지 않다'고 응답해 젊은 네티즌들이 '통신용어'에 대해 비교적 관대한 것으로 나타났다.
>
> (라) 인터넷에서 언어의 사용은 직접 마주보고 대화를 할 때와 비교했을 때 대화의 진행 속도가 느리고 절차가 번잡스럽다보니 사람들은 긴 단어를 가능한 짧게 줄여 쓰거나 맞춤법을 무시하고 구어체에 근거하여 소리 나는 그대로 글자를 침으로써 입력을 빠르고 쉽게 하려고 노력한다.

① (가)-(나)-(라)-(다)
② (가)-(다)-(나)-(라)
③ (다)-(가)-(라)-(나)
④ (다)-(나)-(가)-(라)

이해력 | 갈등 해결

16. 다음과 같은 상황에서 상사에게 반대 의견을 제시하는 방법으로 적절하지 않은 것은?

> 기획팀은 다음 달 월간회의 일정을 정하고자 한다. 모든 팀원의 의견을 반영하여 가장 적합한 날을 정하기로 하였으나, 팀장은 팀원 다수가 동의한 의견에 개인적인 사정 때문에 반대하며 팀장으로서의 권위를 은근히 내세우고 있다. 팀원들은 누군가 나서서 팀장에게 다수의 의견을 존중해 줄 것을 강력히 요구하려고 한다.

① 의견을 제시할 시간과 장소를 적절하게 선택한다.
② 완곡한 질문을 통해 의견을 제시한다.
③ 나이와 세대 간의 인식 차이를 명확히 짚으며 설득한다.
④ 반대 의견을 제시하기 전에 긍정적인 말로 대화를 시작한다.

언어논리력 | 시 이해

17. 다음 작품이 지닌 특징으로 적절하지 않은 것은?

> 나는 나룻배
> 당신은 행인.
>
> 당신은 흙발로 나를 짓밟습니다.
> 나는 당신을 안고 물을 건너갑니다.
> 나는 당신을 안으면 깊으나 얕으나 급한 여울이나 건너갑니다.
>
> 만일 당신이 아니 오시면 나는 바람을 쐬고 눈비를 맞으며 밤에서 낮까지 당신을 기다리고 있습니다.
> 당신은 물만 건너면 나를 돌아보지도 않고 가십니다그려.
> 그러나 당신이 언제든지 오실 줄만은 알아요.
> 나는 당신을 기다리면서 날마다 날마다 낡아갑니다.
>
> 나는 나룻배
> 당신은 행인.
>
> – 한용운, '나룻배와 행인'

① 높임법을 활용하여 주제 의식을 강화하고 있다.
② 공감각적 비유로 정서적 분위기를 조성하고 있다.
③ 수미상관의 방식으로 구조적 완결성을 높이고 있다.
④ 두 제재의 속성과 관계를 통해 주제를 형상화하고 있다.

공간지각력 | 도형 일치

18. 다음 중 제시된 도형과 모양이 다른 도형은?

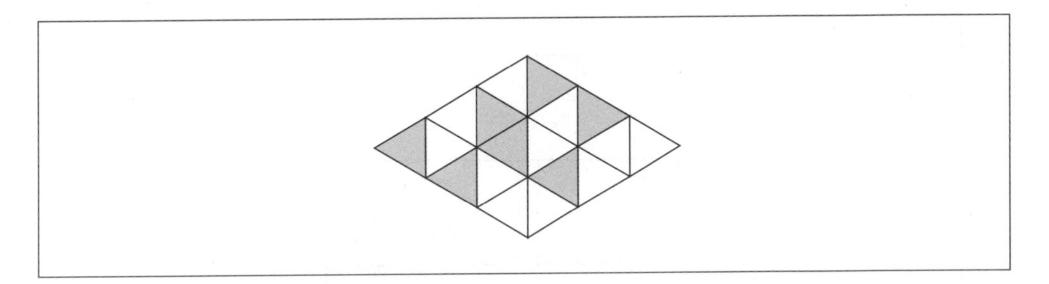

① 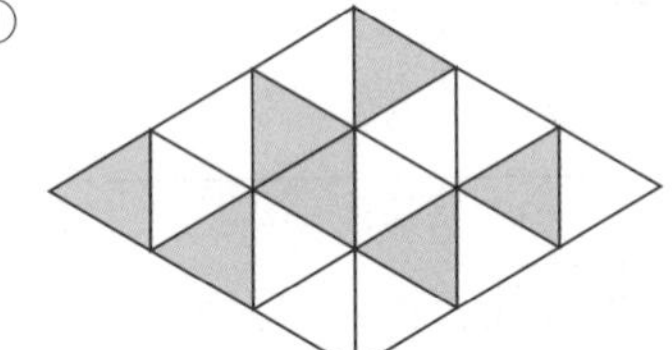

② 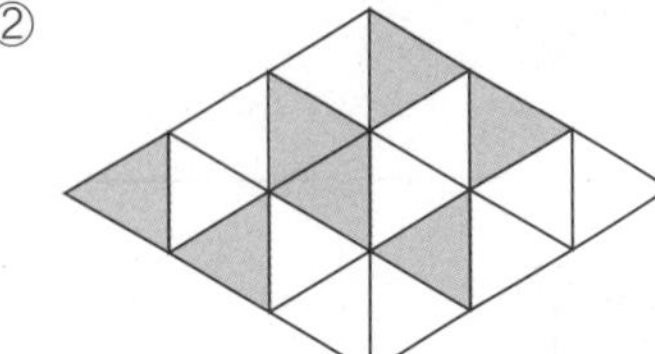

③ 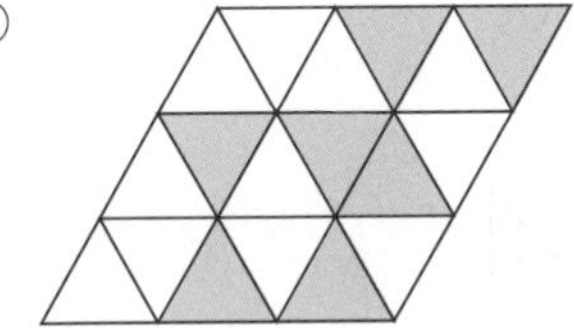

④ 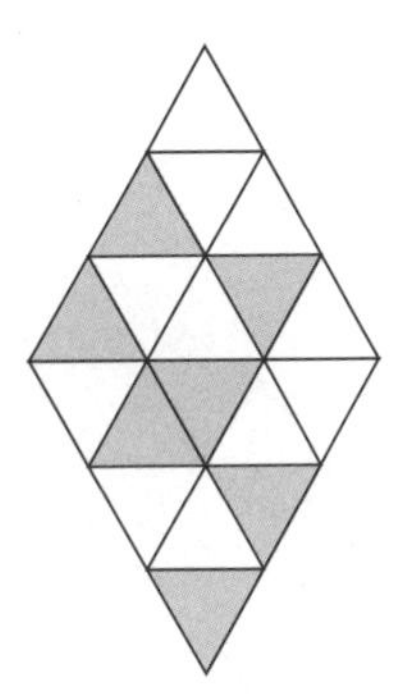

공간지각력 | 전개도

19. 다음 펼쳐진 전개도를 접었을 때의 모양으로 적절하지 않은 것은?

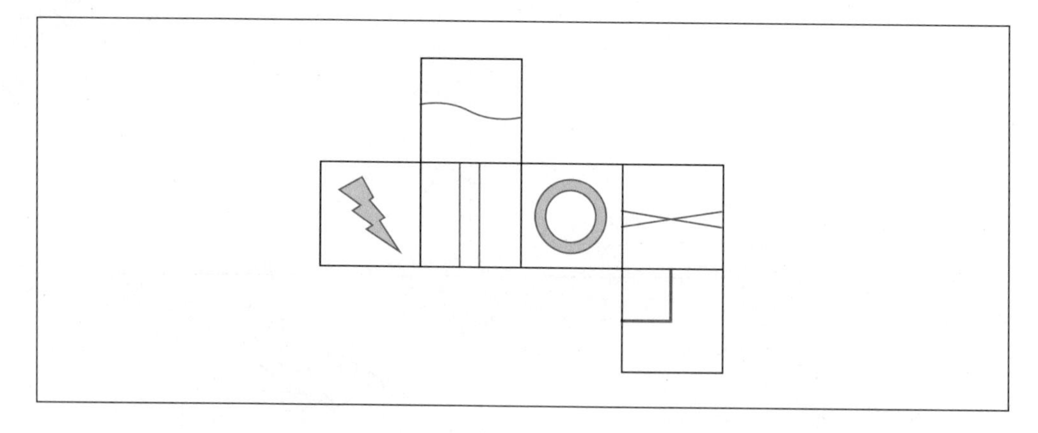

① 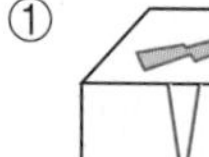
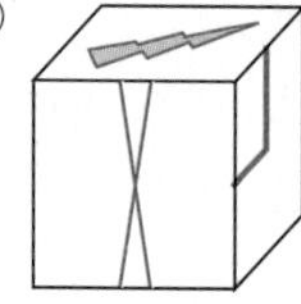

② 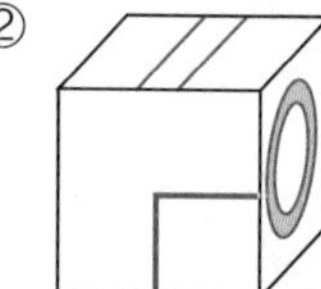

③ 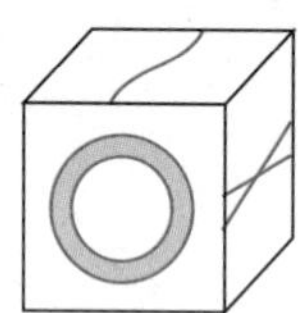

④ 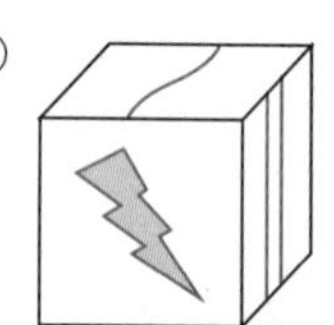

문제해결력 | 명제 추론

20. 다음의 〈조건〉이 모두 참이라고 할 때, 항상 참인 명제는?

조건

- 다이빙을 좋아하는 사람은 서핑도 좋아한다.
- 요트를 좋아하는 사람은 낚시도 좋아한다.
- 서핑을 좋아하지 않는 사람은 낚시도 좋아하지 않는다.
- 카누를 좋아하지 않는 사람은 서핑도 좋아하지 않는다.

① 다이빙을 좋아하는 사람은 요트도 좋아한다.
② 요트를 좋아하지 않는 사람은 서핑도 좋아하지 않는다.
③ 카누를 좋아하는 사람은 낚시도 좋아한다.
④ 다이빙을 좋아하는 사람은 카누도 좋아한다.

문제해결력 | 조건 추론

21. 다음 〈조건〉을 참고할 때 A ~ D에 대한 설명으로 옳지 않은 것은?

야근하는 직원들을 위하여 야식을 준비했다. 준비한 야식은 떡볶이, 도넛, 치킨, 피자이다. A, B, C, D 4명이 좋아하는 음식은 네 개의 음식 중 하나이며, 서로 겹치지 않고 전부 다르다.

조건

- A는 피자를 좋아한다.
- B는 떡볶이를 좋아하지 않는다.
- C는 도넛과 피자를 좋아하지 않는다.
- D는 떡볶이와 치킨을 좋아하지 않는다.

① B는 도넛을 좋아하지 않는다.
② B는 치킨을 좋아한다.
③ C는 도넛을 좋아하지 않는다.
④ C는 떡볶이를 좋아하지 않는다.

언어논리력 | 중심내용

22. 다음 글의 중심내용으로 가장 적절한 것은?

우리에게는 희망이 있다. 매트 리들리는 《이타적 유전자》에서 인간의 정신은 이기적인 유전에 의해 만들어졌음에도 불구하고 사회성, 협동성, 신뢰성 같은 이타성의 성향을 가진다고 했다. 인간은 개미나 꿀벌보다 더 상호의존적이다. 인간의 내면에는 협동, 이타적 행위, 아량, 동정, 친절, 자기희생 등과 같은 미덕이 자리 잡고 있으며, 이는 모든 인종의 공통적인 심리적 경향이다. 이처럼 인간은 협력하여 서로 호혜성을 주고받으며 살아가는 존재다. 인간사회에서는 호혜주의가 보편적으로 발견된다. 이타성은 이기성과 달리 '나' 아닌 '타자'를 전제한다. 이기성은 나의 존재를 유지 · 보존시키는 것으로, 이를 위해 타자와의 협력이 필요하다면 이기성은 곧 이타성이라고 볼 수 있다. 사회적 이타주의에 관하여, 인간은 아주 독보적인 존재라는 리들리의 주장에 따르면 인간은 그저 그런 단순한 동물은 아닌 셈이다.

위험사회를 현명하게 극복하기 위해서는 사회구성원들의 유대와 협력이 필요하고 제도적 노력 역시 뒷받침되어야 한다. 최근 생태계 보존과 환경 보호를 위해 대체 자원과 에너지가 기업이나 국가적인 차원에서 마련되고 있다. 또한 지구온난화로 인한 환경재앙을 방지하기 위해 많은 나라가 탄소중립선언을 통해 지구온난화를 최소화하고 온실가스 감축정책을 시도하고 있다. 디젤 및 가솔린 자동차 같은 화석연료로 운행하는 내연기관차를 전기 및 수소차로 대체하는 등 친환경 에너지 전환을 위해 기업과 정부가 협력하여 투자하고 개발하는 것이 좋은 사례이다.

우리 국민은 코로나19 이후로 비대면 디지털 문화가 지배하는 SNS 등으로 정보를 공유하고 연대하여 사회문제를 비판하고 사회 비리를 고발하며 이에 대응하고 있다. 혼자가 아닌, 개별화된 존재가 아닌, 홀로 가는 개인이 아니라 주체적 사고를 토대로 자발적인 참여로 함께 연대하여 세상을 만들어 가야 한다는 시민의식과 행동방식이 요구된다. 이기적인 삶에서 벗어나 공유하는 삶, 즉 소수의 전문가에 의한 일방적 결정보다 각자의 경험과 인식이 이론과 합쳐지는 공론장을 통한 의사결정이 이뤄져야 한다.

① 인간은 개미나 벌꿀 등 사회성을 지닌 다른 동물보다 더 우수하다.
② 위험사회에서는 인간의 이기성과 이타성의 조화가 요구된다.
③ 더 많은 사회 성원들과의 공유, 토론, 합의의 과정이 필요하다.
④ 인간은 협동, 자기희생 등과 같은 가치 때문에 가장 위대한 생물종이 되었다.

23. 다음 글의 논지를 반박하는 근거로 알맞은 것은?

> 지구 곳곳에서 심각한 기후 변화가 나타나고 있고 그 원인이 인간의 활동에 있다는 주장은 일견 과학적인 것처럼 들리지만 따지고 보면 진실과는 거리가 먼, 다분히 정치적인 프로파간다에 불과하다. '자동차는 세워 두고 지하철과 천연가스 버스 같은 대중교통을 이용합시다'와 같은 기후 변화와 사실상 무관한 슬로건에 상당수의 시민이 귀를 기울이도록 만든 것은 환경주의자들의 성과였다. 하지만 그 성과는 사회 전체의 차원에서 볼 때 가슴 아파해야 할 낭비의 이면에 불과하다.
>
> 희망컨대 이제는 진실을 직시하고 현명해져야 한다. 기후 변화가 일어나는 이유는 인간이 발생시키는 온실가스 때문이 아니라 태양의 활동 때문이라고 보는 것이 합리적이다. 태양 표면의 폭발이나 흑점의 변화는 지구의 기후 변화에 막대한 영향을 미친다. 결과적으로 태양의 활동이 활발해지면 지구의 기온이 올라가고, 태양의 활동이 상대적으로 약해지면 기온이 내려간다. 환경주의자들이 말하는 온난화의 주범은 사실 자동차가 배출하는 가스를 비롯한 온실가스가 아니라 태양이다. 태양 활동의 거시적 주기에 따라 지구 대기의 온도는 올라가다가 다시 낮아지게 될 것이다.
>
> 대기화학자 브림블컴은 런던의 대기오염 상황을 16세기 말까지 추적해 올라가서 20세기까지 그 거시적 변화의 추이를 연구하였다. 그 결과 매연의 양과 아황산가스 농도가 모두 19세기 말까지 빠르게 증가했다가 그 이후 아주 빠르게 감소하여 1990년대에는 16세기 말보다도 낮은 수준에 도달했음이 밝혀졌다. 반면에 브림블컴이 연구 대상으로 삼은 수백 년 동안에 지구의 평균 기온은 지속적으로 상승해왔다. 두 변수의 이런 독립적인 행태는 인간이 기후에 미치는 영향이 거의 없다는 것을 보여 준다.

① 지구의 온도가 상승하면서 인도의 벵골 호랑이와 중국의 판다 개체 수가 줄어들어 멸종 위기에 처해 있다.

② 1,500cc 자동차가 5분 동안 공회전을 하면 90g의 이산화탄소가 공기 중에 배출되고, 12km를 달릴 수 있는 정도의 연료가 소모된다.

③ 친환경 에너지타운, 생태마을 등을 조성하는 일이 실질적으로 미세먼지를 줄이는 데에 실효성이 있는지는 여전히 의문이다.

④ 최근 수십년 간 전 세계가 대기오염을 줄이기 위한 캠페인의 일환으로 숲을 조성한 결과 지구의 평균 기온 상승률이 어느 정도 완만해졌다.

수리력 | 자료해석

24. 다음 연료별 자동차의 연간 총주행거리 및 비중에 대한 설명으로 옳지 않은 것은?

구분	연간 총주행거리(백만 km)					비중(%)			
	전체	휘발유	경유	LPG	전기	휘발유	경유	LPG	전기
20X0년	290,009	108,842	130,146	45,340	5,681	38	45	16	2
20X1년	298,323	110,341	137,434	44,266	6,282	37	46	15	2
20X2년	311,236	115,294	149,264	39,655	7,023	37	48	13	2
20X3년	319,870	116,952	156,827	37,938	8,153	37	49	12	3
20X4년	327,073	116,975	164,264	36,063	9,771	36	50	11	3

① 전기를 사용하는 자동차의 연간 총주행거리는 매년 증가하고 있다.

② LPG를 사용하는 자동차의 연간 총주행거리는 매년 감소하고 있다.

③ 휘발유를 사용하는 자동차의 연간 총주행거리는 매년 증가하고 있다.

④ 20X4년 기준 경유 자동차는 연간 총주행거리의 50% 넘게 차지하고 있다.

공간지각력 | 조각 찾기

25. 다음 그림 안에 나타나 있지 않은 도형은?

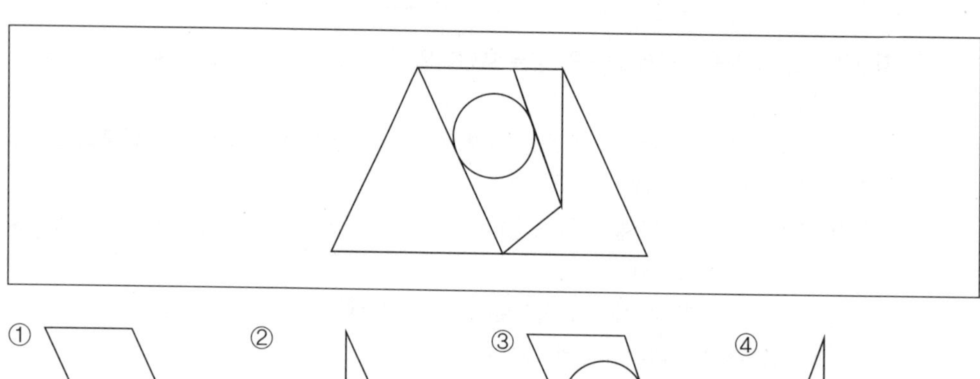

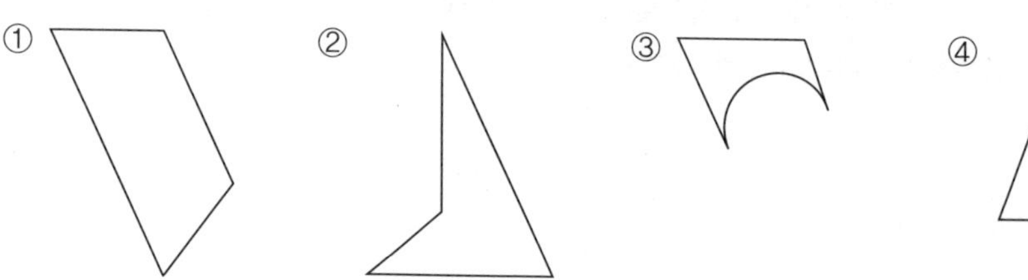

①　②　③　④

공간지각력 | 종이 접기_편칭

26. 다음과 같이 정사각형의 색종이를 점선에 따라 접어서 나올 수 있는 모양으로 적절한 것은?

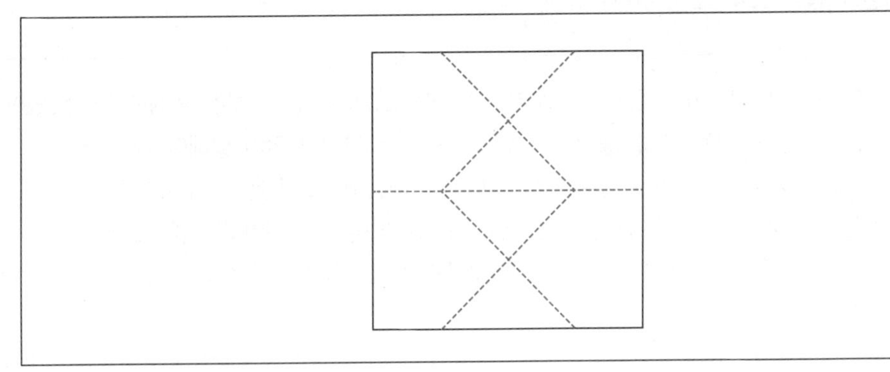

① 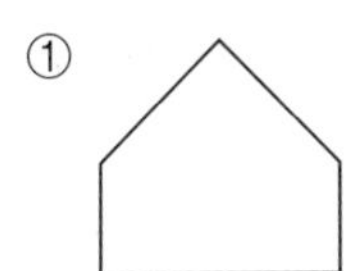

② 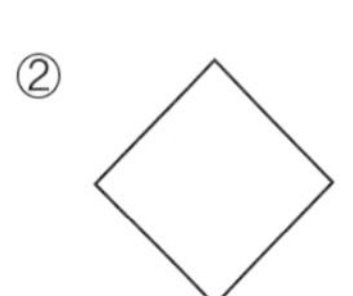

③ 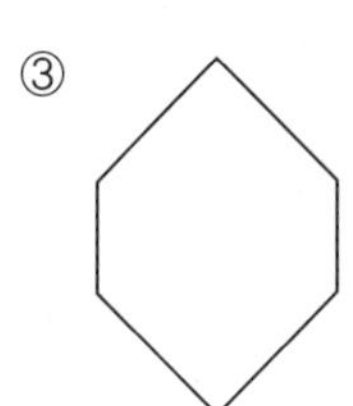

④ 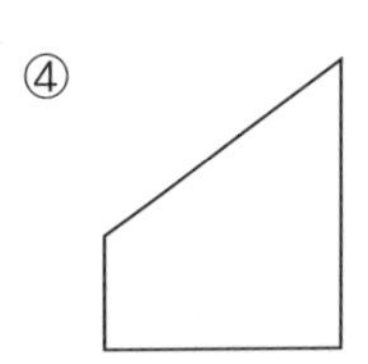

이해력 | 직장 전화 예절

27. 다음은 직장 전화응대 매뉴얼을 만들기 위해 직원들이 나눈 대화이다. 전화 예절에 대해 적절하게 말한 사람을 모두 고른 것은?

갑 : 전화는 필요에 따라 정상적인 업무가 이루어지고 있는 근무 시간 외에도 걸 수 있어.
을 : 전화를 해 달라는 메시지를 받았다면 가능한 한 48시간 안에 답해야 해.
병 : 전화벨이 3 ~ 4번 이상 울린 다음 받아서 상대방에게도 준비할 시간을 줘야 해.
정 : 언제나 펜과 메모지를 곁에 두어 전화 내용을 받아 적을 준비가 되어 있어야 해.
무 : 주위의 소음을 최소화한 후 천천히, 명확하게 예의를 갖추고 목소리에 미소를 띠며 말해야 해.

① 갑, 병, 정
② 갑, 정, 무
③ 을, 병, 무
④ 을, 정, 무

문제해결력 | 조건 추론

28. 다음 〈정보〉는 모임의 현재 상황에 관한 설명이다. 이를 토대로 알 수 없는 것은?

정보

- 오늘 모임은 19시에 시작할 예정이며, 총 3시간이 소요된다.
- 모임은 모든 모임원이 도착해야 시작된다.
- 모임시간에 늦으면 벌금을 내야 한다.
- 민아는 현재 약속장소에 도착해 있으며 벌금을 낸다.
- 천호는 민아보다 늦게 도착한다.

① 모임에 참가하는 사람은 최소 2명이다.
② 민아는 19시까지 약속장소에 도착하지 못했다.
③ 모임은 22시가 넘어서야 끝난다.
④ 천호가 도착하면 모임이 시작된다.

문제해결력 | 명제 추론

29. 다음 명제가 모두 참일 때, 〈결론〉에 대한 설명으로 옳은 것은?

- 장갑을 낀 사람은 운동화를 신지 않는다.
- 양말을 신은 사람은 운동화를 신는다.
- 운동화를 신은 사람은 모자를 쓴다.
- 장갑을 끼지 않은 사람은 목도리를 하지 않는다.
- 수민이는 목도리를 하고 있다.

결론

(가) 장갑을 낀 사람은 양말을 신지 않는다.
(나) 수민이는 운동화를 신고 있다.
(다) 양말을 신은 사람은 목도리를 하지 않는다.

① (가)만 항상 옳다.
② (나)만 항상 옳다.
③ (다)만 항상 옳다.
④ (가), (다) 모두 항상 옳다.

문제해결력 | 진위 추론

30. 사원 A, B, C 세 명 중 한 명의 진술은 모두 거짓이고, 나머지 두 명의 진술은 모두 진실이라고 했을 때, 거짓을 말하는 사람과 범인을 순서대로 연결한 것은?

○○기업은 경쟁사에 기밀을 유출한 것으로 추정되는 용의자를 3명으로 추렸다. 진술은 다음과 같다.

사원 A : 저는 거짓말을 하는 것이 아닙니다. 제가 유출하지 않았습니다.
사원 B : 저는 정직합니다. A가 유출했고 거짓말을 하고 있습니다.
사원 C : 저는 사실을 말하고 있습니다. B가 거짓을 말하고 있으므로 B가 범인입니다.

① 사원 A－사원 B
② 사원 B－사원 A
③ 사원 B－사원 B
④ 사원 C－사원 B

고시넷 충청남도교육청 교육공무직원

영역별 출제비중

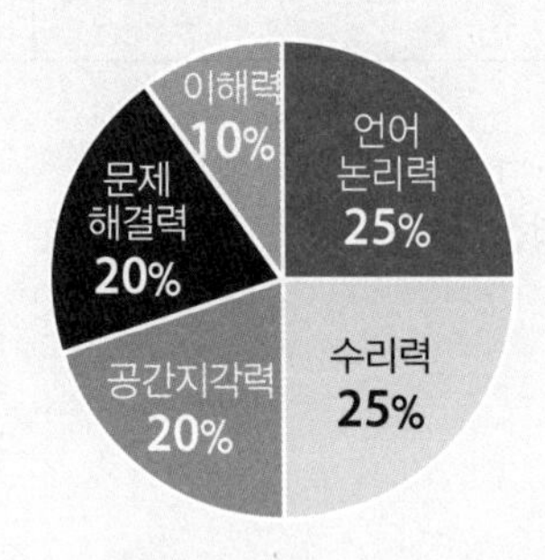

- ▶ 올바른 어휘와 어법을 찾는 문제
- ▶ 지문의 세부내용을 파악하는 문제
- ▶ 기초적인 연산식을 계산하는 문제
- ▶ 자료의 수치를 파악하고 분석하는 문제
- ▶ 평면도형을 파악하는 문제
- ▶ 명제를 토대로 참과 거짓을 추론하는 문제
- ▶ 일반 상식을 확인하는 문제

충청남도교육청 교육공무직원 소양평가는 1. 언어논리력 2. 수리력 3. 공간지각력 4. 문제해결력 5. 이해력 다섯 가지 영역으로 출제되었다. 언어논리력에서는 알맞은 단어 또는 올바른 어법을 파악하는 문제와 지문의 주제 혹은 세부내용을 파악하는 문제가 주로 출제되었다. 수리력에서는 거리 · 속력 · 시간, 방정식 등을 활용하는 응용수리 문제와 제시된 자료의 수치를 파악하는 자료해석 문제가 출제되었다. 공간지각력에서는 종이접기, 펀칭, 전개도 등과 같이 제시된 도형을 파악하는 문제가 출제되었다. 문제해결력에서는 삼단논법을 이용한 명제 추론 문제 또는 조건에 따라 진위 여부를 추론하는 문제가 출제되었다. 이해력에서는 직장 내 통화 예절과 같은 일반 상식을 묻는 문제가 출제되었다.

충청남도교육청 소양평가

파트 1 기출예상문제

1회 기출예상문제
2회 기출예상문제
3회 기출예상문제
4회 기출예상문제
5회 기출예상문제
6회 기출예상문제
7회 기출예상문제
8회 기출예상문제
9회 기출예상문제

충남 1회

기출예상문제

문항수 | 50문항
시험시간 | 50분

▸정답과 해설 7쪽

01. 다음 글의 밑줄 친 ㉠ ~ ㉤에서 각각 알맞은 단어를 골라 바르게 나열한 것은?

> 문화체육관광부가 공개한 차세대 전자 여권의 디자인 시안을 보고 많은 국민들이 '녹색에서 남색으로 바뀌는구나'라고 ㉠ 인식/각인했을 듯하다. 하지만 엄밀히 말하면 바뀔 가능성은 33.3% 정도이다. 문체부가 이날 낸 보도자료 비고란엔 '국민 선호도 조사 결과에 따라 색상 변경 가능'이라는 문구가 적혀 있었기 때문이다. 새 전자 여권은 2007년 문체부와 외교부가 공동으로 '여권 디자인 공모전'을 통해 당선된 서울대 ○○○ 교수의 작품을 원안으로 수정, 보완하였다. 공개 ㉡ 경선/경쟁을 통해 10년 넘게 수정을 거쳐 지금의 시안으로 완성된 것이다.
>
> '색상 변경 가능'이라는 설명에도 불구하고 대부분 사람들은 '남색'으로 바뀌는 걸로 거의 확신하고 있다. 무슨 일이 생긴 걸까? 문제는 보도자료에 있다. 자료에는 '㉢ 현행/현재 일반 여권 표지의 색상이 녹색에서 남색으로 디자인도 ㉣ 개선/개수된다'라고 적혀 있다. 문구 그대로 해석하면 색상은 이미 '남색'으로 변경된 셈이다. 하지만 붙임 자료에 사진으로 ㉤ 병기/표기된 설명에는 '여권의 색상을 한 가지로 통일한다면 어떤 색상이 좋다고 생각하십니까?'라며 '남색', '진회색', '적색' 3가지 색을 후보로 올렸다. 한 자료에 혼란을 일으키는 내용이 뒤섞인 것이다.

	㉠	㉡	㉢	㉣	㉤
①	각인	경선	현재	개수	병기
②	인식	경쟁	현재	개수	병기
③	각인	경선	현행	개선	표기
④	인식	경쟁	현행	개수	표기

02. 다음 글을 통해 추론할 수 없는 내용은?

> 우주는 물체와 허공으로 구성된다. 물체와 허공 이외에는 어떠한 것도 존재한다고 생각할 수 없다. 그리고 우리가 허공이라고 부르는 것이 없다면 물체가 존재할 곳이 없고 움직일 수 있는 공간도 없을 것이다. 허공을 제외하면 비물질적인 것은 존재하지 않는다. 허공은 물체에 영향을 주지도 받지도 않으며 다만 물체가 자신을 통과해서 움직이도록 허락할 뿐이다. 물질적인 존재만이 물질적 존재에 영향을 줄 수 있다
>
> 영혼은 아주 미세한 입자들로 구성되어 있기 때문에 몸의 나머지 구조들과 더 잘 조화를 이룰 수 있다. 감각의 주요한 원인은 영혼에 있다. 그러나 몸의 나머지 구조에 의해 보호되지 않는다면 영혼은 감각을 가질 수 없을 것이다. 몸은 감각의 원인을 영혼에 제공한 후 자신도 감각 속성의 몫을 영혼으로부터 얻는다. 영혼이 몸을 떠나면 몸은 더 이상 감각을 소유하지 않는다. 왜냐하면 몸은 감각 능력을 스스로 가진 적이 없으며 몸과 함께 태어난 영혼이 몸에게 감각 능력을 주었기 때문이다. 물론 몸의 일부가 소실되어 거기에 속했던 영혼이 해체되어도 나머지 영혼은 몸 안에 있다. 또한 영혼의 한 부분이 해체되더라도 나머지 영혼이 계속해서 존재하기만 한다면 여전히 감각을 유지할 것이다. 반면에 영혼을 구성하는 입자들이 전부 몸에서 없어진다면 몸 전체 또는 일부가 계속 남아 있더라도 감각을 가지지 못할 것이다. 더구나 몸 전체가 분해된다면 영혼도 더 이상 이전과 같은 능력을 가지지 못하고 해체되며 감각 능력도 잃게 된다.

① 허공은 물체의 운동을 위해 반드시 필요하다.

② 감각을 얻기 위해서는 영혼과 몸 모두가 필요하다.

③ 영혼은 비물질적인 존재이며 몸에게 감각 능력을 제공한다.

④ 영혼이 담겨 있던 몸 전체가 분해되면 영혼의 입자들은 흩어져 버린다.

03. 다음 글의 맥락에 따라 ㉠에 들어갈 접속어로 적절한 것은?

> 자신의 자존심을 유지하기 위해 실패나 과오에 대한 자기 정당화 구실을 찾아내는 행위를 가리켜 '구실 만들기 전략'이라고 하는데, 좀 더 넓게 보자면 그런 심리를 가리켜 '이기적 편향'이라고 부르기도 한다. 이는 우리의 일상생활에서 아주 쉽게 목격할 수 있다. 우리말에 좋은 건 자기 잘난 탓으로 돌리고 나쁜 건 부모 탓 또는 세상 탓으로 돌린다는 말이 있는데, 그게 바로 '이기적 편향'을 가리키는 것이다. '이기적 편향'은 우리의 부정적인 행동에 대해서는 상황적 · 환경적 요소로 돌리는 반면, 긍정적인 행동에 대해서는 우리의 내부적 요소로 돌리는 경향을 의미한다. 물론 이는 자신의 자존심을 높이거나 방어할 욕구 때문에 생겨나는 것이다.
>
> 왜 이런 이기적 편향이 생겼을까? 우리는 어떤 일을 끝마친 후 그 일에 대해 평가와 반성을 한다. 그 과정에서 일이 성공하게 된, 혹은 실패하게 된 원인을 따져 보려 하지만 성공과 실패의 진정한 원인을 찾는 것이 그리 간단한 일은 아니다. 그러나 어쨌든 원인을 찾아야 한다면 우리는 마음 편한 쪽에서 원인을 찾는다. 특히 실패를 했을 때는 우리의 자존심이 상하지 않는 방향에서 원인을 찾는다. (㉠) 실패의 원인은 늘 타인과 상황, 시기 등 나 자신이 아닌 다른 데 있게 된다.
>
> 이렇게 이기적인 것이 사람의 마음이다. 이기적 편향은 치사하고 비겁하게 보이기는 하지만, 일이 잘못됐을 때 실패의 원인을 남의 탓으로 돌림으로써 나의 자존심을 유지하는 심리적인 방어 능력이다. 그러나 실패했을 때마다 자기반성은 하지 않고 남의 탓만 하다가는 자기 발전을 이룰 수 없다. 자존심이 상하더라도 실패의 진정한 원인이 어디에 있는지 냉정히 자기 내면의 소리에 귀를 기울여 볼 필요가 있다.

① 그리하여　　② 하지만

③ 그리고　　④ 반면

04. 다음 글의 글쓴이가 말하고자 하는 바에 반박하는 내용은?

> 우리가 기술을 만들지만 기술은 우리 경험과 인간관계 및 사회적 권력관계를 바꿈으로써 우리를 새롭게 만든다. 어떤 기술은 인간 사회를 더 민주적으로 만드는 데 기여하지만 어떤 기술은 독재자의 권력을 강화하는 데 사용된다. 예를 들어 라디오는 누가, 어떻게, 왜 사용하는가에 따라서 다른 결과를 낳는다. 그렇지만 핵무기처럼 아무리 민주적으로 사용하고 싶어도 그렇게 사용할 수 없는 기술도 있다. 인간은 어떤 기술에 대해서는 이를 지배하고 통제하는 주인 노릇을 할 수 있다. 그렇지만 어떤 기술에는 꼼짝달싹 못하게 예속되어 버린다.
>
> 기술은 새로운 가능성을 열어 주지만 기존의 가능성 중 일부를 소멸시키기도 한다. 따라서 이렇게 도입된 기술은 우리를 둘러싼 기술 환경을 바꾸고, 결과적으로 사회 세력들과 조직들 사이의 역학 관계를 바꾼다. 새로운 기술 때문에 더 힘을 가지게 된 그룹과 힘을 잃게 된 그룹이 생기며 이를 바탕으로 사회 구조의 변화가 수반된다.
>
> 기술 중에는 우리가 잘 이해하고 통제하는 기술도 있지만 대규모 기술 시스템은 한두 사람의 의지만으로는 통제할 수 없다. '기술은 언제나 사람에게 진다'라고 계속해서 믿다가는 기술의 지배와 통제를 벗어나기 힘들다. 기술에 대한 철학과 사상이, 그것도 비판적이면서 균형 잡힌 철학과 사상이 필요한 것은 이 때문이다.

① 전문가를 통해 충분히 기술을 통제할 수 있다.

② 기술의 양면성은 철학과 사상이 아닌 새로운 기술로 보완해야 한다.

③ 기술의 순기능만을 더 발전시켜야 한다.

④ 새로운 기술로 힘을 잃게 된 그룹을 지원해 주는 정책이 필요하다.

05. 다음 글에서 사용된 말하기 방식의 특징으로 적절한 것은?

> 무릇 살아 있는 것은 사람으로부터 소, 말, 돼지, 곤충, 개미에 이르기까지 모두 사는 것을 원하고 죽는 것을 싫어한다네. 어찌 큰 것만 죽음을 싫어하고 작은 것은 싫어하지 않겠는가? 그렇다면 개와 이의 죽음은 같은 것이겠지. 그래서 이를 들어 말한 것이지 어찌 그대를 놀리려는 뜻이 있었겠는가? 내 말을 믿지 못하거든 그대의 열 손가락을 깨물어 보게나. 엄지손가락만 아프고 나머지 손가락은 안 아프겠는가? 우리 몸에 있는 것은 크고 작은 마디를 막론하고 그 아픔은 모두 같은 것일세. 더구나 개나 이나 각기 생명을 받아 태어났는데, 어찌 하나는 죽음을 싫어하고 하나는 좋아하겠는가? 그대는 눈을 감고 조용히 생각해 보게. 그리하여 달팽이의 뿔을 소의 뿔과 같이 보고, 메추리를 큰 붕새와 동일하게 보도록 노력하게나. 그런 뒤에야 내가 그대와 더불어 도(道)를 말할 수 있을 걸세.

① 하고자 하는 말을 반대로 표현함으로써 의도를 부각하고 있다.
② 상대방의 생각을 먼저 인정하면서 이후에 자신의 생각을 주장하고 있다.
③ 유사한 질문을 반복하여 자신의 의견을 강조하고 있다.
④ 개인적 경험을 소개하여 상대방의 흥미를 유도하고 있다.

06. 다음 글에 이어질 내용으로 적절한 것은?

> 나라를 위해 헌신한 이들에게 국가에서 적절한 보상과 지원제도를 마련하는 것은 당연하다. 따라서 관련법을 제정하고 이에 따라 최선의 지원이 될 수 있도록 나라에서 심혈을 기울이고 있다. 그런데 이를 실행에 옮기기 위해서는 적지 않은 국가 재정이 소요되므로 신중하고 합리적인 집행이 될 수 있도록 해야 한다. 나라를 위해 헌신한 이들에게 최대한 지원을 아끼지 않아야 하겠으나, 그렇다고 무한정 지원을 해 줄 수는 없다. 그렇기 때문에 한정된 재정을 활용하여 그 효과를 극대화하기 위한 고민을 해야 한다.
>
> 여기에서는 다른 측면의 고민 또한 포함되어 있다. 지원을 위한 재정이 국민들의 세금에 의해 마련된다는 점이다. 국민들의 세금이 어떤 의미를 담고 있으며 어떤 법적 근거에 의해 납부되는지를 생각한다면 결코 허투루 사용되어서는 안 된다.

① 세금이 의무사항이기는 하지만 나라는 국민에 의해 이러한 예산을 신중하게 사용해야 한다.
② 나라를 위해 헌신한 이들도 국민의 한 사람으로서 세금을 납부해야 할 의무를 가지고 있다.
③ 세금으로 마련한 나라의 예산은 사용 목적에 따라 적절히 구분하여 집행되어야 한다.
④ 나라를 위해 헌신한 이들은 세금을 통해 마련한 지원을 받을 만한 자격이 충분히 있다.

07. 다음 (가) ~ (라)를 문맥에 따라 순서대로 바르게 나열한 것은?

(가) 4차 산업혁명이 도래하면 실시간 자동생산, 유연한 생산 체계 등이 가능해지며 초저비용, 초고효율의 새로운 경제, 새로운 산업이 열리게 되리라 전망하고 있다. 또한 소득 증가와 노동 시간 단축 등을 통해 삶의 질이 향상되는 긍정적인 효과를 기대할 수 있다.

(나) 이미 사회 곳곳에 그 여파가 드러나고 있다. 상당히 많은 수의 일자리가 사라졌으며 실업자 수는 계속 증가하고 있다. 국제노동기구(ILO)에 따르면 지난해 전 세계 실업자 수는 1억 9,710만 명이었고 올해 말에는 2억 50만 명으로 증가할 것으로 전망했다. 앞으로 전 산업군과 직종에서 일자리가 점차 사라질 것이며 4차 산업혁명이 본격화되는 시점에는 전체 일자리의 80 ~ 90%가 없어질 것으로 예상되고 있다.

(다) 하지만 4차 산업혁명이 노동 시장에 줄 수 있는 악영향 또한 지적되고 있다. 이전 산업혁명에서 기계가 인간의 노동력을 대체함으로써 엄청난 수의 실업자가 발생했던 것처럼 일자리가 사라져 노동 시장의 붕괴를 가져올 수 있다. 또한 향후 노동 시장에서 '고기술/고임금'과 '저기술/저임금' 간의 격차가 더욱 커질 뿐만 아니라 일자리 양분으로 중산층의 지위가 축소될 가능성이 크다.

(라) 이에 전 세계 각국의 정부가 4차 산업혁명 대응 전략을 적극 추진하고 있다. 세계경제포럼 창립자이자 집행 위원장인 클라우스 슈밥(Klaus Schwab)은 지금부터 10년 후까지 4차 산업혁명에 대비하지 못하는 국가나 기업은 위기를 맞게 될 것이라고 경고하였다. 하지만 4차 산업혁명에는 긍정적 영향력과 부정적 영향력이 공존하며 예상되는 변화의 정도가 크기 때문에 손익 계산이 쉽지 않다.

① (가)－(다)－(나)－(라)
② (가)－(라)－(나)－(다)
③ (나)－(가)－(다)－(라)
④ (라)－(가)－(다)－(나)

08. 다음 글의 주제로 적절한 것은?

> 아프리카 초원의 치타는 가젤 영양을 사냥하기 위한 전문화에 성공한 경우다. 아프리카 초원에서 가젤 영양은 작은 편에 속하는 사냥감이지만, 가젤 영양만 잡아먹고 살 수 있다면 다른 사냥감들을 거들떠보지 않아도 될 만큼 그 수가 매우 많다. 대신 가젤 영양은 매우 빠르다. 치타들은 속도를 최대한 높여 가젤 영양을 사냥하기 위해 다른 많은 것을 포기했다. 턱과 어깨의 힘도 가젤 영양을 잡기에 적합한 정도로만 유지했다. 순간 속도는 빠르지만 지구력은 턱없이 떨어지기 때문에 몸체를 더 이상 키우기도 힘들었다. 그 결과 치타는 사자나 하이에나에게 잡혀 죽기 일쑤고, 심지어는 원숭이의 일종인 바분에게도 잡혀 죽는다. 가젤 영양보다 더 큰 사냥감을 거들떠보지도 못하고, 초원을 떠나 밀림이나 사막에서는 생존할 수도 없다. 현재 치타들이 멸종하지 않고 살아남을 수 있는 이유는 아프리카 초원에 가젤 영양의 수가 충분히 많기 때문이다. 하지만 어떤 이유로 초원의 생태조건이 크게 변해서 가젤 영양들의 몸집이 더 커지거나 더 빨라지거나 또는 멸종해 버린다면 치타들은 살아남기 힘들다.
>
> 중국의 판다 역시 전문화에 성공한 동물이다. 판다는 대나무, 그중에서도 직경 13mm 정도의 죽순을 주로 먹고 산다. 먹이가 절대적으로 부족할 때는 다른 종류의 식물이나 물고기, 설치류 등을 먹기도 하지만 기본적으로 판다는 대나무 숲이 없으면 살아갈 수 없다. 원래 육식동물로부터 진화했기 때문에 판다는 대나무의 식물성 셀룰로스를 효과적으로 분해하지 못한다. 따라서 자신의 커다란 체구를 유지하기 위한 에너지를 생산하려면 비슷한 크기의 다른 동물들보다 훨씬 많은 양의 먹이를 섭취해야 한다. 이들이 이렇게 진화하게 된 결정적인 이유는 과거 대나무 숲이 광활하게 펼쳐져 있었기 때문이다. 숲에서 대나무를 먹으면서 사는 것은 천적도 드물고 먹이 걱정도 없어서 효과적인 생활방식이었으나 지금은 대나무 숲 면적이 크게 줄어들면서 판다는 멸종위기에 놓였다.
>
> 반면 하이에나의 사냥 대상은 아주 큰 초식동물부터 작은 동물, 심지어 썩은 고기에 이르기까지 다양하다. 물고기나 갑각류도 먹는다. 이들은 서식지도 아주 넓게 분포하며, 종 전체적으로는 멸종의 위험과도 거리가 멀다

① 생물의 세계에서도 전문화는 양면성을 갖는 상당히 위험한 전략이다.

② 한 가지에 전문화되기보다는 다양성을 확보하는 것이 현명하다.

③ 전문화는 환경에 큰 변화가 일어날 때 유연하게 대응하지 못한다.

④ 생물들이 생태계에서 살아남기 위한 가장 중요한 요소는 먹잇감의 유무이다.

09. 다음 글에 나타난 사랑에 대한 필자의 입장으로 적절하지 않은 것은?

사랑은 본래 '주는 것'이다. 시장형 성격의 사람은 사랑을 받는 것에 대한 교환의 의미로만 주어야 한다고 본다. 대부분의 비생산적인 성격의 사람은 주는 것을 가난해지는 것으로 생각해서 주려고 하지 않는다. 다만 어떤 사람은 환희의 경험보다 고통을 감수하는 희생이라는 의미에서 사랑을 주는 것을 덕으로 삼는다. 그들은 모두 사랑에 대해 오해하고 있다. 생산적인 성격의 사람은 사랑을 주는 것이 잠재적인 능력의 최고 표현이며 생산적인 활동이라고 본다. 이것은 상대방의 생명과 성장에 적극적인 관심을 가지는 것이고 자발적으로 책임지는 것이며, 착취 없이 존경하는 것이다.

① 사랑은 능동적으로 활동하여 자신의 생동감을 고양하는 것이다.
② 사랑은 상대방을 있는 그대로 존중하는 것이다.
③ 사랑은 상대방에 대해 적극적인 관심을 갖는 것이다.
④ 사랑은 자신을 희생하여 상대방이 원하는 것을 들어주는 것이다.

10. 다음 중 밑줄 친 부분이 〈보기〉와 같은 의미로 쓰인 것은?

보기

그녀가 잠시 방을 비운 사이 친구들은 다급하게 풍선을 불기 시작했다.

① 박 씨는 쉴 사이 없이 일했다.
② 며칠 사이에 살이 쏙 빠졌다.
③ 편하게 앉아 있을 사이가 없다.
④ 그와 그녀는 결혼을 약속한 사이이다.

11. 다음 글의 내용에 대해 제시한 견해로 적절하지 않은 것은?

> 한국 사회는 이미 '초저출산 사회'로 접어들었고 최근에는 초저출산 현상이 심화되는 양상이다. 일선 지방자치단체들이 인구 증가시책의 하나로 출산 · 양육지원금을 경쟁적으로 늘리고 있으나 출생아는 고사하고 인구가 오히려 점점 줄어들고 있다.
>
> 전북 진안군은 파격적인 출산장려금 지원에도 좀처럼 인구가 늘지 않아 고민이다. 2013년 2만 7천6명이던 진안군 인구는 2016년 2만 6천14명으로 줄었다. 해마다 감소하는 출산율을 높이기 위해 2016년 출산장려금을 대폭 늘렸는데도 효과를 보지 못했다. 진안군은 2007년부터 첫째 · 둘째 120만 원, 셋째 이상 450만 원씩 지원하던 출산장려금을 지난해 각 360만 원과 1천만 원으로 늘렸다. 열악한 군의 재정 상황에도 인구를 늘리기 위한 고육지책이었다.
>
> 경북 영덕군은 첫째 출산 때 30만 원, 둘째 50만 원, 셋째 이상 100만 원을 주고 첫돌에 30만 원, 초등학교 입학 때는 40만 원을 준다. 하지만 2013년 말, 인구가 4만 142명에서 2014년 3만 9천586명으로 줄어들어 4만 명 선이 무너졌다. 이후에도 2015년 3만 9천191명, 2016년 3만 9천52명에서 2017년 6월 3만 8천703명으로 계속 감소하고 있다.

① 우리나라는 지속적인 출산율 저하로 초저출산 현상을 겪고 있다.

② 일회적이고 단편적인 지원책으로는 출산율을 늘리는 데 한계가 있다.

③ 일선 지방자치단체들이 인구 증가시책의 하나로 출산 · 양육지원금제도를 시행하고 있으나 오히려 인구가 줄고 있다.

④ 지방자치단체들은 출산율을 높일 수 있는 실효성 있는 지원금 액수가 어느 정도인지 제대로 파악하지 못하고 있다.

12. 다음 글의 밑줄 친 문장 중 글의 전체적인 내용과 관련이 없는 것은?

국제적으로 주택은 아동의 건강에 영향을 미치는 핵심요소로 규정되고 있다. 영아기에는 물건을 빨고 배밀이로 기어다니는 등의 특징이 나타나는데, 점차 성장하면서 아동기의 호흡량과 물, 음식물 섭취량은 급격히 증가한다. ① 이와 같은 아동기의 특징을 고려하면 여건이 열악한 주택은 아동들에게 치명적인 영향을 미치므로 주택의 위생과 안전은 더욱 중요하다.

세계보건기구(WHO)가 2007년 18개 유럽도시를 대상으로 실시한 주택과 건강에 대한 연구에 의하면 냉난방의 적정성, 실내 공기의 질(습도, 곰팡이, 라돈, 해충), 소음, 안전 등이 건강에 영향을 미치는 주거관련 요소이다. 추위는 호흡기 질환에 대한 저항력을 떨어뜨리며, 열악한 환기 시설과 습기는 박테리아, 바이러스, 곰팡이 같은 균류를 빠르게 번식하게 한다. ② 지속적으로 곰팡이, 집먼지진드기, 바퀴벌레 등에 노출되는 것은 천식과 호흡기 질환을 발생시키고 재발의 원인이 된다. 곰팡이가 번식하게 되면 카펫, 가구, 의류 등에 쉽게 확산되어 알레르기, 각종 감염, 유독물질 생성 등이 일어날 수 있다.

③ 특히 과밀한 곳은 결핵, 뇌수막염, 위암과 소화기 관련 질환과 밀접한 관계가 있다. 결핵은 열악한 환경에 지속적으로 노출될 경우 치명적일 수 있으며 천식은 성장과정에서 자연스럽게 치료되기도 하지만 성인기에 재발할 경우 비정상적인 폐 기능으로 이어질 수 있다. 뇌수막염은 장기간 지속될 경우 청각장애, 시각장애, 행동문제 등을 유발하며 생명을 위협할 수도 있다. 아동기에 과밀한 지역에 살았던 사람은 노인기에 헬리코박터 파일로리균에 감염될 가능성이 두 배 이상 높았다. ④ 소화기 관련 질환은 만성 질환으로 발전될 가능성이 높으며, 특히 음주 및 흡연 환경에 쉽게 노출되는 남성에게서 그러한 경향이 더욱 두드러진다. 서울시에 거주하는 미취학 아동을 대상으로 한 연구에서도 건물이 오래되고 주거 면적이 작을수록 숨 가쁨, 마른기침, 비염 등의 위험도가 높은 것으로 나타났다.

13. 취업준비생 나취달 씨는 □□회사에 지원하여 면접까지 보게 되었으나 면접 질문에 제대로 된 답을 하지 못해 불합격하였다. 다음 대화에서 나취달 씨가 귀담아 들어야 하는 조언은?

> 김합격 : 이번에 안타깝게 불합격했다면서? 다음엔 분명 합격할 거야.
> 나취달 : 이게 다 면접에 제대로 답을 하지 못해서 그런 것 같아.
> 이기자 : 면접 질문이 어려웠구나?
> 나취달 : 어려웠다기보다는 너무 황당했어.
> 김대기 : 어떤 질문이었는데?
> 나취달 : 면접관이 어떤 교통수단을 타고 왔는지 물어보길래 "시내버스를 타고 왔습니다."라고 대답을 했거든. 그랬더니 "그 버스에 탁구공을 넣는다면 몇 개나 들어갈까요?" 그러더라고.
> 박승리 : 어이쿠, 그래서?
> 나취달 : 그러고 나니까 머리가 하얘지더라고. "한 만 개 정도 들어갈 것 같습니다."라고 하니 면접관의 얼굴 표정이 안 좋아지더라.

① 김합격 : 정직성을 물어보는 질문 아닐까? 그러니까 솔직하게 "그 부분은 잘 모르겠습니다." 등의 대답을 하는 것이 적절할 수 있어.

② 이기자 : 음, 사실 이건 정답이 없는 질문이지. 이럴 땐 기발하면서도 재치 있는 답변을 해서 분위기를 유쾌하게 이끌어 갈 필요가 있어.

③ 김대기 : 공이 몇 개가 들어가는지는 아마 면접관도 모를 수 있어. 중요한 건 저런 질문에 논리적으로 답하는 거 아닐까? 예를 들면 "시내버스 크기는 대략 얼마 정도이고, 탁구공은 어느 정도이니 대략 얼마 정도 들어갑니다."와 같은 대답 말이야.

④ 박승리 : 저런 질문은 경험과 관련된 거야. 그러니까 내 경험을 살펴보고 면접 질문에 해당되는 경험이 없다면, 무엇이 문제인지 살펴본 후에 관련한 자신의 생각을 말하면 될 것 같아.

14. 다음 숫자들의 배열 규칙에 따라 '?'에 들어갈 알맞은 숫자는?

> 7 8 12 19 (?) 42 58

① 23 ② 25

③ 28 ④ 29

15. 빨간색 주사위와 파란색 주사위를 동시에 던졌을 때, 빨간색 주사위의 눈의 수가 파란색 주사위의 눈의 수보다 크면서 두 눈의 수의 곱이 짝수일 확률은?

① $\frac{1}{3}$　　② $\frac{2}{3}$

③ $\frac{4}{5}$　　④ $\frac{5}{12}$

16. 피자가게에서 부가세를 15%로 오인하여 피자 가격을 부가세 포함 18,400원으로 책정하였다. 부가세를 10%로 계산하면 부가세를 포함한 피자 가격은 얼마인가?

① 16,600원　　② 16,800원

③ 17,600원　　④ 17,800원

17. 열차가 A 다리를 건너는 데 5초 걸렸다. 이 열차가 40m 길이의 터널을 통과하는 데 10초 걸렸다면 A 다리의 길이는 몇 m인가? (단, 열차는 등속운동을 하며, 열차의 길이는 무시한다)

① 30m　　② 20m

③ 18m　　④ 15m

18. 유미는 3일에 걸쳐 책을 읽고 있는데, 첫째 날에는 책의 $\frac{1}{3}$을 읽었고, 둘째 날에는 책의 $\frac{1}{4}$을 읽었으며, 마지막 날에는 100장을 읽었더니 200장이 남았다. 책은 총 몇 장인가?

① 490장　　② 560장

③ 680장　　④ 720장

19. ○○교육청에 근무하는 A 주무관은 다음 자료를 바탕으로 중 · 고등학생에 대한 학교 정책을 마련하려고 한다. 자료에 대한 설명으로 적절하지 않은 것을 〈보기〉에서 모두 고르면?

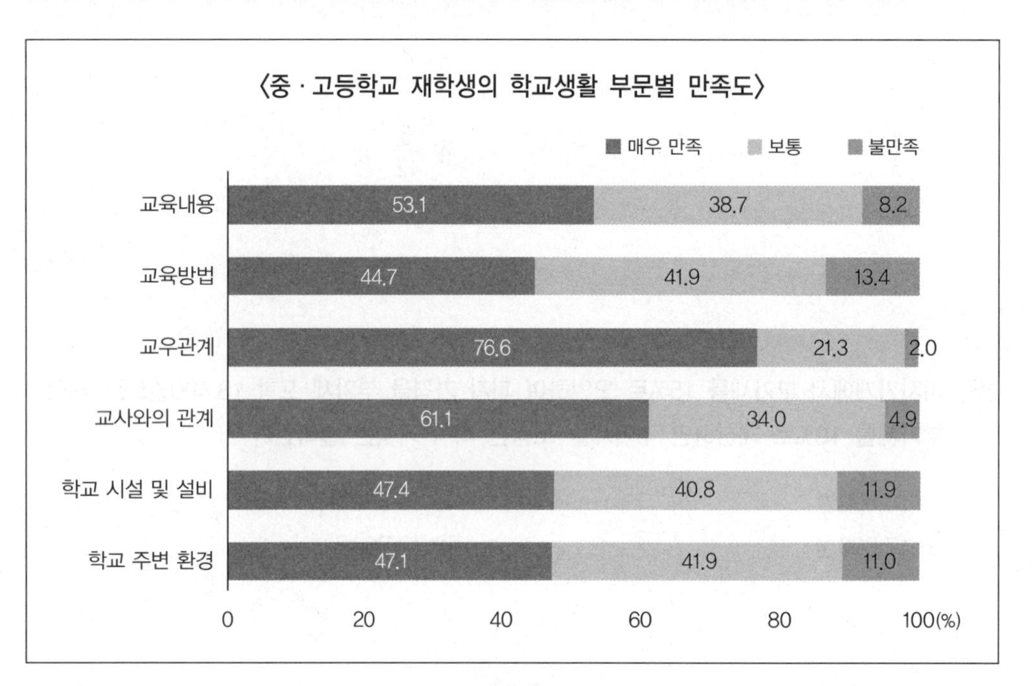

보기

㉠ 학교생활 부문별로는 '교우관계'에 대한 만족도가 76.6%로 가장 높았다.

㉡ 중 · 고등학생들은 학교 시설이나 학교 주변 환경에 대해서 매우 불만족스럽다는 반응을 나타냈다.

㉢ 교육방법에 대한 만족도가 다른 부문에 비하여 가장 낮게 나타났다.

㉣ 교사와의 관계에 있어서 불만족스럽다는 반응은 4.9%로 이는 교사에 대해 매우 만족하고 있음을 나타낸다.

① ㉠, ㉡　　② ㉡, ㉢

③ ㉡, ㉣　　④ ㉢, ㉣

20. 다음 중 가구의 주거유형 현황에 대한 설명으로 옳지 않은 것은?

〈가구의 주거유형〉

(단위 : 천 가구)

구분	20X7년	20X8년	20X9년
단독주택	6,549	6,415	6,312
아파트	9,671	10,013	10,405
연립 · 다세대	2,269	2,312	2,339
비거주용 건물 내 주택	327	319	318
주택 이외의 거처	858	920	969
계	19,674	19,979	20,343

① 주택 이외의 거처에 주거 중인 가구 수는 매년 증가했다.

② 20X7 ~ 20X9년 동안 주택 이외의 거처에 주거 중인 가구 수는 비거주용 건물 내 주택에 주거 중인 가구 수의 2배 이상이다.

③ 연립 · 다세대에 거주하는 가구 수는 증가하는 추세이다.

④ 아파트에 거주하는 가구 수는 매년 전체 가구의 50% 이상을 차지한다.

21. ○○회사의 셔틀버스 3대가 7시에 동시에 출발한다면 처음 이후 다시 동시에 출발하는 시간은 언제인가?

- A 버스는 25분 만에 출발지로 돌아오고, 5분 휴식 후 다시 출발한다.
- B 버스는 50분 만에 출발지로 돌아오고, 10분 휴식 후 다시 출발한다.
- C 버스는 1시간 10분 만에 출발지로 돌아오고, 10분 휴식 후 다시 출발한다.

① 8시

② 11시

③ 12시

④ 12시 50분

22. 다음 그래프를 통하여 알 수 없는 것은?

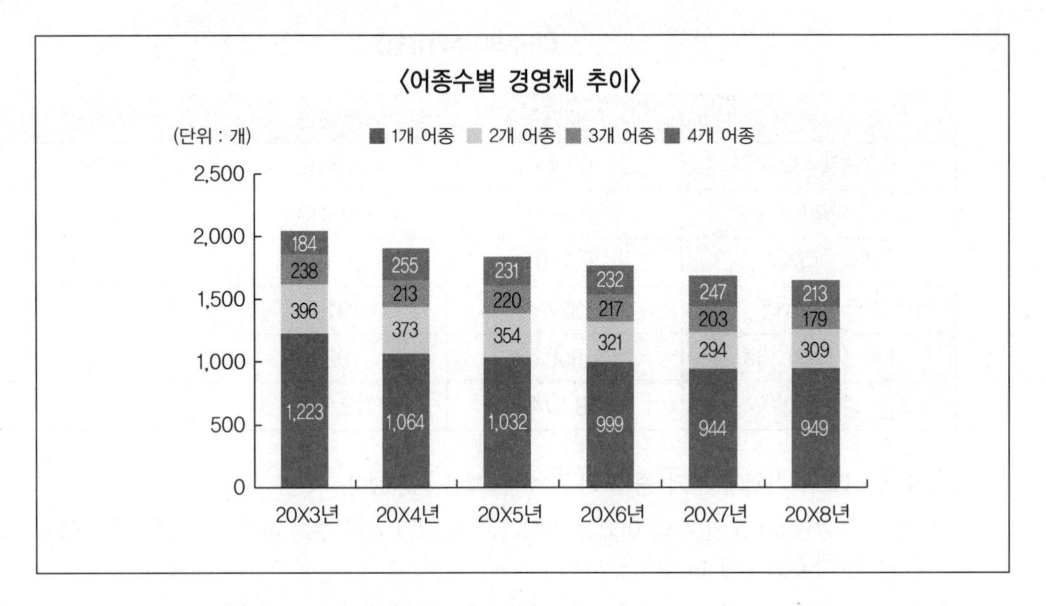

① 1개 어종만을 사육하는 경영체의 연도별 개수

② 연도별 1 ~ 4개 어종 사육 경영체의 총개수

③ 연도별 1 ~ 4개 어종 사육 경영체의 평균 사육 어종 수

④ 어종별 연도별 사육 경영체 증감 내역

23. 다음 이산가족 상봉 인원에 대한 자료를 올바르게 해석한 것을 〈보기〉에서 모두 고르면?

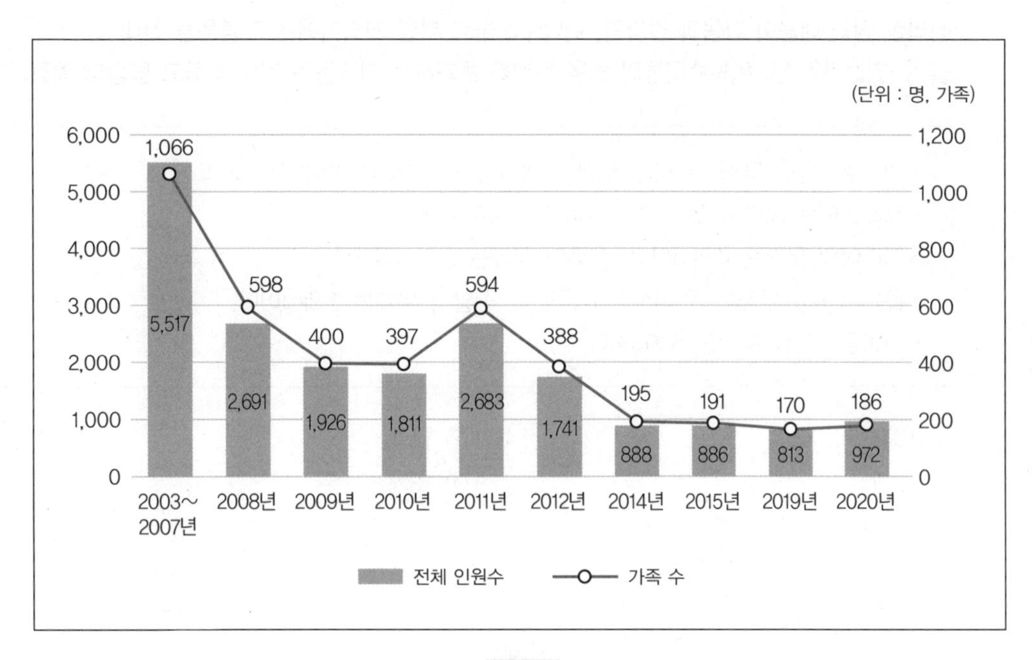

보기

(가) 해마다 이산가족 상봉 전체 인원수는 조금씩 감소하고 있다.
(나) 2011년 이후 이산가족 상봉 전체 인원수와 가족 수는 모두 감소하고 있다.
(다) 2008년 이후 이산가족 상봉 가족 수는 2008년이 가장 많다.

① (가)　　② (다)
③ (가), (나)　　④ (나), (다)

24. A 팀장은 해외출장지에서 팀원들과 지인에게 선물할 기념품 15개를 구입했다. 귀국하기 위해 정리한 짐의 내용이 다음과 같다면, 위탁수하물로 부칠 캐리어에는 기념품을 최대 몇 개까지 넣을 수 있는가? (단, 위탁수하물의 허용 무게를 초과하는 기념품은 기내에 들고 탑승할 예정이다)

- 위탁수하물로 부칠 수 있는 무게는 캐리어를 포함하여 최대 20kg이다.
- 캐리어에는 서류와 옷, 신발, 기념품을 넣어야 한다.
- 캐리어의 무게는 4.5kg이고, 서류의 무게는 2.2kg이다.
- 옷은 1.7kg 무게의 꾸러미 2개가 있고, 신발의 무게는 1.2kg이다.
- 기념품 1개의 무게는 800g이다.

① 10개 ② 11개
③ 12개 ④ 13개

25. 다음은 A 기업 직원들의 출신지역을 구분하여 정리한 것이다. A 기업의 전체 직원 수는 750명이고, 서울 · 경기도 지역 출신자 수가 강원도 지역 출신자 수의 3배라면 강원도 출신 직원은 몇 명인가?

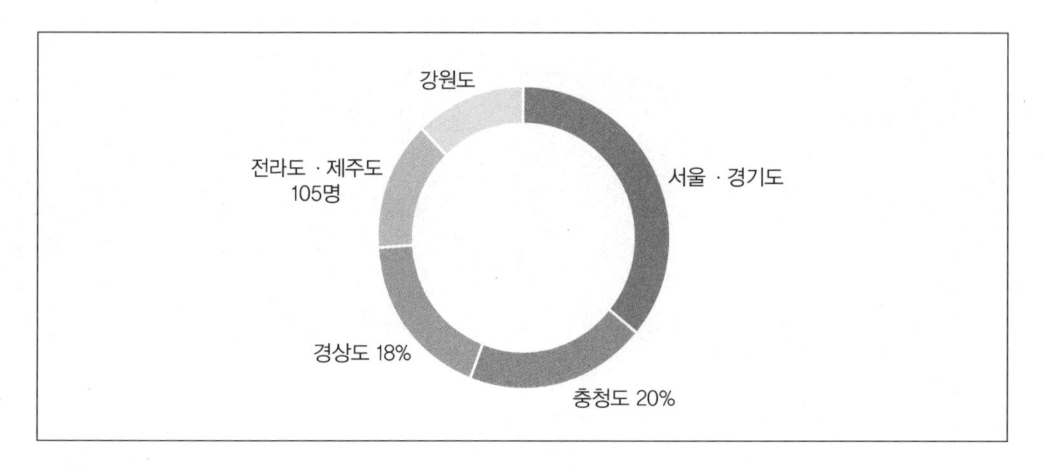

① 80명 ② 85명
③ 90명 ④ 95명

26. 다음 그림과 같이 화살표 방향으로 종이를 접은 후, 마지막 그림과 같이 펀치로 구멍을 뚫고 다시 펼쳤을 때의 모양으로 옳은 것은?

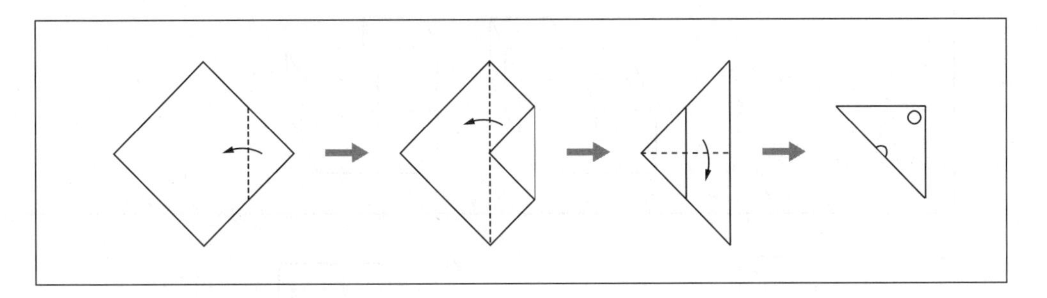

①

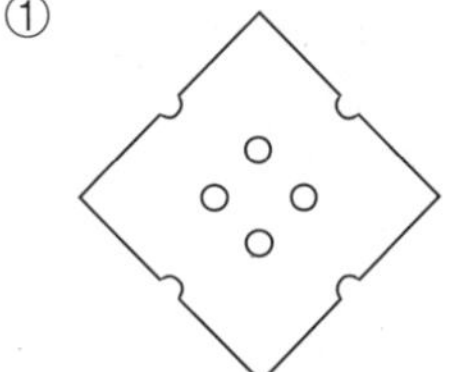

②

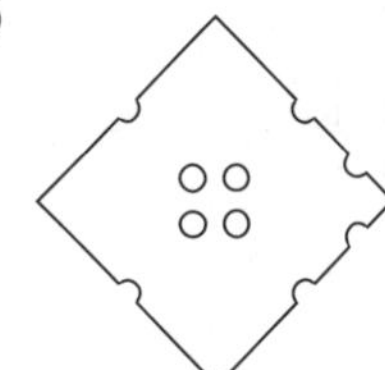

③

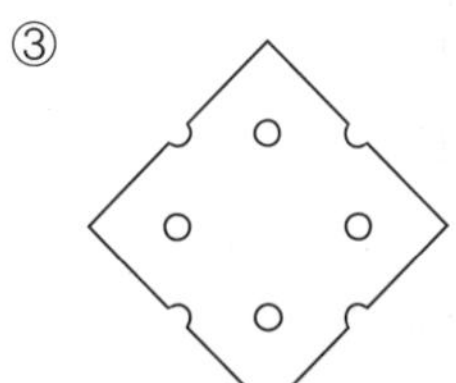

④

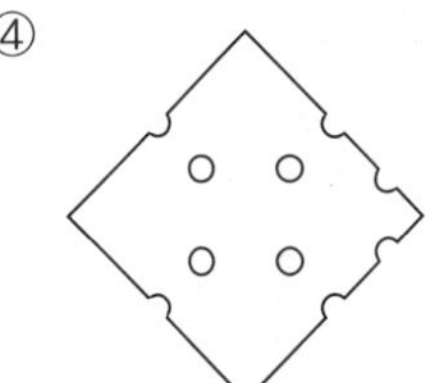

27. 다음 그림에서 찾을 수 있는 모든 크고 작은 평행사변형의 개수는? (단, 가로로 놓인 선분들과 세로로 놓인 선분들은 모두 평행하다)

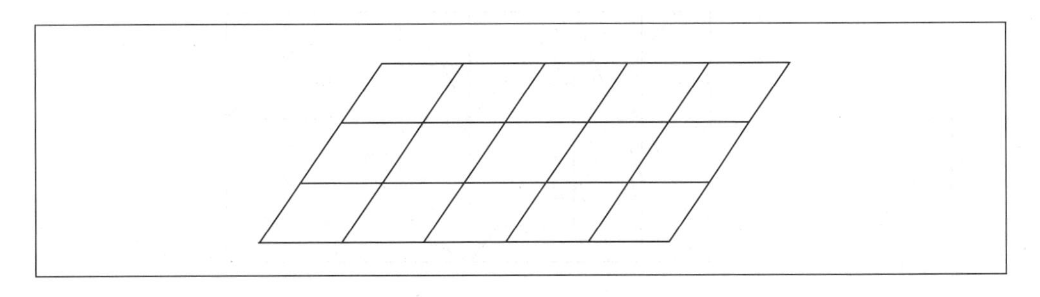

① 55개　　② 75개

③ 88개　　④ 90개

28. 다음 두 블록을 합쳤을 때 나올 수 없는 형태를 고르면? (단, 회전은 자유롭다)

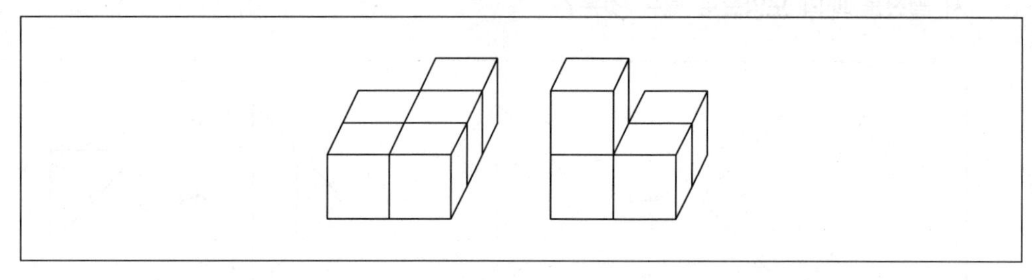

①

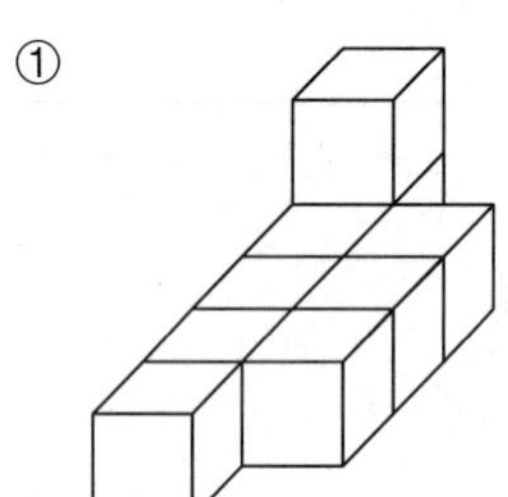

②

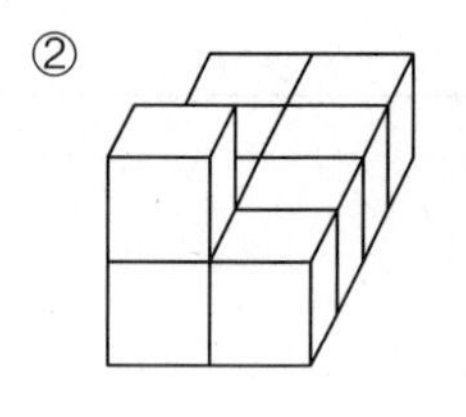

③

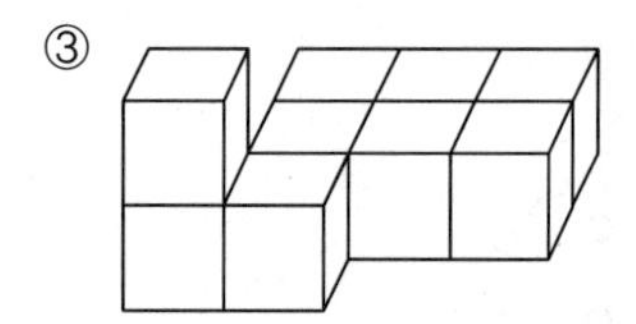

④

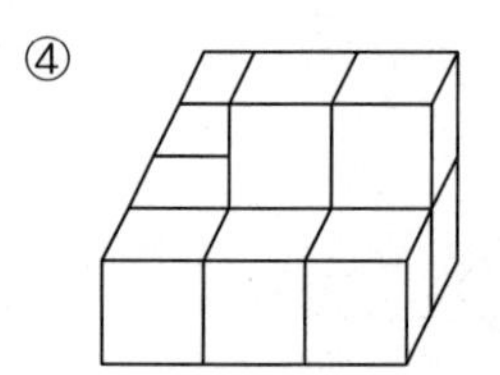

29. 다음 그림 안에 나타나 있지 않은 조각은? (단, 조각을 뒤집거나 회전하지 않는다)

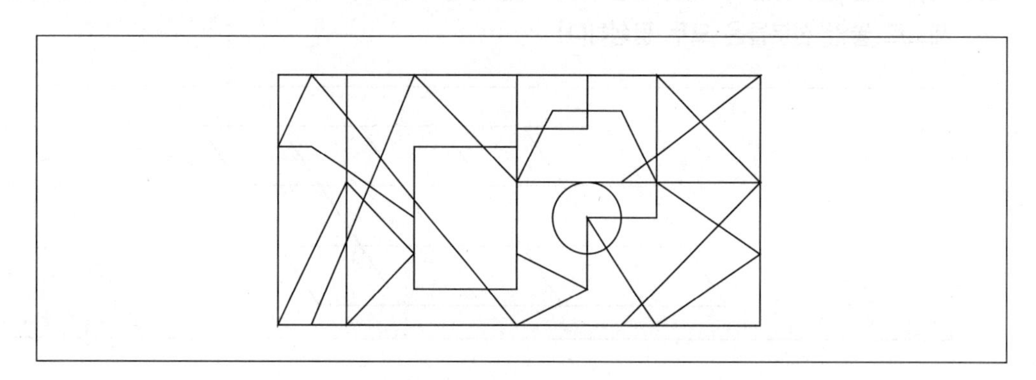

① 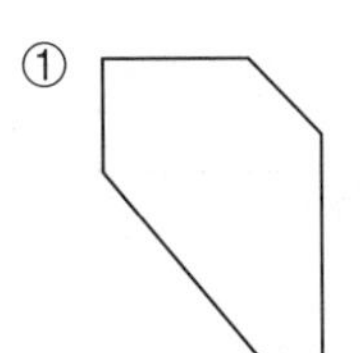

② 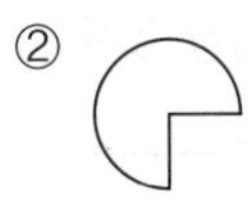

③

④ 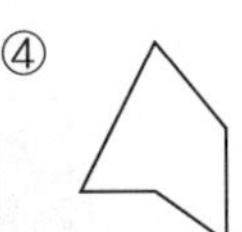

30. 다음 제시된 도형이 180° 회전했을 때의 모양으로 옳은 것은?

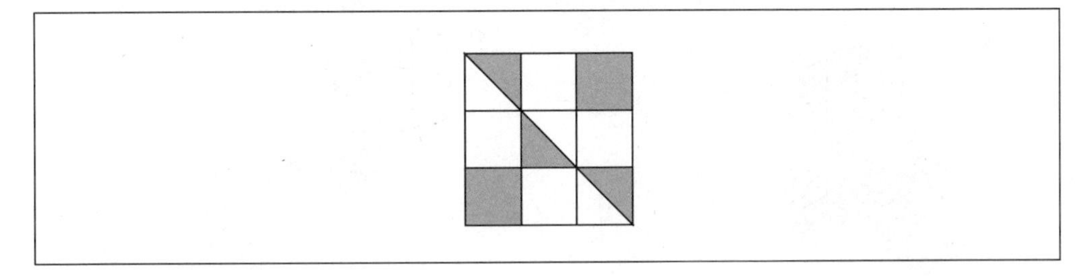

① 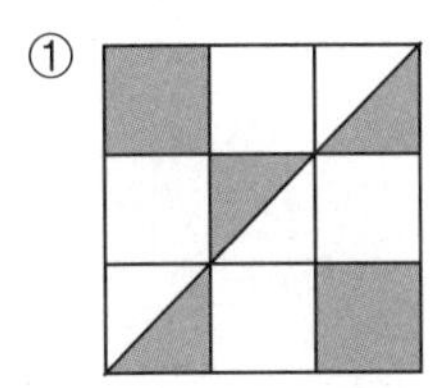

② 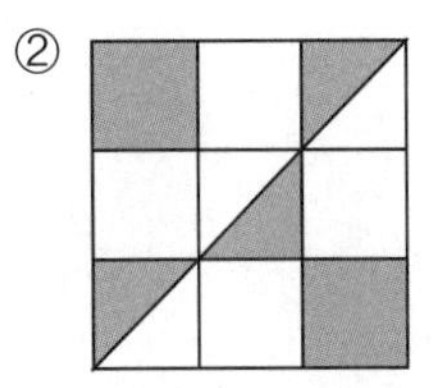

③ 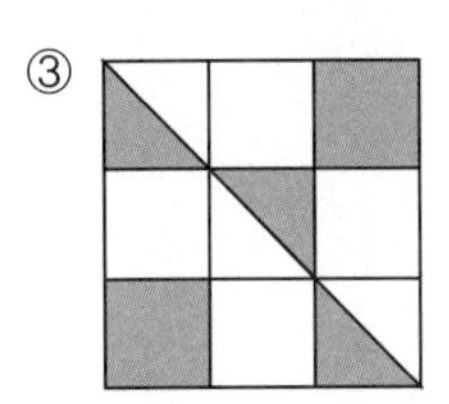

④ 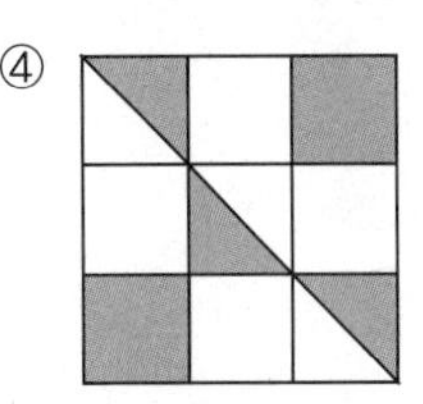

31. 다음에 제시된 입체도형과 동일한 것은?

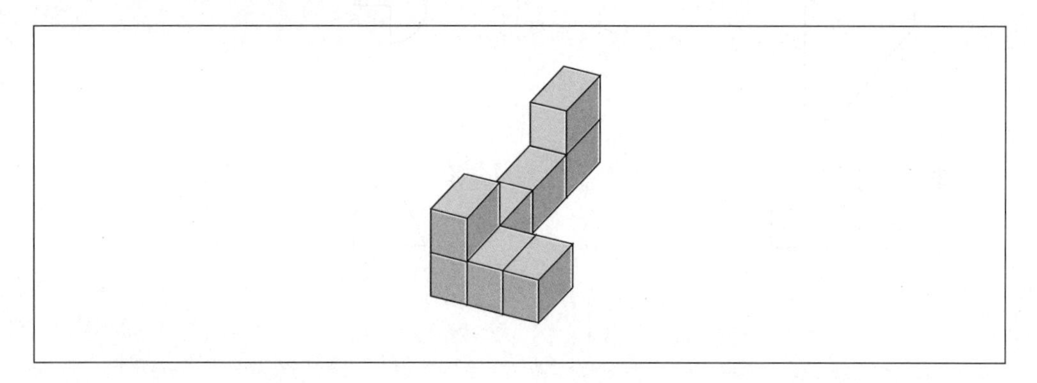

① 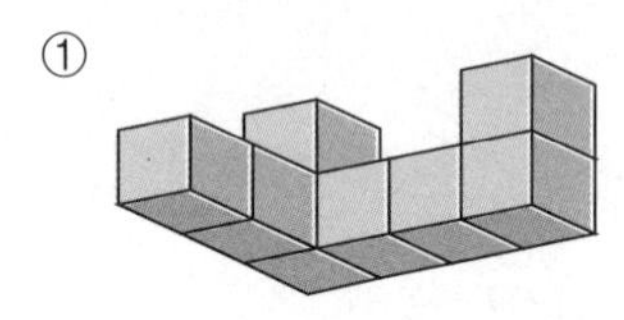

② 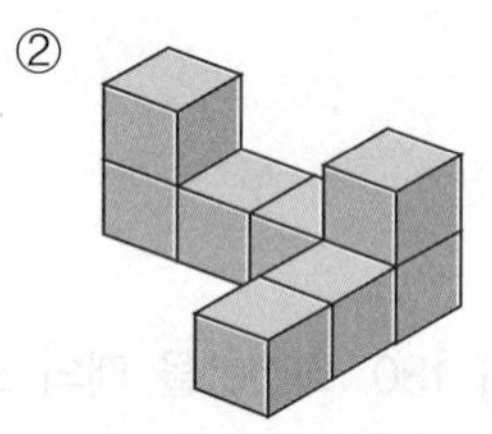

③ 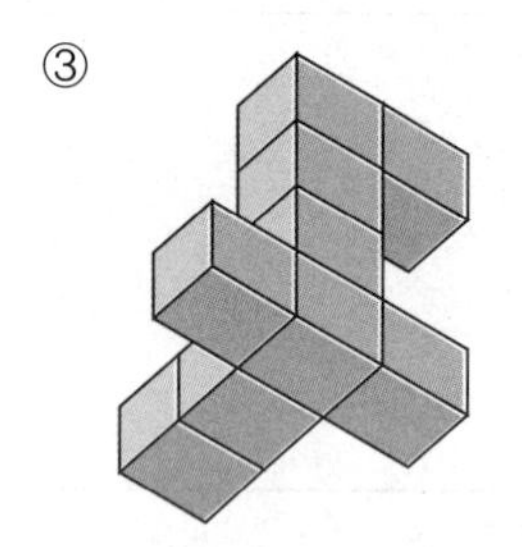

④ 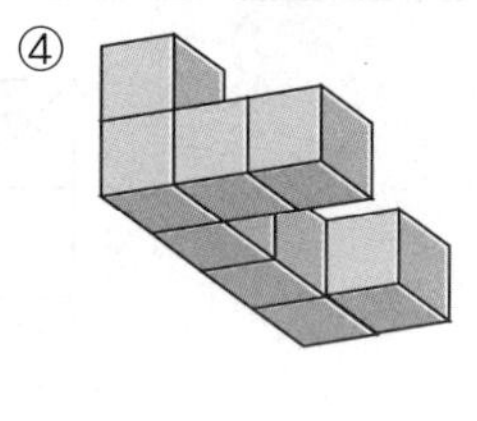

32. 다음은 같은 크기의 블록을 쌓아올린 그림이다. 블록의 개수는 모두 몇 개인가?

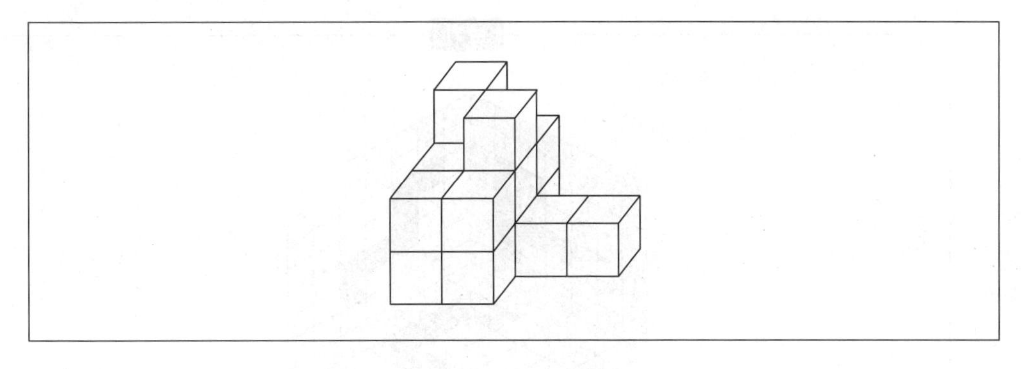

① 16개　　② 18개

③ 20개　　④ 22개

33. 다음 중 세 개는 동일한 그림을 회전한 것이다. 나머지와 다른 그림 하나는?

①
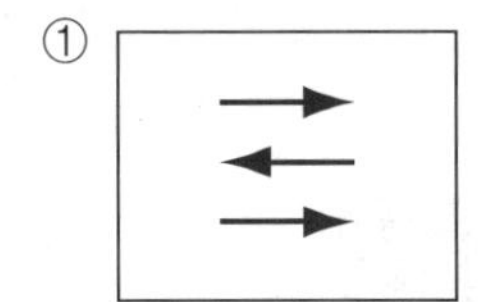

②

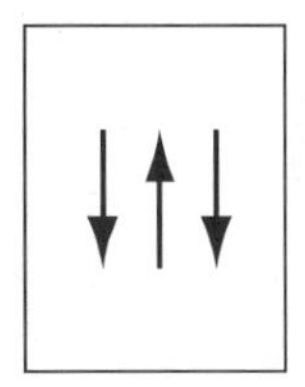

③
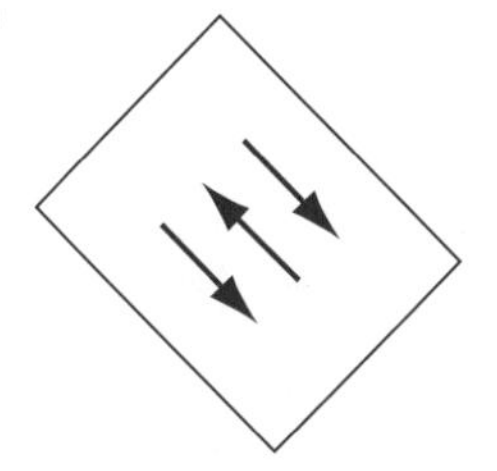

④
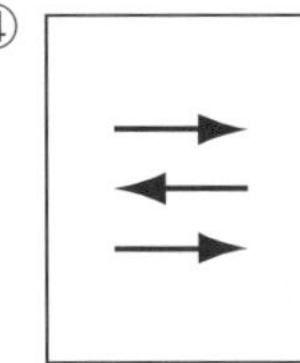

34. 다음 〈보기〉의 3차원 공간에서 세 면에 비친 그림자를 보고 이에 해당하는 도형을 고르면?

보기

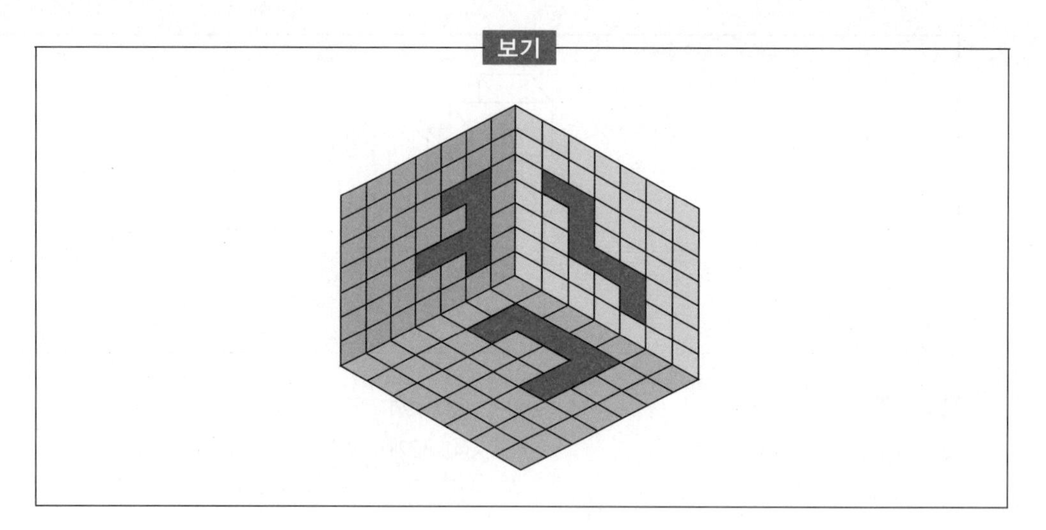

①

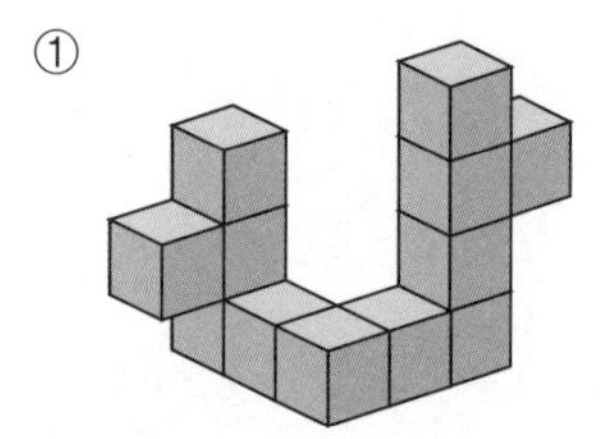

②

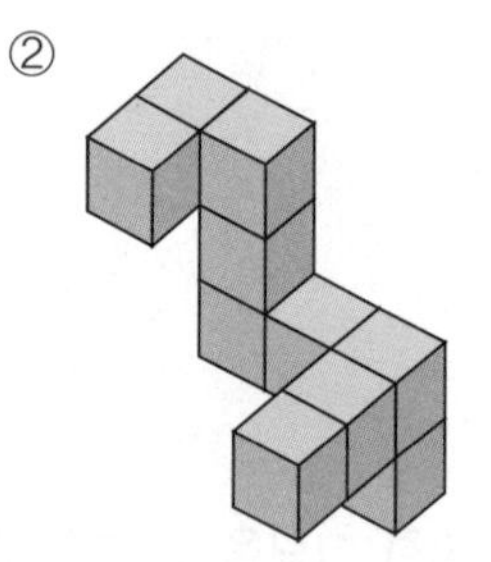

③

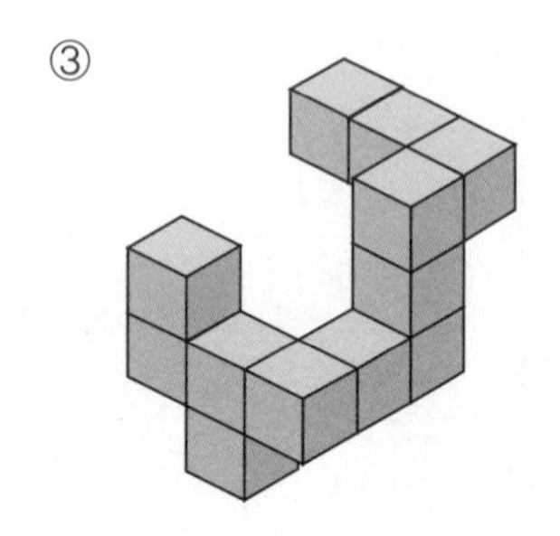

④

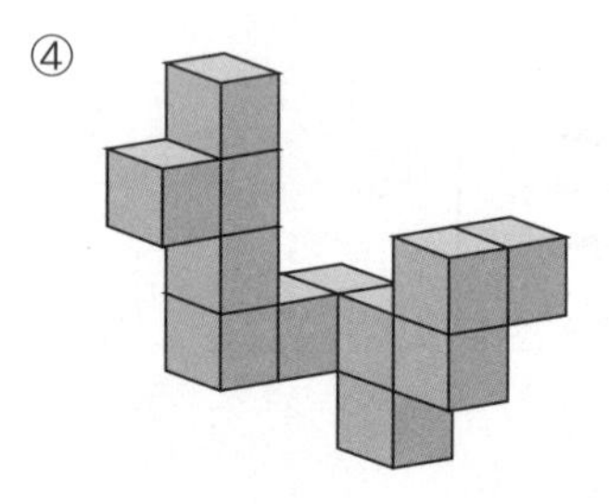

35. 다음을 보고 그 규칙을 찾아 '?'에 들어갈 도형으로 알맞은 것을 고르면?

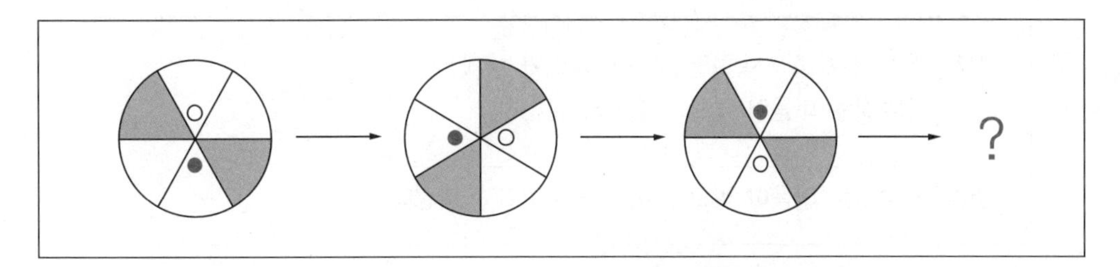

①
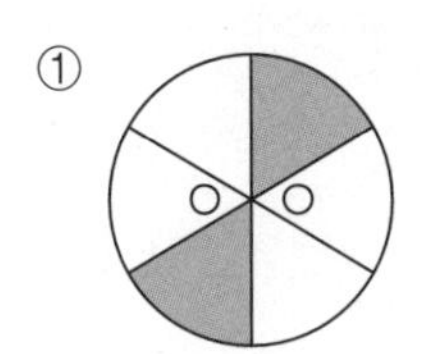

②
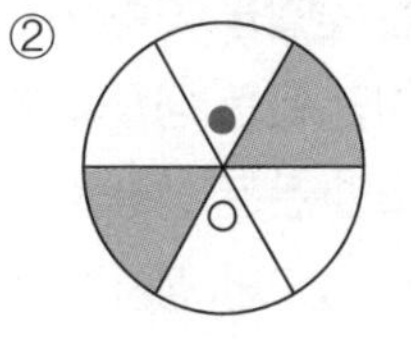

③
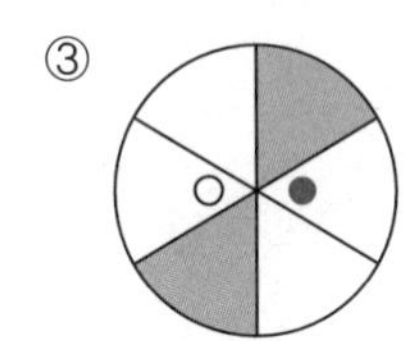

④
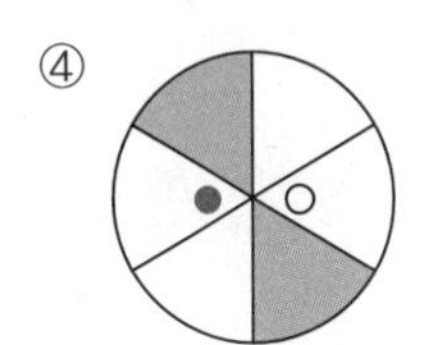

36. 다음 글에서 나타나는 논리적 오류와 같은 형태의 오류를 범하고 있는 것은?

네가 내게 한 약속을 지키지 않은 것은 곧 나를 존경하지 않는다는 증거야.

① 항상 보면 신입생이 문제야.
② 내 부탁을 거절하는 것을 보니, 넌 나를 싫어하는구나.
③ 저 사람은 진실만을 말하는 사람이야. 그는 거짓말을 하지 않는 사람이기 때문이지.
④ 거짓말을 하는 것은 죄를 짓는 것이나 다름이 없어. 산타클로스가 있다고 믿는 아이에게 거짓말을 하는 부모는 죄를 짓는 거지.

37. 다음 중 결론이 참이 되게 하는 세 번째 전제는?

> **[전제]** 은둔 생활을 지속하면 이웃과 사이가 나빠진다.
> 질투하는 마음이 많으면 정서가 불안하다.
> ______________________________
>
> **[결론]** 질투하는 마음이 많으면 이웃과 사이가 나빠진다.

① 정서가 불안하면 은둔 생활을 지속하지 않는다.
② 이웃과 사이가 좋아지면 은둔 생활을 지속한다.
③ 질투하는 마음이 많으면 은둔 생활을 지속하지 않는다.
④ 은둔 생활을 지속하지 않으면 정서가 불안하지 않다.

38. 다음 명제가 모두 참일 때 항상 옳은 것은?

> • △△동아리에서는 매달 1명의 우수회원을 선발한다.
> • 우수회원은 연말에 추첨되는 행운권을 추가로 받는다.
> • △△동아리의 모든 회원은 6개월에 1번씩 교육을 받으며 각각 한 장의 행운권을 받는다.
> • 올해 가입한 신입회원에게는 다이어리를 제공한다.
> • 올해 가입한 신입회원은 우수회원에 선발될 수 있다.

① 올해 다이어리를 받은 회원은 1명이다.
② 모든 회원은 행운권을 추가로 받는다.
③ 우수회원은 6개월에 1번씩 교육을 받는다.
④ 올해 다이어리를 받은 회원은 행운권을 추가로 받지 못한다.

39. 정면에서 보았을 때 A, B, C, D, E 다섯 사람이 〈조건〉에 맞추어 일렬로 서 있다. 다음 중 항상 옳은 것은?

조건

- D는 A의 왼쪽에 있다.
- E와 D의 사이에 C가 있다.
- A는 왼쪽에서 다섯 번째 자리에 있지 않다.
- A와 C의 사이에 B가 있다.

① A는 3번째에 있다.　　② B는 4번째에 있다.
③ D는 2번째에 있다.　　④ E는 5번째에 있다.

40. 갑, 을, 병, 정 네 명의 이번 달 지필고사 성적과 출석률을 각각 A, B, C, D 중 하나로 평가했다. 다음 〈보기〉를 참고할 때, 수강 과목의 수가 가장 많은 사람의 지필고사 성적과 출석률을 차례대로 나열한 것은? (단, 같은 평가영역 내에서 같은 등급을 여러 사람이 중복해서 받을 수는 없다)

보기

- 갑은 지필고사 성적이 B인 사람보다 수강한 과목의 수가 많다.
- 갑과 정은 지필고사 성적과 출석률에서 서로 반대로 받았다.
- 출석률에서 A를 받은 사람은 출석률에서 C를 받은 사람보다 수강한 과목의 수가 많다.
- 을은 수강한 과목의 수가 가장 적지만 이번 달 지필고사 점수는 A, 출석률은 B를 받았다.

① B, A　　② B, C
③ C, A　　④ C, D

41. A ~ F 6명은 임원 3명과 팀장 3명으로 이루어져 있고 원탁에 둘러앉아 긴급회의를 하려고 한다. 다음 〈조건〉이 모두 참일 때 거짓인 진술은?

조건

- 임원과 팀장은 교대로 앉아야 한다.
- A와 C의 사이에는 F만 앉을 수 있다.
- B는 A와 마주 보아야 한다.
- D는 B의 옆자리에 앉는다.
- F는 확실히 팀장이다.

① A는 임원이다.
② B는 팀장이다.
③ C는 팀장이다.
④ D는 임원이다.

42. 다음 〈조건〉을 바탕으로 추론하였을 때 참인 것은? (단, 주어진 팀 외에 다른 팀은 고려하지 않는다)

조건

- 경영지원팀은 총무팀과 다른 층을 사용한다.
- 개발팀은 총무팀과 다른 층을 사용한다.
- 회계팀은 다른 세 팀과 다른 층을 사용한다.

① 회계팀과 개발팀은 같은 층을 사용한다.
② 경영지원팀은 회계팀과 다른 층을 사용한다.
③ 개발팀은 경영지원팀과 같은 층을 사용한다.
④ 총무팀은 회계팀과 같은 층을 사용한다.

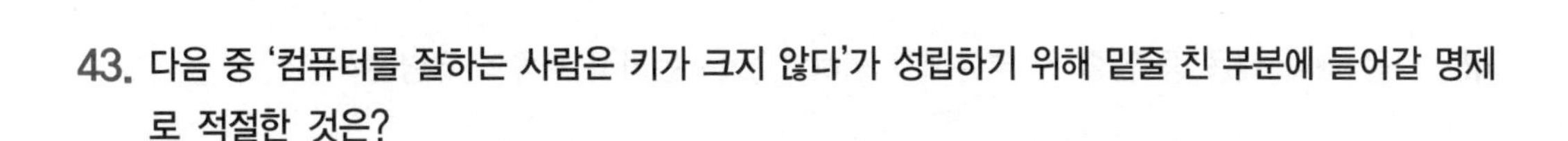

43. 다음 중 '컴퓨터를 잘하는 사람은 키가 크지 않다'가 성립하기 위해 밑줄 친 부분에 들어갈 명제로 적절한 것은?

> • 컴퓨터를 잘하지 못하는 사람은 내향적이지 않다.
> • 키가 큰 사람은 머리가 좋지 못하다.
> • ______________________________

① 컴퓨터를 못하는 사람은 머리가 좋지 못하다.
② 컴퓨터를 못하는 사람은 키가 크다.
③ 컴퓨터를 잘하는 사람은 머리가 좋다.
④ 컴퓨터를 잘하는 사람은 외향적이다.

44. △△그룹 신입사원 최종면접에서 5명 중 순위를 매겨 상위 2명을 뽑을 예정이다. 다음 대화를 통해 최종 순위 2위와 4위가 될 수 있는 사람을 바르게 연결한 것은? (단, 다섯 명 모두 진실을 말하며, 동점자는 없다)

> A : 그렇지. 내가 꼴찌일 리가 없어.
> B : 내가 E보다도 점수가 낮을 것 같아.
> C : 나는 3등일 것 같아.
> D : 내 점수가 E보다는 높을 거야!
> E : A가 나보다 점수가 높다고?

	2위	4위		2위	4위
①	A	B	②	B	E
③	D	E	④	E	A

45. 다음 대화 내용 중 밑줄 친 부분에서 범하고 있는 논리적 오류의 유형은?

> 권 과장 : 아니, 영업팀 박 대리는 어제 또 술을 마시고 아침에 지각을 했다는군.
> 최 과장 : 혹시 어제 누구랑 마셨는지 얘기 들었나?
> 권 과장 : 음... 관리본부 입사 동기들하고 마신 모양이던데?
> 최 과장 : <u>그럼 어제 함께 마신 친구들 중에서 분명히 경찰서에서 잔 사람이 있겠군.</u>

① 순환논증의 오류
② 논점일탈의 오류
③ 원칙혼동의 오류
④ 원인오판의 오류

46. 다음 중 직장에서의 전화 예절에 대한 설명으로 적절하지 않은 것은?

① 전화를 걸기 전 미리 메모할 종이와 필기구를 준비한다.
② 전화는 정상업무가 이루어지고 있는 근무 시간에 걸도록 한다.
③ 전화를 받을 때는 자신의 부서명, 성명, 직급 등의 신분을 밝힌다.
④ 원활한 소통을 위하여 준비한 멘트를 상대방의 대답을 듣기 전에 빨리 말한다.

47. 고객 응대 방법 중 서비스 정신에 입각하여 판단할 때 지양해야 할 행위가 아닌 것은?

① 시간이 걸리긴 하지만 고객의 질문에 답을 찾아주고자 별다른 설명 없이 장시간 고객을 기다리게 하는 행위
② 어지러운 책상 위가 산만하여 고객 응대에 앞서 먼저 서류 정리를 하는 행위
③ 고객의 시야에 들어오긴 하지만 연기나 냄새의 영향이 없을 정도의 거리에서 흡연을 하는 행위
④ 집안 문제로 일손이 잡히지 않지만 내가 맡은 일이라 어쩔 수 없이 고객의 민원에 응하는 강요된 서비스 행위

48. 비윤리적 행위 유형 중 '도덕적 타성'에 해당하지 않는 사람을 고르면?

① 매일 지각을 일삼으면서도 아침잠은 포기하지 못하겠다는 김 부장
② 입사서류를 조작해 서류전형을 합격 처리한 최 부장
③ 거래업체에 부정한 금품을 수수하고 업계 관행에 따른 것이라 주장하는 이 실장
④ 사업자금을 위해 적자가 기록된 회계장부의 조작을 지시하는 백 회장

49. 다음 글의 상황에서 나타나는 갈등의 주된 원인을 적절히 분석한 것은?

> P는 당사자가 없는 자리에서 그 사람을 험담하는 일종의 뒷담화를 좋아하지 않는다. 그런데 M은 본인과 상대방이 공감대를 형성하고 있다는 증거로 본인의 뒷담화에 동참하는지 여부를 확인한다. P와 M이 오랜만에 만나게 되었는데, M은 항상 그렇듯 요즘 자신의 눈에 거슬리는 인물을 화젯거리로 삼아 뒷담화를 하기 시작했다. P는 M이 얘기하는 내용이 듣기 거북했고, 계속해서 이야기의 화제를 돌리고자 했다. M은 이런 P의 모습이 못마땅했으며, P가 자신과 잘 맞지 않는다고 생각했다. 결국 P와 M은 자리를 서둘러 정리하고, 어색하게 헤어지게 되었다.

① P가 M의 뒷담화를 적당히 들어 주었어야 했는데, 그렇게 하지 못했다.
② M은 자신이 하는 뒷담화를 불편해하는 사람이 있을 것이라는 점을 인지하지 못했다.
③ M이 험담하는 사람이 P의 지인일 수 있다는 점을 M이 고려하지 못했다.
④ P가 M의 뒷담화가 어떤 맥락에서 시작되었는지 사려 깊게 살피지 못하였다.

50. 다음 글의 K 씨에게 부족한 직업윤리는?

> K 씨는 일에 대한 집중도가 상당히 뛰어나고 남보다 빠른 시간 내에 좋은 아이디어를 내며 높은 성과를 거둔다. 그러나 자기중심적으로 행동하고 시간을 잘 지키지 않는다. 출퇴근 시간도 자신이 마음대로 정하기 때문에 팀 분위기를 해친다는 평가를 받는다.

① 창의력 ② 정직
③ 근면 ④ 청결

충남 2회

기출예상문제

문항수 | 50문항
시험시간 | 50분

▸ 정답과 해설 16쪽

01. 다음 (가) ~ (라)를 문맥에 맞도록 바르게 나열한 것은?

> (가) 이는 'hyper(초월한)'와 'text(문서)'의 합성어이며, 1960년대 미국 철학자 테드 넬슨이 구상한 것으로, 컴퓨터나 다른 전자 기기로 한 문서를 읽다가 다른 문서로 순식간에 이동해 읽을 수 있는 비선형적 구조의 텍스트를 말한다. 대표적인 예시인 모바일의 경우 정보에 접근하는 속도는 매우 빠르지만 파편성은 극대화되는 매체다.
>
> (나) 밀레니엄 세대(Y세대)와는 다르게 다양성을 중시하고 사물인터넷(IoT)으로 대표되는 Z세대는 대개 1995년부터 2010년까지 출생한 세대를 보편적으로 일컫는 말이다. 이들은 어렸을 때부터 인터넷 문법을 습득하여 책보다는 모바일에 익숙하다. 책은 선형적 내러티브의 서사 구조를 갖는 반면 인터넷은 내가 원하는 정보에 순식간에 접근할 수 있게 해 준다는 측면에서 정보들 사이의 서사적 완결성보다는 비선형적 구조를 지향한다. 이러한 텍스트 구조를 하이퍼텍스트라고 한다.
>
> (다) 따라서 앞으로는 무한하게 확장된 정보 중에서 좋은 정보를 선별하고, 이를 올바르게 연결하는 개인의 능력이 중요하게 부각될 것이다.
>
> (라) 이러한 경우, 정보의 시작과 끝이 없으므로 정보의 크기를 무한대로 확장할 수 있다는 특징을 가진다. 일반적인 문서로는 저자가 주는 일방적인 정보를 받기만 하지만 하이퍼텍스트로는 독자의 필요에 따라 원하는 정보만 선택해 받을 수 있다.

① (가)－(나)－(다)－(라)
② (가)－(다)－(나)－(라)
③ (나)－(가)－(라)－(다)
④ (나)－(라)－(가)－(다)

02. 다음 ㉠ ~ ㉣ 중 그 표기가 올바른 것은?

산꼭대기에는 해를 비롯한 ㉠ 천채의 움직임을 보여 주는 ㉡ 금빛 혼천의가 돌고, 그 아래엔 4명의 선녀가 매시간 종을 울린다. ㉢ 산기슭은 동서남북 사분면을 따라 봄 · 여름 · 가을 · 겨울 산이 펼쳐져 있다. 산 아래 평지에는 밭을 가는 농부, 눈 내린 기와집 등 조선땅의 사계절이 ㉣ 묘사돼 있고, 쥐 · 소 · 호랑이와 같은 12지신상이 일어섰다 누웠다를 반복하며 시간을 알린다.

① ㉠　② ㉡
③ ㉢　④ ㉣

03. 다음 글의 (A) ~ (D) 중, 〈보기〉의 문장이 들어갈 위치로 가장 적절한 것은?

우리 문화의 여러 측면에서 언제부터인가 전통의 부재를 비판하는 소리가 높아졌다. (A) 건축계도 예외가 아니다. 우리의 많은 현대건축물들이 서양의 건축 사조를 수입하여 모방하는 데 지나지 않으며 건축분야 중 일상생활과 가장 밀접한 주거건축에서조차 전통의 현대적 계승을 찾아볼 수 없다는 비판도 있다. 실제로 우리 현대 주택의 대명사가 된 고층 아파트를 전통 한옥과 연결시키기란 불가능해 보인다. 이러한 상황에서 우리는 '건축에서 주택과 주거의 문제에서 전통은 무엇인가?' 그리고 '전통이나 전통적 요소는 현대의 건축에 어떠한 방식으로 계승되어야 하는가?'라고 묻지 않을 수 없다.

전통은 시간적 연결성을 확보하는 것, 곧 과거로부터 현재 그리고 미래로 이어지는 것, 또는 세대에서 세대로 전승되는 무엇을 의미한다. (B) 따라서 전통의 문제에서는 '무엇'을 어떻게 계승해야 하는가가 핵심적인 논제가 된다. (C) 그러므로 건축의 전통을 논의할 때는 새로운 사회조건에서 역사적으로 전해온 요소들을 어떻게 수용하느냐가 중요하다. (D) 요컨대, 전통의 현대적이고 창조적인 해석과 현실 적용이 건축분야에서 전통을 논의하는 핵심이라고 하겠다.

보기

흔히 건축은 시대의 반영이며 사회의 선물이라고 한다.

① (A)　② (B)
③ (C)　④ (D)

04. ○○교통공사에서는 다음 자료와 같이 시민들에게 4호선 탐방학습 등을 제공하고 있다. 자료에 대한 설명으로 적절한 것은?

■ 탐방학습 패키지

• 역사와 미래가 공존하는 4호선으로 탐방학습 오세요!

어린이 및 청소년들이 ○○의 역사가 스며들어 있는 동래읍성 임진왜란 역사관 및 충렬사 등을 탐방하고 동시에 미래형 도시철도 무인전철의 우수성을 경험해 볼 수 있는 4호선 탐방학습 패키지 코스에 여러분을 초대합니다.

• 운영기준

－대상 : 20인 이상 단체

－일자 : 화 ~ 금요일(공휴일 · 공사 지정 휴일 제외)

－개방시간 : 10:00 ~ 17:00

• 안내 순서

－한 단체당 단체 승차권 1매로 A 코스 또는 B 코스를 선택하여 이용함.

〈A 코스〉

출발역		수안역		안평차량기지
단체 승차권 구매	➜	동래읍성 임진왜란 역사관 견학	➜	경전철홍보관, 관제센터, 테마공원 견학

〈B 코스〉

출발역		수안역		충렬사역
단체 승차권 구매	➜	동래읍성 임진왜란 역사관 견학	➜	충렬사 견학

① 유치원생이 탐방학습 패키지에 참여하기 위해서는 청소년 이상의 보호자가 필요하다.

② 매주 월요일은 임진왜란 역사관이 휴관하므로, 패키지 코스를 이용할 수 없다.

③ 개방시간은 오전 10시부터 7시간으로, 1회 탐방에는 약 1시간 30분이 소요된다.

④ 15인의 청소년으로 구성된 단체는 단체 승차권을 구매할 수 없다.

05. 다음 (가) ~ (바)를 문맥에 따라 순서대로 배열한 것은?

> (가) 과학에서는 이유를 알 수 없는 기호나 식에 대한 이해가 가장 첫 단계에서 요구된다.
> (나) 그럼에도 이상하다고 생각하는 표정을 지으면 이번에는 "너무 얇게 그리면 뒷자리에서 보이지 않고, 더 얇게 그리면 앞자리 사람들한테도 보이지 않으니 그냥 굵기가 없다고 생각해주렴."이라고 하신다.
> (다) 이를 잘 견딘 경우, 반드시 성립하는 만물에 대한 객관적인 이해가 가능해진다고 한다.
> (라) 즉, 스스로 자신을 속이는 과정이 필요한 것이다.
> (마) 그 사실이 신경 쓰여 질문을 해봐도 대개는 "좋은 질문이지만 곧 깨닫게 될 것이니 지금은 칠판에 그려진 똑바른 선에 굵기가 없다는 사실에만 집중합시다."라며 보기 좋게 무시를 당할 것이다.
> (바) 예를 들어, 초등학교 발달 학습시간에 선생님이 '직선에는 굵기가 없다'나 '점에는 크기가 없다'를 가르쳐 줄 때, 칠판에 그려진 직선에서는 굵기가 보인단 사실을 무시해야 한다.

① (가)－(나)－(바)－(다)－(라)－(마)
② (가)－(다)－(바)－(마)－(나)－(라)
③ (바)－(나)－(다)－(라)－(마)－(가)
④ (바)－(나)－(마)－(가)－(라)－(다)

06. 다음 밑줄 친 단어의 뜻이 나머지와 다르게 쓰인 것은?

① 내 동생은 <u>의사</u> 표현이 확실하다.
② <u>의사</u>인 둘째 사위의 권고로 담배를 끊었다.
③ 그 국회의원은 국민의 <u>의사</u>를 무시했다.
④ 싸울 <u>의사</u>가 없으면 얼른 물러나라.

07. 다음 제시된 의미에 해당하는 단어를 유추하여 끝말잇기를 할 때, 빈칸에 들어갈 단어는?

> 법을 어기는 것 – (　　　) – 병을 잘 낫게 하는 것

① 법정　　② 법률

③ 법도　　④ 법치

08. 다음 글의 내용을 포괄하는 주제로 적절한 것은?

> 원시공동체의 수렵채취 활동은 그 집단이 소비해 낼 수 있는 만큼의 식품을 얻는 선에서 그친다. 당장 생존에 필요한 만큼만 채취할 뿐 결코 자연을 과다하게 훼손하지 않는 행태는 포악한 맹수나 원시 인류나 서로 다를 바 없었다. 이미 포식한 뒤에는 더 사냥하더라도 당장 먹을 수 없고, 나중에 먹으려고 남기면 곧 부패되므로 욕심을 부릴 까닭이 없기 때문이었다. 또 각자 가진 것이라고는 하루분 식품 정도로 강탈해도 얻는 것이 별로 없으니 목숨을 걸고 다툴 일도 없었다. 더 탐해도 이익이 없으므로 더 탐하지 않기 때문에 원시공동체의 사람이나 맹수는 마치 스스로 탐욕을 절제하는 것처럼 보인다.
>
> 신석기시대에 이르면 인류는 수렵채취 중심의 생활을 탈피하고 목축과 농사를 주업으로 삼기 시작한다. 목축과 농사의 생산물인 가축과 곡물은 저장 가능한 내구적 생산물이다. 당장 먹는 데 필요한 것보다 더 많이 거두어도 남는 것은 저장해 두었다가 뒷날 쓸 수 있다. 따라서 본격적인 잉여의 축적도 이 시기부터 일어나기 시작하였다. 그리고 축적이 늘어나면서 약탈로부터 얻는 이익도 커지기 시작했다. 많이 생산하고 비축하려면 그만큼 힘을 더 많이 들여야 한다. 그런데 그 주인만 제압해 버리면 토지와 비축물을 간단히 빼앗을 수 있다. 내 힘만 충분하면 토지를 빼앗고 원래의 주인을 노예로 부리면서 장기간 착취할 수도 있으니 가장 수익성 높은 '생산' 활동은 약탈과 전쟁이다. 이렇게 순수하고 인간미 넘치던 원시 인류도 드디어 탐욕으로 오염되었고 강한 자는 거리낌 없이 약한 자의 것을 빼앗기 시작하였다.

① 저장의 시작에서 발현한 인류의 탐욕

② 목축과 농사의 인류학적 가치

③ 약탈 방법의 다양성과 진화

④ 사적 소유의 필요성

09. 다음 글의 중심내용으로 적절한 것은?

> 정보 사회라고 하는 오늘날, 우리는 실제적 필요와 지식 정보의 획득을 위해서 독서하는 경우가 많다. 사실은 일정한 목적의식이나 문제의식을 안고 달려드는 독서일수록 능률적이다. 르네상스 시대의 만능인이었던 괴테는 그림에 열중하기도 했다. 그는 의아해하는 주위 사람들에게 그림의 대상이 되는 집이나 새를 더 관찰하기 위해서 그림을 그리는 것이라고 대답했다고 전해진다. 그림을 그리겠다는 목적의식을 가지고 집이나 꽃을 관찰하면 평소보다 분명하고 세세하게 그 대상이 떠오른다. 마찬가지로 일정한 주제의식이나 문제의식을 가지고 독서를 할 때, 보다 창조적이고 주체적인 독서 행위가 성립된다.

① 특정 목적이나 문제의식을 가진 독자일수록 효율적인 독서를 할 수 있다.
② 독서의 목적은 독자들이 무엇을 필요로 하느냐에 따라 달라진다.
③ 독자들은 각자 필요한 지식 정보를 획득하기 위해 다양한 책을 읽는다.
④ 독자들이 그림을 그린다면 주체적인 독서를 하는 데에 도움이 될 것이다.

10. 다음에서 설명하는 사자성어로 옳은 것은?

> 달아난 양을 찾다가 여러 갈래 길에서 길을 잃었다는 뜻으로, 학문의 길이 나뉘어져 진리를 찾기 어려움.

① 곡학아세(曲學阿世)
② 다기망양(多岐亡羊)
③ 입신양명(立身揚名)
④ 읍참마속(泣斬馬謖)

11. 다음 글의 밑줄 친 ㉠ ~ ㉣에서 각각 알맞은 단어를 골라 순서대로 나열한 것은?

> 조현병의 진단은 주로 환자의 증상을 바탕으로 임상적으로 내리게 된다. 미국 정신의학회의 ㉠ 진단/치료 기준을 보면 망상, 환각, 와해된 언어, 와해된 행동이나 긴장증적 행동, 음성 증상의 5가지 중 2가지 이상 증상이 1개월 이상 ㉡ 존재/상존하는 경우를 조현병으로 본다. 그 외에도 혹시 다른 내과, 신경과적 ㉢ 약물/질환 때문에 조현병과 유사한 증상을 보이는지를 확인하기 위해 내과적 검사와 뇌 자기공명영상(MRI) 등의 검사를 이용하기도 한다.
>
> 조현병의 치료에 있어 가장 중요한 것은 항정신병약물을 이용한 약물치료이다. 약물치료는 조현병의 중요한 원인 중 하나로 알려진 신경전달물질의 불균형을 바로 잡아주고, 이를 통해 증상을 ㉣ 이완/완화시키며 나아가 조현병의 재발을 막아줄 수 있다. 그 외에도 인지행동치료, 환자 가족들에 대한 교육, 직업재활 등의 치료가 도움이 될 수 있다.

	㉠	㉡	㉢	㉣
①	치료	상존	질환	완화
②	진단	존재	질환	완화
③	치료	존재	약물	이완
④	진단	상존	약물	완화

12. 다음에서 설명하는 접두어의 쓰임이 잘못된 것은?

> • 새- : 어두음이 된소리나 거센소리이고, 어간의 첫음절 모음이 양성모음일 때 사용한다.
> • 샛- : 어두음이 유성자음이고, 어간의 첫음절 모음이 양성모음일 때 사용한다.
> • 시- : 어두음이 된소리나 거센소리이고, 어간의 첫음절 모음이 음성모음일 때 사용한다.
> • 싯- : 어두음이 유성자음이고, 어간의 첫음절 모음이 음성모음일 때 사용한다.

① 유채꽃 축제가 열리는 한강공원의 유채꽃밭은 정말 샛노랗다.

② 여름휴가를 보내고 돌아오니 얼굴이 햇볕에 새까맣게 탔다.

③ 그 아기는 정말 호수처럼 새말간 눈동자를 가졌다.

④ 칼에 베인 엄지손가락에서 시뻘건 피가 흘렀다.

13. 다음 중 우대용 교통카드 적용대상자에 대해 잘못 이해하고 있는 사람은?

• 우대용 교통카드 : 수도권 도시철도 무임승차 대상자(만 65세 이상 경로우대자, 장애인, 유공자)가 이용하는 반영구적 교통카드

〈우대용 교통카드 적용대상자〉

구분	적용대상자
경로자	[적용대상] : 노인복지법 제26조에 정한 노인(만 65세 이상 어르신) [카드발급] : 동주민센터(단순무임), ○○은행(신용/체크카드)
장애인	[적용대상] : 장애인복지법 제2조에 정한 장애인(지체/청각/언어/정신지체 장애 등으로 신분확인 가능한 증명서를 발급받은 사람), 장애등급 1 ~ 3급의 동승보호자 1인 [카드발급] : 동주민센터(단순무임/신용/체크카드)
유공자	[적용대상] – 독립유공자 예우에 관한 법률시행령 제14조, 국가유공자 등 예우 및 지원에 관한 법률시행령 제85조 제1항 및 5 · 18 민주유공자 예우에 관한 법률시행령 제51조 제2항에 정한 사람 – 독립유공자, 전상군경, 공상군경, 4 · 19혁명 부상자, 공상공무원, 6 · 18자유상이자, 특별공로상이자로서 1 ~ 7급까지 해당자 및 상이등급 1급의 동승보호자 – 5 · 18 민주화 운동 부상자로서 1 ~ 14급까지 해당자 및 장애등급 1급의 동승보호자 1인 [카드발급] : 관할 보훈지청(신용/체크카드)

① 갑 : 노인복지법 규정에 따라 만 66세 이상인 할아버지는 적용대상이 되는 걸.

② 을 : 장애등급 1급인 사촌동생의 보호자인 숙모는 대상자가 아니야.

③ 병 : 독립유공자 예우에 관한 법률시행령에서 정하고 있는 독립유공자인 큰아버지는 대상자에 포함돼.

④ 정 : 장애인복지법에서 지체장애인으로 신분확인 가능한 증명서를 발급받은 외사촌은 적용대상자가 맞아.

14. S 사원이 서류를 보내기 위해 회사에서 출발하여 우체국에 다녀왔다. 갈 때는 시속 5km/h로, 올 때는 시속 6km/h로 걸어서 총 1시간 50분이 걸렸다면, 회사와 우체국 사이의 거리는 총 얼마인가? (단, 우체국에서 소비된 시간은 무시한다)

① 4.5km ② 5km
③ 5.5km ④ 6km

15. 다음 숫자들의 배열 규칙에 따라 '?'에 들어갈 알맞은 숫자는?

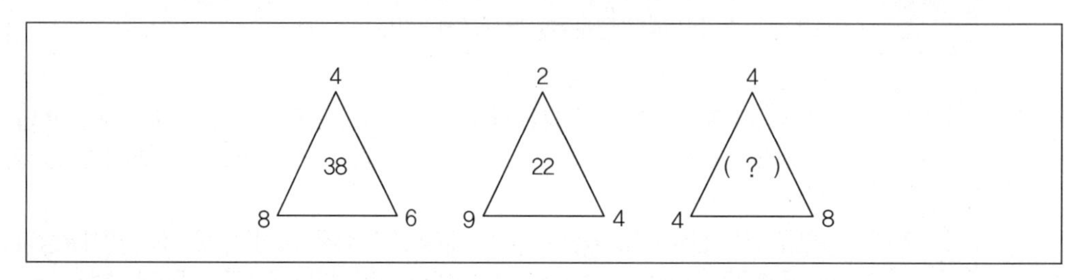

① 14 ② 19
③ 20 ④ 24

16. A와 B가 가진 돈의 비는 5 : 4이다. B가 2,000원을 가지고 있을 때, A가 가지고 있는 돈은 얼마인가?

① 2,500원 ② 3,000원
③ 3,500원 ④ 4,000원

17. A 레스토랑에서는 샐러드와 피자, 스파게티 세 가지 메뉴를 세트로 묶어 판매하고 있다. 샐러드는 8,800원, 피자는 16,000원, 세트 가격은 32,400원이다. 세트 가격은 각 메뉴의 가격을 합한 금액에서 10%를 할인한 값이라고 할 때, 스파게티의 원래 가격은 얼마인가?

① 7,600원
② 10,080원
③ 11,200원
④ 12,700원

18. 경쟁사인 A 통신사와 B 통신사의 인터넷 요금이 다음과 같을 때, 두 통신사의 요금이 같아지려면 인터넷을 한 달에 몇 분 사용해야 하는가?

〈각 통신사의 인터넷 요금〉

구분	기본요금	사용요금
A 통신사	10,000원/월	10원/분
B 통신사	5,000원/월	20원/분

※ 인터넷 요금은 '기본요금+사용요금'으로 계산한다.

① 350분
② 400분
③ 450분
④ 500분

19. 사내 비품 담당인 이 대리는 겨울을 대비해 가습기를 구매하려고 한다. A 업체는 구매 금액 1,000,000원당 50,000원을 할인해 주는 동시에 10대를 사면 1대를 무료로 주고, B 업체는 같은 가습기 9대를 사면 1대를 무료로 준다. 1대당 100,000원인 가습기 50대를 구매한다면 두 업체 중 어디에서 사는 것이 얼마나 저렴한가?

① A 업체, 100,000원
② B 업체, 100,000원
③ A 업체, 200,000원
④ B 업체, 200,000원

20. 기상청에서 A 지역에 비가 올 확률이 0.7이고 A와 B 지역 모두에 비가 올 확률이 0.4라고 발표하였다. B 지역에 비가 오지 않을 확률은?

① $\frac{1}{7}$　　② $\frac{2}{7}$

③ $\frac{3}{7}$　　④ $\frac{4}{7}$

21. 다음은 우리나라 부패인식지수(CPI)의 연도별 변동 추이에 대한 자료이다. 이에 대한 설명으로 적절하지 않은 것은?

〈부패인식지수(CPI)의 연도별 변동 추이〉

(단위 : 점, 개국, 위)

구분		20X1년	20X2년	20X3년	20X4년	20X5년	20X6년	20X7년	20X8년
CPI	점수	56.0	55.0	55.0	54.0	53.0	54.0	57.0	59.0
	조사대상국	176	177	175	168	176	180	180	180
	순위	45	46	44	43	52	51	45	39
OECD	회원국	34	34	34	34	35	35	36	36
	순위	27	27	27	28	29	29	30	27

※ 점수가 높을수록 청렴도가 높다.

① 우리나라의 CPI 순위와 OECD 순위가 가장 낮은 해는 각각 20X5년, 20X7년이다.
② 청렴도가 가장 높은 해와 20X1년도의 청렴도 점수의 차이는 3.0점이다.
③ 조사 기간 동안 우리나라의 CPI는 OECD 국가에서 항상 상위권을 차지하였다.
④ 우리나라는 다른 해에 비해 20X8년에 가장 청렴했다고 볼 수 있다.

22. 다음 자료를 이용하여 자동차 등록 현황에 대한 〈보고서〉를 작성할 때, 추가로 필요한 자료를 〈보기〉에서 모두 고른 것은?

〈20X4년 지역별 자동차 등록 현황〉

(단위 : 천 대, 명)

순위	지역	자동차 등록대수	자동차 1대당 인구수
1	서울	239	2.9
2	인천	88	3.7
3	부산	65	3.1
4	대구	42	2.8
⋮			
10	광주	10	3.6
⋮			

〈보고서〉

자동차 등록대수의 지역별 순위를 보면 20X4년에 서울이 약 23만 9천 대로 전년에 이어 1위를 차지했으며 인천이 약 8만 8천 대로 서울의 뒤를 이었다. 광주는 10위를 차지했으며 자동차 1대당 인구수는 3.6명을 기록했다.

보기

ㄱ. 20X4년 지역별 인구수
ㄴ. 20X3년 지역별 자동차 등록대수
ㄷ. 20X4년 대한민국 자동차 등록대수

① ㄱ　　② ㄴ
③ ㄱ, ㄷ　　④ ㄴ, ㄷ

23. 다음은 1인 가구의 주거환경 만족/불만족 실태를 조사한 자료이다. 이를 토대로 작성한 그래프 중 자료의 내용과 일치하지 않는 것은?

> 1. 우리나라 1인 가구 비율은 1985년 6.7%에서 2015년 27.2%로 급격히 증가하였으며 2025년에는 31.9%가 될 것으로 예측된다.
> 2. 1인 가구의 위험 요소로는 '대중교통 이용', '늦은 귀가', '만취 귀가', '빈집'의 순으로 비중이 높았다.
> 3. 1인 가구의 52.1%가 단독주택에 거주하고 있으며 이어 아파트(27.6%), 다세대 주택(8.3%), 주택 이외의 거처(8.0%)의 순이었다. 이는 원룸이 단독주택으로 분류되기 때문이다.
> 4. 주택환경 만족도는 재난 · 재해(산사태나 홍수, 지진 등) 안전성(52.1%), 주택 방범상태(27.6%), 화재로부터의 안전성(화재예방, 전기시설, 화재대피시설 유무)(8.3%)의 순이었다.
> 5. 1인 가구가 주택환경에서 가장 만족하는 부분은 이웃과의 유대감(89.8%), 대기오염도(84.5%), 청결도(83.3%)의 순이었다. 그 밖에 문화시설 접근용이성(56.7%), 주차시설 이용편리성(67.4%), 의료시설 접근용이성(69.2%), 공공기관 접근용이성(69.9%) 등으로 조사되었다.

①

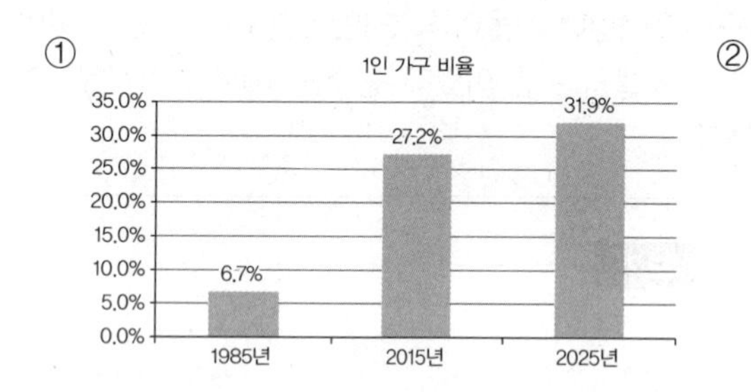

②

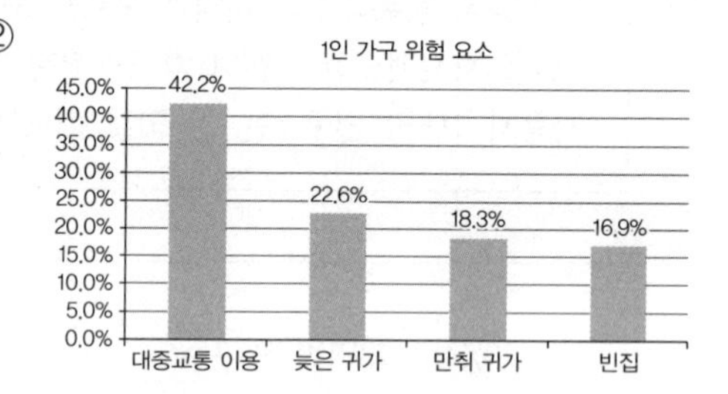

③

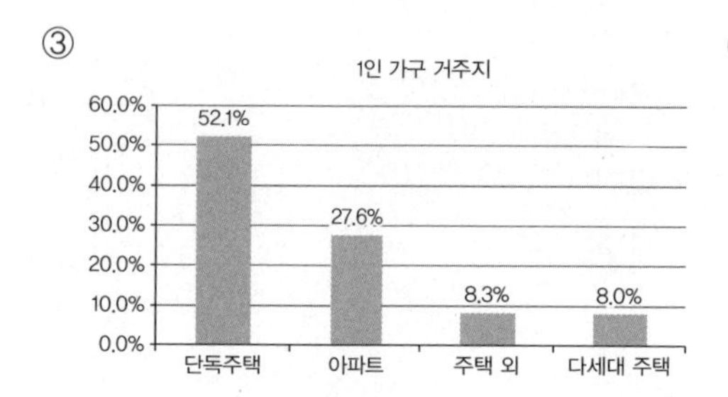

④

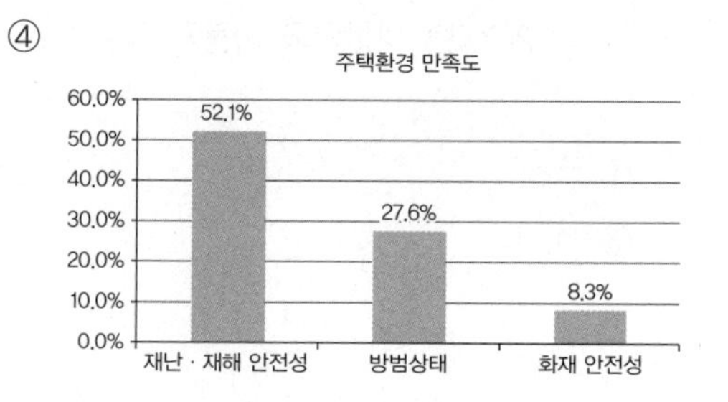

24. 다음은 어느 고등학교에서 시행 중인 학업 평가 결과를 나타낸 표이다. 영역별 1 ~ 5등급으로 나누어진다고 할 때, 이에 대한 설명으로 옳지 않은 것은?

〈학업 평가 4 ~ 5등급 비율 변화〉

(단위 : %)

구분	A 영역	B 영역	C 영역	D 영역
20X8년	56.0	47.2	45.6	43.1
20X9년	45.9	44.5	39.9	35.4

① 20X8년 대비 20X9년에 4 ~ 5등급 비율이 가장 크게 변한 영역은 A 영역이다.

② 20X9년 C 영역에서 1 ~ 3등급을 받은 학생의 비율은 54.4%이다.

③ 20X8년 D 영역에서 4 ~ 5등급을 받은 학생의 비율이 B 영역에서 4 ~ 5등급을 받은 학생의 비율보다 적다.

④ 20X8년과 20X9년 모두 학업 평가 4 ~ 5등급 비율은 D-C-B-A 영역 순으로 낮다.

25. 다음 자료에 대한 설명으로 옳은 것은?

〈20XX년 6 ~ 9월의 A ~ H시 순이동인구〉

(단위 : 명)

구분	6월	7월	8월	9월
A시	3,946	3,305	−3,404	−7,117
B시	−1,378	−223	−399	−958
C시	−1,034	−1,569	−1,670	−970
D시	−3,328	−2,067	−2,026	−1,640
E시	220	−511	−447	388
F시	−714	−1,059	−1,323	−230
G시	−614	−2,013	−3,123	−1,696
H시	1,495	1,303	746	210

※ 순이동인구(명) = 전입인구 − 전출인구

① A ~ H시 중 20XX년 7월에 전입인구가 가장 많은 시는 A시이다.

② C시의 6월부터 9월까지 전출인구는 전입인구보다 많다.

③ H시의 전입인구는 감소하고 있는 추세이다.

④ A ~ H시 중 6월부터 9월까지 매월 전입인구가 전출인구보다 많은 시는 다섯 곳이다.

26. 다음 〈보기〉의 입체도형과 동일한 것은?

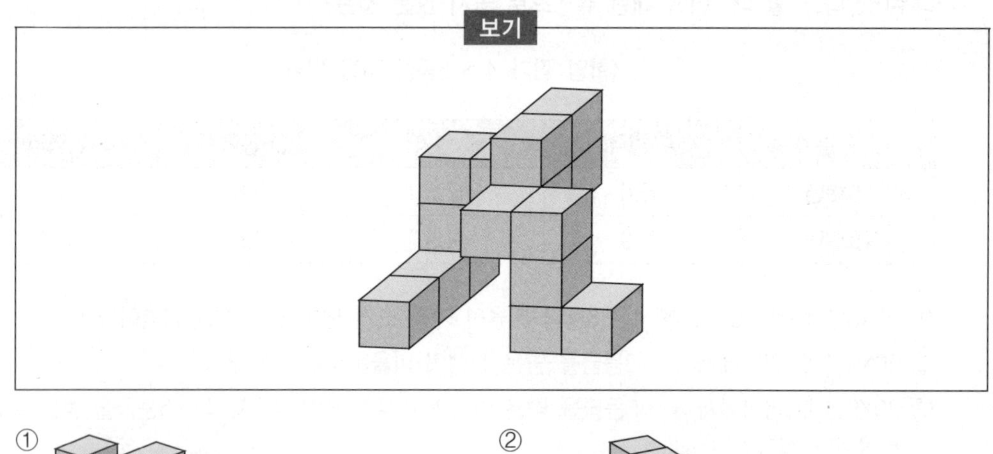

①

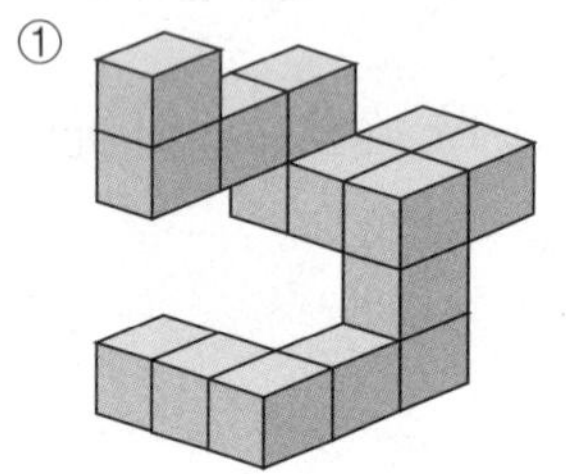

②

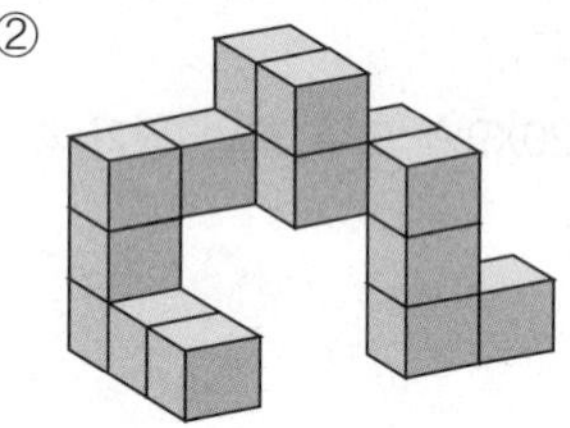

③

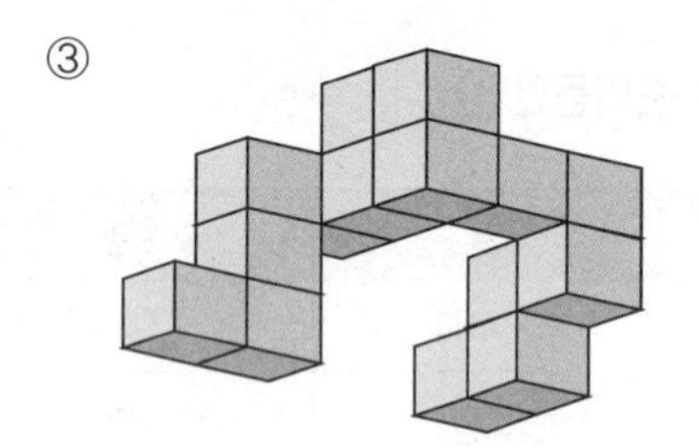

④

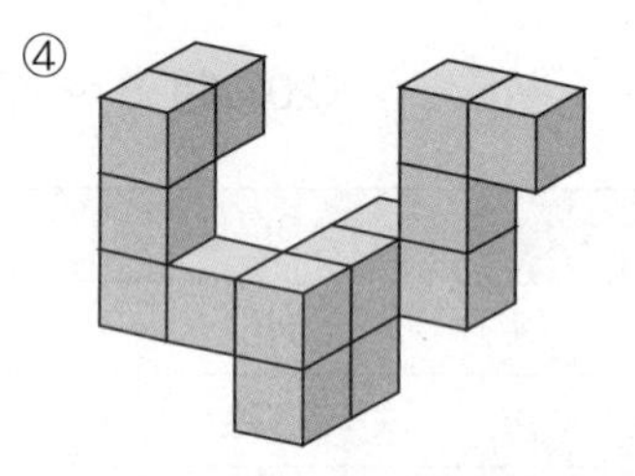

27. 다음 그림에서 두 면만 보이는 블록은 모두 몇 개인가?

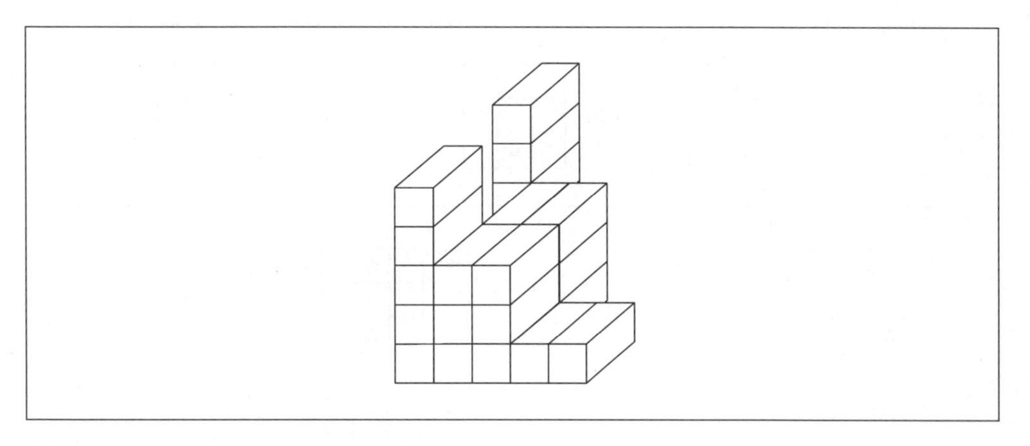

① 6개　② 7개
③ 8개　④ 9개

28. 다음에 제시된 도형과 동일한 것은?

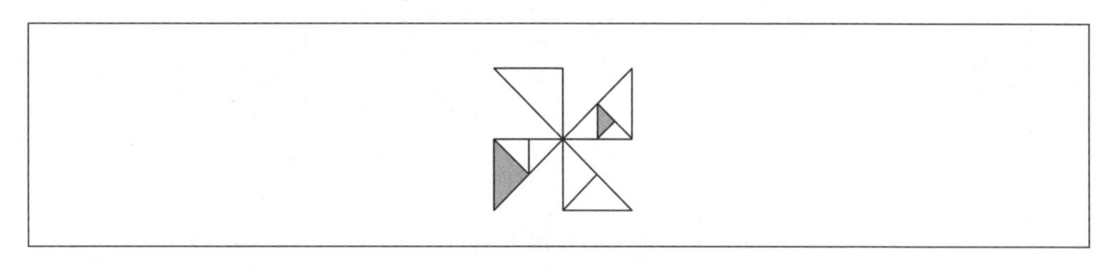

①
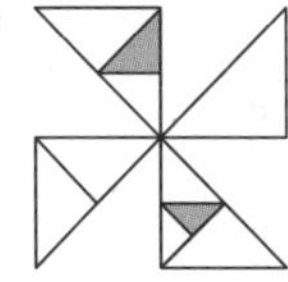

②
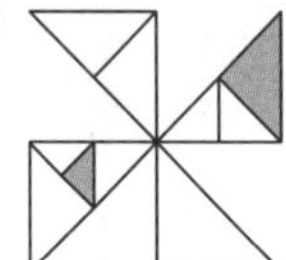

③
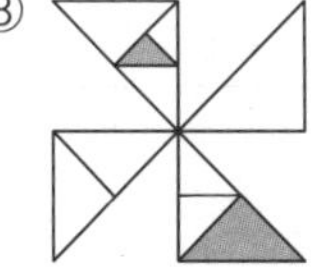

④
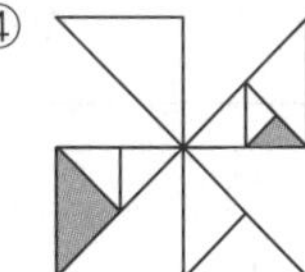

29. 다음을 보고 그 규칙을 찾아 '?'에 들어갈 알맞은 것을 고르면?

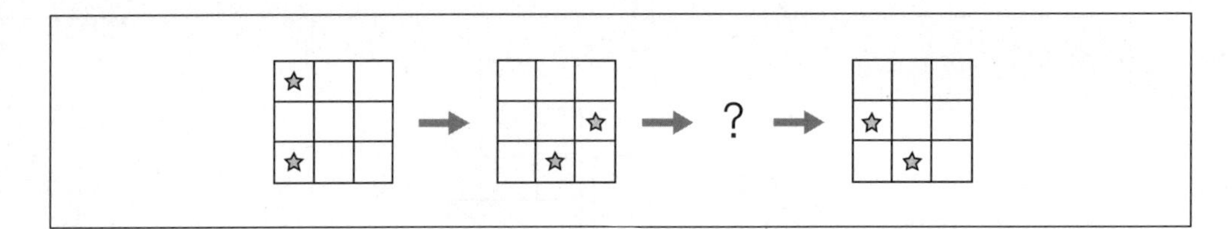

① 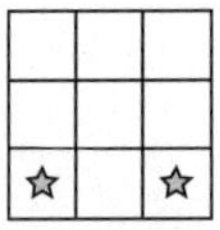　　　　②

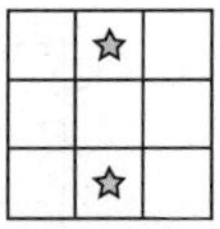

③ 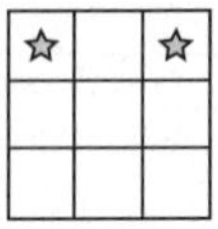　　　　④

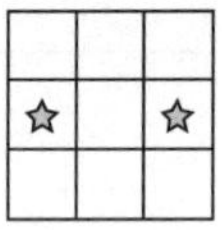

30. 다음 그림의 조각을 순서대로 배열한 것은?

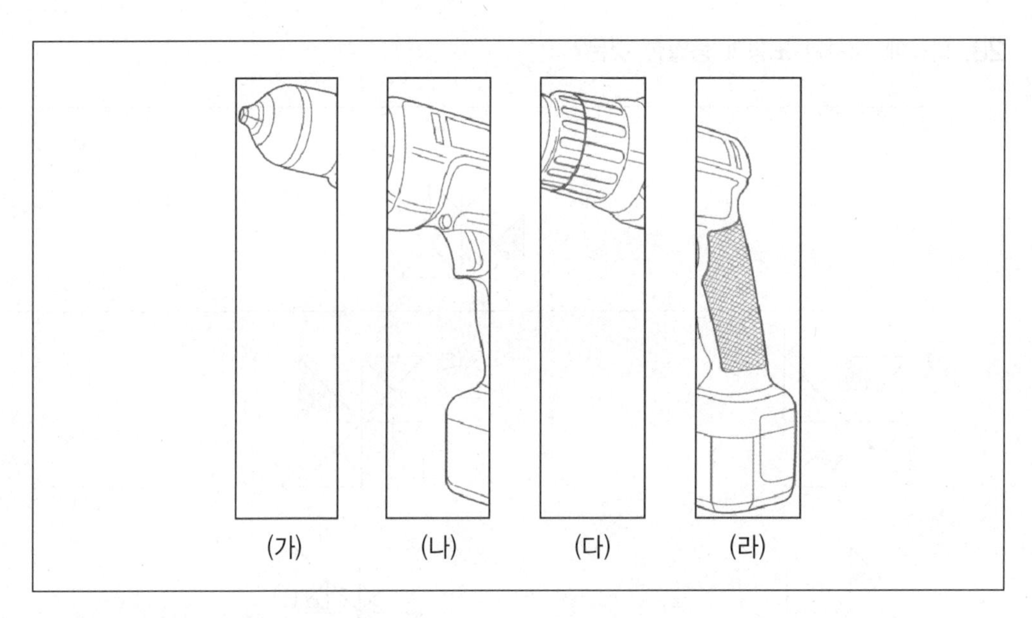

① (가)－(다)－(나)－(라)　　② (가)－(라)－(나)－(다)

③ (나)－(가)－(라)－(다)　　④ (나)－(라)－(가)－(다)

31. 정사각형의 색종이를 다음과 같은 점선에 따라 접어서 나올 수 있는 모양으로 적절한 것은?

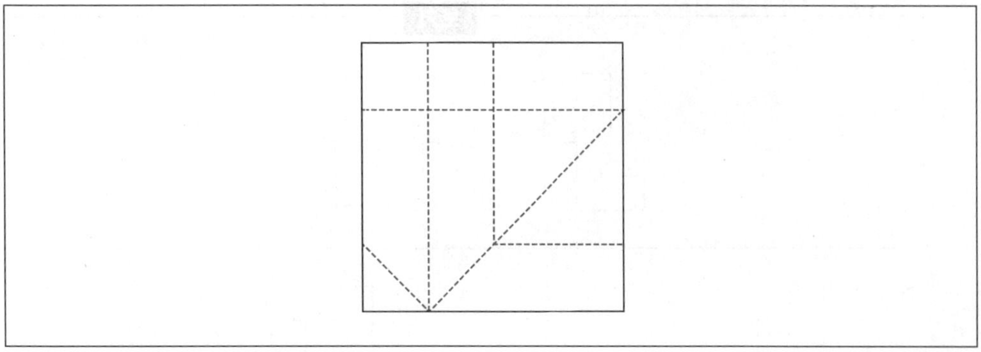

① 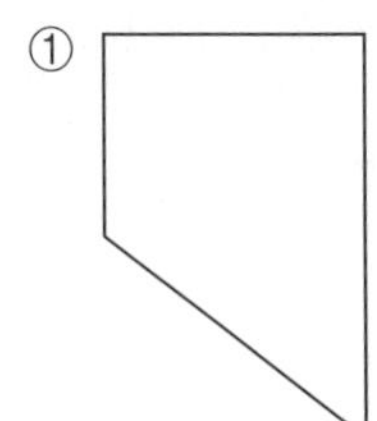

② 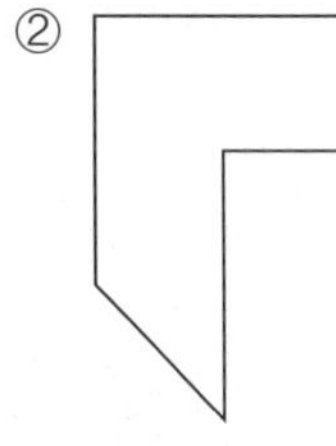

③ 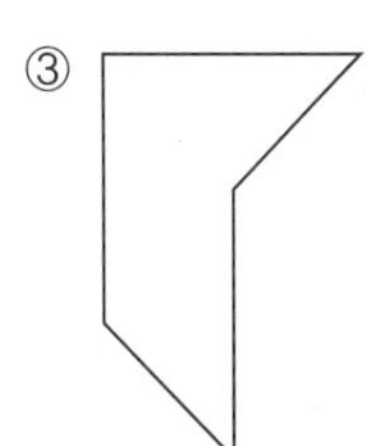

④ 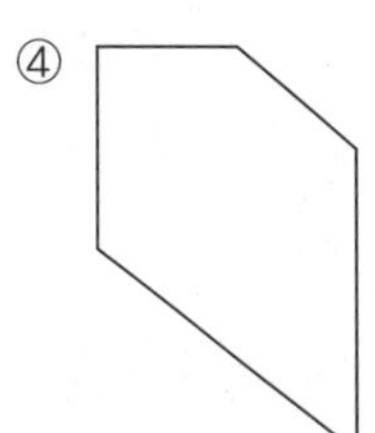

32. 다음 〈보기〉에 제시된 도형 3개를 합쳤을 때 나오는 모양으로 적절하지 않은 것은?

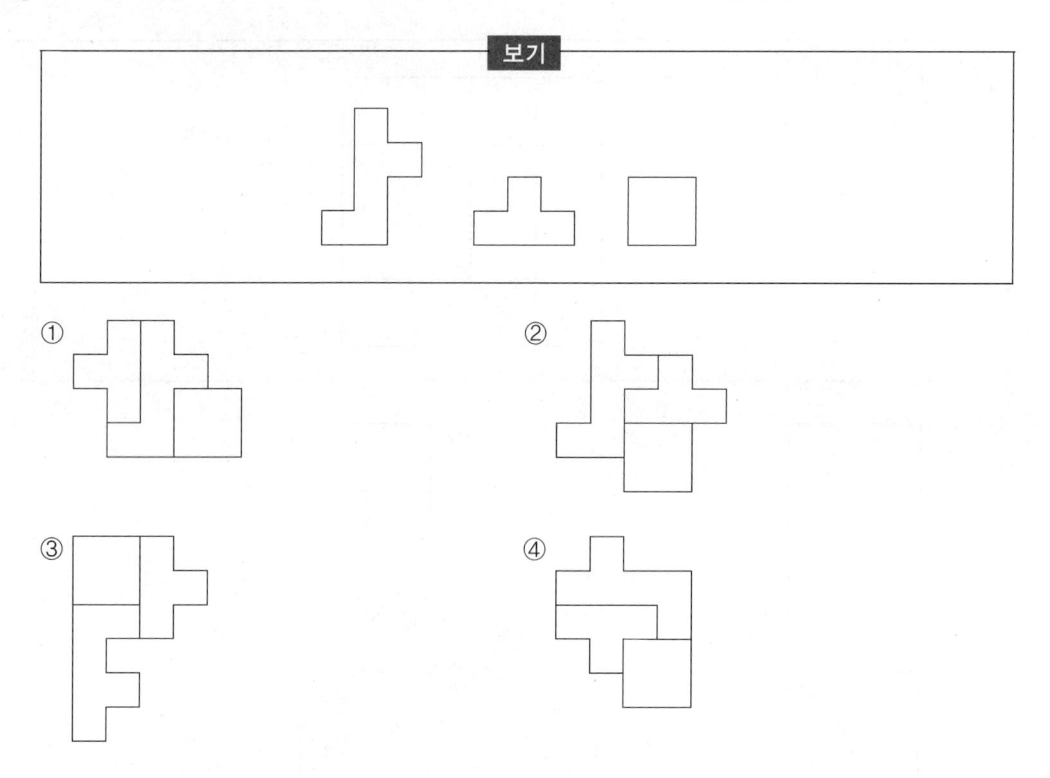

33. 다음 펼쳐진 전개도를 접어 완성했을 때 나올 수 없는 모양은?

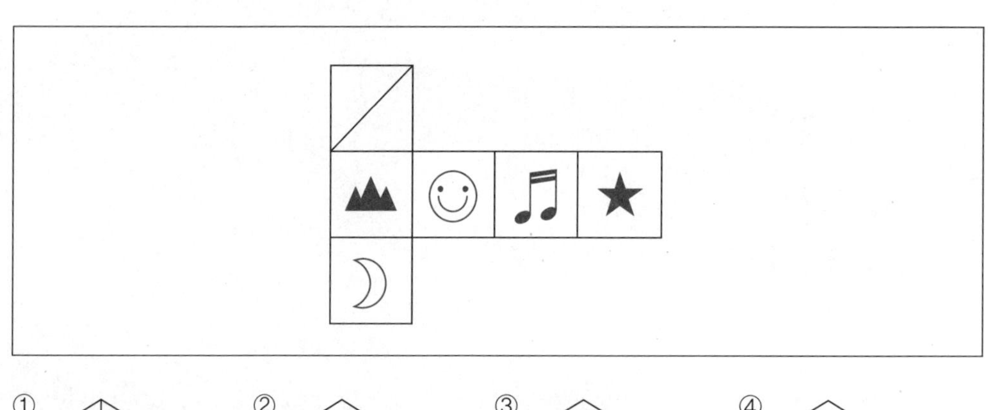

① 
② 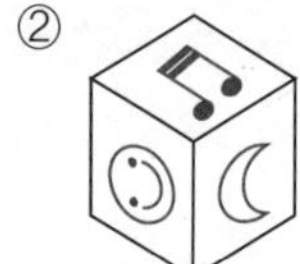
③ 
④ 

34. 다음 그림과 같이 화살표 방향으로 종이를 접은 후, 마지막 그림과 같이 펀치로 구멍을 뚫고 다시 펼쳤을 때의 모양으로 옳은 것은?

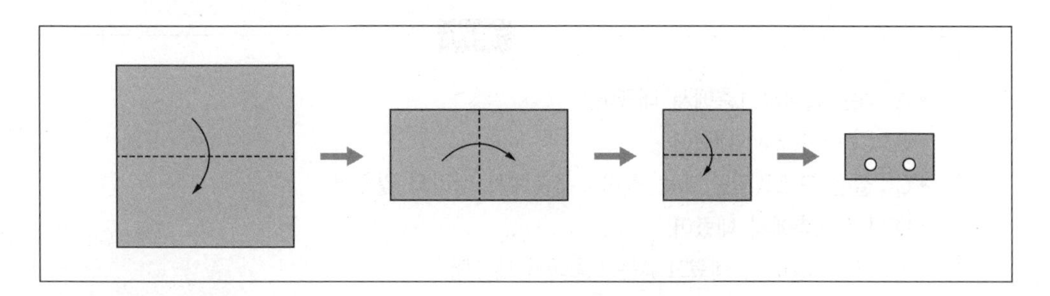

①
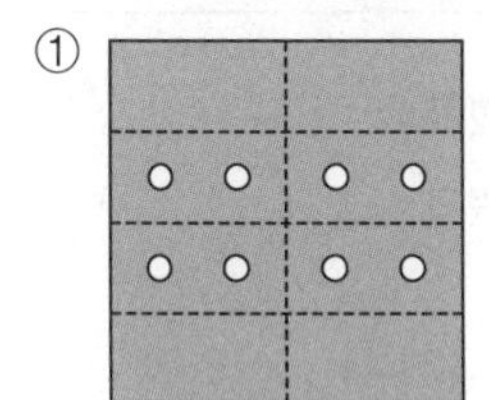

②
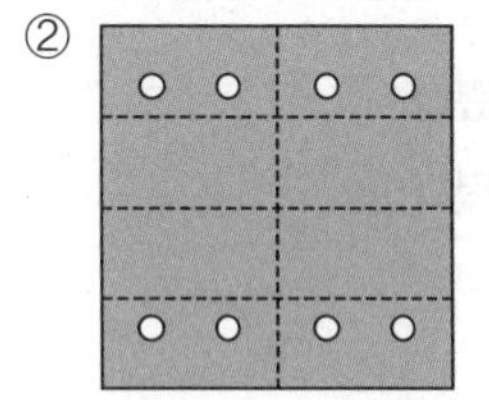

③
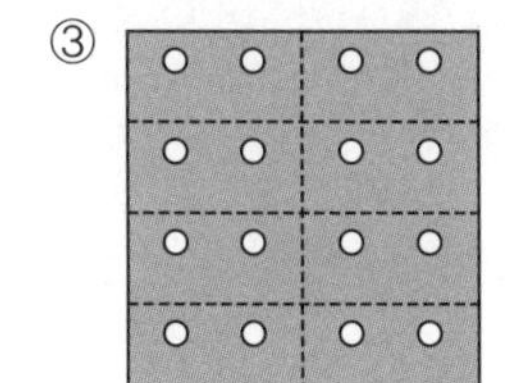

④
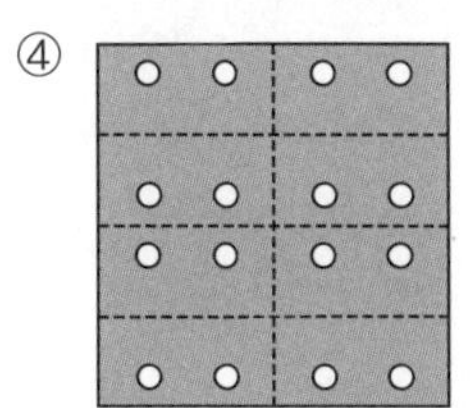

35. 다음과 같이 연결된 5개의 주사위가 있다. 서로 접하고 있는 면의 눈의 수를 합한 값은? (단, 주사위의 마주보는 면에 그려진 눈의 합은 7이다)

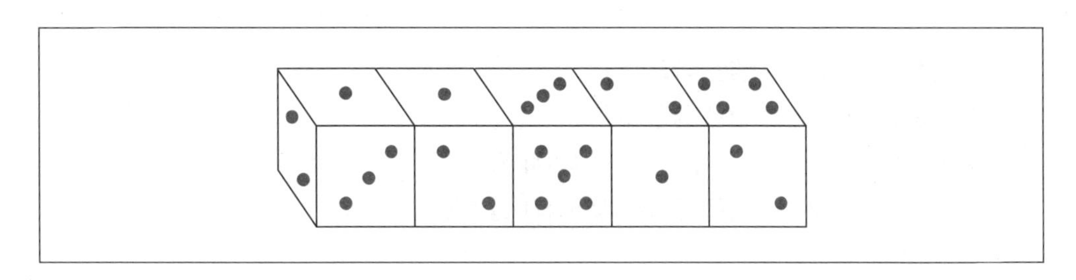

① 28
② 30
③ 32
④ 34

36. 같은 엘리베이터에 탄 사원 A～E 중 한 명은 거짓말을 하고 있다. 〈보기〉를 고려할 때 다음 중 항상 참인 것은? (단, 같은 층에서 내린 사람은 없다)

보기

- A : B는 확실히 1층에서 내렸어.
- B : C는 1층에서 내렸어.
- C : 잘은 모르겠지만, D는 적어도 3층에서 내리지 않았어.
- D : E는 4층에서 내렸어.
- E : 나는 4층에서 내렸고 A는 5층에서 내렸어.

① A는 4층에서 내렸다.
② B는 3층에서 내렸다.
③ C는 1층에서 내렸다.
④ D는 2층에서 내렸다.

37. 다음 A, B 두 개의 명제가 모두 참일 경우, 빈칸에 들어갈 명제로 적절한 것은?

A. 게으르지 않은 사람은 운동을 싫어하지 않는다.
B. 긍정적이지 않은 사람은 운동을 싫어한다.
C. 그러므로 (   )

① 긍정적이지 않은 사람은 게으르다.
② 운동을 싫어하는 사람은 긍정적이다.
③ 운동을 싫어하지 않는 사람은 긍정적이지 않다.
④ 긍정적이지 않은 사람은 운동을 싫어하지 않는다.

38. 다음 밑줄 친 부분에 들어갈 문장으로 적절한 것은?

> • 축구를 좋아하는 사람은 유산소 운동을 열심히 한다.
> • 야구를 좋아하는 사람은 유산소 운동을 열심히 한다.
> • 그러므로 ______________________________

① 유산소 운동을 열심히 하는 사람은 축구도 야구도 좋아한다.

② 유산소 운동을 열심히 하지 않는 사람은 축구도 야구도 좋아하지 않는다.

③ 축구를 좋아하는 사람은 야구를 좋아한다.

④ 야구를 좋아하는 사람은 축구를 좋아하지 않는다.

39. 다음의 조건을 충족하는 리그의 구성으로 적절한 것은?

> 여섯 개의 야구 팀 A, B, C, D, E, F를 세 팀씩 두 리그로 나누고자 한다. 단, E와 F 팀은 다른 리그에 속해야 하며, C가 소속된 리그에는 A 혹은 B 팀이 반드시 소속되어야 한다.

① B, C, F

② A, B, E

③ A, B, C

④ B, E, F

40. 해외영업 1팀의 A 부장, B 과장, C 대리, D 대리, E 사원, F 사원 여섯 명은 올해 해외영업을 진행할 지역을 정하려고 한다. 지역은 중남미, 미주, 아시아 지역으로 각각 2명씩 나뉘어 담당하며, 다음과 같은 〈조건〉에 따라 해외영업 지역을 정한다고 할 때 항상 참이 아닌 것은?

조건

- A 부장과 B 과장은 서로 다른 지역을 담당해야 한다.
- C 대리는 아시아 지역을 담당해야 한다.
- D 대리와 F 사원은 서로 같은 지역을 담당해야 한다.
- E 사원은 중남미 지역을 담당할 수 없다.

① B 과장은 미주 지역 또는 아시아 지역의 영업을 담당하게 된다.
② D 대리와 F 사원은 중남미 지역의 영업을 담당하게 된다.
③ A 부장과 E 사원은 같은 지역의 영업을 담당하게 된다.
④ C 대리와 E 사원은 같은 지역의 영업을 담당하지 않는다.

41. 다음 중 논리적 오류가 발생하지 않은 것은?

① 난간에 기대면 추락 위험이 있다고 적혀 있으므로 난간에 기대는 사람은 추락하고 싶은 것이다.
② 눈이 내리는 곳에 꽃이 핀다. 그 지역은 눈이 내리지 않았으므로 꽃이 피지 않는다.
③ 내가 고양이를 좋아하는 것보다 동생이 고양이를 더 많이 좋아한다.
④ 제훈이네 어머니가 수학과 교수님이시니 제훈이도 틀림없이 수학을 잘할 것이다.

42. 다음의 [사실]들을 참고할 때, [결론]에 대한 설명으로 옳은 것은?

> [사실] • 떡볶이를 좋아하는 사람은 화통하다.
> • 화통한 사람은 닭강정을 싫어한다.
> • 떡볶이를 좋아하는 사람은 닭강정을 싫어한다.
>
> [결론] A. 닭강정을 좋아하는 사람은 떡볶이를 싫어한다.
> B. 닭강정을 싫어하는 사람은 화통하다.

① A만 항상 옳다.
② B만 항상 옳다.
③ A, B 모두 항상 옳다.
④ A, B 모두 항상 그르다.

43. A, B, C, D, E가 달리기 시합을 했는데 그 결과에 대해 각각 다음과 같이 진술했다. 이 중 거짓말을 하는 사람이 세 명이라고 할 때 1등을 한 사람은 누구인가?

> • A : D가 1등이야.
> • B : A는 거짓말을 하고 있어.
> • C : 내가 1등이야.
> • D : A의 말이 맞아.
> • E : C가 1등이야.

① A
② B
③ C
④ D

44. 용인에 있는 ○○화랑에서 지난 금요일 오후 10시에 도둑이 들어 그림을 도난당하는 사건이 발생하였다. 용의자는 A, B, C, D, E 5명으로 이 중 두 사람이 거짓을 말하고 있고, 거짓을 말한 사람들 중 한 명이 그림을 훔친 범인이다. 용의자들의 진술이 다음과 같을 때, 그림을 훔친 범인은?

- A : 나는 지난 금요일 오후 10시에 종로에 있었다.
- B : 나는 그날 오후 10시에 A와 C랑 함께 있었다.
- C : B는 그날 오후 10시에 A와 함께 인천에 있었다.
- D : C는 그날 오후 10시에 나와 단둘이 있었다.
- E : B의 진술은 참이다.

① A　　② B
③ C　　④ D

45. 부장, 과장, 대리, 사원 A, 사원 B는 기획안에 관한 회의 진행을 위해 6인용 원형 테이블에 앉아 있다. 앉은 위치가 다음 〈조건〉과 같다고 할 때, 부장의 오른쪽 옆자리에 앉은 사람은?

조건

- 대리와 사원 A는 나란히 앉아 있다.
- 사원 B의 왼쪽 옆자리에는 아무도 앉아 있지 않다.
- 과장은 대리의 왼쪽 옆자리에 앉아 있다.
- 사원 A는 부장과 마주 보고 앉아 있다.

① 과장　　② 대리
③ 사원 B　　④ 아무도 앉아 있지 않음.

46. 직장 내 성희롱과 관련한 내용으로 옳지 않은 것은?

① 성희롱 행위가 직장 내 지위를 이용한 것이거나 업무와 관련하여 이루어진 것을 직장 내 성희롱이라고 한다.

② 남성이 남성에게, 여성이 여성에게 성희롱하는 것도 법률상 성희롱에 해당한다.

③ 직장 내 지위를 이용한 성희롱이지만 사업장 밖에서 근무시간 외에 이루어진 것이라면 이는 직장 내 성희롱에 해당하지 않는다.

④ 성적 언동이 단 1회뿐이어도 직장 내 성희롱은 성립한다.

47. 다음 빈칸에 공통적으로 들어갈 보편적인 직업윤리의 덕목으로 적절한 것은?

> 현대 사회는 복잡하고 세분화되어 있다. 이처럼 세분화된 사회에서 직업생활을 영위하려면 해당 직업영역에서 요구하는 능력을 반드시 배양해야 한다.
> (　　　)은(는) 직무수행의 필수조건이다. 다른 보편적인 직업윤리보다 현실적으로 가장 많은 사람들이 이를 수용하고 있고, 실제로도 이를 위해 노력하고 있다. (　　　)은(는) 신뢰와 존경을 받기 위한 조건이기도 하다. (　　　) 없이 말이나 권위만을 앞세운다면 직장동료로부터 큰 신뢰를 받을 수 없다. 현대 사회에서는 (　　　)을(를) 갖추었을 때 비로소 큰 경쟁력을 가질 수 있다.

① 직업의식　　② 연대의식

③ 전문성　　④ 인간애

48. 다음 중 직장 예절에 대한 설명으로 적절하지 않은 것은?

① 악수는 소개를 받는 사람이 먼저 손을 내밀어 신청한다.
② 승강기 안에서 반가운 사람을 만나면 안부를 묻고 잡담을 나눈다.
③ 문을 열고 닫을 때는 뒤에 오는 사람을 위해 잠시 문을 잡아 주도록 한다.
④ 승강기를 탈 때는 내리는 사람이 전부 나온 후 탄다.

49. H 씨는 신입 사원에게 회사에서의 전화 예절을 설명하고 있다. 다음 중 올바른 설명으로 적절하지 않은 것은?

① 가능하면 전화벨이 4번 이상 울리기 전에 받도록 하세요.
② 전화한 상대방이 받는 사람이 누구인지 물을 때에만 나에 관해서 대답하세요.
③ 주변이 시끄럽다면 소음을 최소화하고 친절한 말투로 받도록 하세요.
④ 천천히 명확하게 예의를 갖추어 말을 하고 목소리에 미소를 띠고 말하세요.

50. 다음과 같은 상황에서 고선영 씨의 행동에 대한 해석으로 적절한 것은?

> 고선영 씨는 A 시의 한 기관에서 기록과 관련된 업무를 수행하고 있다. 주말을 보내고 출근한 월요일 아침, 사내 공지사항을 통해 타지역 발령 대상자가 통보되었고 본인이 대상자 명단에 포함되어 있다는 것을 알게 되었다. 고선영 씨는 이러한 통보가 매우 당황스러웠다. 사전에 근무지 변경에 대한 협의가 전혀 없었기 때문이다. 더욱이 현재 진행하고 있는 업무를 당장 인계하거나 마무리하기에는 버거운 상태이다. 고선영 씨의 부서장은 해당 결정에 대하여 어쩔 수 없으니 이해하라는 말만 하고 있는 상황이다.
>
> 〈고선영 씨의 행동〉
>
> 발령 통보를 받아들이고 현재 진행 중인 업무에 대한 처리 방안을 고안한다.

① 발령 통보에 관련된 인물과 적절히 타협하여 일을 진행하고 있다.

② 결정된 사안에 대하여 문제를 제기하지 않고 조직의 결정에 순응하고 있다.

③ 해당 상황이 가지고 있는 문제가 무엇인지 전혀 이해하지 못하고 있다.

④ 조직 내 개선해야 할 사항에 대하여 적극적으로 개선 요청을 하고 있다.

충남 3회

기출예상문제

문항수 | 50문항
시험시간 | 50분

▶ 정답과 해설 24쪽

01. 다음 단어에 대한 발음으로 적절하지 않은 것은?

① 닦다[닥따]　　② 키읔과[키읔꽈]
③ 핥다[할따]　　④ 잃고[일꼬]

02. 다음 ㉠~㉣ 중 〈보기〉의 문장이 들어가기에 적절한 곳은?

나만 그런 것은 아니겠지만 1987년 민주화 이후 30년, 외환위기 이후 20년은 1987년 이전에 열망했던 만큼의 행복한 시간이 아니었다. (㉠) 아니 차라리 투쟁해야 할 이유가 있었고, 희망을 논할 수 있었으며, 주변 모든 사람이 함께 힘들었던 시절이 그리울 정도로 우리 사회는 완전히 양극화되었고 주변을 돌아봐도 고통 속에 보내는 사람의 수는 줄어들지 않았다. (㉡) 1970년대 말부터 1980년대 중반까지의 엄혹한 시절을 생각해보면, 당시의 내 또래 청년들이 기껏 이런 나라를 만들기 위해 그렇게 날밤을 지샜나 하는 자괴감도 든다. (㉢)
나는 청소년들이 입시의 중압감에서 해방되는 행복한 세상에서 살기를 원한다. (㉣) 그런 세상이 쉬이 오지 않는다는 것을 알고 있지만 이들 모두를 고통스럽게 만드는 현실은 학교나 기업 자체에 있지 않고, 한국 자본주의 사회경제 시스템, 더 거슬러 올라가면 남북한의 전쟁/분단체제와 깊이 연관되어 있다는 것이 내 생각이다.

보기

그리고 비정규 청년 노동자들이 극히 위험한 작업장에서 죽음을 무릅쓰고 불안한 고용 조건, 장시간 저임 노동에 시달리지 않는 그런 세상에 살기를 원한다.

① ㉠　　② ㉡
③ ㉢　　④ ㉣

[03 ~ 04] 다음 글을 읽고 이어지는 질문에 답하시오.

(가) 만약 정글에서 악어에게 다리를 물렸다면 어떻게 해야 가장 좋을까. 손을 사용해 다리를 빼내려고 발버둥치면 다리에 이어 손, 심하면 목숨까지 잃게 된다. 할 수 없이 다리 하나만 희생하는 것이 가장 현명한 선택일 것이다. 이를 '악어의 법칙'이라고 부른다.

(나) 포기를 한다는 것은 반대로 또 다른 어떤 것을 얻기 위한 길이기도 하다. 뭔가를 어쩔 수 없이 포기해야 될 때, 빠른 판단을 통해 오히려 더욱 많은 것을 얻게 될 수도 있는 것이 인생이다.

(다) 하지만 주위를 보면 포기를 모르고, 포기하는 고통을 두려워하다 결국은 더 큰 고통을 피하지 못하는 안타까운 경우가 많다. 절대 포기한다고 해서 끝나는 것이 아니며 방법이 오직 그 하나밖에 없는 것이 아님을 우리는 알아야 한다.

(라) '악어의 법칙'은 일상생활에 대입해 보면 결정적 순간에 포기할 줄 아는 지혜로운 마음과 시기적절하게 버릴 줄 아는 능력을 가진 사람이 결국 빛을 발할 수 있다는 이론이다.

03. 윗글의 (가) ~ (라)를 문맥에 따라 바르게 나열한 것은?

① (가)－(라)－(다)－(나)
② (나)－(다)－(가)－(라)
③ (라)－(가)－(다)－(나)
④ (라)－(나)－(다)－(가)

04. 윗글을 읽고 설명한 내용으로 적절하지 않은 것은?

① 욕심이 과하면 망한다는 말처럼 제때 포기하지 않으면 더 큰 손해를 볼 수도 있다.
② 악어의 법칙은 한쪽 다리를 잃더라도 일단 살아서 다른 길을 모색하는 것이 더 현명함을 설명하는 법칙이다.
③ 불가능한 것을 포기하지 못한다면 스스로에게 고통을 주고, 그 고통은 결국 스트레스로 작용할 것이다.
④ 포기를 많이 하는 사람이 결국 현명한 사람이다.

05. 다음 글에 대한 설명으로 옳지 않은 것은?

프랑스와 이탈리아 사람들은 @를 '달팽이'라고 부른다. 역시 이 두 나라 사람들은 라틴계 문화의 뿌리도 같고, 디자인 강국답게 보는 눈도 비슷하다. 그런데 독일 사람들은 그것을 '원숭이 꼬리'라고 부른다. 그리고 동유럽의 폴란드나 루마니아 사람들은 꼬리를 달지 않고 그냥 '작은 원숭이'라고 부른다. 더욱 이상한 것은 북유럽의 핀란드로 가면 '원숭이 꼬리'가 '고양이 꼬리'로 바뀌게 되고, 러시아로 가면 그것이 원숭이와는 앙숙인 '개'로 둔갑한다는 사실이다. 아시아는 아시아대로 다르다. 중국 사람들은 @를 점잖게 쥐에다 노(老)자를 붙여 '라오수(小老鼠)' 또는 '라오수하오(老鼠號)'라 부른다. 일본은 쓰나미의 원조인 태풍의 나라답게 '나루토(소용돌이)'라고 한다. 혹은 늘 하는 버릇처럼 일본식 영어로 '앳 마크'라고도 한다. 팔이 안으로 굽어서가 아니라 30여 개의 인터넷 사용국 중에서 @와 제일 가까운 이름은 우리나라의 '골뱅이'인 것 같다. 골뱅이 위의 단면을 찍은 사진을 보여 주면 모양이나 크기까지 어느 나라 사람이든 무릎을 칠 것이 분명하다.

① 사람들은 문화에 따라 같은 대상을 다르게 표현한다.
② 프랑스는 라틴계 문화의 영향을 받았다.
③ 다른 나라 사람들은 현재 @를 골뱅이라고 부르는 것에 동의한다.
④ 핀란드에서는 @를 고양이 꼬리로 부른다.

06. 다음 글의 중심내용으로 적절한 것은?

문학 작품은 실로 일국(一國)의 언어 운명을 좌우하는 힘을 가지고 있다. 왜냐하면 문학 작품은 그 예술적 매력으로 대중에게 다가가고 지상(紙上)에 고착됨으로써 큰 전파력을 발휘하기 때문이다. 이렇게 볼 때 문학 작품을 산출하는 작가야말로 매우 존귀한 위치에 있으며, 동시에 국가나 민족에 대하여 스스로 준엄하게 책임을 물어야 하는 존재이다. 사실, 수백 번의 논의를 하고 수백 가지의 방책을 세우는 것보다 한 사람의 위대한 문학가가 그 언어를 더 훌륭하게 만든다고 할 수 있다. 괴테의 경우가 그 좋은 예이다. 그의 문학이 독일어를 통일하고, 보다 훌륭하게 만드는 데 결정적인 역할을 했다는 것은 이미 주지의 사실이다.

① 작가는 언어에 대하여 막중한 책임을 지고 있다.
② 문학 작품은 국어에 큰 영향력을 미친다.
③ 작가는 문학 작품을 씀으로써 사회에 기여한다.
④ 언어는 문학 작품에 영향을 끼친다.

07. 다음 괄호에서 적절한 단어를 골라 순서대로 나열한 것은?

- 그는 초상화를 (묘사 / 모사)에 불과하다며 한사코 그리지 않았다.
- 동생의 글은 개미에 대한 (묘사 / 모사)가 아주 정확했다.
- 자세한 내용은 사무실 밖에 게시된 안내문을 (참고 / 참조)하십시오.
- 너한테 (참고 / 참조) 거리가 될는지 모르지만 얘기해 줄게.

① 묘사, 모사, 참고, 참조
② 묘사, 묘사, 참조, 참고
③ 모사, 묘사, 참고, 참조
④ 모사, 묘사, 참조, 참고

08. 다음 글의 밑줄 친 부분과 바꿔 쓰기에 적절한 것은?

하얀색을 돋보이게 하고 싶을 때 하얀색만 보여 주기보다는 그 옆에 정반대되는 색, 즉 검정색을 가져다 놓으면 더 눈에 띄게 된다. 이와 마찬가지로 글쓴이도 자신의 의견을 <u>두드러지게</u> 하기 위해서 자신의 의견과 정반대인 일반론이나 개념을 가져오는 경우가 있다.

① 강세(強勢)
② 모색(摸索)
③ 약조(弱調)
④ 강조(强調)

09. 다음 문장의 빈칸에 들어가기에 적절하지 않은 것은?

- 끈질긴 노력 끝에 마침내 그를 만나고자 하던 그녀의 (　　)이 이루어졌다.
- 그는 부모님의 (　　)에 어긋나지 않기 위해 늘 애쓰는 속 깊은 아들이었다.
- 나의 (　　)대로 어젯밤에는 흰 눈이 포슬포슬 내려 주었다.
- 그 작가는 평소 생각하던 자신의 (　　)을 소설 속에 투영하였다.

① 애착
② 염원
③ 소망
④ 바람

10. 다음 밑줄 친 단어의 띄어쓰기가 적절하지 않은 것은?

① 나도 너만큼은 잘할 수 있다.
② 도서관 안은 숨소리가 들릴만큼 조용했다.
③ 어른이 심하게 다그친 만큼 그의 말투와 행동은 달라져 있었다.
④ 바람이 몹시 휘몰아쳐 얼굴을 들 수 없을 만큼 대기가 차가웠다.

11. 다음 글의 내용과 일치하지 않는 것은?

> 우리가 흔히 영화를 사실적이라고 할 때, 그것은 영화의 재현 방식에 반응해서 영화 속 내용을 현실처럼 보는 데에 동의함을 뜻한다. 영화 속 내용은 실제 현실과 같지 않다. 우리는 영화가 현실의 복잡성을 똑같이 모방하기를 원하지 않으며, 영화 역시 굳이 그러기 위해 노력하지 않는다. 이렇게 관객과 감독 사이에 맺어진 암묵적 합의를 '영화적 관습'이라고 한다. 영화적 관습은 영화사 초기부터 확립돼 온 산물로 관객과 감독의 소통을 돕는다. 반복적인 영화 관람 행위를 통해 관객은 영화적 관습을 익히고, 감독은 그것을 활용하여 관객에게 친숙함을 제공한다.
>
> 확립된 관습을 무시하거나 그것에 도전하는 것은 쉬운 일이 아니다. 그런데 프랑스의 누벨바그 감독들은 고전적인 영화 관습을 파괴하며 영화의 현대성을 주도하였다. 이들은 불필요한 사건을 개입시켜 극의 전개를 느슨하게 만들거나 단서나 예고 없이 시간적 순서를 뒤섞어 사건의 인과 관계를 교란하기도 했다. 이들은 자기만족적이고 독창적인 미학적 성취를 위해 영화의 고전적인 관습을 파괴하였다.

① 관객은 반복적인 영화관람을 통해 암묵적으로 합의된 영화적 관습을 익힐 수 있다.
② 자기만족을 위해 영화적 관습에 도전하는 행위가 영화의 현대성을 주도하였다.
③ 현실의 복잡성을 그대로 모방한 영화는 사실적이라는 평가를 받는다.
④ 영화 속 내용이 시간적 순서에 따라 재현되는 방식은 영화적 관습의 예가 될 수 있다.

12. 다음 글의 내용을 알맞게 요약한 것은?

세계보건기구(WHO)가 휴대폰 전자파를 발암 가능성이 있는 물질인 'Group 2B'로 분류한 이후 전자파에 대한 사람들의 불안이 커지고 있는 가운데 이동전화의 전자파가 성인에 비해 7세 미만의 어린이들에게 더 잘 흡수된다는 조사 결과가 나왔다. 방송통신위원회는 한국전자통신연구원(ETRI)과 □□전자파학회, ○○대 의대, △△여대 약대, 한국원자력의학원을 통해 어린이들에 대한 전자파의 영향을 조사한 결과 7세 어린이들은 성인에 비해 특정 주파수 대역에서 전자파가 더 높게 흡수되는 것으로 조사되었다고 밝혔다. 해당 주파수 대역은 FM방송 주파수 대역 등으로 활용 중인 100MHz 전후의 주파수 대역과 이동통신용 주파수 대역을 활용하고 있는 1GHz 이상의 주파수 대역이다. 국내 이동통신 서비스는 현재 800MHz 주파수를 사용하는 한 회사의 2세대(2G) 이동통신 서비스를 제외하고는 모두 1GHz 대역 이상의 주파수를 사용하고 있기 때문에 모든 휴대폰의 전자파가 어린이들에게 더 많이 흡수되는 것으로 볼 수 있다. 또한 휴대폰을 포함한 무선 기기에서 나오는 전자파가 뇌에 손상을 입혀 십대 청소년의 노화를 촉진할 수 있다는 연구결과나 휴대폰을 많이 사용하는 어린이가 주의력 결핍 · 과잉행동 장애(ADHD) 가능성이 높다는 조사 결과가 속속 발표됨에 따라 휴대폰 전자파의 위험성에 대한 각별한 대책이 필요하게 되었다.

① 휴대폰 전자파는 성인보다 어린이들에게 더 해로울 수 있다.

② 성장기의 어린이에게 휴대폰을 사용하게 해서는 안 된다.

③ 휴대폰 전자파는 주파수 대역에 따라 흡수율이 달라진다.

④ 현재 유통되고 있는 휴대폰에서 나오는 전자파 강도는 국제기준에 비해 훨씬 낮은 수준이므로 그 영향이 크지 않다.

13. C 회사의 직원 35명 가운데 이번 연휴기간 중 해외여행을 간 직원은 15명, 친척 집에 간 직원은 16명, 해외여행과 친척 집을 모두 간 직원은 7명이다. 모두 가지 않은 직원은 몇 명인가?

① 8명　② 9명
③ 10명　④ 11명

14. 김 과장은 사내 퀴즈대회에서 60점을 획득했다. 전체 20문제를 풀 때 문제를 맞히면 5점씩 획득하고 틀리면 5점씩 감점된다면 김 과장이 맞힌 문제는 몇 개인가?

① 7개　② 12개
③ 15개　④ 16개

15. 여성 12명, 남성 x명으로 구성된 A 팀이 있다. 이 팀에서 남성의 70%가 14명이라면 A 팀의 총인원은 몇 명인가?

① 30명　② 31명
③ 32명　④ 33명

16. 40명으로 구성된 학급에서 설문조사를 하였더니 야구를 좋아하는 학생은 24명, 농구를 좋아하는 학생은 17명이었다. 야구와 농구 중 어느 것도 좋아하지 않는 학생이 6명이었다면 농구만 좋아하는 학생은 몇 명인가?

① 7명　② 10명
③ 12명　④ 14명

17. 영수는 자전거를 타고 시속 100km로, 준희는 오토바이를 타고 시속 85km로 동시에 같은 지점에서 같은 방향으로 출발했다. 20분 후에 영수와 준희의 간격은 몇 km 벌어지는가?

① 3km ② 4km
③ 5km ④ 6km

18. 하연이는 밸런타인데이를 맞아 친구들에게 초콜릿을 선물하려고 한다. 도보로 갈 수 있는 편의점에서는 초콜릿을 개당 1,700원에 판매하고, 버스를 타고 가야 하는 대형 마트에서는 초콜릿을 개당 1,300원에 판매한다. 이때 초콜릿을 최소 몇 개 이상 구매하여야 대형 마트에서 구매하는 것이 더 저렴한가? (단, 버스 요금은 편도 1,250원이며 초콜릿 구입 후 원래 위치로 돌아온다)

① 5개 ② 6개
③ 7개 ④ 8개

19. 해바라기 호와 장미 호는 항구에서 30km 떨어진 목적지까지 갈 때와 다시 돌아올 때의 속력을 각각 달리하여 운항한다. 해바라기 호는 갈 때는 2시간 반, 돌아올 때는 1시간 반이 걸리고, 장미 호는 갈 때는 3시간, 돌아올 때는 2시간이 걸린다. 해바라기 호와 장미 호의 평균 시속은 각각 몇 km/h인가?

① 15km/h, 11km/h ② 15km/h, 12km/h
③ 17km/h, 10.5km/h ④ 17km/h, 11km/h

20. 물품구매를 담당하고 있는 김 대리는 흰색 A4 용지 50박스와 컬러 A4 용지 10박스를 구매하는 데 5,000원 할인 쿠폰을 사용해서 총 1,675,000원을 지출했다. 컬러 용지 한 박스의 단가가 흰색 용지 한 박스보다 2배 높았다면 흰색 A4 용지 한 박스의 단가는 얼마인가?

① 20,000원
② 22,000원
③ 24,000원
④ 26,000원

21. 다음은 X 기업, Y 기업의 연도별 제품 판매액에 관한 자료이다. 이에 대한 설명으로 옳지 않은 것은?

〈X 기업, Y 기업의 연도별 제품 판매액〉

(단위 : 천 원)

구분		20X0년	20X1년	20X2년	20X3년	20X4년	20X5년	20X6년
X 기업	A 제품	294,621	389,664	578,578	943,056	1,089,200	1,143,402	1,469,289
	B 제품	0	0	0	0	6,089	350,681	1,285,733
	C 제품	917,198	1,103,227	1,605,182	2,556,300	3,979,159	5,122,441	7,056
	D 제품	862,884	912,760	1,148,179	1,145,557	1,342,439	1,683,142	2,169,014
Y 기업	E 제품	4,490,107	3,862,087	4,228,112	2,753,924	2,150,013	2,858,714	2,819,882
	F 제품	52,307	465,924	483,777	492,172	495,354	395,556	489,466
	G 제품	524,623	1,027,251	1,839,558	4,656,237	5,546,583	6,237,564	7,466,664
	H 제품	10,203,907	11,737,151	11,554,426	14,334,944	22,468,966	22,754,303	23,867,053

① Y 기업의 제품 중 20X0년 대비 20X6년 판매액 증가율이 가장 높은 제품은 F 제품이다.
② 20X0년 대비 20X4년에 판매액이 감소한 제품은 한 종류이다.
③ 20X0 ~ 20X6년 동안 매년 Y 기업의 판매액 총합이 X 기업의 판매액 총합보다 컸다.
④ D 제품의 판매액이 전년 대비 감소한 해에는 E 제품의 판매액도 전년 대비 감소하였다.

22. 다음 그래프를 보고 추측한 내용이 적절하지 않은 사람은?

〈연도별 등록 외국인 · 불법체류 외국인 현황〉

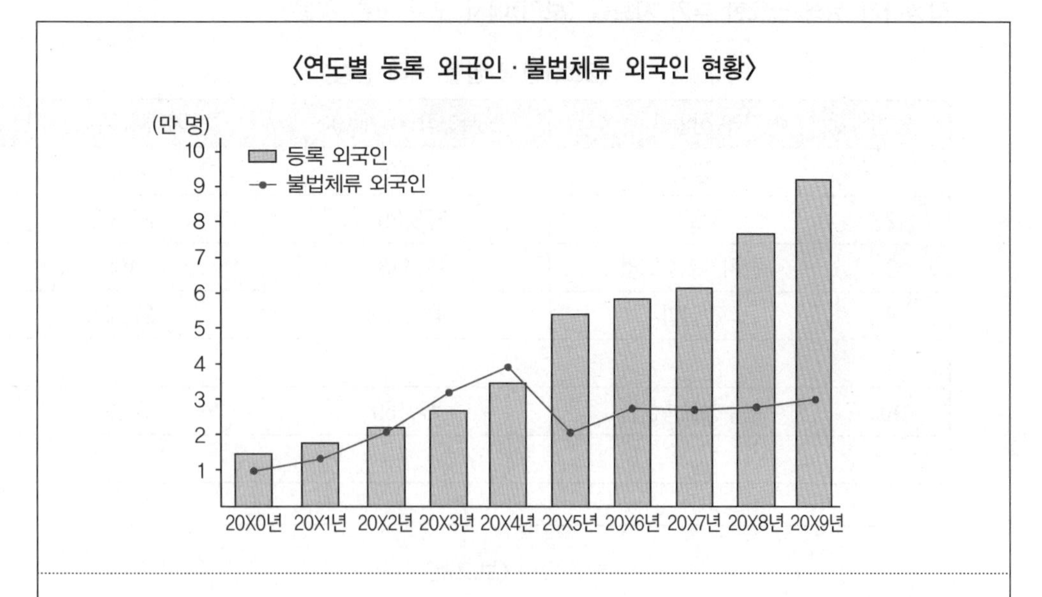

- A : 등록 외국인 수가 매년 증가하고 있지만 변수가 발생하면 그 수가 줄어들 수도 있어.
- B : 불법체류 외국인의 수는 20X4년에 최고치를 기록하면서 처음으로 등록 외국인 숫자보다 많아졌어.
- C : 20X5년에 등록 외국인 수가 급격히 증가한 이유는 불법체류 외국인이 등록 외국인이 되었기 때문은 아닐까?
- D : 20X6년 이후 불법체류 외국인의 숫자는 비교적 안정적으로 유지되고 있어.

① A　　② B

③ C　　④ D

23. 다음 자료를 이용하여 산업별 전체 재해 현황에 대한 〈보고서〉를 작성하려고 한다. 〈보고서〉를 작성하기 위해 필요한 추가 자료를 〈보기〉에서 모두 고른 것은?

〈20X1년 산업별 재해 현황〉

연번	산업	사업장 수(개소)	재해자 수(명)
1	광업	1,078	2,225
2	제조업	379,387	27,377
3	전기가스수도업	2,493	108
4	건설업	441,758	27,686
⋮	⋮		
10	운수창고통신업	77,160	5,291
⋮	⋮		

〈보고서〉

산업별 재해 현황을 보면 20X1년에 건설업 재해자 수가 27,686명으로 전년에 이어 가장 많음을 알 수 있었다. 전체 근로자 중 재해자의 비중을 나타내는 재해율은 광업이 가장 높았다.

보기

ㄱ. 20X1년 산업별 전체 근로자 수
ㄴ. 20X1년 산업별 사망자 수
ㄷ. 20X0년 산업별 재해 현황

① ㄱ
② ㄴ
③ ㄱ, ㄷ
④ ㄴ, ㄷ

24. 다음 도형에 색을 칠하려고 한다. 색을 여러 번 사용할 수는 있으나 이웃하는 영역은 서로 다른 색으로 칠해야 한다. 노란색, 보라색, 빨간색, 검정색, 회색 5가지 색을 사용할 때, 색을 칠할 수 있는 경우의 수는 총 몇 가지인가?

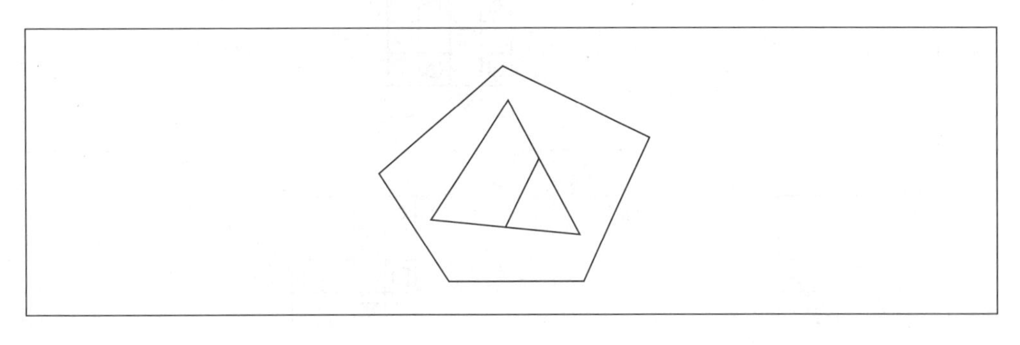

① 25가지 ② 40가지
③ 55가지 ④ 60가지

25. 다음은 시기별 보이스피싱 사고 발생 현황에 관한 그래프이다. 이를 통해 알 수 없는 것은?

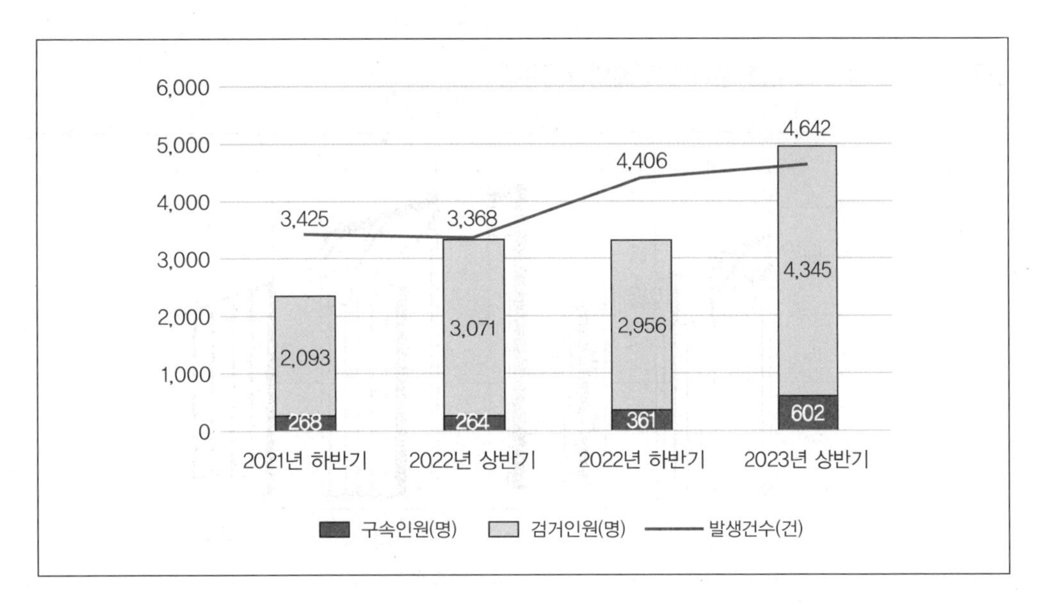

① 발생건당 평균 피해금액 ② 시기별 검거인원 증감률
③ 구속 및 검거인원 최소 시기 ④ 발생건당 평균 검거인원

26. 다음 그림과 동일한 것은?

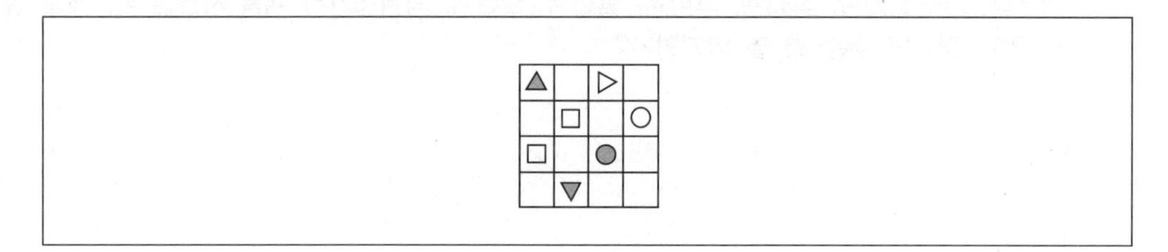

① ② ③ ④

27. 다음 그림의 조각을 순서대로 배열한 것은?

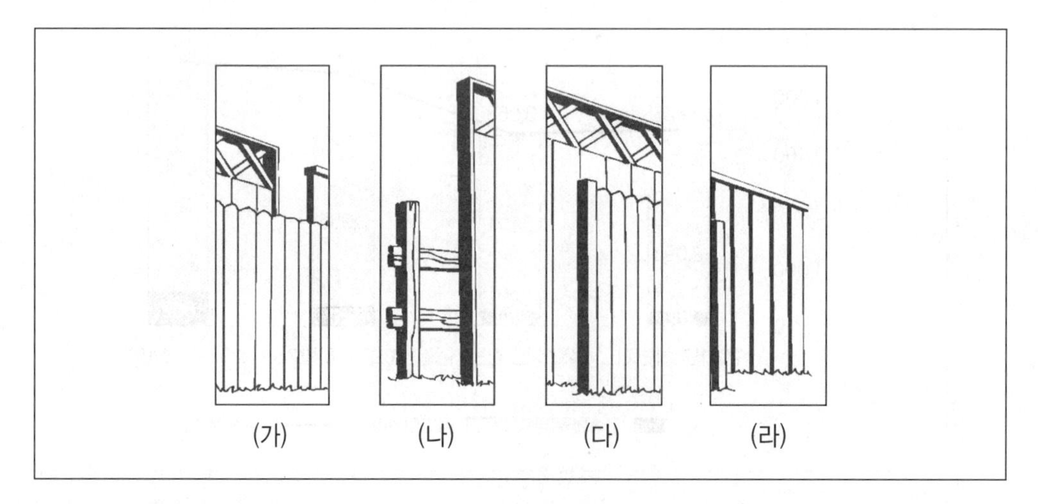

① (나)－(다)－(가)－(라)
② (나)－(다)－(라)－(가)
③ (라)－(나)－(가)－(다)
④ (라)－(나)－(다)－(가)

28. 다음 도형에서 만들 수 있는 크고 작은 삼각형의 개수는?

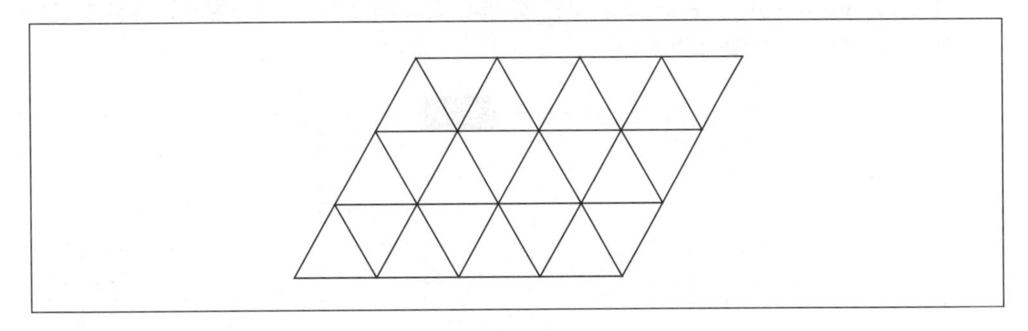

① 36개
② 40개
③ 46개
④ 48개

29. 다음 그림에서 한 면도 보이지 않는 블록은 몇 개인가? (단, 블록의 모양과 크기는 모두 동일한 정육면체이며, 보이지 않는 뒷부분의 블록은 없다)

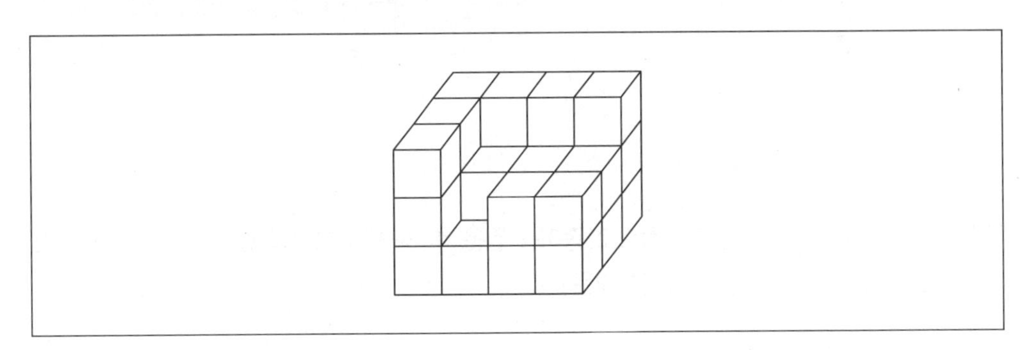

① 9개
② 10개
③ 11개
④ 12개

30. 다음 〈보기〉는 같은 크기와 모양의 블록을 쌓아 만든 입체도형을 앞에서 본 정면도, 위에서 본 평면도, 오른쪽에서 본 우측면도를 그린 것이다. 이에 해당하는 입체도형으로 알맞은 것은? (단, 화살표 방향은 정면을 의미한다)

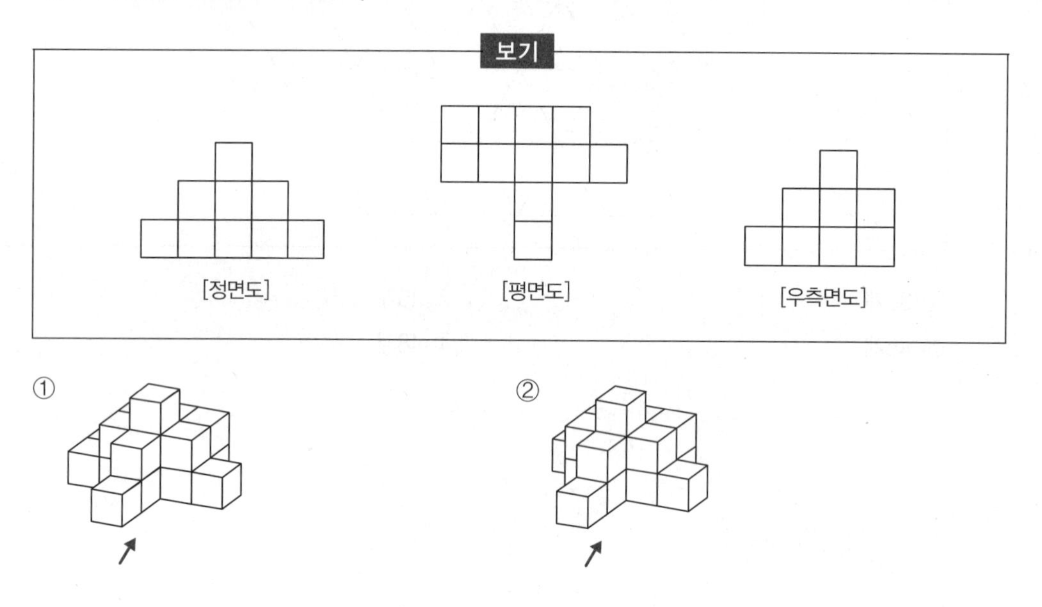

①

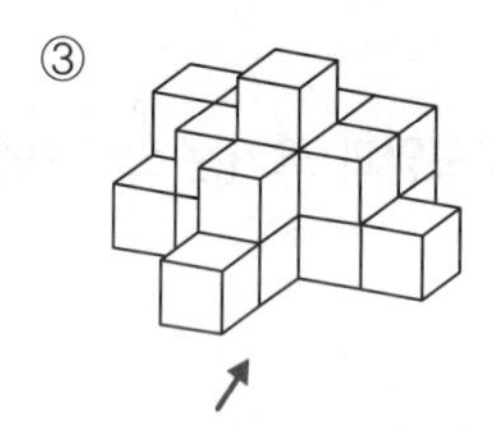

②

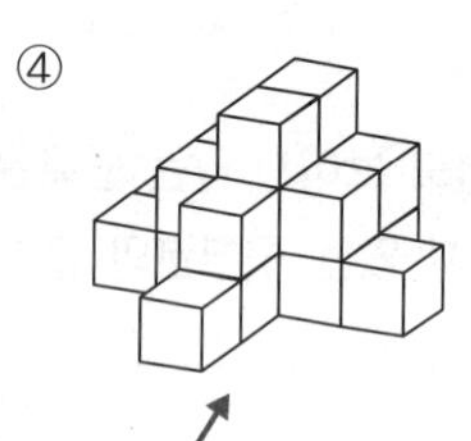

③

④

31. 다음 그림과 같이 화살표 방향으로 종이를 접은 후, 마지막 그림과 같이 펀치로 구멍을 뚫고 다시 펼쳤을 때의 모양으로 옳은 것은?

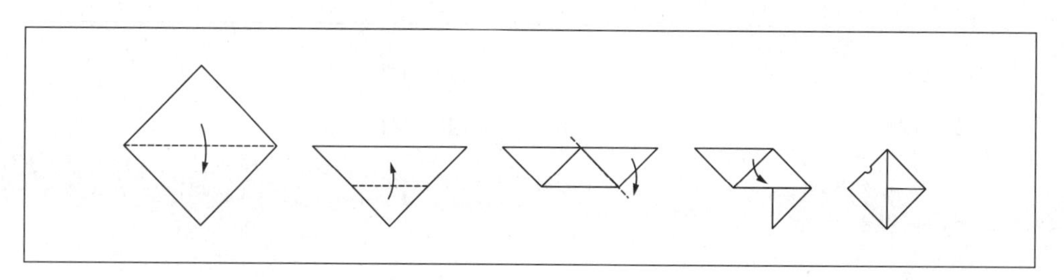

① 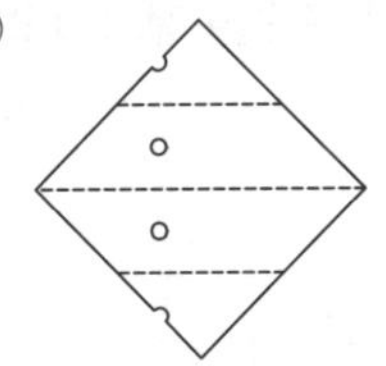

② 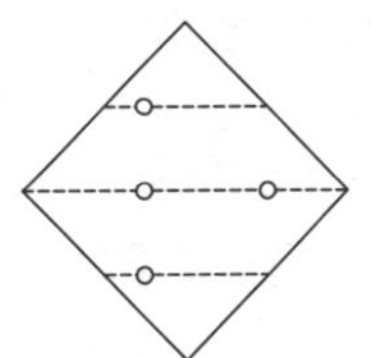

③ 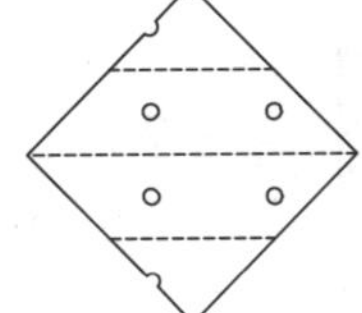

④ 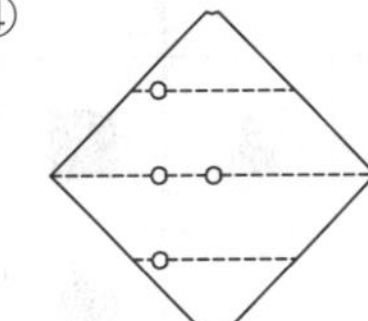

32. 다음 〈보기〉의 입체도형과 동일한 것은?

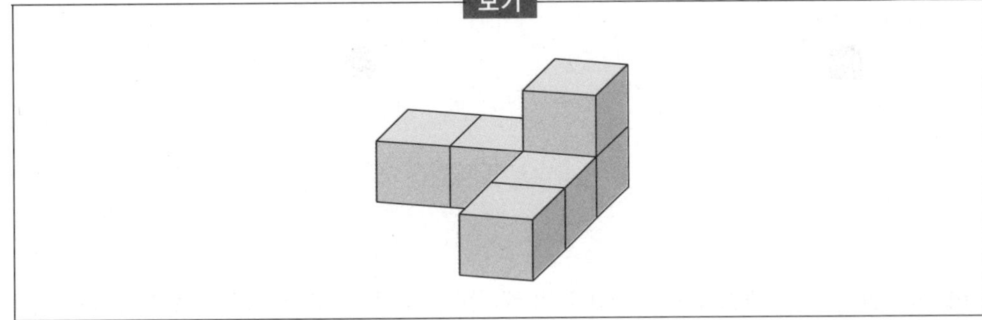

① 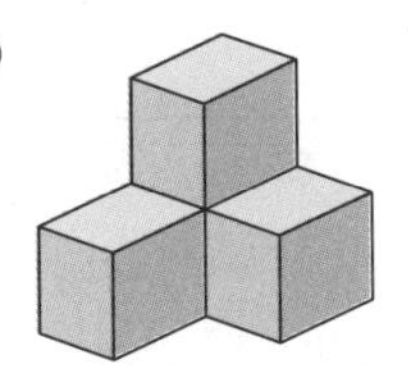

② 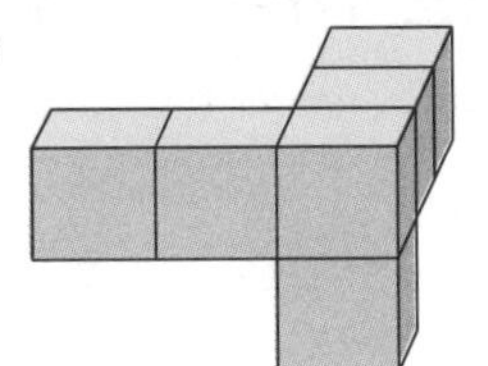

③ 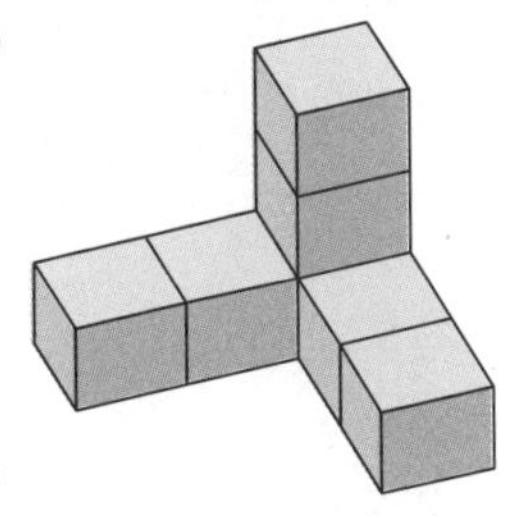

④ 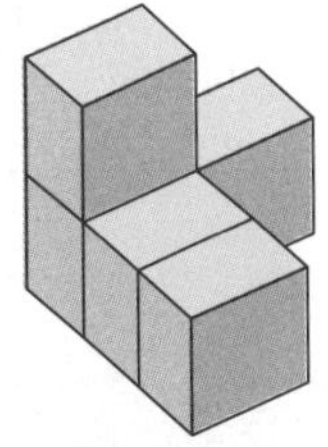

33. 다음 〈보기〉의 왼쪽 전개도를 접어 오른쪽 주사위 모형을 만들 때, 화살표 방향에서 바라본 면의 모습으로 적절한 것은?

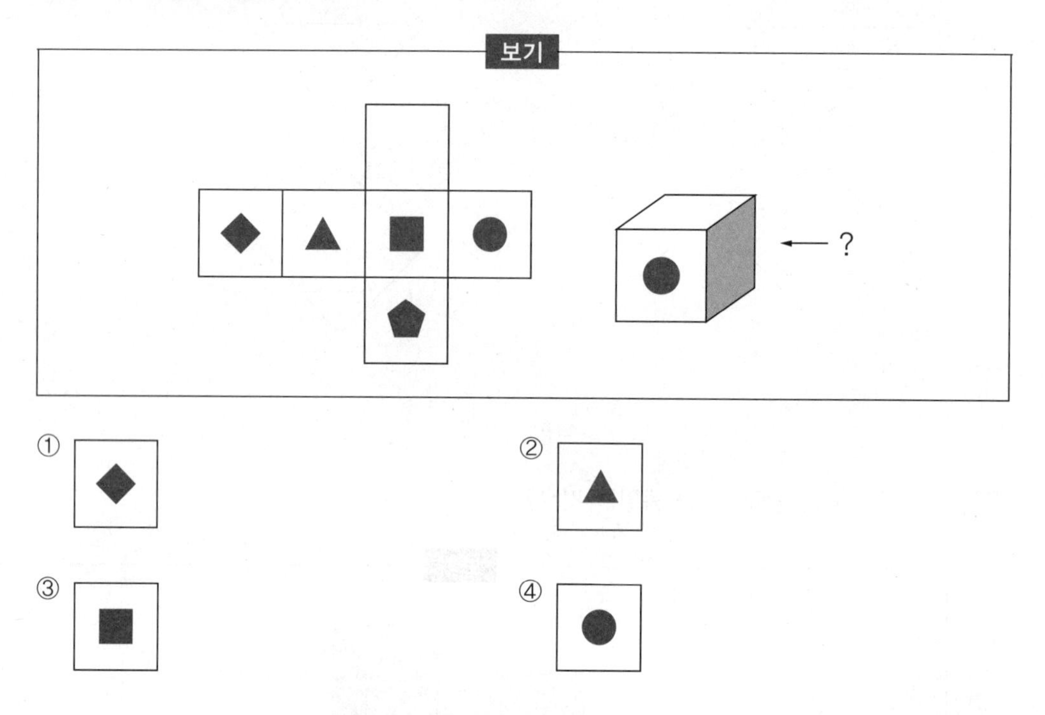

34. 동일한 주사위 3개를 다음 그림과 같이 배치했을 때, 주사위끼리 접하여 보이지 않는 면에 그려진 눈의 합은? (단, 주사위의 마주 보는 면에 그려진 눈의 합은 7이다)

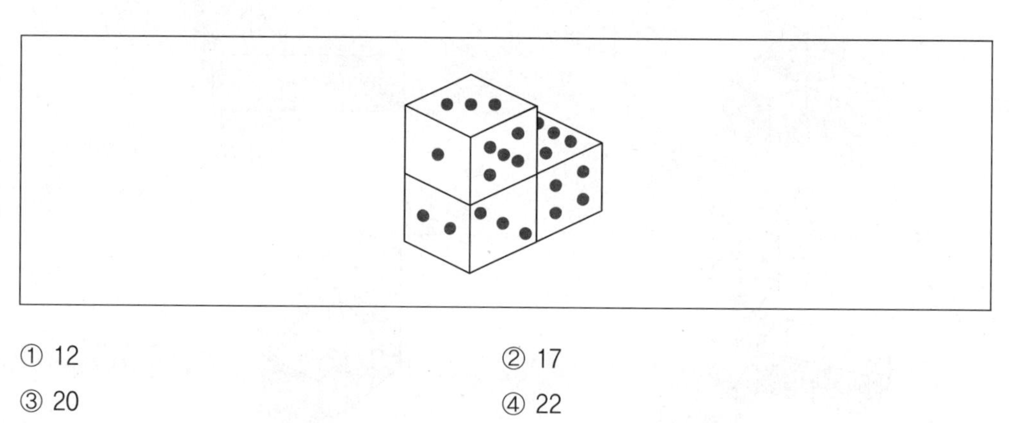

① 12　　② 17

③ 20　　④ 22

35. 다음을 보고 그 규칙을 찾아 '?'에 들어갈 알맞은 것을 고르면?

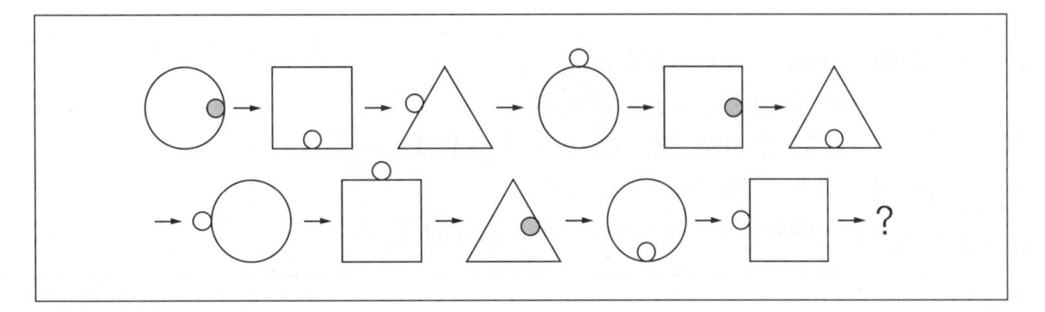

①

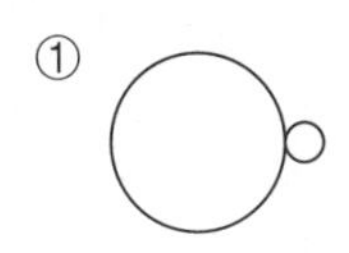

②

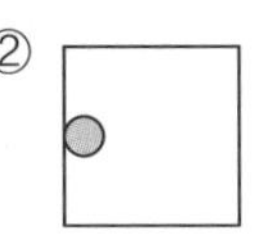

③

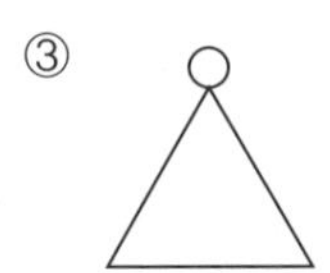

④

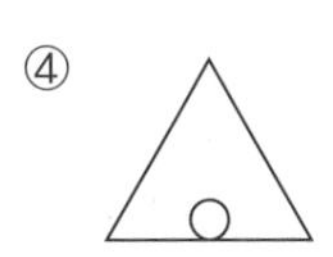

36. 다음을 읽고 밑줄 친 부분에 들어갈 문장으로 적절한 것은?

> • 축구를 잘하는 사람은 감기에 걸리지 않는다.
> • 감기에 걸리지 않는 사람은 휴지를 아껴 쓴다.
> • 나는 축구를 잘한다.
> • 그러므로 ______________________

① 나는 감기에 자주 걸린다.
② 환자는 휴지를 아껴 쓴다.
③ 나는 축구를 자주 한다.
④ 나는 휴지를 아껴 쓴다.

37. 다음의 전제를 참고할 때 결론에 대한 설명으로 옳은 것은?

[전제] • 쇼핑을 좋아하면 신용카드가 많다.
• 구두가 많으면 쇼핑을 좋아한다.
• 구두가 많지 않으면 신용카드가 많지 않다.
[결론] A. 쇼핑을 좋아하면 구두가 많다.
B. 신용카드가 많지 않으면 구두가 많지 않다.

① A만 항상 옳다. ② B만 항상 옳다.
③ A, B 모두 항상 옳다. ④ A, B 모두 항상 그르다.

38. 다음 전제를 바탕으로 했을 때 참이 되는 결론은?

[전제] • 케이크가 설탕이면 박하사탕은 소금이 아니다.
• 박하사탕은 소금이다.
[결론] • ______________________________

① 케이크는 설탕이다. ② 설탕은 박하사탕이다.
③ 케이크는 설탕이 아니다. ④ 소금은 케이크이다.

39. 다음 글에 나타나는 논리적 오류와 같은 형태의 오류를 범하고 있는 것은?

> 이번 수학능력시험에서 A 고등학교의 평균 점수가 B 고등학교의 평균 점수보다 더 높았대. 아마 A 고등학교에 다니는 민수가 B 고등학교에 다니는 철수보다 더 높은 점수를 받았을 거야.

① 세상에서 이 TV가 가장 성능이 좋을 거야. 왜냐하면 이 TV는 최고 성능의 부품들로 만들어졌거든.
② 영민이의 아버지가 축구 국가대표 출신이래. 분명 영민이도 축구를 잘할 거야.
③ 우리나라 국민 5명 중 1명이 이 영화를 보았대. 따라서 이 영화가 올해 최고의 영화라고 할 수 있지.
④ 미선이는 일류 대학에 들어갈 수 있어. 작년에 그녀가 다니는 학교에서 가장 많은 일류 대학 합격자를 배출했으니까.

40. 예원, 철수, 경희, 정호, 영희 5명은 다음과 같이 긴 의자에 일렬로 앉아 사진을 찍었다. 사진을 보고 앉은 순서에 대해 다음과 같이 말하였을 때, 사진상 정호의 왼쪽에 앉아 있는 사람은? (단, 이 중 1명의 진술은 모두 거짓이며, 나머지 4명의 진술은 모두 참이다)

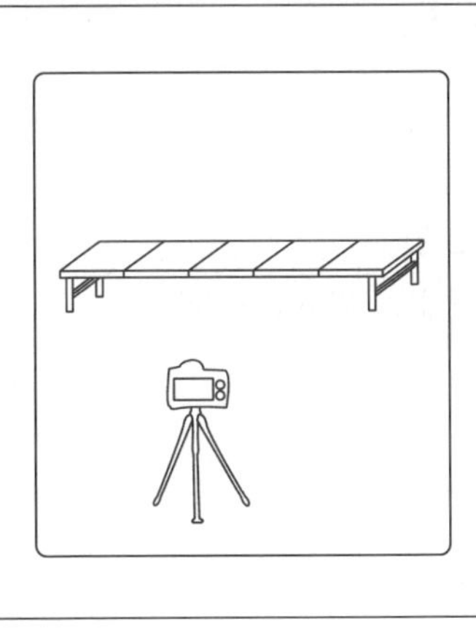

- 예원 : 영희가 맨 왼쪽에 앉아 있고, 정호는 경희보다 왼쪽에 앉아 있다.
- 철수 : 나는 영희보다 오른쪽에 앉아 있고, 경희는 예원이보다 왼쪽에 앉아 있다.
- 경희 : 예원이는 철수보다 오른쪽에 앉아 있다.
- 정호 : 철수는 경희보다 왼쪽에, 예원이는 나보다 오른쪽에 앉아 있다.
- 영희 : 철수는 정호보다 왼쪽에, 예원이는 경희보다 왼쪽에 앉아 있다.

① 예원　　② 철수
③ 경희　　④ 영희

41. ○○영화관에는 4개(1 ~ 4관)의 상영관이 있고, 영화 A, B, C, D가 각각 겹치지 않게 상영되고 있다. 다음 〈조건〉을 참고할 때 옳은 것은?

조건

- 영화 B는 2관에서 상영된다.
- 영화 A와 C가 상영되는 두 상영관은 서로 이웃한다.
- 4관에서는 영화 C를 상영하지 않는다.

1관	2관	3관	4관

① 1관에서는 영화 A가 상영된다.
② 1관에서는 영화 C가 상영된다.
③ 영화 D는 3관에서 상영된다.
④ 영화 C는 3관에서 상영된다.

42. A, B, C, D, E, F, G, H 8개 회사의 빌딩이 길을 사이에 두고 네 개씩 마주 보고 서 있다. 위치관계가 다음 〈조건〉과 같을 때 옳은 것은?

조건

- F사의 빌딩은 B사와 D사의 빌딩 사이에 서 있다.
- E사 빌딩의 양옆에는 A사와 G사 빌딩이 있다.
- C사와 D사의 빌딩은 길을 사이에 두고 서로 마주 보고 있다.
- E사의 빌딩을 등 뒤로 하고 서면, 오른쪽 대각선상에 F사의 빌딩이 있다.
- B사 빌딩의 옆에는 H사 빌딩이 있다.
- A사의 빌딩과 마주 보는 곳에는 H사의 빌딩이 있다.

① B사의 빌딩과 E사의 빌딩은 대각선 위치에 서 있다.
② A사의 빌딩은 C사의 빌딩과 이웃하고 있다.
③ 길을 사이에 두고 B사 빌딩의 정면에 G사의 빌딩이 있다.
④ G사의 빌딩과 F사의 빌딩은 서로 마주 보고 서 있다.

43. 다음 〈보기〉의 명제들이 항상 참이라 할 때 옳은 것은?

보기

- 어떤 수영 강사는 담배를 피운다.
- 모든 흡연자는 당구를 친다.
- 어떤 수영 강사는 당구를 치지 않는다.

① 담배를 피우지 않는 수영 강사는 모두 당구를 친다.
② 당구를 치지 않으면서 담배만 피우는 수영 강사도 있다.
③ 담배를 피우는 수영 강사는 모두 당구를 친다.
④ 당구를 치는 사람은 모두 수영 강사이다.

44. 다음 〈보기〉의 명제들이 항상 참이라 할 때 옳은 것은?

보기

- 사과를 좋아하는 사람은 귤을 좋아한다.
- 딸기를 좋아하지 않는 사람은 귤을 좋아하지 않는다.
- 바나나를 좋아하는 사람은 딸기를 좋아한다.

① 귤을 좋아하는 사람은 사과를 좋아한다.
② 사과를 좋아하지 않는 사람은 딸기를 좋아한다.
③ 딸기를 좋아하는 사람은 바나나를 좋아하지 않는다.
④ 사과를 좋아하는 사람은 딸기를 좋아한다.

45. A, B, C, D는 가수, 탤런트, 개그맨, MC의 네 분야 중 각각 두 분야에서 활동하고 있다. 이들의 활동 영역에 대한 〈조건〉이 다음과 같을 때 B의 활동 분야는?

조건

- 개그맨인 사람은 가수 또는 MC가 아니다.
- 가수와 탤런트 분야에서 활동하는 사람들은 두 분야 모두 3명씩이다.
- D는 개그맨이다.
- B와 C의 활동 분야는 동일하다.
- MC인 사람은 한 명이다.

① 가수, 탤런트
② 가수, MC
③ 개그맨, 탤런트
④ MC, 탤런트

46. 직업의식은 각 직업에 종사하는 사람들의 특유한 태도나 도덕관, 가치관 등을 통틀어 이르는 말이다. 다음 ㉠ ~ ㉨ 중 부정적인 직업의식에 해당하는 것을 모두 고르면?

㉠ 도전정신	㉡ 지위지향	㉢ 내재적 가치
㉣ 연고주의	㉤ 직무몰입	㉥ 소명의식
㉦ 남성우월	㉧ 연공서열	㉨ 권위주의

① ㉠, ㉢, ㉣, ㉨
② ㉡, ㉣, ㉦, ㉧, ㉨
③ ㉢, ㉣, ㉤, ㉥, ㉨
④ ㉣, ㉤, ㉥, ㉦, ㉧, ㉨

47. A는 ○○백화점에서 의류를 판매하는 점원이다. A가 판매하고 있는 제품에 대하여 자신의 과시욕을 드러내며 제품을 폄하하는 고객이 매장에서 옷을 고르고 있을 경우, A가 대처할 수 있는 가장 적절한 방법은?

① 내버려두고 고객의 호감을 얻을 수 있도록 노력해 본다.
② 책임자로 하여금 응대하도록 한다.
③ 이야기를 경청하고, 맞장구치고, 추켜세우고, 설득해 가는 방법이 효과적이다.
④ 만사를 시원스럽게 처리하는 모습을 보여 준다.

48. 다음 중 직장 예절에 대한 내용으로 옳지 않은 것은?

① 자신이 속한 조직의 사람을 다른 조직 사람에게 먼저 소개한다.
② 명함을 받으면 바로 넣지 않고 명함에 대해 간단하게 이야기한다.
③ 정부 고관이 퇴직한 경우에는 직급명을 사용하지 않는다.
④ 비임원을 임원에게 소개한다.

49. 다음 두 사람의 대화를 참고할 때, ㉠에 들어갈 적절한 말은?

A : 너희 매장에서 아르바이트 직원 구한다고 하지 않았니?
B : 응 맞아. 유사 업종 근무 경력은 필요 없고 근면하기만 하면 된다고 하더라.
A : 그래? 막상 내가 근면한 사람인지 따져보려니 좀 추상적이군.
B : 응, 조금 추상적이기는 한데 (㉠)과 같은 면이 있는 사람을 근면하다고 생각하면 돼.
A : 아, 그렇구나.

① 고객들에게 웃는 모습으로 대응할 수 있는 것
② 고객들이 불편을 표출하기 전에 능동적으로 서비스를 제공하는 것
③ 근무시간에 개인적인 볼일을 보지 않고, 주어진 업무에 집중하는 것
④ 다른 근무자에게 인수인계를 빠짐없이 하는 것

50. 다음 중 이메일(E-mail)을 보낼 때의 예절로 적절한 것은?

① 메시지는 요점만 넣어 간략하게 보낸다.
② 하단에 보내는 사람의 이름을 적는다.
③ 보안을 위해 요점과 관계없는 제목을 적는다.
④ 특별한 경우에만 메일의 제목을 작성하도록 한다.

충남 4회

기출예상문제

문항수 | 50문항
시험시간 | 50분

▸ 정답과 해설 33쪽

01. 다음 중 밑줄 친 부분의 의미가 〈보기〉와 가장 유사한 것은?

> **보기**
>
> 이 카페는 생과일로 아이스크림과 주스를 직접 <u>만들었다</u>.

① 오랜 공사를 벌인 끝에 마침내 터널을 <u>만들었다</u>.
② 새로 취임한 감독은 재미있는 배구로 팬들에게 사랑받는 팀을 <u>만들겠다는</u> 포부를 밝혔다.
③ 전반적인 생산단계를 실시간으로 분석하면서 최적의 생산 환경을 <u>만드는</u> 것이다.
④ 어떤 나라에서는 자국어 보호법과 같은 법을 <u>만드느라</u> 법석이다.

02. 다음 밑줄 친 어휘 중 맞춤법이 올바른 어휘를 골라 순서대로 나열한 것은?

> • 첨단산업단지에 <u>걸맞는/걸맞은</u> 인공지능 아파트를 건설할 예정이다.
> • 이 일을 반대하려면 그에 <u>알맞는/알맞은</u> 명분을 찾아야 한다.

① 걸맞는, 알맞는
② 걸맞는, 알맞은
③ 걸맞은, 알맞는
④ 걸맞은, 알맞은

03. 다음 단어들의 관계가 나머지와 다른 하나는?

① 옷감－홍두깨－다듬이질
② 나무－불－연소
③ 공책－펜－필기
④ 셔틀콕－라켓－배드민턴

04. 다음 (가) ~ (바)를 문맥에 맞게 배열한 것은?

(가) 그런데 많은 문화가 혼재돼 문화 상대주의가 만연한 곳에서는 사람들은 자신이 보루로 삼을 문화의 형태나 기둥을 잃게 되며, 자기상실에 빠져들고 불안한 상태에 던져진다.
(나) 이에 따라 사람은 사회의 불안정성이나 불확실성을 견딜 정신적 지주를 가질 수 있다.
(다) 따라서 모든 문화가 지리적 풍토를 벗어나 지구 전체로 퍼져나가는 21세기에는 문화의 혼재에서 오는 아이덴티티(Identity) 상실의 시대가 도래할지도 모른다.
(라) 그 문화적 풍토에서 나고 자란 사람은 그 형태 속에서 자신의 아이덴티티를 형성한다.
(마) 종교로 봐도, 언어로 봐도, 습관으로 봐도, 문화라는 것은 각각 서로 다른 형태를 갖고 있다.
(바) 가치의 상대성을 주장하는 것은 그 나름대로 옳지만 그게 너무 과해질 경우, 줏대를 잃게 되어 신념을 가질 수 없게 된다.

① (다)－(바)－(마)－(라)－(가)－(나)
② (마)－(가)－(바)－(나)－(다)－(라)
③ (바)－(마)－(나)－(라)－(다)－(가)
④ (마)－(라)－(나)－(가)－(바)－(다)

05. 다음 글의 밑줄 친 ㉠ ~ ㉣ 중 문맥상 표현이 어색하지 않은 것은?

한 언론사가 사회 각 방면에서 성공한 인물 100명을 대상으로 그들의 성공 요인을 조사해 보았는데, ㉠ 예상되어진 것과는 다른 결과가 나왔습니다. '지능, 학력, 가정, 환경'이 아닌 자신이 좋아하는 일을 했다는 데서 성공 요인을 찾았습니다.

사람은 자신이 좋아하는 일을 할 때 즐거움을 느낍니다. ㉡ 하지만 즐거움을 느낄 때, 일의 능률이 ㉢ 발휘될 것입니다. 마지못해서 또는 남에게 보이기 위한 ㉣ 체면치레로 일을 하면 성공과 행복을 얻을 수 없습니다. 여러분은 어떤 일을 좋아합니까? 그리고 그렇게 좋아하는 일을 하기 위해서 무엇을 준비하고 있습니까?

① ㉠ : 예상되어진
② ㉡ : 하지만
③ ㉢ : 발휘될
④ ㉣ : 체면치레로

06. 다음 글에서 전제되어 있는 내용은?

> 19세기 중반 화학자 분젠은 버너 불꽃의 색을 제거한 개선된 버너를 고안함으로써 물질의 불꽃색을 더 잘 구별할 수 있도록 하였다. 하지만 두 종류 이상의 금속이 섞인 물질의 불꽃은 색깔이 겹쳐 분간이 어려웠다. 이에 물리학자 키르히호프는 프리즘을 통한 분석을 제안했고 둘은 협력하여 불꽃의 색을 분리시키는 분광 분석법을 창안했다.
>
> 그들은 불꽃 반응에서 나오는 빛을 프리즘에 통과시켜 띠 모양으로 분산시킨 후 망원경을 통해 이를 들여다보는 방식으로 실험을 진행하였다. 이 방법을 통해 그들은 알칼리 금속과 알칼리 토금속의 스펙트럼을 체계적으로 조사하여 그것들을 함유한 화합물들을 찾아내었다. 이 과정에서 그들은 특정한 금속의 스펙트럼에서 띄엄띄엄 떨어진 밝은 선의 위치는 그 금속이 홑원소로 존재하든 다른 원소와 결합하여 존재하든 불꽃의 온도와 상관없이 항상 같다는 결론에 도달하였다. 이 방법의 유효성은 그들이 새로운 금속 원소인 세슘과 루비듐을 발견함으로써 입증되었다.

① 물질은 고유한 불꽃색을 가지고 있어 불꽃색을 통해 물질을 구별할 수 있다.

② 전통적인 분석 화학의 방법에 의존하면 정확하게 화합물의 원소를 판별해 낼 수 있다.

③ 19세기 중반 과학계에서는 불꽃 반응과 관련된 실험이 성행하고 있었다.

④ 분광 분석법의 창안은 과학사에 길이 남을 업적이다.

07. 다음 글에서 필자가 말하고자 하는 바는?

> 완벽한 글을 써 나가겠다는 압박감은 글을 쓰지 못하게 한다. 이 글에서는 이것만 써야 하는데, 저것도 안다고 말하고 싶다. 좀 더 멋있게 표현하고 싶을 것이다. 그러다 보면 글쓰기 진도가 나가지 않을 뿐더러 글도 나빠진다. 핵심에서 벗어나 중언부언하기 십상이다. 형용사, 부사가 난무하여 글이 느끼해진다. 글의 성패는 여기서 갈린다. 취사선택의 분별력과 결단이 필요하다.

① 글을 잘 쓰려는 욕심을 버려야 한다.

② 누군가에게 잘 보이려는 욕심을 버려야 한다.

③ 아는 것을 최대한으로 표현해야 한다.

④ 자신의 현재 상태를 그대로 받아들여야 한다.

[08 ~ 09] 다음 글을 읽고 이어지는 질문에 답하시오.

'오컴의 면도날(Occam's razor)'이라는 표현이 있다. '경제성의 원리(Principle of economy)'라고도 불리는 이 용어는 14세기 영국의 논리학자였던 오컴의 이름에서 탄생하였으며, 어떤 현상을 설명할 때 필요 이상의 가정과 개념들은 면도날로 베어낼 필요가 있다는 권고로 쓰인다.

인간의 욕구에 대한 대표적인 이론에는 20세기 미국의 심리학자인 매슬로(Maslow)의 욕구단계설이 있다. 인간의 다양한 욕구들은 강도와 중요성에 따라 피라미드 모양의 다섯 단계로 이루어진다는 것이다. 이 이론의 전제는 아래 단계의 기본적인 하위 욕구들이 채워져야 자아 성취와 같은 보다 고차원적인 상위 욕구에 관심이 생긴다는 것이다. 하지만 매슬로의 이론에 의문을 제기해 볼 수 있다. 왜 사람은 세상에서 가장 뛰어난 피아니스트가 되려 하고, 가장 빠른 기록을 가지려고 할까? 즉, 왜 자아 성취를 하려고 할까? 그동안 심리학자들은 장황한 이유를 들어 설명하려 했다. 그러나 진화생물학적 관점에서는 모든 것이 간명하게 설명된다. 자아 성취를 위해 생리적 욕구를 채우는 것이 아니라, 식욕이나 성욕과 같은 인간의 본질적 욕구를 채우는 데 도움이 되기 때문에 자아 성취를 한다는 것이다.

행복도 오컴의 면도날로 정리할 필요가 있다. 행복은 가치나 이상 혹은 도덕적 지침과 같은 거창한 관념이 아닌 레몬의 신맛처럼 매우 구체적인 경험이다. 그것은 쾌락에 뿌리를 둔 기쁨과 즐거움 같은 긍정적 정서들이다. 쾌락이 행복의 전부는 아니지만, 이것을 뒷전에 두고 행복을 논하는 것은 (　　　㉠　　　)이다.

08. 윗글에 대한 이해로 적절하지 않은 것은?

① 진화생물학적 견해는 불필요한 사고의 절약에 도움을 준다.
② '오컴의 면도날'은 어떤 현상을 설명할 때 경제성의 측면에서 권고사항으로 쓰인다.
③ 매슬로와 진화생물학적 관점은 인간의 본질에 대한 해석이 근본적으로 같다.
④ 매슬로는 하위 욕구가 전제되지 않으면 고차원적 욕구에 관심이 생기지 않는다고 본다.

09. 윗글의 흐름을 고려할 때, ㉠에 들어갈 사자성어로 적절한 것은?

① 중언부언(重言復言)
② 어불성설(語不成說)
③ 교언영색(巧言令色)
④ 유구무언(有口無言)

10. 다음 글의 주제로 적절한 것은?

> 우리는 학교에서 한글 맞춤법이나 표준어 규정과 같은 어문 규범을 교육받고 학습한다. 어문 규범은 언중들의 원활한 의사소통을 위해 만들어진 공통된 기준이며 사회적으로 정한 약속이기 때문이다. 그러나 문제는 급변하는 환경에 따라 변화하는 언어 현실에서 언중들이 이와 같은 어문 규범을 철저하게 지키며 언어생활을 하기란 쉽지 않다는 것이다. 그래서 이러한 언어 현실과 어문 규범과의 괴리를 줄이고자 하는 여러 주장과 노력이 우리 사회에 나타나고 있다.
>
> 최근, 어문 규범이 언어 현실을 따라오기에는 한계가 있기 때문에 어문 규범을 폐지하고 아예 언중의 자율에 맡기자는 주장이 있다. 또한 어문 규범의 총칙이나 원칙과 같은 큰 틀만을 유지하되, 세부적인 항목 등은 사전에 맡기자는 주장도 있다. 그러나 어문 규범을 부정하는 주장이나 사전으로 어문 규범을 대신하자는 주장에는 문제점이 있다. 전자의 경우, 언어의 생성이나 변화가 언중 각각의 자율에 의해 이루어져 오히려 의사소통의 불편함을 야기할 수 있다. 후자는 우리나라의 사전 편찬 역사가 짧기 때문에 어문 규범의 모든 역할을 사전이 담당하기에는 무리가 있으며, 언어 현실의 다양한 변화를 사전에 전부 반영하기 어렵다는 문제점이 있다.

① 의사소통의 편리함을 위해서는 어문 규범을 철저히 지켜야 한다.

② 언어 현실과 어문 규범의 괴리를 해소하기 위한 방법을 모색하는 노력이 나타나고 있다.

③ 언어의 변화와 생성은 사람들의 의사소통을 혼란스럽게 할 수 있기 때문에 최대한 자제해야 한다.

④ 어문 규범과 언어 현실의 괴리를 없애기 위해서는 언중의 자율과 사전의 역할 확대가 복합적으로 진행되어야 한다.

11. **다음은 '머리'가 나타내는 다양한 의미이다. 이를 다른 신체 부위를 지칭하는 단어에 적용했을 때 그 용례로 적절하지 않은 것은?**

㉠ 신체의 일부 : 사람이나 동물의 목 위의 부분(눈 · 코 · 입 · 귀가 있는 얼굴, 머리카락이 있는 부위 포함) ㉡ 위치 : 해당 지역의 가장 위쪽 ㉢ 물체의 부분 : 사물의 맨 앞이나 윗부분 ㉣ 시간 : 어떤 때 · 시기가 시작될 즈음

① ㉠ : 그녀가 멀리서 손을 흔들었다.

② ㉡ : 분단선이 한반도의 허리를 관통했다.

③ ㉢ : 부러진 의자 다리를 고쳤다.

④ ㉣ : 그는 눈 깜짝할 새 지나갔다.

12. **다음 중 대화의 공통 주제와 다른 이야기를 하는 사람은?**

A : 아이들 자신과 관련 있는 이야기를 쓴 책이 좋다고 생각해. 자신과 관련 있는 이야기라면 재미도 있고 공감도 많이 할 수 있어. B : 아이들은 재미가 없으면 책을 잘 읽으려고 하지 않아. 하지만 재미가 없더라도 좋은 책을 많이 읽는 습관을 기르는 것이 중요해. C : 많이 팔리는 책이 좋다고 생각해. 사람들이 많이 읽는 만큼 책 내용도 좋지 않겠어? D : 그런 책이 모두 좋다고는 할 수 없어. 그보다는 아이들 수준에 맞아야 한다고 생각해. 어른들이 좋다고 해도 너무 어려워서 읽지 못한다면 소용없는 일 아니겠어?

① A

② B

③ C

④ D

13. 어느 초등학교 학생 30명을 대상으로 조사한 결과 A, B, C 음료수가 맛있다고 투표한 학생은 각각 15명, 17명, 16명이었고, A와 B 음료수, A와 C 음료수, B와 C음료수에 중복 투표한 학생은 각각 11명, 13명, 7명이었다. 또한, 세 음료수 중 어느 곳에도 투표하지 않은 학생은 6명일 때, 세 음료수 모두 맛있다고 투표한 학생은 몇 명인가?

① 4명
② 5명
③ 6명
④ 7명

14. 다음을 주어진 단위에 알맞게 변환했을 때 '?'에 들어갈 값은?

20,000,000kg＝(　?　)t

① 20
② 200
③ 2,000
④ 20,000

15. 정은이는 한 개에 1,500원인 참외와 한 개에 2,500원인 오렌지를 합하여 총 10개를 구매하고 20,000원을 지불하였다. 정은이가 산 참외의 개수는?

① 3개
② 4개
③ 5개
④ 6개

16. 은지의 영어와 수학 점수의 합은 82점이고 영어와 국어 점수의 합은 74점이다. 수학과 국어의 점수 차는 몇 점인가?

① 7점
② 8점
③ 9점
④ 10점

17. 일정한 속력으로 달리는 A, B가 400m 트랙의 반대편에서 동시에 출발하였다. B가 1,000m를 달렸을 때 A가 B를 따라잡았다면 A와 B의 속력의 비는?

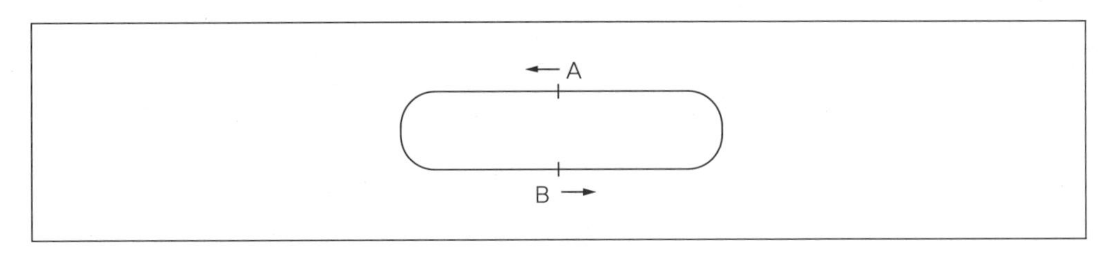

① 3 : 1
② 4 : 3
③ 6 : 5
④ 5 : 6

18. 어떤 프로젝트를 수행하는 데 A가 혼자 하면 10일, B가 혼자 하면 15일이 걸린다. 이 프로젝트를 A, B가 함께 수행한다면 며칠 만에 완료할 수 있는가?

① 3일
② 4일
③ 5일
④ 6일

19. 정가가 30,000원인 신발은 30% 할인된 가격으로 구입하고, 정가가 x원인 옷은 20% 할인된 가격으로 구입해서 총 125,000원을 지불하였다. 할인 전 신발과 옷의 총합 금액은 얼마인가?

① 151,000원
② 160,000원
③ 170,000원
④ 180,000원

20. 한 개의 육면체 주사위를 한 번 던졌을 때 2의 배수가 나올 확률은?

① $\frac{1}{2}$
② $\frac{1}{3}$
③ $\frac{2}{3}$
④ $\frac{3}{4}$

21. 다음 자료를 분석한 내용 중 적절하지 않은 것은?

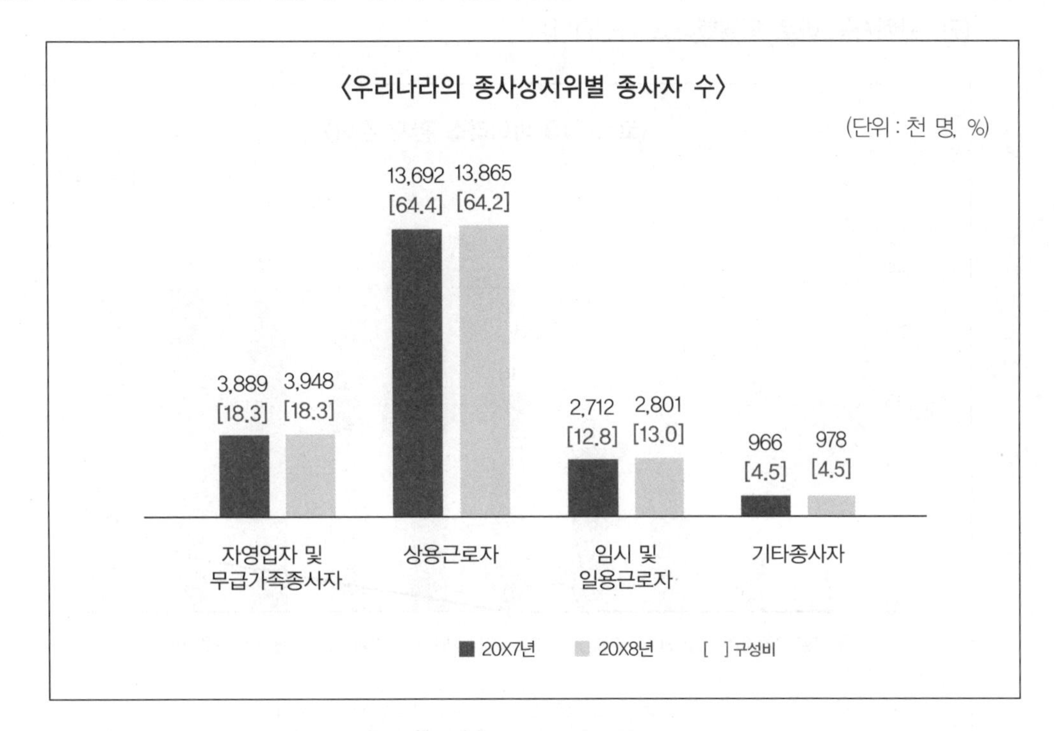

① 우리나라는 상용근로자 수가 가장 많다.

② 20X8년에 1년 전보다 종사자 수가 가장 많이 증가한 지위는 상용근로자이다.

③ 종사자 수가 증가했다고 해서 그 비중도 반드시 증가하는 것은 아니다.

④ 20X8년에 1년 전보다 종사자 수가 감소한 지위는 기타종사자뿐이다.

22. 다음은 우리나라의 코로나19 바이러스 확진자 추이이다. 이에 대한 설명으로 옳지 않은 것은? (단, 완치자는 바로 퇴원했다고 가정한다)

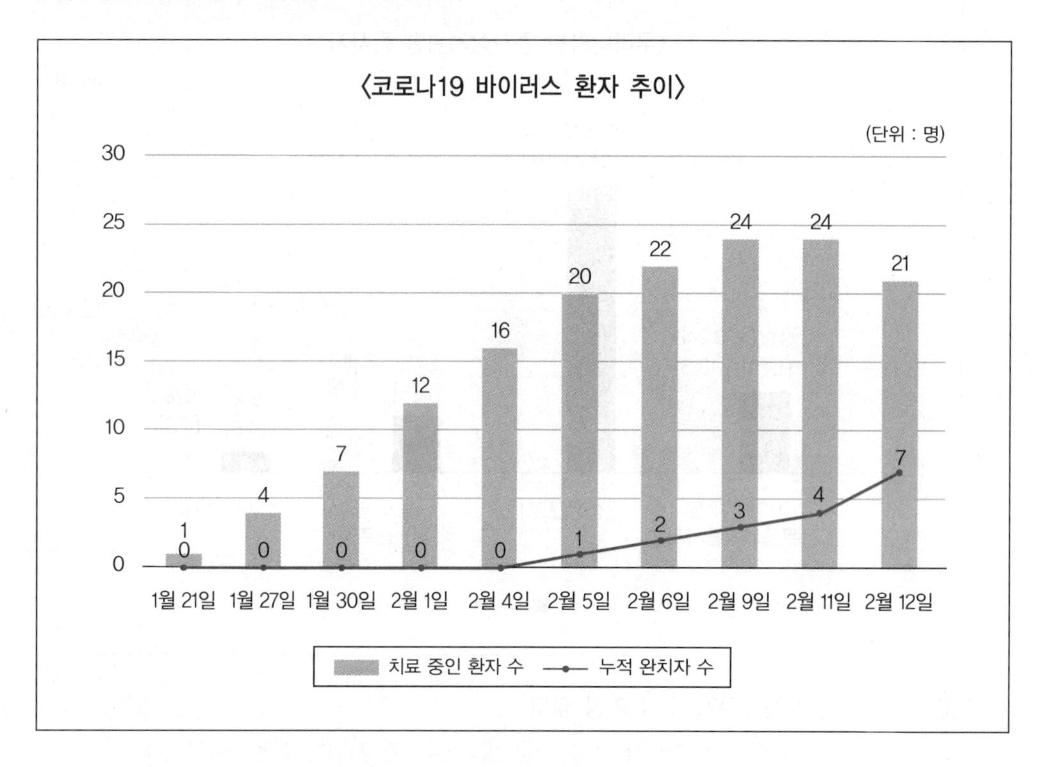

① 1월 21일부터 2월 12일까지 총 28명의 환자가 발생했다.

② 2월 9일과 2월 11일 사이에는 추가로 확진자가 발생하지 않았다.

③ 확진 판정을 받고 치료 중인 환자는 2월 12일 기준 21명이다.

④ 그래프의 추세로 보면 누적 완치자 수는 점차 증가하고 있다.

23. 다음 자료를 분석한 의견 중 적절하지 않은 것은?

〈남북한 광물 생산 현황〉

(단위 : 천 톤)

구분	석탄		철광석	
	북한	남한	북한	남한
2016년	25,000	2,080	5,093	513
2017년	25,500	2,084	5,232	542
2018년	25,800	2,094	5,190	593
2019년	26,600	1,815	5,486	663
2020년	27,090	1,748	5,471	693
2021년	27,490	1,764	5,906	445
2022년	31,060	1,726	5,249	440
2023년	21,660	1,485	5,741	311

① 북한은 남한보다 10배 이상 많은 석탄을 매년 생산했네.

② 남한은 최근 들어 철광석 생산량이 줄어들고 있구나.

③ 석탄 생산량이 북한은 매년 증가했는데 남한은 매년 감소했군.

④ 북한은 철광석보다 석탄 생산량이 월등히 많군.

24. 다음 숫자들의 배열 규칙을 따라 '?'에 들어갈 알맞은 숫자는?

2 6 14 30 62 (?)

① 124 ② 125

③ 126 ④ 127

25. 다음은 H 회사 직원 350명을 대상으로 차량 보유 현황 및 운용비용을 조사한 자료이다. 이에 대한 분석으로 옳은 것은?

〈H 회사 직원들의 차량 보유 현황〉

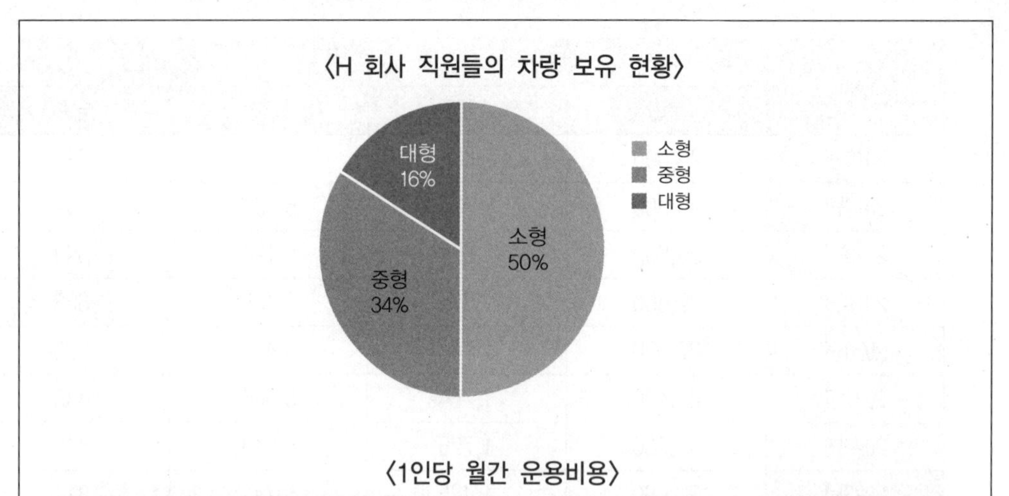

〈1인당 월간 운용비용〉

소형	중형	대형
30만 원	45만 원	55만 원

※ 총운용비용=1인당 월간 운용비용×직원 수

ㄱ. 중형 자동차를 보유하고 있는 직원은 100명 이상이다.
ㄴ. 소형 자동차를 보유하고 있는 직원들의 총운용비용은 5천만 원 이하이다.
ㄷ. 보유하고 있는 차량의 크기가 큰 집단일수록 총운용비용 또한 많아진다.

① ㄱ
② ㄴ
③ ㄱ, ㄴ
④ ㄱ, ㄷ

26. 다음을 보고 그 규칙을 찾아 '?'에 들어갈 알맞은 것을 고르면?

①

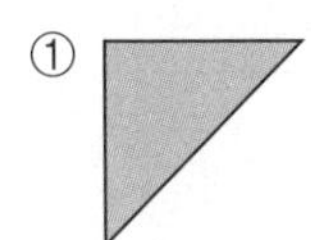

②

③

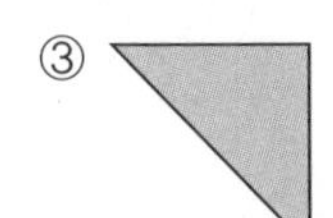

④

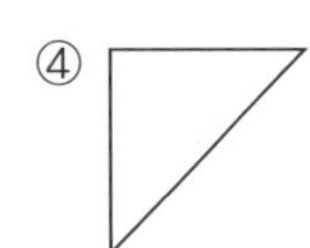

27. 다음과 같이 종이를 접은 후 펀치로 구멍을 뚫고 다시 펼쳤을 때의 모양으로 옳은 것은?

①

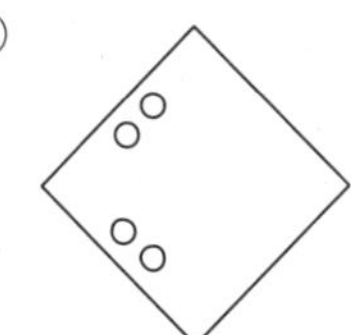

②

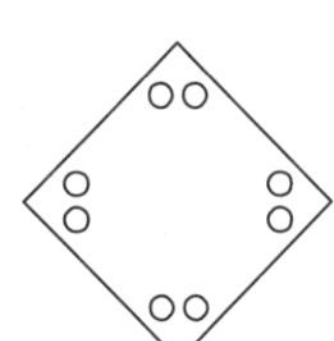

③

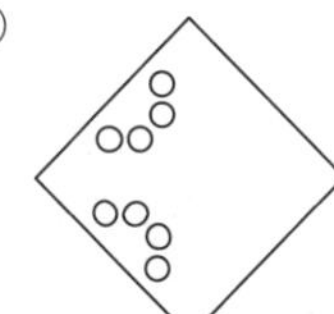

④

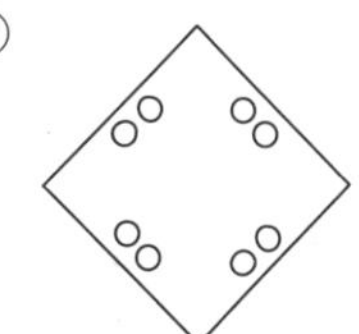

28. 다음 〈보기〉에 제시된 도형 3개를 합쳤을 때 나오는 모양으로 적절하지 않은 것은? (단, 각 도형은 회전할 수 없다)

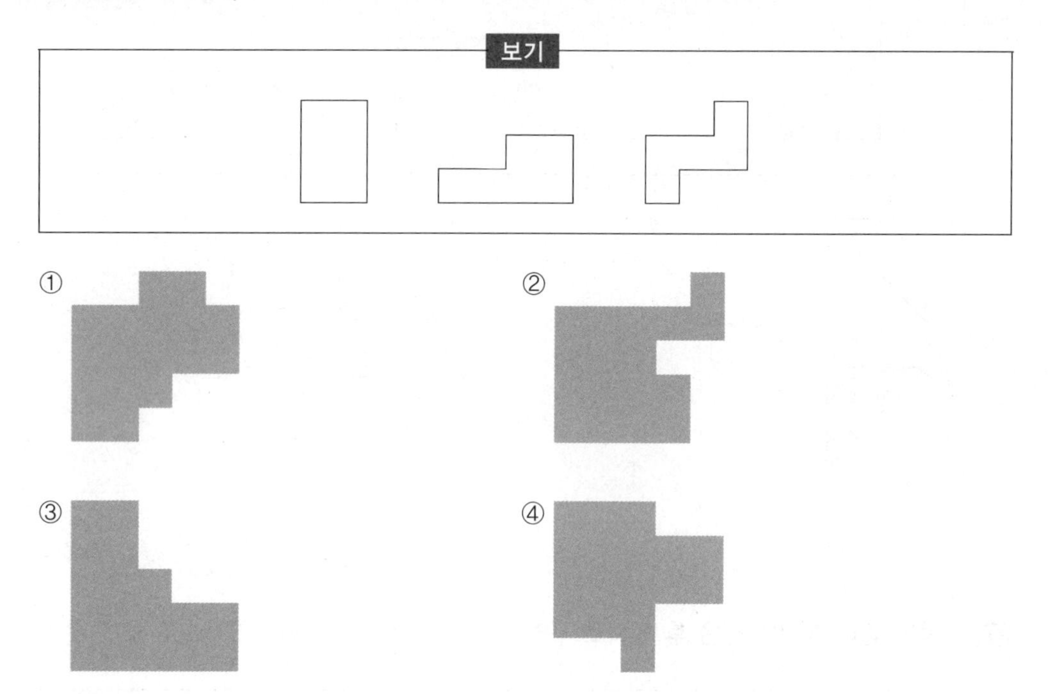

29. 다음 그림의 조각을 순서대로 배열한 것은?

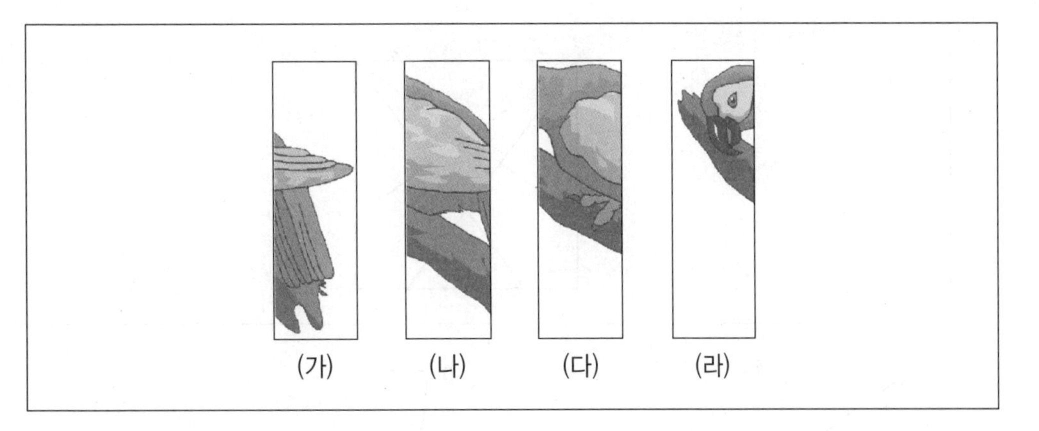

① (라)－(다)－(가)－(나)
② (다)－(라)－(가)－(나)
③ (라)－(다)－(나)－(가)
④ (다)－(나)－(라)－(가)

30. 다음 왼쪽의 도형을 오른쪽에 나타난 각도만큼 회전시킨 모양으로 적절한 것은?

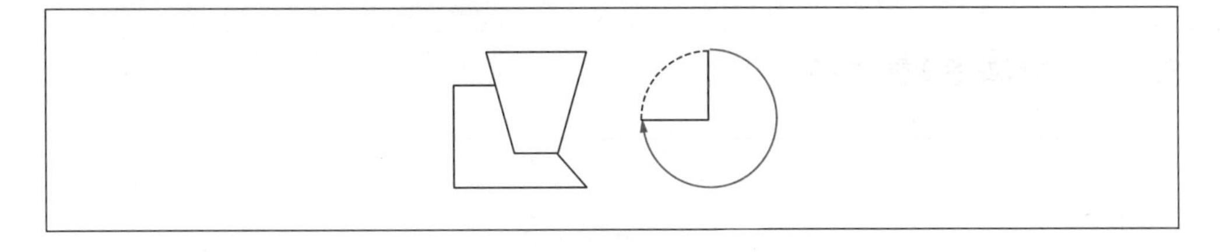

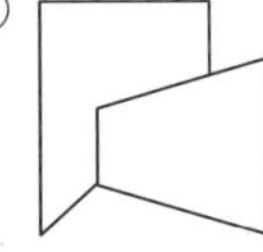

②
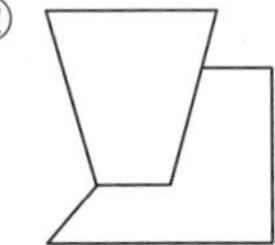

③
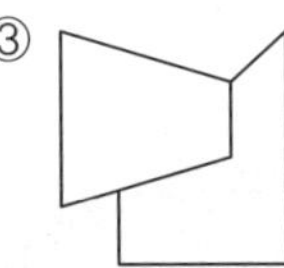

④
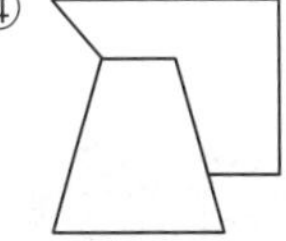

31. 다음 그림 안에 나타나 있지 않은 조각은?

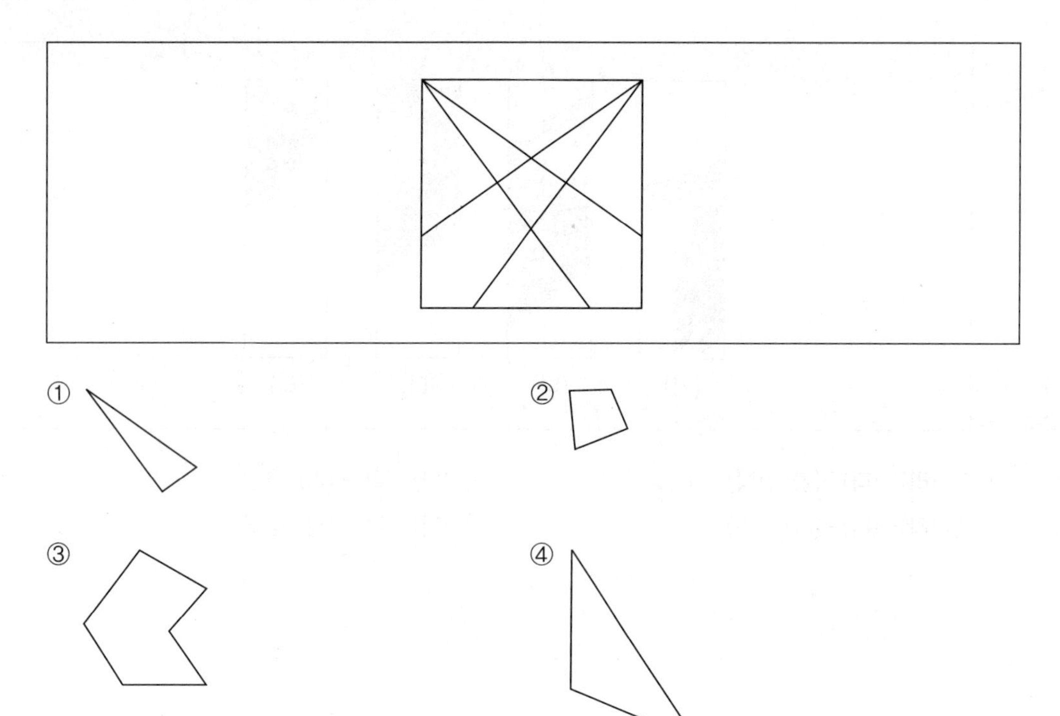

32. 다음 그림과 동일한 것은?

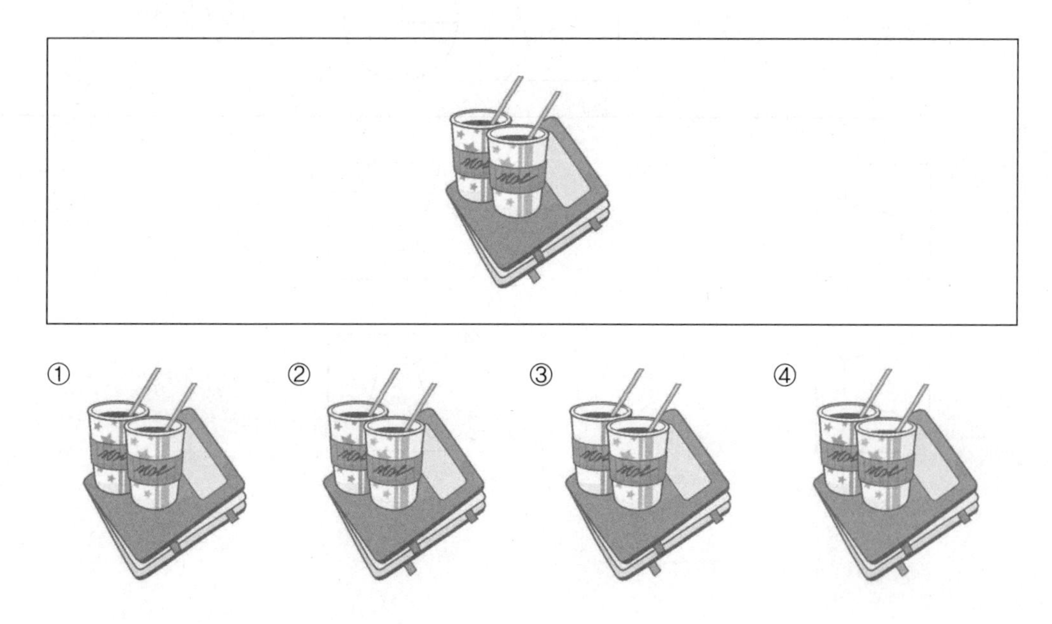

[33 ~ 34] 다음은 같은 크기의 블록을 쌓아 올린 그림이다. 이어지는 질문에 답하시오.

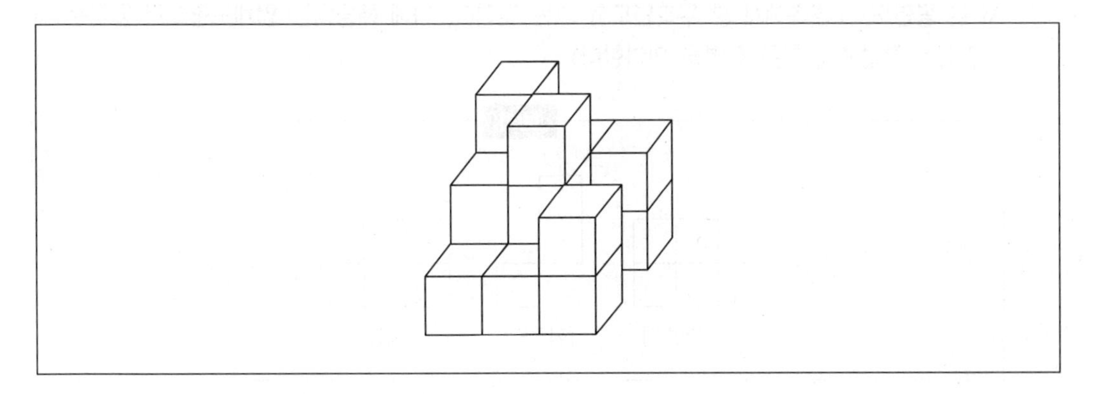

33. 블록의 개수는 몇 개인가?

① 13개
② 14개
③ 15개
④ 16개

34. 블록에서 밑면을 제외한 모든 면에 페인트를 칠할 때 2개의 면이 칠해지는 블록의 개수는 몇 개인가?

① 4개
② 5개
③ 6개
④ 7개

35. 다음 〈보기〉는 같은 크기와 모양의 블록을 쌓아 만든 입체도형을 가지고 앞에서 본 정면도, 위에서 본 평면도, 오른쪽에서 본 우측면도를 그린 것이다. 이에 해당하는 입체도형으로 알맞은 것은? (단, 화살표 방향은 정면을 의미한다)

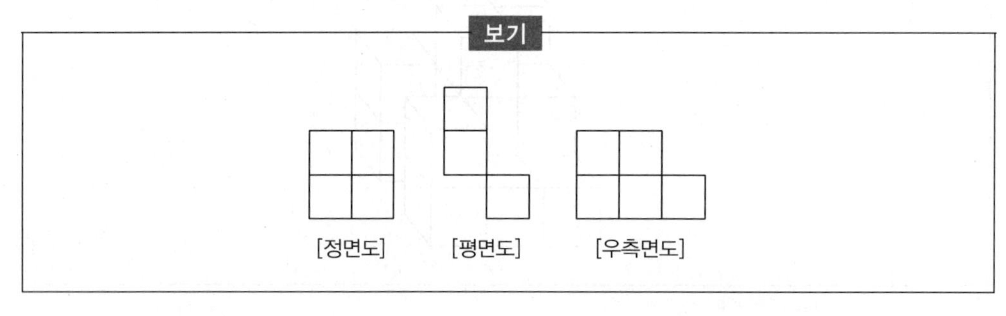

①
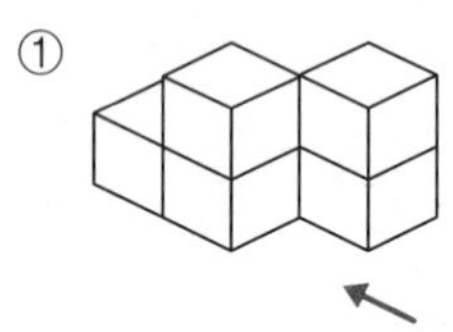

②
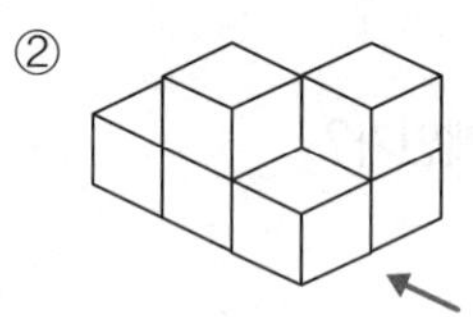

③
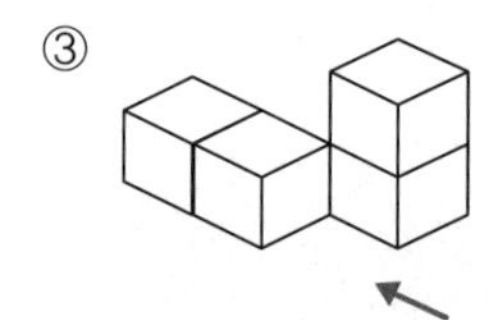

④
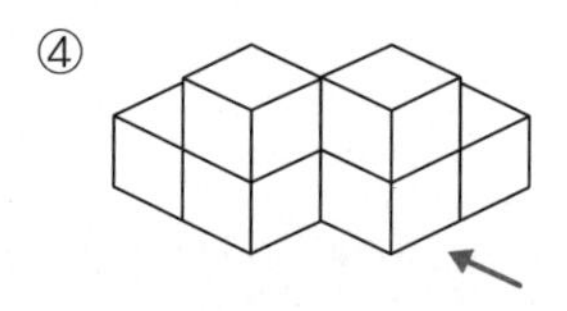

36. 다음 글에 나타나는 논리적 오류와 같은 형태의 오류를 범하고 있는 것은?

H사의 사내 분위기는 엄격한 편이므로 H사 직원들은 보수적일 것이다.

① 어제 화분에 물을 주었더니 오늘 꽃이 활짝 폈다.
② 최근 아시안 푸드가 유행하고 있으니 분명히 맛있을 것이다.
③ 미국은 민주주의 국가이다. 따라서 미국인들은 민주적인 사람들이다.
④ 박 대리는 버스를 타지 않을 것이라 하였으므로 걸어서 올 것이다.

37. 다음 〈보기〉의 명제가 모두 참일 때 옳은 것은?

보기

- 껌을 좋아하는 아이는 사탕도 좋아한다.
- 초콜릿을 좋아하지 않는 아이는 사탕도 좋아하지 않는다.
- 감자칩을 좋아하는 아이는 사탕도 좋아한다.

① 감자칩을 좋아하는 아이는 초콜릿도 좋아한다.
② 감자칩을 좋아하는 아이는 껌을 좋아하지 않는다.
③ 초콜릿을 좋아하는 아이는 감자칩도 좋아한다.
④ 껌을 좋아하는 아이는 초콜릿은 좋아하지 않는다.

38. 다음 〈보기〉의 명제들을 참고할 때 밑줄 친 부분에 들어갈 문장으로 알맞은 것은?

보기

- 모든 사탕은 색이 빨갛거나 모양이 둥글다.
- 둥근 모양의 사탕은 딸기 맛이 난다.
- 소연이가 산 사탕은 딸기 맛이 아니다.
- 그러므로 ______________________

① 모든 사탕은 딸기 맛이 아니다.
② 소연이가 산 사탕은 색이 빨갛다.
③ 소연이가 산 사탕은 레몬 맛이다.
④ 소연이가 산 사탕은 모양이 둥글다.

[39 ~ 40] L사는 신입사원을 다음 〈조건〉에 따라 2개의 조로 나누려고 한다. 이어지는 질문에 답하시오.

조건

- 신입사원 중 남자사원은 갑, 을, 병, 정으로 4명, 여자사원은 A, B, C, D, E, F로 6명이다.
- 한 조마다 남자사원은 2명, 여자사원은 3명씩 배치한다.
- 을과 D는 다른 조이다.
- 병과 F는 다른 조이다.
- B와 F는 같은 조이다.
- D와 병은 같은 조이다.

39. A와 E가 같은 조일 때, 같은 조가 될 수 없는 사원의 조합은?

① 을, A　　② 정, F
③ 병, E　　④ 갑, D

40. 정과 C가 다른 조일 때, 조를 만들 수 있는 경우의 수는? (단, 조의 구성원이 같으면 동일한 조로 간주한다)

① 3가지　　② 4가지
③ 5가지　　④ 6가지

41. ○○건설의 인사부는 6인용 스틱 승합차를 타고 워크숍에 가려고 한다. 부장, 차장, 과장, 대리, 사원 A, 사원 B가 다음과 같은 〈조건〉에 따라 자리에 앉을 경우, 과장이 앉는 자리는? (단, 운전석의 위치는 1로 한다)

조건

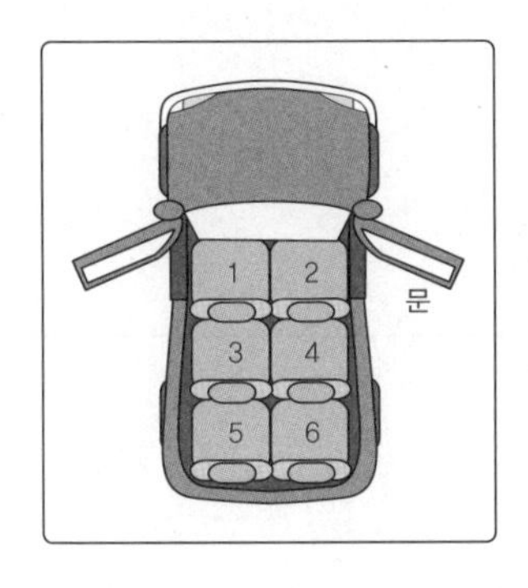

(가) 스틱 승합차를 운전할 수 있는 사람은 과장과 대리 둘뿐이다.
(나) 부장 옆에는 차장이 앉아야 한다.
(다) 차장은 멀미 때문에 맨 뒷줄에 앉을 수 없다.
(라) 사원 A와 사원 B는 서로 옆에 앉을 수 없다.
(마) 부장은 짝수 번호 좌석에는 앉지 않는다.
(바) 과장은 부장의 대각선 자리에 앉아야 한다.

① 1 ② 2
③ 5 ④ 6

42. 일 년 동안 개근한 사원에게 포상을 하기 위해 사내 설문조사를 실시하였다. 결과가 다음과 같을 때 추론한 내용으로 적절한 것은?

- 포상의 종류는 네 가지로 상여금, 진급, 유급 휴가, 연봉 인상이 있다.
- 설문지에는 '선택함'과 '선택하지 않음'의 두 가지 선택지만 존재한다.
- 진급을 선택한 사람은 상여금을 선택하지 않는다.
- 유급 휴가를 선택하지 않은 사람은 상여금을 선택한다.
- 유급 휴가를 선택한 사람은 연봉 인상을 선택하지 않는다.

① 상여금을 선택한 사람은 연봉 인상을 선택한다.
② 진급을 선택한 사람은 연봉 인상을 선택한다.
③ 유급 휴가를 선택한 사람은 진급을 선택하지 않는다.
④ 연봉 인상을 선택한 사람은 진급을 선택하지 않는다.

43. 갑 ~ 정 4명 중 2명은 학생, 2명은 회사원이다. 4명은 〈보기〉와 같이 말했으며, 회사원 2명은 모두 거짓말을 하고 학생 2명은 모두 사실을 말하고 있다. 다음 중 진실을 말하는 학생 2명은 누구인가?

보기

- 갑 : 저와 정은 학생입니다.
- 을 : 저는 회사를 다니지 않습니다.
- 병 : 갑은 회사를 다니지 않습니다.
- 정 : 병은 회사를 다닙니다.

① 을, 정　　② 갑, 정
③ 갑, 병　　④ 갑, 을

44. 명품 매장에서 제품을 도난당한 일이 일어났다. CCTV 확인 결과, A ~ E가 포착되어 이들을 용의자로 불러서 조사했다. 범인만 거짓을 말한다고 할 때 범인은 누구인가? (단, 용의자들 중 범인은 한 명이다)

A : B는 범인이 아니다.
B : C 또는 D가 범인이다.
C : 나는 절도하지 않았다. B 또는 D가 범인이다.
D : B 또는 C가 범인이다.
E : B와 C는 범인이 아니다.

① A　　② B
③ C　　④ D

45. 사내 체육대회에서 각 부서별 대표 총 7명(A, B, C, D, E, F, G)이 달리기 시합을 진행하였다. 시합 결과가 다음과 같다면 첫 번째로 결승점에 들어온 직원은 누구인가?

> • 네 번째로 들어온 사람은 D이다.
> • F보다 나중에 D가 들어왔다.
> • G보다 나중에 F가 들어왔다.
> • B보다 나중에 E가 들어왔다.
> • D보다 나중에 E가 들어왔다.
> • G보다 나중에 B가 들어왔다.
> • A보다 나중에 F가 들어왔으나 A가 1등은 아니다.

① A　② B
③ E　④ G

46. 다음 중 A 씨의 사례를 통해 얻을 수 있는 교훈은?

> 경력사원인 A 씨는 ○○사에 취직할 때 자기소개서와 이력서를 허위로 기재하였다. 이렇게 한 이유는 다른 사람들에게 전문가로 보이고 싶었고, 이전 직장보다 훨씬 더 많은 연봉을 받고 싶었기 때문이다. 그러나 A 씨의 거짓말과 무능함은 오래지 않아 들통이 났고, 얼마 후 A 씨는 ○○사로부터 해고통보를 받았다.

① 실수를 저질렀을 경우 바로 상대방에게 잘못을 인정해야 한다.
② 당장 눈앞의 이익이 되는 일보다는 바람직한 일을 해야 한다.
③ 항상 해오던 방식이 언제나 옳은 것은 아니다.
④ 개인적인 삶과 일 사이에 균형을 찾는 것이 중요하다.

47. 다음 중 외부에서 방문객이 찾아왔을 때의 응대 예절로 옳지 않은 것은?

① 손님이 상사를 찾아왔을 때는 즉시 상사가 있는 장소로 안내한다.

② 몸이 불편한 손님이 사전에 연락을 주고 방문할 경우에는 편안하게 일을 볼 수 있도록 미리 조치를 취한다.

③ 방문객이 해당 부서를 찾지 못하고 머뭇거리고 있을 때 안내를 할 수 없는 상황이라면, 전화로 담당자에게 연락을 해 주고 방문객에게 찾아갈 곳을 알려 준다.

④ 급한 업무수행 중 손님이 찾아왔을 때는 자리를 권하고 나서 양해를 구한 후, 업무를 최대한 빨리 처리하고 응대를 한다.

48. 다음 상황에 등장하는 인물들이 보였어야 할 행동으로 적절하지 않은 것은?

> A 씨가 일하는 □□기관은 해마다 1회의 정기 외부감사를 받아야 한다. 감사 결과, A 씨의 부서장이 결정하여 추진한 사안에 대하여 문제가 제기되었다. 이에 대하여 기관장은 부서장에게 문제 원인을 파악하도록 지시하였고, 부서장은 본인이 결재하였으나 부서 내 실무자의 실수를 미처 확인하지 못하였다고 보고하였다. 이로 인해 기관장은 해당 업무 관련자에게 경위서를 제출하도록 하였으며, 해당 실무자는 잘못이 없음에도 부서장의 허위 보고로 인해 경위서를 제출하였다. 그리고 그 실무자는 A 씨에게 이러한 사실을 털어놓았다.

① 기관장은 부서장의 보고에 대하여 사실 관계를 추가 확인하여야 했다.

② 해당 실무자는 경위서 제출의 불합리함을 부서장에게 주장해야 했다.

③ 부서장은 허위 보고에 대하여 정정 보고를 해야 했다.

④ 감사 업무 담당자는 문제가 확인된 사안에 대하여 관련인의 책임여부를 검토해야 했다.

49. 다음 중 직업윤리 의식과 그에 대한 설명이 잘못 연결된 것은?

① 천직의식 – 자신이 맡은 일을 개인적 · 사회적으로 의미 있게 하고 헌신하려는 태도
② 책임의식 – 자신의 일에 대한 사회적 역할과 책무를 충실히 수행하여 책임을 다하려는 태도
③ 직분의식 – 자신이 하고 있는 일이 사회나 기업, 타인을 위해 중요한 역할을 하고 있다고 믿고 수행하려는 태도
④ 전문가의식 – 자신의 일은 아무나 할 수 없고 이 분야의 지식과 교육을 바탕으로 성실히 수행해야만 해낼 수 있는 일이라고 믿으며 업무 활동을 하려는 태도

50. 다음 상황에서 두 사람의 근본적인 갈등 원인은 무엇인가?

> 김 대리 : 어이, 박 주임! 지난주에 얘기한 보고서 아직 제출 안 했지? 언제 제출할 거야?
> 박 주임 : 무슨 보고서요? 저는 듣지 못했는데요.
> 김 대리 : 아니, 듣지 못했다니 무슨 소리야? 이 사원에게 전달했는데 못 들었어?
> 박 주임 : 네, 처음 듣는 얘기인데요.
> 김 대리 : 나 참, 내가 이 사원에게 얘기할 때 박 주임도 그 옆을 지나가지 않았나?
> 박 주임 : 네, 그런데 무슨 말씀하시는지 알지 못했어요. 급하신 건가요? 지금 시작할게요.
> 김 대리 : 지금 시작해서 언제 끝내겠다는 거야? 이렇게 의사소통이 되지 않아서야.
> 박 주임 : 아니, 김 대리님! 이 사원이 실수한 걸 왜 저한테 짜증을 내십니까? 기분이 좋지 않네요.
> 김 대리 : 뭐야! 상사가 하는 말에 토를 다는 거야?

① 지시한 내용이 하위 직급자들 간에 적절히 소통되지 않은 것이 갈등 요인이다.
② 보고서 제출 기간이 너무 짧아 해내기가 불가능한 업무를 지시한 것이 갈등의 원인이다.
③ 부서 하급자 간에 서로 일을 미루는 행동이 갈등의 원인이다.
④ 상급자가 하급자에게 고압적으로 지시하는 모습이 갈등의 원인이다.

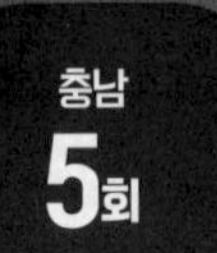

기출예상문제

문항수 | 50문항
시험시간 | 50분

▸ 정답과 해설 41쪽

01. 다음 밑줄 친 ㉠~㉣ 중 그 표기가 올바른 것은?

> 5월 31일은 세계보건기구(WHO)가 지정한 세계 금연의 날이다. 담배는 폐암뿐 아니라 후두암, 구강암, 식도암, 신장암, ㉠ 체장암, 방광암 등 각종 암의 주요 원인이며, 심혈관질환, 만성호흡기질환 등 각종 만성질환을 유발하는 물질이다. 그러나 금연은 누구에게나 쉽지 않은 과제다. 담배를 ㉡ 끈으려다 실패한 ㉢ 사람만이 금연의 어려움을 안다. 담배를 태우지 않는 사람은 ㉣ 번번히 금연에 실패하는 흡연자를 이해하기 어렵다. 건강에 무책임하거나 의지가 약한 사람으로 보이고 때론 가족들로부터 안쓰러운 시선을 받기도 한다.

① ㉠　② ㉡
③ ㉢　④ ㉣

02. 다음은 자음동화에 관한 설명이다. 자음동화 현상의 예로 적절하지 않은 것은?

〈자음동화〉

1) 비음화 : 비음(ㅁ, ㄴ, ㅇ)의 영향으로 비음이 아닌 소리가 비음으로 동화되는 현상
   a. ㅂ, ㄷ, ㄱ + ㄴ, ㅁ → ㅁ, ㄴ, ㅇ
   b. ㅇ, ㅁ + ㄹ → ㄴ
   c. ㅂ, ㄷ, ㄱ + ㄹ → ㅁ, ㄴ, ㅇ+ㄴ
2) 유음화 : 유음 'ㄹ'의 영향으로 'ㄴ'이 유음으로 동화되는 현상
   a. ㄴ + ㄹ → ㄹㄹ
   b. ㄹ + ㄴ → ㄹㄹ

① 밥물[밤물]　② 신라[실라]
③ 굳이[구지]　④ 섭리[섬니]

03. 다음 밑줄 친 부분의 띄어쓰기가 잘못된 것은?

① 그 녀석을 골탕∨먹일 좋은 수가 없을까?
② 지금은 때를 기다리는 수밖에 없다.
③ 이 전망대에서 서울 시내를 한∨눈에 내려다볼 수 있다.
④ 그 책을 다 읽는∨데 삼 일이 걸렸다.

04. 다음 글에서 전제되어 있는 내용은?

나는 티코의 관측 자료를 가지고 작업을 시작했다. 나는 다섯 행성의 위치를 나타내는 수만 개의 숫자로 표현된 그의 자료를 빠짐없이 반영하는 모형을 만들기 위해 나의 모든 수학적 능력을 동원했다. 하지만 이 작업은 결코 단순치 않았다. 거의 6년에 걸친 작업 끝에 마침내 화성의 위치를 설명하고 예측할 수 있도록 해 주는 화성 궤도의 수학적 모형을 완성하였고 그 정확성을 확신했다. 나는 이 모형을 토대로 하짓날 자정쯤 화성이 정확히 백조자리의 베타별과 중첩되어 보일 것으로 예측했다. 그러나 지난 하짓날 밤의 관측 결과는 실망스러웠다. 화성과 백조자리 베타별의 위치 사이엔 6분 정도의 차이가 나타났다. 더욱 중요한 것은 티코의 자료와 이 모형의 예측 값 사이에 종종 8분까지 오차가 벌어진다는 사실이었다. 나는 이 정도의 오차가 어디에서 비롯되었는가를 밝히는 데 몰두했다. 문제는 내 모형이 화성의 궤도를 완전한 원으로 가정하고 있다는 사실이었다. 실제로 화성의 궤도를 원이 아닌 타원이라 가정하고 원래 모형에 약간의 간단한 수정을 가하자마자 오차들은 마법처럼 사라져 버렸다. 이렇게 해서 나는 화성의 궤도가 타원이라는 확신을 가질 수 있었다.

① 행성의 공전 궤도는 타원형이어야 한다.
② 화성은 태양이 아닌 지구 주위를 회전하는 천체다.
③ 화성의 위치에 관한 티코의 자료는 신뢰할 만하다.
④ 백조자리 베타별은 행성의 위치를 가늠하는 주요 기준이다.

05. 다음 빈칸에 들어갈 접속어로 알맞은 것은?

> 나이가 들면 노화로 발생하는 활성산소 탓에 뇌세포가 파괴돼 뇌가 늙는다. 또한 뇌세포를 연결하는 수상돌기가 감소하면서 신경전달 물질의 분비가 줄어 기억력과 정보처리능력, 학습능력, 집중력이 떨어진다. (　　) 뇌기능 감퇴는 사실 20대부터 시작된다. 30대까지는 별 문제가 없기 때문에 인지하지 못할 뿐이다.

① 그런데　　② 예를 들어
③ 그래서　　④ 그러면

06. 다음 (가) ~ (마)를 문맥에 따라 적절하게 배열한 것은?

> (가) 자신의 이름을 따 상트페테르부르크로 도시명을 정한 그는 1712년 이곳으로 수도를 옮길 정도로 애착과 기대가 컸다.
> (나) 그는 발트해 연안의 이곳을 '유럽으로 향하는 항'으로 삼기로 하고 새로운 도시건설에 착수하였다.
> (다) 지금도 학술, 문화, 예술 분야를 선도하며 그러한 위상에는 변함이 없다.
> (라) 제정 러시아의 표트르 1세는 스웨덴이 강점하고 있던 네버 강 하구의 습지대를 탈환했다.
> (마) 이렇게 시작된 이 도시는 이후 발전에 발전을 거듭하여 러시아 제2의 대도시가 되었다.

① (다)－(가)－(라)－(나)－(마)　　② (다)－(나)－(가)－(라)－(마)
③ (라)－(나)－(가)－(마)－(다)　　④ (라)－(나)－(다)－(가)－(마)

07. 다음 글에 대한 설명으로 적절한 것은?

우리가 자유를 제한하지 않을 수 없는 이유는 모든 사람들에게 무제한의 자유를 허용했을 경우에 생기는 혼란과 일반적 불이익에 있다. 모든 사람들이 제멋대로 행동하는 것을 허용한다면 서로가 서로의 길을 방해하게 될 것이고, 결국 대부분의 사람들이 심한 부자유의 고통을 받는 결과에 이르게 될 것이다. 자유의 역리(逆理)라고 부를 수 있는 이러한 모순을 방지하기 위하여 자유의 제한은 불가피하다. 자유를 제한하는 것이 바람직하기 때문이 아니라, 더 큰 악(惡)을 막기 위하여 자유를 제한한다는 이 사실을 근거로 우리는 하나의 원칙을 얻게 된다. 자유의 제한은 모든 사람들을 위해서 불가피할 경우에만 가해야 한다는 것이다. 자유에 대한 불필요한 제한은 정당화될 수 없다. 사회의 질서와 타인의 자유를 해치지 않는 한 최대한의 자유를 허용하는 것이 바람직하다.

① 자유의 역리란 무조건 사람들의 자유를 빼앗아야 한다는 이론이다.
② 사람들의 자유를 제한하는 행위는 매우 바람직하다.
③ 사람들이 서로의 자유를 침해하지 않는다면 자유를 보장해야 한다.
④ 사람들에게 법률에 의한 자유침해는 전혀 필요치 않다.

08. 다음 중 '무척 위태로운 일의 형세'나 '매우 다급하고 절박한 순간'을 뜻하는 사자성어로 적절하지 않은 것을 모두 고르면?

㉠ 풍전등화(風前燈火)	㉡ 초미지급(焦眉之急)
㉢ 우공이산(愚公移山)	㉣ 위기일발(危機一髮)
㉤ 누란지세(累卵之勢)	㉥ 백척간두(百尺竿頭)

① ㉠, ㉡ ② ㉢
③ ㉣, ㉥ ④ ㉤

[09 ~ 10] 다음 글을 읽고 이어지는 질문에 답하시오.

> 1950년대 프랑스의 영화 비평계에는 작가주의라는 비평 이론이 새롭게 등장했다. 작가주의란 감독을 단순한 연출자가 아닌 '작가'로 간주하고, 작품과 감독을 동일시하는 관점을 말한다.
>
> 작가주의는 상투적인 영화가 아닌 감독 개인의 영화적 세계와 독창적인 스타일을 일관되게 투영하는 작품들을 옹호한다. 감독의 창의성과 ㉠ 개성은 작품 세계를 관통하는 감독의 세계관 혹은 주제 의식, 그것을 표출하는 나름의 이야기 방식, 고집스럽게 되풀이되는 특정한 상황이나 배경 혹은 표현 기법 같은 일관된 문체상의 ㉡ 특징으로 나타난다는 것이다.
>
> 한편, 작가주의적 비평은 할리우드 영화를 재발견하기도 했다. 작가주의적 비평가들에 의해 복권된 대표적인 할리우드 감독이 바로 스릴러 장르의 거장인 알프레드 히치콕이다. 히치콕은 제작 시스템과 장르의 제약 속에서도 일관된 주제 의식과 스타일을 관철한 감독으로 평가받았다. 그는 자신만의 이야기 법칙을 만들어 가는 데 관객의 오인을 부추기는 '맥거핀' 기법을 하나의 극적 장치로 종종 활용하였다. 즉, 특정 소품을 맥거핀으로 활용하여 확실한 단서처럼 보이게 한 다음 일순간 허망한 것으로 만들어 관객을 당혹스럽게 한 것이다.

09. 윗글의 ㉠, ㉡과 단어 관계가 같은 것은?

① 타격 : 피해
② 꽃 : 해바라기
③ 축구 : 공
④ 이기적 : 이타적

10. 다음 중 윗글의 내용과 일치하는 것은?

① 작가주의 비평 이론은 감독을 연출자로 고정시켜 버리는 관점을 말한다.
② 작가주의는 할리우드를 영화의 범주에 들이지 않으며 무시해 버렸다.
③ 맥거핀은 관객의 오인을 부추겨 당혹스럽게 만드는 영화적 장치이다.
④ 알프레드 히치콕은 할리우드 감독으로 작가주의와는 거리가 멀다.

11. 다음 글의 내용과 가장 관련 있는 한자성어는?

> A 시는 산림자원을 보존하기 위해 숲 가꾸기 사업 및 산물 수집단을 적극적으로 운영한 결과 2만 명이 넘는 일자리를 창출하였다. 결과적으로 일자리 창출과 함께 산림자원도 증대시키는 만족스러운 결과를 얻었다고 평가받고 있다.

① 지록위마(指鹿爲馬)
② 일거양득(一擧兩得)
③ 유비무환(有備無患)
④ 건곤일척(乾坤一擲)

12. 다음 〈보기〉 중 빈칸에 들어갈 단어를 골라 바르게 연결한 것은?

> 17세기 초 갈릴레이는 당시로서는 배율이 가장 높은 망원경을 사용하여 달을 (㉠)한 뒤, 달에서 산과 계곡을 (㉡)했다고 보고했다. 그러나 당시 아리스토텔레스의 추종자들은 갈릴레이의 망원경이 달을 있는 그대로 보여 준다는 것을 믿을 수 없다고 (㉢)했다. 이러한 반대는 더 높은 배율의 망원경이 개발되고, 아리스토텔레스의 천상계의 완전성 개념이 무너질 때까지 수십 년간 (㉣)되었다.

보기

ⓐ 개척	ⓑ 지속	ⓒ 발명	ⓓ 주장
ⓔ 발견	ⓕ 전파	ⓖ 관측	ⓗ 계측

	㉠	㉡	㉢	㉣
①	ⓐ	ⓒ	ⓔ	ⓖ
②	ⓑ	ⓔ	ⓖ	ⓗ
③	ⓒ	ⓗ	ⓐ	ⓗ
④	ⓖ	ⓔ	ⓓ	ⓑ

13. 다음 글에서 나타난 글쓴이의 견해로 적절하지 않은 것은?

어떤 연구자는 리더십을 '목표 달성을 위해 행사되는 영향력'이라 정의 내리고, 리더의 공통된 자질로서는 지력, 교양, 전문지식, 정력, 용기, 정직, 상식, 판단력, 건강을 꼽았다. 그러나 실제로 리더가 갖추어야 할 조건이란 이론적인 것이며, 상황에 따라 달라지는 것이다.

정치세계에 있어서의 리더십의 요건이 경제계, 군대 또는 교육계에 있어서의 요건과 같을 이유는 없다. 정계만을 생각할 때, 그 나라가 어떠한 상황에 놓여 있는가에 따라 필요한 리더십도 달라진다. 즉, 어디에서나 기능하는 유일하고 절대적인 리더십의 존재는 수긍하기 어렵다. 리더십을 강력한 통솔력인 것처럼 해석하는 사람도 있으나, 자유방임형이나 상담형의 리더십이란 것도 존재할 수 있으며 상황에 따라서는 후자의 유형이 유효하게 기능하는 경우도 있다. 물론 마찬가지로 어떤 조직에서 다른 유형의 리더십이 제대로 기능하는 경우 또한 있을 수 있다.

리더십이란 특정인만이 갖고 있는 특수한 자질이 아니다. 리더가 될 수 있는 잠재적 능력은 선천적, 생득적인 것이 아니라 오히려 후천적인 것이며, 거의 대부분의 사람은 인위적 훈련에 따라 어떤 형태의 리더십을 몸에 익히는 것이 가능하다. 그러나 모든 조직, 집단, 국가는 광의로서의 환경 속에 존재하며 이것과의 적합성이 항상 의문시된다. 어려운 것은 리더십을 몸에 익히는 것보다도 어떠한 리더십을 몸에 익히고, 발휘하면 되는 것인지를 아는 것이다. 통솔력이 뛰어나고 강력한 리더가 되는 것보다도 그 조직 또는 환경에 있어서 바람직한 리더상이 무엇인가를 간파하는 것이 본질적으로 중요하면서도 어려운 문제이다.

① 조직별로 리더에게 요구되는 자질은 다르므로 뛰어난 장군이 뛰어난 정치가가 될 수 있다고 단정지을 수 없다.

② 독재형 리더십이 제대로 기능할 수 없었던 조직이나 국가에서 상담형 리더가 정점에 서면 제대로 기능할 가능성이 있다.

③ 지금까지의 리더와 전혀 다른 자질 · 사고방식의 소유주가 리더가 되더라도 종래와 마찬가지로 통치나 관리를 잘 수행할 수도 있다.

④ 정치세계에서는 강력한 통솔력보다 자유방임형이나 상담형의 리더십이 더 효과적이다.

14. A 기업에 갓 입사한 윤제는 회사 정문으로부터 7km 거리에 있는 후문까지 이동하는 데 1시간 30분이 걸렸다. 만약 처음에 시속 4km로 걷다가 중간에 시속 6km로 속력을 높였다면 시속 6km로 이동한 시간은 얼마인가? (단, 속력을 변경하는 데 걸리는 시간은 없다)

① 20분 ② 30분
③ 40분 ④ 50분

15. (주)A의 주식이 7월에는 20% 하락하고 8월에는 25% 올랐다. 7월 말, 8월 초에 주가가 같았다면 7월 초, 8월 말의 두 주가를 옳게 비교한 것은?

① 5% 인상 ② 25% 인상
③ 5% 인하 ④ 동일하다.

16. 김치를 담그기 위해 시장에서 무 5개와 배추 8개를 구입하니 2만 원이 있었던 지갑에 4,500원이 남았다. 무가 배추보다 개당 500원씩 비싸다고 할 때 무와 배추의 개당 가격은 각각 얼마인가?

	무	배추		무	배추
①	1,500원	1,000원	②	1,800원	1,300원
③	2,200원	1,700원	④	2,500원	2,000원

17. 세전 연봉이 3,750만 원인 윤 사원은 매달 급여 실수령액의 10%를 적금으로 불입하려고 한다. 매달 세액 공제가 32만 원일 경우, 월 적금액은 얼마인가?

① 31,250원 ② 250,000원
③ 275,000원 ④ 280,500원

18. 원가가 2,000원인 상품에 50%의 이익을 붙여 정가를 매겼는데 잘 팔리지 않아 할인하여 팔았더니 원가의 30%가 이익으로 남았다. 할인한 금액은 얼마인가?

① 200원 ② 400원
③ 600원 ④ 800원

19. 다음 그림과 같은 도로망이 있다. A 지점에서 B 지점까지 가는 최단경로는 몇 가지인가?

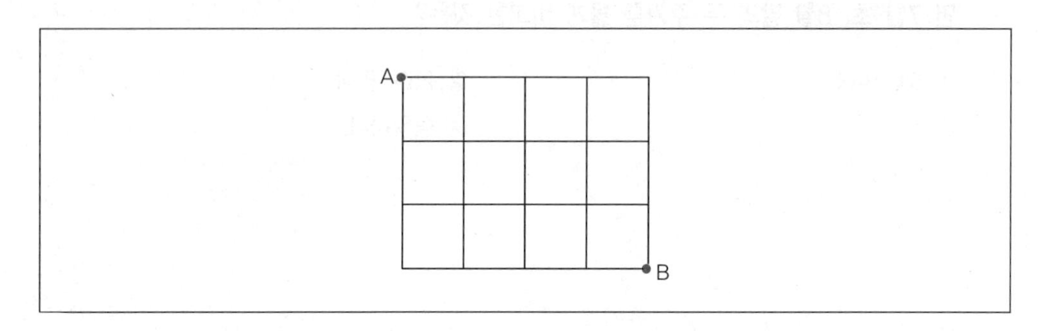

① 32가지 ② 33가지
③ 34가지 ④ 35가지

20. 동전 5개를 동시에 던질 때 적어도 한 개의 동전에서 앞면이 나올 확률은?

① $\frac{30}{32}$ ② $\frac{31}{32}$
③ $\frac{3}{5}$ ④ $\frac{4}{5}$

21. A ~ E 다섯 명의 영어시험 평균 점수는 72점이다. A, B의 점수가 65점, C, D의 점수가 75점이라고 할 때 E의 점수는 몇 점인가?

① 70점 ② 75점
③ 80점 ④ 85점

22. 다음은 초 · 중 · 고등학교의 사교육비 총액을 기록한 표이다. 이에 대한 설명으로 옳은 것은?

〈학생 사교육비 총액 규모〉

(단위 : 억 원, %)

구분	20X5년	20X6년		20X7년		20X8년		20X9년	
	비용	비용	전년 대비 증감률	비용	전년 대비 증감률	비용	전년 대비 증감률	비용	전년 대비 증감률
전체	190,395	185,960	−2.3	182,297	−2.0	178,346	−2.2	180,605	1.3
초등학교	77,554	77,375	−0.2	75,948	−1.8	75,287	−0.9	77,438	2.9
중학교	61,162	57,831	−5.4	55,678	−3.7	52,384	−5.9	48,102	−8.2
고등학교	51,679	50,754	−1.8	50,671	−0.2	50,675	0.0	55,065	8.7

※ 20X8년 대비 20X9년 학생 수 감소 : 초등학교 2,715 → 2,673천 명, 중학교 1,586 → 1,457천 명, 고등학교 1,788 → 1,752천 명

① 조사기간 동안 전년 대비 증감률은 매년 고등학교가 가장 크다.
② 사교육비 총액은 20X9년에 전년 대비 최고 증가폭을 보였다.
③ 20X8년 대비 20X9년의 중학교 사교육비 감소는 비용의 순수 경감 효과이다.
④ 전체적으로 사교육에 쏟아 붓는 비용이 시간의 흐름에 따라 계속해서 감소하였다.

23. 다음 자료를 이용하여 〈보고서〉를 작성하려고 한다. 〈보고서〉를 작성하기 위해 추가로 필요한 자료를 〈보기〉에서 모두 고른 것은?

〈유턴 시도 중 교통사고 사망자 및 부상자 수(20X1 ~ 20X5년)〉

구분	20X1년	20X2년	20X3년	20X4년	20X5년	합계
사고건수(건)	8,239	8,690	8,261	8,123	8,013	41,326
사망자수(명)	89	72	77	65	65	368
부상자수(명)	12,869	13,491	12,864	12,469	12,332	64,025
치사율(%)	1.08	0.83	0.93	0.80	0.88	0.89

〈보고서〉

유턴 시도 중 교통사고는 5년간 총 41,326건이 발생하여, 약 5일에 1명이 사망하고 하루에 35명이 부상당하는 것으로 나타났다. 유턴 시도 중 교통사고 발생유형별 사망사고는 측면충돌(66.3%), 보행자 충돌(11.4%), 정면충돌(6.3%), 추돌(5.2%)의 순으로 나타났다. 측면 충돌 사고에 의한 사망자를 분석하면 반대 방향 직진차량 외에도 같은 방향으로 직진하는 차량과 충돌하는 사망사고가 10건 중 4건으로 확인됐다.

보기

㉠ 유턴 시도 중 교통사고 발생유형별 사망자 수
㉡ 유턴 시도 중 교통사고 운행유형별 부상자 수
㉢ 유턴 시도 중 교통사고 가해자 및 피해자 유형별 현황

① ㉠　　② ㉡
③ ㉠, ㉢　　④ ㉡, ㉢

24. 다음은 △△프로그램의 시청률 그래프이다. 이를 바르게 해석한 것은?

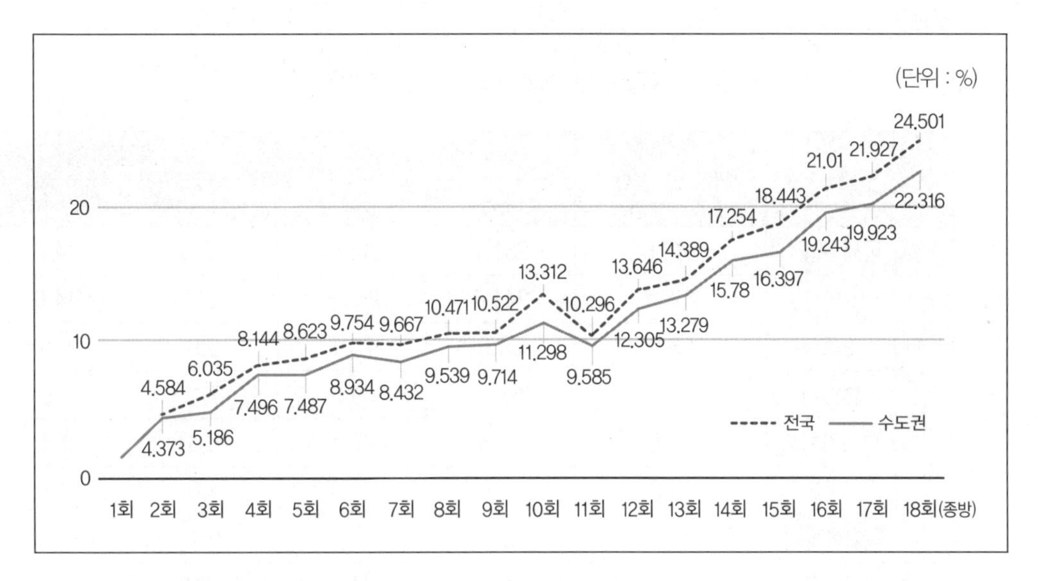

① 전반적으로 수도권의 시청률이 전국보다 더 높았다.

② 이 프로그램은 1회부터 종료 시까지 계속해서 시청률이 상승하였다.

③ 최고시청률은 마지막회에서 기록하였다.

④ 이 프로그램은 전체 회차의 $\frac{1}{3}$을 방영한 시점에 전국 시청률이 10%를 넘었다.

25. 다음은 ○○경제원의 A 연구원이 작성한 보고서의 일부이다. 자료에 대한 해석이 올바르지 않은 것은?

〈20X7년 회계연도 총세입 현황〉

(단위 : 조 원)

구분	20X6년 결산	20X7년		증감량	
		예산	결산	전년 대비	예산 대비
① 국세수입	242.6	251.1	265.4	22.8	14.3
일반회계	235.7	244.0	258.6	22.9	14.6
소득세	68.5	69.6	75.1	6.6	5.5
법인세	52.1	57.3	59.2	7.1	1.9
부가가치세	61.8	62.6	67.1	5.3	4.5
기타	53.3	54.6	57.3	4.0	2.7
특별회계	6.8	7.1	6.9	0.1	-0.2
② 세외수입	102.4	98.8	94.1	-8.3	-4.7
일반회계	46.0	41.0	34.4	-11.6	-6.6
특별회계	56.5	57.8	59.7	3.2	1.9
총세입(①+②)	345.0	349.9	359.5	14.5	9.6

※ 구성항목별 계산금액은 단수조정으로 조정될 수 있음.

① 세외수입을 제외한 20X7 회계연도 총세입은 359.5조 원이며 20X6년 대비 14.5조 원 증가하였다.

② 20X7년 세외수입은 94.1조 원으로 20X7년 예산 대비 4.7조 원 감소하고, 20X6년 결산 대비 8.3조 원 감소하였다.

③ 20X7년 국세수입은 265.4조 원으로 20X7년 예산 대비 14.3조 원 초과하였으며 20X6년 결산 대비 22.8조 원 증가하였다.

④ 세목별로 살펴보면 20X7년 기준 법인세는 20X6년도와 비교하여 7.1조 원 증가하였고 부가가치세는 5.3조 원 증가하였다.

[26 ~ 28] 다음은 같은 크기의 블록을 쌓아 올린 그림이다. 이어지는 질문에 답하시오.

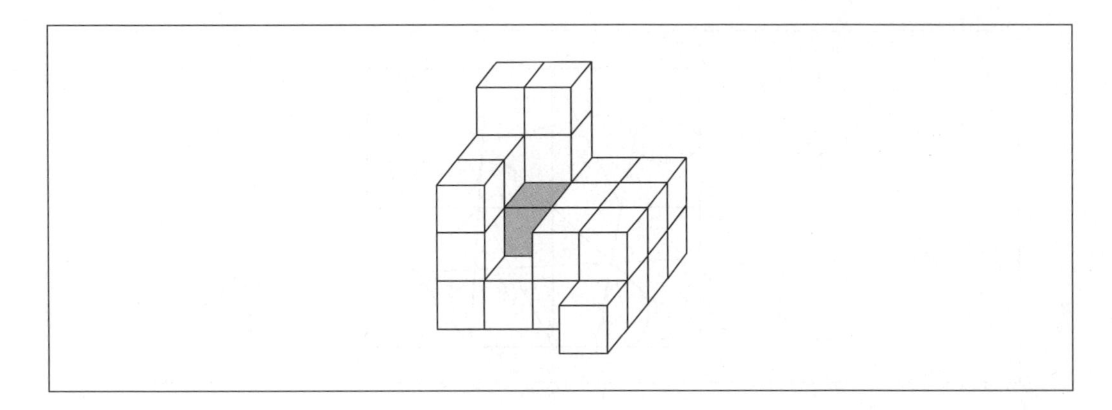

26. 블록을 더 쌓아 정육면체를 만들려면 최소 몇 개의 블록이 추가로 필요한가?

① 30개 ② 32개
③ 34개 ④ 36개

27. 그림에서 두 면만 보이는 블록은 모두 몇 개인가?

① 6개 ② 7개
③ 8개 ④ 9개

28. 색칠된 블록에 직접 접촉하고 있는 블록의 개수는 모두 몇 개인가?

① 2개 ② 3개
③ 4개 ④ 5개

29. 다음 그림 안에 나타나 있지 않은 조각은?

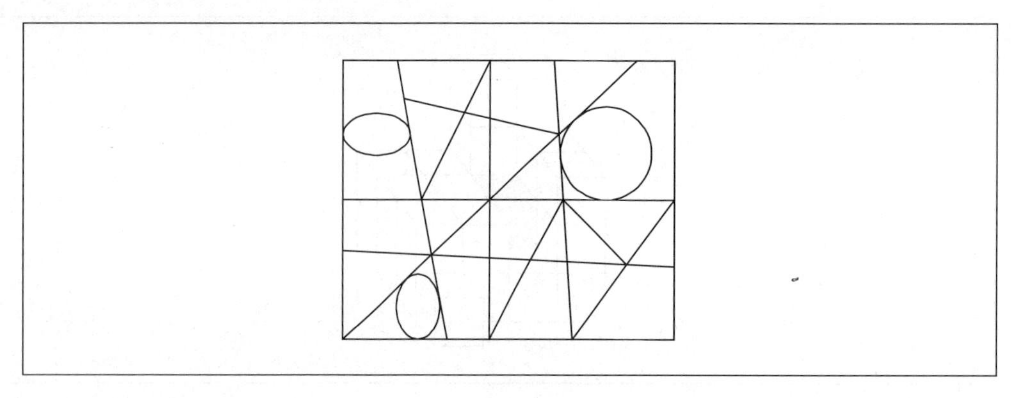

①　　　　　　②

③　　　　　　④

30. 다음의 도형과 동일한 것은?

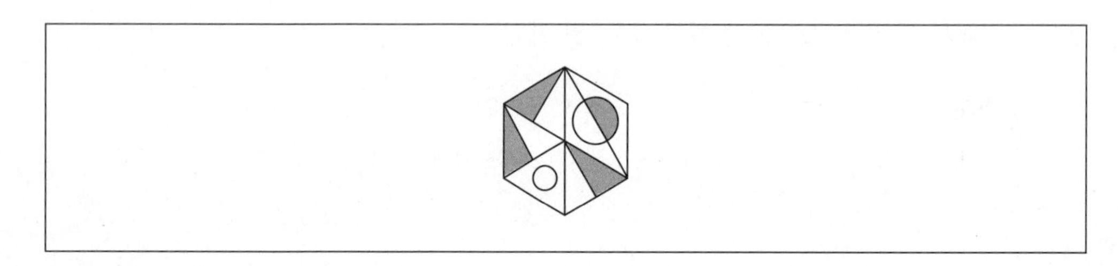

①　　　　　　②

③　　　　　　④

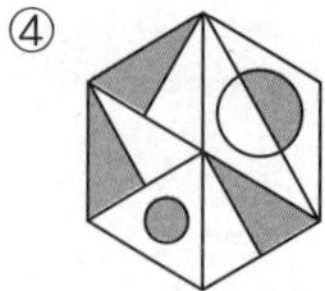

31. 다음 그림의 조각을 순서대로 배열한 것은?

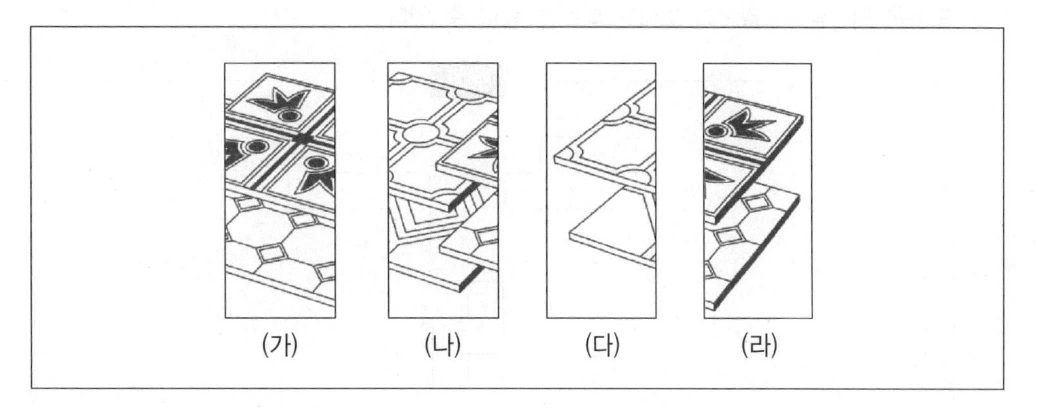

① (가)－(나)－(다)－(라)
② (다)－(가)－(나)－(라)
③ (다)－(나)－(가)－(라)
④ (라)－(가)－(나)－(다)

32. 다음 그림과 같이 화살표 방향으로 종이를 접은 후, 색칠된 부분을 자르고 다시 펼쳤을 때의 모양은?

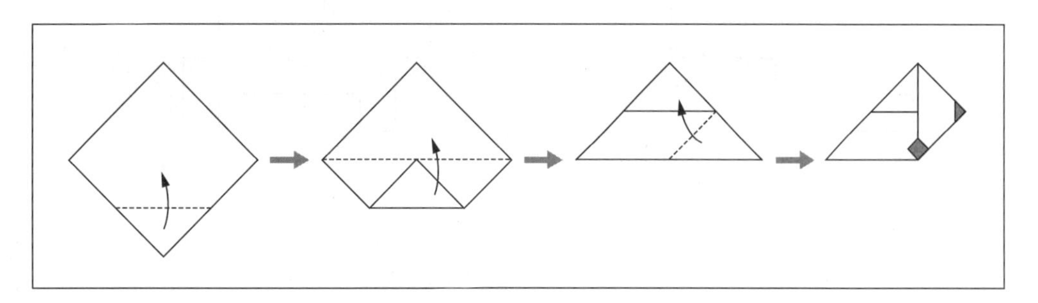

①
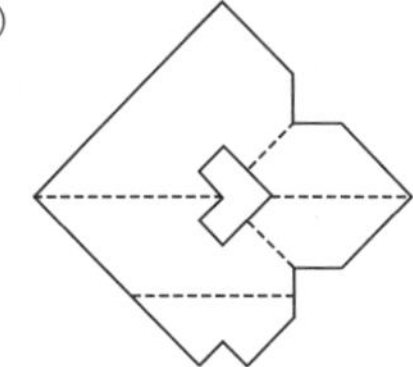

②
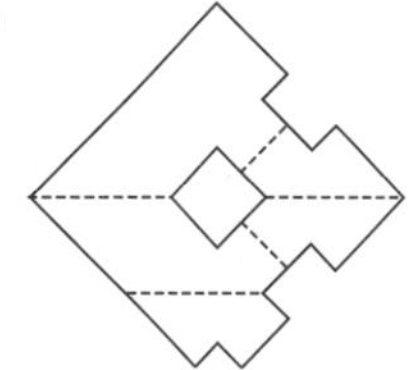

③
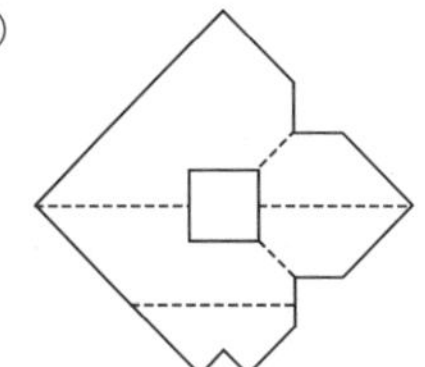

④
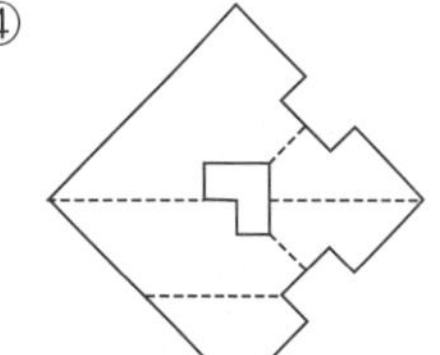

33. 다음 〈보기〉에 제시된 도형 3개를 합쳤을 때 나오는 모양으로 적절하지 않은 것은? (단, 제시된 도형은 회전할 수 없으며 보이는 대로만 합칠 수 있다)

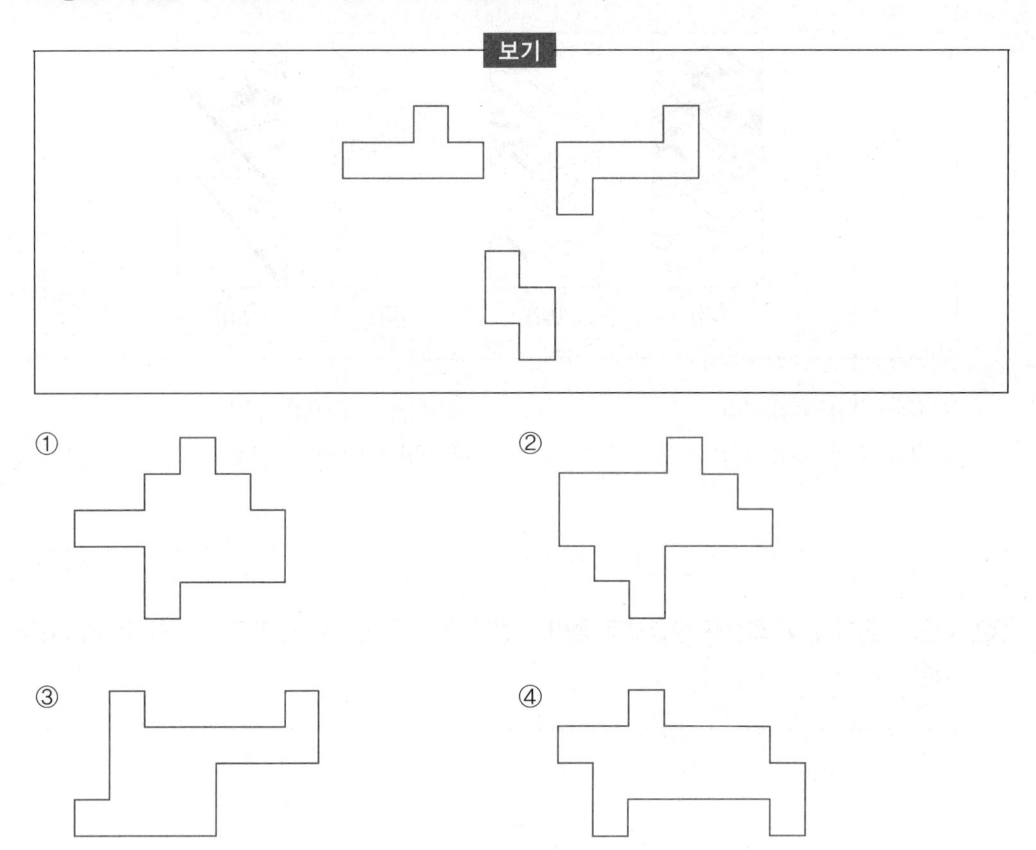

34. 제시된 도형을 그림과 같이 잘랐을 때 나오는 단면도로 적절한 것은?

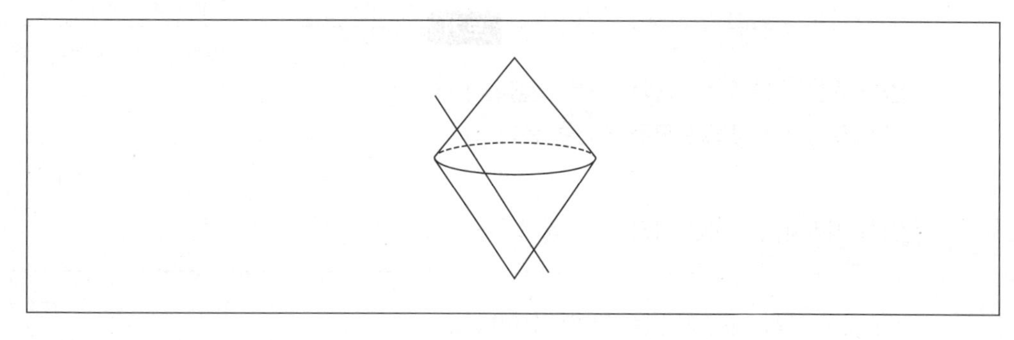

① 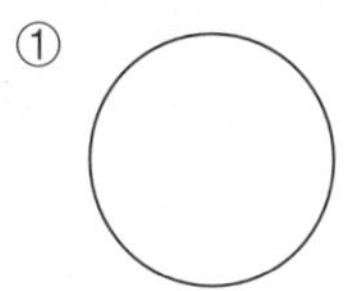

② 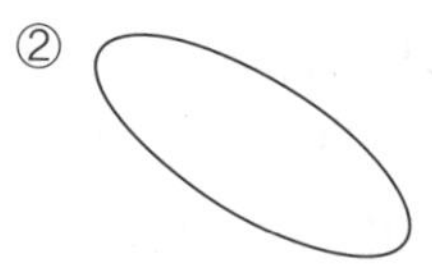

③ 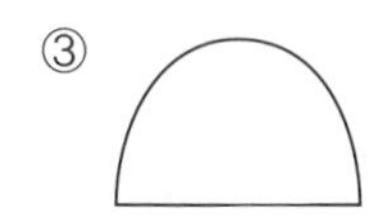

④ 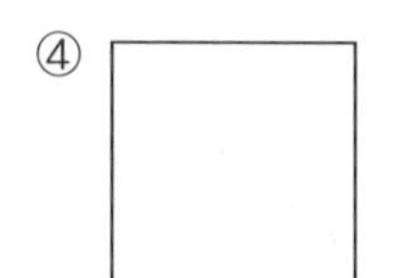

35. 주사위를 다음 전개도와 같이 펼쳤을 때 A에 들어갈 눈의 개수는? (단, 주사위의 마주 보는 면에 그려진 눈의 합은 7이다)

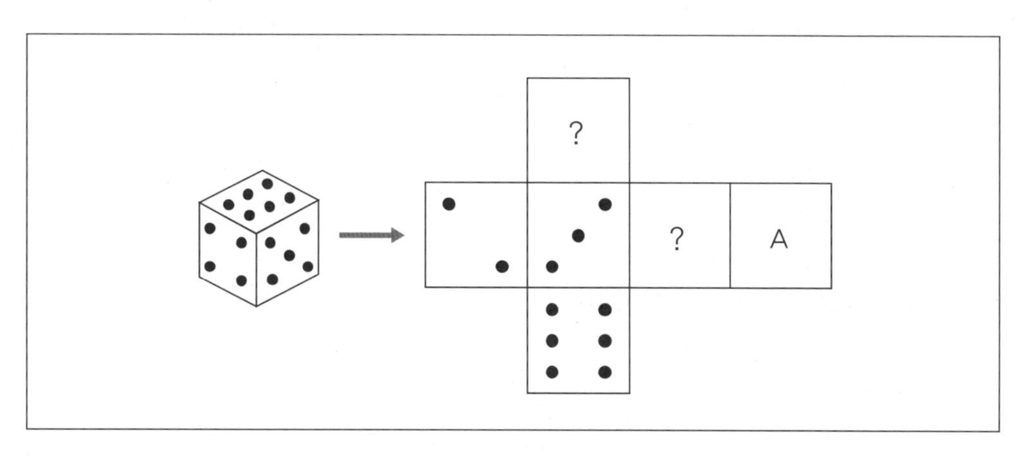

① 1개
② 2개
③ 4개
④ 5개

36. 다음 〈보기〉의 빈칸에 들어갈 전제로 적절한 것은?

보기

[전제] 하얀 옷을 입는 사람은 모두 깔끔하다.
깔끔한 사람들은 모두 안경을 쓴다.
(   )
[결론] 따라서 수인이는 하얀 옷을 입지 않는다.

① 하얀 옷을 입지 않는 사람은 수인이가 아니다.
② 수인이는 안경을 쓰지 않는다.
③ 안경을 쓰는 사람들은 모두 하얀 옷을 입는다.
④ 깔끔하지 않은 사람들은 모두 안경을 쓰지 않는다.

37. 다음 밑줄 친 부분에 들어갈 문장으로 알맞은 것은?

아기는 천사다. 천사는 번개를 부릴 수 있다. 천사가 아니면 신의 노예다.
그러므로 ______________________________

① 천사는 아기다.
② 아기는 번개를 부릴 수 없다.
③ 번개를 부릴 수 있으면 아기다.
④ 신의 노예가 아니면 번개를 부릴 수 있다.

38. 다음 글에서 파악할 수 있는 논리적 오류는?

> 몇몇 신문들은 이번 사건에 대하여 사설을 통해 북 공격설을 제기했다. 어떤 사설은 전시 태세를 갖추어야 한다며 '전쟁을 무서워하는 국민은 매국노'라고 못 박기도 했다.

① 원천봉쇄의 오류
② 흑백논리의 오류
③ 인신공격의 오류
④ 성급한 일반화의 오류

39. 다음 〈보기〉의 명제들이 항상 참이라 할 때 항상 참인 것은?

보기

- 달리기를 못하는 사람은 수영을 못한다.
- 달리기를 잘하는 사람은 항상 운동화를 신는다.
- 윤재는 항상 구두를 신는다.

① 윤재는 달리기를 잘한다.
② 윤재는 수영을 못한다.
③ 수영을 잘하는 사람은 구두를 신는다.
④ 수영을 못하는 사람은 운동화를 신지 않는다.

40. "회사에서 승진하기 위해서는 워커홀릭이 되어야 한다."라는 명제가 참일 때, (가) ~ (다) 중 참이 아닌 것은?

> (가) 워커홀릭이 안 되면 회사에서 승진할 수 없다.
> (나) 회사에서 승진하고 싶지 않으면 워커홀릭이 되어야 한다.
> (다) 워커홀릭이 안 되더라도 회사에서 승진할 수 없는 것은 아니다.

① (가)　　② (나)
③ (다)　　④ (나), (다)

41. 네 자리 숫자로 이루어진 자물쇠 비밀번호가 다음 〈조건〉을 만족한다고 할 때, 비밀번호로 알맞은 것은?

조건

- 각 자리의 비밀번호는 1에서 9까지의 숫자이고 모두 홀수이다.
- 첫 번째와 세 번째 숫자의 합이 두 번째와 네 번째 숫자의 합보다 작다.
- 연속된 두 숫자의 합은 모두 같다.
- 두 번째 숫자와 네 번째 숫자의 곱은 9이다.

① 1313　　② 3159
③ 3413　　④ 9137

42. 발표 수업에서 한 조가 된 영희와 철수, 미정이는 발표 순서를 정하고 다음과 같이 발표 순서에 대해 말하였다. 두 번째로 발표를 하게 되는 사람은? (단, 철수는 항상 거짓말을 하고, 미정이는 사실만을 말하며, 영희는 거짓말을 하는지 사실을 말하는지 알 수 없다)

> ㉠ 첫 번째로 발표하는 사람 : 두 번째로 발표하는 사람은 영희이다.
> ㉡ 두 번째로 발표하는 사람 : 세 번째로 발표하는 사람은 철수이다.
> ㉢ 세 번째로 발표하는 사람 : 세 번째로 발표하는 사람은 영희가 아니다.

① 영희　　② 철수
③ 미정　　④ 알 수 없음.

43. L 회사 영업부는 부장, 차장, 과장, 대리, 사원, 인턴 6명이 근무하는데, 이들 가운데 4명이 한 팀을 구성하여 해외 출장을 가게 되었다. 만일 사원이 불가피한 사정으로 갈 수 없게 되었다면, 다음 〈조건〉을 모두 만족하는 팀 구성은?

> **조건**
>
> • 부장 또는 차장은 반드시 가야 하지만, 부장과 차장이 함께 갈 수는 없다.
> • 대리 또는 사원은 반드시 가야 하지만, 대리와 사원이 함께 갈 수는 없다.
> • 만일 과장이 가지 않게 된다면 대리도 갈 수 없다.
> • 만일 차장이 가지 않게 된다면 인턴도 갈 수 없다.

① 차장, 대리, 사원, 인턴　　② 차장, 과장, 대리, 인턴
③ 부장, 차장, 대리, 인턴　　④ 부장, 과장, 대리, 인턴

44. 예지, 지수, 은주, 지유는 함께 카페에 들러 커피 2잔과 홍차 2잔을 주문하였고 내용물을 보지 않은 채 무작위로 음료를 받았다. 〈조건〉을 참고할 때, 다음 중 옳은 것은?

조건

- 예지는 자신이 주문한 음료를 받지 않았다.
- 지수는 자신이 주문한 음료를 받았다.
- 은주는 홍차를 주문했으나 커피를 받았다.
- 지유는 커피를 받았다.

① 지수는 커피를 받았다.
② 지유는 자신이 주문한 음료를 받지 않았다.
③ 지유는 홍차를 주문했다.
④ 예지는 커피를 주문했다.

45. 어느 날 밤 P 회사에 도둑이 들었다. 목격자를 찾기 위해 전날 야근한 사람에 대해 물어보니 직원 A, B, C, D, E가 다음 〈보기〉와 같이 진술했다. 이 중 야근을 한 사람은 한 명이고 두 명은 거짓말을 하고 있다고 할 때, 전날 야근을 한 사람은?

보기

- A : E는 항상 진실만을 말해.
- B : C가 야근을 했어.
- C : 나는 야근을 하지 않았어.
- D : B의 말이 맞아.
- E : A가 야근을 했어.

① A
② B
③ C
④ D

46. 직장 내 성희롱 발생 시 문제 해결 과정으로 적절하지 않은 것은?

① 직장 내 성희롱 사건이 제기되었을 때에는 지체 없이 조사에 착수하여 최대한 신속하게 처리해야 한다.

② 직장 내 성희롱 사건을 철저히 조사하기 위해서는 행위자와 피해자의 신원을 공개하고, 성희롱 발생 사실 또는 정황을 확인하며, 입증 자료를 충분히 확보해야 한다.

③ 직장 내 성희롱 사건을 처리한 후에는 피해자의 2차 피해 여부, 사건 처리에 대한 조직구성원의 인식 등을 지속적으로 모니터링하여 필요시 조치를 취해야 한다.

④ 직장 내 성희롱 사건 해결의 목적은 피해자의 권리회복과 안전하고 평등한 근로환경의 조성이며, 피해자의 권리회복은 직장 내에서 해결되는 것이 바람직하다.

47. 다음과 같은 상황에서 황 대리의 대응 방안으로 가장 바람직한 것은?

> 중소기업에 다니고 있는 황 대리는 최근 대기업으로의 인수합병에 대한 소문을 들었다. 인수합병을 하면 급여 수준은 올라가지만 현 직장의 단란한 분위기는 기대하기 어려울 것이다. 또 향후 승진이나 기회 측면에서 불이익을 받지 않을까 하는 걱정도 있다. 황 대리는 이 상황을 어떻게 받아들여야 하며, 앞으로 어떻게 처신해야 하는지 근심에 쌓여 있다.

① 대기업에 인수되어 불이익을 받기 전에 다른 회사로 이직한다.

② 합병될 대기업 임원들과의 인맥관리에 힘쓴다.

③ 이러한 분위기를 절호의 기회로 삼아 업무 수행보다 자기개발에 힘쓴다.

④ 아직 소문에 불과하므로 단단한 마음을 가지고 하던 대로 직업생활을 한다.

48. 다음 중 직장 예절로 적절하지 않은 것은?

① 상대방에게 직위를 물을 때는 "직함이 어떻게 되십니까?"라고 질문한다.

② 상대방에게 직위를 알려 줄 때는 직위를 이름 앞에 붙여 "저는 ○○기관 과장 김□□입니다."라고 말한다.

③ 직위는 다르나 동일한 직책을 가지고 있는 경우에는 서로의 호칭을 직책으로 통일한다.

④ 낮은 직위라도 먼저 입사했거나 나이가 많은 경우에는 직위에 '님'을 붙여 부른다.

49. 다음에 제시된 상황에서 박 사원이 취할 행동으로 바람직한 것은?

이름	박지원	부서 / 직급	콜센터 / 사원
성별 / 나이	여 / 26	담당 업무	콜택시 배차
박 사원의 업무는 콜택시 이용을 원하는 고객들의 전화를 받아 접수한 후 원활하게 배차가 이루어질 수 있도록 하는 것이다. 평소와 같이 전화를 받고 있는데, 한 시간째 배차가 안 되고 있다며 따지는 고객의 전화를 받게 되었다. 현재 이용하려는 거리가 짧아서 일부러 누락시킨 건 아니냐며 막무가내로 언성을 높이고 있는데, 고객의 정보를 조회해 봤더니 접수한 내역은 없었다.			

① 해당 지역은 일하기 피곤하다고 생각하며 전근을 신청한다.

② 억지를 부리는 민원인이 안타깝지만 업무에 방해가 되므로 경찰을 불러 인계한다.

③ 불편을 느낀 것에 동감하고 전화 목록을 확인시켜 주며 누락한 것이 아니라고 충분히 설명한 후 배차를 진행한다.

④ 계속 통화를 이어 나가기에는 다른 고객들의 대기가 길어지므로 고객의 말을 중단시킨 후 원하는 것이 무엇이냐고 단도직입적으로 묻는다.

50. 신입사원으로 입사한 P 씨는 오리엔테이션에서 이메일 관련 예절교육을 받은 뒤 상품이 걸려 있는 OX퀴즈 이벤트에 참여하게 되었다. 총 7개 문제에서 P 씨는 몇 개를 맞혔는가? (단, 모든 메일은 업무용 메일이다)

> Q. 아래 문제를 잘 읽고 괄호에 O 또는 X를 하시오.
>
> 1. 이름이 '홍길동'이라면 메일 주소는 'gildong@xxx.xx'가 무난하다. (O)
> 2. 오랜만에 연락하는 거래처 사람에게 메일을 보낼 때, '화창한 봄날입니다. 잘 지내시죠?'라는 제목으로 메일을 보내는 것은 바람직하다. (O)
> 3. 받은 메일에 대해 답장을 보낼 때 히스토리가 남도록 'write'나 'new'가 아니라 'reply'를 써야 한다. (O)
> 4. 담당자가 불분명한 경우에는 여러 사람에게 메일을 동시에 보내는 것이 바람직하다. (X)
> 5. 하급자는 별도의 지시가 없어도 항상 상급자를 cc에 넣어 메일을 보내야 한다. (O)
> 6. 첨부파일을 보낼 때에는 용량에 관계없이 그대로 첨부하여 보낸다. (X)
> 7. 신규 수신자에게 포워딩을 할 때는 불필요한 내용이 없는지 확인하고 이 부분을 간단히 삭제하거나 편집해야 한다. (X)

① 3개 ② 4개

③ 5개 ④ 6개

충남 6회

기출예상문제

문항수 | 50문항
시험시간 | 50분

▶ 정답과 해설 49쪽

01. 다음 중 밑줄 친 단어의 쓰임이 잘못된 것은?

① 병뚜껑이 너무 꼭 <u>닫혀서</u> 열 수가 없다.
② 그 아이는 다른 사람들에 비해 실력이 많이 <u>딸린다</u>.
③ 한 학년 사이에 아들의 키가 훌쩍 커 버려 바짓단을 <u>늘였다</u>.
④ 밤늦게 들어온 남편을 위해 찌개를 <u>데우고</u> 밥상을 차렸다.

02. 다음 빈칸에 공통적으로 들어갈 말로 적절한 것은?

> 우리말은 (　　　　)이 발달한 언어이다. 영어로는 인사를 할 때 한참 어른께도, 한참 어린 아이에게도 똑같이 'Hi'라고 인사할 수 있지만 국어에서는 상대에 따라 '안녕하세요', '안녕' 등 다른 방식으로 인사해야 한다. 아주 오랜 옛날부터 우리 선조들은 (　　　　)을 사용해 왔다. 말은 시간이 지나면서 변하기 마련이다. 우리 사회에서는 갈수록 청자 중심의 (　　　　) 사용이 주를 이루게 될 것이다.

① 경어법　　② 주체 높임법
③ 객체 높임법　　④ 상대 높임법

03. 다음 글을 읽고 유추할 수 있는 속담으로 적절한 것은?

> 대왕 단보가 빈(邠)이라는 곳에 있었을 때 오랑캐가 쳐들어왔다. 왕이 모피와 비단을 보내어 달래려 했으나 받지 않고, 이후 보낸 말도 받지 않았다. 오랑캐가 바라는 것은 땅이었다. 대왕 단보가 말했다.
>
> "나는 백성의 아비나 형과 살면서 그 아들이나 동생을 죽도록 내버려두는 일은 차마 견딜 수가 없다. 너희들은 모두 힘써 격려하며 이곳에 살도록 하라. 내 신하가 되든 오랑캐의 신하가 되든 무슨 차이가 있겠느냐. 나는 '사람을 먹여 살리는 땅을 뺏으려고 사람을 해쳐서는 안 된다'는 말을 들었다."
>
> 그래서 대왕 단보가 지팡이를 짚고 그곳을 떠나자 백성들은 서로 잇달아 그를 따랐으며, 이윽고 기산(岐山) 밑에서 나라를 다시 이룩했다.

① 가난 구제는 임금도 못 한다.

② 벙어리 호적(胡狄)을 만나다.

③ 사또 행차엔 비장이 죽어난다.

④ 사람이 돈이 없어서 못 사는 게 아니라 명이 모자라서 못 산다.

04. 밑줄 친 부분과 바꾸어 쓸 수 없는 단어는?

> 가벼운 접촉사고를 내서 보험금을 타 내려는 너의 계획은 결국 <u>수포(水泡)로 돌아가고</u> 말 거야.

① 깨지고

② 힐책하고

③ 그르치고

④ 박타고

05. 다음 글을 읽고 추론한 내용으로 적절한 것은?

> 우리 민족은 활에 대해 각별한 관심을 가지고 있었으며, 활을 중요한 무기로 여겼다. 이에 따라 활 제작 기술도 발달했는데, 특히 조선시대의 활인 각궁(角弓)은 매우 뛰어난 성능과 품질을 지니고 있었다. 그렇다면 무엇이 각궁을 최고의 활로 만들었을까?
>
> 활은 복원력을 이용한 무기이다. 복원력은 탄성이 있는 물체가 힘을 받아 휘어졌을 때 원래대로 돌아가는 힘으로, 물체의 재질과 변형 정도에 따라 힘의 크기가 변한다. 이를 활에 적용해 보자. 활의 시위를 당기면 당기는 만큼의 복원력이 발생한다. 복원력은 물리학적인 에너지의 전환 과정이기도 하다. 사람이 시위를 당기면 원래의 시위 위치에서 시위를 당긴 거리만큼의 위치 에너지가 화살에 작용하게 된다. 따라서 시위를 활대에서 멀리 당기면 당길수록 더 큰 위치 에너지가 발생하게 된다. 이때 시위를 놓으면 화살은 날아가게 되는데, 바로 이 과정에서 위치 에너지가 운동 에너지로 전환된다. 즉, 시위를 당긴 거리만큼 발생한 위치 에너지가 운동 에너지로 바뀌어 화살을 날아가게 하는 것이다.
>
> 또한 복원력은 활대가 휘는 정도와 관련이 있다. 일반적으로 활대가 휘면 휠수록 복원력은 더 커지게 된다. 따라서 좋은 활이 되기 위해서는 더 큰 위치 에너지를 만들어 낼 수 있는 탄성이 좋은 활대가 필요하다. 각궁은 복원력이 뛰어난 활이다. 그 이유는 각궁이 동물의 뿔이나 뼈, 힘줄, 탄성 좋은 나무 등 다양한 재료를 조합해서 만든 합성궁이기 때문이다. 합성궁은 대나무와 같은 나무만을 재료로 만든 활보다 탄력이 좋아서 시위를 풀었을 때 활이 반대 방향으로 굽는 것이 특징이다. 바로 이러한 특성으로 인해 각궁은 뛰어난 사거리와 관통력을 갖게 되었다.

① 고려시대 때의 활은 여러 재료의 조합이 아닌 한 가지 재료로만 만들어졌다.

② 위치 에너지가 운동 에너지로 전환되는 힘의 크기가 활의 사거리와 관통력을 결정한다.

③ 활대가 많이 휠수록 복원력은 더 커지므로, 활이 많이 휠수록 가격은 비싸진다.

④ 각궁의 탄력이 좋은 이유는 나무로만 만들어져 시위를 풀었을 때 활이 반대 방향으로 굽는 특징 덕분이다.

[06 ~ 07] 다음 글을 읽고 이어지는 질문에 답하시오.

'읽는 문화'의 실종, 그것이 바로 현대사회의 특징이다. 신문의 판매 부수가 날로 떨어져 가는 반면에 텔레비전의 시청률은 나날이 증가하고 있다. 또한 깨알 같은 글로 구성된 20쪽 이상의 책보다 그림과 여백이 압도적으로 많이 들어간 만화책 같은 것이 늘어나고 있다. '보는 문화'가 읽는 문화를 대체해 가고 있는 것이다. 읽는 일에는 피로가 동반하지만 보는 놀이에는 휴식이 따라온다. 그러니 일을 저버리고 놀이만 좇는 문화가 범람하고 있지 않은가. 보는 놀이가 머리를 비게 하는 것은 너무나 당연하다. 읽는 일이 (　　)되지 않는 한 우리 사회는 생각 없는 사회로 치달을 수밖에 없다. 책의 문화는 바로 읽는 일과 직결되며 생각하는 사회를 만드는 지름길이다.

06. 윗글의 주제로 적절한 것은?

① 만화책을 통해 읽는 즐거움을 느껴야 한다.
② 놀이 후에는 충분한 휴식을 취해야 한다.
③ 사회에 책 읽는 문화가 퍼지도록 권장해야 한다.
④ 사람이라면 누구나 생각하며 살아야 한다.

07. 윗글의 빈칸에 들어갈 말로 적절한 것은?

① 장려　　② 근절
③ 제거　　④ 추가

08. 다음 (가)～(라)를 문맥에 따라 순서대로 배열한 것은?

(가) 예를 들면 손을 자주 씻어 손에 묻어 있을 수 있는 감기 바이러스를 제거하고 손으로 얼굴을 비비지 않도록 한다.
(나) 감기를 예방하기 위해서는 감기 바이러스와 접촉할 수 있는 기회를 아예 없애야 한다.
(다) 특히 어린이는 성인에 비해 감기 바이러스에 감염될 확률이 더 높기 때문에 사람들이 많이 모여 있는 곳에는 가지 않도록 주의해야 한다.
(라) 또한 다른 사람들과 수건 등의 일상 용품을 함께 사용하지 않는 것이 좋다.

① (나)－(가)－(라)－(다)
② (나)－(라)－(다)－(가)
③ (라)－(가)－(다)－(나)
④ (라)－(나)－(가)－(다)

09. 다음 글의 중심내용으로 적절한 것은?

사람들은 흔히 뉴스를 세상에서 일어난 일을 사실적이고 객관적으로 기술한 정보라고 생각한다. 만약 어떤 사건이나 이슈가 완벽하게 사실적이고 객관적으로 기술될 수 있다면 서로 다른 미디어가 취재해서 보도하더라도 같은 뉴스가 만들어질 것이니 우리 사회에는 굳이 그렇게 많은 뉴스 미디어가 존재할 필요가 없을 것이다. 하지만 현실에는 언론사, 포털 뉴스, 뉴스 큐레이션 서비스, 소셜 미디어 및 개인 미디어 등 수많은 뉴스 생산 주체들이 뉴스를 생산한다. 이렇게 많은 언론사 및 개인들이 뉴스를 생산한다는 것은 현실에서 일어난 하나의 사건이 뉴스 미디어에 따라 다르게 보도될 수 있다는 것을 의미한다.

과거에는 뉴스를 만드는 사람들은 언론사에 속해 있었고, 언론사의 수도 많지 않았기 때문에 누가 뉴스를 만들었는지에 대한 대답을 쉽게 얻을 수 있었다. 하지만 미디어 환경 및 뉴스 산업 구조의 변화로 인해 뉴스 생산환경이 급속하게 변화하였고, 지금은 언론사에 속한 기자뿐만 아니라 블로거, 시민기자, 팟캐스터 등 다양한 사람들이 뉴스 생산에 기여한다. 따라서 뉴스를 바르게 이해하기 위해서는 뉴스 생산자의 역할과 임무에 대한 이해가 선행되어야 한다.

① 뉴스가 가지는 가치는 다양성에 있다.
② 뉴스는 생산자에 따라 다르게 구성된다.
③ 뉴스에는 생산자의 특정한 시각과 가치가 담겨 있다.
④ 올바른 뉴스 소비를 위해서는 이용자의 능동적인 판단이 필요하다.

10. 다음 중 띄어쓰기가 잘못된 것은?

① 보란 듯이　　② 스물다섯
③ 할텐데　　④ 후회할 걸 알고

11. 다음 글에서 사용된 서술방법에 대한 설명으로 적절한 것은?

> 가족은 성원들 간의 공유와 협동이 이루어지는 집단이다. 그러나 집단 안에서만 공유와 협동이 이루어지는 배타적 권리를 주장하고 사적 이익만을 추구한다면 이타성과 공공선을 추구하는 전 사회적 공동체의 원리와 대립하게 된다.
>
> 그동안 우리 사회는 경제적으로 급성장을 하였지만 불균등한 분배 구조로 계층 간의 차이가 지속적으로 확대되고, 그 차이는 다음 세대로 전승됨으로써 사회적 불평등 구조가 재생산되고 있다. 이러한 사회적 불평등 재생산 구조는 한국 특유의 배타적 가족주의와 결합하게 되면서 온갖 사회 모순을 확대시켜 왔다. 기업의 족벌 경영 체제, 부동산 투기, 사치성 소비 성향, 고액 과외 등의 부정적 현상들은 개개인들이 자기 가족의 안락과 번영을 위해 헌신한 행위로 정당화되어 결과적으로 가족 집단의 공동 이익이 다른 가족들의 경제적 빈곤을 악화시키는 반공동체적 행위를 강화시켜 온 것이다.
>
> 이와 같이 가족 내에서의 공동체적 삶의 원리가 전체 사회의 공동체적 언어를 파괴할 뿐만 아니라 가족생활 자체도 점차 공동체적 성격을 상실해 간다면 가족은 더 이상 전체 사회의 유익한 일차 집단이 될 수 없다. 그럼에도 가족에 대한 비판을 금기시하고 신성화하는 이데올로기를 고집한다면 우리 사회가 당면한 문제들을 해결하기는 더욱 어려워질 것이다.

① 대상의 특성을 파악하며 비교 설명하고 있다.
② 개별적 사례에서 보편적 원리를 이끌어내고 있다.
③ 필자의 가설을 제시하고 사례를 통해 입증하고 있다.
④ 사회현상을 연속적인 흐름에 따라 설명하고 있다.

12. 다음 글에 나타난 글쓴이의 이동 경로를 순서대로 나열한 것은?

> 7월 12일, 아침 첫 차로 경주를 떠나 불국사로 향했다. 떠날 임시에 봉황대(鳳凰臺)에 올랐건만, 잔뜩 찌푸린 일기에 짙은 안개는 나의 눈까지 흐리고 말았다. 시포(屍布)를 널어놓은 듯한 희미한 강줄기, 몽롱한 무덤의 봉우리, 쓰러질 듯한 초가집 추녀가 눈물겹다. 어젯밤에 나를 부여잡고 울던 옛 서울은 오늘 아침에도 눈물을 거두지 않은 듯.
>
> 그렇지 않아도 구슬픈 내 가슴이어든 심란한 이 정경에 어찌 견디랴? 지금 떠나면 1년, 10년, 혹은 20년 후에나 다시 만날지 말지! 기약 없는 이 작별을 앞두고 눈물에 젖은 임의 얼굴! 내 옷소매가 촉촉이 젖음은 안개가 녹아내린 탓만은 아니리라. 장난감 기차는 반시간이 못 되어 불국사역까지 실어다주고, 역에서 등대(等待)했던 자동차는 십리 길을 단숨에 껑청껑청 뛰어서 불국사에 대었다.
>
> 뒤로 토함산(吐含山)을 등지고 왼편으로 울창한 송림을 끌며 앞으로 광활한 평야를 내다보는 절의 위치부터 풍수쟁이 아닌 나의 눈에도 벌써 범상치 아니했다. 더구나 돌 층층대를 쳐다볼 때에 그 굉장한 규모와 섬세한 솜씨에 눈이 어렸다. (중략)
>
> 앞길이 바쁘매 아침도 굶은 채로 석굴암(石窟庵)을 향해 또다시 걸음을 옮기었다. 여기서 십 리 안팎이라니 그리 멀지 않되, 가는 길이 토함산을 굽이굽이 돌아 오르는 잿길이요. 날은 흐리어 빗발까지 오락가락하건마는, 이따금 모닥불을 담아 붓는 듯 하는 햇발이 구름을 뚫고 얼굴을 내어미는 바람에 두어 모퉁이도 못 접어들어 나는 벌써 숨이 차고 전신에 땀이 흐른다. (중략)
>
> 숨이 턱에 닿고 온몸이 땀에 멱을 감는 한 시간 남짓의 길을 허비하여 나는 겨우 석굴암 앞에 섰다. 멀리 오는 순례자를 위하여 미리 준비해 놓은 듯한 석간수(石澗水)는 얼마나 달고 시원한지! 연거푸 두 구기를 들이키매, 피로도 잊고 더위도 잊고 상쾌한 맑은 기운이 심신을 엄습하여 표연(飄然)히 티끌세상을 떠난 듯도 싶다. 돌층대를 올라서니 들어가는 좌우 돌 벽에 새긴 인왕(仁王)과 사천왕(四天王)이 흡뜬 눈과 부르걷은 팔뚝으로 나를 위협한다. 어깨는 엄청나게 벌어지고, 배는 홀쭉하고, 사지는 울퉁불퉁한 세찬 근육! 나는 힘의 예술의 표본을 본 듯하였다.

① 불국사역 → 불국사 → 토함산 등산길 → 석굴암 → 경주
② 경주 → 불국사역 → 토함산 등산길 → 불국사 → 석굴암
③ 경주 → 불국사역 → 불국사 → 토함산 등산길 → 석굴암
④ 불국사역 → 토함산 등산길 → 불국사 → 경주 → 석굴암

13. 사탕 10개를 형과 남동생이 나누어 가지기로 했다. 남동생과 형이 가지게 되는 사탕의 비가 3 : 2일 때, 형이 가지게 되는 사탕의 개수는?

① 1개 ② 2개
③ 3개 ④ 4개

14. 민수가 각 영역별로 100점 만점인 영어 시험을 봤는데 말하기, 독해, 문법, 듣기 네 영역의 점수 총합이 250점이었다. 말하기와 문법 점수의 합은 독해 점수와 같고, 듣기 점수는 문법 점수의 두 배이다. 말하기 점수가 55점이라고 할 때, 듣기 점수는 몇 점인가?

① 35점 ② 55점
③ 70점 ④ 90점

15. 어느 뷔페의 이용 요금은 어른 1인당 12,900원, 어린이 1인당 8,200원이다. 총 8명이 이 뷔페에서 식사를 하고 9만 원 이하를 지불했다고 할 때, 어른은 최대 몇 명인가?

① 4명 ② 5명
③ 6명 ④ 7명

16. 수현이가 올라간 길 그대로 내려오는 A 등산로를 따라 등산을 하는데 올라갈 때는 시속 2km로 올라가고, 내려올 때는 올라갈 때의 2배 속력으로 내려왔다. A 등산로를 왕복한 소요시간이 총 4시간 30분이라면 내려오는 데 걸린 시간은?

① 1시간 20분
② 1시간 25분
③ 1시간 30분
④ 1시간 35분

17. 캠페인을 준비 중인 ○○기업 홍보팀에서 캠페인 참여자들에게 나누어 줄 선물로 핫팩 4개, 기념볼펜 1개, 배지 2개가 1세트인 기념품 125세트를 준비하고 있다. 총예산은 490,000원이고 핫팩은 한 상자에 16개씩 들어 있다고 할 때, 핫팩 한 상자는 얼마인가? (단, 핫팩은 상자로만 구매 가능하며 예산은 낭비 없이 전부 사용되었다)

구분	가격(개당)
기념볼펜	800원
배지	600원

① 7,000원
② 7,200원
③ 7,500원
④ 7,800원

18. 육면체 주사위를 두 번 던졌을 때 나온 주사위 눈의 합이 5의 배수가 되는 경우는 모두 몇 가지인가?

① 4가지
② 5가지
③ 6가지
④ 7가지

19. 다음 그림과 같이 A ~ F 상점 사이에 길을 뚫어 하나의 상점에서 다른 상점으로 한 번에 향할 수 있도록 연결하려고 한다. 인접한 상점끼리는 이미 길이 뚫려 있다고 할 때, 연결되지 않은 나머지 상점 각각을 직접 연결하려면 몇 개의 길을 뚫어야 하는가? (단, 뚫려있는 길의 길이는 모두 같다)

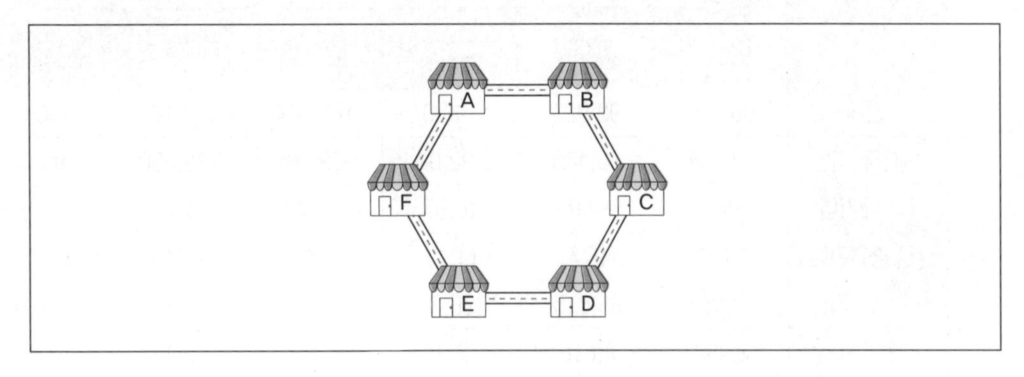

① 6개　② 7개
③ 8개　④ 9개

20. 어느 대학교의 학생 70명을 대상으로 A, B, C 회사에 입사 지원한 사람의 수를 조사한 결과 이들 회사에 지원한 학생은 각각 45명, 48명, 48명이었고, A와 B 회사, A와 C 회사, B와 C 회사에 중복 지원한 학생은 각각 31명, 32명, 37명이었다. 또한 세 회사 중 어느 곳에도 지원하지 않은 사람은 4명이었을 때 세 회사에 모두 지원한 사람은 몇 명인가?

① 10명　② 13명
③ 17명　④ 25명

21. 다음 수출입 관련 자료에 대한 해석으로 적절하지 않은 것은?

〈교역 국가수별 · 기업규모별 수출입 기업 수〉

(단위 : 개, %)

구분		수출			수입		
		20X1년	20X3년	구성비	20X1년	20X3년	구성비
전체		90,761	93,922	100.0	169,044	178,104	100.0
10개국 미만		83,734	86,440	92.0	162,262	170,530	95.7
	대기업	446	450	(0.5)	577	544	(0.3)
	중견기업	1,036	977	(1.1)	1,335	1,240	(0.7)
	중소기업	82,252	85,013	(98.3)	160,350	168,746	(99.0)
20개국 이상		2,432	2,616	2.8	1,318	1,545	0.9
	대기업	191	203	(7.8)	309	333	(21.6)
	중견기업	334	322	(12.3)	313	309	(20.0)
	중소기업	1,907	2,091	(79.9)	696	903	(58.4)

① 우리나라 수출입 기업은 교역 국가수 10개 미만인 기업과 20개 이상인 기업으로 나뉘는군.

② 우리나라엔 교역 국가수 10개 미만인 기업이 가장 많군.

③ 중소기업은 두 가지 교역 국가수 구분 기준에서 모두 가장 많은 기업 수를 보이네.

④ 20X3년 수입에서 20개국 이상 교역 국가수를 가진 대기업이 21.6%라는 것은 우리나라 전체 기업 수에 대한 비중을 말하는 게 아니로군.

22. 다음은 A 대학교 학생들을 장학금을 받는 학생과 장학금을 받지 못하는 학생으로 나누고 이들이 해당 학년 동안 참가한 1인당 평균 교내 특별활동 수를 조사한 자료이다. 이에 대한 설명 중 옳지 않은 것을 〈보기〉에서 모두 고르면?

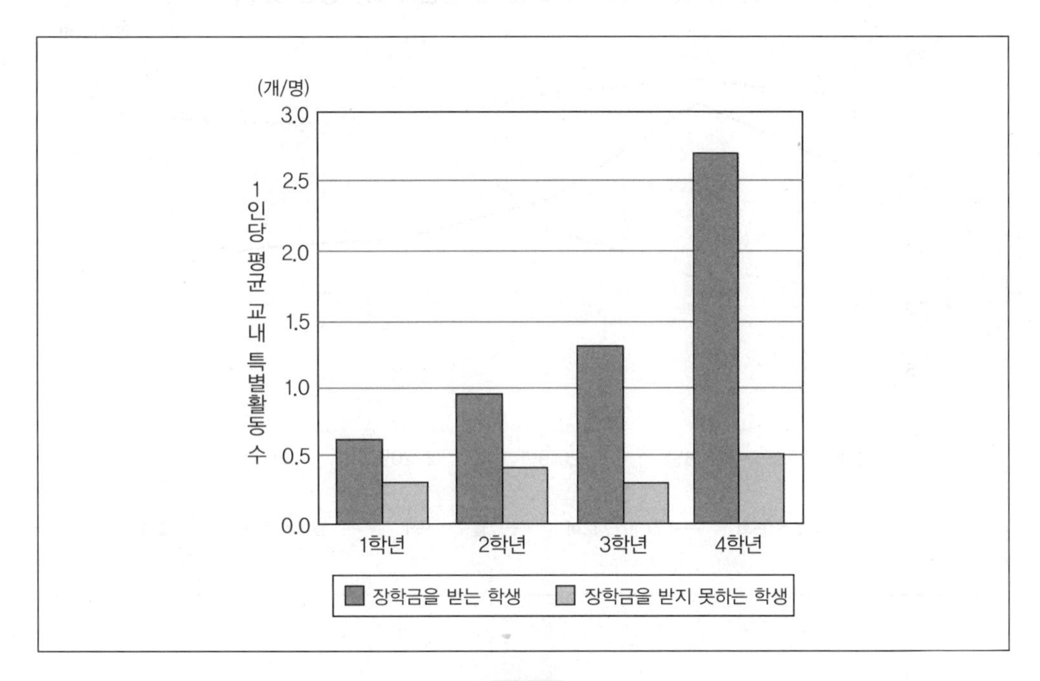

보기

㉠ 학년이 높아질수록 장학금을 받는 학생 수가 늘어났다.

㉡ 장학금을 받는 4학년생이 참가한 1인당 평균 교내 특별활동 수는 장학금을 받지 못하는 4학년생이 참가한 1인당 평균 교내 특별활동 수의 5배 이하이다.

㉢ 장학금을 받는 학생과 받지 못하는 학생 간의 1인당 평균 교내 특별활동 수의 차이는 4학년이 가장 크다.

㉣ 전체 2학년생이 참가한 1인당 평균 교내 특별활동 수보다 전체 3학년생이 참가한 1인당 평균 교내 특별활동 수가 많다.

① ㉠, ㉣

② ㉡, ㉢

③ ㉠, ㉡, ㉣

④ ㉠, ㉢, ㉣

[23 ~ 24] 다음 자료를 보고 이어지는 질문에 답하시오.

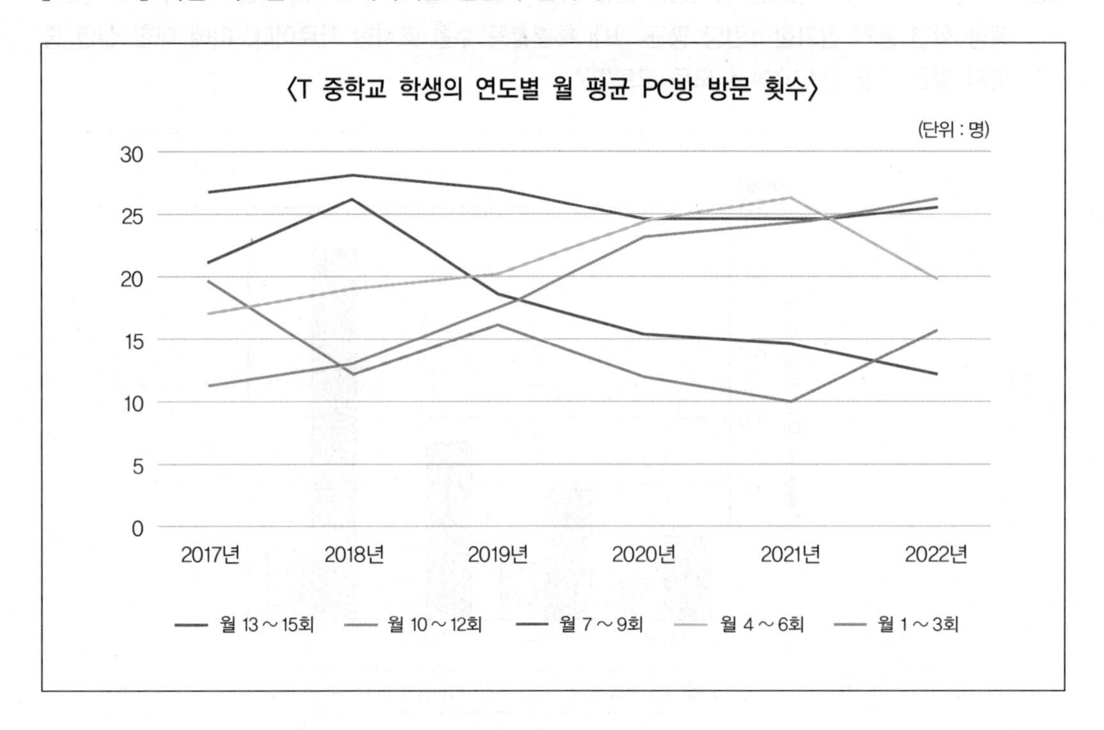

23. 다음 중 2017 ~ 2020년 기간 동안 PC방 방문 횟수에 대한 응답자 증감 추이가 동일한 빈도끼리 연결한 것은?

① 월 1 ~ 3회, 월 4 ~ 6회 ② 월 4 ~ 6회, 월 7 ~ 9회

③ 월 1 ~ 3회, 월 13 ~ 15회 ④ 월 1 ~ 3회, 월 7 ~ 9회

24. 제시된 자료에 대한 설명으로 옳은 것은?

① 전체 기간 동안 매년 응답자 수가 증가한 빈도는 2개 항목이다.
② 5개 빈도 항목 모두 응답자 수가 전년보다 감소한 시기는 한 번이다.
③ 2022년에 전년보다 응답자 수가 증가한 빈도는 3개 항목이다.
④ 2017년보다 2022년에 응답자 수가 더 많은 빈도 항목은 1개이다.

25. 다음은 청년들의 주택 점유형태를 나타내는 자료이다. 이에 대한 설명으로 옳지 않은 것은?

〈청년(20 ~ 39세)의 연령계층별 점유형태 비율〉

(단위 : %)

구분	자가	임차			무상	계
		전세	보증부월세	순수월세		
20 ~ 24세	5.1	11.9	62.7	15.4	4.9	100
25 ~ 29세	13.6	24.7	47.7	6.5	7.5	100
30 ~ 34세	31.9	30.5	28.4	3.2	6.0	100
35 ~ 39세	45.0	24.6	22.5	2.7	5.2	100

① 20 ~ 24세 청년의 약 78.1%가 월세 형태로 거주하고 있으며 자가 비율은 5.1%이다.
② 20 ~ 39세 전체 청년의 자가 거주 비중은 약 31.1%이나 이 중 20대 청년의 자가 거주 비중은 약 9.4%로 매우 낮은 수준이다.
③ 연령계층이 높아질수록 자가 비율이 높아지고 월세 비중은 작아지는 것으로 나타났다.
④ 25 ~ 29세 청년의 경우, 20 ~ 24세에 비해서는 자가 거주의 비중이 높고 전체의 78.9%가 임차이며, 전체의 54.2%가 월세로 거주한다.

26. 다음 그림과 같이 쌓기 위해 필요한 블록의 개수는? (단, 블록의 모양과 크기는 모두 동일한 정육면체이며, 보이지 않는 뒷부분의 블록은 없다)

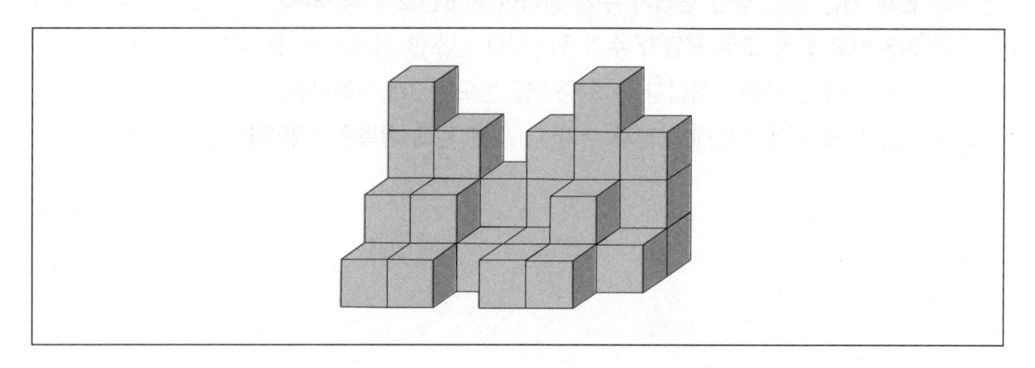

① 31개　　② 32개

③ 34개　　④ 35개

27. 다음의 도형과 동일한 것은?

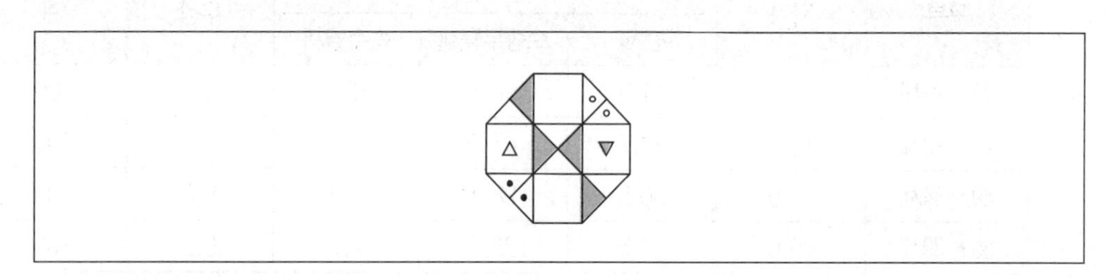

① 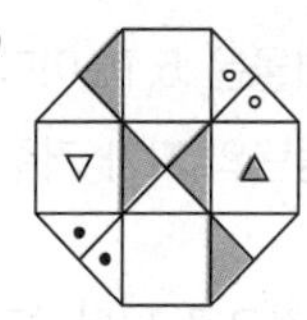

② 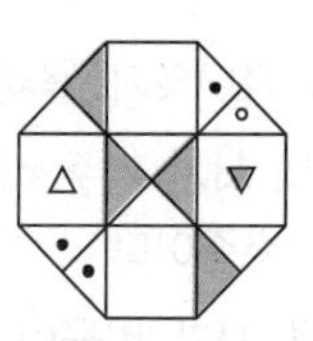

③ 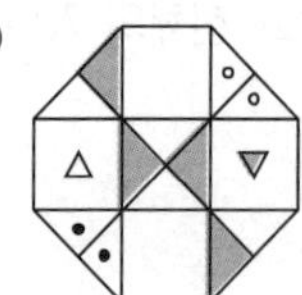

④

28. 다음 그림의 조각을 순서대로 배열한 것은?

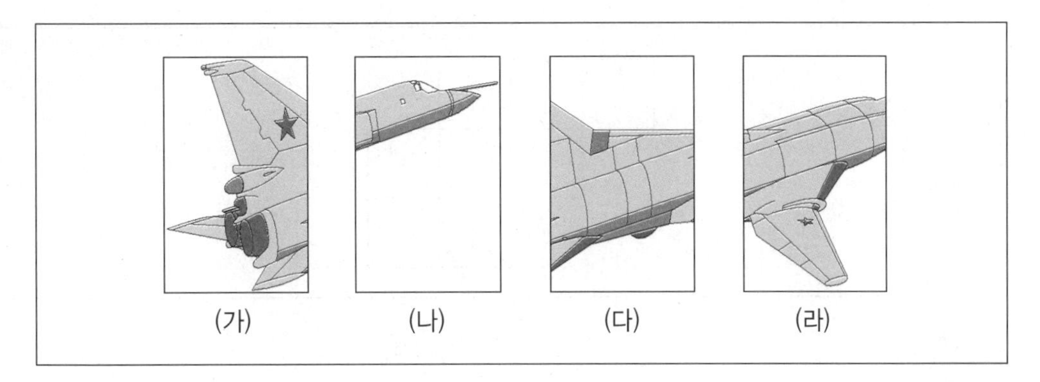

① (가)-(다)-(라)-(나)

② (가)-(라)-(다)-(나)

③ (나)-(가)-(라)-(다)

④ (나)-(라)-(가)-(다)

29. 다음과 같이 종이를 접은 후 펀치로 구멍을 뚫고 다시 펼쳤을 때의 모양으로 옳은 것은?

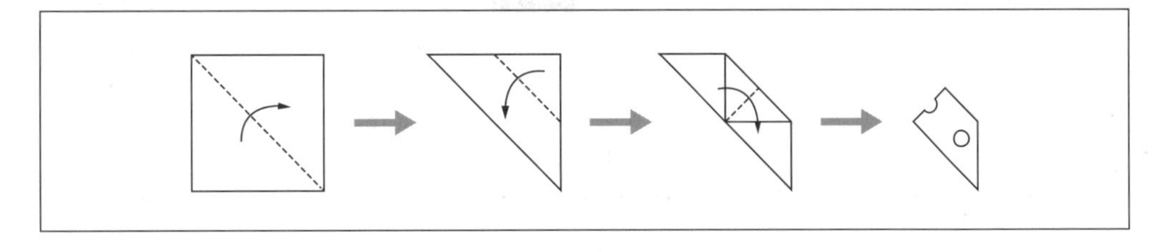

①
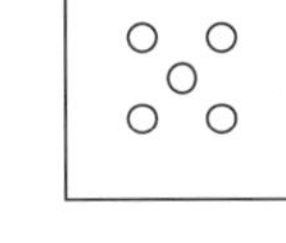

②
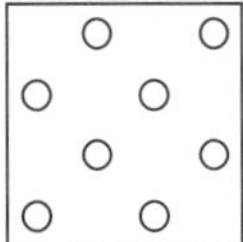

③
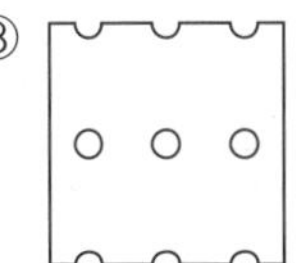

④
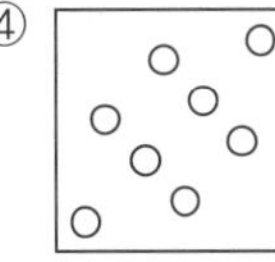

30. 다음 그림에서 만들 수 있는 크고 작은 사각형은 모두 몇 개인가?

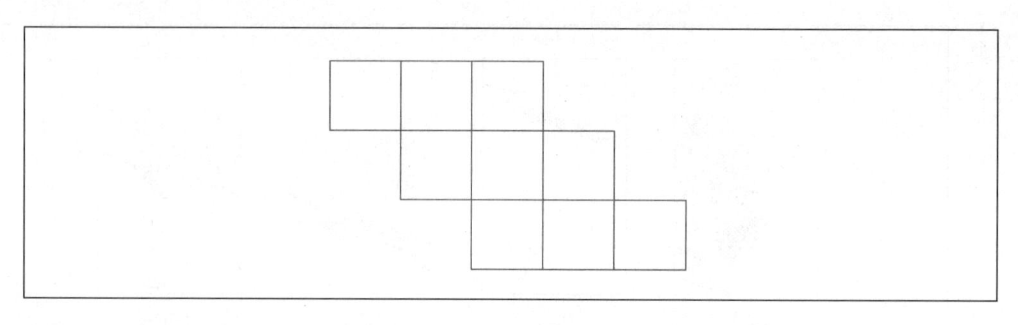

① 22개
② 23개
③ 24개
④ 25개

31. 다음 〈보기〉에 제시된 도형 3개를 합쳤을 때 나오는 모양으로 적절하지 않은 것은? (단, 각 도형은 회전할 수 없다)

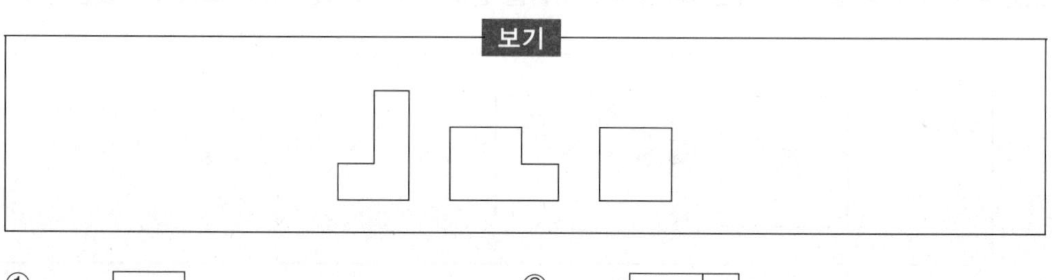

①

②

③

④

32. 다음의 〈보기〉와 동일한 입체도형으로 적절한 것은?

보기

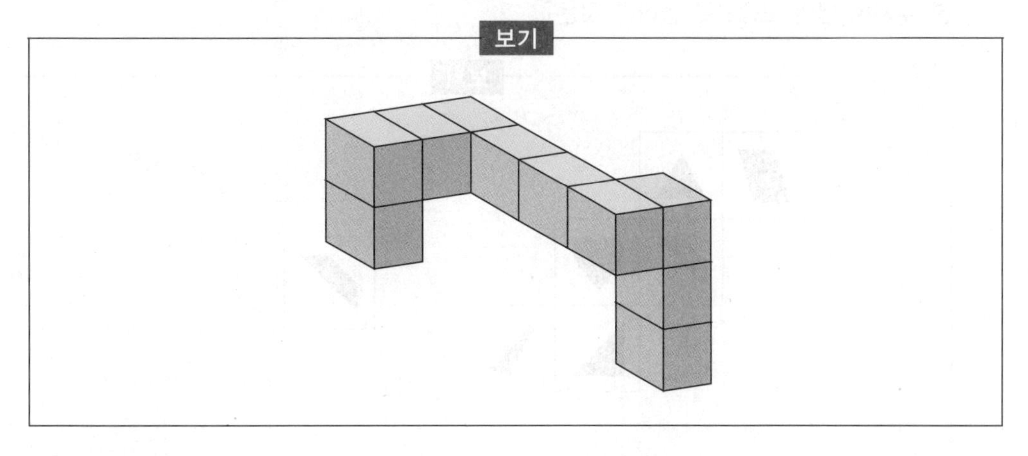

①

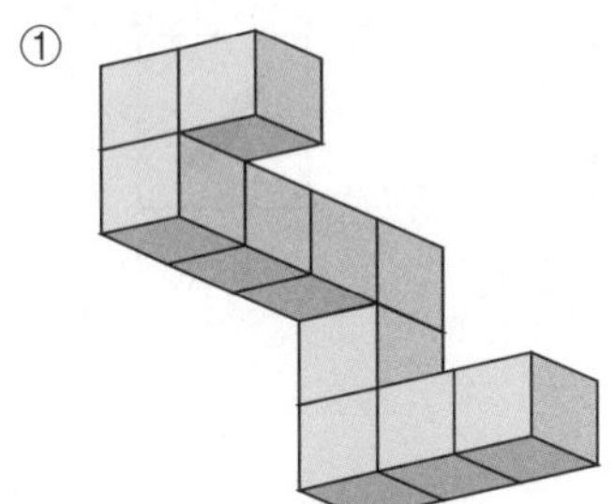

②

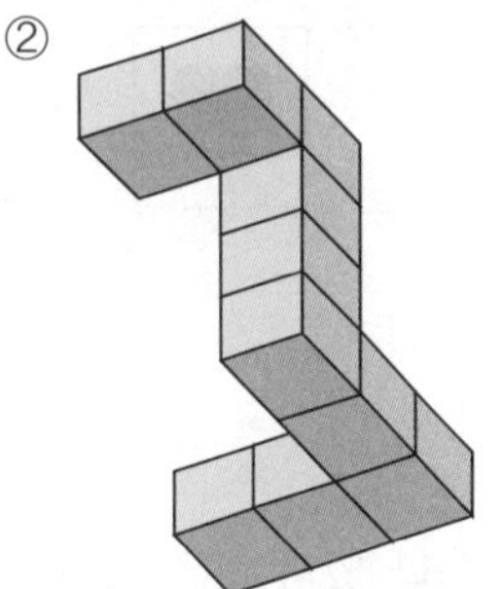

③

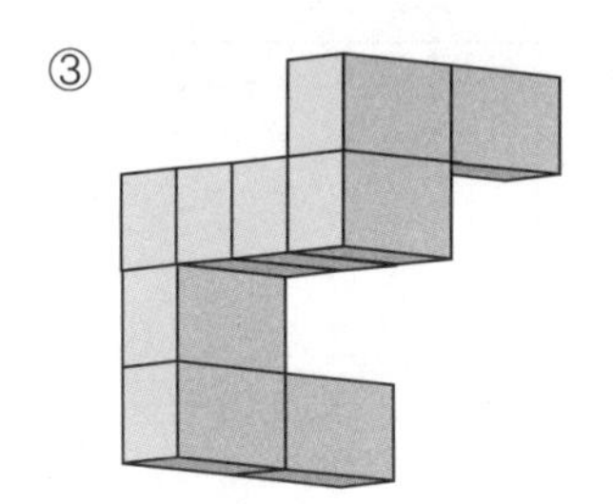

④

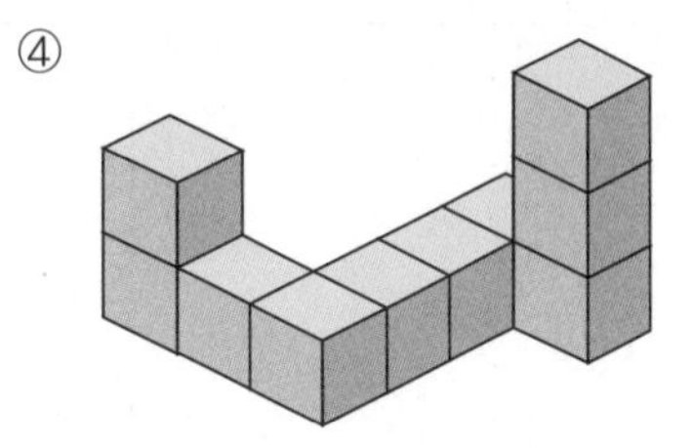

33. 다음의 〈보기〉에서 왼쪽 전개도를 접어 오른쪽 주사위 모형을 만들었을 때, 뒷면 방향에서 바라본 주사위 면의 모습으로 올바른 것은?

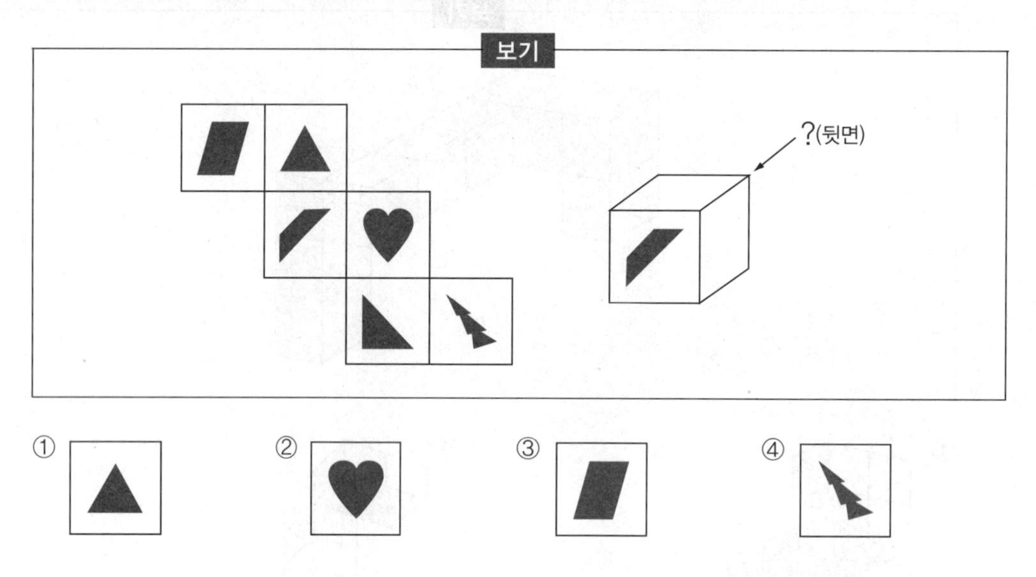

① ② ③ ④

34. 다음 그림 안에 나타나 있지 않은 조각은?

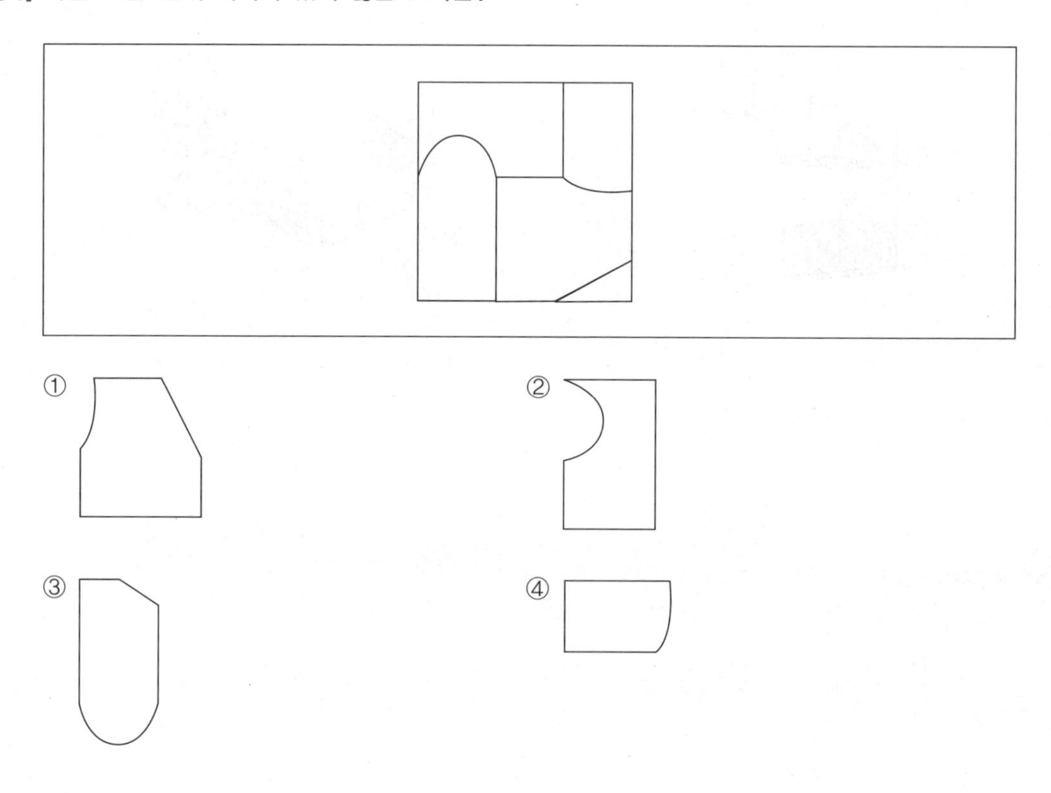

35. 다음의 〈보기〉는 같은 크기와 모양의 블록을 쌓아 만든 입체도형을 앞에서 본 정면도, 위에서 본 평면도, 오른쪽에서 본 우측면도를 그린 것이다. 이에 해당하는 입체도형으로 알맞은 것은? (단, 화살표 방향은 정면을 의미한다)

보기

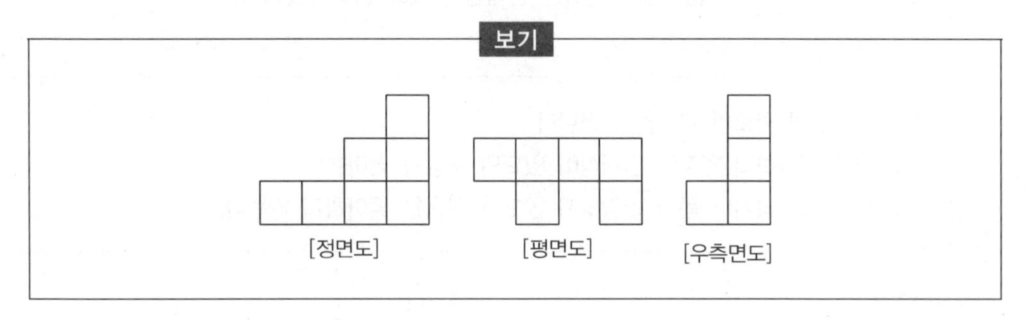

①

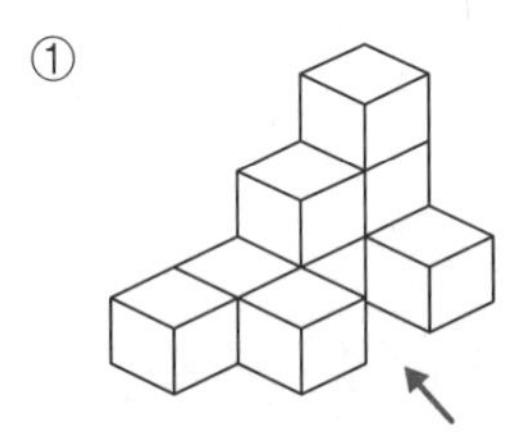

②

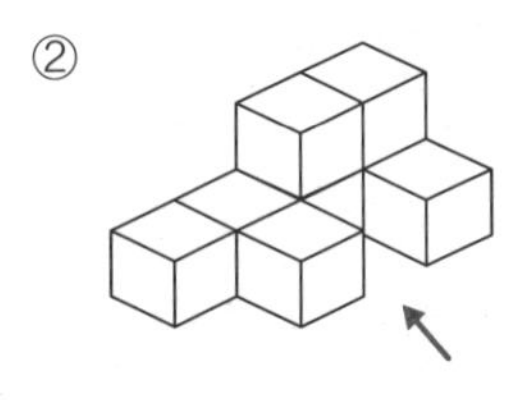

③

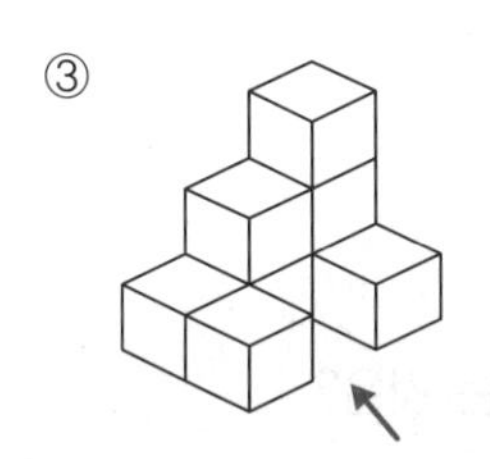

④

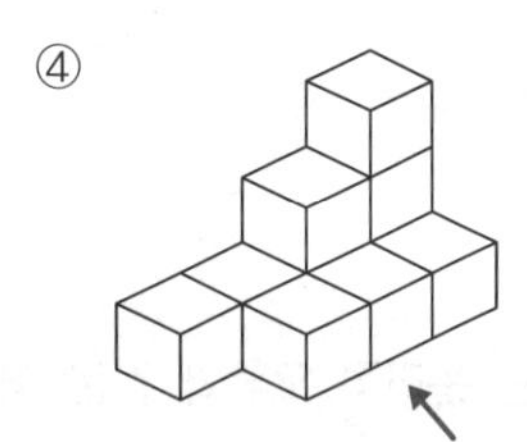

36. 철수, 영희, 승한, 세영 총 4명의 신입직원은 A 팀에 2명, B 팀에 1명, C 팀에 1명씩 배정됐다. 다음 진술 중 하나는 거짓이고 나머지는 모두 참일 때, A 팀에 들어간 사람을 모두 고른 것은?

- 철수 : 나는 A 팀이다.
- 영희 : 나는 B 팀이다.
- 승한 : 나는 C 팀이 아니다.
- 세영 : 나는 C 팀이다.

① 철수, 승한 ② 철수, 영희

③ 철수, 세영 ④ 승한, 영희

37. 다음 명제가 참일 때, (가)~(다) 중 옳은 것은?

> 운동을 좋아하면 인내심이 있고 몸도 건강하다.

> (가) 인내심이 있으면 운동을 좋아한다.
> (나) 몸은 건강하지 않지만 인내심이 있으면 운동을 좋아한다.
> (다) 인내심이 없거나 몸이 건강하지 않으면 운동을 좋아하지 않는다.

① (가) ② (나)
③ (나), (다) ④ (다)

38. 다음 글에 나타나는 논리적 오류와 같은 형태의 오류를 범하고 있는 것은?

> 사람들은 늘 자신의 이익을 우선한다. 사람들은 언제나 이기적이기 때문이다.

① 세상에 귀신은 있어. 귀신이 없다는 절대적 근거가 없기 때문이야.
② 사람들이 가치 있다고 말하는 것들은 모두 돈이야. 내가 만난 사람들은 다 그랬거든.
③ 신이 존재한다는 것은 성서에 적혀 있어. 성서는 신의 말이니까 신은 존재해.
④ 저 사람은 찬물을 싫어하니 반드시 뜨거운 물을 좋아할 거야.

39. 다음 빈칸에 들어갈 명제로 적절한 것은?

> • 2호선을 이용한다면 5호선도 이용한다.
> • 9호선을 이용한다면 7호선도 이용한다.
> • (　　　　　　　　　　　　　　　　)
> • 그러므로 8호선을 이용하면 5호선을 이용한다.

① 8호선을 이용하면 2호선을 이용한다.
② 2호선을 이용하지 않으면 7호선을 이용한다.
③ 2호선을 이용하면 8호선을 이용하지 않는다.
④ 9호선을 이용하지 않으면 5호선을 이용한다.

40. 13층짜리 ○○건물에서 근무하는 A, B, C, D, E는 각자의 사무실에 가기 위하여 홀수 층에서만 멈추는 엘리베이터를 1층에서 함께 탑승했다. A ~ E가 근무하는 층이 각각 다르다고 할 때, 다음 〈조건〉을 바탕으로 각 층에 근무하는 사람을 바르게 연결한 것은? (단, 1층에는 사무실이 없다)

조건

> ㉠ 13층에는 옥상과 헬기장만 있다.
> ㉡ A가 내린 다음에 이어서 내린 사람은 E이다.
> ㉢ B는 C가 내리고 나서 문 닫힘 버튼을 눌렀다.
> ㉣ C가 내린 층은 D가 내린 층의 배수에 해당한다.
> ㉤ 엘리베이터 외에 계단을 이용하여 사무실에 간 사람은 없다.

① A－3층　　② B－11층
③ C－7층　　④ E－9층

41. 한 잡화 매장에서는 세 개의 진열장 A, B, C에 가방, 시계, 지갑, 구두 네 가지 품목을 다음의 조건에 따라 진열한다. 1일에 진열장 A에 가방, B에 구두, C에 지갑을 진열한다면, 같은 달 6일에 진열장별 진열 품목이 바르게 연결된 것은?

- 하루 동안 한 진열장에는 한 품목만, 한 품목은 한 진열장에만 진열한다.
- 같은 품목은 같은 진열장에 이틀 연속 진열하지 않는다.
- 진열장은 비워 두지 않는다.
- 진열장 A에는 3일마다 한 번씩 가방을, B에는 2일마다 한 번씩 시계를, C에는 3일마다 한 번씩 지갑을 진열한다.
- 지갑은 이틀 연속으로 진열하지 않는다.
- 진열장 C에는 시계를 진열하지 않는다.
- 가방은 매일 진열한다.

	A	B	C
①	구두	시계	가방
②	가방	시계	지갑
③	지갑	가방	구두
④	시계	지갑	가방

42. A, B, C, D, E는 점심식사로 각각 피자, 치킨, 순댓국, 해장국, 초밥 중 하나를 먹었다. 다음 중 한 사람의 진술만 참일 때, A가 먹은 메뉴는? (단, A, B, C, D, E의 식사 메뉴는 모두 다르다)

A : C는 치킨을 먹었고, E는 피자를 먹었다.
B : A는 피자를 먹지 않았고, D는 초밥을 먹었다.
C : B는 해장국을 먹었고, D는 치킨을 먹었다.
D : C는 피자를 먹었고, E는 초밥을 먹지 않았다.
E : A는 순댓국을 먹었고, B는 초밥을 먹었다.

① 피자　② 치킨
③ 순댓국　④ 해장국

43. **A ~ E는 각각 독일어, 스페인어, 일본어, 중국어 중 1개 이상의 언어를 구사할 수 있다. 다음 진술들을 토대로 E가 구사할 수 있는 언어를 모두 고른 것은?**

A : 내가 구사할 수 있는 언어는 C와 겹치지 않아. B : 나는 D가 구사할 수 있는 언어와 독일어를 제외한 언어를 구사할 수 있어. C : 나는 스페인어를 제외한 나머지 언어를 구사할 수 있어. D : 3개 언어를 구사할 수 있는 C와 달리 내가 구사할 수 있는 언어는 A와 동일해. E : 나는 B와 C를 비교했을 때, C만 구사할 수 있는 언어만 구사할 수 있어.

① 독일어
② 스페인어
③ 독일어, 스페인어
④ 일본어, 중국어

44. **다음 〈보기〉의 명제가 모두 참일 때 옳은 것은?**

보기
• 법학을 공부하는 사람은 행정학 수업을 듣는다. • 경제학 수업을 듣는 사람은 역사를 공부하지 않는다. • 법학을 공부하는 사람은 철학을 공부한다. • 경제학 수업을 듣지 않는 사람은 행정학 수업을 듣지 않는다.

① 경제학 수업을 듣는 사람은 법학을 공부한다.
② 철학을 공부하는 사람은 행정학 수업을 듣는다.
③ 역사를 공부하는 사람은 법학을 공부하지 않는다.
④ 법학을 공부하는 사람은 경제학 수업을 듣지 않는다.

45. 미란이는 생일을 맞이하여 성미, 다지, 은주, 정혜를 집으로 초대했다. 다음 중 한 사람의 진술이 거짓일 때, 네 사람이 미란이 집에 도착한 순서를 바르게 나열한 것은?

> • 성미 : 모두가 다지를 기다리느라 생일파티의 시작 시각을 늦춰야 했어.
> • 다지 : 은주를 문 앞에서 만났지만 선물을 두고 와서 다시 집에 다녀와야 했어.
> • 은주 : 미란이 집에 도착했을 때 집에는 미란이뿐이었어.
> • 정혜 : 나는 다지가 미란이 집에 들어가자 바로 그 뒤를 따라 들어갔어.
> • 미란 : 먼저 도착해있던 은주, 정혜가 생일파티 준비를 도와줬어.

① 은주－성미－다지－정혜
② 은주－성미－정혜－다지
③ 은주－정혜－성미－다지
④ 다지－은주－성미－정혜

46. 다음 중 직장에서의 전화 예절에 관한 설명으로 옳지 않은 것은?

① 전화벨이 3～4번 울리기 전에 받고 당신이 누구인지를 즉시 말한다.
② 정보를 얻고자 한다면 전화를 걸기 전에 미리 준비하여 필요한 내용을 메모한다.
③ 화가 나서 전화한 고객에게는 즉각적인 대응이 필요하므로 요구한 질문의 답변을 즉시 해 준다.
④ 통화를 원하는 상대와 통화할 수 없을 경우에 대비하여 비서나 다른 사람에게 메시지를 남길 수 있도록 준비한다.

47. 다음의 행동들 중 정직의 예시로 적절하지 않은 것은?

① 출장에서 경비가 절약되어 남은 출장비를 회사에 반납한다.
② 회사에서 기존에 해 왔던 관행에 따라 일을 한다.
③ 업무상 과실이 생긴 경우, 사실대로 털어놓고 이에 대한 대가를 감수한다.
④ 선택의 기로에 섰을 때 이익이 되는 일보다는 윤리에 따라 옳은 일을 선택한다.

48. 다음 〈보기〉의 밑줄 친 ㉠～㉣ 중 명함 교환 예절로 적절하지 않은 것은?

보기

S 기관에 다니는 김□□ 씨는 협력 업체의 직원을 처음 만나 명함을 받았다. 김□□ 씨는 ㉠ 미리 새 명함을 준비해 가서 ㉡ 명함을 명함 지갑에서 꺼내 협력 업체의 직원에게 건네었다. ㉢ 김□□ 씨와 협력 업체 직원이 동시에 명함을 꺼내게 되어 왼손으로 서로 교환하고 오른손으로 옮겼다. 김□□ 씨는 받은 명함을 잃어버리지 않기 위해 ㉣ 명함을 받은 후 바로 호주머니에 넣었다. 또한 협력 업체 직원에 대해 적고 싶은 것이 있어, 직원과의 만남이 끝난 후 명함에 부가 정보를 적었다.

① ㉠
② ㉡
③ ㉢
④ ㉣

49. 다음 글에서 설명하는 직업관으로 적절한 것은?

이것은 직업을 자신의 생계유지 수단이나 사회적 지위의 획득 수단, 또는 기타 목적의 수단으로 보는 직업관이다. 이러한 직업관은 매우 기회주의적이어서 경우에 따라서 자주 자신의 직업을 바꾸고, 쉽게 싫증을 느끼며, 직업에 대한 적응력과 완성도가 낮다.

① 도구적 직업관
② 목적적 직업관
③ 생업적 직업관
④ 신분적 직업관

50. 고객상담원 A는 최근 며칠간 민원 접수 건의 결과를 빨리 알려달라고 독촉을 하는 고객들이 많아 업무 처리에 애를 먹고 있다. A의 모습을 본 팀장이 업무 처리를 독촉하는 고객을 응대하는 방법을 알려 준다고 할 때, 적절한 것은?

① 독촉하는 고객에게는 애매하게 말하지 말아야 합니다.
② 독촉하는 고객을 추켜세워 기분 좋게 만들어 주어야 합니다.
③ 독촉하는 고객에게는 정중히 사과해야 합니다.
④ 독촉하는 고객에게는 윗선의 책임자를 연결해 주는 것이 좋습니다.

충남 7회

기출예상문제

문항수 | 50문항
시험시간 | 50분

▸ 정답과 해설 58쪽

01. 다음 ㉠~㉤ 중 맞춤법 및 표현이 옳은 것을 모두 고르면?

> 킥오프는 경기의 시작 방법이다. 경기가 시작하거나 ㉠둑점이 됐거나 후반 혹은 연장전이 열릴 때 경기를 ㉡제개하는 방법이다. 경기장 가운데 위치한 ㉢샌터 서클 안 하프라인 중앙에 공을 놓고 차는 것을 의미한다.
> 기존 킥오프는 선수가 찬 공이 앞으로 ㉣정지해야만 했다. 때문에 두 선수가 서클 안에 들어가 한 선수가 공을 살짝 앞으로 밀고 다른 선수가 공을 잡거나 뒤로 내주는 식으로 킥오프가 ㉤진행됐다. 이때 상대 선수들은 공과 9.15m 떨어진 서클 밖에 위치했다.

① ㉠
② ㉡, ㉢
③ ㉣, ㉤
④ ㉤

02. 다음 중 밑줄 친 단어가 〈보기〉와 유사한 의미로 사용된 것은?

> 보기
>
> 어제 먹은 그 음식이 내 입맛에 꼭 맞더구나.

① 방금 말씀하신 그 주소가 맞습니다.
② 만일 내 동작이 다른 사람들과 맞지 않으면 관중이 비웃을 것이다.
③ 그것은 나의 분위기와는 전혀 맞지 않는다.
④ 이 정도 습도가 아마 아이들에게 딱 맞을 것이다.

03. 다음 밑줄 친 부분의 띄어쓰기가 적절하지 않은 것은?

① 김∨주원∨박사는 열심히 노력한∨만큼 큰 상을 받게 되었다.
② 이곳에서 주문할 물품의 개수는 스물∨내지∨서른 정도입니다.
③ 꽃잎이 한입∨두입 강물에 떠내려가∨버렸다.
④ 부장∨겸∨대외협력실장을 맡고 계신 황∨부장님을 모셨다.

04. 다음 글의 내용과 일치하는 것은?

인간과 동물은 두 가지 주요한 방식으로 환경에 적응한다. 하나는 생물학적 진화이며, 다른 하나는 학습이다. 고등 생명체에서의 생물학적 진화는 수천 년 이상 걸리는 매우 느린 현상인 반면, 학습은 짧은 생애 안에서도 반복적으로 일어난다. 세상에 대한 새로운 정보를 얻는 과정인 학습과 획득된 정보를 기억하는 능력은 적절히 진화된 대부분의 동물들이 갖고 있는 특징이다. 신경계가 복잡할수록 학습 능력은 뛰어나기 때문에 지구상 가장 복잡한 신경계를 갖고 있는 인간은 우수한 학습 능력을 지니고 있다. 이러한 능력 때문에 인간의 문화적 진화가 가능했다. 여기서 문화적 진화라 함은 세대와 세대를 거쳐 환경에 대한 적응 능력과 지식이 발전적으로 전수되는 과정을 의미한다. 사실 우리는 세계와 문명에 대한 새로운 지식들을 학습을 통해 습득한다. 인간 사회의 변화는 생물학적 진화보다는 거의 전적으로 문화적 진화에 의한 것이다. 화석 기록으로 볼 때 수만 년 전의 호모 사피엔스 이래로 뇌의 용적과 구조는 결정적이라 할 만큼 변화하지 않았다. 고대로부터 현재까지 모든 인류의 업적은 문화적 진화의 소산인 것이다.

학습은 인간의 본성에 관한 철학의 쟁점과도 관련되어 있다. 고대의 소크라테스를 비롯하여 많은 철학자들은 인간 정신의 본성에 대하여 질문을 던져왔다. 17세기 말에 이르러 영국과 유럽 대륙에서 두 가지 상반된 견해가 제기되었다. 하나는 로크, 버클리, 흄과 같은 경험론자들의 견해로, 정신에 타고난 관념 또는 선험적 지식이 있다는 것을 부정하고 모든 지식은 감각적 경험과 학습을 통해 형성된다고 보는 것이다. 다른 하나는 데카르트, 라이프니츠 등의 합리론자와 칸트의 견해로, 정신은 본래 특정한 유형의 지식이나 선험적 지식을 가지고 있으며 이것이 감각 경험을 받아들이고 해석하는 인식의 틀이 된다는 것이다.

① 학습은 생물학적인 진화보다 우월하다.

② 학습은 인간만이 지니고 있는 인간의 고유한 특성이다.

③ 인간 사회의 변화는 생물학적 진화와 문화적 진화가 적절히 혼합되어 이루어진 것이다.

④ 경험론자들은 생물학적 진화보다는 학습을 중요시하였다.

05. 다음 글의 내용과 관계있는 사자성어는?

> 북쪽 변방에 한 노인이 살고 있었는데, 어느 날 이 노인이 기르던 말이 멀리 달아나 버렸다. 마을 사람들이 이를 위로하자 노인은 "오히려 복이 될지 누가 알겠소."라고 말했다. 몇 달이 지난 어느 날 그 말이 한 필의 준마(駿馬)를 데리고 돌아왔다. 마을 사람들이 이를 축하하자 노인은 "도리어 화가 될는지 누가 알겠소."라며 불안해했다. 그런데 어느 날 말 타기를 좋아하는 노인의 아들이 그 준마를 타다가 떨어져 다리가 부러졌다. 마을 사람들이 이를 걱정하며 위로하자 노인은 "이것이 또 복이 될지 누가 알겠소."라며 태연하게 받아들이는 것이었다. 그로부터 1년이 지난 어느 날 마을 젊은이들은 싸움터로 불려 나가 대부분 죽었으나, 노인의 아들은 말에서 떨어진 후 절름발이였기 때문에 전쟁에 나가지 않아 죽음을 면하게 되었다.

① 유비무환(有備無患)
② 새옹지마(塞翁之馬)
③ 전화위복(轉禍爲福)
④ 자업자득(自業自得)

06. 다음 외래어표기법에 관한 어문 규정을 참고할 때, (B)에 들어갈 예시로 적절한 것은?

> **제3항 마찰음([s], [z], [f], [v], [θ], [ð], [ʃ], [ʒ])**
>
> 1. 어말 또는 자음 앞의 [s], [z], [f], [v], [θ], [ð]는 '으'를 붙여 적는다.
>
> (A)
>
> 2. 어말의 [ʃ]는 '시'로 적고, 자음 앞의 [ʃ]는 '슈'로, 모음 앞의 [ʃ]는 뒤따르는 모음에 따라 '샤', '섀', '셔', '셰', '쇼', '슈', '시'로 적는다.
>
> (B)
>
> 3. 어말 또는 자음 앞의 [ʒ]는 '지'로 적고, 모음 앞의 [ʒ]는 'ㅈ'으로 적는다.
>
> (C)

① flash[flæʃ] 플래시, sheriff[ʃerif] 셰리프

② fashion[fæʃən] 패션, mask[mɑːsk] 마스크

③ vision[víʒən] 비전, shim[ʃim] 심

④ mirage[mirɑːʒ] 미라지, thrill[θril] 스릴

07. 다음 글을 읽고 추론할 수 없는 것은?

> 커피에서 카페인 성분을 없애고 커피의 맛과 향을 그대로 즐길 수 있는 커피를 디카페인 커피(decaffeinated coffee)라고 한다. 카페인에 민감한 사람들도 흔히 즐길 수 있어 디카페인 커피의 소비량이 날로 증가하고 있다.
>
> 하지만 디카페인 커피라고 해서 카페인이 전혀 없는 것은 아니다. 디카페인 커피로 분류되는 국제기준은 대략 97% 이상의 카페인이 추출된 커피이다. 따라서 디카페인 커피 한잔에는 보통 10mg 이하의 카페인이 함유되어 있다.
>
> 수많은 화학 물질이 함유된 커피 원두에서 카페인만 추출해 내는 작업은 쉬운 일이 아니다. 카페인을 제거하는 방법에는 물을 이용하는 방법, 용매를 이용하는 방법, 초임계 이산화탄소 추출을 이용하는 방법 등 다양한 방법이 있다. 이 중에서 물을 이용하는 방법은 스위스에서 1930년대에 개발된 것으로, 안전하고 열에 의한 원두의 손상이 상대적으로 적기 때문에 널리 쓰이고 있다. 물을 이용하여 카페인을 제거하는 방식은 커피 원두를 용매에 직접 닿게 하는 대신 물에 닿게 하여 카페인을 제거하는 것인데, 이는 카페인이 물에 잘 녹는 성질을 이용한 것이다. 커피 원두를 뜨거운 물에 넣어 두면 카페인과 같은 여러 가지 성분들이 추출되는데, 이 추출된 용액을 활성탄소로 가득 채운 관에 통과시켜 카페인만을 분리한다. 이 용액에 새 커피 원두를 담그면 카페인만 녹아 나오게 된다. 이러한 과정을 거친 원두를 말리고 볶으면 카페인이 없는 커피 원두가 된다.
>
> 커피가 건강에 미치는 영향에 대해서는 수많은 연구와 논란이 있지만 이미 커피는 많은 사람들의 기호 식품이 되었다. 개인의 특성에 맞게 카페인의 강하고 약한 정도를 적절히 조절하여 섭취한다면 많은 연구 결과에서처럼 다이어트나 노화 방지, 집중력 향상 등의 효과를 볼 수 있을 것이다.

① 카페인에 민감하지만 밤에 커피를 마시고 싶다면 디카페인 커피를 마신다.

② 용매를 이용하여 카페인을 제거하는 방법은 물을 이용하는 것보다 원두의 손상도가 크다.

③ 활성탄소는 커피 원두에 있는 여러 가지 성분들 중에서 카페인만을 분리해 낸다.

④ 커피 원두를 물에 담가 두는 시간에 따라 커피의 맛과 향이 결정된다.

가이드북 1회 기출예상 2회 기출예상 3회 기출예상 4회 기출예상 5회 기출예상 6회 기출예상 7회 기출예상 8회 기출예상 9회 기출예상 인성검사 면접가이드

08. 다음 중 단어들의 관계가 나머지와 다른 하나는?

① 달력－시계－장식
② 양산－우산－차단
③ 핫팩－난로－보온
④ 안전모－보안경－보호

09. 다음 글의 서술 방식으로 알맞은 것은?

> 춘향전에서 이도령과 변학도는 아주 대조적인 사람들이다. 흥부와 놀부가 대조적인 것도 물론이다. 한 사람은 하나부터 열까지가 다 좋고, 다른 사람은 모든 면에서 나쁘다. 적어도 이 이야기에 담긴 '권선징악'이라는 의도가 사람들을 그렇게 믿게 만든다.
>
> 소설만 그런 것이 아니다. 우리의 의식 속에는 은연중 이처럼 모든 사람을 좋은 사람과 나쁜 사람 두 갈래로 나누는 버릇이 있다. 그래서인지 흔히 사건을 다루는 신문 보도에는 모든 사람이 경찰 아니면 도둑놈인 것으로 단정한다. 죄를 지은 사람에 관한 보도를 보면 마치 그 사람이 죄의 화신이고, 그 사람의 이력이 죄만으로 점철되었고, 그 사람의 인격에 바른 사람으로서의 흔적이 하나도 없다고 착각하게 된다.
>
> 이처럼 우리는 부분만을 보고, 또 그것도 흔히 잘못 보고 전체를 판단하기 부지기수이다. 부분만을 제시하면서도 보는 이가 그것이 전체라고 잘못 믿게 만들 뿐만 아니라 '말했다' 대신 '으스댔다', '우겼다', '푸념했다', '넋두리했다', '뇌까렸다', '잡아뗐다', '말해서 빈축을 사고 있다' 같은 주관적 서술로 감정을 부추겨서 상대방으로 하여금 이성적인 사실 판단이 아닌 감정적인 심리 반응으로 얘기를 들을 수밖에 없도록 만든다.
>
> 이 세상에서 가장 결백하게 보이는 사람일망정 스스로나 남이 알아차리지 못하는 결함이 있을 수 있고, 이 세상에서 가장 못된 사람으로 낙인이 찍힌 사람일망정 결백한 사람에게서도 찾지 못할 아름다운 인간성이 있을지도 모른다.

① 설의법을 적절히 활용하여 내용을 강조하고 있다.
② 열거법을 통해 말하고자 하는 바를 강조하고 있다.
③ 인용을 통해 주장을 뒷받침하고 있다.
④ 두 대상을 비교하여 자세히 설명하고 있다.

10. 다음 글을 읽고 이해한 내용으로 적절하지 않은 것은?

〈△△공사, 시민을 위한 힐링메시지 열차 운영〉
– △△시의 상징물, 바다 2가지 콘셉트로 조성 · 운영 –
– 코로나로 지친 △△시 시민의 생활에 활력 줄 수 있을 것으로 기대 –

△△공사(사장 이○○)는 오는 6월 1일부터 8월 31일까지 도시철도 1호선과 2호선에서 재단법인 △△시대중교통시민기금과 함께 코로나로 일상에 지친 시민들에게 힐링메시지를 전달하는 "메트로 마린" 테마 열차를 운행한다.

메트로 마린 열차는 1호선 열차 3량, 2호선 열차 2량으로 총 5량에 조성되며 △△시의 상징물, △△시의 바다 2가지 콘셉트로 조성 · 운행된다.

△△시의 상징물 테마 열차는 "하늘 위에서 △△시를 내려보다"라는 구성으로 △△시 상징물을 퍼즐 형태로 제작하였으며, △△시의 바다 테마 열차는 "우연히 만난 도시철도, △△시 바다를 여행하는 기분"이라는 콘셉트로 열차 창문과 벽면에 다양한 △△시 바다 이미지를 조성했다.

특히 바닥에는 △△시의 바다를 즐길 수 있는 서핑 보드의 이미지를 구현, 승객이 다양한 포즈로 사진을 연출할 수 있게 함으로써 열차를 즐기는 공간으로 조성하였다. 테마 열차는 평일 하루 평균 1호선 왕복 9회, 2호선 왕복 4회 운행되어 시민과 만날 예정이다.

한편 이번 테마 열차는 공사가 재단법인 △△시대중교통시민기금과 최초로 협업하여 실시하는 테마 열차 사업으로, 5월 말부터 매일 한 량씩 시범설치를 시작, 6월 1일 전량 정상운행하도록 추진 중에 있다. 아울러 방염 재질 랩핑 및 승객의 미끄럼 방지를 위한 돌기를 사용하는 등 안전사고 예방에도 많은 노력을 기울였다.

△△공사 이○○ 사장은 "코로나로 인하여 지친 △△시 시민의 생활에 활력을 불어넣을 수 있음과 동시에 급감한 도시철도 이용객 회복에 견인 역할을 수행할 것"이라며 "△△시 시민들 덕분에 우리의 존재 가치가 있는 만큼 그 가치를 조금이나마 다시 돌려 드릴 수 있게 되어서 기쁘게 생각한다."라고 전했다.

① △△공사에서 힐링메시지 열차를 운행하는 이유는 코로나로 일상에 지친 시민들에게 힐링메시지를 전달하기 위해서이다.

② 힐링메시지 열차는 △△시의 상징물, △△시의 바다 2가지 콘셉트로 조성되고 운영될 예정이다.

③ △△시의 상징물 테마 열차는 '우연히 만난 도시철도, △△시 하늘을 여행하는 기분'이라는 콘셉트로 조성된다.

④ 이 열차는 방염 재질 랩핑을 사용하고 승객의 미끄럼 방지를 위한 돌기를 사용하는 등 안전사고 예방에도 많은 노력을 기울였다.

11. 다음 밑줄 친 단어의 반의어로 적절한 것은?

종혁이는 평소에는 과묵하지만 일단 이야기를 시작하면 굉장한 <u>달변(達辯)</u>이었다.

① 능변(能辯)
② 배변(排便)
③ 강변(强辯)
④ 눌변(訥辯)

12. 다음 중 문맥상 빈칸에 들어갈 수 없는 단어는?

간헐적 단식이란 무엇일까? 간헐적 단식은 일정 시간 동안 공복을 유지하면서 체중을 감량하는 방식으로, 아예 굶거나 식단을 제한하지 않아 일정 시간이 지나면 원하는 음식을 먹을 수 있다는 특징을 가진다. 그러나 간헐적 단식은 음식을 많이 섭취하지 않으므로 영양 불균형을 (　　　)할 수 있으며, 근육 운동을 (　　　)하지 않으면 지방과 함께 근육이 빠지기 때문에 (　　　)해서 단식을 이어갈 시 건강을 해칠 수 있다.

① 금식
② 지속
③ 병행
④ 초래

13. 다음 글의 짜임으로 적절한 것은?

글의 구조적 특징(特徵)들은 이야기를 이해하고 기억하는 데에도 영향을 주게 된다. 이야기의 구조는 상위 구조와 하위 구조들로 이루어지는데, 상위 구조에 속한 요소들, 즉 주제, 배경, 인물 등의 중요한 골자는 더 잘 기억되고, 더 오래 기억된다. 우리가 옛날에 읽었거나 들은 심청전을 기억해 보면 심청이 효녀라는 점, 뺑덕어멈의 품성이 좋지 못하다는 점을, 이를 뒷받침해주는 구체적인 하나하나의 행동보다 더 잘 기억하고 있음을 알게 된다.

① 전제－주지－예시
② 주지－부연－예시
③ 전제－종합－첨가
④ 주지－상술－첨가

14. G 회사의 팀원들이 회식을 갔는데 돼지고기 1근에 600g이고 가격은 15,000원이라고 한다. 고깃값으로 총 187,500원이 나왔다면 회식에 참여한 전체 인원은 몇 명인가? (단, 1인분은 50g이며, 한 사람당 1인분의 돼지고기만 주문할 수 있다)

① 140명 ② 150명
③ 160명 ④ 170명

15. 연속된 세 개의 짝수를 모두 더한 값이 54라면 이 중 가장 큰 숫자는?

① 16 ② 20
③ 24 ④ 28

16. ○○기업의 올해 바둑동호회 회원 수는 남성 회원이 5% 증가하고, 여성 회원이 10% 감소하여 작년과 동일하게 60명이다. 올해의 남성 회원 수는 몇 명인가?

① 36명 ② 38명
③ 40명 ④ 42명

17. A 대학교 경제학과에서는 여름방학 동안 1학년 학생 41명을 대상으로 영어회화 수업과 중국어회화 수업을 개설한다. 영어회화 수업만 신청한 학생은 13명, 두 수업을 모두 신청한 학생은 11명일 때, 중국어회화 수업만 신청한 학생의 수는? (단, 모든 1학년 학생은 두 수업 중 하나 이상의 수업을 신청했다)

① 15명 ② 16명
③ 17명 ④ 18명

18. 선진이가 혼자 하면 8일, 수연이가 혼자 하면 12일이 걸리는 일이 있다. 이 일을 선진이와 수연이가 같이 한다면 며칠이 걸리겠는가?

① 3일　② 5일
③ 6일　④ 8일

19. 어떤 상품의 원가에 40%의 이익을 붙여 정가로 팔다가 세일 기간에 정가의 15%를 할인하여 팔았더니 2,660원의 이익을 보았다. 이 상품을 정가로 팔았을 때의 이익은?

① 5,000원　② 5,300원
③ 5,600원　④ 6,000원

20. 정수, 현민, 지혜 세 사람이 A 대학에 합격할 수 있는 확률은 각각 $\frac{1}{4}$, $\frac{1}{5}$, $\frac{1}{2}$이다. 이 중 적어도 한 명이 대학에 합격할 확률은?

① 0.5　② 0.6
③ 0.7　④ 0.8

21. 다음 〈조건〉을 모두 만족하는 다각형은?

조건

- 모든 변의 길이가 같고, 모든 내각의 크기가 같다.
- 대각선의 개수는 14개이다.

① 칠각형　② 정칠각형
③ 정팔각형　④ 십각형

22. 다음은 월평균 사교육비의 계층별 특성 분포에 대한 통계 자료이다. 이에 대한 설명으로 옳은 것을 모두 고르면?

(단위 : %)

특성별		사교육 받지 않음	10만 원 미만	10 ~ 30만 원 미만	30 ~ 50만 원 미만	50만 원 이상
대도시		29.5	7.5	24.9	19.7	18.4
대도시 이외		32.9	8.3	28.0	19.4	11.4
초등학교		18.9	12.7	37.8	20.3	10.3
중학교		30.8	5.1	22.0	24.6	17.5
고등학교		50.5	3.6	14.6	13.8	17.5
학교 성적	상위 10% 이내	21.6	6.6	28.0	22.3	21.5
	11 ~ 30%	23.3	6.6	28.5	23.4	18.2
	31 ~ 60%	28.4	7.8	27.2	21.3	15.3
	61 ~ 80%	35.5	8.3	26.7	17.4	12.1
	하위 20% 이내	45.4	10.0	23.6	13.5	7.5
부모님 평균 연령	20 ~ 30대	21.6	12.2	38.3	20.0	7.9
	40대	30.7	7.1	24.9	20.8	16.5
	50대 이상	45.9	4.6	17.6	15.2	16.7

㉠ 대도시 이외의 지역에서는 사교육을 아예 받지 않거나 사교육비로 30만 원 미만의 비용만 지출하는 비율이 대도시에 비해 더 많으며, 대도시 지역에서는 사교육비로 30만 원 이상을 지출하는 인원이 $\frac{1}{3}$ 이상을 차지한다.

㉡ 상급학교로 진학할수록, 부모님의 평균 연령대가 높아질수록 사교육을 받는 비율이 높아지고, 이들 모두에게서 사교육을 받지 않는 경우를 제외하고 가장 많은 지출 범위는 10 ~ 30만 원 미만이다.

㉢ 학교 성적이 상위 10% 이내인 학생이 사교육비로 10만 원 이상을 지출하는 비율이 성적 11 ~ 30%인 학생들에 비해 더 높다.

㉣ 학교 성적이 하위권으로 내려갈수록 사교육을 받지 않는 비율이 높고, 사교육 여부에 관계없이 모든 성적 범위에서 10 ~ 30만 원 미만을 지출하는 경우가 가장 많다.

① ㉠, ㉡ ② ㉠, ㉢

③ ㉡, ㉣ ④ ㉢, ㉣

23. ○○기업 인사팀에서는 부서별로 직원들의 정신적 및 신체적 스트레스 지수를 조사하여 다음 표와 같은 결과를 얻었다. 이를 이해한 내용으로 적절하지 않은 것은?

〈부서별 정신적 · 신체적 스트레스 지수〉

(단위 : 명, 점)

항목	부서	인원	평균점수
정신적 스트레스	생산	100	1.83
	영업	200	1.79
	지원	100	1.79
신체적 스트레스	생산	100	1.95
	영업	200	1.89
	지원	100	2.05

※ 점수가 높을수록 정신적 · 신체적 스트레스가 높은 것으로 간주한다.

① 영업이나 지원 부서에 비해 생산 부서의 정신적 스트레스가 높은 편이다.
② 세 부서 모두 정신적 스트레스보다 신체적 스트레스가 더 높은 경향을 보인다.
③ 신체적 스트레스가 가장 높은 부서는 지원 부서이며, 그다음으로는 생산, 영업 순이다.
④ 전 부서원(생산, 영업, 지원)의 정신적 스트레스 지수 평균점수와 전 부서원의 신체적 스트레스 지수 평균점수의 차이는 0.16 이상이다.

24. 다음 숫자들의 배열 규칙을 찾아 '?'에 들어갈 알맞은 숫자를 고르면?

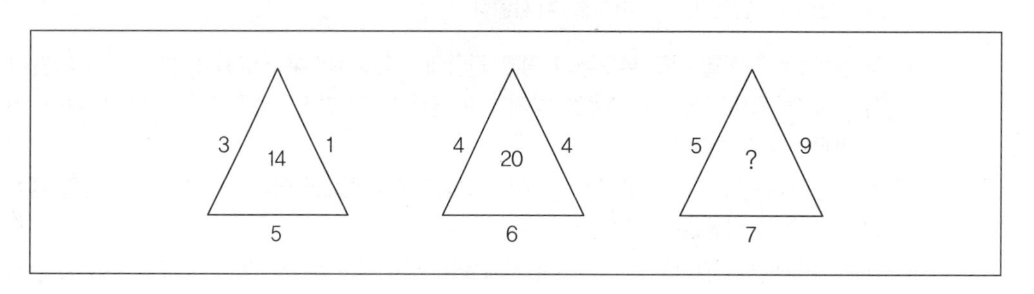

① 35　　② 31
③ 29　　④ 26

25. 다음 〈조건〉을 토대로 할 때, A가 자전거를 이용해 출퇴근을 하는 경우 소모되는 총열량은 얼마인가? (단, 출퇴근 시 이동하는 경로는 동일하다)

조건

- A의 몸무게는 70kg이며, 자전거를 10분간 탈 때 소모되는 열량은 85kcal이다.
- A의 집에서 회사까지의 거리는 6km이다.
- A는 10km/h의 속력으로 자전거를 탄다.

① 300kcal　② 306kcal
③ 512kcal　④ 612kcal

26. 다음 그림의 조각을 순서대로 배열한 것은?

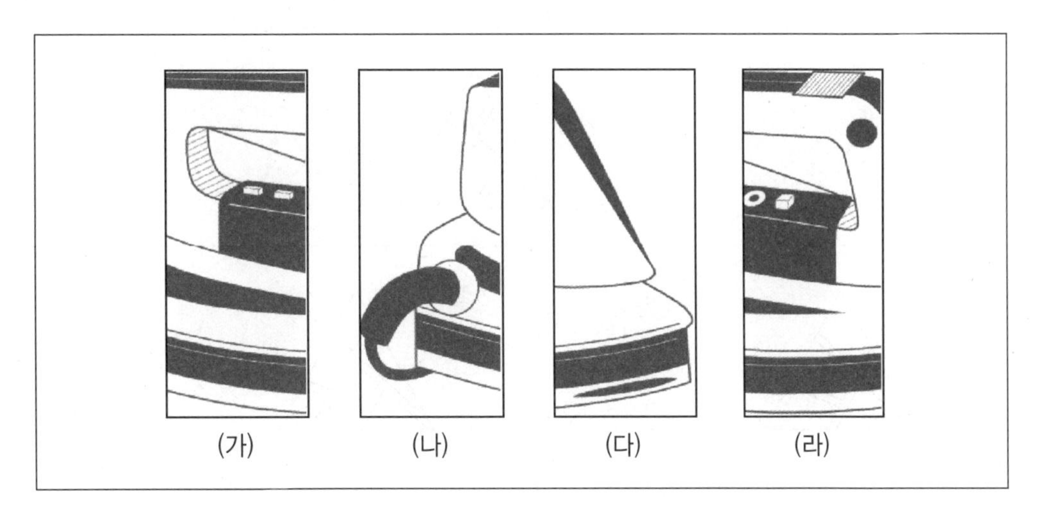

(가)　(나)　(다)　(라)

① (나)-(가)-(라)-(다)　② (나)-(라)-(가)-(다)
③ (다)-(가)-(라)-(나)　④ (다)-(나)-(라)-(가)

27. 다음 그림에서 만들 수 있는 크고 작은 사각형의 전체 개수는?

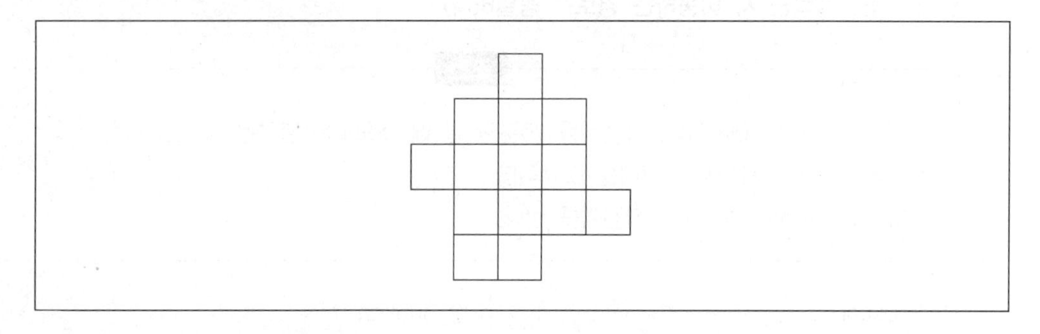

① 51개 ② 54개

③ 57개 ④ 61개

28. 다음 도형과 동일한 것은?

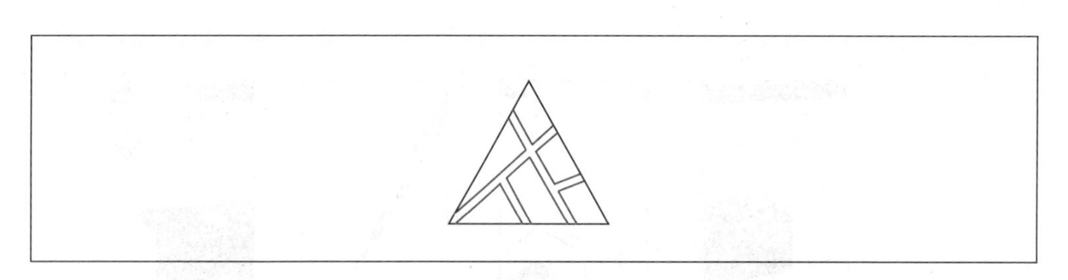

①

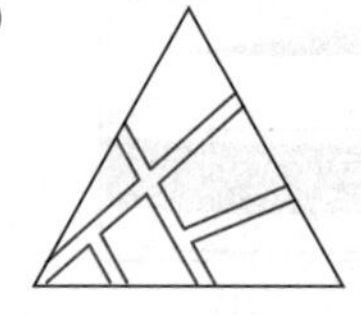

②

③

④

29. 다음의 도형이 반시계방향으로 90° 회전했을 때의 모양으로 옳은 것은?

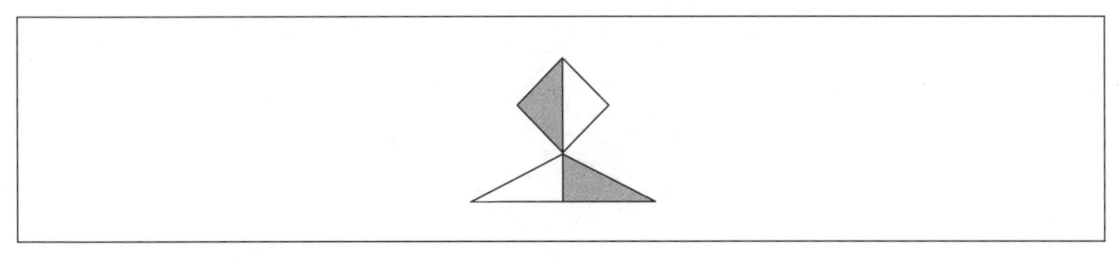

① 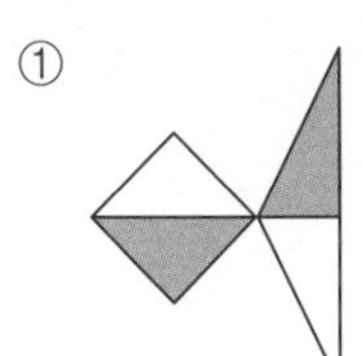

② 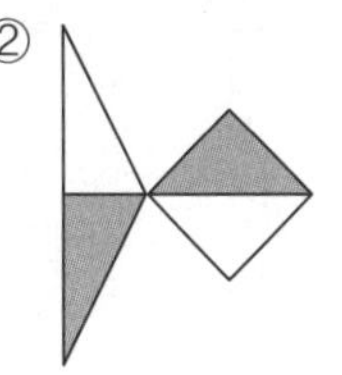

③ 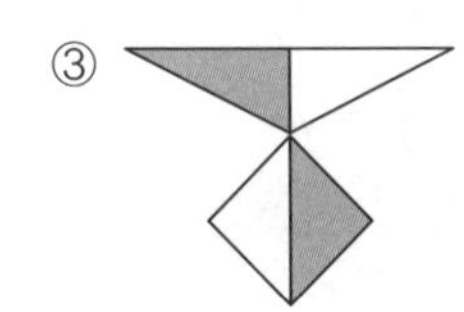

④ 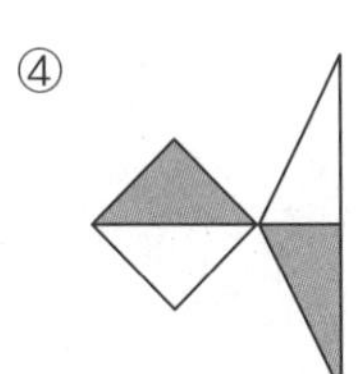

30. 다음 펼쳐진 전개도를 접었을 때의 도형으로 적절한 것은?

 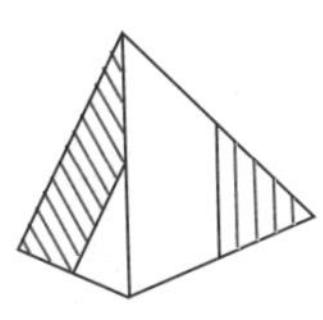

② 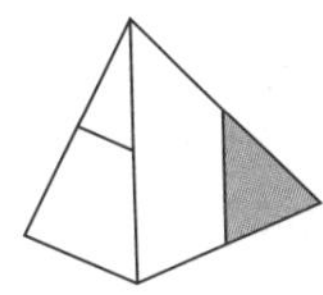

 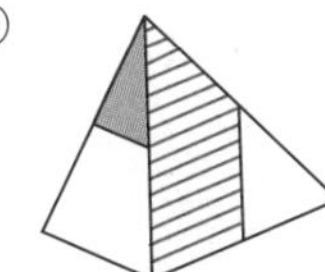

④ 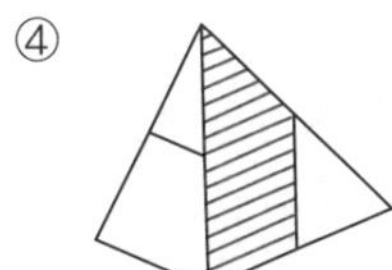

31. 다음 제시된 도형을 재배치하였을 때 일치하는 것은?

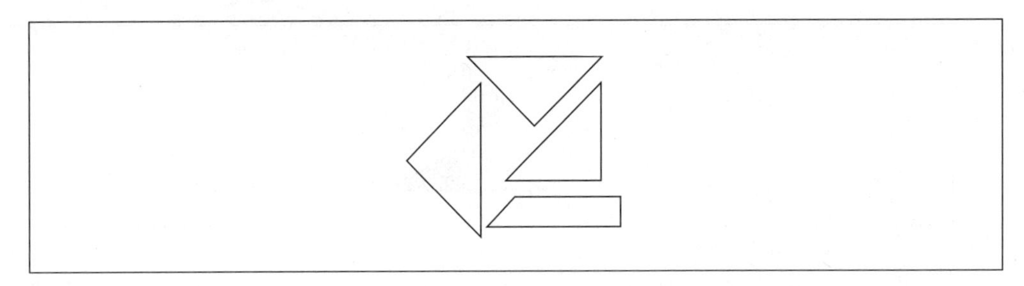

① 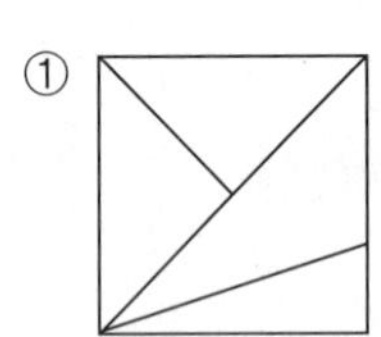

② 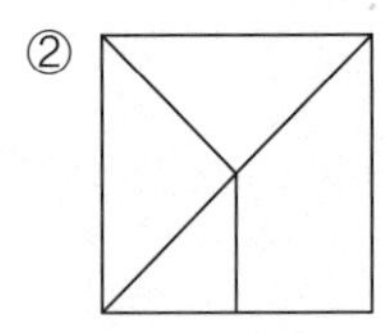

③ 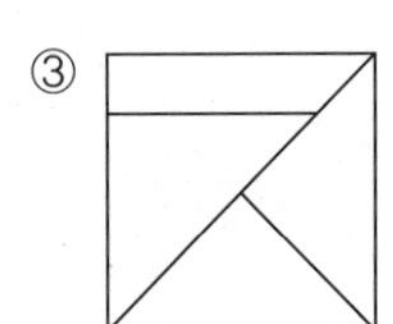

④ 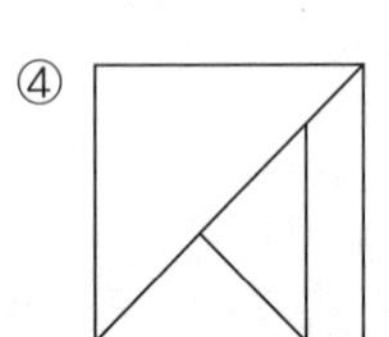

32. 다음 도형들의 규칙을 찾아 '?'에 들어갈 알맞은 것을 고르면?

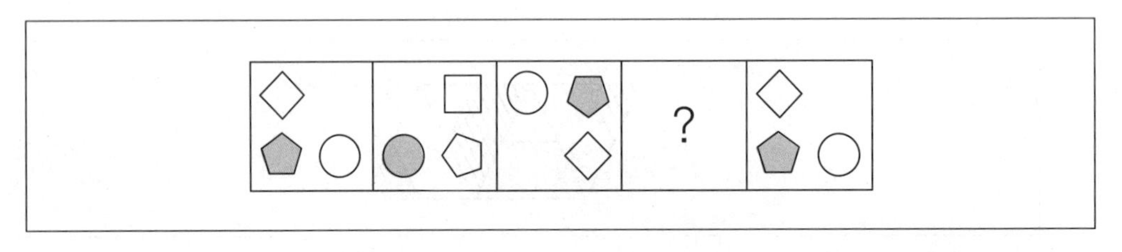

① 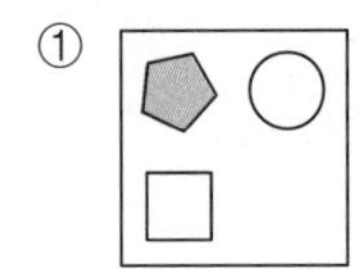

② 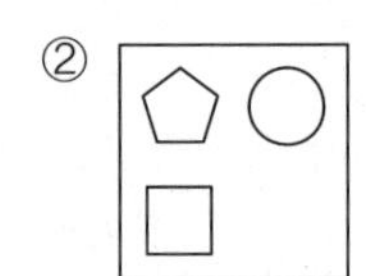

③ 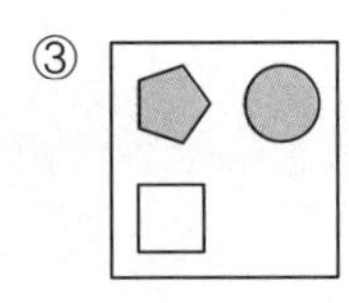

④ 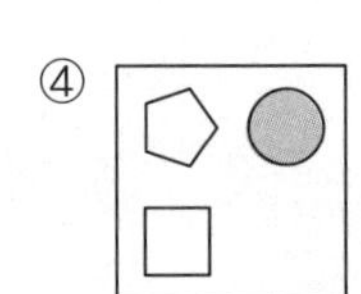

33. 다음에 제시된 도형 4개를 이용하여 만들 수 없는 것은? (단, 제시된 도형이 모두 들어가야 하며, 한 번씩만 이용되어야 한다)

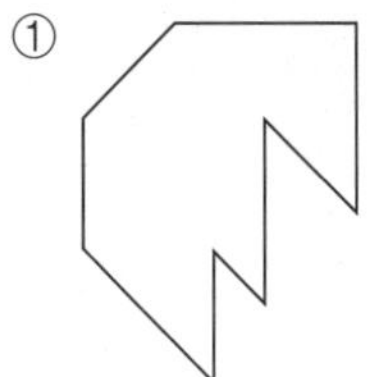

② 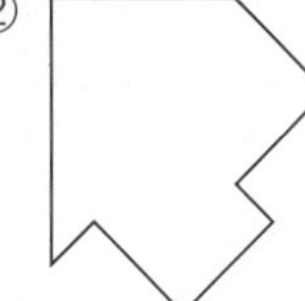

③ 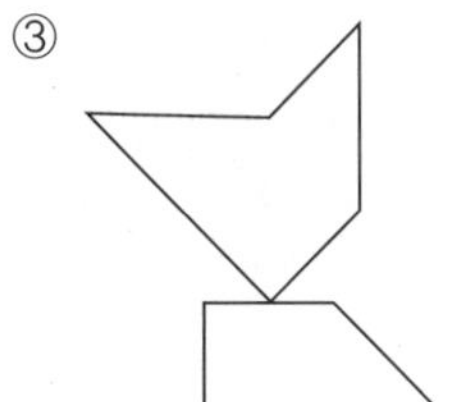

④ 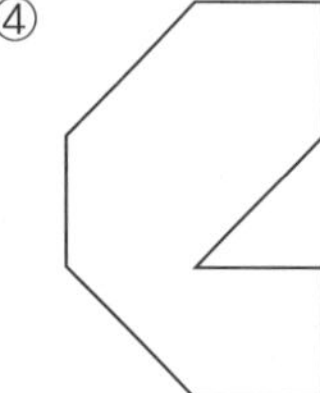

34. 다음은 같은 크기와 모양의 블록을 쌓아올린 그림이다. 블록의 전체 개수는?

① 11개
② 12개
③ 13개
④ 14개

35. 다음과 같이 화살표 방향으로 종이를 접은 후, 마지막 그림과 같이 펀치로 구멍을 뚫고 다시 펼쳤을 때의 모양으로 옳은 것은?

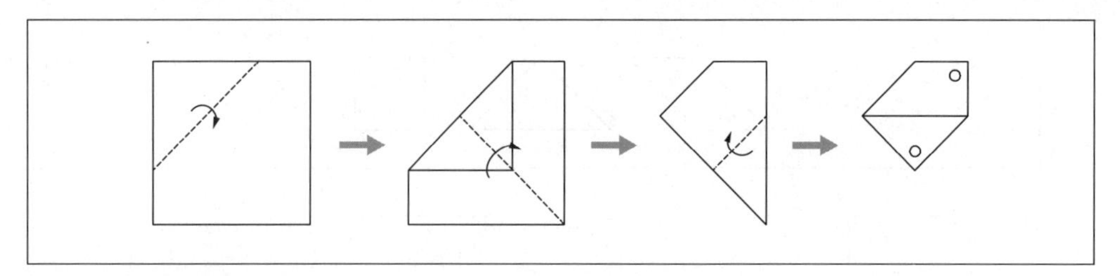

①
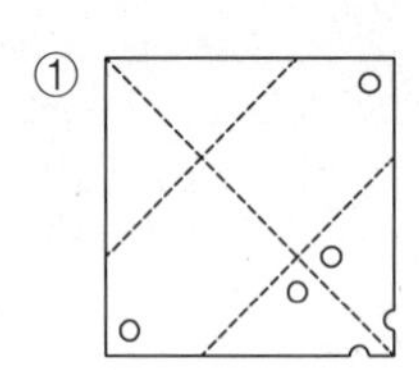

②
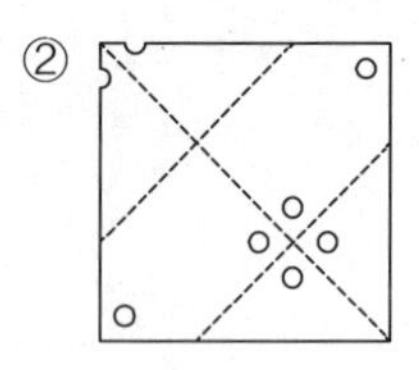

③
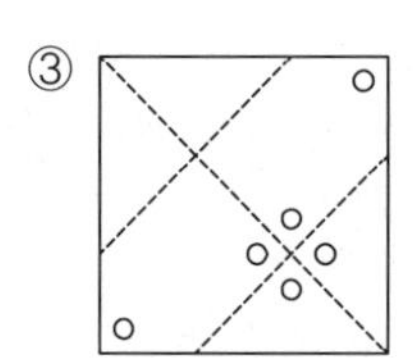

④
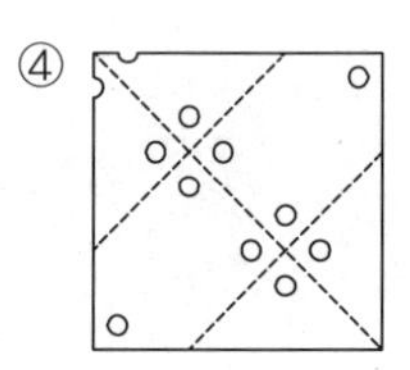

36. 다음 글의 밑줄 친 부분에 들어갈 문장으로 적절한 것은?

> 지아는 소설책과 시집을 많이 읽는다. 소설책을 많이 읽는 사람은 글쓰기를 잘한다.
> 그러므로 ______________________

① 시집을 많이 읽는 사람은 글쓰기를 잘한다.

② 소설책과 시집을 많이 읽어야 한다.

③ 지아는 글쓰기를 잘한다.

④ 시집과 글쓰기는 관련이 없다.

37. 다음 〈보기〉의 명제가 모두 참일 때 항상 옳은 것은?

보기

- 요리를 잘하는 사람은 반드시 청소도 잘한다.
- 청소를 잘하는 사람은 반드시 키가 크다.
- 나는 요리를 잘한다.

① 키가 크면 청소를 잘한다.
② 청소를 잘하면 요리를 잘한다.
③ 키가 크지 않으면 청소를 잘한다.
④ 나는 키가 크다.

38. A, B 중 한 사람은 월, 수, 금요일에 거짓말을 하고, 다른 한 사람은 화, 목, 토요일에 거짓말을 한다. 두 사람이 다음과 같이 말했을 때, 오늘은 무슨 요일인가? (단, 일요일은 A, B 모두 진실을 말한다)

- A : 나는 어제 진실을 말했다.
- B : 어제는 월요일이었다.

① 월요일
② 화요일
③ 토요일
④ 일요일

39. □□기업의 인사 담당자인 갑, 을, 병, 정, 무는 부서 변경에 대해 각각 찬성, 반대, 기권의 의견을 제시한 후 다음과 같이 각자 두 개의 진술을 했다. 다섯 사람 각각의 두 진술 중 하나는 진실이고 하나는 거짓일 때, 반드시 진실인 것은?

> 갑 : 나는 찬성하였고, 을은 기권하였다.
> 을 : 나는 기권하였고, 병은 찬성하였다.
> 병 : 나는 기권하였고, 을도 기권하였다.
> 정 : 나는 찬성하였고, 무는 반대하였다.
> 무 : 나는 반대하였고, 갑도 반대하였다

① 갑은 찬성하지 않았다.
② 을은 기권하지 않았다.
③ 병은 반대하지 않았다.
④ 정은 찬성하지 않았다.

40. 다음 〈보기〉의 명제가 모두 참일 때 항상 참이라고 볼 수 없는 것은?

> 보기
>
> • A 회사에 다니는 사람은 일본어에 능통하지 못하다.
> • B 대학교를 졸업한 사람은 일본어에 능통하다.
> • C 학원에 다니지 않은 사람은 B 대학교를 졸업했다.

① B 대학교를 졸업하지 않은 사람은 C 학원에 다녔다.
② 일본어에 능통하지 못한 사람은 C 학원에 다녔다.
③ B 대학교를 졸업한 사람은 C 학원에 다니지 않았다.
④ A 회사에 다니는 사람은 B 대학교를 졸업하지 않았다.

41. 2층 건물에서 살고 있는 A ~ D는 각각 국적이 다르며(한국인, 영국인, 중국인, 일본인), 각자 입는 코트의 색깔 또한 다르다(노란색, 초록색, 파란색, 보라색). 다음 〈조건〉이 모두 참일 때, 한국인과 같은 층에 사는 사람은?

조건

- 건물에는 각 층별로 두 사람씩 살고 있다.
- A는 파란색 코트를 입고, B의 아래층에 산다.
- C는 보라색 코트를 입는 사람의 아래층에 산다.
- 중국인은 초록색 코트를 입고, 영국인의 옆에 산다.
- 노란색 코트를 입는 사람은 일본인이며, 1층에 산다.

① A　　② B
③ C　　④ D

42. 인사팀 직원 A ~ G 7명은 취업박람회에 지원을 나가게 되었다. 이들은 승용차 2대에 3명 혹은 4명씩 나누어 타기로 하고, B가 4명이 탄 차를 운전하기로 하였다. 다음 〈조건〉을 바탕으로 할 때, B와 같은 차를 타고 박람회장에 갈 수 있는 3명은 누구인가?

조건

- 7명 중 운전을 할 수 있는 사람은 B, C, D 3명이다.
- B와 D는 같은 차를 타고 가지 않는다.
- B와 C는 같은 차를 타고 가지 않는다.
- A와 G는 같은 차를 타고 간다.

① A, C, E　　② A, E, G
③ C, E, F　　④ C, E, G

43. 다음은 대곡천, 안양천, 중랑천, 황구지천 수질검사 결과에 대해 A 공장 사원들이 나눈 대화이다. 이 중 단 한 사람만 거짓을 말하고 있을 때, 적합 판정을 받은 하천은? (단, 수질검사 결과는 적합과 부적합뿐이다)

> • K 사원 : 안양천과 대곡천은 같은 결과를 받았네.
> • L 사원 : 황구지천과 대곡천은 다른 결과를 받았어.
> • J 사원 : 먹는 물 기준 부적합 판정을 받은 하천은 모두 두 곳이야.
> • G 사원 : L 사원은 검사 결과와 다른 이야기를 하고 있어.
> • P 사원 : 중랑천은 먹는 물 기준에 적합 판정을 받았어.

① 안양천, 대곡천　　② 안양천, 중랑천
③ 대곡천, 황구지천　　④ 중랑천, 황구지천

44. 다음 글에서 나타나는 논리적 오류는?

> 최근 청소년들의 일탈이 사회적 문제가 되고 있는 가운데, 여론 조사 전문기관이 성인들을 대상으로 청소년들의 길거리 흡연을 보았을 때 어떻게 행동하였는지를 조사하였다. 조사 결과 '봉변을 당할 수 있으므로 제지하지 못했다'는 의견이 56%로 나타나 사회적 충격을 주고 있다. 이를 볼 때 우리나라 성인들은 도덕심이 결여되어 있음을 알 수 있다.

① 애매어의 오류　　② 감정에 호소하는 오류
③ 원천봉쇄의 오류　　④ 성급한 일반화의 오류

45. L 회사 직원 중 외국인은 A ~ F 총 6명으로 모두 국적이 다르고 여자는 2명이다. 다음 〈조건〉에 따를 때 B의 국적은?

조건

- A ~ F의 국적은 각각 미국, 중국, 일본, 영국, 프랑스, 이탈리아이다.
- A는 미국인이고, C는 중국인 또는 일본인이다.
- D는 일본인 또는 이탈리아인이며, 여자이다.
- E는 영국인 또는 프랑스인으로 C와 같은 성별이다.
- F는 남자이며, 이탈리아인이 아니다.
- 프랑스인은 여자이고, 중국인은 남자이다.

① 중국　　② 일본
③ 영국　　④ 프랑스

46. 다음 대화의 A와 가장 유사한 주장을 하는 사람은?

A : 지난주 학교 운동회 정말 재미있지 않았니?
B : 응. 사실 평소 공부만 하다 보니 선생님들과 좀 거리감이 있었는데, 함께 운동도 하고 응원도 하면서 많이 가까워진 것 같아.
A : 그러게. 특히 학생하고 나눠서 축구 시합할 때 선생님들이 그렇게 반칙을 많이 할지 몰랐어. 뭐랄까 선생님들이 팀을 이뤄서 이겨야 한다고 마음먹으니까 상당히 수단과 방법을 가리지 않으시더라고. 분명 개별적으로 보면 규칙 같은 걸 강조하시고 규칙에 어긋나는 행동을 안 하실 텐데 말이야. 그런 걸 보면 지난주 윤리 수업 때 들은 사회 집단의 도덕성은 개인의 도덕성보다 현저하게 떨어진다는 내용에 전적으로 동의해.

① 갑 : 어떤 행위든 그것이 집단에 의해 이루어진 행위라도 그 결과에 대한 책임은 집단이 아니라 개인에게 돌아가야 한다고 생각해.
② 을 : 개인의 양심과 집단의 양심이 일치한다고 할 수는 없지.
③ 병 : 사회의 도덕 문제는 분명 법과 같은 제도적인 문제들과 구별해야 하는 것이지.
④ 정 : 구성원들이 모두 도덕적이라면 결국 그 집단도 도덕적이라고 판단할 수 있어.

47. 다음 중 악수 예절에 대한 설명으로 옳지 않은 것은?

① 오른손으로 악수를 청한다.
② 남자가 여자에게 악수를 청한다.
③ 악수를 할 때에는 주머니에 손을 넣지 않는다.
④ 상대방의 손이 아프지 않도록 가볍게 잡는다.

48. 네티켓은 통신망을 뜻하는 네트워크와 예절을 뜻하는 에티켓의 합성어로, 네티즌이 사이버 공간에서 지켜야 할 비공식적인 규약이다. 다음 〈보기〉의 ㉠과 ㉡에 들어갈 말을 순서대로 바르게 나열한 것은?

보기

(㉠)에서의 네티켓	(㉡)에서의 네티켓
• 마주보고 이야기하는 마음가짐으로 임한다. • 엔터키를 치기 전에 한 번 더 생각한다. • 유언비어와 속어, 욕설은 삼가고 상호비방의 내용은 금한다.	• 글의 내용은 간결하게 요점만 작성한다. • 제목에는 글의 내용을 파악할 수 있는 함축된 단어를 쓴다. • 글의 내용 중에 잘못된 점이 있으면 빨리 수정하거나 삭제한다.

	㉠	㉡
①	인터넷 게시판	온라인 대화
②	온라인 대화	인터넷 게시판
③	공개 자료실	온라인 대화
④	전자우편 사용	인터넷 게시판

49. 다음 중 웃어른께 인사할 때, 직장에서 출퇴근할 때, 주변 사람에게 감사의 표현을 할 때 해야 하는 인사 방법으로 가장 알맞은 것은?

① 상대방과 눈짓으로 가볍게 인사한다.
② 상체를 30도 정도 숙여서 인사한다.
③ 상체를 90도 정도 숙여서 인사한다.
④ 반갑게 손을 흔들며 인사한다.

50. 다음에 제시된 상황에서 김 과장이 취할 행동으로 바람직한 것은?

이름	김준영	부서 / 직급	전략기획부 / 과장
성별 / 나이	남 / 38세	담당 업무	데이터 수집 및 분석
김 과장은 2년 동안 부하 직원으로 일한 신지은 사원의 업무 능력을 높이 평가하여 신 사원에게 보고서 작성 업무를 전적으로 맡겼다. 믿고 맡긴 만큼 신 사원이 작성한 보고서 그대로 상사에게 결재를 올렸는데, 수집한 데이터 분석이 엉망이었을 뿐만 아니라 기본적인 보고서 작성법에 어긋나는 부분이 많았으며 오탈자도 상당수 발견되어 난감한 상황에 처하게 되었다.			

① 상사에게 시간이 부족해서 벌어진 일이라고 말한다.
② 이미 벌어진 일이니 어쩔 수 없다고 생각하며 훌훌 털고 다른 업무에 집중한다.
③ 후배와 함께 상사에게 찾아가 잘못을 인정한 후 사태 수습을 위해 최선을 다한다.
④ 전적으로 신 사원에게 책임이 있으니 해당 사안에 대해 끝까지 알아서 처리하라고 한다.

충남 8회

기출예상문제

문항수 | 50문항
시험시간 | 50분

▸ 정답과 해설 67쪽

01. 다음 중 밑줄 친 부분의 의미가 〈보기〉와 가장 유사한 것은?

보기

그 고객은 아마 어쩌다가 길에서 날 만나도 아는 체를 못할 거야.

① 그녀는 어쩌다가 그와 눈을 마주치기라도 하면 기겁을 하는 것이었다.
② 사장님께선 업무 중에 어쩌다가 주무시지 자주 그러시진 않아.
③ 너 그걸 어쩌다가 그렇게 다 부숴 버렸니?
④ 취직 전에는 그래도 어쩌다가 야구장에 가곤 했다.

02. 다음 글의 밑줄 친 ㉠의 유의어로 알맞은 것은?

국회는 왜 존재하고 정치는 왜 하는지 되새겨야 할 때다. 이해충돌과 갈등을 조정하고 타협하며 국민을 편안하고 행복하게 하는 것이 정치의 궁극적 목표다. ㉠ 무릇 정치는 바르게 해야 한다.

① 노상
② 자못
③ 대저
④ 비단

03. 다음 빈칸에 공통으로 들어갈 단어는?

> • 대표님의 (　　) 여부가 결정되는 대로 알려 드리겠습니다.
> • 스승님은 아흔이 넘으셨는데도 아직까지 학회에 (　　)하신다.
> • 선약이 있어서 그 모임에 (　　)이/가 어렵다.

① 참석　② 개척
③ 인도　④ 검토

04. 단어에 대한 발음이 적절하지 않은 것은?

① 효과[효 : 과]　② 값있는[갑씬는]
③ 맛있다[마딛따]　④ 넓죽하다[넙쭈카다]

05. 다음 중 띄어쓰기가 적절하지 않은 것은?

① 어디서 밥이나 제대로 먹고 지내는지 얼굴이 핼쑥해졌다.
② 떨어져 봤자 조금 다치기밖에 더하겠니?
③ 큰놈은 지금 열살로 초등학교 삼 학년이다.
④ 시험이 잠시 후 실시되는바 모두 자리에 앉아 주시기 바랍니다.

06. 다음 속담들과 공통적으로 관련이 있는 단어로 적절한 것은?

- 개구리 올챙이 적 생각 못 한다.
- 소 잃고 외양간 고친다.
- 등잔 밑이 어둡다.

① 어리석음
② 게으름
③ 지혜로움
④ 고지식함

07. 다음 글을 읽고 〈보기〉의 문장이 들어갈 위치로 적절한 것은?

(가) 현대 사회가 해결해야 할 또 하나의 과제는 물질적인 것과 정신적인 것 사이의 균형을 회복하는 일이다. (나) 옛날에는 오히려 사회생활의 비중을 정신적인 것이 더 많이 차지해왔다. 종교, 학문, 이상 등이 존중되었고 그 정신적 가치가 쉽게 인정받았다. 그러나 현대 사회로 넘어오면서부터 모든 것이 물질 만능주의로 기울어지고 있다. 그것은 세계적인 현상이며 한국도 예외는 아니다. 물론 그 중요한 원인이 된 것은 현대 산업 사회의 비대성(肥大性)이다. 산업 사회는 기계와 기술을 개발했고 그것이 공업에 의한 대량 생산과 소비를 가능케 했다. (다) 그 결과로 나타난 것이 문화 경시의 현실이며, 그것이 심하게 되어 인간 소외의 사회를 만들게 되었다. 정신적 가치는 그 설 곳을 잃게 되었으며, 물질적인 것이 모든 것을 지배하기에 이르렀다. (라) 이렇게 물질과 부가 모든 것을 지배하게 되면, 우리는 문화를 잃게 되며 삶의 주체인 인격의 균형을 상실하게 된다. 그 뒤를 따르는 불행은 더 말할 필요가 없다.

보기

사람들은 물질적 부를 즐기는 방향으로 쏠렸는가 하면, 사회의 가치 평가가 생산과 부(富)를 표준으로 삼기에 이르렀다.

① (가)
② (나)
③ (다)
④ (라)

08. 다음 글에 대한 이해로 적절하지 않은 것은?

> 최근 과도한 스트레스와 불규칙한 생활패턴, 잘못된 식습관으로 만성피로를 겪는 현대인이 늘고 있다. 일시적인 과로로 발생한 피로가 6개월 이상 지속되거나, 충분히 쉬어도 회복되지 않을 때를 만성피로로 진단한다. 보통 휴식을 취하면 만성피로가 나아질 것이라고 생각하지만, 만성피로를 개선하지 않고 내버려두면 집중력이 감소하고 근육통, 두통 등이 나타난다. 면역력이 떨어져 감염병에도 취약해질 수 있는 만큼 주의가 필요하다.
>
> **◇ 건강관리 힘든 일상, 활성비타민 인기**
>
> 만성피로를 개선하려면 규칙적인 운동과 영양소가 골고루 함유된 식단이 기본이다. 하지만 일상이 바쁘고 불규칙하게 살아야 하는 현대인에게는 어려운 이야기다. 대신 하루 한 알로 피로회복에 도움이 되는 성분을 간편하게 먹을 수 있는 고함량 활성비타민이 인기를 끌고 있다.
>
> 비타민 B군으로 대표되는 활성비타민은 육체 피로부터 어깨 결림, 눈 피로 등의 증상 완화에 효과가 있다. 스트레스 완화, 면역력 강화, 뇌신경 기능 유지, 피부와 모발 건강 등에도 도움을 준다고 알려졌다.
>
> 활성비타민의 효과가 알려지며 관련 시장은 매년 30% 이상 폭발적으로 성장해 다양한 제품들이 출시되고 있다. 전문가들은 비타민 제품을 고를 때 자신에게 필요한 성분인지, 함량이 충분한지, 활성형 비타민이 맞는지 등을 충분히 살펴본 다음 선택하라고 권고한다.

① 과로로 인한 피로가 1년 이상 지속된 철수는 만성피로로 진단될 수 있다.

② 피로는 면역력을 감퇴시킬 수 있어 독감과 같은 전염병에 걸리기 쉽게 만든다.

③ 비타민 B군은 스트레스를 경감시키고, 모발 건강에 도움을 줄 수 있다.

④ 시중에 있는 다양한 비타민 제품은 모든 사람에게 동일한 효과를 낸다.

09. 다음 글에 나타난 신경성 매독의 치료법을 개발한 사례를 일컫는 사자성어로 적절한 것은?

> 프랑스의 샤를 8세와 영국의 헨리 8세의 공통점은 매독으로 사망했다는 것이다. 샤를 8세가 이탈리아에 침공했을 당시 프랑스군의 대규모 성범죄로 인해 유럽 전역으로 퍼져나가기 시작한 매독은 한때 인류를 위기에 빠뜨렸던 가장 무서운 질병 중 하나였다.
>
> 매독의 원인은 1905년에서야 독일의 세균학자 샤우딘과 호프만에 의해 매독의 병원균인 스피로헤타가 발견되며 밝혀졌다. 그리고 마침내 1909년에 파울 에를리히에 의해 '마법의 탄환'으로 알려진 살바르산이라는 매독 치료제가 개발됐다.
>
> 매독에 감염된 후 약 15년 후에 발병하는 이상한 질병이 있다. 신경계를 침범한 매독이 뇌를 손상시키게 되면서 운동장애가 일어나거나 판단 및 기억 저하 등의 증상과 함께 마비를 일으키고 마침내는 치매에 빠지는 것이 바로 그 질병이다. 진행성 마비 혹은 마비성 치매라고도 불리는 이 정신질환은 뇌매독의 한 종류로서, 전체 매독환자의 약 4 ~ 5%에게서 발병한다. 발병 후 약 3년 만에 죽음에 이르게 될 만큼 치명적이며 마비가 나타나는 주 연령대가 32 ~ 45세 사이의 남성들이라 사회와 가족에 큰 고통을 주었다.
>
> 하지만 오스트리아의 정신의학자인 율리우스 바그너 야우레크는 기발한 발상으로 신경성 매독의 치료법을 개발했다. 매독 병원균인 스피로헤타가 고열에 약하다는 사실에 착안해 환자들을 말라리아에 감염시킨 것이다.

① 이열치열(以熱治熱)　　② 순망치한(脣亡齒寒)

③ 하충의빙(夏蟲疑氷)　　④ 연목구어(緣木求魚)

10. 다음 (가), (나)를 읽고 도출할 수 있는 결론으로 적절한 것은?

> (가) 지난해 정부에서는 정보격차 해소를 위해 저소득층 가정의 아이들에게 컴퓨터 등의 정보 통신기기를 보급하였다. 이를 통해 정보의 접근성 및 활용능력이 향상되었고 학업성적의 향상에도 도움이 될 것으로 전망하였다. 그런데 올해 정보 통신기기를 지원받은 가정의 아이들의 학업성적을 살펴본 결과, 성적이 오른 아이들은 소수에 불과하고 대부분이 전과 유사한 성적에 머물거나 오히려 하락한 경우도 나타났다.
>
> (나) 정보 통신기기의 보급은 아이들로 하여금 다양한 지식을 쉽게 얻을 수 있도록 한다는 점에서 도움이 되지만, 수업에 대한 흥미와 집중력이 낮아지고 공부를 소홀히 하는 행동 등을 유발하여 학업성적이 떨어지는 이유가 되기도 한다. 그런데 정보 통신기기로 인한 학업성적의 하락은 저소득층 가정의 아이들에게서 더 큰 폭으로 나타나는데, 이러한 결과는 부모들의 관리에서 비롯된다고 보는 견해가 있다. 대부분 고소득층의 부모들은 자녀의 기기 활용에 대해 관리와 통제를 가하지만, 저소득층의 부모들은 이러한 관리에 대해 소홀한 경향이 있다는 견해이다.

① 정보 통신기기의 보급은 정보격차 해소에는 도움이 되지만 아이들의 학업수준에는 부정적인 영향을 미친다.

② 아이들의 학업성적에는 정보 통신기기의 보급보다 기기에 대한 관리와 통제가 더 중요하게 작용한다.

③ 저소득층 아이들의 학업성적은 정보 통신기기의 보급에 따라 영향을 받으므로 적절한 조절을 통해 아이들의 성적향상을 도울 수 있다.

④ 저소득층의 정보 통신기기 보급률은 고소득층보다 낮은 수준으로, 이로 인한 정보수준의 격차가 아이들의 학업에 영향을 미친다.

11. 다음 글의 중심내용으로 알맞은 것은?

> 소위 말하는 특종을 잡기 위해서는 재정적 뒷받침이 필요한데 그럴 여력이 없는 상태에서 언론사가 선택할 수 있는 가장 좋은 전략은 정치적 지향성을 강하게 드러내는 것이다. 구독자들은 언론사와 자신의 정치적 지향점이 같다고 느끼면 더 많은 후원을 하는 경향이 있기 때문이다. 특히 대안언론은 재정적으로 매우 열악하여 자체적인 수익 없이 구독자들의 후원을 통해 유지되는 곳이 대부분이다. 구독자 수가 많지 않은 언론에 광고할 회사를 찾기가 쉬운 것도 아니고, 광고를 수주해도 수익성이 낮은 실정이니 사실상 구독자들에게 받는 후원금이 대안언론의 가장 큰 수입원이 된다. 따라서 대안언론에게는 후원금을 많이 받아내는 전략이 곧 생존전략이다.

① 대안언론이 정치성을 띠는 것은 불가피한 측면이 있다.
② 언론사에 대한 기부 활동은 제한되어야 한다.
③ 대안언론에 대한 지원을 확대해야 한다.
④ 언론은 공정해야 하므로 정치적인 행태를 보여서는 안 된다.

12. 다음 글의 (가) ~ (마)를 문맥에 따라 바르게 배열한 것은?

> 미세플라스틱은 독성 화학물질을 해수로 방출하고 바닷속 화학물질을 표면으로 흡착하여 해양생물에 독성을 유발할 수 있다.
>
> (가) 더불어 인간에게도 각종 암을 비롯하여 생식기 발달의 저하, 성장 지연 등을 유발한다.
> (나) 특히 POPs, PBTs 같은 화학물질은 잔류성과 생물축적성이 높은 물질로서 체내에 축적되면 동물의 면역력이 감소하고 생식기능이 약화된다.
> (다) 이처럼 미세플라스틱이 인체에 유해한 각종 물질을 전이 · 확산시킬 수 있는 가능성이 많아 이에 대한 다양한 연구가 진행되고 있다.
> (라) 인간은 해산물과 소금 등을 섭취하는 생태계 먹이사슬의 최상위 포식자이므로 미세플라스틱에 노출되는 것은 불가피하다.
> (마) 실제로 태평양 굴을 미세플라스틱에 노출하는 실험의 결과로, 난모세포 수 38% 감소, 지름 5% 감소, 정자 속도 23% 감소, 자손들의 성장 18 ~ 41% 감소를 보였다.

① (가) – (라) – (다) – (나) – (마)
② (가) – (마) – (다) – (나) – (라)
③ (나) – (라) – (마) – (가) – (다)
④ (나) – (마) – (가) – (라) – (다)

13. 6km/h의 속력으로 가는 A를 15분 늦게 출발한 B가 한 시간 만에 따라잡았다면, B의 속력은 얼마인가?

① 7.5km/h
② 8km/h
③ 9.5km/h
④ 10km/h

14. 사탕의 판매 가격은 개당 700원, 초콜릿은 개당 1,300원이고 가진 돈은 15,000원이다. 가진 돈을 모두 써서 사탕과 초콜릿을 총 12개 산다고 할 때 초콜릿은 몇 개 구매할 수 있는가?

① 8개
② 9개
③ 10개
④ 11개

15. A는 매달 20만 원을, B는 매달 50만 원을 저축하기로 하였다. 현재 A가 모은 돈은 200만 원이고 B가 모은 돈은 100만 원이라면, B가 모은 돈이 A가 모은 돈의 두 배가 넘는 것은 지금부터 몇 개월 후인가?

① 27개월
② 29개월
③ 31개월
④ 33개월

16. 갑은 중간고사에서 네 과목의 평균이 89.5점이 나왔다. 마지막 영어시험까지 합하여 다섯 과목의 평균이 90점 이상 나오려면, 영어는 최소한 몇 점을 받아야 하는가?

① 88점
② 90점
③ 92점
④ 93점

17. 출근 시간이 오전 8시까지인 ○○기업의 A 대리가 8시 정각에 출근할 확률은 $\frac{1}{4}$이고, 지각할 확률은 $\frac{2}{5}$이다. A 대리가 이틀 연속 정해진 시간보다 일찍 출근할 확률은?

① $\frac{49}{400}$ ② $\frac{27}{144}$

③ $\frac{13}{200}$ ④ $\frac{64}{225}$

18. 다음 연도별 재건축 추진현황 자료에 대한 분석으로 옳지 않은 것은?

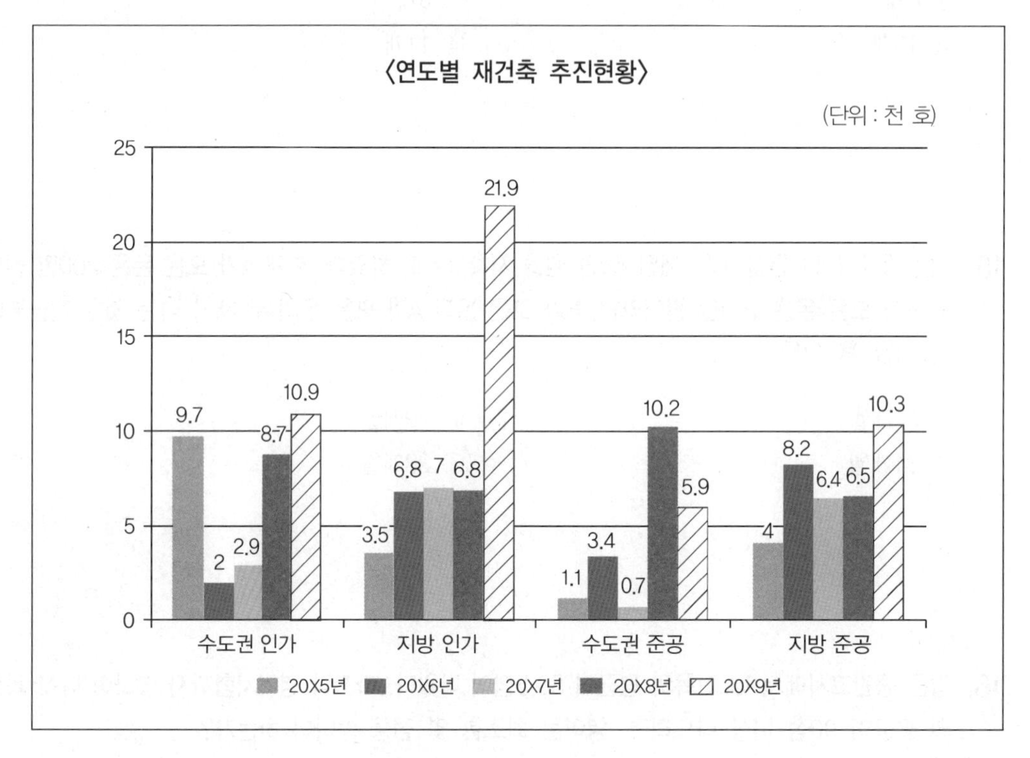

① 20X5 ~ 20X9년 동안 수도권의 평균 재건축 인가 호수는 준공 호수보다 많다.

② 재건축 인가 호수가 전년 대비 가장 큰 폭으로 변동한 것은 20X9년 지방의 경우이다.

③ 수도권이 지방보다 더 많은 재건축 인가/준공 호수를 보인 해는 각각 2개씩이다.

④ 지방의 재건축 준공 호수와 연도별 증감 추이가 동일한 항목은 없다.

19. 다음 자료에 대한 설명으로 옳지 않은 것은? (단, 소수점 아래 둘째 자리에서 반올림한다)

〈지역별 월평균 사교육비〉

(단위 : 원, %)

구분	서울특별시	광역시	중소도시	읍면지역
일반교과	266,000	186,000	201,000	156,000
예체능 · 취미 · 교양	65,000	39,000	44,000	35,000
취업 관련	21,000	19,000	19,000	6,000
대상분포	17.8	25.6	41.5	15.1

① 서울특별시의 일반교과 월평균 사교육비는 읍면지역의 약 1.7배이다.

② 광역시의 전체 사교육비 중 취업 관련 사교육비가 차지하는 비율은 약 7.8%이다.

③ 대상분포를 고려하지 않은 채 각 지역에서 같은 수의 인원을 뽑아 평균을 구했을 때, 전국의 일반교과 월평균 사교육비는 202,250원이다.

④ 대상분포를 고려한 예체능 · 취미 · 교양 과목의 전국 월평균 사교육비는 44,099원이다.

20. 갑, 을, 병 세 사람이 한 번의 가위, 바위, 보를 통해 승부를 지으려고 한다. 이때 적어도 한 명이 지게 되는 경우의 수는?

① 13가지
② 15가지
③ 18가지
④ 20가지

21. A는 12명의 친구들에게 선물할 탁상용 달력과 벽걸이 달력을 인터넷으로 주문했다. 탁상용 달력은 7,500원, 벽걸이 달력은 9,000원이고 총금액은 105,000원이라고 할 때 A가 주문한 벽걸이 달력의 개수는? (단, 배송비는 3,000원이고 달력은 종류 상관없이 인당 1개씩 선물한다)

① 5개
② 6개
③ 7개
④ 8개

[22 ~ 24] 다음은 어떤 유원지의 연령별 · 성별 매출액 비율이다. 이어지는 질문에 답하시오.

(단위 : %, 만 원)

연령 · 성별 \ 유원지		A	B	C	D
성인	남자	19.2	21.3	22.1	13.6
	여자	23.5	26.4	19.8	20.7
학생	남자	17.8	14.2	23.0	11.6
	여자	21.4	19.2	10.3	34.4
소인	남자	(　　)	10.7	20.7	7.2
	여자	12.3	8.2	4.1	12.5
합계		100.0	100.0	100.0	100.0
총매출액		4,026	2,160	3,284	1,819

22. A 유원지의 총매출액에서 소인 남자가 차지하는 비율은?

① 5.4%　　② 5.6%

③ 5.8%　　④ 6.0%

23. D 유원지에 입장한 여학생의 경우 총매출액의 37%는 고등학생이었다. 이때 총매출액에서 여자 고등학생이 차지하는 비율은? (단, 소수점 아래 둘째 자리에서 반올림한다)

① 11.3%　　② 12.7%
③ 14.5%　　④ 23.7%

24. C 유원지의 소인 남자 총매출액은 D 유원지의 소인 남자 총매출액의 몇 배인가? (단, 소수점 아래 둘째 자리에서 반올림한다)

① 4.1배　　② 4.5배
③ 4.8배　　④ 5.2배

25. 가로 42cm, 세로 60cm인 벽에 남는 부분 없이 정사각형 타일을 붙이고자 한다. 필요한 타일의 최소 개수는?

① 40개　　② 50개
③ 60개　　④ 70개

[26 ~ 27] 다음은 같은 크기와 모양의 블록을 쌓아 올린 그림이다. 이어지는 질문에 답하시오.

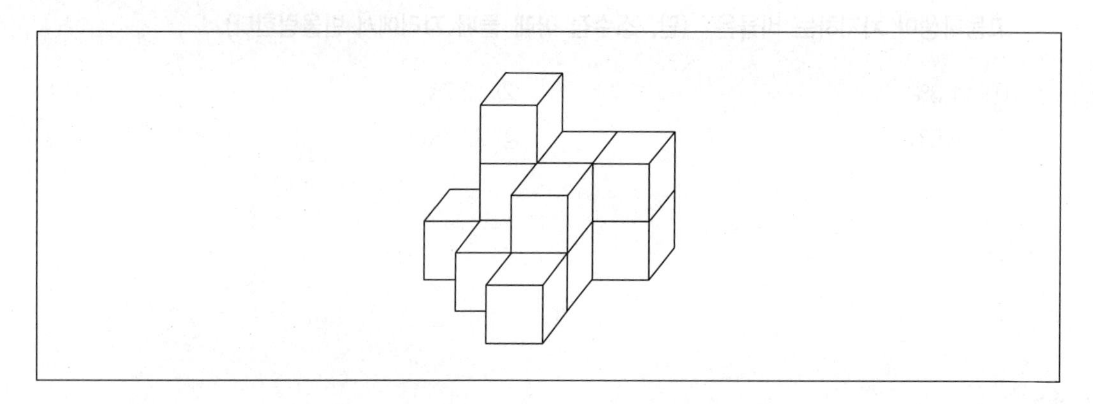

26. 블록의 개수는 총 몇 개인가? (단, 뒷부분에 보이지 않도록 쌓아 올린 블록은 없다)

① 9개　② 10개
③ 11개　④ 12개

27. 그림에서 세 면이 보이는 블록은 몇 개인가?

① 2개　② 3개
③ 4개　④ 5개

28. 다음 그림의 조각을 순서대로 배열한 것은?

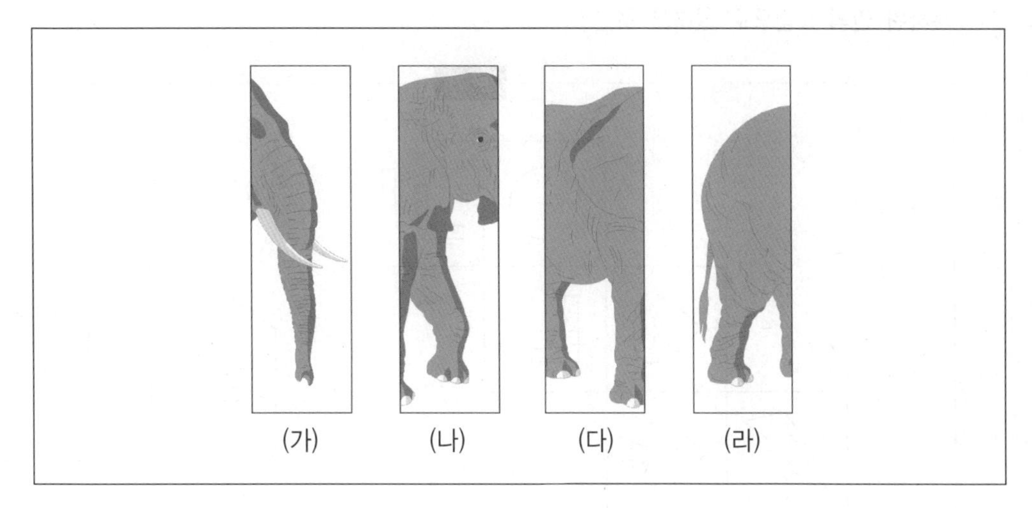

① (나)-(가)-(라)-(다)
② (나)-(가)-(다)-(라)
③ (라)-(나)-(가)-(다)
④ (라)-(다)-(나)-(가)

29. 다음 그림 안에 나타나 있지 않은 조각은?

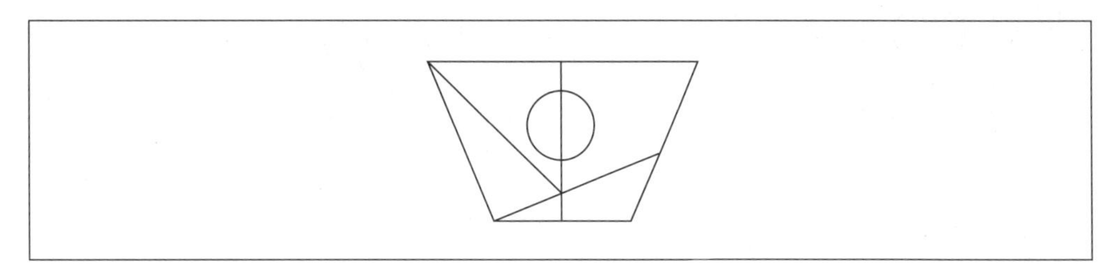

①

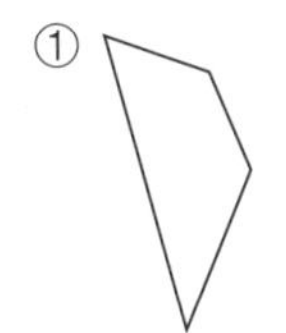

②

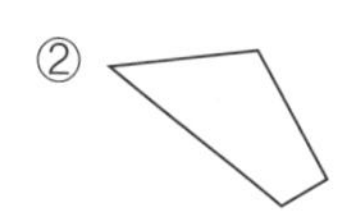

③

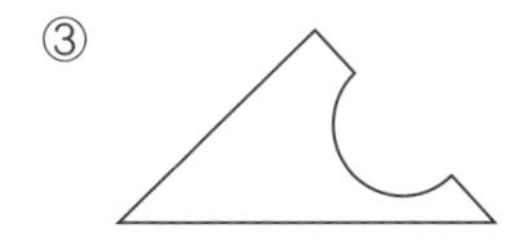

④

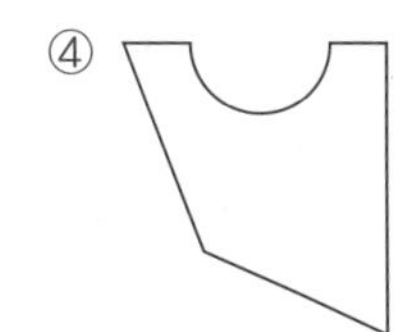

30. 다음 〈보기〉에서 왼쪽 전개도를 접어 오른쪽 주사위 모형을 만들었을 때, 윗면 방향에서 바라본 주사위 면의 모습으로 올바른 것은?

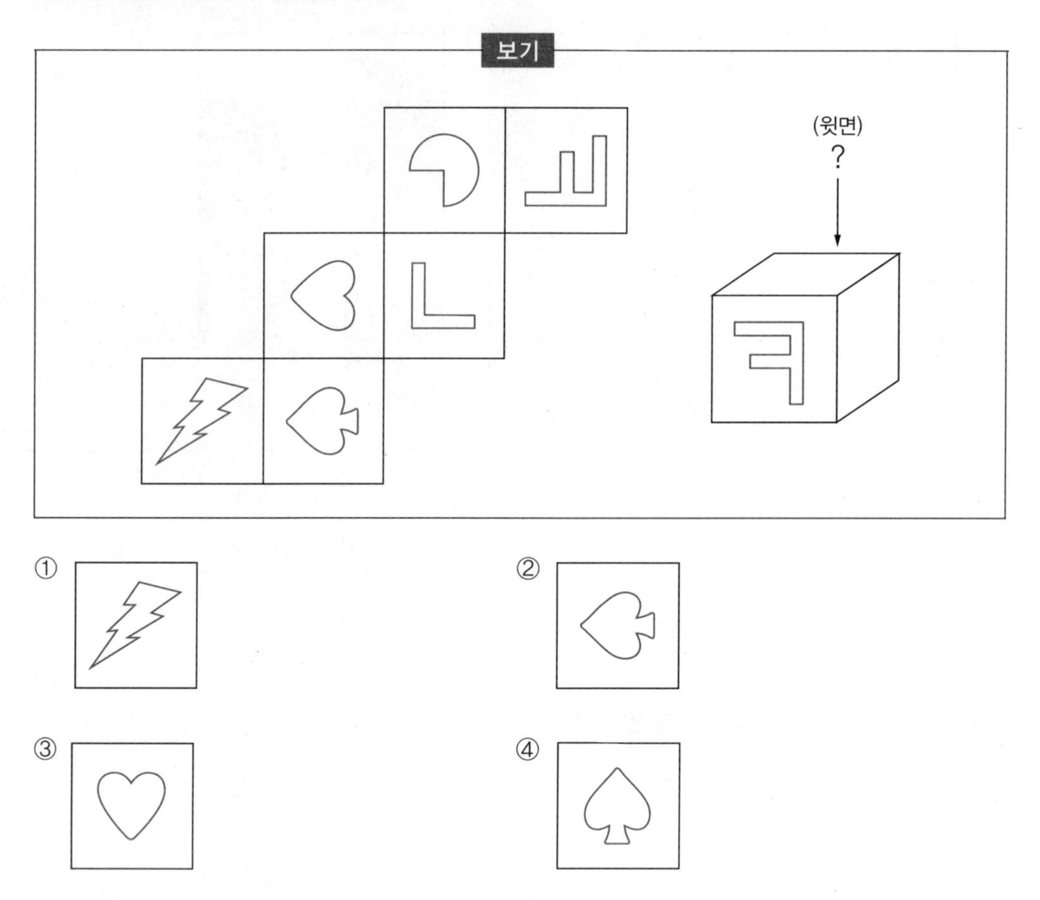

31. 다음 도형에서 찾을 수 있는 크고 작은 사각형의 개수는?

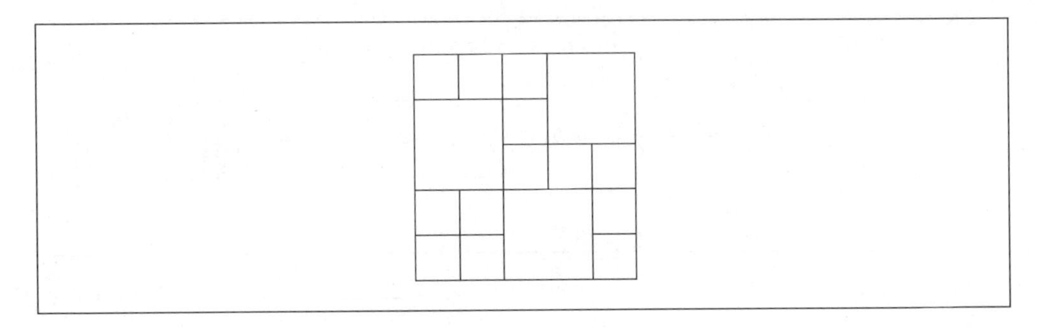

① 45개
② 49개
③ 50개
④ 52개

32. 다음 〈보기〉의 입체도형과 동일한 것은?

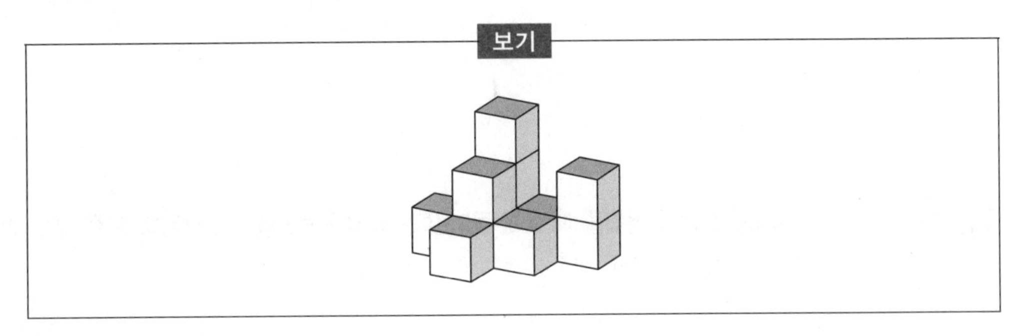

①
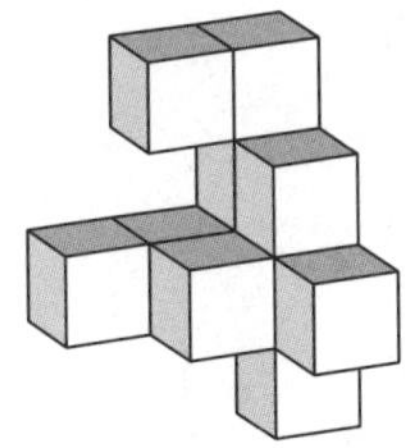

②
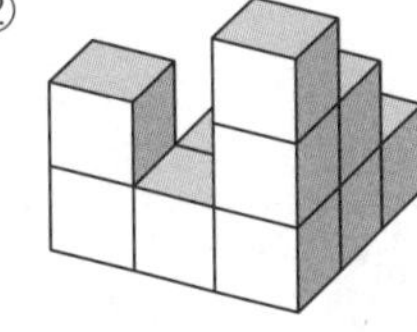

③
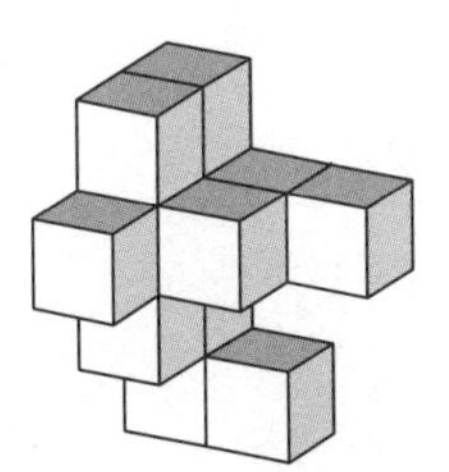

④
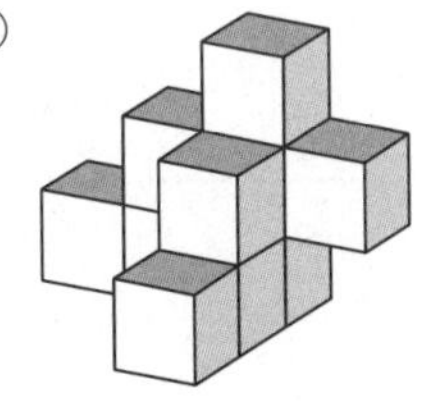

33. 다음과 같이 종이를 접고 색칠된 부분을 자른 후 다시 펼쳤을 때의 모양으로 옳은 것은?

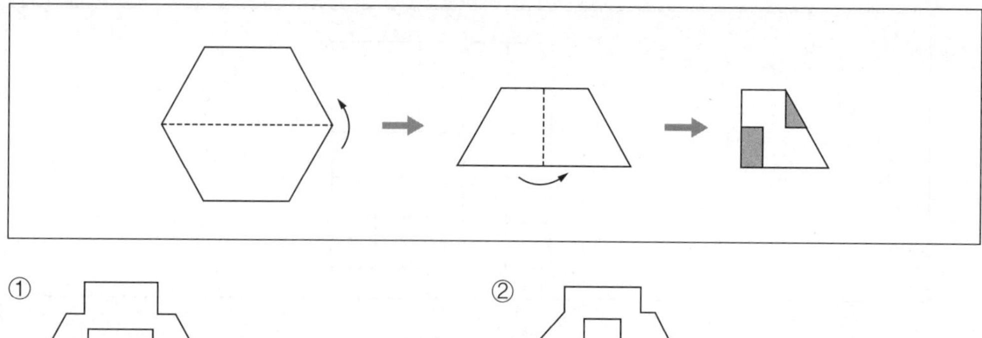

①

②
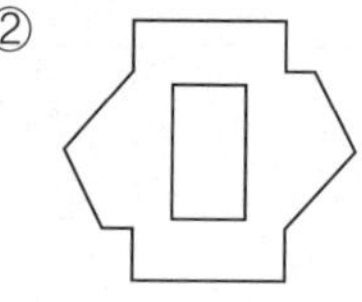

③
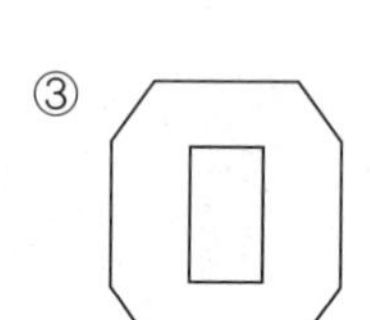

④
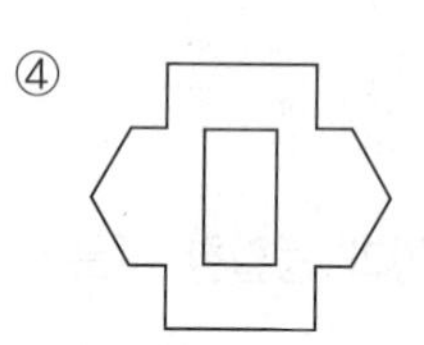

34. 주사위를 다음 전개도와 같이 펼쳤을 때 A에 들어갈 눈의 개수는? (단, 주사위의 마주 보는 면에 그려진 눈의 개수의 합은 7이다)

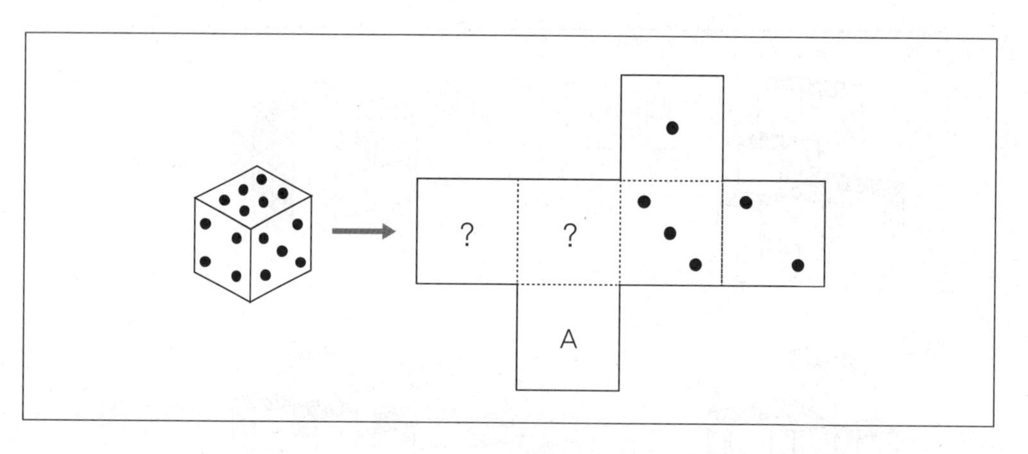

① 3개
② 4개
③ 5개
④ 6개

35. 다음의 도형과 동일한 것은?

①

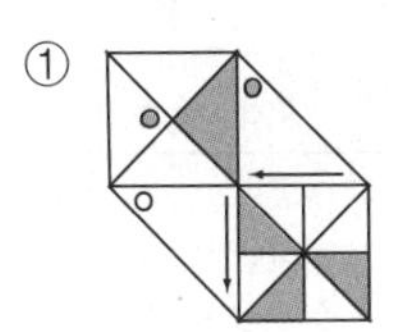

②

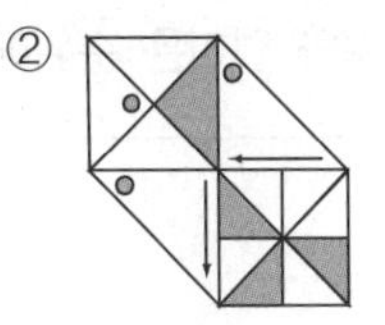

③

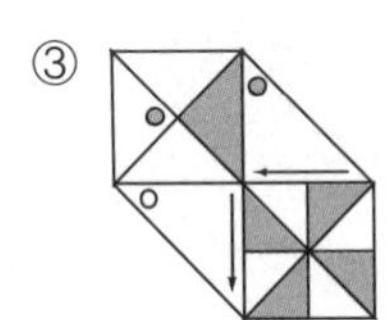

④

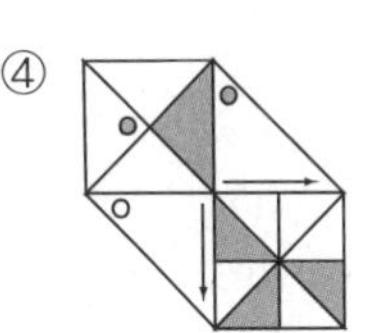

36. 다음 〈보기〉의 내용을 통해 바르게 추론한 것은?

보기

- 키가 170cm인 가영이는 나영이보다 키가 크다.
- 다영이는 나영이보다 키가 작다.
- 라영이의 키는 155cm로 마영이보다 키가 크다.

① 나영이의 키가 두 번째로 크다.
② 마영이는 다영이보다 키가 작다.
③ 가영이는 마영이보다 키가 크다.
④ 라영이는 나영이보다 키가 크다.

37. 다음은 Z, Y, X, W, V 다섯 명이 자동차 경주를 하고 순위에 대해 나눈 대화이다. 이 중 한 명만 거짓을 말하고 있다고 할 때, 1위부터 순위를 바르게 나열한 것은?

> Z : W는 5등을 했고, Y와 순위 차이가 제일 커.
> Y : Z는 1등도 꼴찌도 하지 않았어.
> X : 나와 Y는 2순위 차이가 나.
> W : 나는 4등을 했어.
> V : 나는 2등을 했고, X와 연이은 순위에 있어.

① Y－V－X－Z－W
② Y－V－X－W－Z
③ V－W－Z－Y－X
④ V－Y－X－Z－W

38. □□기업은 최근 감사를 진행하던 중에 부정청탁을 받은 정황을 포착하였다. 이에 관련된 직원 4명을 불러 조사한 결과 다음과 같은 사실을 알 수 있었다. 반드시 부정청탁을 받은 사람은?

> • 해미는 부정청탁을 받은 사실이 없다.
> • 유결이 부정청탁을 받았다면 다른 한 명도 부정청탁을 받았다.
> • 문영이 부정청탁을 받았다면 다른 두 명도 부정청탁을 받았다.
> • 해미, 유결, 문영, 기현 중 최소 한 명은 부정청탁을 받았다.

① 해미
② 유결
③ 문영
④ 기현

39. 다음 명제가 모두 참일 때, 〈결론〉에 대한 설명으로 항상 옳은 것은?

- 빨간색을 좋아하는 사람은 사소한 일에 얽매이지 않는다.
- 분홍색을 좋아하는 사람은 애정과 동정심이 많다.
- 내성적이지 않은 사람은 파란색을 좋아하지 않는다.
- 내성적인 사람은 사소한 일에 얽매인다.
- 애정과 동정심이 많은 사람은 박애주의자이다.

결론

(가) 파란색을 좋아하는 사람은 빨간색을 좋아하지 않는다.
(나) 분홍색을 좋아하지 않는 사람은 박애주의자가 아니다.

① (가)만 항상 옳다.
② (나)만 항상 옳다.
③ (가), (나) 모두 항상 옳다.
④ (가), (나) 모두 항상 그르다.

40. 다음 〈조건〉이 성립할 때, 반드시 참인 것은?

조건

- 에어로빅 강좌를 신청하지 않은 사람들은 모두 요리 강좌를 신청하지 않았다.
- 영화감상 강좌를 신청하지 않은 사람들은 모두 에어로빅 강좌를 신청하지 않았다.
- 우쿨렐레 강좌 신청자 중 일부는 요리 강좌를 신청하였다.

① 에어로빅 강좌를 신청한 사람은 모두 요리 강좌를 신청하였다.
② 우쿨렐레 강좌 신청자 중 일부는 영화감상 강좌를 신청하였다.
③ 에어로빅 강좌를 신청한 사람들은 모두 우쿨렐레 강좌를 신청하지 않았다.
④ 요리 강좌를 신청하지 않은 사람들 중 일부는 에어로빅 강좌를 신청하였다.

41. A, B, C, D는 각자 순서대로 ㉠, ㉡, ㉢, ㉣ 네 실험을 진행하였다. 실험 결과 ㉠~㉣ 중 단 한 실험에서만 오류가 발견되었다. 다음 대화에서 한 명은 거짓을, 세 명은 진실만을 말하였을 때, 거짓을 말한 사람과 오류가 발견된 실험을 바르게 연결한 것은?

- A : 실험 ㉢에서 오류가 있었습니다.
- B : 제가 진행한 실험에서는 오류가 없었습니다.
- C : 실험 ㉡에는 오류가 없었습니다.
- D : 실험 ㉣에는 오류가 없었습니다.

	거짓을 말한 사람	오류가 발견된 실험
①	A	㉠
②	A	㉡
③	C	㉡
④	D	㉠

42. 다음 글에서 나타나는 논리적 오류와 같은 형태의 오류를 범하고 있는 것은?

> 명당자리를 골라 부모님 산소를 옮겼더니, 그렇게 출마해도 안 되던 김○○ 씨가 이번에는 국회의원이 되었대. 국회의원이 되려면 역시 부모님 산소를 명당자리로 옮겨야 돼!

① 옆 학교에서 학생 한 명이 눈병이 났는데, 친구들끼리 모여서 일부러 눈병 걸린 학생이 자신의 눈을 만진 손으로 친구 눈을 만지게 했대. 그 학교 애들은 공부하기가 싫은가 봐.

② 일본 애니메이션이나 영화는 제2차 세계대전을 일으킨 일본에서 만들어졌기 때문에 그것을 보아서는 안 되며, 독일 제품은 나치의 후손들이 만들었기 때문에 불매운동을 해야 해!

③ 저 사람은 어른들을 만나도 인사를 제대로 하지 않기 때문에 그 사람이 하는 말은 믿을 수가 없을 뿐만 아니라 상종을 해서는 안 되는 사람이야.

④ 서울의 한 PC방에 관찰 카메라를 설치한 뒤 게임이 한창 진행 중인 학생들의 컴퓨터의 전원을 순간적으로 껐더니 게임을 하던 학생들이 모두 폭력적으로 변했어. 역시 게임은 폭력성을 유발하는구나!

43. 다음 조건을 참고하여 도출할 수 있는 비밀번호는?

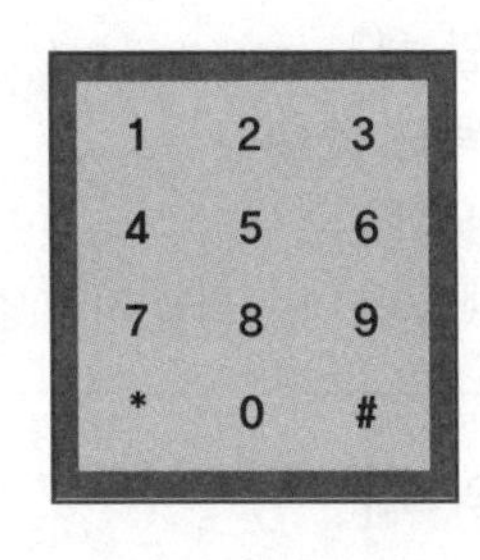

- 비밀번호는 중복되지 않는 네 개의 숫자로 이루어져 있다.
- 비밀번호 중 세 개의 숫자는 키패드의 가로 일직선상에 위치한다.
- 가로 일직선상에 위치하는 세 개의 숫자를 더하면 남은 한 개의 숫자가 된다.
- 홀수 번째 자리에는 짝수, 짝수 번째 자리에는 홀수가 위치한다.
- 첫 번째, 두 번째 자리의 숫자를 더하면 네 번째 자리의 숫자가 된다.

① 3216　　② 6123
③ 2163　　④ 2136

44. 해진, 예림, 희은, 찬빈, 은희, 영준, 유민은 영어회화, 시사토론, 수영 강의 중 최소 하나 이상을 수강하고 있다고 할 때, 해진이가 수강하고 있는 강의는?

- 영어회화, 시사토론, 수영의 수강인원은 각각 4명, 4명, 3명이다.
- 수영만 수강하는 사람은 없다.
- 세 강의를 모두 수강하는 사람은 없다.
- 은희와 유민은 두 개의 강의를 수강하고 있고 모두 같은 강의를 수강하고 있다.
- 희은, 찬빈은 시사토론 강의를 수강하고 있다.
- 예림과 영준은 두 개의 강의를 수강하고 있으며 그중 하나만 같은 강의이다.
- 은희와 영준은 하나만 같은 강의를 듣고 있다.
- 예림은 영어회화는 듣지 않는다.

① 시사토론　　② 영어회화
③ 영어회화, 시사토론　　④ 시사토론, 수영

45. 다음 대화에서 나타나고 있는 논리적 오류는?

> 민규 : 야, 30분이나 지각하는 게 어디 있어. 그러면서 사과도 안 해?
> 현수 : 30분 정도야 준비하다 보면 늦을 수 있지. 내가 미리 연락도 했잖아.
> 민규 : 아무리 그래도 늦었으면 사과부터 하는 게 맞는 순서 아니야?
> 현수 : 그렇게 따지면 너도 저번에 30분 늦어 놓고 사과부터 안 했잖아. 너는 화낼 자격 없어.

① 성급한 일반화의 오류
② 허수아비 공격의 오류
③ 동정에 호소하는 오류
④ 피장파장의 오류

46. 다음 ⓐ와 ⓑ에 들어갈 단어를 바르게 연결한 것은?

> 망종은 24절기 중 아홉 번째로 (ⓐ)와/과 (ⓑ) 사이이다. 양력으로 6월 6일경부터이며, 음력으로 4월 또는 5월에 든다. 씨를 뿌리기 좋은 시기라는 뜻으로 모내기와 보리베기가 이뤄진다. 각 지역별로 다양한 망종 풍속을 갖는데 농사의 한 해 운을 보거나 농사가 잘되는 시기를 말한다. 농촌에서는 1년 중 가장 바쁜 시기이다.

	ⓐ	ⓑ
①	입춘	경칩
②	소만	하지
③	백로	대서
④	상강	입하

47. 다음 중 직장 내 윗사람과 전화할 때의 응대 예절로 옳지 않은 것은?

① "(전화벨이 두 번 울린 후) 네, 행정팀 홍길동입니다."
② "잘 알겠습니다, 부장님. 말씀하신 사항은 곧바로 과장님에게 전달하도록 하겠습니다."
③ "네, 과장님. 말씀하시죠. 필기해 두고 지시사항 이행토록 하겠습니다."
④ "그 건은 제 담당은 아닙니다만, 제가 담당자에게 확인하여 알려 드리도록 하겠습니다."

48. 다음 중 바람직한 윤리적 가치관으로 적절한 것은?

① 개인적인 사정으로 회사 내규를 본인 편의에 맞게 적용한다.
② 정해진 규정은 어떠한 상황이 있더라도 반드시 준수한다.
③ 회사 내규의 불합리함을 비공식적인 방식으로 폭로하고 개선을 유도한다.
④ 정직을 이상적인 가치로 여기면서 현실적인 타협을 적절히 진행한다.

49. 우리 사회의 낮은 정직성 수준의 원인으로 옳지 않은 것은?

① 한국 사회에서는 사적 신뢰보다 공적 신뢰를 더 중요시하기 때문이다.
② 부정직한 사람이 정치인, 기업인이 되어 성공하는 사례가 많기 때문이다.
③ 진실이 필요한 상황에서 친분관계로 인해 위증을 하는 경우가 많기 때문이다.
④ 원칙보다 조직원들 간의 정을 더 우선시하는 문화적 요소도 하나의 원인이다.

50. 다음 중 명함을 주고받을 때의 예절로 옳지 않은 것은?

① 명함을 받았을 때 모르는 한자가 있다면 그 자리에서 정중하게 물어본다.
② 명함을 받을 시 상대방의 이름을 손가락으로 덮지 않도록 주의하며 명함의 끝부분을 잡는다.
③ 명함을 받은 다음 잘 보관할 수 있도록 바로 주머니나 수첩 등에 넣어 둔다.
④ 명함은 두 손으로 건네고 두 손으로 받는 것이 예의이다.

충남 9회

기출예상문제

문항수 | 50문항
시험시간 | 50분

▸ 정답과 해설 76쪽

01. 다음의 ㉠~㉣ 중 그 쓰임이 적절한 것은?

> "내가 집이 가난해서 말이 없으므로 혹 빌려서 타는데, ㉠ 여의고 둔하여 걸음이 느린 말이면 비록 급한 일이 있어도 감히 채찍질을 가하지 못하고 조심조심하여 곧 ㉡ 넘어질 것가치 여기다가, 개울이나 구렁을 만나면 내려서 걸어가므로 후회하는 일이 적었다. 발이 높고 귀가 날카로운 ㉢ 준마로써 잘 달리는 말에 올라타면 의기양양하게 마음대로 채찍질하여 고삐를 놓으면 언덕과 골짜기가 평지처럼 보이니 심히 ㉣ 장쾌하였다. 그러나 어떤 때에는 위태로워서 떨어지는 근심을 면치 못하였다. … "

① ㉠
② ㉡
③ ㉢
④ ㉣

02. 다음 중 절약을 이야기하는 속담이 아닌 것은?

① 단단한 땅에 물이 괸다.
② 열의 한 술 밥
③ 소같이 벌어서 쥐같이 먹어라.
④ 강물도 쓰면 준다.

03. 다음 단어 관계에 근거할 때 빈칸에 들어갈 단어는?

> '계산기－계산'의 관계는 '피아노－(　　)'의 관계와 같다.

① 건반
② 악기
③ 음악
④ 연주

04. 다음 글을 통해 알 수 있는 것은?

> 향수는 원액의 농도에 따라 퍼퓸, 오드 퍼퓸, 오드 뚜왈렛, 오드 콜로뉴 등으로 나뉜다. 퍼퓸은 알코올 85%에 향 원액이 30% 정도 함유되어 있고, 향은 약 12시간 정도 지속된다. 퍼퓸 다음으로 농도가 짙은 오드 퍼퓸은 알코올 92%에 향 원액이 15% 정도 함유되어 있으며 향의 지속시간은 7시간 정도이다. 오드 뚜왈렛은 알코올 80%, 향료 8%에 3 ~ 4시간 정도 향이 지속되고, 오드 콜로뉴는 알코올 95%, 향료 5%에 1 ~ 2시간 정도 향이 지속된다. 향취는 톱 노트, 미들 노트, 라스트 노트의 3단계로 변하는데 먼저 톱 노트는 알코올과 함께 섞인 향으로 향수 뚜껑을 열자마자 처음 맡게 되는 냄새이다. 미들 노트는 알코올 냄새가 조금 느껴지면서 원래 향수의 주된 향기가 맡아지는 단계이고, 라스트 노트는 맨 마지막에 남는 냄새로 향수 본래의 향취가 나는 단계이다. 향수는 라스트 노트가 6시간 정도 지속되는 것이 가장 좋으므로 알코올이 어느 정도 날아가고 난 상태에서 향을 맡아보고 고르는 것이 좋다. 또한 향취는 밑에서 위로 올라오는 성질이 있기 때문에 잘 움직이는 신체 부분에 발라야하며 귀 뒤나 손목, 팔꿈치 안쪽 등 맥박이 뛰는 부분에 뿌리면 향력이 더 좋아진다.

① 향수의 원액 농도가 높을수록 가격이 비싸다.
② 톱 노트가 오래 지속되는 향수를 골라야 한다.
③ 향수를 목에 뿌리면 향이 오래 가지 않는다.
④ 아침에 뿌리고 밤까지 향이 지속되게 하려면 퍼퓸을 구입한다.

05. 다음 밑줄 친 단어와 문맥적으로 바꾸어 쓸 수 없는 단어는?

> 부장 검사는 사건을 신임 검사에게 <u>맡겼다</u>.

① 일임하다 ② 내맡기다
③ 기탁하다 ④ 주선하다

[06 ~ 07] 다음 글을 읽고 이어지는 질문에 답하시오.

㉠ 상품은 그것을 만들어 낸 생산자의 분신이지만, 시장 안에서는 상품이 곧 독자적인 인격체가 된다. 사람이 주체가 아니라 상품이 주체가 되는 것이다. 상품 생산자, 즉 판매자는 ㉡ 화폐를 얻기 위해 자신의 상품을 시장에 내놓는다. 이렇게 내놓아진 상품이 시장에서 다른 상품이나 화폐와 관계를 맺게 되면 그 상품은 주인에게 복종하기를 멈추고 자립적인 삶을 살아가게 된다.

또한, 사람들이 상품을 생산하여 교환하는 과정에서 시장의 경제 법칙을 만들어 냈지만 이제 거꾸로 상품들은 인간의 손을 떠나 시장 법칙에 따라 교환된다. 이런 시장 법칙의 지배 아래에서는 사람과 사람 간의 관계가 상품과 상품, 상품과 화폐 등 사물과 사물 간의 관계에 가려 보이지 않게 된다.

이처럼 상품이나 시장 법칙은 인간에 의해 산출된 것이지만, 거꾸로 상품이나 시장 법칙이 인간을 지배하게 된다. 이때 인간 및 인간들 간의 관계가 소외되는 현상이 나타난다.

06. 윗글의 중심내용으로 적절한 것은?

① 시장 경제는 사람이 관여하지 않을 때 가장 이상적이다.
② 상품과 시장 법칙 중심의 경제가 사람을 소외시킨다.
③ 시장 경제 법칙이 실제 시장에 잘 적용되지 않고 있다.
④ 사람 간 관계 중심의 시장 정책 마련이 필요하다.

07. 다음 중 윗글의 ㉠과 ㉡의 관계와 같은 것은?

① 잡채 : 당면
② 남자 : 여자
③ 축구 : 공
④ 운동 : 건강

08. 다음 글의 내용과 일치하지 않는 것은?

구매력 평가를 기준으로 우리나라 1인당 국내총생산(GDP)은 3만 달러를 넘었다. 이는 소비자가 여가와 건강, 취미 및 자기 계발에 소비를 늘리는 생활 방식으로 진입했음을 의미한다. 이와 더불어 미국 중심으로 떠오른 '욜로(YOLO) 라이프'가 우리나라에서도 굵직한 소비 경향으로 자리 잡고 있다. 2016년 초, 당시 오바마 미국 대통령이 오바마케어 홍보 영상에서 언급해 알려지기 시작한 욜로는 'You only live once'를 줄인 말이다. 욜로는 한 번뿐인 인생을 후회 없이 즐기며 사랑하자는 의미가 담겨 있으며, 현재의 삶이 행복해야 미래의 삶도 행복하다는 철학을 바탕으로 오늘의 일상을 즐겁게 만들자는 움직임이다. 따라서 욜로 라이프는 단순히 내일은 준비하지 않고 현재의 충동적 욕망에만 충실하자는 의미와는 거리가 있다.

이러한 욜로 라이프는 즉흥적이며 일회성의 일상이 아닌 '지금 현재의 삶'을 아름답게 즐기자는 경향이 반영돼 있다. 예컨대 자기 소유의 집이 아닌 전세나 월세로 산다 할지라도 벽지나 조명, 가구나 인테리어 소품 등을 자신의 취향에 따라 아름답게 꾸미려는 소비 현상이 증가한 것을 대표적인 욜로 현상의 예로 들 수 있다.

욜로 라이프 현상은 여행업계에서 한층 뚜렷하게 나타난다. 여행사를 통해 널리 알려진 곳 위주로 관광하는 단순한 여행 패턴을 넘어, 남들이 가 보지 않은 지역을 찾아 즐거움과 환희를 느끼는 관광객이 계속 늘고 있다. 한 소셜커머스에서 2016년에 판매한 여행상품 자료에 따르면, 세계 최대 산호 군락지인 호주의 그레이트 배리어 리프 여행객과 겨울철 극지방 도깨비불로 불리는 오로라 여행객이 예년보다 많이 증가한 것으로 나타났다.

과거 우리 부모 세대는 미래를 위해 한 푼이라도 아껴 저축하기를 강조하였지만, 욜로 라이프를 추구하는 욜로족은 지금 현재의 나에게 초점을 맞춘다. 이는 지속적인 경기 불황 및 청년 구직난의 어두운 그늘에서 벗어나려는 젊은 층의 심리가 반영된 것이라는 분석도 있다. 한편 타인이 아닌 나 자신을 위한 투자가 과소비나 과시형 소비를 부를 수 있다는 지적도 있다. 그러나 현재 여러 산업 분야에서 소비 시장이 계속 위축되고 있으므로, 이러한 소비 트렌드와 심리를 반영하여 삶의 다양한 가치를 채울 수 있는 상품의 개발은 소비를 유도할 수 있으며 이렇게 차별화된 서비스 개발도 점차 늘어날 것으로 전망된다.

① 욜로 라이프는 2016년 초 미국에서 소개된 후 우리나라 소비에도 영향을 미쳤다.

② 욜로족은 현재의 즐거움을 추구하는 동시에 미래를 위한 투자에도 중점을 둔다.

③ 유명 관광지 중심인 패키지여행보다 개성을 살린 개별 여행이 증가한 것도 욜로족의 영향이라 볼 수 있다.

④ 한 번뿐인 인생을 즐겁게 살자는 경향이 반영된 서비스 상품 개발이 앞으로 계속 늘어날 것이다.

09. 다음 (가) ~ (라)를 문맥에 따라 순서대로 배열한 것은?

> (가) 농촌에서 태어나는 아이도 없을뿐더러 그나마 있는 청년들도 도시로 떠나고 있기 때문이다.
> (나) 이러한 상황에서 고령층은 새로운 소득 작물을 재배하기도 하고 지역 농산물을 활용해 독창적인 상품을 만들어 내기도 한다.
> (다) 그럼에도 급속한 고령화와 영농 후계 인력의 단절 등으로 농어촌의 생산성과 수익은 점점 줄어들어 문제는 해결되지 못하고 있다.
> (라) 사회 전반적으로 고령화가 진행되고 있지만 농촌은 특히나 심각하다.

① (라)－(가)－(나)－(다)　　② (라)－(가)－(다)－(나)
③ (라)－(나)－(가)－(다)　　④ (라)－(나)－(다)－(가)

10. 다음 빈칸에 들어갈 접속부사로 적절한 것은?

> 최근 대표적인 게임 캐릭터인 '○○'와 '△△'를 합친 캐릭터 '△○'의 디자인 등록 결정에 대한 논란이 일고 있다. ○○ 제작사의 변호사 A는 "인기 캐릭터를 살짝 변형한 디자인만으로 디자인 등록이 가능하다면 향후 유사한 불법 복제가 발생할 경우 더 막기 어려워진다."라고 주장하였다. (　　　) △○ 제작사의 변호사 B는 "△○는 신규성과 창작성 등 디자인 등록 요건을 충족하였으므로 ○○ 제작사의 주장은 옳지 않다."라는 입장을 밝혔다.

① 그리고　　② 또한
③ 이처럼　　④ 반면

11. 다음 ㉠~㉣ 중 맞춤법이 옳은 것을 모두 고르면?

> A는 올해 휴가기간에는 특별한 일정을 잡지 않고 ㉠ 오랫만에 시골 고향집에 내려갔다. 휴가 때마다 특별하게 보내려고 이런저런 신경을 쓰다 보니 오히려 스트레스를 받게 되고 피로가 쌓이는 듯하여 이번 휴가는 말 그대로 꼭 ㉡ 쉴려고 시골집에 ㉢ 들렀다. 하지만 가는 날이 장날이라고 노모 홀로 계신 고향집은 그간 제대로 돌보지 못하여 밀린 일들이 산더미처럼 쌓여 있어 잠시도 쉬지 못하고 휴가 내내 고된 노동의 ㉣ 대가를 톡톡히 치르게 되었다. 겉으로는 온몸이 쑤시고 결려 휴가 전보다 피로가 가중한 듯했지만 마음은 한결 가벼워졌었다.

① ㉠, ㉡ ② ㉠, ㉢
③ ㉡, ㉢ ④ ㉢, ㉣

12. 다음 글의 (가)~(라) 중 〈보기〉의 문장이 들어가기 알맞은 곳은?

> 언어결정론자들은 우리의 생각과 판단이 언어를 반영하고 있고 실제로 언어에 의해 결정된다고 주장한다. 언어결정론자들의 주장에 따르면 에스키모인들은 눈에 관한 다양한 언어 표현들을 갖고 있어서 눈이 올 때 우리가 미처 파악하지 못한 미묘한 차이점들을 찾아낼 수 있다. (가) 또, 언어결정론자들은 '노랗다', '샛노랗다', '누르스름하다' 등 노랑에 대한 다양한 우리말 표현들이 있어서 노란색들의 미묘한 차이가 구분되고 그 덕분에 색에 관한 우리의 인지 능력이 다른 언어 사용자들보다 뛰어나다고 본다. (나) 이렇듯 언어결정론자들은 사용하는 언어에 의해서 우리의 사고 능력이 결정된다고 말한다. 정말 그럴까? 모든 색은 명도와 채도에 따라 구성된 스펙트럼 속에 놓이고, 각각의 색은 여러 언어로 표현될 수 있다. (다) 이러한 사실에 비추어보면 우리말이 다른 언어에 비해 더 풍부한 색 표현을 갖고 있다고 볼 수 없다. (라) 따라서 우리의 생각과 판단은 언어가 아닌 경험에 의해 결정된다고 보는 것이 옳다. 언어결정론자들의 주장과 달리, 언어적 표현은 다양한 경험에서 비롯되는 것이다.

보기

> 나아가, 더 풍부한 표현을 가진 언어를 사용함에도 불구하고 인지 능력이 뛰어나지 못한 경우도 발견할 수 있다.

① (가) ② (나)
③ (다) ④ (라)

[13 ~ 14] 다음 숫자들의 배열 규칙을 찾아 '?'에 들어갈 알맞은 숫자를 고르시오.

13.

7 8 15 23 38 61 (?)

① 91 ② 93
③ 95 ④ 99

14.

2 5 11	3 9 28	6 7 (?)

① 40 ② 41
③ 42 ④ 43

15. 철수가 시속 6km로 운동장을 달리고 있다. 30분 동안 같은 속력으로 달리기를 했다면 철수가 이동한 거리는 얼마인가?

① 2.8km ② 3km
③ 3.5km ④ 3.8km

16. A 사원은 사무용품을 다음과 같이 구입하였다. 형광펜 한 개의 가격은 얼마인가?

- 가위 3개, 메모지 5개, 형광펜 2개를 구입하고 25,000원을 지불하였다.
- 가위 5개, 메모지 1개, 형광펜 3개를 구입하고 23,000원을 지불하였다.
- 가위 6개, 메모지 2개, 형광펜 1개를 구입하고 27,000원을 지불하였다.

① 1,000원 ② 2,500원
③ 3,500원 ④ 4,000원

17. 물 225g에 소금 75g을 넣고 완전히 녹일 때, 이 소금물의 농도는 몇 %인가?

① 5% ② 15%
③ 25% ④ 35%

18. 채린이와 삼촌의 나이 차는 18세이고, 4년 후에는 삼촌의 나이가 채린이 나이의 2배가 된다. 채린이의 현재 나이는 몇 세인가?

① 14세 ② 16세
③ 18세 ④ 20세

[19 ~ 20] 다음은 우리나라의 연도별 · 시도별 학급당 학생 수에 대한 자료이다. 이어지는 질문에 답하시오.

〈연도별 학급당 학생 수〉

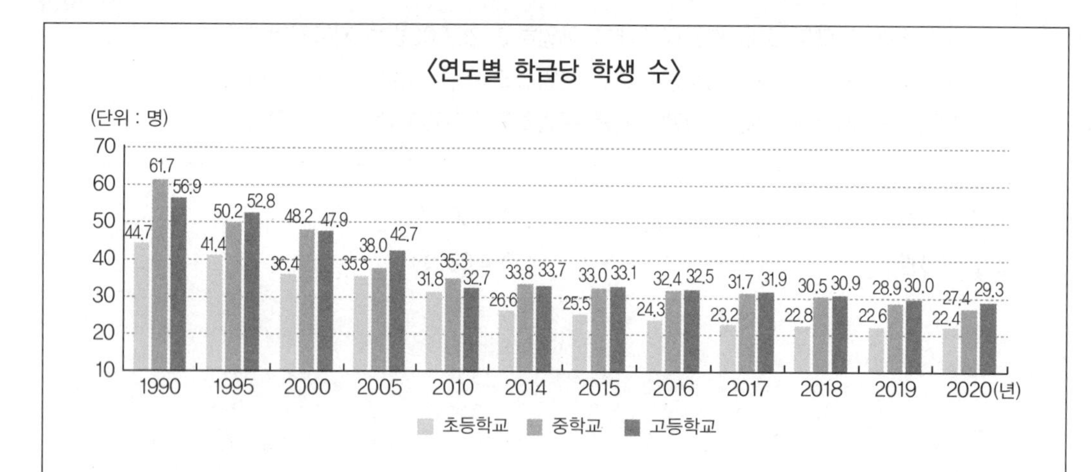

〈시도별 학급당 학생 수(2020년)〉

(단위 : 명)

구분		초등학교	중학교	고등학교
전체		22.4	27.4	29.3
지역규모	대도시	22.9	27.2	29.6
	중소도시	25.0	29.8	30.2
	읍 · 면 지역	17.8	23.0	26.6
	도서 · 벽지	8.8	15.6	22.4
지역	서울	23.4	26.6	29.7
	부산	22.0	26.9	27.4
	대구	22.6	26.4	30.2
	인천	23.0	28.7	28.4
	광주	22.4	27.8	33.0
	대전	21.7	28.6	30.8
	울산	22.8	27.1	30.6
	세종	21.6	22.5	23.3

19. 다음 ㉠~㉣ 중 제시된 자료의 내용과 일치하지 않는 것은?

> 초 · 중등학교의 교육 여건의 개선과 함께 학급당 학생 수는 지속적으로 감소하여 왔다. 초등학교의 경우 1990년 44.7명이었던 학급당 학생 수는 이후 지속적으로 감소하여 2020년에는 22.4명을 나타내고 있다. ㉠중학교의 경우, 1990년 61.7명에서 2020년 27.4명을 나타내고 있으며, 고등학교는 1990년 56.9명에서 2020년 29.3명을 나타내고 있다. 학급당 학생 수는 지역별로 다소 차이를 보인다. 지역규모별로는 ㉡중소도시의 학급당 학생 수가 다른 지역에 비해 높게 나타난다. 2020년 중소도시의 학급당 학생 수는 초등학교는 25.0명, 중학교는 29.8명, 고등학교는 30.2명으로 대도시가 각각 22.9명, 27.2명, 29.6명을 나타낸 것에 비해 높게 나타난다. 반면, 읍 · 면 지역은 초등학교가 17.8명, 중학교가 23.0명, 고등학교가 26.6명으로 나타났으며, 도서 · 벽지는 각각 8.8명, 15.6명, 22.4명이었다.
>
> 또한, ㉢초등학교에서 학급당 학생 수가 가장 많은 지역은 서울이었으며, 고등학교에서는 광주가 33.0명으로 가장 높게 나타났다. 규모가 작은 세종은 초등학교, 중학교, 고등학교 모두에서 가장 적은 학급당 학생 수를 나타내고 있으며, 반면 ㉣울산은 모든 학교급에서 학급당 학생 수가 우리나라 평균보다 높게 나타났다.

① ㉠　　② ㉡

③ ㉢　　④ ㉣

20. 2020년 8개 비교 대상 지역의 초 · 중 · 고등학교 학급당 평균 학생 수를 올바르게 나열한 것은? (단, 소수점 아래 둘째 자리에서 반올림하고, 시도별 학급 수는 동일하다고 가정한다)

	초등학교	중학교	고등학교
①	26.8명	22.4명	23.5명
②	22.4명	26.8명	29.2명
③	23.2명	26.8명	28.5명
④	22.4명	29.2명	27.5명

21. 12명의 학생 가운데 9명의 점수의 총합은 630점이고 나머지 3명 중 두 명의 평균 점수는 84점이며 나머지 한 명의 점수는 12명의 평균 점수보다 16점 높다고 한다. 이때, 학생 12명의 평균 점수는?

① 70점　　② 74점

③ 86점　　④ 90점

22. 다음은 소비자 피해 구제 접수 현황에 대한 자료이다. 이를 바탕으로 20X8년 각 유형별 소비자 피해구제 접수 비율을 그래프로 바르게 나타낸 것은? (단, 소수점 아래 둘째 자리에서 반올림한다)

(단위 : 건)

구분	20X2년	20X3년	20X4년	20X5년	20X6년	20X7년	20X8년
방문 · 전화 권유 판매	111	184	181	220	144	115	91
다단계 판매	180	71	52	29	30	35	51
사업 권유 거래	123	69	40	33	35	24	18
전자상거래	27	61	34	37	45	79	140
기타	11	27	79	200	238	249	207

①

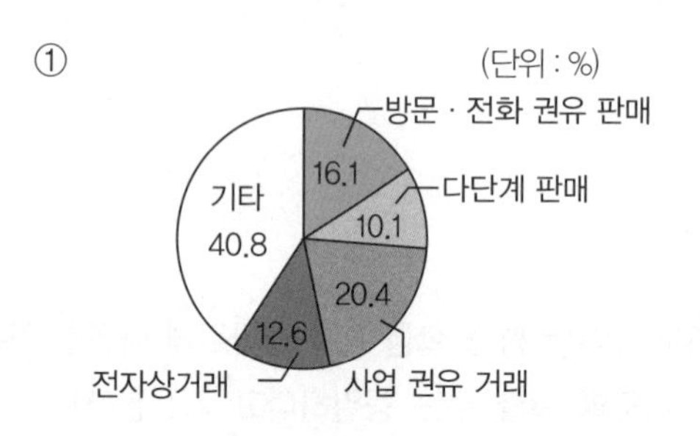

②

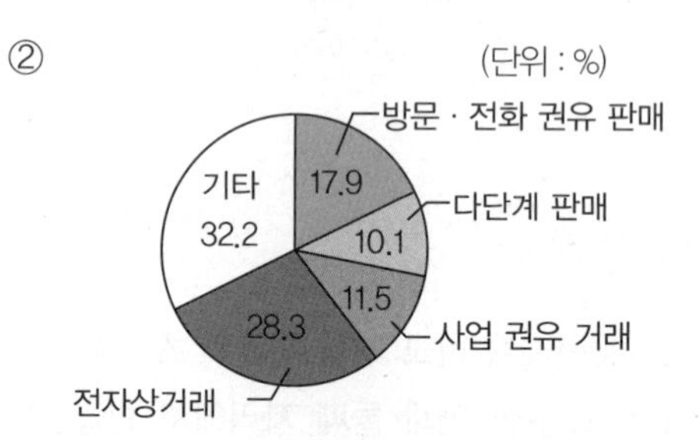

③

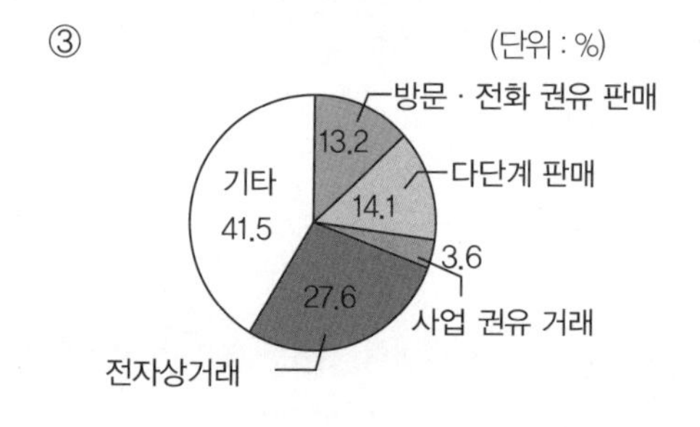

④

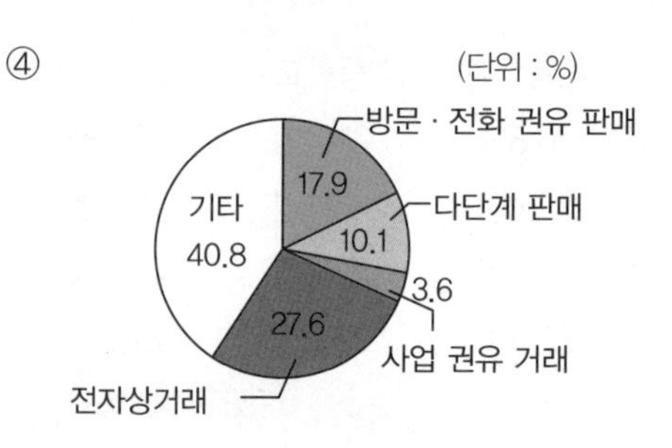

23. 원가에 3할의 이익을 붙여 정가를 책정하였다. 그러나 생각보다 잘 팔리지 않아 정가의 20%를 할인해서 팔았고 이때의 이익은 2,000원이었다. 원가는 얼마인가?

① 32,000원　② 40,000원
③ 46,000원　④ 50,000원

24. 다음 상황에서 K 사원이 최종적으로 투사한 화면의 면적은? (단, 소수점 아래 첫째 자리에서 반올림한다)

> K 사원은 크기는 다르지만 서로 닮음의 관계에 있는 두 도형의 특정 변의 길이 비가 $a : b$ 관계에 있다면, 두 도형의 면적 비는 $a^2 : b^2$이라는 것을 알고 있다. 어느 날, 직원 워크숍을 준비하면서 프로젝터의 위치를 조정하던 중에 처음 정한 프로젝터의 위치에서는 가로 길이가 3m이며 전체 면적이 12m^{2}인 화면을 투사한다는 것을 알게 되었다. 이를 확인한 상사가 워크숍에 예정보다 많은 인원이 참석할 것이라며 화면을 더 늘릴 것을 지시하였다. 따라서 K 사원은 가로 길이가 5m인 화면을 투사할 수 있도록 프로젝터의 위치를 조정하였다.

① 20m^2　② 25m^2
③ 33m^2　④ 38m^2

25. 다음은 성별, 연령대별 전자금융서비스 인증수단 선호도에 관한 자료이다. 이에 대한 설명으로 옳지 않은 것은?

〈성별, 연령대별 전자금융서비스 인증수단 선호도 조사결과〉

(단위 : %)

구분 \ 인증수단		휴대폰 문자인증	공인 인증서	아이핀 (I-PIN)	이메일	전화인증	신용카드	바이오 인증
성별	남성	72.2	69.3	34.5	23.1	22.3	21.2	9.9
	여성	76.6	71.6	27.0	25.3	23.9	20.4	8.3
연령대	10대	82.2	40.1	38.1	54.6	19.1	12.0	11.9
	20대	73.7	67.4	36.0	24.1	25.6	16.9	9.4
	30대	71.6	76.2	29.8	15.7	28.0	22.3	7.8
	40대	75.0	77.7	26.7	17.8	20.6	23.3	8.6
	50대	71.9	79.4	25.7	21.1	21.2	26.0	9.4
전체		74.3	70.4	30.9	24.2	23.1	20.8	9.2

※ 응답자 1인당 최소 1개에서 최대 3개까지의 선호하는 인증수단을 선택했음.

※ 인증수단 선호도는 전체 응답자 중 해당 인증수단을 선호한다고 선택한 응답자의 비율임.

※ 전자금융서비스 인증수단은 제시된 7개로만 한정됨.

① 연령대별 인증수단 선호도를 살펴보면 30대와 40대 모두 아이핀이 3번째로 높다.

② 전체 응답자 중 선호 인증수단을 3개 선택한 응답자 수는 40% 이상이다.

③ 20대와 50대 간의 인증수단별 선호도 차이는 공인인증서가 가장 크다.

④ 선호하는 인증수단으로 이메일을 선택한 20대가 아이핀과 공인인증서를 동시에 선택했다면, 신용카드를 선택한 20대 모두가 아이핀을 동시에 선택한 것이 가능하다.

[26 ~ 27] 다음은 같은 모양과 크기의 블록을 쌓아올린 그림이다. 이어지는 질문에 답하시오.

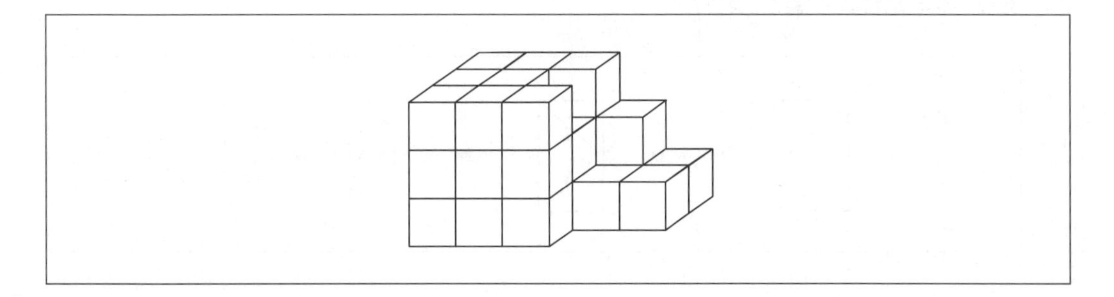

26. 블록의 개수는 모두 몇 개인가?

① 27개
② 29개
③ 31개
④ 33개

27. 그림에서 두 면만 보이는 블록은 모두 몇 개인가?

① 5개
② 6개
③ 7개
④ 8개

28. 다음과 같이 화살표 방향으로 종이를 접은 후, 마지막 그림과 같이 펀치로 구멍을 뚫고 다시 펼쳤을 때의 모양으로 옳은 것은?

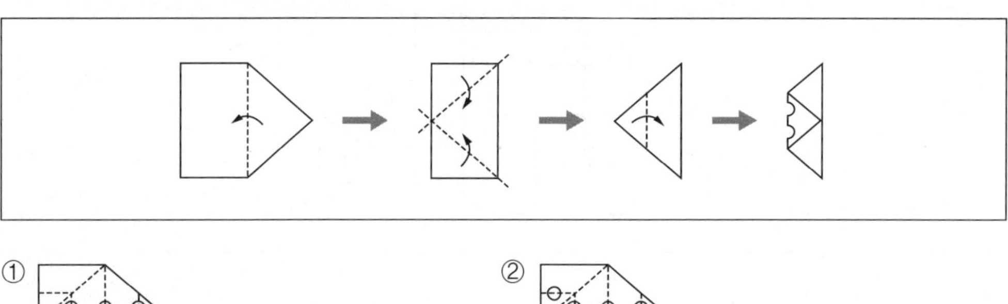

①

② 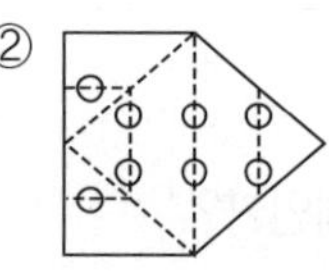

③ 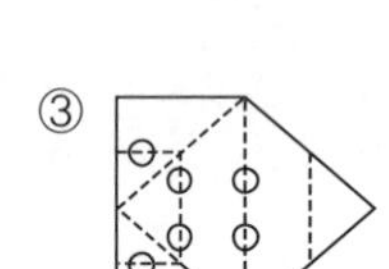

④ 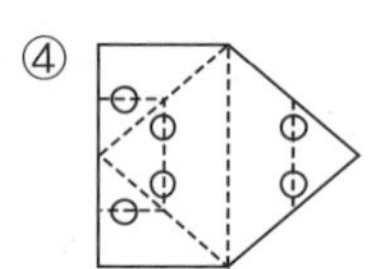

29. 다음 〈보기〉에 제시된 도형 3개를 합쳤을 때 나오는 모양으로 적절하지 않은 것은? (단, 각 도형은 회전할 수 없다)

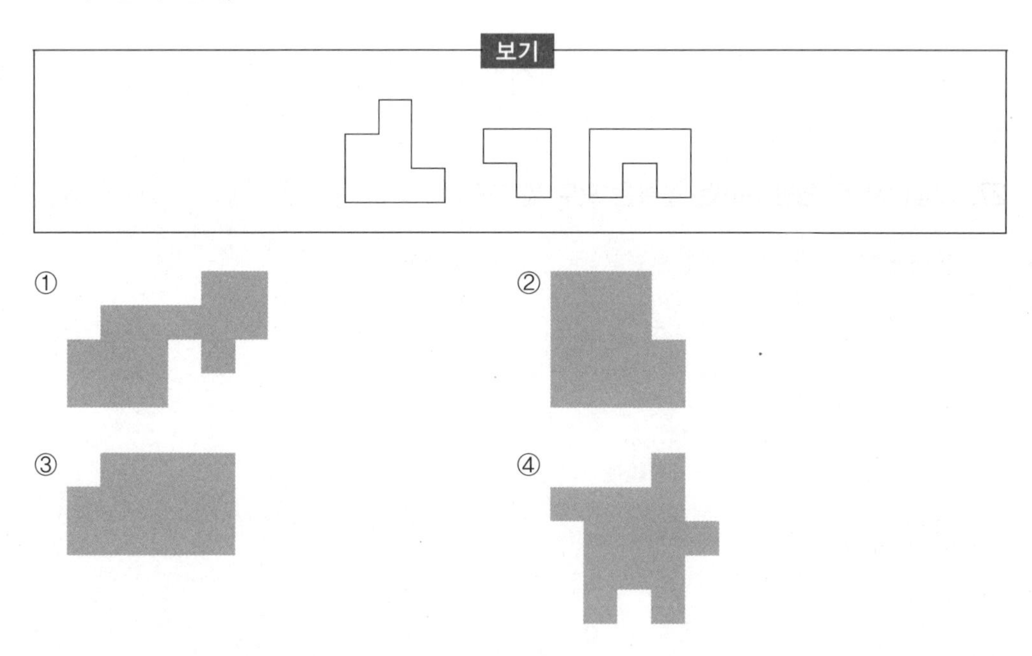

30. 다음 그림의 조각을 순서대로 배열한 것은?

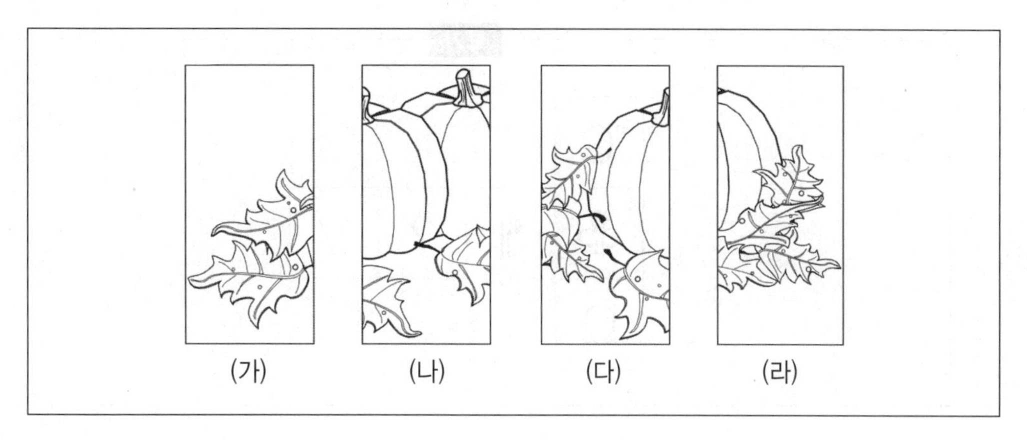

① (가)-(나)-(다)-(라)
② (가)-(다)-(나)-(라)
③ (라)-(나)-(다)-(가)
④ (라)-(다)-(나)-(가)

31. 다음 〈보기〉의 왼쪽에 있는 도형을 오른쪽에 나타난 각도만큼 회전한 모양으로 적절한 것은?

보기

①
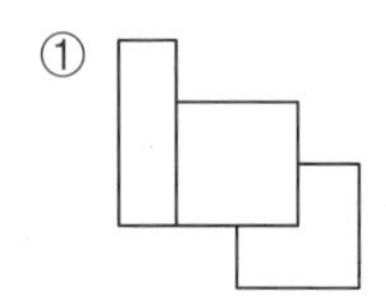

②
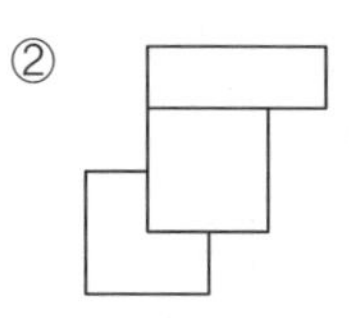

③
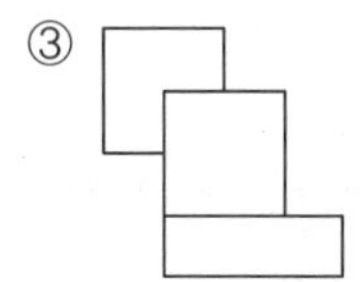

④
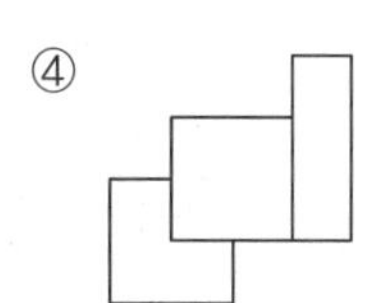

32. 다음 〈보기〉의 전개도를 접었을 때의 도형으로 적절하지 않은 것은?

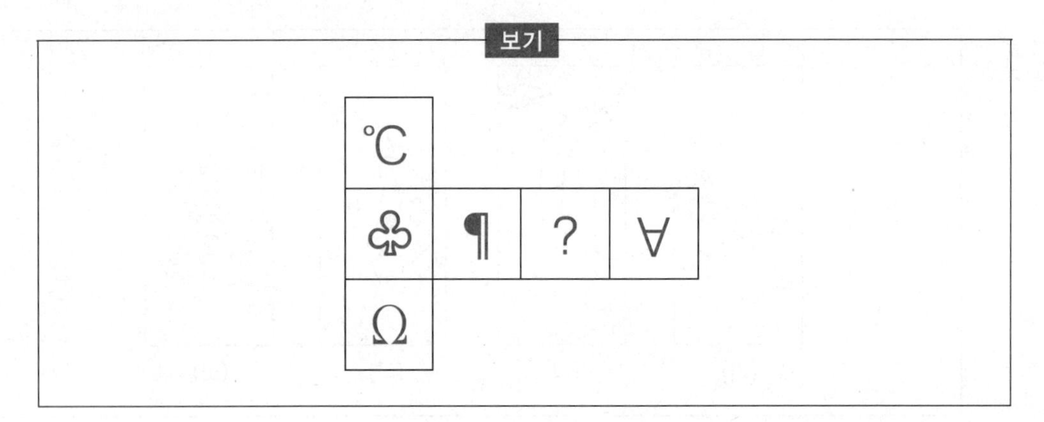

①
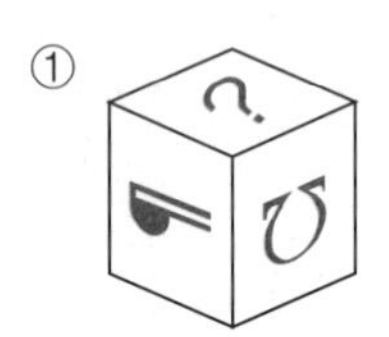

②
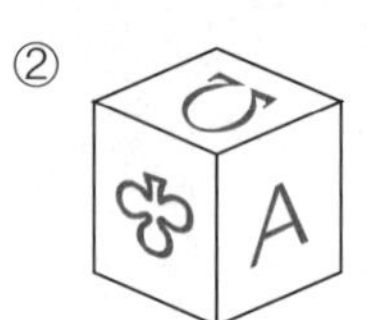

③
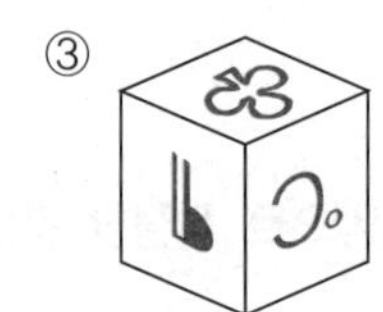

④
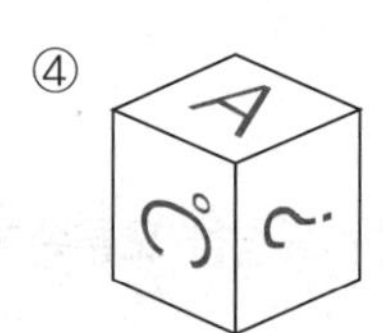

33. 다음 그림에서 만들 수 있는 크고 작은 사각형은 모두 몇 개인가?

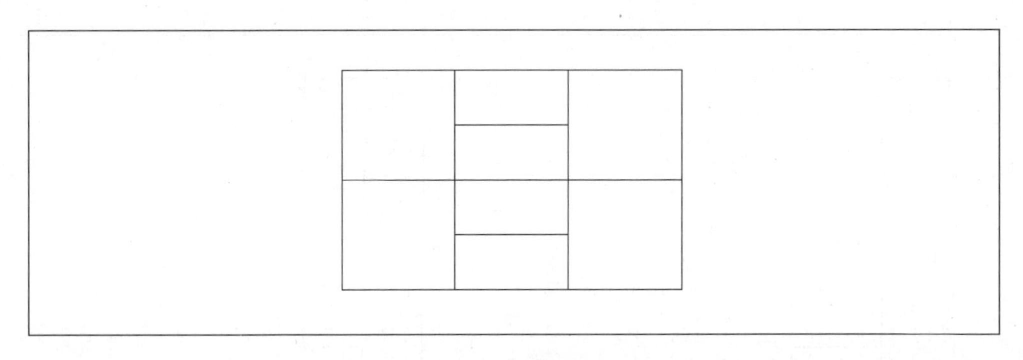

① 20개
② 21개
③ 23개
④ 25개

34. 다음 그림과 동일한 것은?

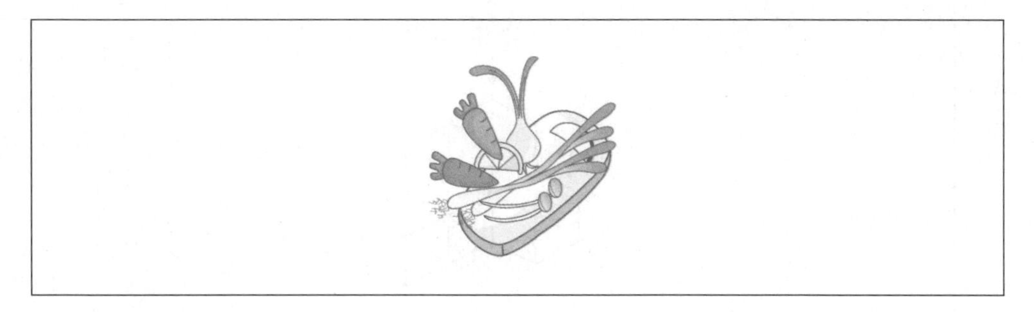

① 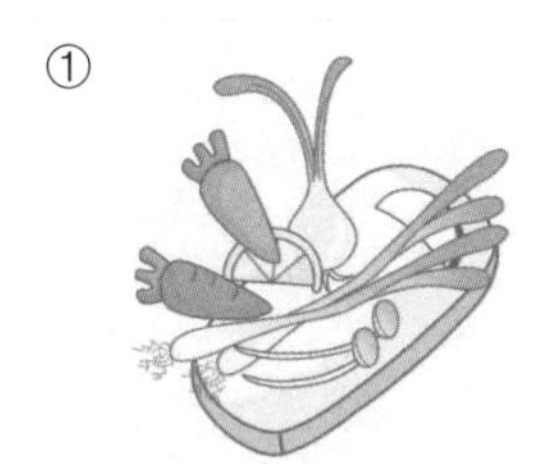

② 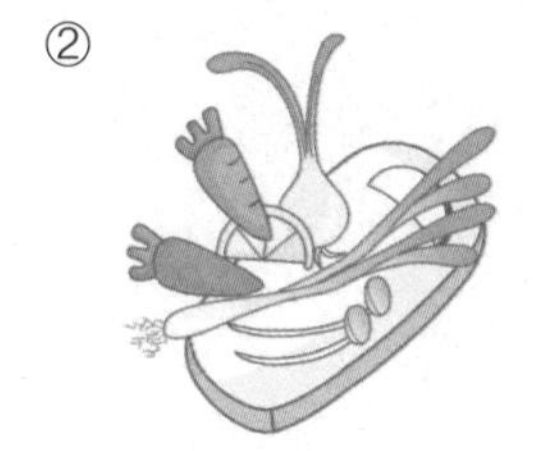

③ 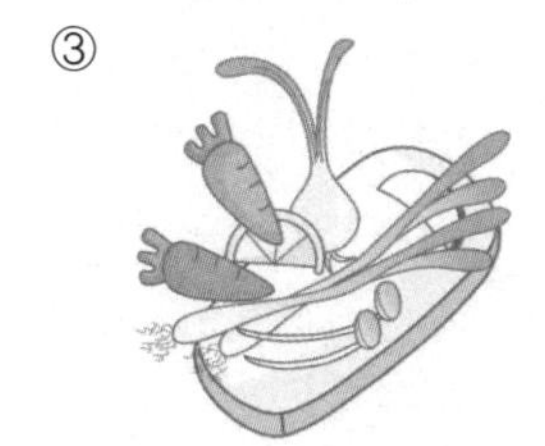

④ 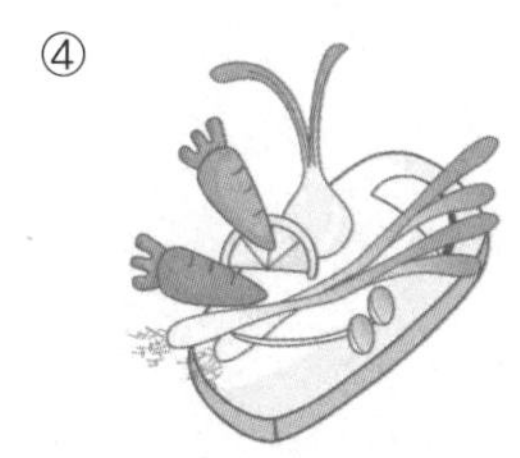

35. 다음의 입체도형을 위에서 본 모양으로 알맞은 것은?

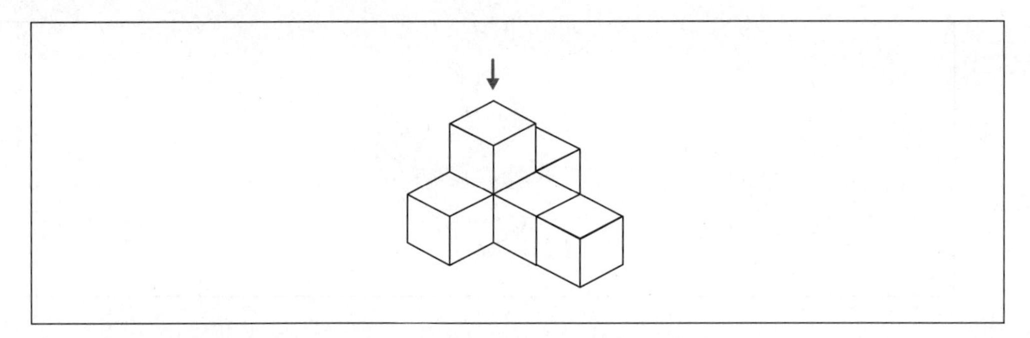

①

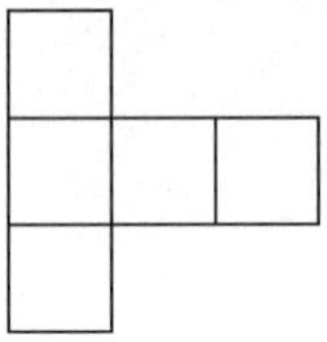

②

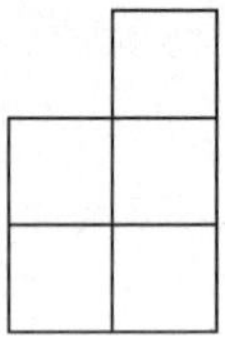

③

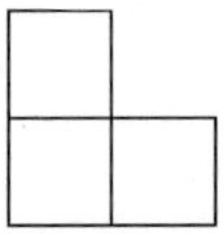

④

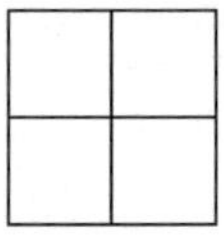

36. 다음 글을 통해 알 수 있는 논리적 오류는?

> 코로나19가 치료된 원인이 의학적으로 증명되지 않았으므로 이는 신이 도운 것이다.

① 무지에 호소하는 오류　　② 거짓 딜레마

③ 복합 질문의 오류　　④ 의도 확대의 오류

37. **다음 명제가 모두 참일 때 옳지 않은 것은?**

> • A 거래처에 발주했다면, B 거래처에는 발주하지 않았다.
> • C 거래처에 발주하지 않았다면, D 거래처에 발주했다.
> • D 거래처에 발주했다면, B 거래처에도 발주했다.

① A 거래처에 발주했다면, C 거래처에도 발주했다.
② B 거래처에 발주하지 않았다면, C 거래처에도 발주하지 않았다.
③ C 거래처에 발주하지 않았다면, A 거래처에도 발주하지 않았다.
④ D 거래처에 발주했다면, A 거래처에는 발주하지 않았다.

38. **다음 〈보기〉의 명제들을 참고할 때, 밑줄 친 부분에 들어갈 문장으로 알맞은 것은? (단, 날씨는 제시된 경우만 고려한다)**

> 보기
>
> • 비가 오면 다음 날은 흐리거나 맑다.
> • 흐린 다음 날은 비가 온다.
> • 맑으면 다음 날은 흐리다.
> • 그러므로 ____________________

① 비가 오지 않은 다음 날에는 비가 온다.
② 오늘은 날이 흐리므로 어제는 날씨가 맑았다.
③ 날이 맑지 않은 다음 날은 반드시 맑다.
④ 흐리지 않은 다음 날에는 비가 오지 않는다.

39. ○○기업의 사옥에는 5개 팀이 2 ~ 5층을 사용하고 있다. 다음 〈조건〉을 바탕으로 할 때, 옳지 않는 것은? (단, 회계팀만 타 층의 복사기를 사용하며, 한 층에는 최대 2개 팀만 있다)

조건

- 마케팅팀과 기획관리팀은 복사기를 같이 사용한다.
- 4층에는 회계팀만 있다.
- 총무팀은 홍보팀의 바로 아래층에 있다.
- 홍보팀은 마케팅팀의 아래쪽에 있으며 3층의 복사기를 사용하고 있다.
- 회계팀은 위층의 복사기를 사용하고 있다.

① 마케팅팀은 기획관리팀과 같은 층에 있다.
② 회계팀은 5층의 복사기를 사용한다.
③ 총무팀은 3층의 복사기를 사용한다.
④ 기획관리팀은 5층에 있다.

40. A, B, C 세 사람은 각각 영업팀, 회계팀, 총무팀 중 서로 다른 부서에서 일하고 있다. 회계팀 직원은 항상 진실을 말하고, 총무팀 직원은 항상 거짓을 말한다고 할 때, 다음 〈진술〉에 따라 사원과 그 소속 부서를 바르게 연결한 것은?

진술

- A : C가 회계팀에서 일한다.
- B : A의 말은 틀렸다. C는 영업팀에서 일한다.
- C : 나는 회계팀도, 영업팀도 아니다.

	A	B	C
①	회계팀	총무팀	영업팀
②	회계팀	영업팀	총무팀
③	총무팀	영업팀	회계팀
④	총무팀	회계팀	영업팀

[41 ~ 42] 신입사원 면접관인 A ~ D는 3시와 4시에 갑, 을, 병, 정 회의실에서 면접을 진행한다. 다음과 같은 〈조건〉에 따라 회의실을 사용한다고 할 때 이어지는 질문에 답하시오.

조건

㉠ 1차 면접은 3시, 2차 면접은 4시에 진행된다.
㉡ A ~ D는 1차와 2차 면접에 1번씩 모두 참가해야 한다.
㉢ 각 회의실은 1명씩 사용하지만, 한 사람이 연속해서 2시간 동안 사용할 수는 없다.
㉣ A는 3시에 정 회의실을 사용할 예정이다.
㉤ B는 절대 을 회의실을 사용하지 않는다.
㉥ B가 3시에 사용하는 회의실과 C가 4시에 사용하는 회의실은 같은 회의실이다.
㉦ D가 4시에 사용하는 회의실과 C가 3시에 사용하는 회의실은 같은 회의실이다.

41. B가 4시에 정 회의실을 사용한다면 회의실을 사용하는 경우의 수는 몇 가지인가?

① 2가지
② 4가지
③ 6가지
④ 8가지

42. A가 반드시 3시에 병 회의실을 사용해야 한다면, 회의실 사용에 대한 설명으로 항상 옳은 것은?

① A는 4시에 갑 회의실을 사용할 수 없다.
② B는 4시에 병 회의실을 사용한다.
③ C는 3시에 을 회의실을 사용한다.
④ D는 4시에 정 회의실을 사용할 수 없다.

43. 다음 명제가 모두 참일 때, 반드시 참인 것은?

- 고양이를 좋아하면 호랑이를 키운다.
- 개를 좋아하면 호랑이를 키우지 않는다.
- 치타를 좋아하면 고양이를 좋아한다.

① 호랑이를 키우지 않는다면 치타를 좋아하지 않는다.
② 호랑이를 키우면 반드시 개를 좋아한다.
③ 고양이를 좋아하면 치타를 좋아한다.
④ 개를 좋아하면 반드시 고양이를 좋아한다.

44. 다음 대화의 내용이 모두 참일 때, 반드시 참인 것은?

갑 : 땅콩을 먹으면 아몬드를 먹지 않아.
을 : 밤을 먹으면 아몬드도 먹어.
병 : 호두를 먹지 않는 사람은 잣을 먹어.

① 밤을 먹은 사람은 잣을 먹지 않는다.
② 아몬드를 먹지 않은 사람은 밤을 먹는다.
③ 땅콩을 먹은 사람은 호두를 먹는다.
④ 땅콩을 먹으면 밤을 먹지 않는다.

45. S 기업의 야유회에서 10명의 사원들을 5명씩 두 팀으로 나누어 보물찾기를 하고 있다. 한 팀이 먼저 보물을 숨기고 다른 팀에게 다음과 같이 힌트를 주었는데 두 명은 거짓을 말하고 있을 때, 거짓을 말하는 사람은? (단, 보물은 한 개다)

> A : 보물은 풀숲 안에 숨겼습니다.
> B : 텐트 안에 보물이 있습니다.
> C : D는 진실만을 말하고 있습니다.
> D : 풀숲 안에 보물을 숨기는 것을 보았습니다.
> E : 저희는 나무 아래에 보물을 숨겼습니다.

① A, B
② A, D
③ B, C
④ B, E

46. 다음은 각 상황별로 고객을 전화로 응대하는 내용이다. ㉠ ~ ㉣ 중 전화 응대 예절에 적합하지 않은 것은?

> [고객이 통화를 원하는 상대가 부재중일 때]
> ㉠ "○○님은 외근 중이어서 오후 3시에 들어오실 텐데 그때 다시 전화를 주시겠습니까? 아니면 전화를 드리라고 할까요?"
>
> [다른 손님과 상담하던 중에 고객의 전화를 받았을 때]
> ㉡ "죄송하지만 제가 지금 다른 손님과 상담 중입니다. 상담이 끝나는 대로 바로 전화드리겠습니다."
>
> [고객이 전화 받는 직원인 자신도 모르는 회사 업무를 물었을 때]
> ㉢ "죄송하지만 저는 그 건을 잘 모르니, 잘 아는 직원을 찾아서 전화하시기 바랍니다."
>
> [고객이 통화를 원하는 상대가 다른 손님의 전화를 받고 있을 때]
> ㉣ "죄송한데 ○○님은 지금 다른 손님과 통화 중입니다. 통화가 끝나는 대로 바로 전화 드리라고 하겠습니다."

① ㉠
② ㉡
③ ㉢
④ ㉣

47. 거래처로부터 오랜 기간 물품을 공급받아 오던 A사 담당자 최 대리는 거래 관계를 지속해 달라는 거래처의 요청을 돈을 받고 수락하였다. 다음 중 최 대리가 행한 부정에 대한 설명으로 적절하지 않은 것은?

① 더 큰 손해를 담보로 순간의 이익을 취하였다.

② 개인의 이익을 위해 조직에서의 공정함을 잃었다.

③ 거래처 제품의 품질 유지에는 일정 정도의 기여를 했다.

④ 사회적 비용을 발생시켜 조직 전체에 피해를 입혔다.

48. 다음에 제시된 상황에서 장 사원이 취할 행동으로 바람직한 것은?

이름	장서윤	부서 / 직급	홍보기획부 / 신입사원
성별 / 나이	여 / 27세	담당 업무	시장 조사 및 콘텐츠 개발
장 사원은 과장의 지시로 한 달 동안 신입사원들끼리 진행해야 하는 프로젝트에 참여하게 되었다. 부여받은 업무 내용은 홍보 콘텐츠를 기획하고 제작하는 것으로, 목적은 신입사원들의 업무 능력 및 실무 능력을 향상시키는 데 있다. 또한, 해당 업무의 결과는 신입사원 평가 항목에도 포함될 예정이다. 그러나 장 사원은 부여받은 과제를 잘 해낼 수 있을지 의심스러웠다. 입사한 지 얼마 안 된 신입사원끼리만 해결하기에는 어려운 프로젝트였기 때문이다.			

① 다른 회사 마케팅팀에 재직 중인 경험 많은 친구에게 도와줄 것을 요청한다.

② 과장에게 해당 업무는 신입사원끼리 해결하기에는 역량이 부족하다고 감정적으로 호소한다.

③ 업무 능력이 좋은 선배들에게 찾아가 선배들이 신입사원일 때 진행했던 자료를 얻어 해당 내용을 반영한다.

④ 평가 항목이므로 신입사원들끼리 협력해 진행한 후 과장에게 진행 상황과 결과물을 자세히 설명하여 피드백 받는다.

49. 다음은 직장 내 인사 및 소개 예절에 관한 대화 내용이다. 인사 및 소개 예절에 대해 잘못 알고 있는 사람은?

> 도훈 : 사람을 소개할 때에는 내가 속해 있는 회사의 관계자를 타 회사의 관계자에게 먼저 소개해야 해.
> 태호 : 악수를 할 경우엔 손끝만 잡지 않고 가볍게 전체를 다 잡아야 하는 거야.
> 진수 : 처음 사람을 소개할 때에는 성까지 말할 필요는 없어. 이름과 직함을 간단히 말하는 것이 올바른 예절이지.
> 유선 : 나이가 어린 사람을 연장자에게 먼저 소개해야 하는 건 다들 알고 있지?

① 도훈
② 태호
③ 진수
④ 유선

50. 다음 글의 박규리 씨가 가장 먼저 취해야 할 행동으로 옳은 것은?

> 박규리 씨가 일하는 P 기관의 송 실장은 1,000만 원 규모의 소규모 용역을 진행하고자 했다. 해당 금액은 수의계약 범위에 해당하므로 공개경쟁입찰을 통해 용역 업체를 선정하지 않아도 되었다. 송 실장은 평소 고맙게 생각하는 용역 업체 사장에게 해당 용역을 맡기기로 하고 수의계약을 통해 계약을 체결하라고 지시를 내렸다. 2개월 동안 진행된 용역은 별다른 문제없이 잘 마무리되었다. 그런데 박규리 씨는 우연히 송 실장이 해당 용역 업체 사장과 친근하게 대화하며 식사 자리를 조율하는 내용의 통화를 듣게 되었다.

① 송 실장의 행위를 감사실에 익명으로 신고한다.
② 해당 용역 업체의 과업 결과물을 재검토한다.
③ 송 실장이 용역업체 사장과 어떤 관계인지를 먼저 확인해 본다.
④ 앞으로 해당 용역 업체와 거래를 하지 못하도록 건의한다.

고시넷 충청남도교육청 교육공무직원

충청남도교육청 소양평가

파트 2 인성검사

01 인성검사의 이해

1 인성검사, 왜 필요한가?

채용기관은 지원자가 '직무적합성'을 지닌 사람인지를 인성검사와 필기평가를 통해 판단한다. 인성검사에서 말하는 인성(人性)이란 그 사람의 성품, 즉 각 개인이 가지고 있는 사고와 태도 및 행동 특성을 의미한다. 인성은 사람의 생김새처럼 사람마다 다르기 때문에, 몇 가지 유형으로 분류하고 이에 맞추어 판단한다는 것 자체가 억지스럽고 어불성설일지 모른다. 그럼에도 불구하고 기관들의 입장에서는 채용을 희망하는 사람이 어떤 성품을 가졌는지에 대한 정보가 필요하다. 그래야 해당 기관의 인재상에 적합하고 담당할 업무에 적격한 인재를 채용할 수 있기 때문이다.

지원자의 성격이 외향적인지 아니면 내향적인지, 어떤 직무와 어울리는지, 조직에서 다른 사람과 원만하게 생활할 수 있는지, 업무 수행 중 문제가 생겼을 때 어떻게 대처하고 해결할 수 있는지에 대한 전반적인 개성은 자기소개서나 면접을 통해서도 어느 정도 파악할 수 있다. 그러나 이것들만으로는 인성을 충분히 파악할 수 없기 때문에, 객관화되고 정형화된 인성검사로 지원자의 성격을 판단하고 있다.

채용기관은 직무적성검사를 높은 점수로 통과한 지원자라 하더라도 해당 기관과 거리가 있는 성품을 가졌다면 탈락시키게 된다. 일반적으로 직무적성검사 통과자 중 인성검사로 탈락하는 비율이 10% 내외라고 알려져 있다. 물론 인성검사에서 탈락하였다 하더라도 특별히 인성에 문제가 있는 사람이 아니라면 절망할 필요는 없다. 자신을 되돌아보고 다음 기회를 대비하면 되기 때문이다. 탈락한 기관이 원하는 인재상이 아니었다면 맞는 기관을 찾으면 되고, 적합한 경쟁자가 많았기 때문이라면 자신을 다듬어 경쟁력을 높이면 될 것이다.

2 인성검사의 특징

우리나라 대다수의 채용기업 및 기관은 인재개발 및 인적자원을 연구하는 한국행동과학연구소(KIRBS), 에스에이치알(SHR), 한국사회적성개발원(KSAD), 한국인재개발진흥원(KPDI) 등 전문기관에 인성검사를 의뢰하고 있다.

이 기관들의 인성검사 개발 목적은 비슷하지만 기관마다 검사 유형이나 평가 척도는 약간의 차이가 있다. 또 지원하는 기업 및 기관이 어느 기관에서 개발한 검사지로 인성검사를 시행하는지는 사전에 알 수 없다. 그렇지만 공통으로 적용하는 척도와 기준에 따라 구성된 여러 형태의 인성검사지로 사전 테스트를 해 보고 자신의 인성이 어떻게 평가되는가를 미리 알아보는 것은 가능하다.

인성검사는 필기시험 당일 직무능력평가와 함께 실시하는 경우와 직무능력평가 합격자에 한하여 면접과 함께 실시하는 경우가 있다. 인성검사의 문항은 100문항 내외에서부터 최대 500문항까지 다양하다. 인성검사에 주어지는 시간은 문항 수에 비례하여 30~100분 정도가 된다.

문항 자체는 단순한 질문으로 어려울 것은 없지만, 제시된 상황에서 본인의 행동을 정하는 것이 쉽지만은 않다. 문항 수가 많을 경우 이에 비례하여 시간도 길게 주어지지만, 단순하고 유사하며 반복되는 질문에 방심하여 집중하지 못하고 실수하는 경우가 있으므로 컨디션 관리와 집중력 유지에 노력하여야 한다. 특히 같거나 유사한 물음에 다른 답을 하는 경우가 가장 위험하니 주의해야 한다.

3 인성검사 척도 및 구성

1 미네소타 다면적 인성검사(MMPI)

MMPI(Minnesota Multiphasic Personality Inventory)는 1943년 미국 미네소타 대학교수인 해서웨이와 매킨리가 개발한 대표적인 자기 보고형 성향 검사로서, 오늘날 가장 대표적으로 사용되는 객관적 심리검사 중 하나이다. MMPI는 약 550여 개의 문항으로 구성되며, 각 문항을 읽고 '예(YES)' 또는 '아니오(NO)'로 대답하게 되어 있다.

MMPI는 4개의 타당도 척도와 10개의 임상척도로 구분된다. 500개가 넘는 문항들 중 중복되는 문항들이 포함되어 있는데 내용이 똑같은 문항도 10문항 이상 포함되어 있다. 이 반복 문항들은 응시자가 얼마나 일관성 있게 검사에 임했는지를 판단하는 지표로 사용된다.

구분	척도명	약자	주요 내용
타당도 척도 (바른 태도로 임했는지, 신뢰할 수 있는 결론인지 등을 판단)	무응답 척도 (Can not say)	?	응답하지 않은 문제와 복수로 답한 문제들의 총합으로 빠진 문제를 최소한으로 줄이는 것이 중요하다.
	허구 척도 (Lie)	L	자신을 좋은 사람으로 보이게 하려고 고의적으로 정직하지 못한 답을 판단하는 척도이다. 허구 척도가 높으면 장점까지 인정받지 못하는 결과가 발생한다.
	신뢰 척도 (Frequency)	F	검사 문제에 빗나간 답을 한 경향을 평가하는 척도로 정상적인 집단의 10% 이하의 응답을 기준으로 일반적인 경향과 다른 정도를 측정한다.
	교정 척도 (Defensiveness)	K	정신적 장애가 있음에도 다른 척도에서 정상적인 면을 보이는 사람을 구별하는 척도로, 허구 척도보다 높은 고차원으로 거짓 응답을 하는 경향이 나타난다.
임상척도 (정상적 행동과 그렇지 않은 행동의 종류를 구분하는 척도로, 척도마다 다른 기준으로 점수가 매겨짐)	건강염려증 (Hypochondriasis)	Hs	신체에 대한 지나친 집착이나 신경질적 혹은 병적 불안을 측정하는 척도로, 이러한 건강염려증이 타인에게 어떤 영향을 미치는지도 측정한다.
	우울증 (Depression)	D	슬픔 · 비관 정도를 측정하는 척도로, 타인과의 관계 또는 본인 상태에 대한 주관적 감정을 나타낸다.
	히스테리 (Hysteria)	Hy	갈등을 부정하는 정도를 측정하는 척도로, 신체 증상을 호소하는 경우와 적대감을 부인하며 우회적인 방식으로 드러내는 경우 등이 있다.
	반사회성 (Psychopathic Deviate)	Pd	가정 및 사회에 대한 불신과 불만을 측정하는 척도로, 비도덕적 혹은 반사회적 성향 등을 판단한다.
	남성-여성특성 (Masculinity-Feminity)	Mf	남녀가 보이는 흥미와 취향, 적극성과 수동성 등을 측정하는 척도로, 성에 따른 유연한 사고와 융통성 등을 평가한다.

	편집증 (Paranoia)	Pa	과대망상, 피해망상, 의심 등 편집증에 대한 정도를 측정하는 척도로 열등감, 비사교적 행동, 타인에 대한 불만과 같은 내용을 질문한다.
	강박증 (Psychasthenia)	Pt	과대 근심, 강박관념, 죄책감, 공포, 불안감, 정리정돈 등을 측정하는 척도로 만성 불안 등을 측정한다.
	정신분열증 (Schizophrenia)	Sc	정신적 혼란을 측정하는 척도로 자폐적 성향이나 타인과의 감정 교류, 충동 억제불능, 성적 관심, 사회적 고립 등을 평가한다.
	경조증 (Hypomania)	Ma	정신적 에너지를 측정하는 척도로 생각의 다양성 및 과장성, 행동의 불안정성, 흥분성 등을 나타낸다.
	사회적 내향성 (Social introversion)	Si	대인관계 기피, 사회적 접촉 회피, 비사회성 등의 요인을 측정하는 척도로 외향성 및 내향성을 구분한다.

2 캘리포니아 성격검사(CPI)

CPI(California Psychological Inventory)는 캘리포니아 대학의 연구팀이 개발한 인성검사로 MMPI와 함께 세계에서 가장 널리 사용되고 있는 인성검사 툴이다. CPI는 다양한 인성 요인을 통해 지원자가 답변한 응답 왜곡 가능성, 조직 역량 등을 측정한다. MMPI가 주로 정서적 측면을 진단하는 특징을 보인다면, CPI는 정상적인 사람의 심리적 특성을 주로 진단한다.

CPI는 약 480개 문항으로 구성되어 있으며 다음과 같은 18개의 척도로 구분된다.

구분	척도명	주요 내용
제1군 척도 (대인관계 적절성 측정)	지배성(Do)	리더십, 통솔력, 대인관계에서의 주도권을 측정한다.
	지위능력성(Cs)	내부에 잠재되어 있는 내적 포부, 자기 확신 등을 측정한다.
	사교성(Sy)	참여 기질이 활달한 사람과 그렇지 않은 사람을 구분한다.
	사회적 자발성(Sp)	사회 안에서의 안정감, 자발성, 사교성 등을 측정한다.
	자기 수용성(Sa)	개인적 가치관, 자기 확신, 자기 수용력 등을 측정한다.
	행복감(Wb)	생활의 만족감, 행복감을 측정하며, 긍정적인 사람으로 보이고자 거짓 응답하는 사람을 구분하는 용도로도 사용된다.
제2군 척도 (성격과 사회화, 책임감 측정)	책임감(Re)	법과 질서에 대한 양심, 책임감, 신뢰성 등을 측정한다.
	사회성(So)	가치 내면화 정도, 사회 이탈 행동 가능성 등을 측정한다.
	자기 통제성(Sc)	자기조절, 자기통제의 적절성, 충동 억제력 등을 측정한다.
	관용성(To)	사회적 신념, 편견과 고정관념 등에 대한 태도를 측정한다.
	호감성(Gi)	타인이 자신을 어떻게 보는지에 대한 민감도를 측정하며, 좋은 사람으로 보이고자 거짓 응답하는 사람을 구분한다.
	임의성(Cm)	사회에 보수적 태도를 보이고 생각 없이 적당히 응답한 사람을 판단하는 타당성 척도로도 사용된다.

제3군 척도 (인지적, 학업적 특성 측정)	순응적 성취(Ac)	성취동기, 내면의 인식, 조직 내 성취 욕구 등을 측정한다.
	독립적 성취(Ai)	독립적 사고, 창의성, 자기실현을 위한 능력 등을 측정한다.
	지적 효율성(Le)	지적 능률, 지능과 연관이 있는 성격 특성 등을 측정한다.
제4군 척도 (제1~3군과 무관한 척도의 혼합)	심리적 예민성(Py)	타인의 감정 및 경험에 대해 공감하는 정도를 측정한다.
	융통성(Fx)	개인적 사고와 사회적 행동에 대한 유연성을 측정한다.
	여향성(Fe)	남녀 비교에 따른 흥미의 남향성 및 여향성을 측정한다.

3 SHL 직업성격검사(OPQ)

OPQ(Occupational Personality Questionnaire)는 세계적으로 많은 외국 기업에서 널리 사용하는 CEB 사의 SHL 직무능력검사에 포함된 직업성격검사이다. 4개의 질문이 한 세트로 되어 있고 총 68세트 정도 출제되고 있다. 4개의 질문 안에서 '자기에게 가장 잘 맞는 것'과 '자기에게 가장 맞지 않는 것'을 1개씩 골라 '예', '아니오'로 체크하는 방식이다. 단순하게 모든 척도가 높다고 좋은 것은 아니며, 척도가 낮은 편이 좋은 경우도 있다.

기업에 따라 척도의 평가 기준은 다르다. 희망하는 기업의 특성을 연구하고, 채용 기준을 예측하는 것이 중요하다.

척도	내용	질문 예
설득력	사람을 설득하는 것을 좋아하는 경향	– 새로운 것을 사람에게 권하는 것을 잘한다. – 교섭하는 것에 걱정이 없다. – 기획하고 판매하는 것에 자신이 있다.
지도력	사람을 지도하는 것을 좋아하는 경향	– 사람을 다루는 것을 잘한다. – 팀을 아우르는 것을 잘한다. – 사람에게 지시하는 것을 잘한다.
독자성	다른 사람의 영향을 받지 않고, 스스로 생각해서 행동하는 것을 좋아하는 경향	– 모든 것을 자신의 생각대로 하는 편이다. – 주변의 평가는 신경 쓰지 않는다. – 유혹에 강한 편이다.
외향성	외향적이고 사교적인 것을 좋아하는 경향	– 다른 사람의 주목을 끄는 것을 좋아한다. – 사람들이 모인 곳에서 중심이 되는 편이다. – 담소를 나눌 때 주변을 즐겁게 해 준다.
우호성	친구가 많고 대세의 사람이 되는 것을 좋아하는 경향	– 친구와 함께 있는 것을 좋아한다. – 무엇이라도 얘기할 수 있는 친구가 많다. – 친구와 함께 무언가를 하는 것이 많다.
사회성	세상 물정에 밝고 사람 앞에서도 낯을 가리지 않는 성격	– 자신감이 있고 유쾌하게 발표할 수 있다. – 공적인 곳에서 인사하는 것을 잘한다. – 사람들 앞에서 발표하는 것이 어렵지 않다.

겸손성	사람에 대해서 겸손하게 행동하고 누구라도 똑같이 사귀는 경향	– 자신의 성과를 그다지 내세우지 않는다. – 절제를 잘하는 편이다. – 사회적인 지위에 무관심하다.
협의성	사람들에게 의견을 물으면서 일을 진행하는 경향	– 사람들의 의견을 구하며 일하는 편이다. – 타인의 의견을 묻고 일을 진행시킨다. – 친구와 상담해서 계획을 세운다.
돌봄	측은해 하는 마음이 있고, 사람을 돌봐 주는 것을 좋아하는 경향	– 개인적인 상담에 친절하게 답해 준다. – 다른 사람의 상담을 진행하는 경우가 많다. – 후배의 어려움을 돌보는 것을 좋아한다.
구체적인 사물에 대한 관심	물건을 고치거나 만드는 것을 좋아하는 경향	– 고장 난 물건을 수리하는 것이 재미있다. – 상태가 안 좋은 기계도 잘 사용한다. – 말하기보다는 행동하기를 좋아한다.
데이터에 대한 관심	데이터를 정리해서 생각하는 것을 좋아하는 경향	– 통계 등의 데이터를 분석하는 것을 좋아한다. – 표를 만들거나 정리하는 것을 좋아한다. – 숫자를 다루는 것을 좋아한다.
미적가치에 대한 관심	미적인 것이나 예술적인 것을 좋아하는 경향	– 디자인 감각이 뛰어나다. – 미술이나 음악을 좋아한다. – 미적인 감각에 자신이 있다.
인간에 대한 관심	사람의 행동에 대한 동기나 배경을 분석하는 것을 좋아하는 경향	– 다른 사람을 분석하는 편이다. – 타인의 행동을 보면 동기를 알 수 있다. – 다른 사람의 행동을 잘 관찰한다.
정통성	이미 있는 가치관을 소중히 하고, 익숙한 방법으로 사물을 행하는 방법을 좋아하는 경향	– 실적이 보장되는 확실한 방법을 취한다. – 낡은 가치관을 존중하는 편이다. – 보수적인 편이다.
변화 지향	변화를 추구하고 변화를 받아들이는 것을 좋아하는 경향	– 새로운 것을 하는 것을 좋아한다. – 해외여행을 좋아한다. – 경험이 없더라도 시도해 보는 것을 좋아한다.
개념성	지식에 대한 욕구가 있고 논리적으로 생각하는 것을 좋아하는 경향	– 개념적인 사고가 가능하다. – 분석적인 사고를 좋아한다. – 순서를 만들고 단계에 따라 생각한다.
창조성	새로운 분야에 대한 공부를 하는 것을 좋아하는 경향	– 새로운 것을 추구한다. – 독창성이 있다. – 신선한 아이디어를 낸다.
계획성	앞을 생각해서 사물을 예상하고, 계획적으로 실행하는 것을 좋아하는 경향	– 과거를 돌이켜보며 계획을 세운다. – 앞날을 예상하며 행동한다. – 실수를 돌아보며 대책을 강구하는 편이다.

치밀함	정확한 순서를 세워서 진행하는 것을 좋아하는 경향	– 사소한 실수는 거의 하지 않는다. – 정확하게 요구되는 것을 좋아한다. – 사소한 것에도 주의하는 편이다.
꼼꼼함	어떤 일이든 마지막까지 꼼꼼하게 마무리 짓는 경향	– 맡은 일을 마지막까지 해결한다. – 마감 시한은 반드시 지킨다. – 시작한 일은 중간에 그만두지 않는다.
여유	평소에 릴랙스하고, 스트레스에 강한 경향	– 감정의 회복이 빠르다. – 분별없이 함부로 행동하지 않는다. – 스트레스에 잘 대처한다.
근심 · 걱정	어떤 일이 잘 진행되지 않으면 불안을 느끼고, 중요한 약속이나 일의 앞에는 긴장하는 경향	– 예정대로 잘되지 않으면 근심 · 걱정이 많다. – 신경 쓰이는 일이 있으면 불안하다. – 중요한 만남 전에는 기분이 편하지 않다.
호방함	사람들이 자신을 어떻게 생각하는지를 신경 쓰지 않는 경향	– 사람들이 자신을 어떻게 생각하는지 그다지 신경 쓰지 않는다. – 상처받아도 동요하지 않고 아무렇지 않은 태도를 취한다. – 사람들의 비판을 신경 쓰지 않는다.
억제	감정을 표현하지 않는 경향	– 쉽게 감정적으로 되지 않는다. – 분노를 억누른다. – 격분하지 않는다.
낙관적	사물을 낙관적으로 보는 경향	– 낙관적으로 생각하고 일을 진행시킨다. – 문제가 일어나도 낙관적으로 생각한다.
비판적	비판적으로 사물을 생각하고, 이론 · 문장 등의 오류에 신경 쓰는 경향	– 이론의 모순을 찾아낸다. – 계획이 갖춰지지 않음이 신경 쓰인다. – 누구도 신경 쓰지 않는 오류를 찾아낸다.
행동력	운동을 좋아하고, 민첩하게 행동하는 경향	– 동작이 날렵하다. – 여가를 활동적으로 보낸다. – 몸을 움직이는 것을 좋아한다.
경쟁성	지는 것을 싫어하는 경향	– 승부를 겨루게 되면 지는 것을 싫어한다. – 상대를 이기는 것을 좋아한다. – 싸워 보지 않고 포기하는 것을 싫어한다.
출세 지향	출세하는 것을 중요하게 생각하고, 야심적인 목표를 향해 노력하는 경향	– 출세 지향적인 성격이다. – 어려운 목표도 달성할 수 있다. – 실력으로 평가받는 사회가 좋다.
결단력	빠르게 판단하는 경향	– 답을 빠르게 찾아낸다. – 문제에 대한 빠른 상황 파악이 가능하다. – 위험을 감수하고도 결단을 내리는 편이다.

4 인성검사 합격 전략

1 포장하지 않은 솔직한 답변

'다른 사람을 험담한 적이 한 번도 없다', '물건을 훔치고 싶다고 생각해 본 적이 없다'

이 질문에 당신은 '그렇다', '아니다' 중 무엇을 선택할 것인가? 채용기관이 인성검사를 실시하는 가장 큰 이유는 '이 사람이 어떤 성향을 가진 사람인가'를 효율적으로 파악하기 위해서이다.

인성검사는 도덕적 가치가 빼어나게 높은 사람을 판별하려는 것도 아니고, 성인군자를 가려내기 위함도 아니다. 인간의 보편적 성향과 상식적 사고를 고려할 때, 도덕적 질문에 지나치게 겸손한 답변을 체크하면 오히려 솔직하지 못한 것으로 간주되거나 인성을 제대로 판단하지 못해 무효 처리가 되기도 한다. 자신의 성격을 포장하여 작위적인 답변을 하지 않도록 솔직하게 임하는 것이 예기치 않은 결과를 피하는 첫 번째 전략이 된다.

2 필터링 함정을 피하고 일관성 유지

앞서 강조한 솔직함은 일관성과 연결된다. 인성검사를 구성하는 많은 척도는 여러 형태의 문장 속에 동일한 요소를 적용해 반복되기도 한다. 예컨대 '나는 매우 활동적인 사람이다'와 '나는 운동을 매우 좋아한다'라는 질문에 '그렇다'고 체크한 사람이 '휴일에는 집에서 조용히 쉬며 독서하는 것이 좋다'에도 '그렇다'고 체크한다면 일관성이 없다고 평가될 수 있다.

그러나 일관성 있는 답변에만 매달리면 '이 사람이 같은 답변만 체크하기 위해 이 부분만 신경 썼구나'하는 필터링 함정에 빠질 수도 있다. 비슷하게 보이는 문장이 무조건 같은 내용이라고 판단하여 똑같이 답하는 것도 주의해야 한다. 일관성보다 중요한 것은 솔직함이다. 솔직함이 전제되지 않은 일관성은 허위 척도 필터링에서 드러나게 되어 있다. 유사한 질문의 응답이 터무니없이 다르거나 양극단에 치우치지 않는 정도라면 약간의 차이는 크게 문제되지 않는다. 중요한 것은 솔직함과 일관성이 하나의 연장선에 있다는 점을 명심하자.

3 지원한 직무와 연관성을 고려

다양한 분야의 많은 계열사와 큰 조직을 통솔하는 대기업은 여러 사람이 조직적으로 움직이는 만큼 각 직무에 걸맞은 능력을 갖춘 인재가 필요하다. 그래서 기업은 매년 신규채용으로 입사한 신입사원들의 젊은 패기와 참신한 능력을 성장 동력으로 활용한다.

조직은 사교성 있고 활달한 사람만을 원하지 않는다. 해당 직군과 직무에 따라 필요로 하는 사원의 능력과 개성이 다르기 때문에, 지원자가 희망하는 계열사나 부서의 직무가 무엇인지 제대로 파악하여 자신의 성향과 맞는지에 대한 고민은 반드시 필요하다. 같은 질문이라도 조직이 원하는 인재상이나 부서의 직무에 따라 판단 척도가 달라질 수 있다.

4 평상심 유지와 컨디션 관리

역시 솔직함과 연결된 내용이다. 한 질문에 대해 오래 고민하고 신경 쓰면 불필요한 생각이 개입될 소지가 크다. 이는 직관을 떠나 이성적 판단에 따라 포장할 위험이 높아진다는 뜻이기도 하다. 오래 생각하지 말고 자신의 평상시 생각과 감정대로 답하는 것이 중요하며, 가능한 한 건너뛰지 말고 모든 질문에 답하도록 한다. 300~400개 정도의 문항을 출제하는 기업 혹은 기관이 많기 때문에, 끝까지 집중하여 임하는 것이 중요하다.

특히 적성검사와 같은 날 실시하는 경우, 적성검사를 마친 후 연이어 보기 때문에 신체적 · 정신적으로 피로한 상태에서 자세가 흐트러질 수도 있다. 따라서 컨디션을 유지하면서 문항당 7~10초 이상 쓰지 않도록 하고, 문항 수가 많을 때는 답안지에 바로 바로 표기하도록 한다.

02 인성검사 유형 연습

1 인성검사 유형

- **TYPE A** : 예 / 아니오 선택 유형
- **TYPE B** : 문항군 개별 항목 선택 유형
- **TYPE C** : 둘 중 가장 가까운 문항 선택 유형
- **TYPE D** : 개별 항목 선택 후 가장 가깝다 / 가장 멀다 선택 유형
- **TYPE E** : 상황 선택 유형

2 TYPE A 예 / 아니오 선택 유형

※ 질문에 해당된다고 생각하면 '예', 해당되지 않는다면 '아니오'를 선택하시오.

[01~24] 제시된 항목이 자신의 성향에 해당된다고 생각하면 '예', 해당되지 않는다면 '아니오'를 선택하는 유형이다. 비슷한 문항이 반복되기 때문에 일관성을 유지해야 한다.

번호	질문	예 / 아니오	
		YES	NO
1	나는 수줍음을 많이 타는 편이다.		
2	한 가지 일에 집중하기 힘들다.		
3	나는 개인적 사정으로 타인에게 피해를 주는 사람을 이해할 수 없다.		
4	요즘 같은 세상에서는 누구든 믿을 수 없다.		
5	나는 새로운 집단에서 친구를 쉽게 사귀는 편이다.		
6	곤경을 모면하기 위해 꾀병을 부린 적이 있다.		
7	나는 자주 무력감을 느낀다.		
8	일단 화가 나면 냉정을 잃는다.		
9	나는 다른 사람을 챙기는 태도가 몸에 배여 있다.		
10	나는 내가 하고 싶은 일은 꼭 해야 한다.		
11	나는 부지런하다는 말을 자주 듣는다.		
12	나는 사람들에게 잘 보이기 위해 마음에 없는 거짓말을 한다.		
13	내가 인정받기 위해서 규칙을 위반한 행위를 한 적이 있다.		
14	모르는 사람과 있을 때 내가 먼저 말을 거는 일은 거의 없다.		

15	나는 몸이 좋지 않더라도 내 일에 최선을 다 한다.		
16	남이 나에게 친절을 베풀면 대개 숨겨진 이유가 무엇인지 생각해 본다.		
17	나는 난처한 상황에 처하면 다른 사람에게 먼저 말을 건다.		
18	나는 감정을 표현하는 것이 자연스럽다.		
19	중요한 일은 먼저 한다.		
20	나는 새로운 방식을 좋아한다.		
21	나는 다른 사람들의 눈에 띄지 않게 조용히 살고 싶다.		
22	나는 누군가 내 의견을 반박하면 물러서지 않고 논쟁을 벌인다.		
23	나는 할 말은 반드시 하는 사람이다.		
24	나는 주어진 일에 최선을 다해 완수하려고 한다.		

3 TYPE B 문항군 개별 항목 선택 유형

※ 제시된 항목을 읽고 본인에게 해당되는 부분을 선택하시오.
① 매우 그렇지 않다 ② 그렇지 않다 ③ 보통이다 ④ 그렇다 ⑤ 매우 그렇다

[01~23] 제시된 항목에 대해 자신의 성향에 따라 '① 매우 그렇지 않다 ~ ⑤ 매우 그렇다' 가운데 해당하는 것을 선택한다. 문항 수가 많고 답변하기 어려운 항목이 있기 때문에 자신의 가치관이나 신념을 바탕으로 개별 항목을 선택한다.

01. 항상 사람들에게 정직하고 솔직하다. ① ② ③ ④ ⑤

02. 여러 사람들이 어울리는 장소는 매우 불편하다. ① ② ③ ④ ⑤

03. 내가 한 행동에 대해 절대 후회하지 않는다. ① ② ③ ④ ⑤

04. 사소한 절차를 어기더라도 일을 빨리 진행하는 것이 우선이다. ① ② ③ ④ ⑤

05. 어차피 누군가가 해야 할 일이라면 내가 먼저 한다. ① ② ③ ④ ⑤

06. 정해진 원칙과 계획대로만 일을 진행해야 실수를 하지 않는다. ① ② ③ ④ ⑤

07. 언제나 모두의 이익을 생각하면서 일한다. ① ② ③ ④ ⑤

08. 누구와도 어렵지 않게 어울릴 수 있다.	①	②	③	④	⑤
09. 비록 나와 관계없는 사람일지라도 도움을 요청하면 도와준다.	①	②	③	④	⑤
10. "악법도 법이다."라는 말을 이해할 수 없다.	①	②	③	④	⑤
11. 누군가가 나를 조종하는 것 같다.	①	②	③	④	⑤
12. 제품별로 선호하는 브랜드가 있다.	①	②	③	④	⑤
13. 내 주위 사람들은 나의 감정을 잘 알아채지 못한다.	①	②	③	④	⑤
14. 항상 다니는 익숙한 길을 선호한다.	①	②	③	④	⑤
15. 갈등은 부정적인 결과를 초래하기 때문에 피하는 것이 좋다.	①	②	③	④	⑤
16. 문제 해결을 위해서 기발한 아이디어를 제공하는 편이다.	①	②	③	④	⑤
17. 실패가 예상되는 일은 시작하지 않는다.	①	②	③	④	⑤
18. 조직의 문화는 따라야 한다고 생각한다.	①	②	③	④	⑤
19. 조직은 개인의 성장을 위해 물질적인 보상을 아낌없이 해 주어야 한다.	①	②	③	④	⑤
20. 요즘에는 무슨 일이든 결정을 잘 내리지 못한다.	①	②	③	④	⑤
21. 다른 사람들이 내 이야기를 하고 있는 것을 느낀다.	①	②	③	④	⑤
22. 나는 돈보다는 시간이 중요하다.	①	②	③	④	⑤
23. 다른 사람이 잘못하는 것을 보면 지적하는 편이다.	①	②	③	④	⑤

4 TYPE C 둘 중 가장 가까운 문항 선택 유형

※ 제시된 항목을 읽고 본인에게 해당되는 것을 선택하시오.

[01~15] 제시된 2개의 문항을 읽고 자신에게 해당된다고 생각하는 것을 선택하는 유형이다.

01. ① 의견을 자주 표현하는 편이다.
② 주로 남의 의견을 듣는 편이다.

①	②

02. ① 정해진 틀이 있는 환경에서 주어진 과제를 수행하는 일을 좋아한다.
② 새로운 아이디어를 활용하여 변화를 추구하는 일을 하고 싶다.

①	②

03. ① 실제적인 정보를 수집하고 이를 체계적으로 적용하는 일을 하고 싶다.
② 새로운 아이디어를 활용하여 변화를 추구하는 일을 하고 싶다.

①	②

04. ① 계획을 세울 때 세부일정까지 구체적으로 짜는 편이다.
② 계획을 세울 때 상황에 맞게 대처할 수 있는 여지를 두고 짜는 편이다.

①	②

05. ① 한 가지 일에 몰두한다.
② 멀티태스킹이 가능하다.

①	②

06. ① 외향적인 성격이라는 말을 듣는다.
② 내향적인 성격이라는 말을 듣는다.

①	②

07. ① 일을 선택할 때는 인간관계를 중시한다.
② 일을 선택할 때는 일의 보람을 중시한다.

①	②

08. ① 사람들은 나에 대해 합리적이고 이성적인 사람이라고 말한다.
② 사람들은 나에 대해 감정이 풍부하고 정에 약한 사람이라고 말한다.

①	②

09. ① 신속한 의사결정을 선호하는 편이다.
② 시간이 걸려도 여러 가지 면을 고려한 의사결정을 선호하는 편이다.

①	②

10. ① 인성보다는 능력이 중요하다.
② 능력보다는 인성이 중요하다.

①	②

11. ① SNS 활동을 즐겨한다.
② SNS는 인생의 낭비라고 생각한다.

①	②

12. ① 미래를 위해 돈을 모아야 한다고 생각한다.
② 현재를 즐기기 위해 나에게 투자해야 한다고 생각한다.

①	②

13. ① 인류의 과학 발전을 위해 동물 실험은 필요하다.
② 인류를 위한 동물 실험은 없어져야 한다.

①	②

14. ① 외계인이 있다고 생각한다.
② 외계인은 상상의 허구라고 생각한다.

①	②

15. ① 능력이 있는 선배를 보고 자극을 느낀다.
② 능력이 있는 후배를 보고 자극을 느낀다.

①	②

5 TYPE D 개별 항목 선택 후 가장 가깝다 / 가장 멀다 선택 유형

※ 제시된 항목에 대해 각각 '매우 그렇지 않다 ~ 매우 그렇다' 중 선택한 후, 네 항목 중 자신과 가장 가까운 것을 하나, 가장 먼 것을 하나 선택한다.

[01~10] 4개 내외의 문항군으로 구성된 항목에서 자신이 동의하는 정도에 따라 '매우 그렇지 않다 ~ 매우 그렇다' 중 해당하는 것을 선택한 후, 자신과 가장 가까운 것과 가장 먼 것을 하나씩 선택하는 유형이다.

01. 1.1 내 분야에서 전문성에 관한 한 동급 최강이라고 생각한다.
1.2 규칙적으로 운동을 하는 편이다.
1.3 나는 사람들을 연결시켜 주거나 연결해 달라는 부탁을 주변에서 많이 받는 편이다.
1.4 다른 사람들이 생각하기에 관련 없어 보이는 것을 통합하여 새로운 아이디어를 낸다.

L 가장 멀다 / M 가장 가깝다
1 (매우 그렇지 않다) / 5 (매우 그렇다)

	L	M	1	2	3	4	5
1.1	○	○	○	○	○	○	○
1.2	○	○	○	○	○	○	○
1.3	○	○	○	○	○	○	○
1.4	○	○	○	○	○	○	○

02. 2.1 모임을 주선하게 되는 경우가 자주 있다.
2.2 나는 학창시절부터 리더역할을 많이 해 왔다.
2.3 새로운 아이디어를 낸다.
2.4 변화를 즐기는 편이다.

L 가장 멀다 / M 가장 가깝다
1 (매우 그렇지 않다) / 5 (매우 그렇다)

	L	M	1	2	3	4	5
2.1	○	○	○	○	○	○	○
2.2	○	○	○	○	○	○	○
2.3	○	○	○	○	○	○	○
2.4	○	○	○	○	○	○	○

03. 3.1 혼자서 생활해도 밥은 잘 챙겨먹고 생활리듬이 많이 깨지 않는 편이다.
3.2 다른 나라의 음식을 시도해 보는 것이 즐겁다.
3.3 나 스스로에 대해서 높은 기준을 제시하는 편이다.
3.4 "왜?"라는 질문을 자주 한다.

L 가장 멀다 / M 가장 가깝다
1 (매우 그렇지 않다) / 5 (매우 그렇다)

	L	M	1	2	3	4	5
3.1	○	○	○	○	○	○	○
3.2	○	○	○	○	○	○	○
3.3	○	○	○	○	○	○	○
3.4	○	○	○	○	○	○	○

04. 4.1 대화를 주도한다.
4.2 하루에 1~2시간 이상 자기 계발을 위해 시간을 투자한다.
4.3 나 스스로에 대해서 높은 기준을 세우고 시도해 보는 것을 즐긴다.
4.4 나와 다른 분야에 종사하는 사람들을 만나도 쉽게 공통점을 찾을 수 있다.

L 가장 멀다 / M 가장 가깝다
1 (매우 그렇지 않다) / 5 (매우 그렇다)

	L	M	1	2	3	4	5
4.1	○	○	○	○	○	○	○
4.2	○	○	○	○	○	○	○
4.3	○	○	○	○	○	○	○
4.4	○	○	○	○	○	○	○

05. 5.1 자신감 넘친다는 평가를 주변으로부터 듣는다.
5.2 다른 사람들의 눈에는 상관없어 보일지라도 내가 보기에 관련이 있으면 활용해서 할 수 있는 일에 대해서 생각해 본다.
5.3 다른 문화권 중 내가 잘 적응할 수 있다고 생각하는 곳이 있다.
5.4 한 달 동안 사용한 돈이 얼마인지 파악할 수 있다.

L 가장 멀다 / M 가장 가깝다
1 (매우 그렇지 않다) / 5 (매우 그렇다)

	L	M	1	2	3	4	5
5.1	○	○	○	○	○	○	○
5.2	○	○	○	○	○	○	○
5.3	○	○	○	○	○	○	○
5.4	○	○	○	○	○	○	○

06. 6.1 내 분야의 최신 동향 혹은 이론을 알고 있으며, 항상 업데이트하려고 노력한다.
6.2 나는 설득을 잘하는 사람이다.
6.3 현상에 대한 새로운 해석을 알게 되는 것이 즐겁다.
6.4 새로운 기회를 만들기 위해서 다방면으로 노력을 기울인다.

L 가장 멀다 / M 가장 가깝다
1 (매우 그렇지 않다) / 5 (매우 그렇다)

	L	M	1	2	3	4	5
6.1	○	○	○	○	○	○	○
6.2	○	○	○	○	○	○	○
6.3	○	○	○	○	○	○	○
6.4	○	○	○	○	○	○	○

07. 7.1 한 달 동안 필요한 돈이 얼마인지 파악하고 있다.
7.2 업무나 전공 공부에 꼭 필요한 분야가 아니더라도 호기심이 생기면 일정 정도의 시간을 투자하여 탐색해 본다.
7.3 어디가서든 친구들 중에서 내가 제일 적응을 잘하는 편이다.
7.4 대개 어떤 모임이든 나가다 보면 중심 멤버가 돼 있는 경우가 많다.

L 가장 멀다 / M 가장 가깝다
1 (매우 그렇지 않다) / 5 (매우 그렇다)

	L	M	1	2	3	4	5
7.1	○	○	○	○	○	○	○
7.2	○	○	○	○	○	○	○
7.3	○	○	○	○	○	○	○
7.4	○	○	○	○	○	○	○

08. 8.1 어떤 모임에 가서도 관심사가 맞는 사람들을 금방 찾아낼 수 있다.
8.2 잘 모르는 것이 있으면 전문서적을 뒤져서라도 알아내야 직성이 풀린다.
8.3 나와 함께 일하는 사람들을 적재적소에서 잘 이용한다.
8.4 상대방의 욕구를 중요하게 생각하며 그에 맞추어 주려고 한다.

L 가장 멀다 / M 가장 가깝다
1 (매우 그렇지 않다) / 5 (매우 그렇다)

	L	M	1	2	3	4	5
8.1	○	○	○	○	○	○	○
8.2	○	○	○	○	○	○	○
8.3	○	○	○	○	○	○	○
8.4	○	○	○	○	○	○	○

09. 9.1 극복하지 못할 장애물은 없다고 생각한다.
9.2 생활패턴이 규칙적인 편이다.
9.3 어디에 떨어트려 놓아도 죽진 않을 것 같다는 소리를 자주 듣는다.
9.4 내 분야의 전문가가 되기 위한 구체적인 계획을 가지고 있다.

L 가장 멀다 / M 가장 가깝다
1 (매우 그렇지 않다) / 5 (매우 그렇다)

	L	M	1	2	3	4	5
9.1	○	○	○	○	○	○	○
9.2	○	○	○	○	○	○	○
9.3	○	○	○	○	○	○	○
9.4	○	○	○	○	○	○	○

10. 10.1 누구보다 앞장서서 일하는 편이다.
10.2 내가 무엇을 하면 처져 있을 때 기분이 전환되는지 잘 알고 있다.
10.3 일어날 일에 대해서 미리 예상하고 준비하는 편이다.
10.4 동문회에 나가는 것이 즐겁다.

L 가장 멀다 / M 가장 가깝다
1 (매우 그렇지 않다) / 5 (매우 그렇다)

	L	M	1	2	3	4	5
10.1	○	○	○	○	○	○	○
10.2	○	○	○	○	○	○	○
10.3	○	○	○	○	○	○	○
10.4	○	○	○	○	○	○	○

6 TYPE E 상황 선택 유형

※ 제시된 항목을 읽고 본인에게 해당되는 부분을 선택하시오.

[01~06] 회사 생활에서 당면하는 각각의 상황을 읽고 그 행동에 대한 대부분 사람들의 공감 정도를 생각하여 '① 전혀 그렇지 않다, ② 별로 그렇지 않다, ③ 보통이다, ④ 약간 그렇다, ⑤ 거의 그렇다, ⑥ 매우 그렇다' 중 하나를 선택하는 문항과 일상 및 업무 중에 마주할 수 있는 상황과 함께 선택지에서 본인이 어떤 선택을 할 것인지 고르는 유형이 있다.

01. D 대리는 아직 입사 1년이 되지 않은 후임 Y 사원과 프로젝트 A, B를 하나씩 나눠 맡으라는 지시를 받았다. A 프로젝트는 난이도가 높고 임원들까지 각별히 관심을 갖고 있어 상당히 부담스러운 반면, B 프로젝트는 신입이라도 그럭저럭 진행할 만큼 무난하다. D 대리가 A 프로젝트를 맡으면 이로 인한 업무 스트레스와 실패 시 남을 오점이 우려되며, 반대로 D 대리가 B 프로젝트를 맡으면 아직 업무에 미숙한 Y 사원의 A 프로젝트 실패가 확실시된다. 당신이 D 대리라면 어떻게 하겠는가?

① Y 사원보다는 내가 업무에 능숙하므로 어렵더라도 A 프로젝트를 선택한다.
② Y 사원에게는 미안한 일이지만 나의 회사생활이 더 중요하므로 B 프로젝트를 선택한다.
③ 먼저 선택할 권한을 Y 사원에게 넘긴다.
④ 상사에게 자신과 Y 사원이 담당할 프로젝트를 각각 지정해 달라고 한다.

02. 당신은 평소 가고 싶던 부서에 발령을 받아 반드시 지방에 내려가야 하는 상황이다. 그런데 배우자는 자녀의 교육을 위해서는 지방 생활이 도움이 되지 않는다며 이사를 완강히 거부하고 있다. 어떻게 하겠는가?

① 가정과 자녀의 교육을 위해서 부서 발령과 이사를 포기한다.
② 혼자 지방에 내려가 따로 지낸다.
③ 부인에게 새로운 부서 발령과 지방 생활의 이점을 설득한다.
④ 부인의 설득은 나중으로 미루고 이사를 추진한다.

03. Z 회사의 직원인 P는 평소처럼 W 상사가 재미없는 농담을 해서 그냥 한 귀로 흘려듣고 있었다. 그런데 P를 꼭 찍어 "왜 안 웃어?"라고 W 상사가 묻는다. 이때 당신이 P라면 어떻게 하겠는가?

① 일단 큰 소리로 웃는다.
② 재미없었다는 생각이 드러나지 않게 다른 핑계를 댄다.
③ 웃음까지 강요하는 것은 부당하다고 말한다.
④ 더 재미있는 농담을 건네며 넘어간다.

04. K는 창의적인 기획안을 제출하였으나, 상사는 기존의 방식대로 일을 처리하자고 한다. 당신이 K라면 어떻게 하겠는가?

① 상사의 지시대로 한다.
② 더 높은 상사에게 기획안을 제출한다.
③ 동료들과 상의하여 기획안을 제출한다.
④ 창의적인 기획안을 실행했을 때의 장단점을 제출한다.

05. 함 사원의 부서는 상반기 성과가 좋아 회사로부터 추가 수당과 함께 휴가도 얻었다. 그런데 함 사원은 우연히 같은 부서 상사인 이 부장이 회사 규칙에 반하는 영업방식을 통해 부당한 업무성과를 내고 있으며, 이로 인해 함 사원의 부서가 이익을 얻고 있음을 알게 되었다. 이 사실을 알리면 추가 수당과 휴가의 반납은 물론 부서 사람들과의 관계도 완전히 틀어질 것이다.

	전혀 그렇지 않다	별로 그렇지 않다	보통이다	약간 그렇다	거의 그렇다	매우 그렇다
05-1 당신이 함 사원이라면 이 사실을 묵인할 것인가?	①	②	③	④	⑤	⑥
05-2 당신이 함 사원이라면 이 부장의 행동이 업계 관행인지 알아볼 것인가?	①	②	③	④	⑤	⑥

06. 이 팀장은 새로운 기획안을 진행하기 위해 팀원들로부터 세부적인 아이디어를 모았다. 이를 구체적으로 진행하려면 인력 보충이 필요한 상황이다. 이 팀장은 이번 프로젝트에 확실한 성과를 내야 하고, 충원할 수 있는 인력으로는 경력사원 P와 신입사원 A가 있다.

	전혀 그렇지 않다	별로 그렇지 않다	보통이다	약간 그렇다	거의 그렇다	매우 그렇다
06-1 당신이 이 팀장이라면 경력사원과 함께 일할 것인가?	①	②	③	④	⑤	⑥
06-2 당신이 이 팀장이라면 신입사원과 함께 일할 것인가?	①	②	③	④	⑤	⑥

고시넷 충청남도교육청 교육공무직원

충청남도교육청 소양평가

파트 3 면접가이드

01 면접의 이해
02 구조화 면접 기법
03 면접 최신 기출 주제

01 면접의 이해

※ 능력 중심 채용에서는 타당도가 높은 구조화 면접을 적용한다.

1 면접이란?

일을 하는 데 필요한 능력(직무역량, 직무지식, 인재상 등)을 지원자가 보유하고 있는지를 다양한 면접기법을 활용하여 확인하는 절차이다. 자신의 환경, 성취, 관심사, 경험 등에 대해 이야기하여 본인이 적합하다는 것을 보여 줄 기회를 제공하고, 면접관은 평가에 필요한 정보를 수집하고 평가하는 것이다.

- 지원자의 태도, 적성, 능력에 대한 정보를 심층적으로 파악하기 위한 선발 방법
- 선발의 최종 의사결정에 주로 사용되는 선발 방법
- 전 세계적으로 선발에서 가장 많이 사용되는 핵심적이고 중요한 방법

2 면접의 특징

서류전형이나 인적성검사에서 드러나지 않는 것들을 볼 수 있는 기회를 제공한다.

- 직무수행과 관련된 다양한 지원자 행동에 대한 관찰이 가능하다.
- 면접관이 알고자 하는 정보를 심층적으로 파악할 수 있다.
- 서류상으로 미비한 사항과 의심스러운 부분을 확인할 수 있다.
- 커뮤니케이션, 대인관계행동 등 행동 · 언어적 정보도 얻을 수 있다.

3 면접의 평가요소

1 인재적합도

해당 기관이나 기업별 인재상에 대한 인성 평가

2 조직적합도

조직에 대한 이해와 관련 상황에 대한 평가

3 직무적합도

직무에 대한 지식과 기술, 태도에 대한 평가

4 면접의 유형

구조화된 정도에 따른 분류

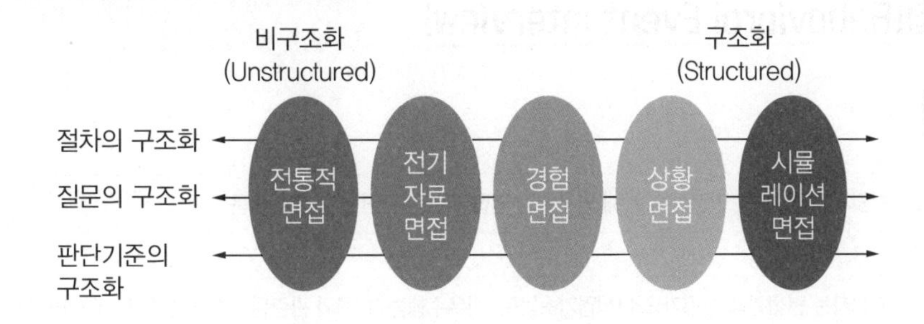

1 구조화 면접(Structured Interview)

사전에 계획을 세워 질문의 내용과 방법, 지원자의 답변 유형에 따른 추가 질문과 그에 대한 평가역량이 정해져 있는 면접 방식(표준화 면접)

- 표준화된 질문이나 평가요소가 면접 전 확정되며, 지원자는 편성된 조나 면접관에 영향을 받지 않고 동일한 질문과 시간을 부여받을 수 있음.
- 조직 또는 직무별로 주요하게 도출된 역량을 기반으로 평가요소가 구성되어, 조직 또는 직무에서 필요한 역량을 가진 지원자를 선발할 수 있음.
- 표준화된 형식을 사용하는 특성 때문에 비구조화 면접에 비해 신뢰성과 타당성, 객관성이 높음.

2 비구조화 면접(Unstructured Interview)

면접 계획을 세울 때 면접 목적만 명시하고 내용이나 방법은 면접관에게 전적으로 일임하는 방식(비표준화 면접)

- 표준화된 질문이나 평가요소 없이 면접이 진행되며, 편성된 조나 면접관에 따라 지원자에게 주어지는 질문이나 시간이 다름.
- 면접관의 주관적인 판단에 따라 평가가 이루어져 평가 오류가 빈번히 일어남.
- 상황 대처나 언변이 뛰어난 지원자에게 유리한 면접이 될 수 있음.

구조화 면접 기법

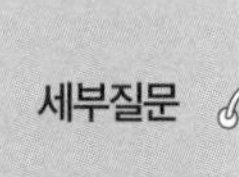

1 경험면접(Behavioral Event Interview)

면접 프로세스

안내: 지원자는 입실 후, 면접관을 통해 인사말과 면접에 대한 간단한 안내를 받음.

질문: 지원자는 면접관에게 평가요소(직업기초능력, 직무수행능력 등)와 관련된 주요 질문을 받게 되며, 질문에서 의도하는 평가요소를 고려하여 응답할 수 있도록 함.

세부질문:
- 지원자가 응답한 내용을 토대로 해당 평가기준들을 충족시키는지 파악하기 위한 세부질문이 이루어짐.
- 구체적인 행동·생각 등에 대해 응답할수록 높은 점수를 얻을 수 있음.

- 방식
  해당 역량의 발휘가 요구되는 일반적인 상황을 제시하고, 그러한 상황에서 어떻게 행동했었는지(과거경험)를 이야기하도록 함.
- 판단기준
  해당 역량의 수준, 경험 자체의 구체성, 진실성 등
- 특징
  추상적인 생각이나 의견 제시가 아닌 과거 경험 및 행동 중심의 질의가 이루어지므로 지원자는 사전에 본인의 과거 경험 및 사례를 정리하여 면접에 대비할 수 있음.
- 예시

지원분야		지원자		면접관	(인)
경영자원관리 조직이 보유한 인적자원을 효율적으로 활용하여, 조직 내 유·무형 자산 및 재무자원을 효율적으로 관리한다.					
주질문					
A. 어떤 과제를 처리할 때 기존에 팀이 사용했던 방식의 문제점을 찾아내 이를 보완하여 과제를 더욱 효율적으로 처리했던 경험에 대해 이야기해 주시기 바랍니다.					
세부질문					
[상황 및 과제] 사례와 관련해 당시 상황에 대해 이야기해 주시기 바랍니다. [역할] 당시 지원자께서 맡았던 역할은 무엇이었습니까? [행동] 사례와 관련해 구성원들의 설득을 이끌어 내기 위해 어떤 노력을 하였습니까? [결과] 결과는 어땠습니까?					

기대행동	평점
업무진행에 있어 한정된 자원을 효율적으로 활용한다.	① - ② - ③ - ④ - ⑤
구성원들의 능력과 성향을 파악해 효율적으로 업무를 배분한다.	① - ② - ③ - ④ - ⑤
효과적 인적/물적 자원관리를 통해 맡은 일을 무리 없이 잘 마무리한다.	① - ② - ③ - ④ - ⑤

척도해설

1 : 행동증거가 거의 드러나지 않음	2 : 행동증거가 미약하게 드러남	3 : 행동증거가 어느 정도 드러남	4 : 행동증거가 명확하게 드러남	5 : 뛰어난 수준의 행동증거가 드러남
관찰기록 : 총평 :				

※ 실제 적용되는 평가지는 기업/기관마다 다름.

2 상황면접(Situational Interview)

면접 프로세스

안내
지원자는 입실 후, 면접관을 통해 인사말과 면접에 대한 간단한 안내를 받음.

질문
- 지원자는 상황질문지를 검토하거나 면접관을 통해 상황 및 질문을 제공받음.
- 면접관의 질문이나 질문지의 의도를 파악하여 응답할 수 있도록 함.

세부질문
- 지원자가 응답한 내용을 토대로 해당 평가기준들을 충족시키는지 파악하기 위한 세부질문이 이루어짐.
- 구체적인 행동·생각 등에 대해 응답할수록 높은 점수를 얻을 수 있음.

- 방식
  직무 수행 시 접할 수 있는 상황들을 제시하고, 그러한 상황에서 어떻게 행동할 것인지(행동의도)를 이야기하도록 함.
- 판단기준
  해당 상황에 맞는 해당 역량의 구체적 행동지표
- 특징
  지원자의 가치관, 태도, 사고방식 등의 요소를 평가하는 데 용이함.

• 예시

지원분야		지원자		면접관	(인)
유관부서협업 타 부서의 업무협조요청 등에 적극적으로 협력하고 갈등 상황이 발생하지 않도록 이해관계를 조율하며 관련 부서의 협업을 효과적으로 이끌어 낸다.					
주질문					
당신은 생산관리팀의 팀원으로, 2개월 뒤에 제품 A를 출시하기 위해 생산팀의 생산 계획을 수립한 상황입니다. 그러나 원가가 곧 실적으로 이어지는 구매팀에서는 최대한 원가를 줄여 전반적 단가를 낮추려고 원가절감을 위한 제안을 하였으나, 연구개발팀에서는 구매팀이 제안한 방식으로 제품을 생산할 경우 대부분이 구매팀의 실적으로 산정될 것이므로 제대로 확인도 해 보지 않은 채 적합하지 않은 방식이라고 판단하고 있습니다. 당신은 어떻게 하겠습니까?					
세부질문					
[상황 및 과제] 이 상황의 핵심적인 이슈는 무엇이라고 생각합니까? [역할] 당신의 역할을 더 잘 수행하기 위해서는 어떤 점을 고려해야 하겠습니까? 왜 그렇게 생각합니까? [행동] 당면한 과제를 해결하기 위해서 구체적으로 어떤 조치를 취하겠습니까? 그 이유는 무엇입니까? [결과] 그 결과는 어떻게 될 것이라고 생각합니까? 그 이유는 무엇입니까?					

척도해설

1 : 행동증거가 거의 드러나지 않음	2 : 행동증거가 미약하게 드러남	3 : 행동증거가 어느 정도 드러남	4 : 행동증거가 명확하게 드러남	5 : 뛰어난 수준의 행동증거가 드러남
관찰기록 : 총평 :				

※ 실제 적용되는 평가지는 기업/기관마다 다름.

3 발표면접(Presentation)

면접 프로세스

안내
- 입실 후 지원자는 면접관으로부터 인사말과 발표면접에 대해 간략히 안내받음.
- 면접 전 지원자는 과제 검토 및 발표 준비시간을 가짐.

발표
- 지원자들이 과제 주제와 관련하여 정해진 시간 동안 발표를 실시함.
- 면접관은 발표내용 중 평가요소와 관련해 나타난 가점 및 감점요소들을 평가하게 됨.

질문응답
- 발표 종료 후 면접관은 정해진 시간 동안 지원자의 발표내용과 관련해 구체적인 내용을 확인하기 위한 질문을 함.
- 지원자는 면접관의 질문의도를 정확히 파악하여 적절히 응답할 수 있도록 함.
- 응답 시 명확하고 자신있게 전달할 수 있도록 함.

- 방식
  지원자가 특정 주제와 관련된 자료(신문기사, 그래프 등)를 검토하고, 그에 대한 자신의 생각을 면접관 앞에서 발표하며 추가 질의응답이 이루어짐.
- 판단기준
  지원자의 사고력, 논리력, 문제해결능력 등
- 특징
  과제를 부여한 후, 지원자들이 과제를 수행하는 과정과 결과를 관찰 · 평가함. 과제수행의 결과뿐 아니라 과제수행 과정에서의 행동을 모두 평가함.

4 토론면접(Group Discussion)

면접 프로세스

안내
- 입실 후, 지원자들은 면접관으로부터 토론 면접의 전반적인 과정에 대해 안내받음.
- 지원자는 정해진 자리에 착석함.

토론
- 지원자들이 과제 주제와 관련하여 정해진 시간 동안 토론을 실시함(시간은 기관별 상이).
- 지원자들은 면접 전 과제 검토 및 토론 준비시간을 가짐.
- 토론이 진행되는 동안, 지원자들은 다른 토론자들의 발언을 경청하여 적절히 본인의 의사를 전달할 수 있도록 함. 더불어 적극적인 태도로 토론면접에 임하는 것도 중요함.

마무리(5분 이내)
- 면접 종료 전, 지원자들은 토론을 통해 도출한 결론에 대해 첨언하고 적절히 마무리 지음.
- 본인의 의견을 전달하는 것과 동시에 다른 토론자를 배려하는 모습도 중요함.

- 방식
  상호갈등적 요소를 가진 과제 또는 공통의 과제를 해결하는 내용의 토론 과제(신문기사, 그래프 등)를 제시하고, 그 과정에서 개인 간의 상호작용 행동을 관찰함.
- 판단기준
  팀워크, 갈등 조정, 의사소통능력 등
- 특징
  면접에서 최종안을 도출하는 것도 중요하나 주장의 옳고 그름이 아닌 결론을 도출하는 과정과 말하는 자세 등도 중요함.

5 역할연기면접(Role Play Interview)

• 방식
기업 내 발생 가능한 상황에서 부딪히게 되는 문제와 역할을 가상적으로 설정하여 특정 역할을 맡은 사람과 상호작용하고 문제를 해결해 나가도록 함.

• 판단기준
대처능력, 대인관계능력, 의사소통능력 등

• 특징
실제 상황과 유사한 가상 상황에서 지원자의 성격이나 대처 행동 등을 관찰할 수 있음.

6 집단면접(Group Activity)

• 방식
지원자들이 팀(집단)으로 협력하여 정해진 시간 안에 활동 또는 게임을 하며 면접관들은 지원자들의 행동을 관찰함.

• 판단기준
대인관계능력, 팀워크, 창의성 등

• 특징
기존 면접보다 오랜 시간 관찰을 하여 지원자들의 평소 습관이나 행동들을 관찰하려는 데 목적이 있음.

03 면접 최신 기출 주제

1 면접 빈출키워드

- 직무별 업무내용
- 특정 상황에서의 교육방법
- 개인정보법
- 전화 응대법
- 업무자세 / 마음가짐
- 교사, 동료와의 갈등 해결 방법
- 업무 처리 방법
- 해당 교육청의 교육목표
- 교육공무직원의 의무
- 민원 대처방법
- 업무분장
- 공문서

2 충청남도교육청 교육공무직원 최신 면접 기출

2023년

직종	질문
교무행정사	1. 다른 동료가 휴가로 인해 업무를 맡긴 상황에서 나 또한 업무과중으로 초과근무 상황에 놓여 있다면 어떻게 할 것인가?
	2. 교감, 부장교사가 사적인 업무를 맡겼을 때 어떻게 할 것인가?
	3. 교무행정사의 역할에 대해 말해 보시오.
돌봄전담사	1. 발령받은 학교가 원치 않는 곳이거나 가정에서 먼 곳일 때 어떻게 할 것인가?
	2. 반복적으로 민원이 들어온다면 어떻게 대처할 것인가?
	3. 돌봄전담사의 역할은 무엇이며, 돌봄전담사의 역할을 잘 수행하기 위해 자기계발을 어떻게 할 것인지 말해 보시오.
특수교육 실무원	1. 폭력적인 아이가 물건을 집어 던진다면 어떻게 대처할 것인가?
	2. 특수교육 대상자인 아동이 특수교육실무원에게 폭력을 당했다는 학부모 민원이 발생한다면 어떻게 대처할 것인가?
	3. 코로나19로 인해 조직적 문화가 중요한데, 그 안에서 필요시 되는 특수교육실무사의 인성적, 전문적 자질을 하나씩 말하고, 자신의 부족한 자질은 어떻게 보완할 것인지 말해 보시오.

2022년

교무행정사	1. 자신이 처리할 수 없는 민원이 접수됐을 때 어떻게 대처할 것인가?
	2. 교무행정사의 업무를 아는 대로 말해 보시오.
	3. 상사나 동료와 갈등이 발생할 경우 어떻게 대처할 것인가?
초등돌봄 전담사	1. 교우들 사이에서 적응하지 못하는 아이가 있을 때 어떻게 할 것인가?
	2. 업무로 인한 스트레스가 쌓이면 어떻게 할 것인가?
	3. 돌봄과 돌봄전담사의 역할이 무엇이라고 생각하는지 말해 보시오.
조리원	1. 자녀와 같은 학교에 발령되는 것에 대해 어떻게 생각하는가?
	2. 동료가 일을 제대로 못할 경우 어떻게 할 것인가?
	3. 식중독 예방법에 대해 아는 대로 말해 보시오.

2021년

교무행정사	1. 교무행정사에게 필요한 자질에 대해 아는 대로 말해 보시오.
	2. 교무행정사가 하는 일에 대해 말해 보시오.
	3. 어린 교사와 마찰이 생길 경우 어떻게 대처할 것인가?
	4. 학교에서 과중한 업무를 시킨다면 어떻게 할 것인가?
	5. 본인이 갖고 있는 자격증과 이를 업무에 어떻게 활용할 것인지 말해 보시오.
	6. 정해진 절차와는 다르게 업무를 처리하라고 할 경우 어떻게 할 것인가?

2020년

교무행정사	1. 교무행정사가 하는 일과 교무행정사가 필요한 이유는 무엇인가?
	2. 교무행정사에게 협업이 필요한 업무는 무엇이 있는가? 협업을 위한 자세를 3가지 말해 보시오.
	3. 동료와의 갈등 시 대처방법을 말해 보시오.
조리실무사	1. 중요하고 급한 업무와 상사의 지시 중 어떤 것을 먼저 하겠는가?
	2. 동료와의 불화나 갈등 발생 시 어떻게 대처할 것인가?
	3. 업무 중에 손을 씻어야 하는 경우를 5가지 이상 말해 보시오

2019년

교무행정사	1. 교육과정 개정으로 인한 5대 교육과제를 말해 보시오.
	2. 교무행정사가 하는 업무를 말해 보시오.
	3. 악성 민원인에 대처하는 방법을 말해 보시오.
	4. 퇴근 후 자녀를 데리러 가야 하는데 할 일이 남았거나 새로운 일이 주어졌다면 어떻게 하겠는가?
	5. 업무 수행에 불만을 가진 민원인이나 학부모가 찾아와서 따진다면 어떻게 대처할 것인가?
	6. 교무행정사로서 자신만의 강점과 단점에 대해 말해 보시오. 단점을 극복하기 위해 노력한 점은 무엇인가? 장점을 학교에서 활용할 수 있는 방안은 무엇인가?
	7. 교육공무직으로서 중요한 자세 3가지를 말해 보시오.
	8. 적극적 행정은 무엇이며, 자신이 생각하는 적극적 행정에 대해 말해 보시오.
	9. 교무행정사의 역할에 대해 말해 보시오.
	10. 악성 민원인에 대처하는 방법을 말해 보시오.
	11. 직상 상사가 부당한 명령을 내렸을 때 대처방법을 말해 보시오.
돌봄전담사	1. 교육공무직을 지원한 동기와 내가 잘할 수 있는 특기는?
	2. 돌봄전담사로서 어떤 마음가짐으로 일할 것인가?
	3. 최근에 읽은 책의 제목과 느낀점을 말해 보시오.

3 그 외 지역 교육공무직원 최신 면접 기출

2023년

전북

조리실무사	1. 지원한 동기를 말하고 자기소개를 해 보시오.
	2. 자신의 단점에 대해 말해 보시오.
	3. 손을 씻어야 할 때를 아는 대로 말해 보시오.
	4. HACCP에 대해 아는 대로 설명하시오.
특수교육 지도사	1. 지원동기를 말해 보시오.
	2. 자신의 단점과 보완방법을 말해 보시오.

대전

공통질문	1. 교육공무직의 역할, 자세, 지원동기를 말해 보시오.
	2. 업무공백이 생길 경우 어떻게 할 것인가?
돌봄전담사	1. 돌봄교실 인원이 다 찼는데 추가인원 요청이 있을 경우 어떻게 할 것인가?
	2. 돌봄교실 내 안전사고 예방을 위해 어떻게 하겠는가?
특수교육 실무원	1. 어떠한 실무원이 되고 싶은가?
	2. 아이들과 라포형성을 어떻게 하겠는가?
	3. 특수교육실무원의 자세 3가지를 말해 보시오.
전문상담사	1. 전문상담사의 인성적 자질에 대해 말해 보시오.
	2. 비밀보장 예외원칙에 따라 상담자 비밀에 대해 요청받을 수 있는 경우는?
체험해설 실무원	1. 의식 잃은 사람에게 구급처치 하는 방법과 제세동기 사용에 대해 말해 보시오.
	2. 과학전시물 주제에 따라 시연해 보시오.

경남

교무행정원	1. 청렴하기 위한 방법을 말해 보시오.
	2. 생태환경교육과 관련하여 생활 속에서 실천할 수 있는 방법은?
	3. 동료가 바쁜 본인을 도와주지 않는다고 화를 낼 경우 어떻게 대처하겠는가?
	4. 교무행정원의 업무 중 본인이 가장 자신 있는 것은?
조리실무사	1. 미숙한 사람과 한 조가 된다면 어떻게 하겠는가?
	2. 생소한 식재료로 조리를 해야 하는데 조리법을 모른다면 어떻게 하겠는가?
	3. 3식 하는 곳에 배정되면 어떻게 하겠는가?
	4. 세정제가 하나만 있을 때 채소, 어패류, 육류를 세척할 순서를 말해 보시오.
	5. 법정 감염병 대처 및 예방 방법 5가지를 말해 보시오.
	6. HACCP가 무엇인지 설명해 보시오.
안내원	1. 민원인을 어떻게 대할 것인가?
	2. 타부서 직원과 불화가 발생한다면 어떻게 하겠는가?
	3. 심폐소생술 순서를 말해 보시오.

2022년

경북

직종	질문
조리원	1. 조리원의 역할에 대해 아는 대로 말해 보시오.
	2. 배식 중 좋아하는 반찬은 많이 받으려 하고 싫어하는 음식은 받지 않으려는 학생이 있다면 어떻게 할 것인가?
	3. 손을 씻어야 하는 경우는 어떤 것이 있는가?
특수교육 실무사	1. 지원한 동기와 특수교육실무사의 역할에 대해 말해 보시오.
	2. 학교 근무자로서 가져야 할 마음가짐과 자세에 대해 말해 보시오.
	3. 특수 아동이 다쳤는데 학부모가 치료비를 요구할 경우 어떻게 해결할 것인가?
	4. 돌봄 교실에서 학생이 타인에게 해를 끼쳐 퇴원 조치를 해야 하는 경우 어떻게 해결할 것인가?

충북

직종	질문
초등돌봄 전담사	1. 최근 초등 관련 외의 자기계발을 한 사례와 좋았던 점을 말해 보시오.
	2. 초등돌봄전담사에 지원한 동기를 말해 보시오.
	3. 교육공무직원의 의무를 말해 보시오.
	4. 동료와 갈등이 발생한 경우 어떻게 대처할 것인가?
	5. 돌봄이 하는 일은 무엇인가?
	6. 학생 간 다툼이 발생한 경우 어떻게 중재할 것인가?

서울

직종	질문
돌봄전담사	1. 시간제 돌봄 연장에 관한 개인의 제안을 말해 보시오.
	2. 돌봄교실에 필요한 것은 무엇인가?
	3. 개인 실수로 인해 민원이 발생한 경우 어떻게 대처할 것인가?
	4. 시간제 돌봄 시간이 연장되었는데 그에 대한 정보와 이에 어떻게 대처하면 좋을지에 대해 말해 보시오.
특수교육 실무사	1. 자신의 장점과 지원한 직무와의 연관성에 대해 말해 보시오.
	2. 특수실무사의 역할에 대해 아는 대로 말해 보시오.
	3. 학생의 편식지도 방법 3가지를 말해 보시오.
	4. 학부모 민원 전화가 왔을 때 어떻게 대응할 것인가?
	5. 여러 가지 장애가 있는 특수장애 아이 지원에 대해 아는 대로 말해 보시오.

전북

특수교육 지도사	1. 특수교육지도사에게 필요한 자세는?
	2. 하교지도 중 학부모가 상담을 요청할 때 어떻게 대처할 것인가?
	3. 자폐아동의 특징에 대해 말해 보시오.
조리원	1. 산업재해를 예방하기 위한 방안에 대해 말해 보시오.

대전

교육복지사	1. 교육공무직원이 갖춰야 할 3가지 덕목은?
	2. 다른 부서에 업무 공백이 생길 경우 해야 할 역할은 무엇인가?
	3. 교육복지 우선 지원 사업이 시작된 이유와 시행 영역에 대해 말해 보시오.
특수교육 실무원	1. 교육공무직의 의무는?
	2. 직무향상을 위해 노력한 3가지와 본인이 특수실무가가 되고 싶은지 말해 보시오.
	3. 법령에 근거하여 특수 실무원이 하는 일에 대해 말해 보시오.

세종

간호사	1. 세종시교육청의 목표와 지표, 중점기 교육분야 3가지에 대해 말해 보시오.
	2. 비협조적인 구성원과 갈등이 발생했을 때 어떻게 해결할 것인가?
	3. 경련을 일으키는 아동에 대한 5가지 대응방안을 말해 보시오.
	4. 코로나19 예방 대응 4가지를 말해 보시오.

부산

특수교육 실무원	1. 뇌전증이 있는 특수 아동이 수업 중 발작을 시작할 때 어떻게 대처할 것인가?
	2. 특수 아동이 계속 교문을 나가려 할 때(무단이탈) 이에 대한 사전 방안은?
	3. 특수 아동의 등교 지원 시 학생이 20분 늦게 도착하게 됐을 때 어떻게 할 것인가?
	4. 특수교육실무원의 역할과 자세는?
교육실무원	1. 학교 기록물 종류와 관리법에 대해 아는 대로 말해 보시오.
	2. 정보공개법률에 따라 정보공개가 원칙인데, 공개하지 않아도 되는 정보는 무엇인가?
	3. 교직원과 갈등이 발생할 경우 어떻게 대처할 것인가?
	4. 교육실무원의 기본자세는?

경남

조리실무사	1. 손 씻는 방법에 대해 구체적으로 설명하시오.
	2. 식중독 예방 3대 원칙은 무엇인가?
	3. 동료 간에 불화가 발생한 경우 어떻게 대처할 것인가?
	4. 자신의 캐비닛에 남의 금품이 있다면 어떻게 처리할 것인가?
	5. 일을 하게 된 동기를 20초 이내로 말해 보시오.
	6. 경남교육공동체의 소통, 공감과 관련하여 아는 대로 말해 보시오.
	7. 조리실무사는 어떤 일을 하는 사람인가?
	8. '녹색지구' 살리기를 위해 교직원으로서 학생들을 어떻게 지도할 것인가?
	9. 소독의 종류에 대해 아는 대로 말해 보시오.
	10. 악성 민원에 대처하는 방안에 대해 말해 보시오.
	11. 손을 씻어야 하는 이유 7가지를 말해 보시오.
특수행정 실무원	1. 경남교육에서 목표로 하는 철학 4가지 중 3가지를 말해 보시오.
	2. 행사나 축제 등으로 야간 업무를 해야 하는데 개인 사정으로 불참해야 할 경우 어떻게 대처할 것인가?

2021년

울산

유치원 방과후과정 전담사	1. 울산광역시교육청의 교육방향을 말하고, 이것을 유치원 방과후과정반에 어떻게 적용시켜 운영할 것인지 말해 보시오.
	2. 본인의 업무를 하기 위해서는 어떤 능력이 필요할 것 같은가? 이를 접목시킨 적이 있다면 사례를 들어 보시오.
	3. 교사들과 마찰이 발생할 경우 어떻게 행동할 것인가?
	4. 전담사에게 제일 중요한 것이 무엇이라고 생각하는가?
	5. 본인의 업무 외 다른 일을 시켰을 때 어떻게 할 것인지 말해 보시오.
	6. 본인의 장단점이 무엇이라고 생각하는가?

광주

특수 교육실무사	1. 즐거운 직장 문화를 만들기 위해 무엇을 할 수 있는지 3가지를 말해 보시오.
	2. 여러 부서가 존재하고 각 부서 간에 갈등이 많은데, 이를 어떻게 해결할 수 있을지 말해 보시오.
	3. 뇌병변을 앓고 있는 아이가 갑작스럽게 발작한다면 어떻게 대처할 것인가?
초등 돌봄전담사	1. 학교는 학생들의 안전교육이 중요하다. 안전교육 중 안전하게 귀가조치를 하기 위한 방법 3가지를 말해 보시오.
	2. 귀가시간을 지키지 않는 학부모가 있다면 어떻게 할 것인가?
	3. 저출산과 관련지어 돌봄교실의 역할은 무엇이라고 생각하는가?
과학실무사	1. 교사들을 지원하는 행정업무에 대해 어떻게 생각하는가?
	2. 과학실무사가 가져야 하는 자세 3가지에 대해 말해 보시오.
	3. 과학중점학교에 대해 어떻게 생각하는가?

경기

특수교육 지도사	1. 그간의 경력 및 학력이 특수교육지도사에 발휘될 수 있는 점을 말해 보시오.
	2. 교실에서 중복 장애, 복합적인 장애를 가진 학생들을 만났을 경우, 어떻게 지도할 것인가?
	3. 향후 인생의 계획을 말해 보시오.
	4. 다른 교사와 문제가 있을 때 어떻게 대처할 것인지 말해 보시오.
	5. 꼬집거나 소리 지르는 문제 아동에 대한 행동 대처와 대소변 실수 시 지원 방법에 대해 말해 보시오.
	6. 기억나는 특수아동이 있다면?
	7. 학부모의 상담요청이 빈번할 경우 어떻게 대처할 것인가?
	8. 원하지 않는 동네 유치원, 초등, 중등, 고등학교 발령 시 어떻게 할 것인가?
	9. 보육교사와 특수교육지도사의 업무 차이점에 대해 아는 대로 말해 보시오.
초등 돌봄전담사	1. 근무 중 다른 좋은 조건을 가진 자리가 난다면 갈 것인가?
	2. 다른 돌봄교사와 전담관리자 선생님과 의견 차이가 있어 갈등이 생길 경우, 어떻게 대처할 것인가?
	3. 돌봄교실에서 두 아이가 다툼을 하다가 다치게 된다면 어떻게 대처할 것인가?
	4. 자신의 성격의 장점을 말해 보시오.
	5. 컴퓨터 사용 능력은 어느 정도 되는가?

서울

교무행정 지원사	1. 동료가 한 달간 출근을 못하게 되었을 때 어떻게 할 것인가?
	2. 5년마다 전보 시, 이전 학교에서 하지 않은 일을 전보를 간 학교에서 하라고 한다면?
	3. 나로 인해 민원이 발생하여 학부모가 학교로 연락을 했을 경우, 어떻게 할 것인가?
특수 교육실무사	1. 나의 실수로 민원이 들어온다면 어떻게 해결할 것인가?
	2. 자폐 학생이 다른 학생에게 폭력을 행한다면 어떻게 대처할 것인가?
	3. 장특법에 나타나는 여러 장애에 대해 아는 대로 말해 보시오.

충북

특수 교육실무사	1. 자기계발을 하기 위해 어떤 노력을 했는가? 그리고 앞으로의 일을 하면서 필요한 자기계발이 있다면 어떻게 할 것인가?
	2. A 실무원이 아이의 모든 것을 도와주고 있다. 이때의 문제점과 당신이라면 어떻게 할 것인지 말해 보시오.

경남

교무행정원	1. 기후, 환경 문제를 해결하기 위해 학교에서 할 수 있는 것은 무엇인가?
	2. 몸이 안 좋아 병원을 예약했는데 갑자기 교감선생님이 업무를 시키신다면 어떻게 할 것인가?
	3. 성인지감수성이란 무엇이며, 교내에서 성추행 상황을 목격한다면 어떻게 할 것인가?
	4. 아이톡톡에 대해 아는 대로 말해 보시오.
	5. 교육행정지원팀의 목적과 의의는?
	6. 공문서 취급 방법 4가지 이상을 말해 보시오.
	7. 학부모 민원에 대응하는 4가지 방법을 말해 보시오.
	8. 경남교육청에서 시행하고 있는 기후위기 대응운동에 대해 아는 대로 말해 보시오.
	9. 경남교육청의 정책방향 5가지 중 소통과 공감에 대해 말해 보시오.
돌봄전담사	1. 교육감이 올해 발표한 5대 교육정책은 무엇인가?
	2. 올해 돌봄교실 운영추진 목표와 과제를 말해 보시오.
	3. 여성가족부와 보건복지부에서 운영하는 각각의 돌봄교실 유형을 말해 보시오.
특수 교육실무사	1. 편식하는 아동의 지원 방법은?
	2. 특수실무원 역할 중 교수활동지원 4가지를 말해 보시오.
	3. 학교에서 직원들이 할 수 있는 코로나 예방(방역) 방법에 대해 4가지 이상 말해 보시오.

부산

특수교육 실무원	1. 특수교육실무원의 역량 및 자질에는 무엇이 있는가?
	2. 자폐아동의 특징 2가지와 지도 방식 3가지를 말해 보시오.
	3. 수업 중 난폭한 행동에 대한 대처 방안을 말해 보시오.
	4. 아동학대를 목격했을 때 대처 방안을 말해 보시오.
	5. 학교 구성원과의 갈등 시 대처 방안을 말해 보시오.

세종

돌봄전담사	1. 김영란법의 목적과 상한가를 예로 들어 설명하시오.
	2. 돌봄간식 수요조사 후, 학생들에게 나가기 전까지의 5단계는 무엇인가?
	3. 2월에 해야 할 일 4가지 이상을 말해 보시오.
	4. 합격 후 역량 강화를 위해 해야 할 일은 무엇인가?
	5. 교장선생님의 부당한 지시에 대해 어떻게 대처할 것인가?
	6. 살면서 크게 싸운 일이 있었을 텐데 어떻게 대처하였는가?

2020년

울산

사서	1. (경력이 없는 경우) 학교도서관에서는 혼자서 근무해야 하는데 어떻게 할 계획인가?
	2. 생각하지 못한 상황이 닥치면 어떻게 대처할 것인가?
	3. 독서율 증진을 위해 어떤 프로그램을 진행할 계획인가?
	4. 교직원과 트러블이 생기면 어떻게 대처할 것인가?

대전

조리원	1. 동료가 자신의 일을 도와달라고 하면 어떻게 행동할 것인가?
	2. 학부모나 학생이 급식 조리방법에 대해 민원을 제기한다면 어떻게 대처하겠는가?
	3. 올바른 손 씻기 방법과 알코올 손 소독 방법에 대해 설명해 보시오.

세종

구분	질문
초등돌봄 전담사	1. 학교나 직장에서 의견 차이를 극복했던 경험과 방법에 대해 말해 보시오.
	2. 초등돌봄전담사의 직무에 대해 설명하고 내실화 방안에 대해 말해 보시오.
	3. 초등돌봄전담사로서 가져야 할 자세 및 자질을 말해 보시오.
	4. 코로나 바이러스와 관련하여 등교 찬반 입장과 그 이유를 설명해 보시오.
	5. 민원 응대방법에 대해 말해 보시오.
교육실무사	1. 교직원과 학생의 긍정적 관계를 유지하는 방법을 4가지 말해 보시오.
	2. 비협조적이었던 직원이 업무협조 요청 시 어떻게 대처할지 말해 보시오.
	3. 자신의 강점과 관련해서 자기계발을 어떻게 할지 말해 보시오.
	4. 봉사활동의 필요성을 4가지 말해 보시오.
	5. 화재 시 대처방법을 4가지 말해 보시오.
특수교육 실무사	1. 교직원으로서 학생과 교사가 조화롭게 융합하는 방법을 4가지 말해 보시오.
	2. 뇌전증 발작 시 대처방법을 4가지 말해 보시오.
	3. 자신의 장점과 그와 관련해 앞으로 어떻게 발전해 나갈지 말해 보시오.
	4. 관계가 좋지 않은 직원이 일을 부탁하면 어떻게 대처할지 말해 보시오.
	5. 특수교육실무사가 하는 일을 4가지 말해 보시오.

경북

구분	질문
조리원	1. 이물질 관련 컴플레인에 대한 대처방안을 말해 보시오.
	2. 약품 사용 시 유의사항을 3가지 이상 말해 보시오.
	3. 조리원의 기본 자세를 말해 보시오.
	4. 식중독 예방 방법 3가지를 말해 보시오.
	5. 학생들의 잘못된 식습관 2가지와 맛있는 반찬만 배식해 달라고 했을 경우 대처 방법을 말해 보시오.
특수교육 실무사	1. 통합교육이 일반학생과 장애학생에게 주는 장점을 2가지씩 말해 보시오.
	2. 장애학생과 일반학생 간 학교폭력이 발생하였을 때 중재방법을 4가지 말해 보시오.
	3. 문제행동의 유형별(관심끌기, 회피, 자기자극) 중재방법을 1가지씩 말해 보시오.

경남

돌봄전담사	1. 퇴근을 준비하고 있는데 업무가 생긴다면 어떻게 대처할 것인가?
	2. 돌봄전담사의 주요 역할은 무엇인가?
	3. 교육공무직의 덕목을 말해 보시오.
사무행정원	1. 경남교육청의 슬로건을 말해 보시오.
	2. 사무행정원의 업무는 무엇인가?
	3. 공무직이 갖추어야 할 자세와 그중 무엇을 가장 중요하게 생각하는지 말해 보시오.
	4. 민원 전화를 받는 법을 말해 보시오.
특수교육 실무사	1. 교육공무직으로서의 자질과 덕목을 말해 보시오.
	2. 특수아동의 개인욕구를 어떻게 지원할 것인지 말해 보시오.
	3. 특수교육실무사의 역할과 그와 관련된 자신의 장점을 말해 보시오.
특수교육 실무원	1. 경남교육청이 밀고 있는 교육정책을 말해 보시오.
	2. 상사나 동료와의 갈등 발생 시 대처방법을 말해 보시오.
	3. 특수교육실무원이 하는 일은 무엇인가?
	4. 민원 발생 시 대처방법을 말해 보시오.

인천

특수교육 실무사	1. 특수교육실무사의 역할은 무엇인가?
	2. 코로나 바이러스와 관련된 나만의 특화된 학생 지도방법은 무엇인가?
	3. (경력이 많은 경우) 신입 특수교사와 학생지도에 있어 갈등상황을 겪는다면 어떻게 해결할 것인가?
교무행정사	1. 동료가 교통사고가 나서 1달은 입원, 2달은 통원치료를 하는데 대체직 채용이 어려워서 업무가 과중된다면 어떻게 대처하겠는가?
	2. 전입생이 많은 경우 교무실과 행정실에서 전입생을 어떻게 지원할 것인가?
	3. 어려운 업무인 교과서 업무를 A 학교에서 5년 동안 맡았고, 5년 후 전보된 B 학교에서도 교과서 업무를 맡게 되었다면 어떻게 할 것인가?

부산

조리원	1. 조리원으로 지원한 동기를 말해 보시오.
	2. 알레르기 있는 학생이 있다면 어떻게 할 것인가?
	3. 단체급식 경험이 있는가?
	4. 조리원은 어떤 직업인 것 같은가?
	5. 식중독 예방법에 대해 아는 대로 말해 보시오.
돌봄전담사	1. 초등 돌봄교실의 필요성과 초등 돌봄전담사로서의 복무 자세에 대해 말해 보시오.
	2. 친구를 자꾸 때리고 괴롭히는 학생이 있다면 어떻게 지도할 것인가?
	3. 돌봄전담사의 역할 3가지와 가장 중요하다고 생각되는 것은?
특수교육 실무원	1. 지체장애 아동의 식사 지도 시 주의할 점이 있다면?
	2. 마스크를 착용하지 않으려는 아동이 있다면 어떻게 지도할 것인가?
	3. 특수교사 학부모 아동과의 협업을 잘하기 위한 자세는?

경기

특수교육 실무사	1. 특수교육실무사가 하는 역할을 말해 보시오.
	2. 본인의 교육에 대해 학부모가 불만을 가진다면 어떻게 대처하겠는가?
	3. 특수아동이 문제 행동(폭력성이나 성 문제 등)을 보이면 어떻게 대처하겠는가?

2019년

울산

교육업무사	1. 개인정보보호 방법에는 무엇이 있는가?
	2. 자신의 강점은 무엇인가?
	3. 동료와의 갈등 상황을 어떻게 해결할 것인가?
	4. 민원인 또는 손님이 와서 차나 과일을 준비해 달라고 요청할 시 어떻게 대응할 것인가?

돌봄전담사	1. 지원동기를 말해 보시오.
	2. 일반적인 근무시간이 9~17시 또는 10~18시인데, 만약 학교에서 11~19시로 근무해 달라고 한다면 어떻게 하겠는가? 만약 자신은 근무시간 변경에 동의하는데 다른 직원들은 동의할 수 없다고 반대하여 근무시간 때문에 마찰이 생긴다면 어떻게 대처하겠는가?
	3. 잠시 화장실을 다녀오는 동안 아이가 다친 상황을 보지 못했다면 어떻게 대처하겠는가? 학부모가 이에 강한 불만을 가지고 따지러 왔다면 어떻게 하겠는가?
	4. 교실 cctv 설치에 대한 생각을 말해 보시오.
	5. 동료 직원들 간 또는 다른 부서 직원이나 상사와의 갈등이 일어났다면 어떻게 해결하겠는가? 선생님들과 갈등이 있을 때는 어떻게 대처하겠는가?
	6. 돌봄전담사의 역할에 대해 말해 보시오.

부산

돌봄전담사	1. 지원동기를 말해 보시오.
	2. 학부모와의 갈등 발생 시 대처방법에 대해 말해 보시오.
	3. 돌봄전담사의 역할 5가지를 말해 보시오.
	4. 급 · 간식 준비 시 주의할 점 4가지를 말해 보시오.
	5. 돌봄교실에서 신경 써야 할 안전교육 3가지와 안전상 문제가 생겼을 경우 대처방안을 말해 보시오.
	6. 돌봄교실 환경구성을 어떻게 할 것인지 3가지 방안을 말해 보시오.

세종

공통질문	1. 교직원 및 학생과 긍정적인 관계를 유지하는 방법을 4가지 말해 보시오.
	2. 비협조적이었던 직원이 업무 협조 요청 시 어떻게 대처할 것인가?
	3. 자신의 강점과 관련하여 자기계발을 어떻게 할 것인가?
교무행정사	1. 봉사활동의 필요성을 4가지 말해 보시오.
	2. 화재 시 대처방법을 4가지 말해 보시오.
특수교육 실무사	1. 뇌전증 발작 시 대처방법을 4가지 말해 보시오.
	2. 특수교육실무사가 하는 일을 4가지 말해 보시오.

대전

특수교육 실무사	1. 특수교육실무사로 채용될 경우 어떤 자세로 일하겠는가?
	2. 지적장애아의 학습특성을 3가지 말해 보시오.
	3. 본인이 채용되면 교육청이 갖는 이점을 3가지 말해 보시오.
	4. 교육공무직원으로 갖춰야 할 자질을 말해 보시오.
	5. 특수교육실무사의 역할을 말해 보시오.
	6. 동료와의 갈등 발생 시 대처방법을 말해 보시오.

경북

조리원	1. 손 씻는 순서를 말해 보시오.
	2. 식중독 예방방법 3가지와 보존식에 대해 말해 보시오.
	3. 다른 조리원과 갈등 발생 시 대처방법을 말해 보시오.
	4. 경상북도교육청의 역점과제와 교육지표를 말해 보시오.
	5. 개인위생방법을 3가지 이상 말해 보시오.

서울

에듀케어	1. 에듀케어 교사로서 학급 교사와의 갈등에 어떻게 대응할 것인가?
	2. 사소한 민원으로 치부하여 커진 민원에 어떻게 대응할 것인가?
	3. 놀이 중심 교육과정을 적용한 방과후과정을 어떻게 진행할지 설명해 보시오.
교육실무사	1. 교장선생님께서 학연, 혈연과 관련된 부당한 지시를 한다면 어떻게 할 것인가?
	2. 담당자가 없어서 본인이 민원인을 대응했는데 민원인이 그것을 다시 민원으로 가져왔을 경우 어떻게 대처할 것인가?
	3. 코로나 바이러스와 관련된 학부모의 민원에 대해 어떻게 대응할 것인가?

4 그 외 면접 기출

- 자신이 급하게 처리해야 할 일을 하고 있는데 상사가 부당한 일을 시키면 어떻게 하겠는가? 거절을 했는데도 계속 시키면 어떻게 하겠는가?
- 교장선생님이 퇴근시간 이후에 새로운 일을 시키면 어떻게 하겠는가?
- 교장선생님이 시키신 일을 처리하는 중에 3학년 선생님이 전화해서 일을 부탁한다면 어떻게 대처하겠는가?
- 여러 선생님들이 동시에 일을 주었을 때 처리하는 순서에 대해 말해 보시오.
- 학교 근무 시 정말 하기 싫은 일을 시키면 어떻게 할 것인가?
- 동료들과 화합하고 갈등이 일어나지 않으려면 어떤 자세가 필요한가?
- 채용 후 근무 시 전문성을 키우기 위해 자기계발을 어떻게 하겠는가?
- 결혼하게 될 사람이 직장을 그만두라고 한다면?
- 지금까지 살면서 가장 힘들었던 순간과 그 순간을 극복한 사례를 말해 보시오.
- 사무부장이 타당하지 않은 일을 시키면 어떻게 하겠는가?
- 동료가 다른 학교로 전보를 가기 싫어하고 나는 거리가 멀어 갈 수 없는 상황이라면 어떻게 하겠는가?
- 행정실무사가 하는 업무는 무엇인지 말해 보시오. 자존심이 상하거나 교사에게 상대적인 박탈감을 느낄 수 있는데 잘 적응할 수 있겠는가?
- 살아오면서 좋은 성과를 낸 협업 경험이나 자원봉사활동 경험이 있다면 말해 보시오.
- 학교 발전을 위해 자신이 할 수 있는 것을 3가지 말해 보시오.
- 돌봄교실에서 아이들을 지도할 때 기존 프로그램과 다르게 자신만의 프로그램을 시도해 보고 싶은 것이 있다면?
- 돌봄교실에서 급식이나 간식 준비 시 유의사항 및 고려사항에 대해 말해 보시오.
- 돌봄교실에서 신경 써야 할 안전교육을 3가지 이상 말하고, 안전사고 시 대처방안에 대해 설명하시오.
- 학부모로부터 3학년 ○○○ 학생에게 방과후 수업이 끝나면 이모 집으로 가라고 전해 달라는 전화가 온다면 어떻게 할 것인가?
- 현재 학교에 없는 방과후 프로그램을 학부모가 만들어 달라고 요청하는 경우 어떻게 하겠는가?
- 2020년 개정되는 교육과정은 놀이와 쉼 중심으로 이루어지는데 이를 어떻게 운영해야 하는가?

- 아이가 다쳤을 때 어떻게 처리해야 하는지 의식이 있을 때와 없을 때를 구분하여 말해 보시오.
- 산만한 아이가 다른 아이들의 학습을 방해한다면 어떻게 해결할 것인가? 힘들게 하는 학생이 있다면 어떻게 대처하겠는가?
- 공문서에 대해 말해 보시오. 학교업무나 공문서 처리방법이나 유의사항은 무엇이 있는가?
- 전화 응대 방법에 대해 말해 보시오.
- 사서가 되면 하고 싶은 일은 무엇이며, 독서율 증진을 위해 어떤 프로그램을 하고 싶은가?
- 상급 근무부서에서 근무 중 전화가 오면 어떻게 받을 것인지 절차를 설명해 보시오.
- 민원인이 전화해서 자신의 업무와 상관없는 내용을 물어보면 어떻게 응대할 것인가?
- 고성이나 폭언 민원인을 상대하는 방법에 대해 말해 보시오.
- 다음 질문이 부정청탁 금품수수에 해당하는지 여부를 말해 보시오.
  - 퇴직한 교사가 선물을 받는 것
  - 교사가 5만 원 이하의 선물을 받는 것
  - 교직원 배우자의 금품수수
  - 기간제교사의 금품수수
- ○○교육청 교육공무직원 관리규정에 나오는 교육공무직의 8가지 의무 중 4가지 이상을 말해 보시오.
- ○○교육청의 교육비전, 교육지표, 교육정책을 말해 보시오.
- 발령지가 멀 경우 근무할 수 있는가?
- 돌발 상황이 많이 일어나는데 지원한 직무와 관련하여 아는 대로 말해 보시오.
- 해당 직무를 수행할 때 가장 중요하게 생각하는 것 세 가지를 말해 보시오.
- 본인의 인생에서 가장 뿌듯했던 경험은 무엇인가?
- 자리를 비운 사이 누군가 돈 봉투를 두고 간 것을 발견했다면 어떻게 할 것인가?
- 본인의 업무가 아니지만 상사가 업무를 준다면 어떻게 할 것인가?
- 학생이 없어진 것을 알게 됐다면 어떻게 할 것인가?
- 아동학대가 발생하지 않도록 예방하는 방법은?
- 정원 외 추가로 아동을 넣어달라는 학부모의 요청에 어떻게 대처할 것인가?
- 학부모가 반을 바꿔달라고 한다면 어떻게 대처할 것인가?

Memo

미래를 창조하기에 꿈만큼 좋은 것은 없다.
오늘의 유토피아가 내일 현실이 될 수 있다.

There is nothing like dream to create the future.
Utopia today, flesh and blood tomorrow.
빅토르 위고 Victor Hugo

교육공무직원 소양평가

감독관 확인란	

1회 기출예상문제

성명표기란

수험번호

(주민등록 앞자리 생년제외) 월일

수험생 유의사항

※ 답안은 반드시 컴퓨터용 수성사인펜으로 보기와 같이 바르게 표기해야 합니다.
〈보기〉 ① ② ③ ❹ ⑤

※ 성명표기란 위 칸에는 성명을 한글로 쓰고 아래 칸에는 성명을 정확하게 ● 표기하십시오. (단, 성과 이름은 붙여 씁니다)

※ 수험번호 표기란 위 칸에는 아라비아 숫자로 쓰고 아래 칸에는 숫자와 일치하게 ● 표기하십시오.

※ 출생월일은 반드시 본인 주민등록번호의 생년을 제외한 월 두 자리, 일 두 자리를 표기하십시오. 〈예〉 1994년 1월 12일 → 0112

직무능력검사

문번	답란	문번	답란	문번	답란	문번	답란
1	① ② ③ ④	16	① ② ③ ④	31	① ② ③ ④	46	① ② ③ ④
2	① ② ③ ④	17	① ② ③ ④	32	① ② ③ ④	47	① ② ③ ④
3	① ② ③ ④	18	① ② ③ ④	33	① ② ③ ④	48	① ② ③ ④
4	① ② ③ ④	19	① ② ③ ④	34	① ② ③ ④	49	① ② ③ ④
5	① ② ③ ④	20	① ② ③ ④	35	① ② ③ ④	50	① ② ③ ④
6	① ② ③ ④	21	① ② ③ ④	36	① ② ③ ④		
7	① ② ③ ④	22	① ② ③ ④	37	① ② ③ ④		
8	① ② ③ ④	23	① ② ③ ④	38	① ② ③ ④		
9	① ② ③ ④	24	① ② ③ ④	39	① ② ③ ④		
10	① ② ③ ④	25	① ② ③ ④	40	① ② ③ ④		
11	① ② ③ ④	26	① ② ③ ④	41	① ② ③ ④		
12	① ② ③ ④	27	① ② ③ ④	42	① ② ③ ④		
13	① ② ③ ④	28	① ② ③ ④	43	① ② ③ ④		
14	① ② ③ ④	29	① ② ③ ④	44	① ② ③ ④		
15	① ② ③ ④	30	① ② ③ ④	45	① ② ③ ④		

잘라서 활용하세요.

직무능력검사

교육공무직원 소양평가

감독관 확인란	

2회 기출예상문제

성명표기란

ㄱ	ㅏ	ㄱ	ㄱ	ㅏ	ㄱ	ㄱ	ㅏ	ㄱ	ㄱ	ㅏ	ㄱ
ㄴ	ㅑ	ㄴ	ㄴ	ㅑ	ㄴ	ㄴ	ㅑ	ㄴ	ㄴ	ㅑ	ㄴ
ㄷ	ㅓ	ㄷ	ㄷ	ㅓ	ㄷ	ㄷ	ㅓ	ㄷ	ㄷ	ㅓ	ㄷ
ㄹ	ㅕ	ㄹ	ㄹ	ㅕ	ㄹ	ㄹ	ㅕ	ㄹ	ㄹ	ㅕ	ㄹ
ㅁ	ㅗ	ㅁ	ㅁ	ㅗ	ㅁ	ㅁ	ㅗ	ㅁ	ㅁ	ㅗ	ㅁ
ㅂ	ㅛ	ㅂ	ㅂ	ㅛ	ㅂ	ㅂ	ㅛ	ㅂ	ㅂ	ㅛ	ㅂ
ㅅ	ㅜ	ㅅ	ㅅ	ㅜ	ㅅ	ㅅ	ㅜ	ㅅ	ㅅ	ㅜ	ㅅ
ㅇ	ㅠ	ㅇ	ㅇ	ㅠ	ㅇ	ㅇ	ㅠ	ㅇ	ㅇ	ㅠ	ㅇ
ㅈ	ㅡ	ㅈ	ㅈ	ㅡ	ㅈ	ㅈ	ㅡ	ㅈ	ㅈ	ㅡ	ㅈ
ㅊ	ㅣ	ㅊ	ㅊ	ㅣ	ㅊ	ㅊ	ㅣ	ㅊ	ㅊ	ㅣ	ㅊ
ㅋ	ㅐ	ㅋ	ㅋ	ㅐ	ㅋ	ㅋ	ㅐ	ㅋ	ㅋ	ㅐ	ㅋ
ㅌ	ㅒ	ㅌ	ㅌ	ㅒ	ㅌ	ㅌ	ㅒ	ㅌ	ㅌ	ㅒ	ㅌ
ㅍ	ㅔ	ㅍ	ㅍ	ㅔ	ㅍ	ㅍ	ㅔ	ㅍ	ㅍ	ㅔ	ㅍ
ㅎ	ㅖ	ㅎ	ㅎ	ㅖ	ㅎ	ㅎ	ㅖ	ㅎ	ㅎ	ㅖ	ㅎ
	ㅘ		ㄲ	ㅘ	ㄲ	ㄲ	ㅘ	ㄲ	ㄲ	ㅘ	ㄲ
	ㅙ		ㄸ	ㅙ	ㄸ	ㄸ	ㅙ	ㄸ	ㄸ	ㅙ	ㄸ
	ㅚ		ㅃ	ㅚ	ㅃ	ㅃ	ㅚ	ㅃ	ㅃ	ㅚ	ㅃ
	ㅝ		ㅆ	ㅝ	ㅆ	ㅆ	ㅝ	ㅆ	ㅆ	ㅝ	ㅆ
	ㅞ		ㅉ	ㅞ	ㅉ	ㅉ	ㅞ	ㅉ	ㅉ	ㅞ	ㅉ
	ㅟ			ㅟ	ㄺ		ㅟ	ㄺ		ㅟ	ㄺ
	ㅢ			ㅢ	ㄻ		ㅢ	ㄻ		ㅢ	ㄻ

수험번호

0	0	0	0	0	0
1	1	1	1	1	1
2	2	2	2	2	2
3	3	3	3	3	3
4	4	4	4	4	4
5	5	5	5	5	5
6	6	6	6	6	6
7	7	7	7	7	7
8	8	8	8	8	8
9	9	9	9	9	9

(주민등록 앞자리 생년제외) 월일

0	0	0	0
1	1	1	1
2	2	2	2
3	3	3	3
4	4	4	4
5	5	5	5
6	6	6	6
7	7	7	7
8	8	8	8
9	9	9	9

수험생 유의사항

※ 답안은 반드시 컴퓨터용 수성사인펜으로 보기와 같이 바르게 표기해야 합니다.
〈보기〉 ① ② ③ ❹ ⑤

※ 성명표기란 위 칸에는 성명을 한글로 쓰고 아래 칸에는 성명을 정확하게 ● 표기하십시오.
(단, 성과 이름은 붙여 씁니다)

※ 수험번호 표기란 위 칸에는 아라비아 숫자로 쓰고 아래 칸에는 숫자와 일치하게 ● 표기하십시오.

※ 출생월일은 반드시 본인 주민등록번호의 생년을 제외한 월 두 자리, 일 두 자리를 표기하십시오. 〈예〉 1994년 1월 12일 → 0112

문번	답란	문번	답란	문번	답란	문번	답란
1	① ② ③ ④	16	① ② ③ ④	31	① ② ③ ④	46	① ② ③ ④
2	① ② ③ ④	17	① ② ③ ④	32	① ② ③ ④	47	① ② ③ ④
3	① ② ③ ④	18	① ② ③ ④	33	① ② ③ ④	48	① ② ③ ④
4	① ② ③ ④	19	① ② ③ ④	34	① ② ③ ④	49	① ② ③ ④
5	① ② ③ ④	20	① ② ③ ④	35	① ② ③ ④	50	① ② ③ ④
6	① ② ③ ④	21	① ② ③ ④	36	① ② ③ ④		
7	① ② ③ ④	22	① ② ③ ④	37	① ② ③ ④		
8	① ② ③ ④	23	① ② ③ ④	38	① ② ③ ④		
9	① ② ③ ④	24	① ② ③ ④	39	① ② ③ ④		
10	① ② ③ ④	25	① ② ③ ④	40	① ② ③ ④		
11	① ② ③ ④	26	① ② ③ ④	41	① ② ③ ④		
12	① ② ③ ④	27	① ② ③ ④	42	① ② ③ ④		
13	① ② ③ ④	28	① ② ③ ④	43	① ② ③ ④		
14	① ② ③ ④	29	① ② ③ ④	44	① ② ③ ④		
15	① ② ③ ④	30	① ② ③ ④	45	① ② ③ ④		

교육공무직원 소양평가

감독관 확인란	

3회 기출예상문제

성명표기란

ㄱ ㄴ ㄷ ㄹ ㅁ ㅂ ㅅ ㅇ ㅈ ㅊ ㅋ ㅌ ㅍ ㅎ ㄲ ㄸ ㅃ ㅆ ㅉ
ㅏ ㅑ ㅓ ㅕ ㅗ ㅛ ㅜ ㅠ ㅡ ㅣ ㅐ ㅒ ㅔ ㅖ ㅘ ㅙ ㅚ ㅝ ㅞ ㅟ ㅢ
ㄱ ㄴ ㄷ ㄹ ㅁ ㅂ ㅅ ㅇ ㅈ ㅊ ㅋ ㅌ ㅍ ㅎ ㄲ ㄸ ㅃ ㅆ ㅉ ㄳ ㄺ ㄻ

수험번호

⓪ ① ② ③ ④ ⑤ ⑥ ⑦ ⑧ ⑨

(주민등록 앞자리 생년제외) 월일

⓪ ① ② ③ ④ ⑤ ⑥ ⑦ ⑧ ⑨

수험생 유의사항

※ 답안은 반드시 컴퓨터용 수성사인펜으로 보기와 같이 바르게 표기해야 합니다.
〈보기〉 ① ② ③ ❹ ⑤

※ 성명표기란 위 칸에는 성명을 한글로 쓰고 아래 칸에는 성명을 정확하게 ● 표기하십시오.
(단, 성과 이름은 붙여 씁니다)

※ 수험번호 표기란 위 칸에는 아라비아 숫자로 쓰고 아래 칸에는 숫자와 일치하게 ● 표기하십시오.

※ 출생월일은 반드시 본인 주민등록번호의 생년을 제외한 월 두 자리, 일 두 자리를 표기하십시오. 〈예〉 1994년 1월 12일 → 0112

직무능력검사

문번	답란	문번	답란	문번	답란	문번	답란
1	① ② ③ ④	16	① ② ③ ④	31	① ② ③ ④	46	① ② ③ ④
2	① ② ③ ④	17	① ② ③ ④	32	① ② ③ ④	47	① ② ③ ④
3	① ② ③ ④	18	① ② ③ ④	33	① ② ③ ④	48	① ② ③ ④
4	① ② ③ ④	19	① ② ③ ④	34	① ② ③ ④	49	① ② ③ ④
5	① ② ③ ④	20	① ② ③ ④	35	① ② ③ ④	50	① ② ③ ④
6	① ② ③ ④	21	① ② ③ ④	36	① ② ③ ④		
7	① ② ③ ④	22	① ② ③ ④	37	① ② ③ ④		
8	① ② ③ ④	23	① ② ③ ④	38	① ② ③ ④		
9	① ② ③ ④	24	① ② ③ ④	39	① ② ③ ④		
10	① ② ③ ④	25	① ② ③ ④	40	① ② ③ ④		
11	① ② ③ ④	26	① ② ③ ④	41	① ② ③ ④		
12	① ② ③ ④	27	① ② ③ ④	42	① ② ③ ④		
13	① ② ③ ④	28	① ② ③ ④	43	① ② ③ ④		
14	① ② ③ ④	29	① ② ③ ④	44	① ② ③ ④		
15	① ② ③ ④	30	① ② ③ ④	45	① ② ③ ④		

잘라서 활용하세요.

교육공무직원 소양평가

감독관 확인란	

4회 기출예상문제

성명표기란

ㄱ	ㅏ	ㄱ	ㄱ	ㅏ	ㄱ	ㄱ	ㅏ	ㄱ	ㄱ	ㅏ	ㄱ
ㄴ	ㅑ	ㄴ	ㄴ	ㅑ	ㄴ	ㄴ	ㅑ	ㄴ	ㄴ	ㅑ	ㄴ
ㄷ	ㅓ	ㄷ	ㄷ	ㅓ	ㄷ	ㄷ	ㅓ	ㄷ	ㄷ	ㅓ	ㄷ
ㄹ	ㅕ	ㄹ	ㄹ	ㅕ	ㄹ	ㄹ	ㅕ	ㄹ	ㄹ	ㅕ	ㄹ
ㅁ	ㅗ	ㅁ	ㅁ	ㅗ	ㅁ	ㅁ	ㅗ	ㅁ	ㅁ	ㅗ	ㅁ
ㅂ	ㅛ	ㅂ	ㅂ	ㅛ	ㅂ	ㅂ	ㅛ	ㅂ	ㅂ	ㅛ	ㅂ
ㅅ	ㅜ	ㅅ	ㅅ	ㅜ	ㅅ	ㅅ	ㅜ	ㅅ	ㅅ	ㅜ	ㅅ
ㅇ	ㅠ	ㅇ	ㅇ	ㅠ	ㅇ	ㅇ	ㅠ	ㅇ	ㅇ	ㅠ	ㅇ
ㅈ	ㅡ	ㅈ	ㅈ	ㅡ	ㅈ	ㅈ	ㅡ	ㅈ	ㅈ	ㅡ	ㅈ
ㅊ	ㅣ	ㅊ	ㅊ	ㅣ	ㅊ	ㅊ	ㅣ	ㅊ	ㅊ	ㅣ	ㅊ
ㅋ	ㅐ	ㅋ	ㅋ	ㅐ	ㅋ	ㅋ	ㅐ	ㅋ	ㅋ	ㅐ	ㅋ
ㅌ	ㅒ	ㅌ	ㅌ	ㅒ	ㅌ	ㅌ	ㅒ	ㅌ	ㅌ	ㅒ	ㅌ
ㅍ	ㅔ	ㅍ	ㅍ	ㅔ	ㅍ	ㅍ	ㅔ	ㅍ	ㅍ	ㅔ	ㅍ
ㅎ	ㅖ	ㅎ	ㅎ	ㅖ	ㅎ	ㅎ	ㅖ	ㅎ	ㅎ	ㅖ	ㅎ
	ㅘ		ㄲ	ㅘ	ㄲ	ㄲ	ㅘ	ㄲ	ㄲ	ㅘ	ㄲ
	ㅙ		ㄸ	ㅙ	ㄸ	ㄸ	ㅙ	ㄸ	ㄸ	ㅙ	ㄸ
	ㅚ		ㅃ	ㅚ	ㅃ	ㅃ	ㅚ	ㅃ	ㅃ	ㅚ	ㅃ
	ㅝ		ㅆ	ㅝ	ㅆ	ㅆ	ㅝ	ㅆ	ㅆ	ㅝ	ㅆ
	ㅞ		ㅉ	ㅞ	ㅉ	ㅉ	ㅞ	ㅉ	ㅉ	ㅞ	ㅉ
	ㅟ			ㅟ	ㄺ		ㅟ	ㄺ		ㅟ	ㄺ
	ㅢ			ㅢ	ㄻ		ㅢ	ㄻ		ㅢ	ㄻ

수험번호

0	0	0	0	0	0
1	1	1	1	1	1
2	2	2	2	2	2
3	3	3	3	3	3
4	4	4	4	4	4
5	5	5	5	5	5
6	6	6	6	6	6
7	7	7	7	7	7
8	8	8	8	8	8
9	9	9	9	9	9

(주민등록 앞자리 생년제외) 월일

0	0	0	0
1	1	1	1
2	2	2	2
3	3	3	3
4	4	4	4
5	5	5	5
6	6	6	6
7	7	7	7
8	8	8	8
9	9	9	9

수험생 유의사항

※ 답안은 반드시 컴퓨터용 수성사인펜으로 보기와 같이 바르게 표기해야 합니다.
〈보기〉 ① ② ③ ❹ ⑤

※ 성명표기란 위 칸에는 성명을 한글로 쓰고 아래 칸에는 성명을 정확하게 ● 표기하십시오.
(단, 성과 이름은 붙여 씁니다)

※ 수험번호 표기란 위 칸에는 아라비아 숫자로 쓰고 아래 칸에는 숫자와 일치하게 ● 표기하십시오.

※ 출생월일은 반드시 본인 주민등록번호의 생년을 제외한 월 두 자리, 일 두 자리를 표기하십시오. 〈예〉 1994년 1월 12일 → 0112

직무능력검사

문번	답란	문번	답란	문번	답란	문번	답란
1	① ② ③ ④	16	① ② ③ ④	31	① ② ③ ④	46	① ② ③ ④
2	① ② ③ ④	17	① ② ③ ④	32	① ② ③ ④	47	① ② ③ ④
3	① ② ③ ④	18	① ② ③ ④	33	① ② ③ ④	48	① ② ③ ④
4	① ② ③ ④	19	① ② ③ ④	34	① ② ③ ④	49	① ② ③ ④
5	① ② ③ ④	20	① ② ③ ④	35	① ② ③ ④	50	① ② ③ ④
6	① ② ③ ④	21	① ② ③ ④	36	① ② ③ ④		
7	① ② ③ ④	22	① ② ③ ④	37	① ② ③ ④		
8	① ② ③ ④	23	① ② ③ ④	38	① ② ③ ④		
9	① ② ③ ④	24	① ② ③ ④	39	① ② ③ ④		
10	① ② ③ ④	25	① ② ③ ④	40	① ② ③ ④		
11	① ② ③ ④	26	① ② ③ ④	41	① ② ③ ④		
12	① ② ③ ④	27	① ② ③ ④	42	① ② ③ ④		
13	① ② ③ ④	28	① ② ③ ④	43	① ② ③ ④		
14	① ② ③ ④	29	① ② ③ ④	44	① ② ③ ④		
15	① ② ③ ④	30	① ② ③ ④	45	① ② ③ ④		

교육공무직원 소양평가

감독관 확인란	

5회 기출예상문제

성명표기란

수험번호

(주민등록 앞자리 생년제외) 월일

수험생 유의사항

※ 답안은 반드시 컴퓨터용 수성사인펜으로 보기와 같이 바르게 표기해야 합니다.
〈보기〉 ① ② ③ ❹ ⑤

※ 성명표기란 위 칸에는 성명을 한글로 쓰고 아래 칸에는 성명을 정확하게 ● 표기하십시오. (단, 성과 이름은 붙여 씁니다)

※ 수험번호 표기란 위 칸에는 아라비아 숫자로 쓰고 아래 칸에는 숫자와 일치하게 ● 표기하십시오.

※ 출생월일은 반드시 본인 주민등록번호의 생년을 제외한 월 두 자리, 일 두 자리를 표기하십시오. 〈예〉 1994년 1월 12일 → 0112

직무능력검사

문번	답란	문번	답란	문번	답란	문번	답란
1	① ② ③ ④	16	① ② ③ ④	31	① ② ③ ④	46	① ② ③ ④
2	① ② ③ ④	17	① ② ③ ④	32	① ② ③ ④	47	① ② ③ ④
3	① ② ③ ④	18	① ② ③ ④	33	① ② ③ ④	48	① ② ③ ④
4	① ② ③ ④	19	① ② ③ ④	34	① ② ③ ④	49	① ② ③ ④
5	① ② ③ ④	20	① ② ③ ④	35	① ② ③ ④	50	① ② ③ ④
6	① ② ③ ④	21	① ② ③ ④	36	① ② ③ ④		
7	① ② ③ ④	22	① ② ③ ④	37	① ② ③ ④		
8	① ② ③ ④	23	① ② ③ ④	38	① ② ③ ④		
9	① ② ③ ④	24	① ② ③ ④	39	① ② ③ ④		
10	① ② ③ ④	25	① ② ③ ④	40	① ② ③ ④		
11	① ② ③ ④	26	① ② ③ ④	41	① ② ③ ④		
12	① ② ③ ④	27	① ② ③ ④	42	① ② ③ ④		
13	① ② ③ ④	28	① ② ③ ④	43	① ② ③ ④		
14	① ② ③ ④	29	① ② ③ ④	44	① ② ③ ④		
15	① ② ③ ④	30	① ② ③ ④	45	① ② ③ ④		

잘라서 활용하세요.

교육공무직원 소양평가

감독관 확인란	

6회 기출예상문제

성명표기란

수험번호

(주민등록 앞자리 생년제외) 월일

직무능력검사

문번	답란	문번	답란	문번	답란	문번	답란
1	① ② ③ ④	16	① ② ③ ④	31	① ② ③ ④	46	① ② ③ ④
2	① ② ③ ④	17	① ② ③ ④	32	① ② ③ ④	47	① ② ③ ④
3	① ② ③ ④	18	① ② ③ ④	33	① ② ③ ④	48	① ② ③ ④
4	① ② ③ ④	19	① ② ③ ④	34	① ② ③ ④	49	① ② ③ ④
5	① ② ③ ④	20	① ② ③ ④	35	① ② ③ ④	50	① ② ③ ④
6	① ② ③ ④	21	① ② ③ ④	36	① ② ③ ④		
7	① ② ③ ④	22	① ② ③ ④	37	① ② ③ ④		
8	① ② ③ ④	23	① ② ③ ④	38	① ② ③ ④		
9	① ② ③ ④	24	① ② ③ ④	39	① ② ③ ④		
10	① ② ③ ④	25	① ② ③ ④	40	① ② ③ ④		
11	① ② ③ ④	26	① ② ③ ④	41	① ② ③ ④		
12	① ② ③ ④	27	① ② ③ ④	42	① ② ③ ④		
13	① ② ③ ④	28	① ② ③ ④	43	① ② ③ ④		
14	① ② ③ ④	29	① ② ③ ④	44	① ② ③ ④		
15	① ② ③ ④	30	① ② ③ ④	45	① ② ③ ④		

수험생 유의사항

※ 답안은 반드시 컴퓨터용 수성사인펜으로 보기와 같이 바르게 표기해야 합니다.
〈보기〉 ① ② ③ ❹ ⑤

※ 성명표기란 위 칸에는 성명을 한글로 쓰고 아래 칸에는 성명을 정확하게 ● 표기하십시오. (단, 성과 이름은 붙여 씁니다)

※ 수험번호 표기란 위 칸에는 아라비아 숫자로 쓰고 아래 칸에는 숫자와 일치하게 ● 표기하십시오.

※ 출생월일은 반드시 본인 주민등록번호의 생년을 제외한 월 두 자리, 일 두 자리를 표기하십시오. 〈예〉 1994년 1월 12일 → 0112

교육공무직원 소양평가

감독관 확인란	

7회 기출예상문제

성명표기란

수험번호

(주민등록 앞자리 생년제외) 월일

수험생 유의사항

※ 답안은 반드시 컴퓨터용 수성사인펜으로 보기와 같이 바르게 표기해야 합니다.
〈보기〉 ① ② ③ ❹ ⑤

※ 성명표기란 위 칸에는 성명을 한글로 쓰고 아래 칸에는 성명을 정확하게 ● 표기하십시오. (단, 성과 이름은 붙여 씁니다)

※ 수험번호 표기란 위 칸에는 아라비아 숫자로 쓰고 아래 칸에는 숫자와 일치하게 ● 표기하십시오.

※ 출생월일은 반드시 본인 주민등록번호의 생년을 제외한 월 두 자리, 일 두 자리를 표기하십시오. 〈예〉 1994년 1월 12일 → 0112

직무능력검사

문번	답란	문번	답란	문번	답란	문번	답란
1	① ② ③ ④	16	① ② ③ ④	31	① ② ③ ④	46	① ② ③ ④
2	① ② ③ ④	17	① ② ③ ④	32	① ② ③ ④	47	① ② ③ ④
3	① ② ③ ④	18	① ② ③ ④	33	① ② ③ ④	48	① ② ③ ④
4	① ② ③ ④	19	① ② ③ ④	34	① ② ③ ④	49	① ② ③ ④
5	① ② ③ ④	20	① ② ③ ④	35	① ② ③ ④	50	① ② ③ ④
6	① ② ③ ④	21	① ② ③ ④	36	① ② ③ ④		
7	① ② ③ ④	22	① ② ③ ④	37	① ② ③ ④		
8	① ② ③ ④	23	① ② ③ ④	38	① ② ③ ④		
9	① ② ③ ④	24	① ② ③ ④	39	① ② ③ ④		
10	① ② ③ ④	25	① ② ③ ④	40	① ② ③ ④		
11	① ② ③ ④	26	① ② ③ ④	41	① ② ③ ④		
12	① ② ③ ④	27	① ② ③ ④	42	① ② ③ ④		
13	① ② ③ ④	28	① ② ③ ④	43	① ② ③ ④		
14	① ② ③ ④	29	① ② ③ ④	44	① ② ③ ④		
15	① ② ③ ④	30	① ② ③ ④	45	① ② ③ ④		

잘라서 활용하세요.

교육공무직원 소양평가

감독관 확인란

8회 기출예상문제

성명표기란

ㄱ ㄴ ㄷ ㄹ ㅁ ㅂ ㅅ ㅇ ㅈ ㅊ ㅋ ㅌ ㅍ ㅎ
ㅏ ㅑ ㅓ ㅕ ㅗ ㅛ ㅜ ㅠ ㅡ ㅣ ㅐ ㅒ ㅔ ㅖ ㅘ ㅙ ㅚ ㅝ ㅞ ㅟ ㅢ
ㄱ ㄴ ㄷ ㄹ ㅁ ㅂ ㅅ ㅇ ㅈ ㅊ ㅋ ㅌ ㅍ ㅎ ㄲ ㄸ ㅃ ㅆ ㅉ ㄺ ㄻ

수험번호

0 1 2 3 4 5 6 7 8 9

(주민등록 앞자리 생년제외) 월일

0 1 2 3 4 5 6 7 8 9

문번	답란	문번	답란	문번	답란	문번	답란
1	① ② ③ ④	16	① ② ③ ④	31	① ② ③ ④	46	① ② ③ ④
2	① ② ③ ④	17	① ② ③ ④	32	① ② ③ ④	47	① ② ③ ④
3	① ② ③ ④	18	① ② ③ ④	33	① ② ③ ④	48	① ② ③ ④
4	① ② ③ ④	19	① ② ③ ④	34	① ② ③ ④	49	① ② ③ ④
5	① ② ③ ④	20	① ② ③ ④	35	① ② ③ ④	50	① ② ③ ④
6	① ② ③ ④	21	① ② ③ ④	36	① ② ③ ④		
7	① ② ③ ④	22	① ② ③ ④	37	① ② ③ ④		
8	① ② ③ ④	23	① ② ③ ④	38	① ② ③ ④		
9	① ② ③ ④	24	① ② ③ ④	39	① ② ③ ④		
10	① ② ③ ④	25	① ② ③ ④	40	① ② ③ ④		
11	① ② ③ ④	26	① ② ③ ④	41	① ② ③ ④		
12	① ② ③ ④	27	① ② ③ ④	42	① ② ③ ④		
13	① ② ③ ④	28	① ② ③ ④	43	① ② ③ ④		
14	① ② ③ ④	29	① ② ③ ④	44	① ② ③ ④		
15	① ② ③ ④	30	① ② ③ ④	45	① ② ③ ④		

수험생 유의사항

※ 답안은 반드시 컴퓨터용 수성사인펜으로 보기와 같이 바르게 표기해야 합니다.
〈보기〉 ① ② ③ ❹ ⑤

※ 성명표기란 위 칸에는 성명을 한글로 쓰고 아래 칸에는 성명을 정확하게 ● 표기하십시오.
(단, 성과 이름은 붙여 씁니다)

※ 수험번호 표기란 위 칸에는 아라비아 숫자로 쓰고 아래 칸에는 숫자와 일치하게 ● 표기하십시오.

※ 출생월일은 반드시 본인 주민등록번호의 생년을 제외한 월 두 자리, 일 두 자리를 표기하십시오. 〈예〉 1994년 1월 12일 → 0112

교육공무직원 소양평가

감독관 확인란	

9회 기출예상문제

성명표기란

㉠	ㅏ	㉠	㉠	ㅏ	㉠	㉠	ㅏ	㉠	㉠	ㅏ	㉠
㉡	ㅑ	㉡	㉡	ㅑ	㉡	㉡	ㅑ	㉡	㉡	ㅑ	㉡
㉢	ㅓ	㉢	㉢	ㅓ	㉢	㉢	ㅓ	㉢	㉢	ㅓ	㉢
㉣	ㅕ	㉣	㉣	ㅕ	㉣	㉣	ㅕ	㉣	㉣	ㅕ	㉣
㉤	ㅗ	㉤	㉤	ㅗ	㉤	㉤	ㅗ	㉤	㉤	ㅗ	㉤
㉥	ㅛ	㉥	㉥	ㅛ	㉥	㉥	ㅛ	㉥	㉥	ㅛ	㉥
㉦	ㅜ	㉦	㉦	ㅜ	㉦	㉦	ㅜ	㉦	㉦	ㅜ	㉦
㉧	ㅠ	㉧	㉧	ㅠ	㉧	㉧	ㅠ	㉧	㉧	ㅠ	㉧
㉨	ㅡ	㉨	㉨	ㅡ	㉨	㉨	ㅡ	㉨	㉨	ㅡ	㉨
㉩	ㅣ	㉩	㉩	ㅣ	㉩	㉩	ㅣ	㉩	㉩	ㅣ	㉩
㉪	ㅐ	㉪	㉪	ㅐ	㉪	㉪	ㅐ	㉪	㉪	ㅐ	㉪
㉫	ㅒ	㉫	㉫	ㅒ	㉫	㉫	ㅒ	㉫	㉫	ㅒ	㉫
㉬	ㅔ	㉬	㉬	ㅔ	㉬	㉬	ㅔ	㉬	㉬	ㅔ	㉬
㉭	ㅖ	㉭	㉭	ㅖ	㉭	㉭	ㅖ	㉭	㉭	ㅖ	㉭
	ㅘ		ㄲ	ㅘ	ㄲ	ㄲ	ㅘ	ㄲ	ㄲ	ㅘ	ㄲ
	ㅙ		ㄸ	ㅙ	ㄸ	ㄸ	ㅙ	ㄸ	ㄸ	ㅙ	ㄸ
	ㅚ		ㅃ	ㅚ	ㅃ	ㅃ	ㅚ	ㅃ	ㅃ	ㅚ	ㅃ
	ㅝ		ㅆ	ㅝ	ㅆ	ㅆ	ㅝ	ㅆ	ㅆ	ㅝ	ㅆ
	ㅞ		ㅉ	ㅞ	ㅉ	ㅉ	ㅞ	ㅉ	ㅉ	ㅞ	ㅉ
	ㅟ			ㅟ	ㄺ		ㅟ	ㄺ		ㅟ	ㄺ
	ㅢ			ㅢ	ㄻ		ㅢ	ㄻ		ㅢ	ㄻ

수험번호

⓪	⓪	⓪	⓪	⓪	⓪
①	①	①	①	①	①
②	②	②	②	②	②
③	③	③	③	③	③
④	④	④	④	④	④
⑤	⑤	⑤	⑤	⑤	⑤
⑥	⑥	⑥	⑥	⑥	⑥
⑦	⑦	⑦	⑦	⑦	⑦
⑧	⑧	⑧	⑧	⑧	⑧
⑨	⑨	⑨	⑨	⑨	⑨

(주민등록 앞자리 생년제외) 월일

⓪	⓪	⓪	⓪
①	①	①	①
②	②	②	②
③	③	③	③
④	④	④	④
⑤	⑤	⑤	⑤
⑥	⑥	⑥	⑥
⑦	⑦	⑦	⑦
⑧	⑧	⑧	⑧
⑨	⑨	⑨	⑨

수험생 유의사항

※ 답안은 반드시 컴퓨터용 수성사인펜으로 보기와 같이 바르게 표기해야 합니다.
〈보기〉 ① ② ③ ❹ ⑤

※ 성명표기란 위 칸에는 성명을 한글로 쓰고 아래 칸에는 성명을 정확하게 ● 표기하십시오.
(단, 성과 이름은 붙여 씁니다)

※ 수험번호 표기란 위 칸에는 아라비아 숫자로 쓰고 아래 칸에는 숫자와 일치하게 ● 표기하십시오.

※ 출생월일은 반드시 본인 주민등록번호의 생년을 제외한 월 두 자리, 일 두 자리를 표기하십시오. 〈예〉 1994년 1월 12일 → 0112

직무능력검사

문번	답란	문번	답란	문번	답란	문번	답란
1	① ② ③ ④	16	① ② ③ ④	31	① ② ③ ④	46	① ② ③ ④
2	① ② ③ ④	17	① ② ③ ④	32	① ② ③ ④	47	① ② ③ ④
3	① ② ③ ④	18	① ② ③ ④	33	① ② ③ ④	48	① ② ③ ④
4	① ② ③ ④	19	① ② ③ ④	34	① ② ③ ④	49	① ② ③ ④
5	① ② ③ ④	20	① ② ③ ④	35	① ② ③ ④	50	① ② ③ ④
6	① ② ③ ④	21	① ② ③ ④	36	① ② ③ ④		
7	① ② ③ ④	22	① ② ③ ④	37	① ② ③ ④		
8	① ② ③ ④	23	① ② ③ ④	38	① ② ③ ④		
9	① ② ③ ④	24	① ② ③ ④	39	① ② ③ ④		
10	① ② ③ ④	25	① ② ③ ④	40	① ② ③ ④		
11	① ② ③ ④	26	① ② ③ ④	41	① ② ③ ④		
12	① ② ③ ④	27	① ② ③ ④	42	① ② ③ ④		
13	① ② ③ ④	28	① ② ③ ④	43	① ② ③ ④		
14	① ② ③ ④	29	① ② ③ ④	44	① ② ③ ④		
15	① ② ③ ④	30	① ② ③ ④	45	① ② ③ ④		

잘라서 활용하세요.

교육공무직원 소양평가

감독관 확인란	

기출예상문제_연습용

성명표기란

수험번호

(주민등록 앞자리 생년제외) 월일

수험생 유의사항

※ 답안은 반드시 컴퓨터용 수성사인펜으로 보기와 같이 바르게 표기해야 합니다.
〈보기〉 ① ② ③ ❹ ⑤

※ 성명표기란 위 칸에는 성명을 한글로 쓰고 아래 칸에는 성명을 정확하게 ● 표기하십시오.
(단, 성과 이름은 붙여 씁니다)

※ 수험번호 표기란 위 칸에는 아라비아 숫자로 쓰고 아래 칸에는 숫자와 일치하게 ● 표기하십시오.

※ 출생월일은 반드시 본인 주민등록번호의 생년을 제외한 월 두 자리, 일 두 자리를 표기하십시오. 〈예〉 1994년 1월 12일 → 0112

직무능력검사

문번	답란	문번	답란	문번	답란	문번	답란
1	① ② ③ ④	16	① ② ③ ④	31	① ② ③ ④	46	① ② ③ ④
2	① ② ③ ④	17	① ② ③ ④	32	① ② ③ ④	47	① ② ③ ④
3	① ② ③ ④	18	① ② ③ ④	33	① ② ③ ④	48	① ② ③ ④
4	① ② ③ ④	19	① ② ③ ④	34	① ② ③ ④	49	① ② ③ ④
5	① ② ③ ④	20	① ② ③ ④	35	① ② ③ ④	50	① ② ③ ④
6	① ② ③ ④	21	① ② ③ ④	36	① ② ③ ④		
7	① ② ③ ④	22	① ② ③ ④	37	① ② ③ ④		
8	① ② ③ ④	23	① ② ③ ④	38	① ② ③ ④		
9	① ② ③ ④	24	① ② ③ ④	39	① ② ③ ④		
10	① ② ③ ④	25	① ② ③ ④	40	① ② ③ ④		
11	① ② ③ ④	26	① ② ③ ④	41	① ② ③ ④		
12	① ② ③ ④	27	① ② ③ ④	42	① ② ③ ④		
13	① ② ③ ④	28	① ② ③ ④	43	① ② ③ ④		
14	① ② ③ ④	29	① ② ③ ④	44	① ② ③ ④		
15	① ② ③ ④	30	① ② ③ ④	45	① ② ③ ④		

교육공무직원 소양평가

감독관 확인란	

기출예상문제_연습용

성명표기란

초성	중성	종성
㉠ ㉡ ㉢ ㉣ ㉤ ㉥ ㉦ ㉧ ㉨ ㉩ ㉪ ㉫ ㉬ ㉭	㉮ ㅑ ㅓ ㅕ ㅗ ㅛ ㅜ ㅠ ㅡ ㅣ ㅐ ㅒ ㅔ ㅖ ㅘ ㅙ ㅚ ㅝ ㅞ ㅟ ㅢ	㉠ ㉡ ㉢ ㉣ ㉤ ㉥ ㉦ ㉧ ㉨ ㉩ ㉪ ㉫ ㉬ ㉭ ㄲ ㄸ ㅃ ㅆ ㅉ ㄺ ㄻ

수험번호

⓪	⓪	⓪	⓪	⓪	⓪
①	①	①	①	①	①
②	②	②	②	②	②
③	③	③	③	③	③
④	④	④	④	④	④
⑤	⑤	⑤	⑤	⑤	⑤
⑥	⑥	⑥	⑥	⑥	⑥
⑦	⑦	⑦	⑦	⑦	⑦
⑧	⑧	⑧	⑧	⑧	⑧
⑨	⑨	⑨	⑨	⑨	⑨

(주민등록 앞자리 생년제외) 월일

⓪	⓪	⓪	⓪
①	①	①	①
②	②	②	②
③	③	③	③
④	④	④	④
⑤	⑤	⑤	⑤
⑥	⑥	⑥	⑥
⑦	⑦	⑦	⑦
⑧	⑧	⑧	⑧
⑨	⑨	⑨	⑨

수험생 유의사항

※ 답안은 반드시 컴퓨터용 수성사인펜으로 보기와 같이 바르게 표기해야 합니다.
〈보기〉 ① ② ③ ❹ ⑤

※ 성명표기란 위 칸에는 성명을 한글로 쓰고 아래 칸에는 성명을 정확하게 ● 표기하십시오. (단, 성과 이름은 붙여 씁니다)

※ 수험번호 표기란 위 칸에는 아라비아 숫자로 쓰고 아래 칸에는 숫자와 일치하게 ● 표기하십시오.

※ 출생월일은 반드시 본인 주민등록번호의 생년을 제외한 월 두 자리, 일 두 자리를 표기하십시오. 〈예〉 1994년 1월 12일 → 0112

직무능력검사

문번	답란	문번	답란	문번	답란	문번	답란
1	① ② ③ ④	16	① ② ③ ④	31	① ② ③ ④	46	① ② ③ ④
2	① ② ③ ④	17	① ② ③ ④	32	① ② ③ ④	47	① ② ③ ④
3	① ② ③ ④	18	① ② ③ ④	33	① ② ③ ④	48	① ② ③ ④
4	① ② ③ ④	19	① ② ③ ④	34	① ② ③ ④	49	① ② ③ ④
5	① ② ③ ④	20	① ② ③ ④	35	① ② ③ ④	50	① ② ③ ④
6	① ② ③ ④	21	① ② ③ ④	36	① ② ③ ④		
7	① ② ③ ④	22	① ② ③ ④	37	① ② ③ ④		
8	① ② ③ ④	23	① ② ③ ④	38	① ② ③ ④		
9	① ② ③ ④	24	① ② ③ ④	39	① ② ③ ④		
10	① ② ③ ④	25	① ② ③ ④	40	① ② ③ ④		
11	① ② ③ ④	26	① ② ③ ④	41	① ② ③ ④		
12	① ② ③ ④	27	① ② ③ ④	42	① ② ③ ④		
13	① ② ③ ④	28	① ② ③ ④	43	① ② ③ ④		
14	① ② ③ ④	29	① ② ③ ④	44	① ② ③ ④		
15	① ② ③ ④	30	① ② ③ ④	45	① ② ③ ④		

절취선 ✂ 잘라서 활용하세요.

교육공무직원 소양평가

감독관 확인란	

기출예상문제_연습용

성명표기란

ㄱ ㄴ ㄷ ㄹ ㅁ ㅂ ㅅ ㅇ ㅈ ㅊ ㅋ ㅌ ㅍ ㅎ	ㅏ ㅑ ㅓ ㅕ ㅗ ㅛ ㅜ ㅠ ㅡ ㅣ ㅐ ㅒ ㅔ ㅖ ㅘ ㅙ ㅚ ㅝ ㅞ ㅟ ㅢ	ㄱ ㄴ ㄷ ㄹ ㅁ ㅂ ㅅ ㅇ ㅈ ㅊ ㅋ ㅌ ㅍ ㅎ	ㄱ ㄴ ㄷ ㄹ ㅁ ㅂ ㅅ ㅇ ㅈ ㅊ ㅋ ㅌ ㅍ ㅎ ㄲ ㄸ ㅃ ㅆ ㅉ	ㅏ ㅑ ㅓ ㅕ ㅗ ㅛ ㅜ ㅠ ㅡ ㅣ ㅐ ㅒ ㅔ ㅖ ㅘ ㅙ ㅚ ㅝ ㅞ ㅟ ㅢ	ㄱ ㄴ ㄷ ㄹ ㅁ ㅂ ㅅ ㅇ ㅈ ㅊ ㅋ ㅌ ㅍ ㅎ ㄲ ㄸ ㅃ ㅆ ㅉ ㄺ ㄻ	ㄱ ㄴ ㄷ ㄹ ㅁ ㅂ ㅅ ㅇ ㅈ ㅊ ㅋ ㅌ ㅍ ㅎ ㄲ ㄸ ㅃ ㅆ ㅉ	ㅏ ㅑ ㅓ ㅕ ㅗ ㅛ ㅜ ㅠ ㅡ ㅣ ㅐ ㅒ ㅔ ㅖ ㅘ ㅙ ㅚ ㅝ ㅞ ㅟ ㅢ	ㄱ ㄴ ㄷ ㄹ ㅁ ㅂ ㅅ ㅇ ㅈ ㅊ ㅋ ㅌ ㅍ ㅎ ㄲ ㄸ ㅃ ㅆ ㅉ ㄺ ㄻ	ㄱ ㄴ ㄷ ㄹ ㅁ ㅂ ㅅ ㅇ ㅈ ㅊ ㅋ ㅌ ㅍ ㅎ ㄲ ㄸ ㅃ ㅆ ㅉ	ㅏ ㅑ ㅓ ㅕ ㅗ ㅛ ㅜ ㅠ ㅡ ㅣ ㅐ ㅒ ㅔ ㅖ ㅘ ㅙ ㅚ ㅝ ㅞ ㅟ ㅢ	ㄱ ㄴ ㄷ ㄹ ㅁ ㅂ ㅅ ㅇ ㅈ ㅊ ㅋ ㅌ ㅍ ㅎ ㄲ ㄸ ㅃ ㅆ ㅉ ㄺ ㄻ

수험번호

0 1 2 3 4 5 6 7 8 9	0 1 2 3 4 5 6 7 8 9	0 1 2 3 4 5 6 7 8 9	0 1 2 3 4 5 6 7 8 9	0 1 2 3 4 5 6 7 8 9	0 1 2 3 4 5 6 7 8 9

(주민등록 앞자리 생년제외) 월일

0 1 2 3 4 5 6 7 8 9	0 1 2 3 4 5 6 7 8 9	0 1 2 3 4 5 6 7 8 9	0 1 2 3 4 5 6 7 8 9

수험생 유의사항

※ 답안은 반드시 컴퓨터용 수성사인펜으로 보기와 같이 바르게 표기해야 합니다.
〈보기〉 ① ② ③ ❹ ⑤

※ 성명표기란 위 칸에는 성명을 한글로 쓰고 아래 칸에는 성명을 정확하게 ● 표기하십시오. (단, 성과 이름은 붙여 씁니다)

※ 수험번호 표기란 위 칸에는 아라비아 숫자로 쓰고 아래 칸에는 숫자와 일치하게 ● 표기하십시오.

※ 출생월일은 반드시 본인 주민등록번호의 생년을 제외한 월 두 자리, 일 두 자리를 표기하십시오. 〈예〉 1994년 1월 12일 → 0112

문번	답란	문번	답란	문번	답란	문번	답란
1	① ② ③ ④	16	① ② ③ ④	31	① ② ③ ④	46	① ② ③ ④
2	① ② ③ ④	17	① ② ③ ④	32	① ② ③ ④	47	① ② ③ ④
3	① ② ③ ④	18	① ② ③ ④	33	① ② ③ ④	48	① ② ③ ④
4	① ② ③ ④	19	① ② ③ ④	34	① ② ③ ④	49	① ② ③ ④
5	① ② ③ ④	20	① ② ③ ④	35	① ② ③ ④	50	① ② ③ ④
6	① ② ③ ④	21	① ② ③ ④	36	① ② ③ ④		
7	① ② ③ ④	22	① ② ③ ④	37	① ② ③ ④		
8	① ② ③ ④	23	① ② ③ ④	38	① ② ③ ④		
9	① ② ③ ④	24	① ② ③ ④	39	① ② ③ ④		
10	① ② ③ ④	25	① ② ③ ④	40	① ② ③ ④		
11	① ② ③ ④	26	① ② ③ ④	41	① ② ③ ④		
12	① ② ③ ④	27	① ② ③ ④	42	① ② ③ ④		
13	① ② ③ ④	28	① ② ③ ④	43	① ② ③ ④		
14	① ② ③ ④	29	① ② ③ ④	44	① ② ③ ④		
15	① ② ③ ④	30	① ② ③ ④	45	① ② ③ ④		

대기업 적성검사

금융_직무평가

저마다의 일생에는,

특히 그 일생이 동터 오르는 여명기에는

모든 것을 결정짓는 한 순간이 있다.

그 순간을 다시 찾아내는 것은 어렵다.

그것은 다른 수많은 순간들의 퇴적 속에

깊이 묻혀있다.

– 장 그르니에, 섬 LES ILES

충남교육청 | 소양평가 2024

고시넷

교육공무직원

충청남도교육청

소양평가

최신기출유형 모의고사

9회

정답과 해설

충남교육청 | 소양평가 2024

고시넷

교육공무직원

충청남도교육청

소양평가

최신기출유형 모의고사

9회

정답과 해설

충청남도 교육청 정답과 해설

권두부록 최신기출유형

▸문제 18쪽

01	④	02	③	03	④	04	④	05	④
06	③	07	①	08	③	09	②	10	④
11	①	12	③	13	③	14	①	15	③
16	③	17	②	18	①	19	①	20	④
21	④	22	③	23	④	24	④	25	①
26	①	27	④	28	④	29	④	30	③

01 언어논리력 글의 내용 이해하기

| 정답 | ④

| 해설 | 택시 운전사 레시에 밀부 씨의 마지막 답변을 통해 정답을 확인할 수 있다. 그는 지위고하를 막론하고 모든 사회구성원이 동등한 가치를 지닌 사람이라는 점을 자신의 일에 적용하고 있다. 따라서 모든 사회구성원이 사회를 유지하는 데 동등한 중요성을 갖는다는 점이 그의 사례를 통해 드러나는 가치라고 할 수 있다.

02 언어논리력 올바른 단어 사용하기

| 정답 | ③

| 해설 | 개발도상국을 '개도국'으로 표기하는 것은 부적절한 표현이 아니며, 공식 문서에서도 통용되고 있는 표현이다.

| 오답풀이 |

① 문맥상 '감축'이 아닌 '배출'이 알맞은 단어이다.

② '노력을 펼치다'라는 의미로 '전개하다'가 적절한 단어이다.

④ '체택'은 잘못된 표기이며, '채택'이 올바른 표기이다.

03 언어논리력 글의 흐름에 맞게 문장 넣기

| 정답 | ④

| 해설 | 〈보기〉의 '일어난 일에 대한 묘사는 본 사람이 무엇을 중요하게 판단하고, 무엇에 흥미를 가졌느냐에 따라 크게 다르다'는 내용의 예시가 (라) 뒤에 있으므로 (라)에 들어가는 것이 적절하다.

04 수리력 자료의 수치 분석하기

| 정답 | ④

| 해설 | 20X3부터 20X4년 사이 면적이 늘어난 국립공원은 지리산, 계룡산, 속리산 국립공원으로 총 3개이다.

| 오답풀이 |

① 20X1년 덕유산 국립공원의 면적은 231.650km^2로 계룡산 국립공원의 면적인 64.683km^2의 약 3.6배이므로 3배(194.049km^2) 이상이다.

② 면적이 넓은 국립공원 순으로 나열하면, 한려해상>지리산>소백산>월악산>속리산>덕유산>내장산>북한산>가야산>계룡산으로 20X1 ~ 20X8년까지 동일하다. 한려해상 국립공원의 면적이 20X3년, 20X4년에 조금 줄었으나 계속 1위를 유지하고 있다.

③ 국립공원을 면적 순으로 볼 때 6 ~ 10위는 각각 덕유산, 내장산, 북한산, 가야산, 계룡산 국립공원으로 각 연도별로 다섯 국립공원의 면적을 모두 합해도 한려해상 국립공원의 면적보다 작다.

- 20X1 ~ 20X2년 : [6 ~ 10위] 231.650+81.715+79.916+77.074+64.683=535.038 $<$ [한려해상] 545.627
- 20X3년 : [6 ~ 10위] 231.649+81.452+79.789+77.063+64.602=534.555 $<$ [한려해상] 544.958
- 20X4 ~ 20X8년 : [6 ~ 10위] 229.430+80.708+76.922+76.256+65.335=528.651 $<$ [한려해상] 535.676

05 수리력 부등식 계산하기

| 정답 | ④

| 해설 | 50,000원에서 7,000원짜리 계산기 두 대를 사면, 볼펜을 사는 데 쓸 수 있는 돈은 $50,000-(7,000\times 2)=36,000$(원)이다.

최 사원이 살 수 있는 볼펜의 개수를 x개라 하면,

$500\times 0.8\times x\le 36,000$

$\therefore x\le 90$(개)

따라서 최 사원은 최대 90개의 볼펜을 살 수 있다.

06 수리력 벤다이어그램 활용하기

| 정답 | ③

| 해설 | 모두 불합격한 사람을 x로 놓고 벤다이어그램을 그리면 다음과 같다.

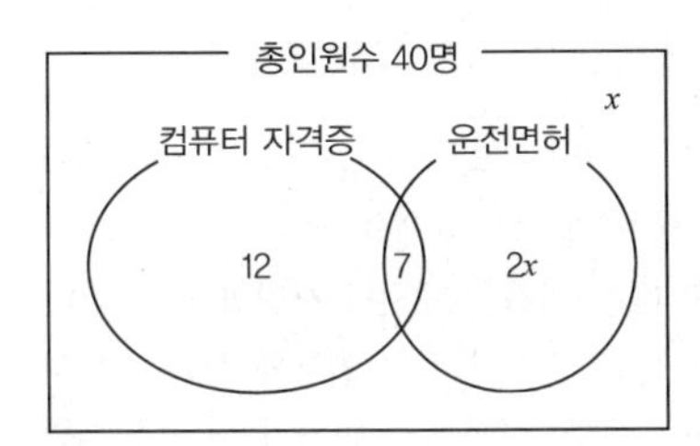

$12+7+2x+x=40$

$3x=21$

$\therefore x=7$(명)

07 공간지각력 사각형의 개수 구하기

| 정답 | ①

| 해설 | 각 도형별로 만들 수 있는 개수는 다음과 같다. 이때, 도형은 회전할 수 없음에 유의한다.

- 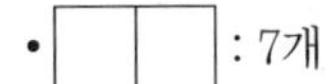 : 7개
- 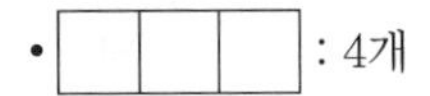 : 4개
- 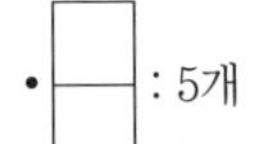 : 5개
- 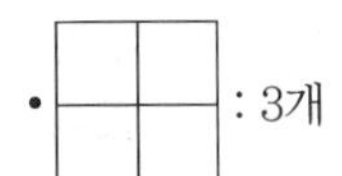 : 3개

이처럼 ①의 도형을 가장 많이 만들 수 있다.

08 공간지각력 조각 배열하기

| 정답 | ③

| 해설 | 주어진 그림은 남대문의 모습을 4개의 조각으로 나타낸 것이며, 지붕과 처마의 모양을 통해 정답을 확인할 수 있다.

09 공간지각력 펼친 모양 찾기

| 정답 | ②

| 해설 | 마지막 접힌 모양부터 역순으로 종이를 펼치면 다음과 같다.

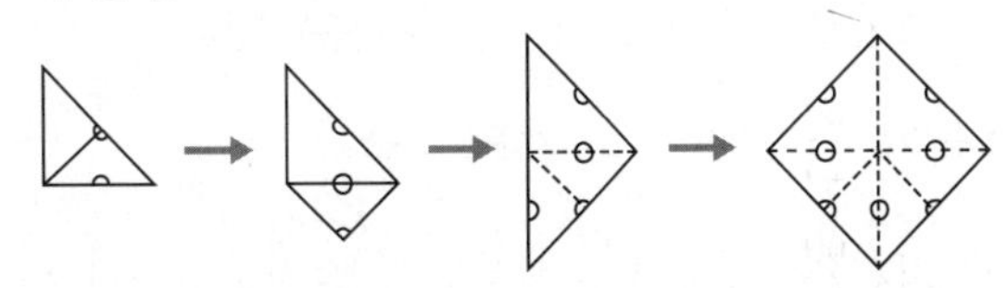

따라서 온전한 동그라미는 3개이다.

10 문제해결력 명제 판단하기

| 정답 | ④

| 해설 | 다음과 같은 벤다이어그램을 통해 ④가 항상 참임을 알 수 있다.

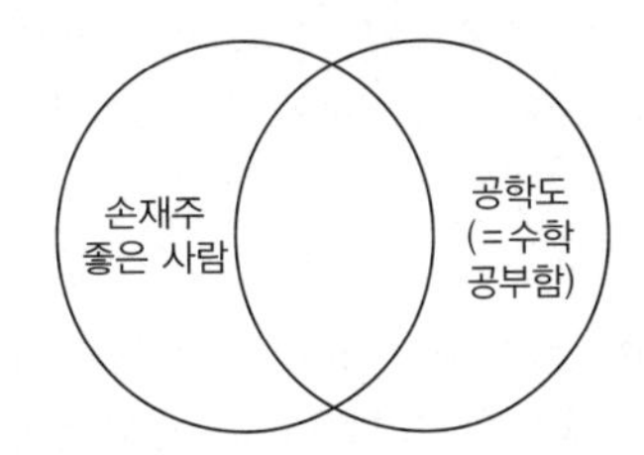

11 문제해결력 진위 추론하기

| 정답 | ①

| 해설 | 5명의 진술을 살펴보면 B와 D가 서로 상반된 의견을 제시하고 있다는 것을 알 수 있다. 만일 B가 진실을 말하고 D가 거짓을 말하고 있다면 범인은 A와 D가 된다. 이때 범인이 1명이어야 한다는 조건에 모순이 생기게 된다. 반대로 B가 거짓을 말하고 D가 진실을 말하고 있다면 모순이 발생하지 않으며, 따라서 A가 범인이 된다.

12 이해력 근로윤리 이해하기

| 정답 | ③

| 해설 | 김 대리는 업무상 작은 실수를 저질렀지만 솔직하게 밝히지 않고 누군가가 이를 알아차릴까 전전긍긍하고 있다. 따라서 잘못된 것이 있다면 정직하게 밝혀야 한다는 조언이 가장 적절하다.

13 수리력 거리 · 속력 · 시간 활용하기

| 정답 | ③

| 해설 | '시간$=\frac{\text{거리}}{\text{속력}}$'이므로 은영과 미희가 각각의 속력으로 60km를 달릴 때 걸리는 시간은 다음과 같다.

- 은영 : $\frac{60}{25}=2.4$(시간)$=2$시간 24분
- 미희 : $\frac{60}{30}=2$(시간)

따라서 은영과 미희가 동시에 집에 도착하려면 미희가 은영보다 24분 뒤에 출발해야 한다.

14 수리력 방정식 활용하기

| 정답 | ①

| 해설 | 원래 화단의 가로 길이를 x, 세로 길이를 y라고 두고 식을 세워 보면, 먼저 가로와 세로 길이의 비율이 1 : 2라고 했으므로 다음과 같이 정리할 수 있다.

$2x=y$ ·································· ㉠

가로의 길이를 20%, 세로 길이를 29cm 늘리면 원래 화단의 둘레보다 3배 커진다고 했으므로 다음과 같이 식을 세울 수 있다.

$3\{2(x+y)\}=2(1.2x+y+29)$

$1.8x+2y=29$ ··················· ㉡

㉠과 ㉡을 연립하여 풀면 $x=5$(cm), $y=10$(cm)이다.

따라서 원래 화단의 둘레는 $2\times(5+10)=30$(cm)이다.

15 언어논리력 글의 흐름에 맞게 문장 배열하기

| 정답 | ③

| 해설 | 제시된 (가) ~ (라)는 인터넷에서 쓰이는 이른바 통신언어가 한글을 파괴할 수 있다는 내용으로 요약할 수 있다. 따라서 설문조사 결과를 통하여 화두를 제시하는 (다)가 가장 먼저 등장하는 것이 적절하며, 화두를 제시한 후 짧은 말과 기호가 등장하게 된 간단한 원인을 언급한 (가)가 뒤이어 연결되는 것이 자연스럽다. 또한 (가)와 같은 현상이 나타나게 된 구체적이고 직접적인 이유를 언급한 (라)가 이어지고, 통신언어의 사용으로 한글이 파괴되고 있다는 문제를 제기하는 (나)가 마지막으로 등장하는 것이 전체적인 문맥의 흐름에 가장 부합하는 순서이다.

16 이해력 갈등 상황 해결하기

| 정답 | ③

| 해설 | 세대 간의 인식 차이를 짚어 주는 대화 소재는 오히려 공감과 합의를 유도하는 데 방해가 되는 요인이다.

반대 의견을 제시할 때는 의견을 제시할 시간과 장소를 미리 고려하여 직원이 많은 장소나 바쁜 업무를 처리하는 시간 등은 피하는 것이 좋다. 상사에게 비판적 어조나 강한 어투로 말하면 긍정적인 반응을 얻기 어려우므로 "이렇게 하면 어떻습니까?" 등으로 제안하는 방식이 유용할 수 있다. 또한 "아, 그래서 그렇게 생각하셨군요.", "전 미처 그 생각은 못 했습니다." 등 긍정적인 말을 먼저 꺼내면 부드럽게 대화를 이어 갈 수 있다. 그러나 의견을 나누었다 할지라도 최종 결정은 상사의 몫인 경우가 많으므로 팀장의 의견이 다소 불합리하게 여겨지더라도 결정된 사항에 대해서는 존중하는 태도가 필요하다.

17 언어논리력 작품의 특징 이해하기

| 정답 | ②

| 해설 | 제시된 작품은 '당신'과 '나'의 관계를 '나룻배'와 '행인'에 비유하여, '당신'에 대한 '나'의 그리움과 희생을 그린 작품이다.

'공감각적 비유'는 '푸른 종소리'와 같이 하나의 심상(시각적 심상)이 다른 심상(청각적 심상)으로 전이되는 표현으로, 제시된 작품에서는 이와 같은 부분을 찾을 수 없다.

| 오답풀이 |

① 높임의 선어말어미 '-시'와 종결어미 '-ㅂ니다', '-요' 등에서 높임법을 확인할 수 있다. 이러한 높임법을 통해 '당신'에 대한 존경을 드러내고 있으며, '당신을 위한 희생과 헌신'이라는 주제 의식을 강화하고 있다.

③ 1연과 4연에서 "나는 나룻배 / 당신은 행인."이 반복되고 있다. 수미상관의 방식을 통해 운율을 형성하고 의미를 강조하면서 시적 형태에 통일성, 안정감, 완결성을 줄 수 있다.

④ '나'를 '나룻배'로, '당신'을 '행인'으로 설정해서 '당신'에 대한 '나'의 희생과 헌신의 의지를 드러내고 있다.

18 공간지각력 동일하기 않은 도형 찾기

| 정답 | ①

| 해설 | 표시된 부분 삼각형의 색이 반전되어 있으므로 제시된 도형과 일치하는 않는 도형은 ①이다.

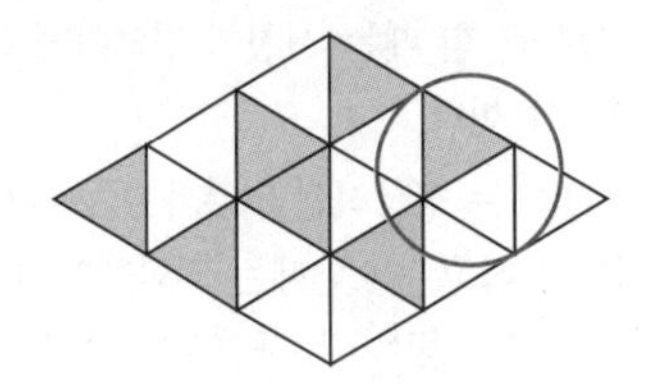

19 공간지각력 전개도 파악하기

| 정답 | ①

| 해설 | 면의 직각으로 꺾인 색깔 선은 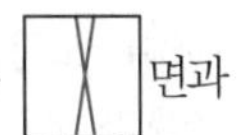 면과 면을 향해야 하므로 ①은 나올 수 없는 모양이다.

20 문제해결력 명제 판단하기

| 정답 | ④

| 해설 | 각 〈조건〉에 기호를 붙여 정리하면 다음과 같다.

- a : 다이빙을 좋아한다.
- b : 서핑을 좋아한다.
- c : 요트를 좋아한다.
- d : 낚시를 좋아한다.
- e : 카누를 좋아한다.

기호에 따라 주어진 명제와 그 대우 명제를 정리하면 다음과 같다.

- a → b(~b → ~a)
- c → d(~d → ~c)
- ~b → ~d(d → b)
- ~e → ~b(b → e)

'a → b'와 'b → e' 두 명제의 삼단논법에 의해 'a → e'는 반드시 참이 된다. 따라서 다이빙을 좋아하는 사람은 카누도 좋아한다.

| 오답풀이 |

①, ③ 주어진 명제로는 알 수 없다.

② 'c → d'와 'd → b' 두 명제의 삼단논법에 의해 'c → b'는 반드시 참이 된다. 따라서 요트를 좋아하는 사람은 서핑도 좋아한다.

21 문제해결력 조건을 바탕으로 추론하기

| 정답 | ④

| 해설 | A와 D의 조건에 따라 A는 피자, D는 도넛을 좋아한다는 것을 알 수 있다. 이를 토대로 B와 C의 조건에 따르면 B는 치킨, C는 떡볶이를 좋아한다는 것을 알 수 있다. 이를 표로 정리하면 다음과 같다.

A	B	C	D
피자	치킨	떡볶이	도넛

따라서 ④는 옳지 않은 설명이다.

22 언어논리력 글의 중심내용 찾기

| 정답 | ③

| 해설 | 제시된 글의 목적은 인간이 다른 생물종보다 우수하다는 점을 강조하거나 그렇게 진화된 원인을 밝히고자 함이 아니다. 위험사회에서 어떻게 하면 지혜로운 삶의 방식을 찾을 수 있을지를 고민하며, 결국 다양한 사회 구성원들끼리 공유하는 삶, 토론하는 삶이 이루어져야 한다는 점을 강조하는 것이다. 따라서 ③이 글의 중심내용으로 가장 적절하다.

23 언어논리력 글의 논지 반박하기

| 정답 | ④

| 해설 | 제시된 글의 논지는 기후 변화의 이유는 인간이 발생시키는 온실가스 때문이 아니라 태양의 활동 때문이라는 것이다. 따라서 온실가스 배출을 낮추기 위한 인간의 노력은 사실상 도움이 되지 않는 낭비라는 주장이다. 이러한 논지를 반박하기 위한 근거로는 대기오염을 줄이기 위한 인간의 노력이 지구 온난화를 막는 데 효과가 있었다는 내용이 적절하다.

24 수리력 자료의 수치 분석하기

| 정답 | ④

| 해설 | 제시된 표를 보면 20X4년 경유 자동차는 연간 총주행거리의 50%를 차지하고 있으므로 50% 넘게 차지하고 있다는 설명은 적절하지 않다.

| 오답풀이 |

① 전기를 사용하는 자동차의 연간 총주행거리는 5,681 → 6,282 → 7,023 → 8,153 → 9,771로 매년 증가하고 있다.

② LPG를 사용하는 자동차의 연간 총주행거리는 45,340 → 44,266 → 39,655 → 37,938 → 36,063으로 매년 감소하고 있다.

③ 휘발유를 사용하는 자동차의 연간 총주행거리는 108,842 → 110,341 → 115,294 → 116,952 → 116,975로 매년 증가하고 있다.

25 공간지각력 나타나 있지 않은 도형 찾기

| 정답 | ①

| 해설 | ①은 한 쌍의 변이 평행인 사다리꼴이지만 아래의 그림과 같이 제시된 그림 속 사각형은 평행을 이루는 변이 없다. 따라서 나타날 수 없는 도형은 ①이다.

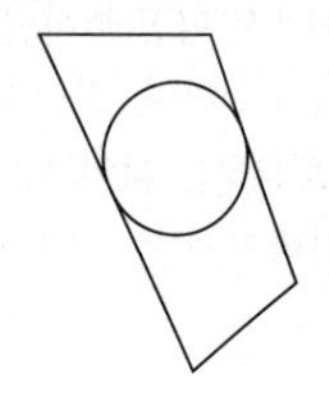

26 공간지각력 접은 모양 찾기

| 정답 | ①

| 해설 | 제시된 점선에 따라 색종이를 접으면 다음과 같다.

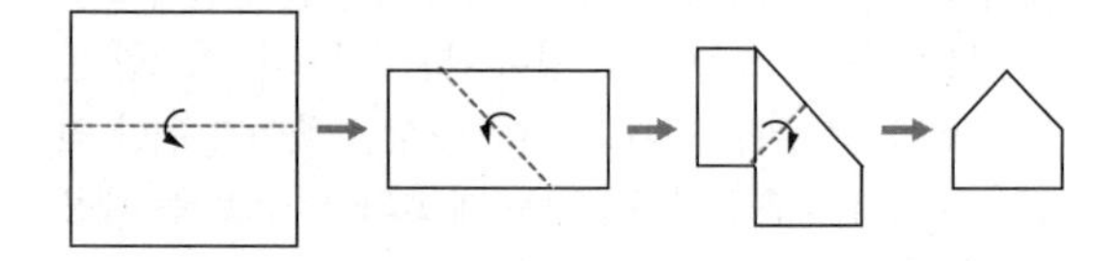

27 이해력 전화 예절 이해하기

| 정답 | ④

| 해설 | 전화를 달라는 메시지를 받았다면 가능한 한 빨리 답해야 하며, 언제나 전화 내용을 받아 적을 준비가 되어 있어야 하고 통화를 할 때는 천천히 명확하게 그리고 예의를 갖추어 말해야 한다.

또한, 전화를 걸 때는 정상적인 업무가 이루어지고 있는 근무 시간에 걸어야 하고, 받을 때는 전화벨이 3 ~ 4번 울리기 전에 받아서 받는 사람이 누구인지를 즉시 말해야 한다.

28 문제해결력 조건을 바탕으로 추론하기

| 정답 | ④

| 해설 | 모임은 모든 모임원이 도착해야 시작되는데 민아와 천호가 모임원의 전부인지는 언급되지 않았으므로 천호가 도착하면 모임이 시작되는지 알 수 없다.

| 오답풀이 |

① 모임에 참가하는 사람은 민아, 천호를 포함하여 최소 2명이다.

② 민아는 벌금을 내므로 19시까지 약속장소에 도착하지 못했다.

③ 민아나 천호는 3시간이 소요되는 모임에 19시 이후에 도착하였으므로 22시가 넘어서야 끝날 것이다.

29 문제해결력 명제 판단하기

| 정답 | ④

| 해설 | 주어진 명제와 각각의 대우 명제를 정리하면 다음과 같다.

명제		대우
장갑 ○ → 운동화 ×		운동화 ○ → 장갑 ×
양말 ○ → 운동화 ○	대우	운동화 × → 양말 ×
운동화 ○ → 모자 ○	⇔	모자 × → 운동화 ×
장갑 × → 목도리 ×		목도리 ○ → 장갑 ○

(가) 첫 번째 명제에서 장갑을 낀 사람은 운동화를 신지 않고, 두 번째 명제의 대우에서 운동화를 신지 않은 사람은 양말을 신지 않는다고 하였으므로 '장갑을 낀 사람은 양말을 신지 않는다'는 참이다.

(다) 두 번째 명제에서 양말을 신은 사람은 운동화를 신고, 첫 번째 명제의 대우에서 운동화를 신은 사람은 장갑을 끼지 않으며, 네 번째 명제에서 장갑을 끼지 않은 사람은 목도리를 하지 않는다고 하였으므로, '양말을 신은 사람은 목도리를 하지 않는다'는 참이다.

따라서 (가), (다) 모두 항상 옳다.

| 오답풀이 |

(나) 다섯 번째 명제에서 수민이는 목도리를 하고 있고, 네 번째 명제의 대우에서 목도리를 한 사람은 장갑을 끼며, 첫 번째 명제에서 장갑을 낀 사람은 운동화를 신지 않는다고 하였으므로 '수민이는 운동화를 신고 있다'는 거짓이다.

30 문제해결력 진위 추론하기

| 정답 | ③

| 해설 | A와 B의 진술이 모순되므로 두 사람의 진술을 비교해 본다.

- A의 진술이 거짓일 경우 : B와 C의 진술이 상충되므로 조건에 부합하지 않는다.
- B의 진술이 거짓일 경우 : 모든 진술이 상충되지 않으므로 B가 범인이다.

따라서 거짓을 말하는 사람과 범인 모두 사원 B이다.

파트1 기출예상문제

1회 기출예상문제

▸ 문제 38쪽

01	②	02	③	03	①	04	②	05	③
06	①	07	①	08	①	09	④	10	②
11	④	12	④	13	②	14	④	15	①
16	③	17	②	18	④	19	③	20	④
21	②	22	④	23	②	24	①	25	③
26	②	27	④	28	④	29	③	30	③
31	①	32	①	33	④	34	②	35	③
36	②	37	④	38	③	39	④	40	④
41	③	42	②	43	③	44	③	45	②
46	④	47	④	48	③	49	②	50	③

01 언어논리력 문맥에 맞는 어휘 고르기

| 정답 | ②

| 해설 | ㉠ '인식'은 '자극을 받아들이고 저장, 인출하는 정신 과정'이고, '각인'은 '머릿속에 깊이 기억되는 것'이므로 '인식'이 적절하다.

㉡ '경선'은 '둘 이상의 후보가 경쟁하는 선거'를 의미하는데 선거가 이루어지지 않았으므로 '경쟁'이 옳다.

㉢ '현행'은 '현재 행해지고 있는'이라는 의미를 가진다. 그런데 밑줄 뒤의 말이 '행하고 있다. 행해지고 있다.'와 의미가 자연스럽게 호응하지 않으므로 '현재'가 옳다.

㉣ '개선'은 '잘못된 것이나 부족한 것, 나쁜 것 따위를 고치는 것'을 의미하고, '개수'는 '고쳐서 바로잡거나 다시 만듦'을 의미한다. 개선은 기존의 것이 부정적인 경우에 쓰이는데, 여권 디자인의 경우 기존 여권의 문제점 때문에 새롭게 디자인을 한 것이 아니므로 '개수'가 적절하다.

㉤ '병기'는 '함께 나란히 적음', '표기'는 '표가 되게 기록함'을 의미한다. 자료를 설명하기 위하여 옆에 나란히 적은 것이므로 '병기'가 적절하다.

02 언어논리력 글을 바탕으로 추론하기

| 정답 | ③

| 해설 | 허공을 제외하면 비물질적인 것은 존재하지 않으며, 영혼은 아주 미세한 입자들로 구성되어 있기 때문에 몸의 나머지 구조들과 더 잘 조화를 이룰 수 있다고 하였다. 그러므로 영혼이 비물질적인 존재라고 추론하는 것은 적절하지 않다.

| 오답풀이 |

① 허공이 없다면 물체가 존재할 곳이 없고, 움직일 수 있는 공간도 없을 것이므로 물체의 운동을 위해 반드시 필요하다.

② 몸은 감각의 원인을 영혼에 제공한 후 자신도 감각 속성의 몫을 영혼으로부터 얻기 때문에 감각을 얻기 위해서는 영혼과 몸 모두가 필요하다.

④ 영혼이 담겨 있던 몸 전체가 분해되면 영혼의 입자들도 더 이상 이전과 같은 능력을 가지지 못하고 해체되며 감각 능력도 잃게 된다.

03 언어논리력 글의 흐름에 맞는 접속어 고르기

| 정답 | ①

| 해설 | 제시된 글에서는 어떤 일을 실패하게 되었을 때, 자존심이 상하지 않는 방향에서 원인을 찾다보니 그 원인을 나 아닌 다른 곳에서 찾아내게 된다고 언급하고 있다. 따라서 빈칸에는 앞의 내용이 뒤의 내용의 원인이 되게끔 하는 접속 부사 '그리하여'가 들어가는 것이 적절하다.

04 언어논리력 필자의 주장 비판하기

| 정답 | ②

| 해설 | 첫 번째 문단과 두 번째 문단에서는 기술의 양면성에 관해 언급하고 있고, 세 번째 문단에서는 사회 구조를 바람직하게 하려면 비판적이고 균형있는 철학과 사상이 필요하다고 주장하고 있다. 따라서 글쓴이가 말하고자 하는 바는 세 번째 문단에 나타나 있다. 논지를 반박하는 내용을 골라야 하므로 주제 문단인 세 번째 문단과 반대되는 내용을 고르면 된다. 그러므로 기술의 양면성을 철학과 사상이 아닌 또 다른 새로운 기술로 보완해야 한다는 ②가 반박하는 내용으로 적절하다.

| 오답풀이 |

① 첫 번째 문단의 마지막 문장 내용을 반박할 수 있지만, 이는 글쓴이가 궁극적으로 말하고자 하는 바가 아니므로 적절하지 않다.

③ 글쓴이는 통제할 수 없는 기술이 존재한다고 보았다. 이는 인간이 강제적으로 기술의 순기능만을 발전시킬 수 없다는 사실을 암묵적으로 전제하고 있는 것이다. 따라서 글쓴이의 입장과 반대되는 내용은 맞지만, ①과 마찬가지로 글쓴이의 주장에 대한 반박이 아니다.

05 언어논리력 글의 서술 방식 파악하기

| 정답 | ③

| 해설 | '어찌 큰 것만 죽음을 싫어하고 작은 것은 싫어하지 않겠는가?', '어찌 그대를 놀리려는 뜻이 있었겠는가?', '엄지손가락만 아프고 나머지 손가락은 안 아프겠는가?', '어찌 하나는 죽음을 싫어하고 하나는 좋아하겠는가?'와 같은 유사한 질문을 반복하여 자신의 의견을 강조하고 있다.

06 언어논리력 이어질 내용 유추하기

| 정답 | ①

| 해설 | 첫 번째 문단을 보면 나라를 위해 헌신한 이들에게 적절한 보상과 지원제도를 마련하기 위해서는 적지 않은 국가 재정이 소요되므로 한정된 재정을 활용하여 그 효과를 극대화하기 위한 고민을 해야 한다고 나와 있다. 두 번째 문단을 보면 지원을 위한 재정이 국민들의 세금에 의해 마련되므로 결코 허투루 사용되어서는 안 된다는 내용이 나온다. 따라서 국민들이 세금을 납부하는 것이 의무사항이기는 하지만 나라는 이러한 예산을 신중하게 사용해야 한다는 내용이 이어져야 자연스럽다.

07 언어논리력 글의 흐름에 맞게 문단 배열하기

| 정답 | ①

| 해설 | (가)를 제외한 문단 모두 4차 산업혁명의 부정적 측면에 대하여 언급하고 있으므로 가장 먼저 (가)를 배치하고 그다음에 '하지만'으로 시작하는 (다)를 배치하는 것이 자연스럽다. 이때 (다)에서 노동 시장의 붕괴에 대해 언급하였

으므로 노동 시장에 대한 구체적인 예시를 들고 있는 (나)를 세 번째 순서로 배치한다. 마지막으로 대응 전략을 논하는 (라)가 배치되어야 한다. 따라서 올바른 순서는 (가)-(다)-(나)-(라)이다.

08 언어논리력 글의 주제 찾기

| 정답 | ①

| 해설 | 제시된 글에 따르면 아프리카 초원의 치타는 몸집이 작고 빠른 가젤 영양을 사냥하는 데 전문화하여, 만약 초원의 생태조건이 변하거나 가젤 영양들의 몸집이 더 커지거나 멸종해 버린다면 살아남기 힘들다. 또한 중국의 판다는 많은 양의 죽순을 먹을 수밖에 없어 기본적으로 대나무 숲이 없으면 살아갈 수가 없다. 즉, 제시된 글은 전문화는 현재 상태의 환경에서는 가장 효율적인 생존방식일 수 있으나 환경에 큰 변화가 일어나면 유연하게 대응하지 못하고 위험에 빠질 공산이 크다는 것을 보여 주고 있다. 따라서 '생물의 세계에서도 전문화는 양면성을 갖는 상당히 위험한 전략이다.'가 주제로 적절하다.

09 언어논리력 필자의 생각 파악하기

| 정답 | ④

| 해설 | 제시된 글의 필자는 시장형 성격의 사람과 비생산적인 성격의 사람은 사랑에 대해 오해하고 있다고 본다. 교환하는 사랑과 고통을 감수하는 희생의 사랑을 사랑으로 보지 않는 것이다.

10 언어논리력 다의어의 의미 파악하기

| 정답 | ②

| 해설 | 〈보기〉의 '사이'와 ②의 '사이'는 한때로부터 다른 때까지의 동안을 의미한다.

| 오답풀이 |

①, ③ 주로 '없다'와 함께 쓰여 어떤 일에 들이는 시간이나 여유 또는 겨를을 의미하는 '사이'로 쓰였다.

④ 서로 맺은 관계 또는 사귀는 정분을 의미하는 '사이'로 쓰였다.

11 언어논리력 글의 견해 파악하기

| 정답 | ④

| 해설 | 제시된 글은 출산율을 높이기 위한 지원금 액수의 많고 적음을 문제화하고 있는 글이 아니다. 지원금 액수가 증가하였음에도 불구하고 출산율이 오르지 않았다는 것을 강조하는 내용이므로, 단순한 지원금 증액보다는 출산을 유도하기 위한 근본적인 대책이 필요하다는 문제제기를 엿볼 수 있다.

12 언어논리력 문맥에 어울리지 않는 문장 파악하기

| 정답 | ④

| 해설 | 글의 전체적인 내용은 주택과 아동의 건강이 가지는 상관관계이다. ④는 이와 관련 없는 성인 남성의 질환에 대해 언급하고 있으므로 적절하지 않다.

13 언어논리력 적절한 조언 고르기

| 정답 | ②

| 해설 | 면접관이 던진 질문에는 정해진 정답이 없을 수도 있으며, 이런 경우 사실이 아니더라도 납득할 수 있는 해답을 끌어내는 센스가 필요하다. 즉, 기발하면서도 재치 있는 답변을 해서 분위기를 유쾌하게 이끌어 가는 것이 가장 좋다.

14 수리력 수 추리하기

| 정답 | ④

| 해설 |

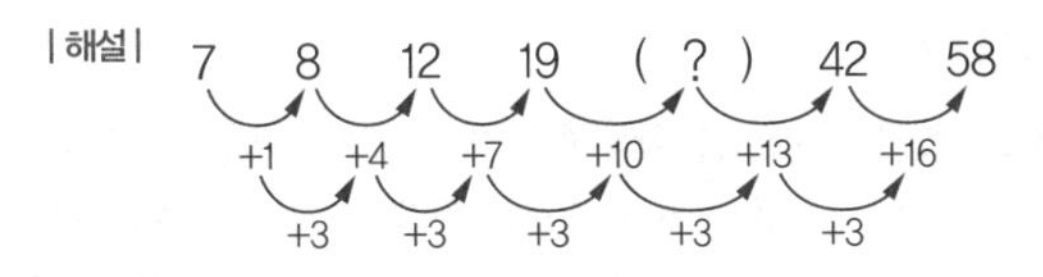

따라서 '?'에 들어갈 숫자는 $19+10=29$이다.

15 수리력 확률 계산하기

| 정답 | ①

| 해설 | 각각의 경우의 수를 구하면 다음과 같다.

- 두 개의 주사위를 던져 나올 수 있는 전체 경우의 수 : $6\times6=36$(가지)

- 빨간색 주사위의 눈의 수가 파란색 주사위의 눈의 수보다 큰 경우의 수(빨간색, 파란색) : (2, 1), (3, 1), (3, 2), (4, 1), (4, 2), (4, 3), (5, 1), (5, 2), (5, 3), (5, 4), (6, 1), (6, 2), (6, 3), (6, 4), (6, 5)로 총 15가지
- 그중 두 눈의 수의 곱이 짝수인 경우의 수 : 두 눈의 수가 모두 홀수인 경우를 제외한 나머지를 구하면 되므로 총 15가지 중 (3, 1), (5, 1), (5, 3)의 3가지를 뺀 12가지

따라서 빨간색 주사위의 눈의 수가 파란색 주사위의 눈의 수보다 크면서 두 눈의 수의 곱이 짝수일 확률은 $\frac{12}{36}=\frac{1}{3}$이다.

16 수리력 피자 가격 계산하기

| 정답 | ③

| 해설 | 부가세 15%를 포함하지 않은 원래의 피자 가격을 x원이라고 하면, 식은 다음과 같다.

$$x+\left(x\times\frac{15}{100}\right)=18,400$$

$$1.15x=18,400$$

$$\therefore x=16,000$$

따라서 부가세 10%를 포함한 피자의 가격은 $16,000+\left(16,000\times\frac{10}{100}\right)=17,600$(원)이다.

17 수리력 거리 · 속력 · 시간 활용하기

| 정답 | ②

| 해설 | 열차가 40m를 이동하는 데 10초가 걸렸으므로 열차의 속력은 40(m)÷10(s)=4(m/s)이다. 열차는 등속운동을 하므로 A 다리의 길이, 즉 열차가 이동한 거리는 4(m/s)×5(s)=20(m)이다.

18 수리력 방정식 활용하기

| 정답 | ④

| 해설 | 책 전체 페이지 수를 x장이라 하면 다음과 같은 식이 성립한다.

$$\left(x\times\frac{1}{3}\right)+\left(x\times\frac{1}{4}\right)+100+200=x$$

$$\frac{7}{12}x+300=x$$

$$7x+3,600=12x$$

$$\therefore x=720$$

따라서 책은 총 720장이다.

19 수리력 그래프 해석하기

| 정답 | ③

| 해설 | ㉡ 학교 시설과 주변 환경 모두 매우 만족과 보통이라고 답한 비율이 90%에 가깝기 때문에 매우 불만족스럽다고 판단하기는 어렵다.

㉣ 보통이라고 답한 비율도 낮지 않기 때문에 매우 우호적이라고 판단하기는 어렵다.

20 수리력 자료의 수치 분석하기

| 정답 | ④

| 해설 | 20X7년 아파트에 거주하는 가구의 비중은 $\frac{9,671}{19,674}\times100\fallingdotseq49.2$(%)로 50% 미만이다.

21 수리력 최소공배수로 시간 추론하기

| 정답 | ②

| 해설 | A 버스는 30분마다, B 버스는 60분마다, C 버스는 80분마다 출발한다. 따라서 7시에 동시에 출발한 후 처음으로 다시 동시에 출발하는 시간은 30, 60, 80의 최소공배수인 240분(4시간) 후로, 11시이다.

22 수리력 자료 이해하기

| 정답 | ④

| 해설 | 어종 자체에 대한 자료는 제시되어 있지 않으므로 특정 어종별 사육 경영체가 증가 또는 감소한 내역은 알 수 없다.

23 수리력 그래프 해석하기

| 정답 | ②

| 해설 | (다) 2008년 이후 가족 수는 2008년이 598가족으로 가장 많다.

| 오답풀이 |

(가) 2011년과 2020년에는 전년에 비해 전체 인원수가 증가하였다.

(나) 2020년에는 전체 인원수와 가족 수 모두 증가하였다.

24 수리력 최대 개수 구하기

| 정답 | ①

| 해설 | 위탁수하물로 부칠 수 있는 무게는 캐리어를 포함하여 최대 20kg이고, 캐리어에는 서류와 옷, 신발을 넣어야 하기 때문에 기념품은 $20-4.5-2.2-1.7\times2-1.2=8.7$(kg)을 넣을 수 있다. 기념품 1개의 무게가 800g이므로 기념품은 최대 10개를 넣을 수 있다.

25 수리력 직원 수 구하기

| 정답 | ③

| 해설 | 전체 직원 수는 750명이고 충청도는 20%, 경상도는 18%이므로 계산을 통해 각 150명과 135명이라는 것을 알 수 있다. 전라도와 제주도는 105명이므로 서울과 경기도, 강원도의 합계는 $750-150-135-105=360$(명)이다. 서울 · 경기도 출신 직원의 수가 강원도 출신 직원의 수의 3배이므로 강원도 출신 직원의 수를 x명이라고 하면 다음과 같이 식을 세울 수 있다.

$x+3x=360$

$\therefore x=90$

따라서 강원도 출신 직원의 수는 90명이다.

26 공간지각력 펼친 모양 찾기

| 정답 | ②

| 해설 | 접었던 선을 축으로 하여 역순으로 펼치면 다음과 같다.

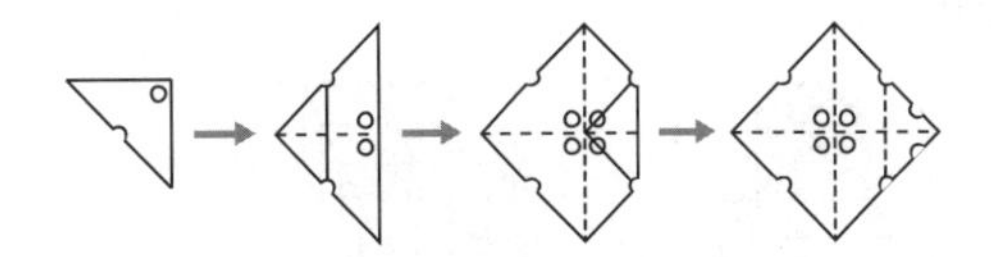

27 공간지각력 도형의 개수 파악하기

| 정답 | ④

| 해설 | 평행사변형을 이루는 칸의 개수를 나누어 세면 다음과 같다.

- 한 칸으로 구성되는 평행사변형의 개수 : 15개
- 두 칸으로 구성되는 평행사변형의 개수 : 22개
- 세 칸으로 구성되는 평행사변형의 개수 : 14개
- 네 칸으로 구성되는 평행사변형의 개수 : 14개
- 다섯 칸으로 구성되는 평행사변형의 개수 : 3개
- 여섯 칸으로 구성되는 평행사변형의 개수 : 10개
- 여덟 칸으로 구성되는 평행사변형의 개수 : 4개
- 아홉 칸으로 구성되는 평행사변형의 개수 : 3개
- 열 칸으로 구성되는 평행사변형의 개수 : 2개
- 열두 칸으로 구성되는 평행사변형의 개수 : 2개
- 열다섯 칸으로 구성되는 평행사변형의 개수 : 1개

따라서 크고 작은 평행사변형은 모두 $15+22+14+14+3+10+4+3+2+2+1=90$(개)이다.

28 공간지각력 제시된 블록 합치기

| 정답 | ④

| 해설 | 먼저 두 블록의 개수를 합하고, 이것과 비교하여 선택지의 블록 개수 중 그 수가 다른 것을 찾아서 풀 수 있다. 이 방법으로 찾지 못할 경우에는 각 선택지에서 주어진 블록이 알맞게 들어간 형태를 찾아 소거하면 된다. ④는 동그라미 친 부분이 제거되어야 한다.

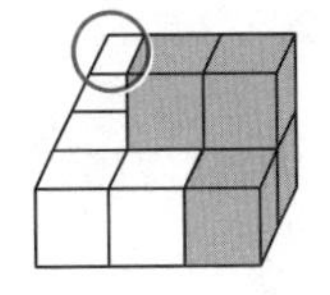

| 오답풀이 |

①

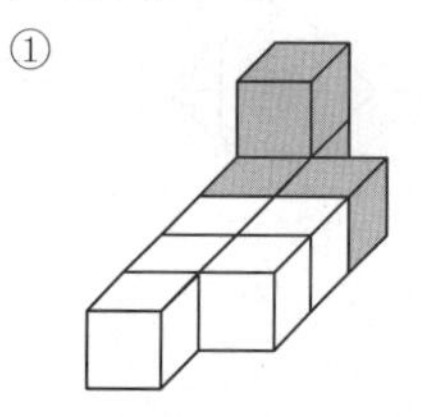

②

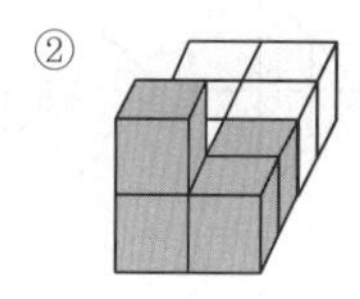

③

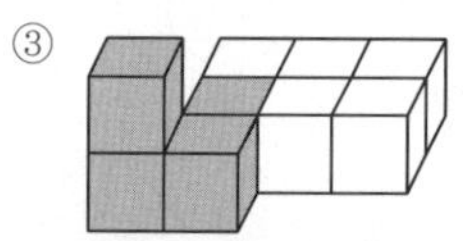

보충 플러스+

제시된 두 블록의 개수를 합하면 총 9개이다. 각 선택지를 확인해 보면 합쳐진 블록의 수가 ①·②·③은 9개이고, ④는 숨겨진 블록까지 하여 10개이므로 이것이 답이 됨을 알 수 있다(숨겨진 블록을 세지 않아 9개라 하더라도 두 블록의 조합상으로 나올 수 없는 형태이다).

29 공간지각력 나타나 있지 않은 조각 찾기

| 정답 | ③

| 해설 | ③과 같은 모양의 조각은 나타나 있지 않다.

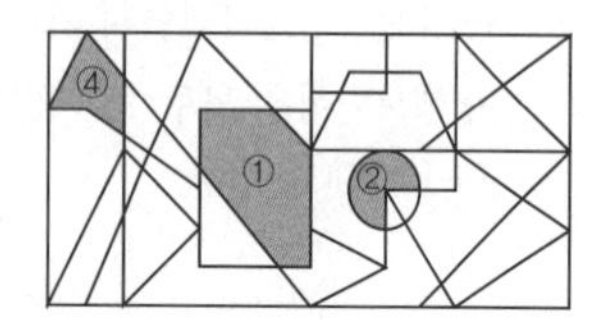

30 공간지각력 도형 회전하기

| 정답 | ③

| 해설 | 시계방향으로 180° 회전한 모양은 다음과 같다.

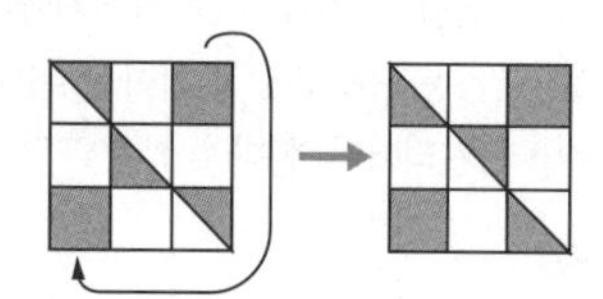

31 공간지각력 일치하는 입체도형 찾기

| 정답 | ①

| 해설 | ①은 제시된 입체도형을 화살표 방향에서 바라본 모습이다.

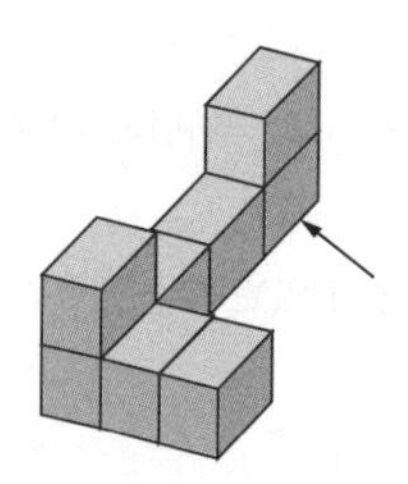

32 공간지각력 블록 개수 세기

| 정답 | ①

| 해설 | 1층에 8개, 2층에 6개, 3층에 2개의 블록이 있으므로 블록의 개수는 모두 8+6+2=16(개)이다.

33 공간지각력 동일하지 않은 도형 찾기

| 정답 | ④

| 해설 | ④의 그림은 네모 상자의 모양이 가로로 긴 직사각형이 되어야 한다.

34 공간지각력 투상도로 입체도형 추론하기

| 정답 | ②

| 해설 | ②를 3차원 공간의 세 면에 비친 그림자는 다음과 같다.

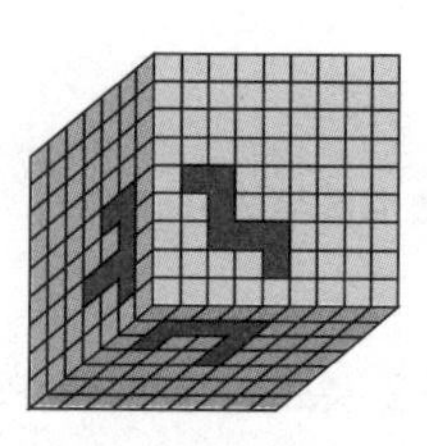

| 오답풀이 |

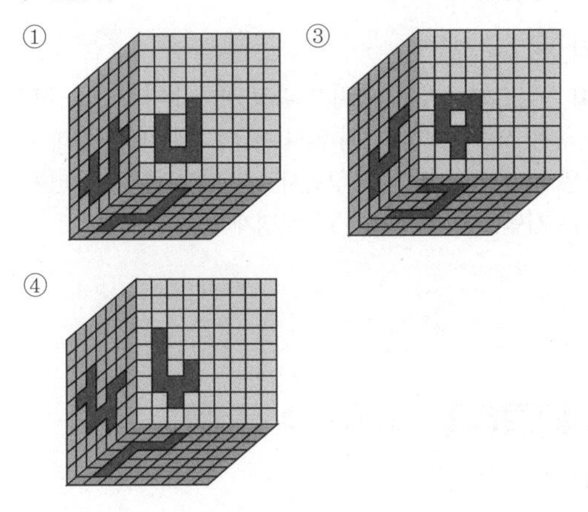

35 공간지각력 규칙 파악하여 도형 추론하기

| 정답 | ③

| 해설 | 도형 전체가 시계방향으로 90°씩 회전하고 있으므로, '?'에는 첫 번째 도형에서 시계방향으로 270° 회전한 도형이 와야 한다.

36 문제해결력 논리적 오류 파악하기

| 정답 | ②

| 해설 | 제시된 문장과 ②에서는 흑백논리의 오류가 나타난다.

| 오답풀이 |

① 성급한 일반화의 오류이다.

③ 순환논증의 오류이다.

④ 원칙혼동의 오류이다.

37 문제해결력 명제 판단하기

| 정답 | ④

| 해설 | '질투하는 마음이 많으면 이웃과 사이가 나빠진다'가 결론이므로 두 번째 전제의 가정과 첫 번째 전제의 결론을 연결할 수 있는 전제 '정서가 불안하면 은둔 생활을 지속한다'가 있어야 한다. 원 명제가 참이면 대우 명제도 참이므로 '은둔 생활을 지속하지 않으면 정서가 불안하지 않다'도 참이 되며 둘 중 하나의 명제가 세 번째 전제가 되어야 한다. 따라서 ④가 적절하다.

38 문제해결력 명제 판단하기

| 정답 | ③

| 해설 | 모든 회원은 6개월에 1번씩 교육을 받으므로 우수회원도 6개월에 1번씩 교육을 받는다.

| 오답풀이 |

① 다이어리는 올해 가입한 신입회원에게 제공되는데 몇 명이 받았는지는 알 수 없다.

② 모든 회원은 각 한 장씩 행운권을 받으며, 우수회원만 추가로 받을 수 있다.

④ 올해 다이어리를 받은 회원은 신입회원이고 신입회원도 우수회원에 선발될 수 있으므로 행운권을 추가로 받을 수도 있다.

39 문제해결력 조건을 바탕으로 자리 추론하기

| 정답 | ④

| 해설 | A를 중심으로 조건을 맞춰 보면 A와 C 사이에 B가 있으므로 A－B－C 또는 C－B－A 순으로 서 있는 경우를 나누어 생각해 보면 다음과 같다.

- A－B－C일 경우 : D는 A 왼쪽에 서 있기 때문에 D－A－B－C가 되고 D와 E 사이에 C가 서 있으므로 D－A－B－C－E가 된다.
- C－B－A일 경우 : D는 A의 왼쪽에 있으면서 E와 함께 C를 사이에 두고, A는 다섯 번째 자리에 위치하지 않기 위해서는 D가 맨 왼쪽에 있어야 하므로 D－C－B－A－E가 된다.

따라서 항상 참인 것은 ④이다.

40 문제해결력 조건을 바탕으로 추론하기

| 정답 | ④

| 해설 | 첫 번째와 네 번째 조건에 따라 갑의 지필고사 성적은 C 또는 D가 된다. 두 번째 조건에 따라 두 가지의 경우로 나누어 생각한다.

• 갑의 지필고사 성적과 정의 출석률이 C일 경우

구분	갑	을	병	정
지필고사	C	A	B	D
출석률	D	B	A	C

수강한 과목의 수는 갑>병>정>을임을 알 수 있다.

• 갑의 지필고사 성적과 정의 출석률이 D일 경우

구분	갑	을	병	정
지필고사	D	A	B	C
출석률	C	B	A	D

이 경우 첫 번째 조건과 세 번째 조건이 서로 상충한다.

따라서 수강한 과목이 가장 많은 사람은 갑이고, 갑의 지필고사 성적과 출석률은 차례대로 C, D이다.

41 문제해결력 조건을 바탕으로 추론하기

| 정답 | ③

| 해설 | 먼저 임원과 팀장은 교대로 앉아야 하고 A와 C의 사이에는 F만 앉을 수 있는데, F는 팀장이므로 A와 C는 임원임을 알 수 있다. 다음으로, B는 A와 마주 보아야 한다고 했으므로 B와 A는 다른 직급임을 알 수 있다. 그러므로 B는 팀장이다. 또한, D는 B의 옆자리에 앉는다고 했으므로 D는 임원이다.

따라서 A, C, D는 임원이고 B, E, F는 팀장이다.

42 문제해결력 조건을 바탕으로 추론하기

| 정답 | ②

| 해설 | 존재하는 팀은 회계팀, 경영지원팀, 개발팀, 총무팀으로 총 네 개다. 세 번째 조건에서 회계팀은 다른 세 팀과 다른 층을 사용한다고 했으므로 ②는 항상 참이다.

| 오답풀이 |

①, ④ 회계팀은 다른 세 팀과 다른 층을 사용한다고 했으므로 항상 거짓이다.

③ 개발팀이 경영지원팀과 같은 층을 사용하는지 아닌지에 대해서는 알 수 없다.

43 문제해결력 명제 판단하기

| 정답 | ③

| 해설 | '키가 큰 사람은 머리가 좋지 못하다'의 대우는 '머리가 좋은 사람은 키가 크지 않다'이므로 '컴퓨터를 잘하는 사람은 키가 크지 않다'를 성립시키기 위해서는 '컴퓨터를 잘하는 사람은 머리가 좋다'라는 명제가 필요하다.

44 문제해결력 조건을 바탕으로 추론하기

| 정답 | ③

| 해설 | 모두 진실을 말하고 있으므로 E를 기준으로 순위를 계산하면, B는 E보다 순위가 낮고 A와 D는 E보다 순위가 높다. C는 3위이며 A와 D 중 누가 더 높은 순위에 있는지는 알 수 없으므로, 이를 바탕으로 순위를 정리하면 다음과 같다.

1위	2위	3위	4위	5위
A 혹은 D	D 혹은 A	C	E	B

따라서 2위는 A 혹은 D, 4위는 E이므로 이와 일치하는 ③이 적절하다.

45 문제해결력 논리적 오류 파악하기

| 정답 | ②

| 해설 | 어떤 논점에 대하여 주장하는 사람이 그 논점에서 빗나가 다른 방향으로 주장하는 경우에 범하게 되는 오류이다.

46 이해력 직장 내 전화 예절 이해하기

| 정답 | ④

| 해설 | 직장에서 전화통화를 할 때에는 빨리 말하는 것보다 상대방의 말을 끊지 않고 대답을 기다리며 차분하게 소통하는 것이 적절하다.

47 이해력 서비스 정신 이해하기

| 정답 | ④

| 해설 | 강요된 서비스라기보다는 투철한 직업정신과 사명감으로 보아야 한다. 개인적인 사정으로 일손이 잡히지 않는 상황은 얼마든지 발생할 수 있으며, 어쩔 수 없이 수행하는 서비스일지라도 고객이 알아차리지 못할 정도의 노력을 기울인다면 지탄의 대상이 아니다.

48 이해력 도덕적 타성 이해하기

| 정답 | ③

| 해설 | 도덕적 타성(Inertia)은 도덕적으로 올바른 행동이 무엇인지를 인지하고 자신의 행동이 비윤리적인 행동임을 인식하고 있음에도 윤리문제에 낙관적으로 접근하거나 나쁜 생활습관이나 다른 이해관계와의 우선순위로 인해 비윤리적인 행동을 하는 것을 의미한다.

도덕적 태만은 주의를 기울이지 않아 비윤리적인 결과의 원인이 비윤리적인 행동을 한 자신에게 있음을 인식하지 못하는 경우로, 주로 관행에 의해 비윤리적인 행동을 하는 사람이 자신의 행동이 비윤리적임을 인지하지 못하는 경우나 안전설계 미흡으로 발생한 안전사고에 따른 설계자의 윤리적 책임의식 부재가 이에 해당한다.

따라서 업계 관행에 의해 비도덕적인 행위라는 사실 자체를 인지하지 못한 경우는 도덕적 태만에 해당한다.

49 이해력 갈등의 원인 분석하기

| 정답 | ②

| 해설 | 제시된 상황에서 M은 뒷담화의 동참 여부를 통해 자신과 공감대를 형성하고 있는지를 확인하고 있다. 그러나 P는 뒷담화를 좋아하지 않기 때문에 대화에 동참을 하지 않았고 M은 P의 이러한 모습만 보고 자신과 잘 맞지 않는다고 판단해 버렸다. 자신이 하는 뒷담화를 상대방이 불편해할 것이란 점을 인지하지 못하고 자신의 입장만을 고려한 것이 갈등의 원인이다.

50 이해력 직업윤리 이해하기

| 정답 | ③

| 해설 | 근면은 '부지런히 일하며 힘씀'을 의미한다. K 씨는 일에 대한 능력은 뛰어나지만 근무 시간을 잘 지키지 않으므로 근면하다고 볼 수 없다.

2회 기출예상문제

▸문제 68쪽

01	③	02	④	03	③	04	④	05	②
06	②	07	④	08	①	09	①	10	②
11	②	12	③	13	②	14	②	15	④
16	①	17	③	18	④	19	①	20	③
21	③	22	②	23	③	24	②	25	②
26	①	27	②	28	②	29	③	30	①
31	②	32	③	33	④	34	④	35	③
36	④	37	①	38	②	39	①	40	③
41	③	42	①	43	④	44	④	45	①
46	③	47	③	48	②	49	②	50	②

01 언어논리력 글의 흐름에 맞게 문단 배열하기

| 정답 | ③

| 해설 | 우선 Z세대의 특징을 설명하며 글의 중심소재인 '하이퍼텍스트'를 언급하는 (나)가 온다. 이어 '하이퍼텍스트'에 대해 정의하며 구체적으로 설명하는 (가)가 온다. 다음으로 하이퍼텍스트와 일반적인 문서의 차이를 제시하는 (라)가 오며, 마지막으로 하이퍼텍스트가 등장함에 따라 생길 변화에 대해 설명하는 (다)가 온다. 따라서 글의 순서는 (나)－(가)－(라)－(다)가 적절하다.

02 언어논리력 올바른 맞춤법 사용하기

| 정답 | ④

| 해설 | '묘사되다'는 '어떤 대상이나 사물, 현상 따위가 언어로 서술되거나 그림으로 그려져 표현되다'의 의미를 가지는 동사로 '묘사되＋어'로 활용될 때는 '묘사돼'로 축약해 쓸 수 있다.

| 오답풀이 |

① 우주에 존재하는 모든 물체 즉 항성, 행성, 위성, 혜성, 성단, 성운, 성간 물질, 인공위성 따위를 통틀어 뜻하는 단어는 '천체'로 써야 한다.

② 황금과 같이 광택이 나는 누런빛을 뜻하는 단어는 '금빛'으로 써야 한다.

③ 산의 비탈이 끝나는 아랫부분을 뜻하는 단어는 '산기슭'으로 써야 한다.

03 언어논리력 글의 흐름에 맞게 문장 넣기

| 정답 | ③

| 해설 | (C)의 앞부분을 보면 "전통의 문제에서는 '무엇'을 어떻게 계승해야 하는가가 핵심적인 논제"라고 하면서 전통의 계승에 관한 것을 언급하였고 뒷부분에는 "그러므로 건축의 전통을 논의할 때는 새로운 사회조건에서 역사적으로 전해온 요소들을 어떻게 수용하느냐가 중요하다."가 나오므로 (C)에는 〈보기〉의 문장이 삽입될 수 있다.

04 언어논리력 글의 내용을 바탕으로 추론하기

| 정답 | ④

| 해설 | 단체 승차권은 20인 이상의 한 단체가 1매를 구매하는 것이므로 15인의 단체는 단체 승차권을 구매할 수 없다.

| 오답풀이 |

① 보호자 동반에 대한 규정은 알 수 없다.

② 매주 월요일은 프로그램을 운영하지 않지만 그 이유가 임진왜란 역사관 휴관 때문인지는 알 수 없다.

③ 1회 탐방 소요시간은 알 수 없다.

05 언어논리력 글의 흐름에 맞게 문장 배열하기

| 정답 | ②

| 해설 | 선택지를 살펴보면 맨 처음에 (가) 또는 (바)로 시작되는 것을 알 수 있다. 이때 (가)의 과학에서 요구되는 가장 첫 단계의 예시가 (바)에서 제시되고 있기 때문에 (가)－(바)의 순서임을 알 수 있다. (다)는 (가)의 첫 단계를 견디면 얻을 수 있는 만물에 대한 이해를 이야기하고 있기 때문에 (가)의 뒤에 오게 된다. 전체 내용을 살펴보면, (바)의 '예를 들어'보다 뒤에 (나), (마)가 나오는 것을 알 수 있다. '그럼에도'로 시작하는 (나)는 그 앞에도 의아한 태도를 취한 사실이 드러나므로 질문을 하는 부분인 (마)가 그 앞에 온다. 따라서 (바)－(마)－(나)의 순서가 된다. 또한 '즉, 스스로 자신을 속이는 과정이 필요하다'라는 내용의 (라)도

경험을 통해 향하는 결론으로, (나) 뒤에 온다고 추정할 수 있다. 따라서 글의 순서는 (가)－(다)－(바)－(마)－(나)－(라)가 적절하다.

06 언어논리력 단어의 의미 파악하기

| 정답 | ②

| 해설 | ②의 '의사'는 '일정한 자격을 가지고 병을 고치는 것을 직업으로 하는 사람'을 의미하며, ①, ③, ④의 '의사'는 '무엇을 하고자 하는 생각'을 의미한다.

07 언어논리력 의미에 맞는 단어 유추하기

| 정답 | ④

| 해설 | 법을 어기는 것을 의미하는 단어는 '불법'이고, 병을 낫게 하는 것을 의미하는 단어는 '치료'이다. 따라서 끝말잇기 규칙에 따라 빈칸에는 법으로 나라를 다스린다는 의미의 '법치'가 들어가야 한다.

08 언어논리력 글의 주제 찾기

| 정답 | ①

| 해설 | 인류가 가지고 있었던 탐욕이라는 본능이 저장을 통하여 비로소 발현되기 시작하였고, 이를 통해 약탈과 경쟁이 시작된 것이라는 내용을 담고 있다. 따라서 글의 내용을 포괄하는 핵심적인 주제는 저장의 시작을 통하여 인류의 탐욕 추구가 본격적으로 시작되었다는 것이다.

09 언어논리력 글의 중심내용 찾기

| 정답 | ①

| 해설 | 괴테의 일화와 마지막 문장의 "일정한 주제의식이나 문제의식을 가지고 독서를 할 때, 보다 창조적이고 주체적인 독서 행위가 성립된다."를 통해 제시된 글이 목적이나 문제의식을 가지고 하는 독서의 효율성에 관한 내용임을 알 수 있다.

10 언어논리력 알맞은 사자성어 찾기

| 정답 | ②

| 해설 | 다기망양(多岐亡羊)은 갈림길이 많아 잃어버린 양을 찾지 못한다는 뜻으로, 계획이나 방침이 너무나 많아 도리어 어찌할 바를 모른다는 말이다.

| 오답풀이 |

① 곡학아세(曲學阿世) : 바른길에서 벗어난 학문으로 세상 사람에게 아첨함을 의미한다.

③ 입신양명(立身揚名) : 출세하여 이름을 세상에 떨침을 의미한다.

④ 읍참마속(泣斬馬謖) : 큰 목적을 위하여 자기가 아끼는 사람을 버림을 이르는 말이다.

11 언어논리력 알맞은 단어 찾기

| 정답 | ②

| 해설 | ㉠ 조현병을 규정하는 정의에 관한 내용으로 발병의 '진단'에 해당되는 문장이다.

㉡ '상존'은 시점에 상관없이 항상 존재한다는 의미이다. 따라서 1개월 이상이라는 보다 명확하게 시점을 정해둔 '존재'한다는 표현이 더 적합하다.

㉢ 앞의 수식어가 의학 분야인 '내과적, 신경과적'이므로 약물이 아닌 '질환'이 알맞은 어휘이다.

㉣ '정도를 줄여주다'의 의미로 쓰인 문장이므로 '완화'가 알맞은 어휘이다.

12 언어논리력 어문 규범 이해하기

| 정답 | ③

| 해설 | '말간'의 어두음이 'ㅁ'으로 유성자음이고, 어간의 첫 음절 모음이 'ㅏ'로 양성모음이므로 '샛말간'이 적절한 표현이다.

13 언어논리력 세부내용 이해하기

| 정답 | ②

| 해설 | 우대용 교통카드의 장애인 대상자는 장애인복지법 제2조에 정한 장애인(지체, 청각, 언어, 정신지체 장애 등

으로 신분확인 가능한 증명서를 발급받은 사람)과 장애등급 1 ~ 3급의 동승보호자 1인이다. 따라서 숙모는 장애등급 1급의 동승보호자에 해당되므로 적용대상자이다.

14 수리력 거리 · 속력 · 시간 활용하기

| 정답 | ②

| 해설 | '시간$=\frac{거리}{속력}$'이므로 회사와 우체국 사이의 총거리를 x라고 하면,

$\frac{x}{5}+\frac{x}{6}=1+\frac{5}{6}$

$6x+5x=30+25$

$11x=55$

$\therefore x=5(\text{km})$

15 수리력 수 추리하기

| 정답 | ④

| 해설 | 삼각형 안의 숫자는 위 꼭짓점 숫자와 왼쪽 꼭짓점 숫자를 곱한 후 오른쪽 꼭짓점 숫자를 더한 값이다.

- $4\times8+6=38$
- $2\times9+4=22$
- $4\times4+8=(\ ?\ )$

따라서 '?'에 들어갈 숫자는 $4\times4+8=24$이다.

16 수리력 비율을 활용하여 금액 계산하기

| 정답 | ①

| 해설 | A가 가진 돈을 x원이라 하고, A와 B가 가진 돈을 비례식으로 나타내면 다음과 같다.

$5:4=x:2,000$

$4x=10,000$

$\therefore x=2,500$

따라서 A는 2,500원을 가지고 있다.

17 수리력 방정식 활용하기

| 정답 | ③

| 해설 | 세트 가격은 각 메뉴의 가격을 합한 금액에서 10%를 할인한 값이라고 하였으므로 스파게티의 원래 가격을 x원으로 놓으면 다음과 같은 식이 성립한다.

$(8,800+16,000+x)\times0.9=32,400$

$\therefore x=32,400\div0.9-16,000-8,800=11,200$

따라서 스파게티의 원래 가격은 11,200원이다.

18 수리력 방정식 활용하기

| 정답 | ④

| 해설 | 인터넷 사용량을 x분이라 하면 다음과 같은 식이 성립한다.

$10,000+10\times x=5,000+20\times x$

$20x-10x=10,000-5,000$

$\therefore x=500$

따라서 한 달에 500분을 사용해야 두 통신사의 요금이 같아진다.

19 수리력 가격 계산하여 비교하기

| 정답 | ①

| 해설 |
- A 업체에서 살 경우 : 46대를 사면 4대를 무료로 받아 50대가 되고, 46대의 가격이 4,600,000원이므로 200,000원을 할인받는다.

  $(100,000\times46)-(50,000\times4)=4,400,000$(원)
- B 업체에서 살 경우 : 45대를 사면 5대를 무료로 받아 50대가 된다.

  $100,000\times45=4,500,000$(원)

따라서 A 업체에서 사는 것이 100,000원 더 저렴하다.

20 수리력 확률 계산하기

| 정답 | ③

| 해설 | A 지역에 비가 올 확률이 0.7이므로 A 지역에 비가 오지 않을 확률은 0.3이다. 또한 A와 B 지역 모두 비가 올

확률이 0.4라고 하였으므로 B 지역에 비가 올 확률을 x라 하면 $0.7\times x=0.4$이고, $x=\frac{4}{7}$이다. 따라서 B 지역에 비가 오지 않을 확률은 $\frac{3}{7}$이다.

21 수리력 자료의 수치 분석하기

| 정답 | ③

| 해설 | 34 ~ 36개국의 회원국 중에서 매년 27위 이하이므로 상위권이라 볼 수 없다.

| 오답풀이 |

① CPI 순위가 가장 낮은 해는 52위의 20X5년이고, OECD 순위가 가장 낮은 해는 30위의 20X7년이다.

②, ④ 청렴도가 가장 높은 해는 20X8년으로 59.0점이고, 20X1년도의 청렴도 점수는 56.0점이므로 점수의 차이는 3.0점이다.

22 수리력 추가 자료 파악하기

| 정답 | ②

| 해설 | 〈보고서〉에서 '자동차 등록대수의 지역별 순위를 보면 20X4년에 서울이 약 23만 9천 대로 전년에 이어 1위를 차지했으며'라고 하였는데 제시된 자료에서는 전년도의 지역별 자동차 등록대수가 나타나지 않았으므로 추가로 필요한 자료는 'ㄴ. 20X3년 지역별 자동차 등록대수'이다.

| 오답풀이 |

ㄱ. '지역별 자동차 1대당 인구수×자동차 등록대수'로 알 수 있다.

ㄷ. 20X4년 지역별 자동차 등록대수를 모두 더해 알 수 있다.

23 수리력 자료를 그래프로 변환하기

| 정답 | ③

| 해설 | 1인 가구 거주지를 나타내는 그래프에서 주택 외의 수치와 다세대 주택의 수치가 제시된 자료의 내용과 다르게 표시되어 있다.

24 수리력 자료의 수치 분석하기

| 정답 | ②

| 해설 | 20X9년 C 영역에서 4 ~ 5등급을 받은 학생의 비율은 39.9%이므로 1 ~ 3등급을 받은 학생의 비율은 60.1%이다.

| 오답풀이 |

① 20X8년 대비 20X9년에 4 ~ 5등급 비율이 가장 크게 변한 영역은 10.1%p 변화한 A 영역이다.

③ 20X8년 D 영역에서 4 ~ 5등급을 받은 학생의 비율은 43.1%, B 영역에서 4 ~ 5등급을 받은 학생의 비율은 47.2%이므로 D 영역에서의 비율이 더 적다.

25 수리력 자료의 수치 분석하기

| 정답 | ②

| 해설 | C시의 6 ~ 9월 순이동인구가 모두 음수이므로 전출인구가 더 많음을 알 수 있다.

| 오답풀이 |

①, ③ '순이동인구=전입인구−전출인구'이므로 순이동인구의 값으로는 전입인구를 비교할 수 없다.

④ 6월부터 9월까지 매월 전입인구가 전출인구보다 많은 시는 H시 한 곳뿐이다.

26 공간지각력 일치하는 입체도형 찾기

| 정답 | ①

| 해설 | ①은 제시된 입체도형을 반시계방향으로 90° 회전한 후 화살표 방향에서 바라본 모습이다.

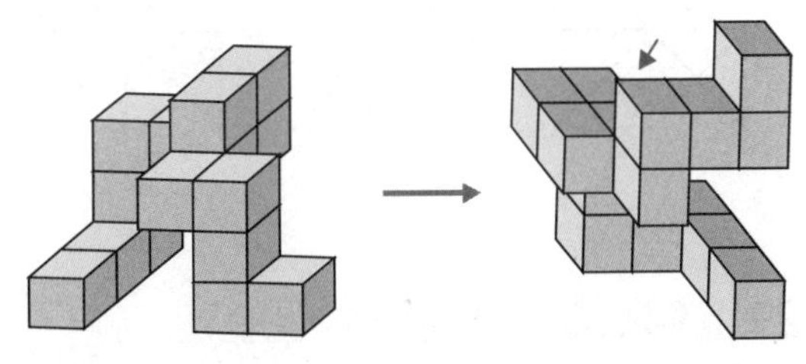

| 오답풀이 |

다른 입체도형은 점선 표시된 블록이 추가되고 동그라미 친 블록이 제거되어야 한다.

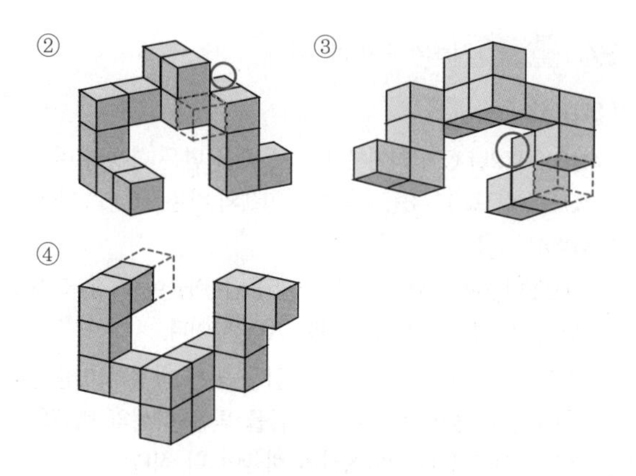

27 공간지각력 두 면만 보이는 블록 찾기

| 정답 | ②

| 해설 | 두 면만 보이는 블록을 색칠하면 다음과 같다.

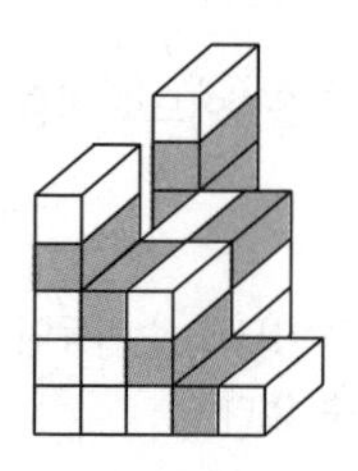

28 공간지각력 동일한 도형 찾기

| 정답 | ②

| 해설 | ②는 제시된 도형을 180° 회전한 모양이다.

| 오답풀이 |

나머지 도형은 동그라미 친 부분이 다르다.

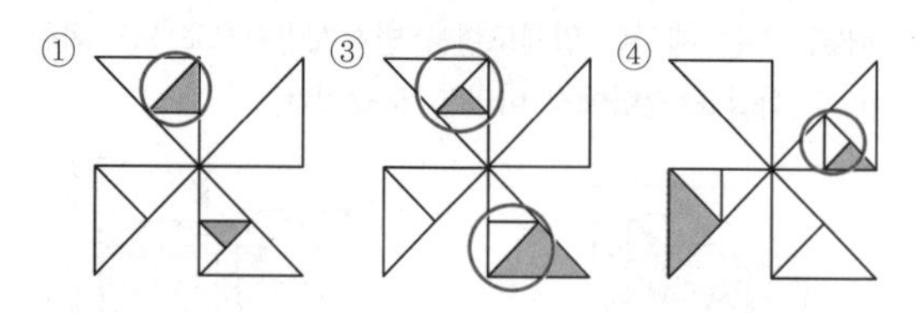

29 공간지각력 규칙 파악하여 도형 추론하기

| 정답 | ③

| 해설 | 두 개의 별이 각각 반시계방향으로 세 칸씩 이동하고 있다.

30 공간지각력 조각 배열하기

| 정답 | ①

| 해설 | 그림의 조각을 (가)－(다)－(나)－(라) 순으로 배열하면 다음과 같은 그림이 완성된다.

31 공간지각력 접은 모양 찾기

| 정답 | ②

| 해설 | 제시된 점선에 따라 색종이를 접으면 다음과 같다.

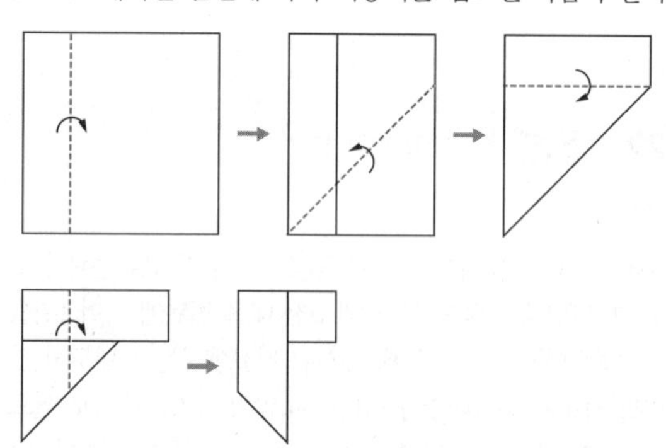

32 공간지각력 제시된 도형 합치기

| 정답 | ③

| 해설 | ③은 동그라미 친 부분이 잘못되었으며, 다음과 같이 수정되어야 한다.

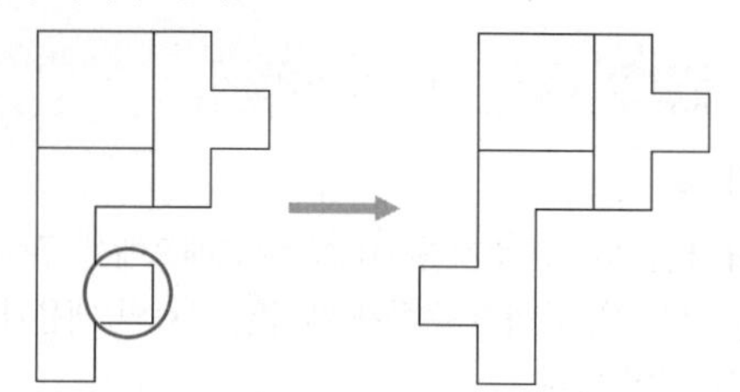

33 공간지각력 전개도 파악하기

| 정답 | ④

| 해설 | 전개도를 접을 때 서로 만나게 되는 모서리를 표시하면 다음과 같다.

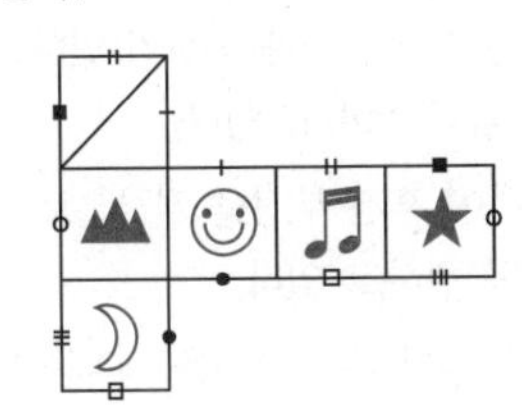

각 선택지의 3개의 면에 들어가는 도형 중 구분하기 쉬운 도형을 골라 그것을 중심으로 인접한 면의 모양과 방향을 파악한다.

④의 경우 오른쪽 면인 ★ 을 중심으로 살펴보면 인접한 왼쪽 면의 방향이 잘못되었음을 알 수 있다.

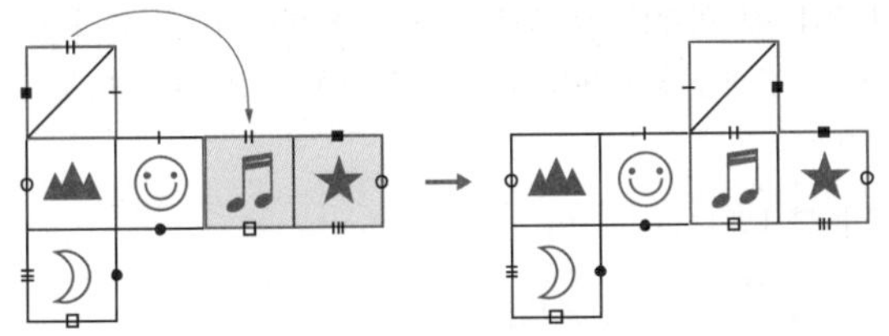

즉, → 이 되어야 한다. 왼쪽 면이 일 경우에는 이 되어야 한다.

34 공간지각력 펼친 모양 찾기

| 정답 | ④

| 해설 | 접었던 선을 축으로 하여 역순으로 펼치면 다음과 같다.

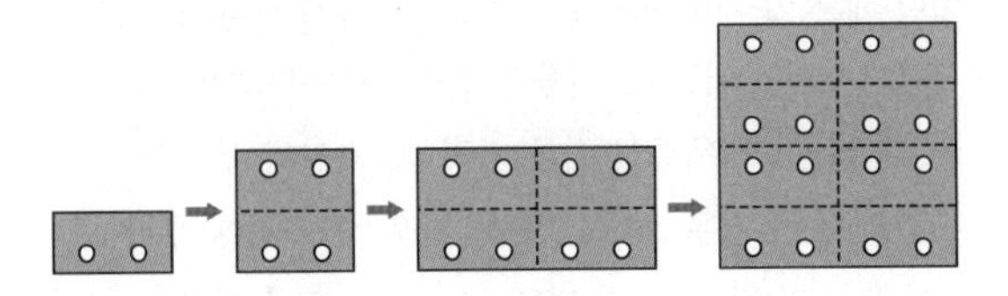

35 공간지각력 주사위 눈의 수 파악하기

| 정답 | ③

| 해설 | 마주보는 면의 눈의 수를 합한 값이 항상 7이므로 보이지 않는 면의 눈의 수도 알 수 있다.

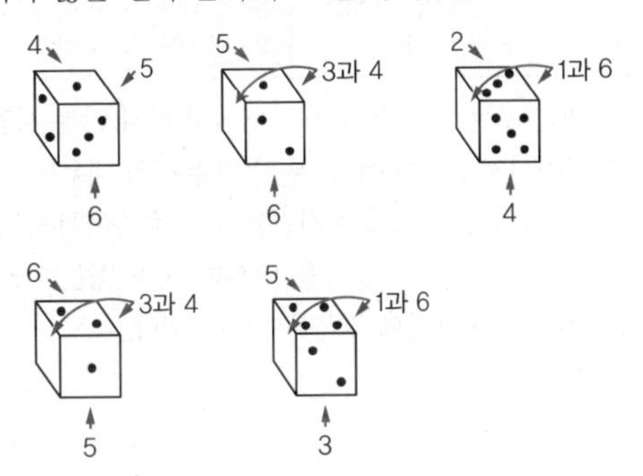

서로 접하고 있는 면의 눈의 수를 보면 맨 오른쪽 주사위의 오른쪽 면의 경우 1 또는 6이므로 이들의 합을 구하면 27 또는 32이다. 따라서 ③이 적절하다.

36 문제해결력 진위 추론하기

| 정답 | ④

| 해설 | A ~ E의 진술을 살펴보면 A와 B가 상반된 진술을 하고 있으므로 A와 B 중 거짓을 말하는 사람이 반드시 있게 된다. A와 B가 거짓을 말하는 경우를 나누어 살펴보면 다음과 같은 두 가지 결론을 얻을 수 있다.

- A가 거짓을 말한 경우 : 1 ~ 5층 → C, D, B, E, A
- B가 거짓을 말한 경우 : 1 ~ 5층 → B, D, C, E, A

따라서 누구의 진술이 거짓이냐에 관계없이 D는 항상 2층에서 내린다.

37 문제해결력 명제 판단하기

| 정답 | ①

| 해설 | A의 대우 명제는 '운동을 싫어하는 사람은 게으르다'이며, B 명제와 A의 대우 명제를 삼단논법으로 정리하면 '긍정적이지 않은 사람은 게으르다'라는 명제가 참임을 알 수 있다.

38 문제해결력 명제 판단하기

| 정답 | ②

| 해설 |

축구 ○ → 유산소 열 야구 ○ → 유산소 열	대우 ⇔	유산소 열× → 축구 × 유산소 열× → 야구 ×

첫 문장의 대우는 '유산소 운동을 열심히 하지 않는 사람은 축구를 좋아하지 않는다'이고, 두 번째 문장의 대우는 '유산소 운동을 열심히 하지 않는 사람은 야구를 좋아하지 않는다'이다. 따라서 유산소 운동을 열심히 하지 않는 사람은 축구도 야구도 좋아하지 않음을 알 수 있다.

39 문제해결력 조건에 맞게 리그 구성하기

| 정답 | ①

| 해설 | 조건을 보면 E와 F는 다른 리그이고, C와 A 또는 C와 B는 같은 리그이다. 따라서 ACE－BDF, ACF－BDE, BCE－ADF, BCF－ADE의 네 가지 경우로 리그를 나눌 수 있다.

40 문제해결력 진위 추론하기

| 정답 | ③

| 해설 | E 사원을 기준으로 살펴보면 D 대리와 F 사원은 서로 같은 지역을 담당해야 하고, A 부장과 B 과장은 서로 다른 지역을 담당해야 하므로, E 사원은 A 부장 또는 B 과장과 같은 지역을 담당해야 한다. 또한 E 사원은 중남미 지역을 담당할 수 없으므로 미주 지역 또는 아시아 지역을 담당해야 하는데, C 대리가 아시아 지역을 담당해야 한다고 하였으므로 E 사원은 미주 지역을, D 대리와 F 사원은 중남미 지역을 담당하게 된다. 그리고 A 부장과 B 과장은 각각 미주 지역 또는 아시아 지역을 나눠서 담당하게 된다. 이를 표로 나타내면 다음과 같다.

중남미 지역	미주 지역	아시아 지역
D 대리	A 부장 or B 과장	C 대리
F 사원	E 사원	A 부장 or B 과장

따라서 A 부장과 E 사원은 같은 지역을 담당할 수도, 아닐 수도 있으므로 ③은 항상 참이라고 볼 수 없다.

41 문제해결력 논리적 오류 파악하기

| 정답 | ③

| 해설 | 제시된 문장에는 논리적 오류가 나타나 있지 않다.

| 오답풀이 |

① 의도하지 않은 결과에 대해 의도가 있다고 판단하는 의도 확대의 오류를 범하고 있다.

② 전건을 부정하여 후건 부정을 결론으로 도출하는 전건 부정의 오류를 범하고 있다.

④ 어떤 대상의 기원이 갖는 특성을 그 대상도 그대로 지니고 있다고 여기는 발생학적 오류를 범하고 있다.

42 문제해결력 명제 판단하기

| 정답 | ①

| 해설 | 각 명제를 'p : 떡볶이를 좋아한다', 'q : 화통하다', 'r : 닭강정을 좋아한다'라고 할 때 사실을 정리하면 다음과 같다.

- $p \rightarrow q$
- $q \rightarrow \sim r$
- $p \rightarrow \sim r$

A. '$p \rightarrow \sim r$'이 참이므로 이 명제의 대우 명제인 '$r \rightarrow \sim p$'도 참임을 알 수 있다.

B. '$\sim r \rightarrow q$'는 '$q \rightarrow \sim r$' 명제의 역에 해당하므로 참 · 거짓을 알 수 없다.

따라서 A만 항상 옳다.

43 문제해결력 진위 추론하기

| 정답 | ④

| 해설 | 한 사람씩 1등일 경우를 가정하여 거짓인 사람이 세 명일 때를 찾으면 되는데, 5명의 진술에서 1등으로 언급된 사람이 C와 D이므로, 다음과 같이 나누어 살펴본다.

- C가 1등인 경우 : A, D가 거짓 ⇨ 조건에 부적합
- D가 1등인 경우 : B, C, E가 거짓 ⇨ 조건에 부합
- A, B, E가 각각 1등인 경우 : A, C, D, E가 거짓 ⇨ 조건에 부적합

따라서 D가 1등을 했고, 거짓말을 한 사람은 B, C, E이다.

44 문제해결력 진위 추론하기

| 정답 | ④

| 해설 | 우선 E는 B의 진술이 참이라고 했으므로 B와 E는 같은 내용을 진술한 것이 된다. 용의자 중 두 사람만이 거짓을 말한다는 조건에 따라 B, E의 진술이 거짓일 경우와 참일 경우로 나누어 살펴본다.

- B, E의 진술이 거짓일 경우 : B, E의 진술이 거짓이라면 A, C, D의 진술은 참이 된다. 그런데 종로에 있었다는 A의 진술과 A와 B가 인천에 있었다는 C의 진술은 서로 엇갈리므로, 거짓말을 하고 있는 사람이 두 사람뿐이라는 조건과 상충한다.
- B, E의 진술이 참일 경우 : B, E의 진술이 참이라면 B, E의 진술과 다르게 C와 단둘이 있었다는 D의 진술은 거짓이 되며, 남은 A와 C 중 한 명이 거짓을 말하고 있는 것이 된다.
  만약 A가 거짓말을 했다면 C의 진술은 참이 되어 A는 B와 인천에 있었던 것이 되므로 범인은 D가 된다. 만약 C가 거짓말을 했다면 A의 진술은 참이 되며, B의 진술에 따라 사건 시각에 A, B, C는 종로에 함께 있었던 것이 되어 이 경우 또한 범인은 D가 된다.

따라서 거짓말을 한 사람은 A와 D 또는 C와 D이고 그림을 훔친 범인은 D이다.

45 문제해결력 위치 추론하기

| 정답 | ①

| 해설 | 원형 테이블에서 기준이 되는 한 명의 위치를 임의로 배치한 후 다른 조건을 적용해 보면서 해결한다.

일단 네 번째 조건에 따라 마주 보고 앉는 사원 A와 부장의 자리를 정한다. 첫 번째 조건에 따라 대리는 사원 A와 나란히 앉는데, 대리가 사원 A의 오른쪽에 앉을 경우 과장이 대리의 왼쪽 옆자리에 앉아 있다는 세 번째 조건과 어긋나므로 대리는 사원 A의 왼쪽 옆자리에 앉고, 그 옆에 과장이 앉는다. 마지막으로 두 번째 조건에 의해 사원 B의 왼쪽 옆자리는 비어 있어야 하므로 사원 B는 부장의 왼쪽 옆자리에 앉게 된다. 이를 그림으로 정리하면 다음과 같다.

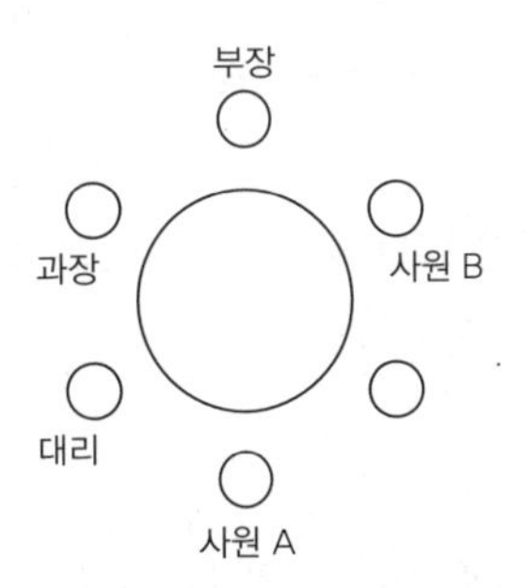

따라서 부장의 오른쪽 옆자리에 앉은 사람은 과장이다.

46 이해력 직장 내 성희롱 이해하기

| 정답 | ③

| 해설 | 직장 내 성희롱에서 '직장 내'란 장소에 관한 개념이 아닌 사용자의 지위 혹은 명령 범위 안이라는 개념을 말한다. 따라서 사업장 밖이나 근무시간 외에 이루어진 성희롱도 직장 내 성희롱으로 성립된다.

보충 플러스+

직장 내 성희롱의 성립 요건
- 성희롱의 당사자 요건을 성립한다.
  - 모든 남녀 근로자는 직장 내 성희롱의 가해자와 피해자가 될 수 있다.
  - 장래 고용관계를 예정하고 있는 모집, 채용과정의 채용 희망자도 성희롱 피해자의 범위에 포함된다.
- 지위를 이용하거나 업무와의 관련성이 있어야 한다.
- 성적인 언어나 행동 또는 이를 조건으로 하는 행위이어야 한다.
- 고용상의 불이익을 초래하거나 성적 굴욕감을 유발하여 고용환경을 악화시키는 경우도 포함한다.

47 이해력 직업윤리의 덕목 이해하기

| 정답 | ③

| 해설 | 전문성은 어떤 영역에서 보통 사람이 흔히 할 수 있는 수준 이상의 수행 능력을 의미한다. 제시된 글은 이러한 전문성에 관하여 설명하고 있다.

48 이해력 직장 내 예절 이해하기

| 정답 | ②

| 해설 | 승강기 안은 다수가 타는 좁고 밀폐된 공간이므로, 악수나 잡담을 하지 않는 것이 좋다.

49 이해력 전화 예절 이해하기

| 정답 | ②

| 해설 | 직장에서 전화를 받을 때에는 받는 즉시 소속 팀이나 이름 등 받는 사람이 누구인지를 이야기하도록 한다.

50 이해력 조직 내 행동 해석하기

| 정답 | ②

| 해설 | 고선영 씨는 협의되지 않은 발령 통보라는 사안에 대하여 별도의 문제를 제기하지 않고 조직의 결정에 순응하고 있다.

3회 기출예상문제

▸문제 96쪽

01	④	02	④	03	①	04	④	05	③
06	①	07	④	08	④	09	①	10	②
11	③	12	①	13	④	14	④	15	③
16	②	17	③	18	③	19	②	20	③
21	①	22	②	23	③	24	④	25	①
26	③	27	①	28	②	29	②	30	①
31	①	32	②	33	①	34	③	35	③
36	④	37	③	38	③	39	④	40	④
41	④	42	④	43	③	44	④	45	①
46	②	47	①	48	③	49	③	50	①

01 언어논리력 표준발음법 이해하기

| 정답 | ④

| 해설 | '잃고'를 발음할 때에는 '잃–'의 겹자음 중 'ㅎ'이 연음되면서 'ㄱ'과 축약되어 'ㅋ'이 되므로 [일코]로 발음해야 한다.

02 언어논리력 글의 흐름에 맞게 문장 넣기

| 정답 | ④

| 해설 | 〈보기〉의 문장은 글쓴이가 바라는 세상의 모습을 드러내고 있다. 또한 '그리고'로 시작하고 있으므로 앞 문장 역시 글쓴이가 바라는 세상의 모습을 얘기하고 있을 것임을 유추할 수 있다. ㉣의 앞 문장에서 그러한 바람이 나타나 있으며, ㉣의 뒤 문장은 '그런 세상'으로 시작하고 있으므로 〈보기〉의 문장이 들어가기에 적절한 곳은 ㉣이다.

03 언어논리력 글의 흐름에 맞게 문단 배열하기

| 정답 | ①

| 해설 | 먼저 글의 중심내용과 관련된 '악어의 법칙'에 대해 설명하고 있는 (가)가 오고, 이를 일상생활에 대입해 포기할 줄 아는 것이 '악어의 법칙'의 요점임을 다시 설명한 (라)가 이어진다. 그러나 '악어의 법칙'과는 달리 포기는 곧 끝

이라는 생각에 포기를 두려워하는 사람이 많이 있음을 언급한 (다)가 다음에 오고, 포기는 무조건 끝이 아닌 더 많은 것을 얻기 위한 길이기도 함을 얘기하는 (나)가 마지막에 온다. 따라서 (가)－(라)－(다)－(나) 순이 적절하다.

04 언어논리력 세부내용 이해하기

| 정답 | ④

| 해설 | 제시된 글은 무작정 포기를 많이 하는 사람이 현명한 것이 아니라 어쩔 수 없는 결정적인 순간에 과감하게 포기할 줄 아는 사람이 지혜롭다는 점을 설명하고 있다.

05 언어논리력 세부내용 이해하기

| 정답 | ③

| 해설 | 마지막 문장에서 다른 나라 사람들이 골뱅이를 보면 우리가 @를 골뱅이라고 부르는 이유를 받아들일 것이라고 했을 뿐, 현재 동의한다고 할 수 없다.

06 언어논리력 글의 중심내용 찾기

| 정답 | ①

| 해설 | 제시된 글의 전체적인 내용을 살펴보면 문학 작품은 언어에 큰 영향을 미치는데, 이러한 문학 작품은 작가에 의해 산출되므로 언어에 대한 작가의 책임이 막중함을 강조하고 있다.

07 언어논리력 단어 뜻 구별하기

| 정답 | ④

| 해설 | 제시된 단어의 뜻은 다음과 같다.

- 모사(模寫) : 사물을 형체 그대로 그림. 또는 그런 그림
- 묘사(描寫) : 어떤 대상이나 사물, 현상 따위를 언어로 서술하거나 그림을 그려서 표현함.
- 참조(參照) : 참고로 비교하고 대조하여 봄.
- 참고(參考) : 살펴서 도움이 될 만한 재료로 삼음.

따라서 '모사', '묘사', '참조', '참고' 순이 적절하다

08 언어논리력 문맥에 맞는 어휘 고르기

| 정답 | ④

| 해설 | '강조(强調)'는 '어떤 부분을 특별히 강하게 주장하거나 두드러지게 함'이라는 의미이다.

| 오답풀이 |

① 강세(强勢) : 강한 세력이나 기세
② 모색(摸索) : 일이나 사건 따위를 해결할 수 있는 방법이나 실마리를 더듬어 찾음.
③ 약조(弱調) : 여린 음조

09 언어논리력 문맥에 맞는 어휘 고르기

| 정답 | ①

| 해설 | 제시된 문장은 모두 '어떤 일이나 방향을 바라고 원한다'는 의미가 담겨 있으므로 유의어 관계인 '염원, 소망, 바람'이 적절하다. 그러나 '몹시 사랑하거나 끌리어 떨어지지 아니하는 마음'을 뜻하는 '애착'은 제시된 문장에 쓰이기에 적절하지 않다.

| 오답풀이 |

② 염원(念願) : 마음에 간절히 생각하고 기원함.
③ 소망(所望) : 어떤 일을 바람. 또는 그 바라는 것
④ 바람 : 어떤 일이 이루어지기를 기다리는 간절한 마음

10 언어논리력 올바르게 띄어쓰기

| 정답 | ②

| 해설 | '들릴 만큼'의 '만큼'은 앞의 내용에 상당한 수량이나 정도임을 나타내는 의존명사로 앞말과 띄어 써야 한다.

| 오답풀이 |

① 앞말인 '너'가 체언이므로 조사로 쓰여 앞말과 붙여 써야 한다.

11 언어논리력 세부내용 이해하기

| 정답 | ③

| 해설 | 첫 번째 문단을 보면 관객은 영화가 현실의 복잡성을 똑같이 모방하기를 원하지 않고, 영화 역시 그러기 위해

애쓰지 않는다고 하였다. 즉, 사실적이라는 평가를 받는 영화란 영화적 관습에 의해 관객들이 영화 속 내용을 현실처럼 보는 데에 동의했기 때문이지 현실을 그대로 모방해서가 아님을 알 수 있다.

12 언어논리력 내용 요약하기

|정답| ①

|해설| 제시된 글은 이동통신에 사용되는 주파수 대역의 전자파가 성인에 비해 어린이들에게 더 많이 흡수되며, 이러한 전자파가 어린이들에게 안 좋은 영향을 미칠 수 있다는 내용을 담고 있다. 따라서 '휴대폰 전자파는 성인보다 어린이들에게 더 해로울 수 있다'라고 요약할 수 있다.

|오답풀이|

② 휴대폰의 전자파가 어린이에게 좋지 않은 영향을 미친다고 하였지만, 어린이에게 휴대폰을 사용하게 해서는 안 된다는 당위적인 표현이 나타나 있지는 않다.

13 수리력 직원 수 구하기

|정답| ④

|해설| • 해외여행을 간 직원 : 15명

• 친척 집에 간 직원 : 16명

• 해외여행과 친척 집을 모두 간 직원 : 7명

따라서 해외여행과 친척 집 가운데 어느 한 곳 이상을 간 직원은 15+16−7=24(명)이므로 해외여행과 친척 집 모두 가지 않은 직원은 35−24=11(명)이다.

14 수리력 방정식 활용하기

|정답| ④

|해설| 맞힌 문제를 x개, 틀린 문제를 $(20-x)$개라고 하면 다음과 같은 식을 세울 수 있다.

$5x-5(20-x)=60$

$10x-100=60$

$\therefore x=16$

따라서 맞힌 문제는 16개이다.

15 수리력 총인원 구하기

|정답| ③

|해설| 남성의 70%가 14명이므로 A 팀에 속한 전체 남성의 수(x)는 다음과 같이 구할 수 있다.

$x\times\frac{70}{100}=14$

$\therefore x=20$

따라서 남성이 20명이므로 A 팀의 총인원은 12+20=32(명)이다.

16 수리력 벤다이어그램 활용하기

|정답| ②

|해설| 야구와 농구를 모두 좋아하는 사람을 x명이라 하면 벤다이어그램은 다음과 같다.

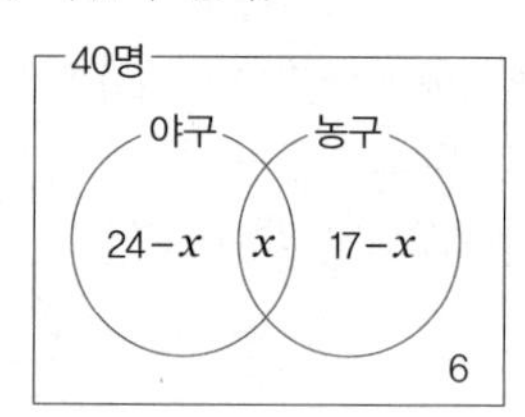

$40=(24-x)+(17-x)+x+6$

$40=24+17+6-x$

$\therefore x=7$

따라서 농구만 좋아하는 학생은 17−7=10(명)이다.

17 수리력 거리 · 속력 · 시간 활용하기

|정답| ③

|해설| 두 사람 사이의 간격은 1시간에 100−85=15(km) 벌어진다. 20분은 $\frac{20}{60}=\frac{1}{3}$(시간)이므로 20분 후 두 사람은 $15\times\frac{1}{3}=5$(km) 벌어진다.

18 수리력 부등식 계산하기

|정답| ③

|해설| 구매하는 초콜릿의 개수를 x개라 하면 다음과 같은

식이 성립한다.

$1,700x > 1,300x + (1,250 \times 2)$

$1,700x > 1,300x + 2,500$

$400x > 2,500$

$\therefore x > 6.25$

따라서 초콜릿을 최소 7개 이상 구매할 때 대형 마트에서 구매하는 것이 더 저렴하다.

19 수리력 평균 속력 구하기

| 정답 | ②

| 해설 | 해바라기 호와 장미 호의 평균 속력은 다음과 같다.

- 해바라기 호 : $\frac{30 \times 2}{2.5+1.5} = \frac{60}{4} = 15$(km/h)
- 장미 호 : $\frac{30 \times 2}{3+2} = \frac{60}{5} = 12$(km/h)

20 수리력 박스 단가 계산하기

| 정답 | ③

| 해설 | 흰색 A4 용지 한 박스의 단가를 x원이라 하면, 컬러 A4 용지 한 박스의 단가는 $2x$원이므로 다음 식이 성립한다.

$(50 \times x) + (10 \times 2x) - 5,000 = 1,675,000$

$70x = 1,680,000$

$\therefore x = 24,000$

따라서 흰색 A4 용지 한 박스의 단가는 24,000원이다.

21 수리력 자료의 수치 분석하기

| 정답 | ①

| 해설 | Y 기업의 제품 중 20X0년 대비 20X6년 판매액 증가율이 가장 높은 제품은 G 제품으로, 14배 이상 증가하였다.

| 오답풀이 |

② 20X0년 대비 20X4년에 판매액이 감소한 제품은 E 제품 한 종류이다.

③ X 기업의 경우 판매액 총합이 매년 100억 원 미만이었던 반면, Y 기업의 판매액 총합은 매년 100억 원 이상이었다.

④ D 제품의 판매액이 전년 대비 감소한 해는 20X3년으로, E 제품의 판매액도 감소하였다.

22 수리력 그래프 해석하기

| 정답 | ②

| 해설 | 불법체류 외국인의 수가 20X4년에 최고치를 기록한 것은 사실이지만, 처음으로 등록 외국인 수보다 많아진 것은 20X3년이다.

| 오답풀이 |

- A : 등록 외국인 수는 꾸준히 증가하고 있지만 변수가 발생하면 감소할 수도 있다.
- C : 20X5년도에 불법체류 외국인의 수가 급격히 감소하면서 등록 외국인의 수가 급격히 늘어났으므로 서로 관련이 있을 것이라 예상할 수 있다.
- D : 20X6년 이후 큰 증가 없이 유지되고 있으므로 옳다.

23 수리력 자료를 바탕으로 보고서 작성하기

| 정답 | ③

| 해설 | 건설업이 전년(20X0년)에 이어 재해자 수가 가장 많음을 확인하기 위해 20X0년 산업별 재해 현황(ㄷ)이 필요하며, 재해율을 계산하기 위해서는 20X1년 산업별 전체 근로자 수(ㄱ)가 필요하다.

24 수리력 경우의 수 계산하기

| 정답 | ④

| 해설 | 다섯 가지 색을 사용할 수 있으나 영역은 세 개이므로 색을 나누는 방법은 다음과 같다.

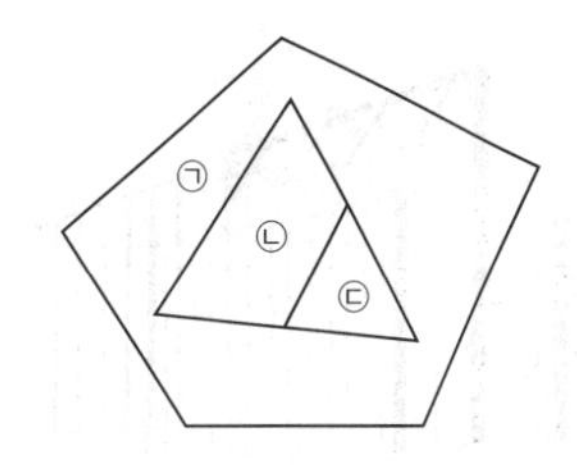

㉠ : 노란색, 보라색, 빨간색, 검정색, 회색의 다섯 가지
㉡ : ㉠ 이외의 네 가지 색
㉢ : ㉠, ㉡ 이외의 세 가지 색
따라서 $5\times4\times3=60$(가지)이다.

25 수리력 그래프 파악하기

| 정답 | ①

| 해설 | 보이스피싱 발생에 관한 피해금액은 주어진 그래프에 제시되어 있지 않다.

| 오답풀이 |

② 수치가 제시되어 있으므로 증감률을 계산할 수 있다.
③ 시기별 구속인원과 검거인원이 제시되어 있어 가장 많은 시기와 가장 적은 시기를 확인할 수 있다.
④ 검거인원을 발생건수로 나누어 계산할 수 있다.

26 공간지각력 동일한 그림 찾기

| 정답 | ③

| 해설 | ③은 제시된 그림을 180° 회전한 모양이다.

| 오답풀이 |

나머지 그림은 동그라미 친 부분이 다르다.

① 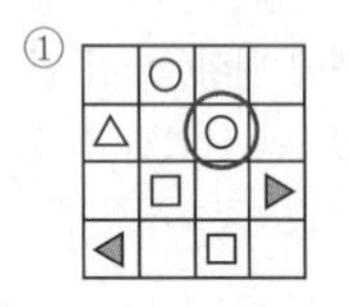 ② 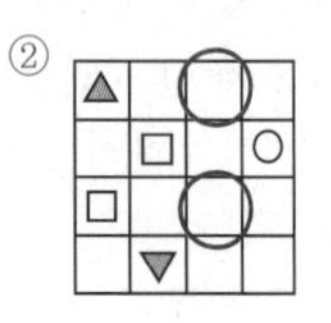 ④ 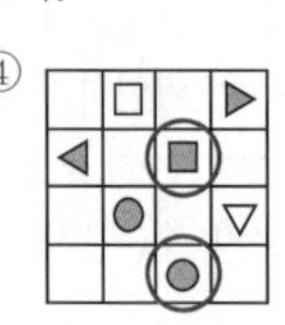

27 공간지각력 조각 배열하기

| 정답 | ①

| 해설 | 제시된 그림 조각을 (나)－(다)－(가)－(라) 순으로 배열하면 다음과 같다.

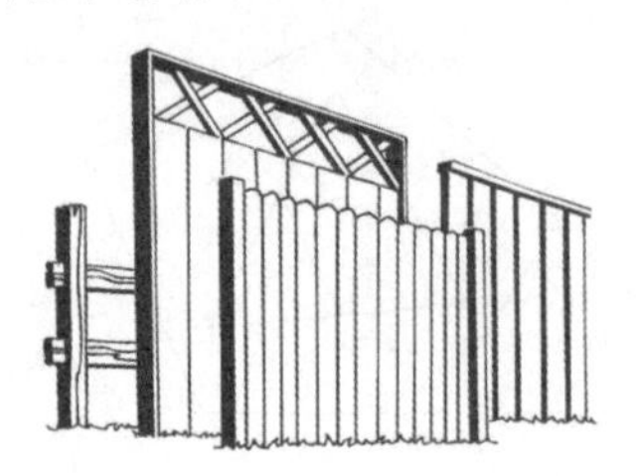

28 공간지각력 삼각형 개수 구하기

| 정답 | ②

| 해설 | 만들 수 있는 삼각형과 그 개수는 다음과 같다.

• 작은 삼각형(△) : 24개

• 작은 삼각형 4개로 만들어진 중간 삼각형 : 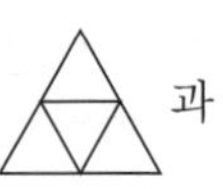 과  모양 각각 6개로 총 12개

• 작은 삼각형 9개로 만들어진 큰 삼각형 :  과 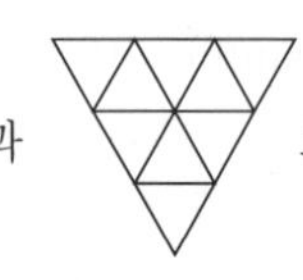 모양 각각 2개로 총 4개

역삼각형 형태의 중간 삼각형과 큰 삼각형(, )을 누락하지 않도록 한다. 따라서 만들 수 있는 삼각형은 모두 $24+12+4=40$(개)이다.

29 공간지각력 보이지 않는 블록의 개수 세기

| 정답 | ②

| 해설 | 가장 뒷줄에 위치한 블록의 개수는 12개, 뒤에서 두 번째 줄에 위치한 블록의 개수는 9개, 가장 앞줄에 위치한 블록의 개수는 8개이므로, 전체 블록은 총 29개이다. 이 전체의 블록 개수에서 한 면이라도 보이는 블록의 개수를 표시하면 다음과 같다.

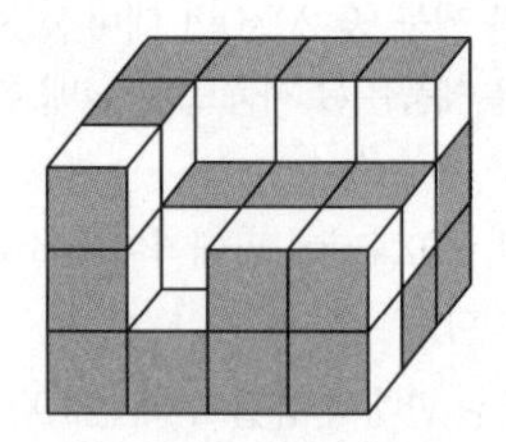

따라서 한 면도 보이지 않는 블록은 $29-19=10$(개)이다.

30 공간지각력 투상도와 일치하는 입체도형 찾기

| 정답 | ①

| 해설 | 정면도→평면도→우측면도 순으로 확인할 때 블록 개수와 위치가 모두 일치하는 입체도형은 ①이다.

| 오답풀이 |

② 평면도가 일치하지 않는다.

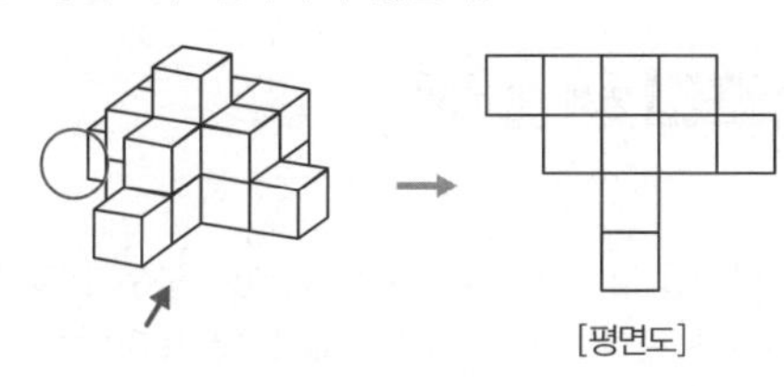

③ 정면도가 일치하지 않는다.

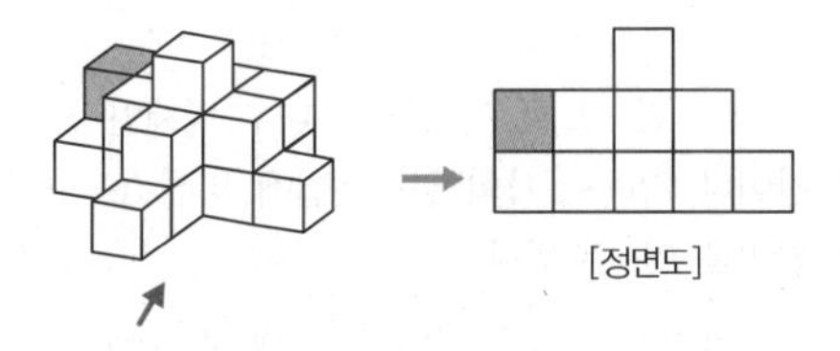

④ 우측면도가 일치하지 않는다.

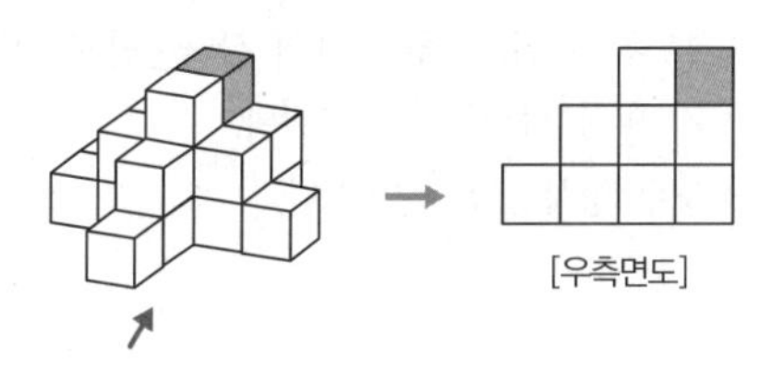

31 공간지각력 펼친 모양 찾기

| 정답 | ①

| 해설 | 접었던 선을 축으로 하여 역순으로 펼치면 다음과 같다.

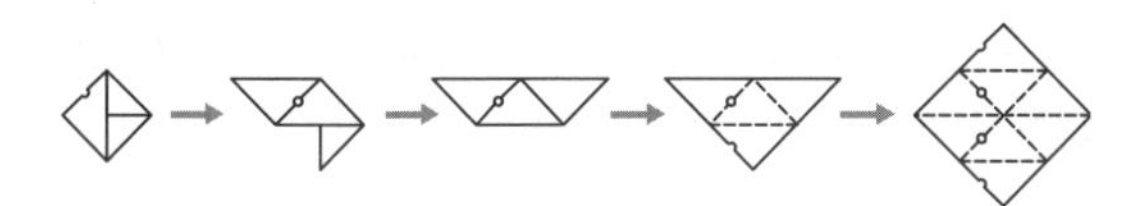

32 공간지각력 동일한 입체도형 찾기

| 정답 | ②

| 해설 | ②는 제시된 도형을 화살표 방향에서 바라본 모습이다.

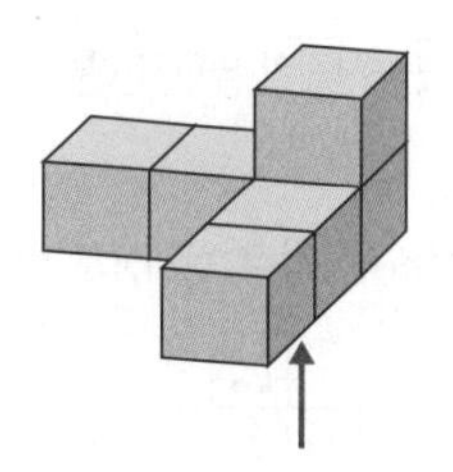

| 오답풀이 |

다른 입체도형은 점선 표시된 블록이 추가되거나 동그라미 친 블록이 제거되어야 한다.

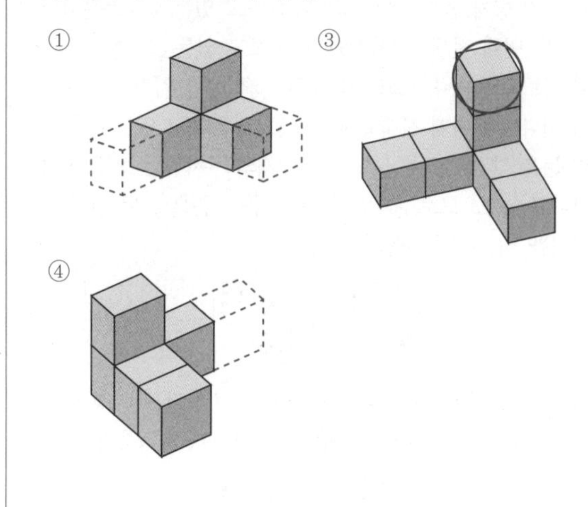

33 공간지각력 전개도를 접어 주사위 만들기

| 정답 | ①

| 해설 | 전개도를 접었을 때 서로 맞닿는 모서리를 같은 도형으로 표시하면 다음과 같다.

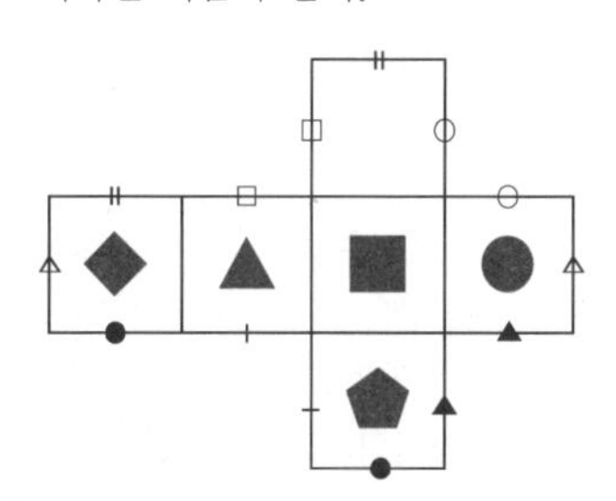

따라서 화살표 방향에서 바라본 면은 ①이다.

34 공간지각력 주사위의 보이지 않는 면 추론하기

| 정답 | ③

| 해설 | 3개의 주사위를 각각 전개도로 펼치면 다음과 같다.

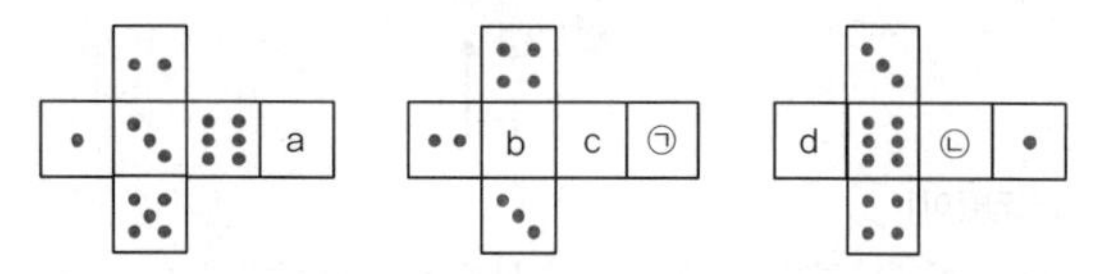

일단 주사위의 서로 마주 보는 면에 그려진 눈의 합은 7이므로 첫 번째 전개도에서 3과 마주 보고 있는 a의 눈은 4이다. 두 번째 전개도에서 2와 마주 보고 있는 c의 눈은 5가 되므로 서로 마주 보고 있는 b와 ㉠의 눈은 각각 1 또는 6이 된다. 세 번째 전개도에서 서로 마주 보고 있는 d와 ㉡의 눈은 각각 2 또는 5가 된다. 3개의 주사위는 모두 동일하다고 하였으므로, 첫 번째 주사위를 기준으로 두 번째 주사위를 비교하면 다음과 같다.

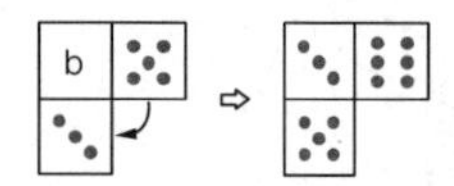

따라서 b의 눈은 6, ㉠의 눈은 1이다. 마찬가지로 첫 번째 주사위를 기준으로 세 번째 주사위를 비교하면 다음과 같다.

d

따라서 d의 눈은 5, ㉡의 눈은 2이다.

따라서 주사위끼리 접하여 보이지 않는 면에 그려진 눈의 합은 4+6+5+5=20이다.

35 공간지각력 규칙 파악하여 도형 유추하기

| 정답 | ③

| 해설 | ○ → □ → △ 순서대로 도형이 전개되고 있고 크기가 작은 ○는 시계방향으로 회전하면서 두 번은 도형의 안쪽에 위치하고, 두 번은 바깥쪽에 위치한다. 또한, 네 번을 주기로 작은 동그라미의 색깔이 변한다.

36 문제해결력 명제 판단하기

| 정답 | ④

| 해설 | 각 명제를 'p : 축구를 잘한다', 'q : 감기에 걸린다', 'r : 휴지를 아껴 쓴다'라고 할 때 문장을 정리하면 다음과 같다.

• p → ~q • ~q → r • 나는 → p

따라서 삼단논법에 의해 '나는 → p → ~q → r'이 성립하므로 '나는 휴지를 아껴 쓴다'가 참임을 알 수 있다.

37 문제해결력 명제 판단하기

| 정답 | ③

| 해설 | 각 명제를 'p : 쇼핑을 좋아한다', 'q : 구두가 많다', 'r : 신용카드가 많다'라고 할 때 전제를 정리하면 다음과 같다.

• p → r • q → p • ~q → ~r

A. '~q → ~r'이 참이므로 이 명제의 대우 명제인 'r → q' 또한 참이다. 'p → r'과의 삼단논법에 의해 'p → q'가 항상 참임을 알 수 있다.

B. 'p → r'이 참이므로 이 명제의 대우 명제인 '~r → ~p'도 참이며, 'q → p'가 참이므로 이 명제의 대우 명제인 '~p → ~q'도 참이 된다. 두 명제의 삼단논법에 의해 '~r → ~q'가 항상 참임을 알 수 있다.

따라서 A, B 모두 항상 옳은 설명이다.

38 문제해결력 명제 판단하기

| 정답 | ③

| 해설 | 각 명제를 다음과 같이 정리한다.

• p : 케이크가 설탕이다
• q : 박하사탕은 소금이다

제시된 명제 'p → ~q'가 참이므로 이 명제의 대우 명제인 'q → ~p' 역시 참이 된다. 즉, '박하사탕이 소금이면 케이크는 설탕이 아니다'가 성립된다.

39 문제해결력 논리적 오류 파악하기

| 정답 | ④

| 해설 | 제시된 글과 ④는 어떤 사물이나 집단 전체의 특성을 그 부분이나 구성요소도 똑같이 갖고 있다고 판단하는 '분할의 오류'를 범하고 있다.

| 오답풀이 |

① 합성의 오류에 해당한다.

② 발생학적 오류에 해당한다.

③ 대중에 호소하는 오류에 해당한다.

40 문제해결력 | 진위를 판단하여 앉은 자리 추론하기

| 정답 | ④

| 해설 | 우선 예원이와 경희의 위치를 서로 모순되게 말한 철수와 영희 중 한 명이 거짓말을 하고 있으므로 두 가지 경우로 나누어 본다.

- 철수가 거짓말을 한다고 가정할 경우 : '철수－영희, 예원－경희'가 되므로 영희가 맨 왼쪽에 앉아 있다는 예원이의 발언도 거짓이 되어 1명만 거짓말을 했다는 조건에 어긋난다. 따라서 철수는 사실을 말했다.
- 영희가 거짓말을 한다고 가정할 경우 : '정호－철수, 경희－예원' 순이 되고 이때 나머지 4명의 발언 내용에 모순이 생기지 않는다. 이를 바탕으로 다시 5명의 위치를 보면 '영희－정호－철수－경희－예원'의 순서가 된다.

따라서 정호의 왼쪽에는 영희가 앉음을 알 수 있다.

41 문제해결력 | 조건을 바탕으로 추론하기

| 정답 | ④

| 해설 | 영화 B가 2관에서 상영되고 영화 A와 C가 상영되는 관이 이웃해야 하므로 영화 D의 상영관은 1관이 된다. 남은 3관과 4관 중 4관에서는 영화 C를 상영하지 않으므로 영화 C는 3관에서, 남은 영화 A는 4관에서 상영된다. 이를 정리하면 다음과 같다.

1관	2관	3관	4관
영화 D	영화 B	영화 C	영화 A

42 문제해결력 | 조건을 바탕으로 추론하기

| 정답 | ④

| 해설 | 첫 번째, 다섯 번째 조건을 통해 H B F D 또는 D F B H 순으로 위치해 있음을 알 수 있다. 이어 세 번째 조건을 추가하면 [HBFD / 길 / ○○○C] 또는 [DFBH / 길 / C○○○]이고, 두 번째, 여섯 번째 조건을 추가하면 [HBFD / 길 / AEGC] 또는 [DFBH / 길 / CGEA] 임을 알 수 있다. 이 중 네 번째 조건을 충족하는 것은 [HBFD / 길 / AEGC]이다. 따라서 G사의 빌딩과 F사의 빌딩은 서로 마주 보고 서 있다.

43 문제해결력 | 벤다이어그램 활용하기

| 정답 | ③

| 해설 | 각 명제를 'p : 수영 강사이다', 'q : 담배를 피운다', 'r : 당구를 친다'라고 할 때 〈보기〉를 벤다이어그램으로 정리하면 다음과 같다.

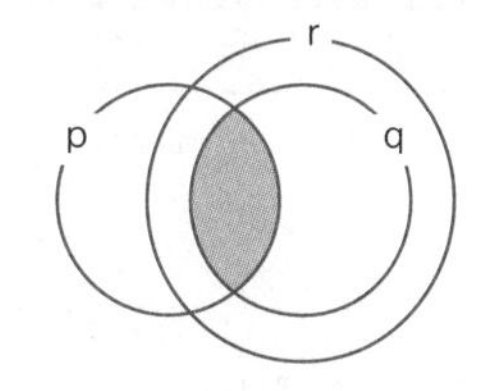

③은 색칠된 부분에 해당되므로 항상 옳다.

| 오답풀이 |

① 벤다이어그램을 참고하면 담배를 피우지 않는 수영 강사 중에는 당구를 치지 않는 사람도 있다.

② 벤다이어그램을 참고하면 당구를 치지 않는 수영 강사는 모두 담배를 피우지 않는다.

④ 벤다이어그램을 참고하면 당구를 친다고 해서 모두가 수영 강사인 것은 아니다.

44 문제해결력 | 명제 판단하기

| 정답 | ④

| 해설 | 각 명제를 'p : 사과를 좋아한다', 'q : 귤을 좋아한다', 'r : 딸기를 좋아한다', 's : 바나나를 좋아한다'라고 할 때 〈보기〉를 정리하면 다음과 같다.

- $p \rightarrow q$
- $\sim r \rightarrow \sim q$
- $s \rightarrow r$

'$\sim r \rightarrow \sim q$'가 참이므로 이 명제의 대우 명제인 '$q \rightarrow r$'도 참이다. 따라서 '$p \rightarrow q$'와의 삼단논법에 의해 '$p \rightarrow r$'도 참이 되어 사과를 좋아하는 사람은 딸기를 좋아함을 알 수 있다.

| 오답풀이 |

① '$p \rightarrow q$' 명제의 역에 해당하므로 참인지는 알 수 없다.

②, ③ 주어진 명제로는 알 수 없다.

45 문제해결력 조건을 바탕으로 추론하기

| 정답 | ①

| 해설 | D의 활동 분야 중 하나는 개그맨인데, 개그맨인 사람은 가수 또는 MC가 아니라고 했으므로 D의 다른 활동 분야는 탤런트이다. 또한 가수는 총 3명이라 했으므로 D를 제외한 A, B, C는 모두 가수이다. MC인 사람은 한 명인데 B와 C는 활동 분야가 동일하므로 MC는 A가 된다. 그리고 탤런트 역시 총 3명이라 했으므로 B와 C의 다른 활동 분야는 탤런트가 된다. 이를 정리하면 다음과 같다.

A	B	C	D
가수, MC	가수, 탤런트	가수, 탤런트	개그맨, 탤런트

따라서 B의 활동 분야는 가수, 탤런트이다.

46 이해력 직업의식 이해하기

| 정답 | ②

| 해설 | 다음의 직업의식들은 부정적인 의미를 가진다.

- 지위지향 : 지위(position)를 목표로 뜻이 쏠리어 향함.
- 연고주의 : 혈연, 지연, 학연 등의 개인적인 관계를 중시하는 태도
- 남성우월 : 남성의 권리나 지위 등을 여성보다 우위에 둠.
- 연공서열 : 근속 연수나 나이가 늘어감에 따라 지위가 올라가는 일 또는 체계
- 권위주의 : 어떤 일에 있어 권위를 내세우거나 권위에 순종하는 태도

47 이해력 고객의 유형에 따른 대처 방법 파악하기

| 정답 | ①

| 해설 | 제시된 글의 고객은 거만형 고객에 해당한다. 이러한 유형의 고객에게는 정중하게 대하는 것이 좋으며 자신의 과시욕이 채워지도록 뽐내든 말든 내버려 두는 것이 좋다. 단순한 면이 있으므로 일단 호감을 얻게 되면 여러 면으로 득이 되는 경우가 많다.

| 오답풀이 |

② 의심이 많은 의심형 고객을 응대할 때 유용한 방법이다.

③ 사소한 것에 불만을 표하는 트집형 고객을 응대할 때 유용한 방법이다.

④ 애매한 화법을 사용하지 않고 시원스러운 일 처리를 보여주는 방법은 빨리빨리형 고객을 대할 때 좋은 응대 방법이다.

48 이해력 직장 내 예절 이해하기

| 정답 | ③

| 해설 | 정부 고관의 직급명은 그 사람이 퇴직한 경우라도 항상 사용한다.

49 이해력 근면한 태도 이해하기

| 정답 | ③

| 해설 | 근면은 적극적이고 자발적인 태도로 충실하게 일하는 것을 의미한다. 따라서 ㉠에는 '근무시간에 개인적인 볼일을 보지 않고, 주어진 업무에 집중하는 것'이 들어가야 한다.

| 오답풀이 |

①, ② 고객서비스에 대한 태도이며, 근면과는 거리가 멀다.

50 이해력 이메일 예절 이해하기

| 정답 | ①

| 해설 | 메시지는 간략하게 보내야 한다.

| 오답풀이 |

② 상단에 보내는 사람의 이름을 적는다.

③ 요점을 빗나가지 않는 제목을 적는다.

④ 항상 메일의 제목을 넣는다.

4회 기출예상문제

▸문제 120쪽

01	①	02	④	03	②	04	④	05	④
06	①	07	①	08	③	09	②	10	②
11	④	12	②	13	④	14	④	15	③
16	②	17	③	18	④	19	②	20	①
21	④	22	②	23	③	24	③	25	①
26	④	27	③	28	④	29	③	30	③
31	③	32	②	33	④	34	②	35	①
36	③	37	①	38	②	39	①	40	①
41	④	42	④	43	①	44	④	45	④
46	②	47	①	48	④	49	①	50	④

01 언어논리력 다의어의 의미 파악하기

| 정답 | ①

| 해설 | 〈보기〉의 밑줄 친 '만들었다'는 '노력이나 기술 따위를 들여 목적하는 사물을 이루다'는 의미를 가지며 이와 의미상으로 가장 유사한 것은 ①이다.

| 오답풀이 |

②, ③ '새로운 상태를 이루어 냄'의 의미로 쓰였다.

④ '규칙이나 법, 제도 따위를 정함'의 의미로 쓰였다.

02 언어논리력 올바른 맞춤법 사용하기

| 정답 | ④

| 해설 | '걸맞다'와 '알맞다'는 모두 형용사이며 형용사는 관형사형 전성어미 '-는'과 결합할 수 없다. 형용사에는 관형사형 전성어미로 '-은'이 붙는다.

03 언어논리력 단어 관계 파악하기

| 정답 | ②

| 해설 | ①, ③, ④에서 세 번째 단어는 사람이 첫 번째와 두 번째 단어를 이용해서 할 수 있는 행동이다. 즉, 옷감과 홍두깨(옷감을 감아 다듬이질할 때 쓰는 도구)로 다듬이질을 할 수 있고, 공책과 펜으로 필기를 할 수 있으며, 셔틀콕과 라켓을 가지고 배드민턴을 할 수 있다. 반면, ②의 연소는 사람의 힘 없이 나무와 불만 있어도 일어나는 현상이므로 다른 선택지와 차이가 없다.

04 언어논리력 글의 흐름에 맞게 문장 배열하기

| 정답 | ④

| 해설 | 우선 (나)에는 '이에 따라'라는 지시어가 나오므로 (나)는 '자신의 아이덴티티를 형성한다'라는 글이 포함되는 (라) 뒤에 오게 된다. 또한, (라)의 '그 문화적 풍토'가 (마)의 '각각의 형태를 갖고 있다'와 연결되기 때문에 (마)-(라)-(나)가 된다. (가)와 (바)는 '가치의 상대성이 만드는 함정'에 대해 논하고 있는데, (가)는 '그런데'라는 역접 관계의 접속사로 시작하므로 (바) 뒤에 (가)가 올 수 없어 (가)-(바)가 되어야 한다. 마지막으로 '따라서'에 이어 결론을 제시하는 (다)가 온다.

따라서 (마)-(라)-(나)-(가)-(바)-(다) 순이 적절하다.

05 언어논리력 올바른 표현 사용하기

| 정답 | ④

| 해설 | '체면치레'는 체면이 서도록 일부러 어떤 행동을 하거나 그 행동을 의미한다. 따라서 마지못해 남에게 보이기 위해 일을 한다는 맥락에 적절한 표현이다.

| 오답풀이 |

① 피동의 표현이 어색하므로 '예상된' 또는 '예상한'으로 바꿔 써야 한다.

② 앞뒤 문장의 연결에 어울리지 않으므로 생략하는 것이 더 자연스럽다.

③ 능률은 일정한 시간에 할 수 있는 일의 비율이므로, '발휘되다'보다는 '오르다'라는 표현을 쓰는 것이 더 적절하다.

06 언어논리력 전제 추론하기

| 정답 | ①

| 해설 | 제시된 글은 불꽃의 색을 분리시키는 분광 분석법에 대해 설명하고 있다. 첫 번째 문장을 보면 물질의 불꽃색은 구별이 가능한 것을 알 수 있다. 또한, 불꽃의 색을 분리하

는 분광 분석법을 통해 새로운 금속 원소를 발견하였다고 하였으므로, 물질은 고유한 불꽃색을 가지고 있고 그 불꽃색을 통해 물질을 구별할 수 있다는 것을 전제로 하고 있음을 알 수 있다.

07 언어논리력 글쓴이의 논지 파악하기

|정답| ①

|해설| 제시된 글에서는 글을 쓸 때 좀 더 멋있게 표현하고 싶은 생각에 이것저것 다 아는 체할 경우 결국 글의 핵심에서 벗어나게 되고 형용사나 부사가 난무하여 글이 느끼해진다며, 글의 성패는 여기서 갈린다고 하였다. 따라서 필자는 글을 쓸 때는 멋있게 쓰려는 욕심을 버려야 함을 말하고 있다.

08 언어논리력 세부내용 이해하기

|정답| ③

|해설| 매슬로의 욕구단계는 아래 단계의 기본적인 하위 욕구들이 채워져야 자아 성취와 같은 고차원적인 상위 욕구에 관심이 생긴다는 입장이다. 반면 진화생물학적 관점은 인간의 본질적 욕구를 채우는 데 도움이 되기 때문에 자아 성취를 한다는 입장이다. 따라서 두 관점에서 인간의 본질에 대한 해석은 각기 다르다.

09 언어논리력 문맥에 맞는 사자성어 고르기

|정답| ②

|해설| ㉠의 앞뒤 문맥을 고려할 때 쾌락을 뒷전에 두고 행복을 논하는 것은 이치에 맞지 않다는 문장이 완성되어야 한다. 따라서 '말이 조금도 사리에 맞지 아니하다'는 뜻의 '어불성설(語不成說)'이 들어가야 한다.

10 언어논리력 글의 주제 찾기

|정답| ②

|해설| 제시된 글은 언어 현실과 어문 규범과의 괴리를 줄이기 위한 방법으로 어문 규범을 없애고 언중의 자율에 맡기자는 주장과 어문 규범의 큰 틀만 유지하고 세부적인 것은 사전에 맡기자는 주장이 사회에 등장하고 있음을 설명하고 있다. 이를 통해 언어 현실과 어문 규범의 괴리를 해소하기 위한 방법을 모색하는 노력이 나타나고 있다는 글의 주제를 도출해 낼 수 있다.

11 언어논리력 다의어의 의미 파악하기

|정답| ④

|해설| '눈 깜짝할 새'는 매우 짧은 순간을 의미하는 관용구인데, 여기서 '눈'이 어떤 특정 시간이나 때를 비유하지는 않는다.

12 언어논리력 대화의 주제 파악하기

|정답| ②

|해설| A, C, D는 모두 '아이들이 읽기에 좋은 책은 어떤 책인가' 혹은 '아이들에게 좋은 책은 어떤 책인가'에 대해 이야기하고 있다. A는 재미가 있고 독자가 공감할 수 있는 책이 좋은 책이라고 생각하며, 아이들에게는 자신들과 관련이 있는 이야기가 그렇다고 말한다. C는 많은 사람들이 읽는 책이 좋은 책이라고 말한다. D는 아이들의 수준에 맞는 책이 좋은 책이라고 말한다. 반면, B는 재미가 없더라도 좋은 책을 읽는 것이 중요하다며 주제와 다른 이야기를 하고 있다.

13 수리력 집합의 연산 활용하기

|정답| ④

|해설| 세 음료수 모두 맛있다고 투표한 사람의 수를 x명이라 하면,

$n(\mathrm{A}\cup\mathrm{B}\cup\mathrm{C})$

$=n(\mathrm{A})+n(\mathrm{B})+n(\mathrm{C})-n(\mathrm{A}\cap\mathrm{B})-n(\mathrm{A}\cap\mathrm{C})-n(\mathrm{B}\cap\mathrm{C})$
$+n(\mathrm{A}\cap\mathrm{B}\cap\mathrm{C})$

$30-6=15+17+16-11-13-7+x$

$24=17+x$

$\therefore x=7$

14 수리력 단위 변환하기

|정답| ④

|해설| 1t=1,000kg이므로 20,000,000kg은 20,000,000÷1,000=20,000(t)이다.

15 수리력 방정식 활용하기

|정답| ③

|해설| 정은이가 산 참외의 개수를 x개라 하면 오렌지의 개수는 $(10-x)$개이므로 다음과 같은 식이 성립한다.

$1,500x+2,500(10-x)=20,000$

$1,000x=5,000$

$\therefore x=5$

따라서 정은이가 산 참외의 개수는 5개이다.

16 수리력 연립방정식 활용하기

|정답| ②

|해설| 영어 점수를 x점, 수학 점수를 y점, 국어 점수를 z점이라 하면 식은 다음과 같다.

$$\begin{cases} x+y=82 \cdots\cdots ㉠ \\ x+z=74 \cdots\cdots ㉡ \end{cases}$$

㉠－㉡을 하면 $y-z=8$이다.

따라서 수학과 국어의 점수 차는 8점이다.

17 수리력 거리 · 속력 · 시간의 비 활용하기

|정답| ③

|해설|

← A
0
200m
B →
400m 트랙

A가 출발한 지점을 0이라 하면, B가 출발한 지점은 A보다 200m 앞선 지점이다. B가 1,000m를 달렸을 때 A와 B는 같은 위치에 있으므로, A가 달린 거리는 1,200m가 된다.

'$속력=\frac{거리}{시간}$'이고, A와 B가 달린 시간이 같으므로 A와 B의 속력의 비는 거리 비와 같다.

따라서 A가 달린 거리 : B가 달린 거리=1,200 : 1,000=6 : 5이다.

18 수리력 일의 양 구하기

|정답| ④

|해설| 전체 프로젝트의 양이 1일 때, A의 1일 수행량은 $\frac{1}{10}$, B의 1일 수행량은 $\frac{1}{15}$이다.

따라서 A, B 둘이 함께 프로젝트 전체를 완료하는 데에는 $1\div\left(\frac{1}{10}+\frac{1}{15}\right)=1\div\frac{3+2}{30}=\frac{30}{5}=6$(일)이 걸린다.

19 수리력 총금액 구하기

|정답| ②

|해설| 신발은 30% 할인된 가격인 30,000×0.7=21,000(원)에 구입하였으므로 옷은 125,000－21,000=104,000(원)에 구입하였다.

104,000원은 정가에 20% 할인된 가격이므로 정가는 다음과 같이 구할 수 있다.

$0.8x=104,000$

$\therefore x=130,000$

따라서 할인 전 신발과 옷의 총합 금액은 30,000+130,000=160,000(원)이다.

20 수리력 확률 계산하기

|정답| ①

|해설| 육면체 주사위의 눈은 1, 2, 3, 4, 5, 6인데 이 중 2의 배수는 2, 4, 6이므로 2의 배수가 나올 확률은 $\frac{3}{6}=\frac{1}{2}$이다.

21 수리력 그래프 해석하기

| 정답 | ④

| 해설 | 20X8년의 기타종사자 수는 1년 전보다 12천 명 더 증가하였다.

| 오답풀이 |

① 네 개 유형의 종사상지위 중 상용근로자 수가 월등히 많다.

② 173천 명이 증가하여 가장 많은 증가를 보이고 있다.

③ 상용근로자의 경우 종사자 수는 가장 많이 증가했으나 구성비는 오히려 0.2%p 감소하였다.

22 수리력 그래프 해석하기

| 정답 | ②

| 해설 | 2월 9일과 2월 11일 사이에 완치자는 3명에서 4명으로 1명이 늘어났는데 치료 중인 환자 수는 동일하므로 1명의 추가 확진자가 발생했음을 알 수 있다.

| 오답풀이 |

① 2월 12일에 치료 중인 환자 수는 21명, 누적 완치자 수는 7명이므로 2월 12일까지 총 28명의 환자가 발생했음을 알 수 있다.

23 수리력 자료의 수치 분석하기

| 정답 | ③

| 해설 | 북한은 2023년에 석탄 생산량이 감소하였으며, 남한은 증가한 해와 감소한 해가 모두 섞여 있다.

| 오답풀이 |

① 매년 생산량 차이가 10배가 넘는다.

② 2021년부터 생산량이 지속적으로 감소하고 있다.

④ 북한은 석탄 생산량이 철광석 생산량의 4 ~ 5배 정도이다.

24 수리력 수 추리하기

| 정답 | ③

| 해설 |

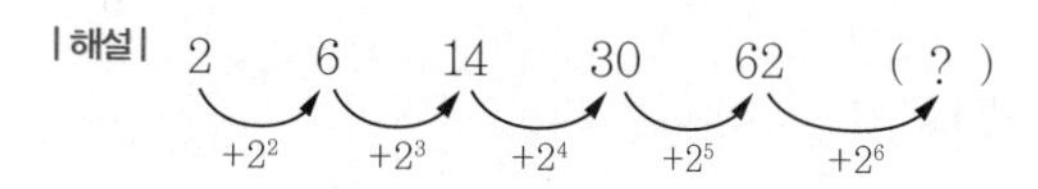

따라서 '?'에 들어갈 숫자는 $62+2^6=126$이다.

25 수리력 그래프 해석하기

| 정답 | ①

| 해설 | ㄱ. 중형 자동차를 보유하고 있는 직원은 350×0.34=119(명)이므로 100명 이상이다.

| 오답풀이 |

ㄴ. 소형 자동차를 보유하고 있는 직원은 350×0.5=175(명)이므로 총운용비용은 175×30=5,250(만 원)이다. 따라서 5천만 원 이상이다.

ㄷ. 집단별로 총운용비용을 구하면 다음과 같다.

- 소형 : 350×0.5×30=5,250(만 원)
- 중형 : 350×0.34×45=5,355(만 원)
- 대형 : 350×0.16×55=3,080(만 원)

따라서 보유하고 있는 차량의 크기가 큰 집단일수록 총운용비용 또한 많아지는 것은 아니다.

26 공간지각력 규칙 파악하여 도형 유추하기

| 정답 | ④

| 해설 | 직각이등변삼각형의 직각 부분이 반시계방향으로 이동하고 있다. 또한 색의 변화를 보면 번갈아가며 색반전이 일어나고 있다.

따라서 '?'에 들어갈 직각이등변삼각형의 직각 부분은 왼쪽 위이며 색은 흰색이다.

27 공간지각력 펼친 그림 찾기

| 정답 | ③

| 해설 | 접었던 선을 축으로 하여 역순으로 펼치면 다음과 같다.

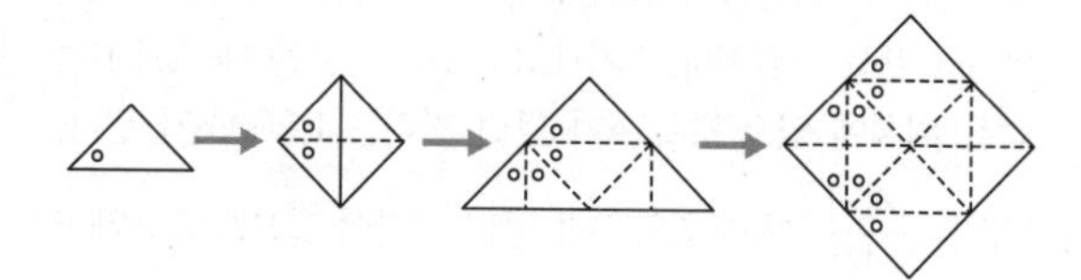

28 공간지각력 제시된 도형 합치기

| 정답 | ④

| 해설 | ④는 세 조각을 조합해 만들 수 없다.

| 오답풀이 |

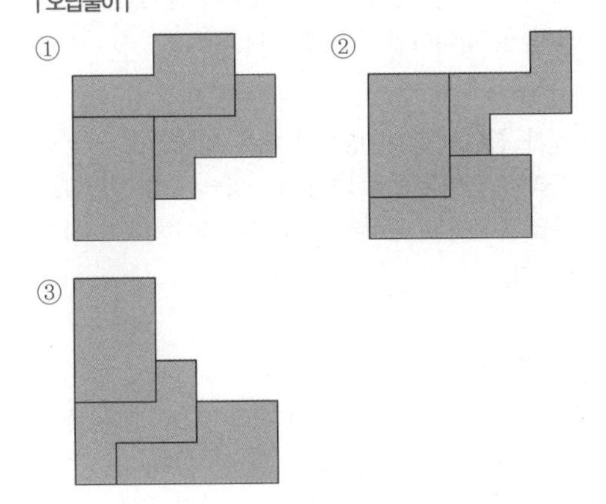

29 공간지각력 조각 배열하기

| 정답 | ③

| 해설 | 그림의 조각을 (라)－(다)－(나)－(가) 순으로 배열하면 다음과 같은 그림이 완성된다.

30 공간지각력 도형 회전하기

| 정답 | ③

| 해설 | 제시된 도형을 시계방향으로 270°, 즉 반시계방향으로 90° 회전한 모양은 ③이다.

31 공간지각력 나타나 있지 않은 조각 찾기

| 정답 | ③

| 해설 |

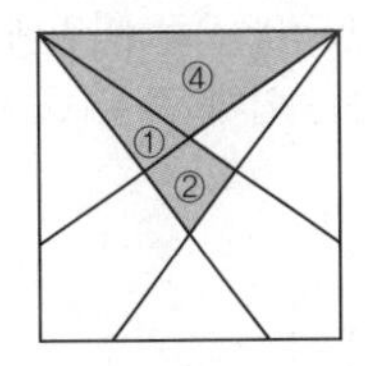

32 공간지각력 동일한 그림 찾기

| 정답 | ②

| 해설 | 제시된 그림과 동일한 것은 ②이다.

| 오답풀이 |

나머지 그림은 동그라미 친 부분이 다르다.

33 공간지각력 블록 개수 세기

| 정답 | ④

| 해설 | 1층에 8개, 2층에 6개, 3층에 2개로 블록은 총 16개이다.

34 공간지각력 두 면만 칠해지는 블록 찾기

| 정답 | ②

| 해설 | 2개의 면이 칠해지는 블록은 다음 색칠된 면으로 5개이다.

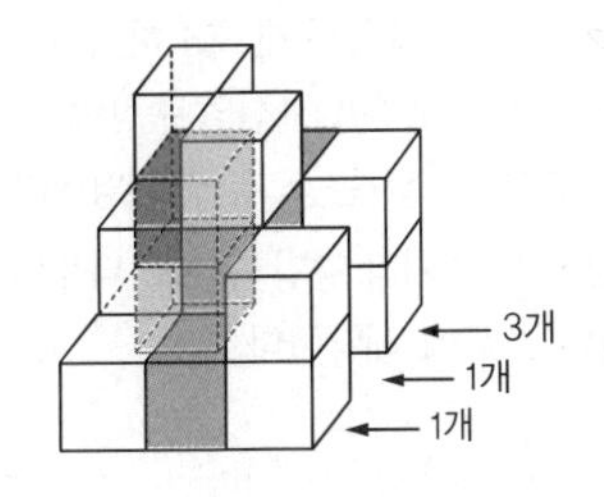

35 공간지각력 일치하는 입체도형 찾기

| 정답 | ①

| 해설 | 정면도 → 평면도 → 우측면도 순으로 확인해 보면 블록 개수와 위치가 모두 일치하는 입체도형은 ①이다.

| 오답풀이 |

② 평면도가 일치하지 않는다.

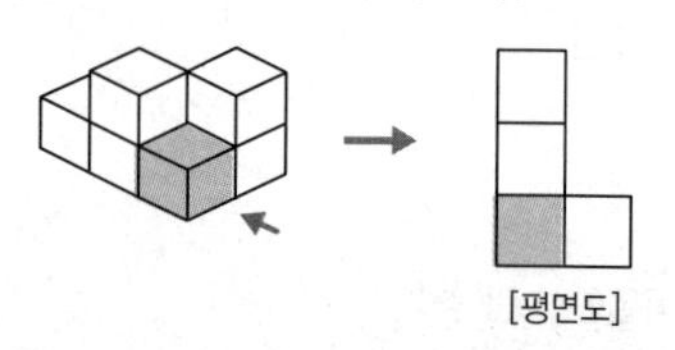

③ 정면도와 우측면도가 일치하지 않는다.

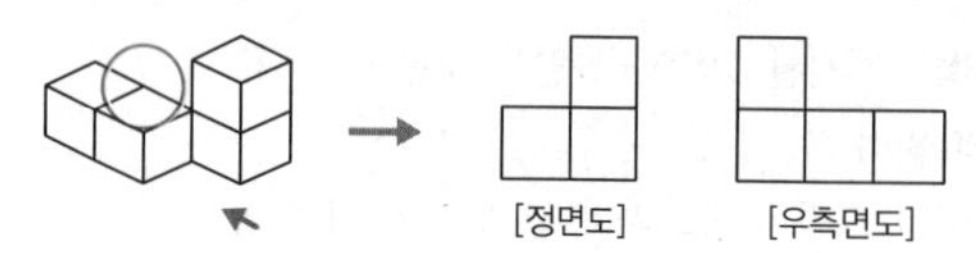

④ 정면도와 평면도가 일치하지 않는다.

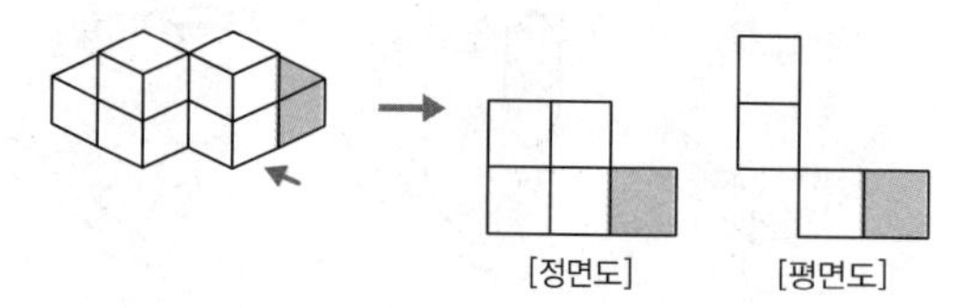

36 문제해결력 논리적 오류 파악하기

| 정답 | ③

| 해설 | 제시된 문장과 ③은 전체의 속성을 하위에 해당하는 부분도 동일하게 가진다고 추론하는 분할의 오류를 범하고 있다.

| 오답풀이 |

① 단순히 시간상으로 선후 관계에 있는 것을 인과 관계가 있는 것으로 추리하는 잘못된 인과 관계의 오류에 해당한다.

② 어떤 주장에 대해 타당한 근거를 제시하지 않고, 군중심리나 열광하는 대중들에게 호소하거나 여러 사람들이 동의한다는 점을 내세워 자신의 주장에 대해 동의를 얻어내는 대중에 호소하는 오류에 해당한다.

④ 어떤 상황을 두 가지의 양강 구도로 나누어 보려고 하는 흑백논리의 오류에 해당한다.

37 문제해결력 명제 판단하기

| 정답 | ①

| 해설 | 각 명제를 'p : 껌을 좋아한다', 'q : 사탕을 좋아한다', 'r : 초콜릿을 좋아한다', 's : 감자칩을 좋아한다'라고 할 때 〈보기〉를 정리하면 다음과 같다.

• $p \rightarrow q$　　• $\sim r \rightarrow \sim q$　　• $s \rightarrow q$

'$\sim r \rightarrow \sim q$'가 참이므로 이 명제의 대우 명제인 '$q \rightarrow r$'도 참이다. 따라서 삼단논법에 의해 '$s \rightarrow q \rightarrow r$'이 성립하므로 '감자칩을 좋아하는 아이는 초콜릿도 좋아한다'가 참임을 알 수 있다.

| 오답풀이 |

②, ③ 주어진 명제로는 알 수 없다.

④ 삼단논법에 의해 '$p \rightarrow q \rightarrow r$'이 성립하므로 껌을 좋아하는 아이는 초콜릿도 좋아함을 알 수 있다.

38 문제해결력 명제 판단하기

| 정답 | ②

| 해설 | '둥근 모양의 사탕은 딸기 맛이 난다'가 참이므로 대우 명제인 '딸기 맛이 아니면 둥근 모양의 사탕이 아니다'도 참이다. 세 번째 명제에 의해 '소연이가 산 사탕은 딸기 맛이 아님'을 알 수 있으므로 '소연이가 산 사탕은 둥근 모양이 아님' 역시 참이 된다. 이때 첫 번째 명제에서 '모든 사탕은 색이 빨갛거나 모양이 둥글다'고 하였으므로 '소연이가 산 사탕은 색이 빨갛다'가 참임을 알 수 있다.

39 문제해결력 불가능한 조합 구하기

| 정답 | ①

| 해설 | 2개의 조를 Ⅰ조와 Ⅱ조로 나누고 A와 E가 Ⅰ조라고 가정한다. 두 번째 조건에서 한 조마다 여자사원은 3명이라고 했고, Ⅰ조에는 A와 E가 있으므로 다섯 번째 조건에 의해 B와 F는 Ⅱ조이다. 네 번째, 여섯 번째 조건에 의해 병과 D는 Ⅰ조이며, 세 번째 조건에 의해 을은 Ⅱ조이다. 이를 표로 정리하면 다음과 같다.

Ⅰ조	A	E	병	D	정 or 갑
Ⅱ조	B	F	C	을	갑 or 정

따라서 을과 A는 같은 조가 될 수 없다.

40 문제해결력 경우의 수 구하기

| 정답 | ①

| 해설 | 〈조건〉을 정리하면 을, B, F가 같은 조에 있고 병, D가 같은 조에 있다. 정과 C가 다른 조라고 하였으므로 (을, 정, B, F), (병, D, C) 또는 (을, B, C, F), (병, 정, D)가 가능하다. 남은 신입사원은 갑, A, E이며 한 조에 남자사원 2명, 여자사원 3명씩 배치한다는 첫 번째 조건을 고려할 때 가능한 구성원의 조합은 다음과 같다.

- (을, 정, F, B, A), (병, 갑, D, C, E)
- (을, 정, F, B, E), (병, 갑, D, C, A)
- (을, 갑, F, B, C), (병, 정, D, E, A)

따라서 가능한 경우의 수는 총 3가지이다.

41 문제해결력 조건에 맞게 자리 배치하기

| 정답 | ④

| 해설 | 먼저 주어진 조건을 통해 쉽게 지정할 수 있는 자리부터 정리해 보면 조건 (가), (나), (다), (마)에 따라 3에는 부장이, 4에는 차장이 앉아야 함을 알 수 있다. 이어서 운전석인 1에는 과장이나 대리만 앉을 수 있고, 조건 (바)에서 과장은 부장의 대각선 자리에 앉아야 한다고 하였으므로 과장의 자리는 2 또는 6이어야 한다. 그런데 사원 A와 사원 B는 서로의 옆에 앉을 수 없다는 조건 (라)에 따라 과장이 2에 앉게 되면 사원 둘이 맨 뒷줄에 나란히 앉게 되므로 과장의 자리는 6이 된다. 따라서 1에는 대리, 2에는 사원 A 또는 사원 B, 3에는 부장, 4에는 차장, 5에는 사원 A 또는 사원 B, 6에는 과장이 앉는다.

42 문제해결력 명제 판단하기

| 정답 | ④

| 해설 | 각 명제를 'A : 상여금 선택', 'B : 진급 선택', 'C : 유급 휴가 선택', 'D : 연봉 인상 선택'이라고 할 때 제시된 세 번째 조건은 'B → ~A'가 되고 네 번째 조건은 '~C → A', 마지막 조건은 'C → ~D'가 된다.

세 번째 조건 'B → ~A'와 네 번째 조건의 대우 '~A → C'를 통해 'B → C'를 추론할 수 있고, 이를 마지막 조건 'C → ~D'에 대입하면 'B → ~D'가 참임을 알 수 있다. 따라서 'B → ~D'의 대우인 'D → ~B'도 참이므로 ④는 적절한 내용이다.

| 오답풀이 |

①, ③ 주어진 명제로는 알 수 없다.

② 삼단논법에 의해 'B → ~D'가 참임을 알 수 있다. 따라서 진급을 선택한 사람은 연봉 인상을 선택하지 않는다.

43 문제해결력 진위 추론하기

| 정답 | ①

| 해설 | 정을 기준으로 학생일 경우와 회사원일 경우를 나누어 살펴보면 다음과 같다.

- 정이 회사원이고 거짓말을 하는 경우

정의 발언을 통해 병은 학생이 된다. 병의 발언이 사실이 되므로 갑은 학생이다. 갑의 발언은 사실이므로 정도 학생이 되어 가정에 모순된다.

구분	갑	을	병	정
회사원				○
학생	○		○	○

- 정이 학생이고 사실을 말하는 경우

정의 발언을 통해 병은 회사원이 된다. 병의 발언은 거짓이므로 갑도 회사원이 된다. 갑의 발언은 갑 자신이 회사원이므로 거짓이 되고, 가정에 모순되지 않는다. 남은 을은 학생이고 사실을 말하고 있으므로 을의 발언에도 모순은 없다.

구분	갑	을	병	정
회사원	○		○	
학생		○		○

따라서 학생은 을, 정이다.

44 문제해결력 진위 추론하기

| 정답 | ④

| 해설 | A ~ E가 범인인 경우로 나누어 성립되는 경우를 찾는다. 먼저 A가 범인인 경우, A의 말은 거짓이므로 B도 범인이 되어 성립하지 않는다. B가 범인인 경우, 범인이 아닌 A의 말이 거짓이 되어 성립하지 않는다. C가 범인인 경우, 범인이 아닌 E의 말이 거짓이 되어 성립하지 않는다. D가 범인인 경우 A, B, C, E의 말이 모두 참이 되므로 성립된다. 따라서 거짓을 말한 범인은 D이다.

45 문제해결력 순서 유추하기

| 정답 | ④

| 해설 | 제시된 조건에 따르면 F가 4등인 D보다 먼저 들어오고(F－D), G가 F보다 먼저 들어왔다(G－F－D). 또한 A가 F보다 먼저 들어왔으나 1등은 아니므로 G－A－F－D 순으로 들어왔음을 알 수 있다. 따라서 첫 번째로 결승점에 들어온 직원은 G이다.

46 이해력 정직의 가치 이해하기

| 정답 | ②

| 해설 | A 씨는 연봉을 많이 받고자 하는 마음으로 자기소개서와 이력서를 허위로 기재하는 바람직하지 못한 일을 하였고, 그로 인해 해고라는 더 큰 손해를 입게 되었다.

47 이해력 방문객 응대 예절 이해하기

| 정답 | ①

| 해설 | 손님이 상사를 찾아왔을 때는 사전 약속이 되어 있는지를 먼저 파악하고 난 뒤 상사에게 지시를 받아 안내해야 한다.

48 이해력 바람직하지 않은 행동 파악하기

| 정답 | ④

| 해설 | 문제가 확인된 사안에 대하여 책임여부를 검토하는 업무는 외부감사 담당자가 할 일이 아니다.

49 이해력 직업윤리 이해하기

| 정답 | ①

| 해설 | 천직의식은 자신의 일이 자신의 능력과 적성에 꼭 맞는다 여기고 그 일에 열성을 가지고 성실히 임하는 태도를 의미한다.

50 이해력 갈등의 원인 분석하기

| 정답 | ④

| 해설 | 김 대리는 업무 지시를 내리는 데 있어 상황을 이해하려 하지 않고 자신이 상사라는 지위를 내세우며 고압적인 태도로 일관하고 있다.

5회 기출예상문제

▸문제 146쪽

01	③	02	③	03	③	04	③	05	①
06	③	07	③	08	②	09	①	10	③
11	②	12	④	13	④	14	②	15	④
16	①	17	④	18	②	19	④	20	②
21	③	22	②	23	①	24	③	25	①
26	③	27	④	28	③	29	④	30	②
31	③	32	①	33	③	34	②	35	③
36	②	37	④	38	①	39	②	40	④
41	①	42	②	43	②	44	④	45	①
46	②	47	④	48	③	49	③	50	③

01 언어논리력 올바른 맞춤법 쓰기

| 정답 | ③

| 해설 | '사람만이'의 '만'은 다른 것으로부터 제한하여 어느 것을 한정함을 나타내는 보조사로 앞말과 붙여 쓴다.

| 오답풀이 |

① '췌장암', ② '끊으려다', ④ '번번이'가 맞는 표기이다.

02 언어논리력 자음동화 현상 이해하기

| 정답 | ③

| 해설 | 굳이[구지]는 구개음화에 대한 예시이다.

| 오답풀이 |

①, ④ 비음화에 대한 예시이다.

② 유음화에 대한 예시이다.

03 언어논리력 올바른 띄어쓰기 사용하기

| 정답 | ③

| 해설 | '한눈'은 한꺼번에 또는 일시에 보는 시야를 말하는 명사로 붙여 쓴다.

04 언어논리력 글의 전제 추론하기

| 정답 | ③

| 해설 | 글쓴이가 내린 결론은 '화성의 궤도가 타원'이라는 것이다. 글쓴이의 원래 가정은 '화성의 궤도가 완전한 원이다'라는 것이었는데 티코의 자료와 오차가 발생하자 글쓴이 스스로 세운 최초의 '완전한 원' 가정을 '타원'으로 수정하여 이와 같은 결론을 얻었다. 이러한 추론 과정에서 글쓴이는 티코의 자료를 불신하기보다 자기 스스로 세운 가정을 수정하는 방향으로 문제를 해결했다. 즉, 글쓴이의 가정보다 티코의 자료가 더 신뢰할 만하다는 것이 전제되어 있다.

| 오답풀이 |

① 글쓴이의 최초 가정과 일치하지 않는다.

② 근거가 없을뿐더러 결론에 도달하기까지 직접적으로 필요한 전제는 아니다.

④ 백조자리 베타별이 화성의 위치를 가늠하는 하나의 기준인 것은 사실이나, 그보다 더 결론에 도달하기 위한 결정적인 전제는 티코의 자료 기준과의 오차에 대한 것이다.

05 언어논리력 글의 흐름에 맞는 접속어 고르기

| 정답 | ①

| 해설 | 빈칸 앞부분에서 나이가 들면 노화로 인해 뇌가 점점 늙어간다고 하였으며, 뒷부분에서 뇌기능 감퇴는 사실 20대부터 시작된다고 하였다. 즉, 화제를 앞의 내용과 관련시키면서 다른 방향으로 이끌어 나가고자 하므로 빈칸에는 '그런데'가 들어가는 것이 적절하다.

06 언어논리력 글의 흐름에 맞게 문장 배열하기

| 정답 | ③

| 해설 | 먼저 제정 러시아 표트르 1세의 네바 강 하구 탈환이라는 중심 소재를 제시하는 (라)가 온다. 이어 그 장소에 도시를 건설했다는 설명을 하고 있는 (나)와 그 도시에 대해 부연해 설명하는 (가)가 이어진다. 이어 (마)에서 '이렇게 시작된 이 도시'로 앞의 내용을 이어가고 마지막으로 (다)에서 상트페테르부르크의 현재에 대해 설명한다. 따라서 (라)-(나)-(가)-(마)-(다) 순이 적절하다.

07 언어논리력 세부내용 이해하기

| 정답 | ③

| 해설 | 제시된 글은 무조건적인 자유는 오히려 타인의 자유를 해치기 때문에 제한되는 경우가 많으나 사람들이 타인의 자유를 해치지만 않는다면 최대한의 자유를 보장해야 한다고 주장하고 있다.

08 언어논리력 사자성어 파악하기

| 정답 | ②

| 해설 | ㉢의 우공이산(愚公移山)은 우공이 산을 옮긴다는 말로, 남이 보기엔 어리석은 일처럼 보이지만 한 가지 일을 끝까지 밀고 나가면 언젠가는 목적을 달성할 수 있다는 뜻이다.

| 오답풀이 |

㉠ 풍전등화(風前燈火) : 바람 앞의 등불이라는 뜻으로, 존망이 달린 매우 위급한 처지를 비유한 말이다.

㉡ 초미지급(焦眉之急) : 눈썹이 타게 될 만큼 위급한 상태란 뜻으로, 그대로 방치할 수 없는 매우 다급한 일이나 경우를 비유한 말이다.

㉣ 위기일발(危機一髮) : 머리털 하나로 천균(千鈞)이나 되는 물건을 끌어당긴다는 뜻으로, 당장에라도 끊어질 듯한 위험한 순간을 비유해 이르는 말이다.

㉤ 누란지세(累卵之勢) : 포개어 놓은 알의 형세라는 뜻으로, 몹시 위험한 형세를 비유적으로 이르는 말이다.

㉥ 백척간두(百尺竿頭) : 백 자나 되는 높은 장대 위에 올라섰다는 뜻으로, 위태로움이 극도에 달하는 것을 나타낸다.

09 언어논리력 단어의 관계 이해하기

| 정답 | ①

| 해설 | '개성'은 다른 사람이나 사물과 구별되는 고유의 특성이라는 뜻으로, 다른 것에 비하여 특별히 눈에 뜨이는 점이라는 뜻의 '특징'과 유의어 관계이다.

| 오답풀이 |

② 포함 관계, ③ 행위와 도구의 관계, ④ 반의어 관계이다.

10 언어논리력 세부내용 이해하기

| 정답 | ③

| 해설 | 마지막 문단에서 히치콕은 '맥거핀' 기법을 하나의 극적 장치로 종종 활용하였다고 했는데, 이 '맥거핀' 기법에 대해 특정 소품을 활용하여 확실한 단서로 보이게 한 다음 일순간 허망한 것으로 만들어 관객을 당혹스럽게 하는 것으로 설명하고 있다.

| 오답풀이 |

① 작가주의 비평은 감독을 단순한 연출자가 아닌 '작가'로 간주하고 작품과 감독을 동일시하는 관점을 말한다.

② 작가주의적 비평은 할리우드 영화의 특징에 대한 반발로 주창되었지만, 작가주의적 비평으로 할리우드 영화를 재발견한 사례가 존재하므로 무시해 버렸다는 설명은 적절하지 않다.

④ 알프레드 히치콕은 할리우드 감독이지만 작가주의 비평가들에 의해 복권된 대표적인 감독이므로 작가주의 비평과 관련이 없다는 설명은 적절하지 않다.

11 언어논리력 관련 있는 사자성어 고르기

| 정답 | ②

| 해설 | A 시는 사업운영으로 일자리 창출과 함께 산림자원도 증대시키는 결과를 얻었다. 이러한 내용과 가장 관련 있는 사자성어는 일거양득(一擧兩得)으로 한 가지 일로 두 가지 이득을 얻는다는 의미를 가진다.

| 오답풀이 |

① 지록위마(指鹿爲馬) : 윗사람을 농락하여 권세를 휘두름을 이르는 말

③ 유비무환(有備無患) : 미리 준비가 되어 있으면 걱정할 것이 없음.

④ 건곤일척(乾坤一擲) : 운명과 흥망 · 승패를 걸고 단판 승부를 겨루는 것

12 언어논리력 빈칸에 알맞은 단어 넣기

| 정답 | ④

| 해설 | ⓑ 지속(持續) : 어떤 상태가 오래 계속됨. 또는 어떤 상태를 오래 계속함.

ⓓ 주장(主張) : 자기의 의견이나 주의를 굳게 내세움. 또는 그런 의견이나 주의

ⓔ 발견(發見) : 미처 찾아내지 못하였거나 아직 알려지지 아니한 사물이나 현상, 사실 등을 찾아냄.

ⓖ 관측(觀測) : 육안이나 기계로 자연 현상 특히 천체나 기상의 상태, 추이, 변화 등을 관찰하여 측정하는 일

따라서 빈칸에 들어갈 말을 순서대로 나열하면 ㉠ 관측, ㉡ 발견, ㉢ 주장, ㉣ 지속이다.

13 언어논리력 글쓴이의 견해 파악하기

| 정답 | ④

| 해설 | 두 번째 문단에서 정치세계라고 요구되는 리더십이 모두 같은 것도 아니며, 그 나라의 상황에 따라 필요한 리더십이 달라진다고 하였으므로 ④는 글쓴이의 견해로 적절하지 않다.

14 수리력 거리 · 속력 · 시간 활용하기

| 정답 | ②

| 해설 | '거리=속력×시간'이고 회사 정문에서부터 후문까지의 거리는 일정하므로 6km/h로 이동한 시간을 x시간이라 하면 다음과 같은 식이 성립한다.

$4\times(1.5-x)+6\times x=7$

$6-4x+6x=7$

$2x=1$

$\therefore x=\frac{1}{2}$(시간)=30(분)

15 수리력 증감률 구하기

| 정답 | ④

| 해설 | 7월 초의 주가를 x라 하면 7월 말의 주가는 $0.8x$이고 8월 말의 주가는 $0.8x\times1.25=x$이다. 따라서 7월 초와 8월 말의 주가는 동일하다.

16 수리력 방정식을 활용하여 개수 구하기

| 정답 | ①

| 해설 | 시장에서 쓴 비용은 2만 원에서 4,500원을 뺀 15,500원임을 알 수 있다. 무의 가격을 x원, 배추의 가격을 y원이라 하면 다음과 같은 식이 성립한다.

$$\begin{cases}5x+8y=15,500 & \cdots\cdots ㉠\\ x=y+500 & \cdots\cdots ㉡\end{cases}$$

㉡을 ㉠에 대입하여 풀면 다음과 같다.

$5(y+500)+8y=15,500$

$13y=13,000$

$\therefore x=1,500,\ y=1,000$

따라서 무는 1,500원, 배추는 1,000원이다.

17 수리력 월 적금액 구하기

| 정답 | ④

| 해설 | 연봉이 37,500,000원이므로 월 세전 수령액은 37,500,000÷12=3,125,000(원)이다. 세액 공제가 320,000원이므로 실수령액은 3,125,000−320,000=2,805,000(원)이다. 매달 실수령액의 10%가 적금액이므로 월 적금액은 2,805,000×0.1=280,500(원)이다.

18 수리력 할인가 계산하기

| 정답 | ②

| 해설 | • 정가 : 2,000+(2,000×0.5)=3,000(원)

• 할인 판매가 : 2,000+(2,000×0.3)=2,600(원)

따라서 할인한 금액은 400원이다.

19 수리력 최단경로 구하기

| 정답 | ④

| 해설 |

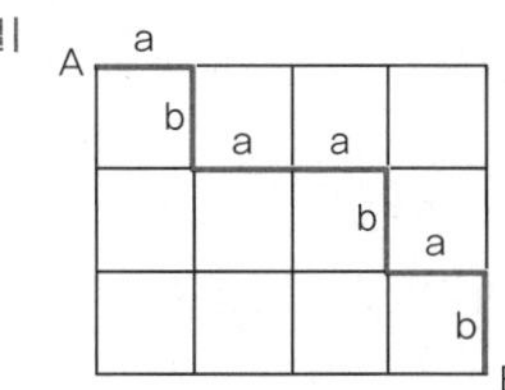

오른쪽으로 한 칸 가는 것을 a, 아래쪽으로 한 칸 가는 것을 b로 나타내면, 위 그림에서 굵은 선으로 나타낸 것은 abaabab로, 최단경로 가운데 하나이다. 즉, 최단경로는 4개의 a와 3개의 b를 일렬로 나열하는 것이므로 최단경로의 수는 $\frac{7!}{4!3!}=35$(가지)이다.

20 수리력 확률 계산하기

| 정답 | ②

| 해설 | 동전을 5개 던질 때 나오는 모든 경우의 수는 $2^5=32$(개)이다. 이때 적어도 한 개가 앞면이 나오는 확률은 전체 확률 1에서 모두 뒷면이 나올 확률인 $\frac{1}{32}$을 뺀 $\frac{31}{32}$이다.

21 수리력 점수 계산하기

| 정답 | ③

| 해설 | E의 점수를 x점으로 놓고 식을 세우면 다음과 같다.

$$\frac{(65\times2)+(75\times2)+x}{5}=72$$

$$130+150+x=360$$

$$\therefore x=80$$

따라서 E의 점수는 80점이다.

22 수리력 도표 분석하기

| 정답 | ②

| 해설 | 사교육비 총액은 20X5년부터 점점 감소하는 추세인데 20X9년에 유일하게 증가하였다. 그러므로 20X9년에 전년 대비 최고 증가폭을 보였음을 알 수 있다.

| 오답풀이 |

① 20X6 ~ 20X8년에는 중학교가 가장 크고 20X9년에는 고등학교가 가장 크다.

③ 20X8년 대비 20X9년에 중학교 학생 수가 줄어들었으므로 사교육비 감소를 비용의 순수 경감 효과라고 볼 수 없다.

④ 20X9년에는 중학교를 제외하고 사교육비가 증가하였다. 그러므로 시간의 흐름에 따라 계속해서 사교육비가 감소했다고 볼 수 없다.

23 수리력 추가 자료 파악하기

| 정답 | ①

| 해설 | 제시된 자료를 통해 유턴 시도 중 교통사고 사망자 수는 약 5일에 1명, 부상자 수는 하루에 약 35명임을 유추할 수 있다. 그러나 유턴 시도 중 교통사고 발생유형별 사망자 수에 대한 자료는 제시되어 있지 않다.

24 수리력 그래프 해석하기

| 정답 | ③

| 해설 | 마지막 18회에서 가장 높은 시청률을 보였다.

| 오답풀이 |

① 수도권 시청률보다 전국 시청률이 전반적으로 위에 있어 전국의 시청률이 더 높다.

② 전국 시청률은 7회와 11회에서, 수도권 시청률은 5·7·11회에서 시청률이 하락하였음을 알 수 있다.

④ 이 프로그램의 6회 전국 시청률은 9.754%로 10%를 넘지 못하였다.

25 수리력 자료의 수치 분석하기

| 정답 | ①

| 해설 | 세외수입을 제외한 20X7 회계연도 총세입은 265.4조 원이며, 20X6년 대비 22.8조 원 증가하였다.

26 공간지각력 필요한 블록 개수 파악하기

| 정답 | ③

| 해설 | 최소한의 블록을 추가해 정육면체를 만들려면 총 $4\times4\times4=64$(개)의 블록이 필요하다. 현재 블록의 개수는 가장 위에 있는 블록부터 차례대로 $2+4+11+13=30$(개)이므로 최소 34개의 블록이 더 필요하다.

27 공간지각력 블록의 보이는 면 세기

| 정답 | ④

| 해설 | 그림에서 두 면만 보이는 블록을 색칠하면 다음과 같다.

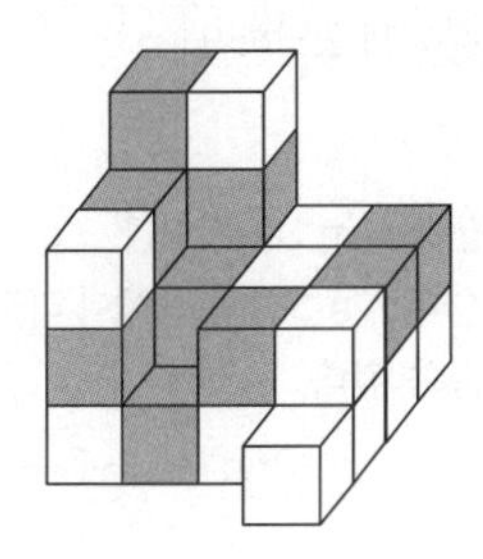

따라서 모두 9개이다.

28 공간지각력 블록과 접촉하는 블록 세기

| 정답 | ③

| 해설 | 색칠된 블록에 직접 접촉하고 있는 블록은 그림을 바라보는 정면을 기준으로 색칠된 블록의 오른쪽, 왼쪽, 뒤, 아래로 총 4개이다.

29 공간지각력 나타나 있지 않은 조각 찾기

| 정답 | ④

| 해설 | ④와 같은 모양의 조각은 나타나 있지 않다.

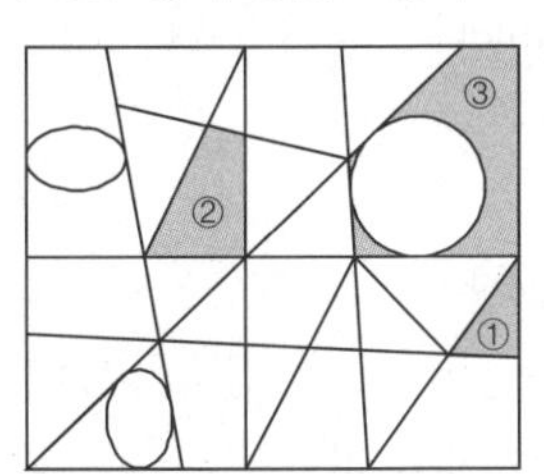

30 공간지각력 동일한 도형 찾기

| 정답 | ②

| 해설 | 제시된 도형과 색, 선이 모두 동일한 것은 ②이다.

| 오답풀이 |

나머지 선택지는 동그라미 친 부분이 다르다.

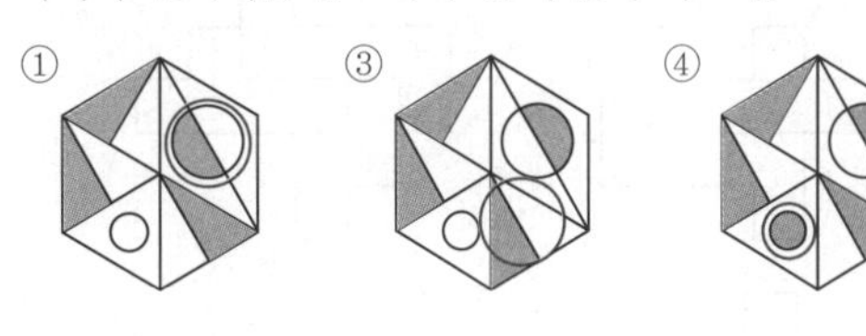

31 공간지각력 조각 배열하기

| 정답 | ③

| 해설 | 그림 조각을 (다)－(나)－(가)－(라) 순으로 배열하면 다음과 같다.

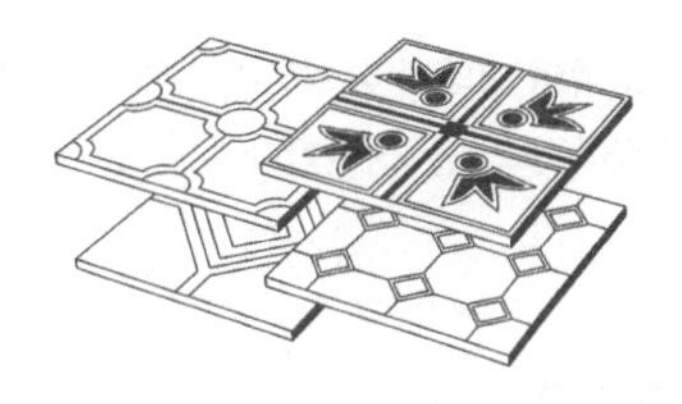

32 공간지각력 펼친 모양 찾기

| 정답 | ①

| 해설 | 색칠된 부분을 자르고 역순으로 종이를 펼치면 다음과 같다.

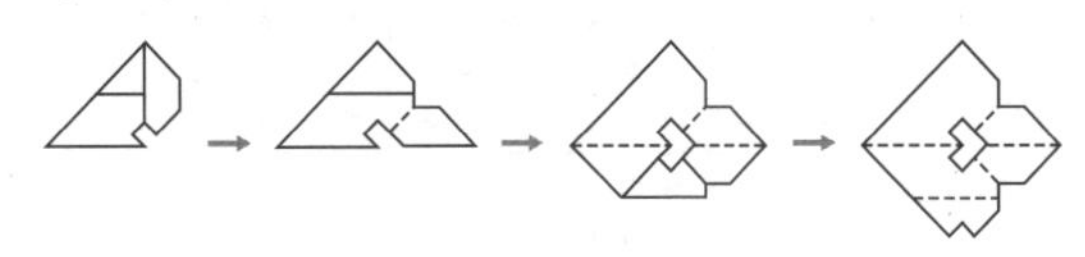

33 공간지각력 제시된 도형 합치기

| 정답 | ③

| 해설 | ③은 동그라미 친 부분이 잘못되었으며, 다음과 같이 수정되어야 한다.

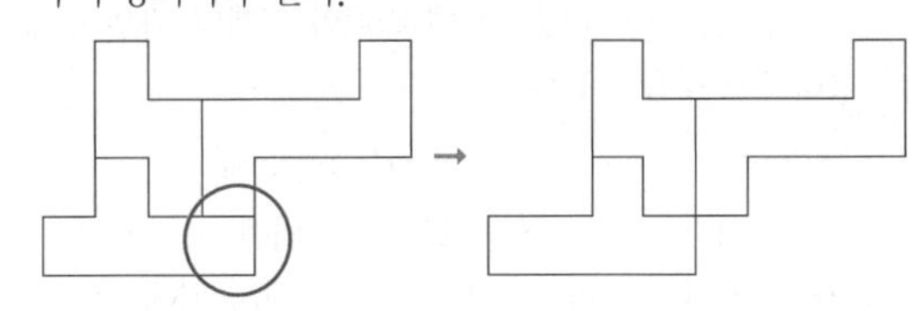

| 오답풀이 |

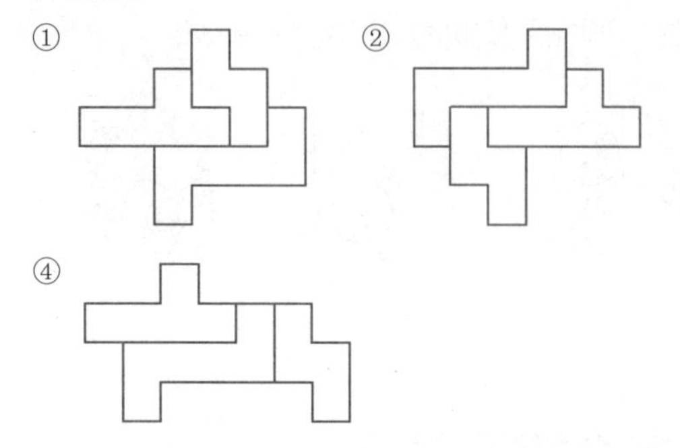

34 공간지각력 단면도 유추하기

| 정답 | ②

| 해설 | 입체도형의 형태에 유의하면서 자르는 방향에 따라 나타나는 단면의 모양을 생각한다.

35 공간지각력 주사위 눈의 개수 추론하기

| 정답 | ③

| 해설 | A는 다음과 같이 3과 마주 보므로 A에 들어갈 눈의 개수는 4개이다.

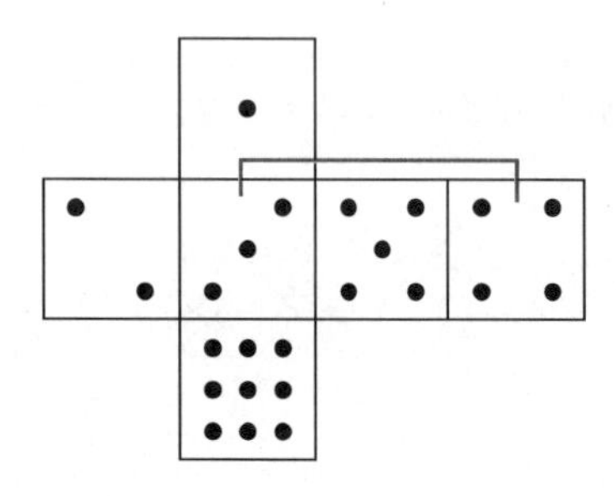

36 문제해결력 명제 판단하기

| 정답 | ②

| 해설 | 제시된 명제를 'p : 하얀 옷을 입는다', 'q : 깔끔하다', 'r : 안경을 쓴다'라고 할 때 전제와 전제의 대우 명제를 정리하면 다음과 같다.

• p → q(~q → ~p) • q → r(~r → ~q)

'~r → ~q'와 '~q → ~p'의 삼단논법에 의해 '~r → ~q → ~p'가 성립한다. 따라서 결론을 이끌어내기 위해서는 수인이가 안경을 쓰지 않고 깔끔하지 않아야 하므로 가장 적절한 것은 ②이다.

37 문제해결력 명제 판단하기

| 정답 | ④

| 해설 | 제시된 명제를 'p : 아기이다', 'q : 천사이다', 'r : 번개를 부릴 수 있다', 's : 신의 노예다'라고 할 때 각 문장을 정리하면 다음과 같다.

• p → q(~q → ~p) • q → r(~r → ~q)
• ~q → s(~s → q)

'~s → q'와 'q → r'의 삼단논법에 의해 '~s → q → r'이 성립한다. 따라서 신의 노예가 아니면 번개를 부릴 수 있다.

38 문제해결력 논리적 오류 파악하기

| 정답 | ①

| 해설 | 제시된 글에서는 '전쟁을 무서워하는 국민은 매국노'라는 표현을 통해 글을 읽고 일어날 수 있는 반론의 여지를 봉쇄하고 있으므로 '원천봉쇄의 오류'에 해당한다.

| 오답풀이 |

② 어떤 상황이나 대상을 반드시 2개의 선택지로 나누어 보는 논리적 오류이다.
③ 발화자의 '말' 자체가 아니라 그 말을 하는 '발화자'에 대한 트집을 잡아 그의 주장을 비판하는 논리적 오류이다.
④ 특수하고 부족한 양의 사례를 근거로 섣불리 일반화하고 판단하는 논리적 오류이다.

39 문제해결력 명제 판단하기

| 정답 | ②

| 해설 | 각 명제를 'p : 달리기를 잘한다', 'q : 수영을 잘한다', 'r : 항상 운동화를 신는다'라고 할 때 〈보기〉를 정리하면 다음과 같다.

• ~p → ~q • p → r

이때 윤재는 항상 구두를 신으므로 '~r'로 표현할 수 있다. 'p → r'이 참이므로 이 명제의 대우 명제인 '~r → ~p'도 참이 되며 '~p → ~q'와의 삼단논법에 의해 '~r → ~q'도 참임을 알 수 있다. 따라서 '윤재는 수영을 못한다'는 항상 참이다.

| 오답풀이 |

① '$p \rightarrow r$'이 참이므로 이 명제의 대우 명제인 '$\sim r \rightarrow \sim p$'도 참이 되므로 옳지 않은 설명이다.

③ '$\sim p \rightarrow \sim q$'가 참이므로 이 명제의 대우 명제인 '$q \rightarrow p$'도 참이 된다. 이 명제와 '$p \rightarrow r$'의 삼단논법에 의해 '$q \rightarrow r$'이 참이 되므로 옳지 않은 설명이다.

④ 주어진 명제로는 알 수 없다.

40 문제해결력 명제 판단하기

| 정답 | ④

| 해설 | 'p : 회사에서 승진', 'q : 워커홀릭이'라 할 때, '$p \rightarrow q$'가 참이면 '$\sim q \rightarrow \sim p$'도 참이다. 따라서 (나)의 '$\sim p \rightarrow q$'와 (다)의 '$\sim q \rightarrow p$'는 반드시 참이라고 할 수 없다.

41 문제해결력 조건을 바탕으로 비밀번호 추론하기

| 정답 | ①

| 해설 | 각각의 선택지를 〈조건〉과 비교하며 소거해 나간다.

① 모든 〈조건〉을 만족한다.

② 연속된 두 숫자의 합이 모두 같지 않다.

③ 모든 숫자가 홀수로 구성되어 있지 않고, 연속된 두 숫자의 합이 모두 같지 않으며, 두 번째 숫자와 네 번째 숫자의 곱이 9가 아니다.

④ 첫 번째와 세 번째 숫자의 합이 두 번째와 네 번째 숫자의 합보다 작지 않고, 연속된 두 숫자의 합이 모두 같지 않으며, 두 번째 숫자와 네 번째 숫자의 곱이 9가 아니다.

따라서 알맞은 비밀번호는 '1313'이다.

42 문제해결력 조건을 바탕으로 발표 순서 추론하기

| 정답 | ②

| 해설 | 첫 번째 발표자를 미정, 철수, 영희인 경우로 나누어 생각해 보면 다음과 같다.

- 첫 번째 발표자가 미정일 경우 : 미정이는 사실만을 말하므로 두 번째로 발표하는 사람은 영희가 된다. 따라서 세 번째로 발표하는 사람은 철수인데, 이때 ㉢이 사실이 되므로 철수는 항상 거짓말을 해야 한다는 조건과 상충한다.
- 첫 번째 발표자가 철수일 경우 : 철수는 항상 거짓말을 하므로 두 번째로 발표하는 사람은 미정이 된다. 이때 ㉡이 거짓이 되므로 미정이는 항상 사실만을 말해야 한다는 조건과 상충한다.
- 첫 번째 발표자가 영희일 경우 : 만일 두 번째로 발표하는 사람이 미정이고 세 번째로 발표하는 사람이 철수일 경우, ㉢이 참이 되어 철수는 항상 거짓말을 한다는 조건과 상충하므로 적절하지 않다. 두 번째로 발표하는 사람이 철수고 세 번째로 발표하는 사람이 미정일 경우, 모든 조건에 부합한다.

따라서 발표는 영희, 철수, 미정의 순서로 진행한다.

43 문제해결력 조건을 바탕으로 추론하기

| 정답 | ②

| 해설 | 첫 번째 조건을 고려하면 부장과 차장 중 한 명은 반드시 출장을 가야 하지만 둘이 함께 갈 수는 없다. 또한 두 번째 조건에 의해 대리와 사원 중 한 명은 반드시 가야 하는데 사원이 갈 수 없으므로 대리는 반드시 가야 한다. 세 번째 조건의 대우에 의해 대리가 가면 과장도 함께 가야 하고, 마지막 조건의 대우에 따라 인턴이 가는 경우는 차장도 함께 가야 하므로 모든 조건을 만족할 수 있는 팀은 '차장, 과장, 대리, 인턴'이다.

44 문제해결력 조건을 바탕으로 추론하기

| 정답 | ④

| 해설 | 먼저 세 번째, 네 번째 조건에 따라 은주와 지유는 커피를 받았으므로 예지와 지수가 받은 음료는 둘 다 홍차임을 알 수 있다. 두 번째 조건에 따라 지수는 자신이 주문한 음료를 받았으므로 홍차를 주문하였고, 첫 번째 조건에 따라 예지는 주문한 음료를 받지 못했으므로 커피를 주문하였다. 따라서 지유는 커피를 주문했음을 알 수 있다. 이를 정리하면 다음과 같다.

구분	예지	지수	은주	지유
주문한 음료	커피	홍차	홍차	커피
받은 음료	홍차	홍차	커피	커피

경우부록 1회 기출예상 2회 기출예상 3회 기출예상 4회 기출예상 5회 기출예상 6회 기출예상 7회 기출예상 8회 기출예상 9회 기출예상

45 문제해결력 진위 추론하기

| 정답 | ①

| 해설 | 5명의 진술에서 야근의 여부가 언급되고 있는 사람이 A와 C이므로 크게 세 경우로 나누어 본다.

- A가 야근한 경우 : B, D의 진술이 거짓 ⇨ 조건에 부합
- C가 야근한 경우 : A, C, E의 진술이 거짓 ⇨ 조건에 부적합
- B, D, E가 각각 야근한 경우 : A, B, D, E의 진술이 거짓 ⇨ 조건에 부적합

따라서 전날 야근을 한 사람은 A이고, 거짓말을 한 사람은 B와 D이다.

46 이해력 직장 내 성희롱 이해하기

| 정답 | ②

| 해설 | 직장 내 성희롱 처리 과정에서 피해자는 물론 관련자의 신원에 대해 철저한 비밀유지 의무를 수행해야 한다. 즉, 인권보호 차원에서 행위자와 피해자는 익명으로 처리해야 한다.

47 이해력 직장 내 바람직한 행동 파악하기

| 정답 | ④

| 해설 | 회사의 인수합병 여부는 현재로서는 알 수가 없다. 따라서 황 대리는 불확실한 정보에 대해 고민하기보다는 현재의 직업생활을 그대로 유지하는 것이 가장 바람직할 것이다.

48 이해력 직장 내 예절 이해하기

| 정답 | ③

| 해설 | 같은 직책이라도 더 높은 직위를 가지고 있는 경우 상위 직위로 부르는 것이 예의다.

49 이해력 고객 불만에 적절하게 응대하기

| 정답 | ③

| 해설 | 제시된 상황의 고객은 명백히 본인이 잘못했으나, 거리가 짧아서 일부러 누락시켰을 것이라고 생각하며 계속해서 언성을 높이고 있다. 따라서 담당자로서 정중한 태도로 응대하는 것이 가장 중요하며 고객의 말에 맞장구치면서도 분명한 증거를 제시하여 스스로 화를 누그러뜨릴 수 있게 유도하는 것도 필요하다. 단, 고객이 틀렸다는 것을 증명해 비난하려는 의도로 느껴져 고객의 화를 돋울 수 있으므로 주의해야 한다.

| 오답풀이 |

①, ② 갈등 상황에서 입장 차이를 좁혀 나가려는 노력 없이 문제를 회피하거나 타인(경찰)에게 맡겨 버리는 것은 바람직하지 않은 대응 방안이다.

50 이해력 메일 예절 이해하기

| 정답 | ③

| 해설 | 1. 업무용 메일 주소는 자신의 이름을 잘 나타낼 수 있도록 정하는 것이 좋다. (답 : ○)

2. 메일의 제목으로는 간결한 인사와 함께 전달하고자 하는 업무 내용을 명확히 나타낸 표현을 사용한다. (답 : ×)
3. 메일의 답장은 reply를 사용하되 reply를 너무 많이 사용하면 용건을 파악하기 어려우므로 주의한다. (답 : ○)
4. 담당자가 불분명한 경우라도 업무상 내용을 여러 사람에게 보내는 것은 바람직하지 못하다. (답 : ×)
5. 별도의 지시가 없더라도 상급자에게 참조(cc) 형식으로 메일을 보내는 것이 바람직하다. (답 : ○)
6. 용량이 큰 파일에 경우 압축을 하거나, 메일이 아닌 다른 방식으로 전달하는 것이 좋다. (답 : ×)
7. 신규 수신자에게 포워딩을 할 때는 그 내용을 확인하고 간결히 편집하여 전달한다. (답 : ○)

따라서 P 씨가 잘못 푼 문항은 2번과 7번으로 총 5개를 맞혔다.

6회 기출예상문제

▸ 문제 172쪽

01	②	02	①	03	④	04	②	05	②
06	③	07	①	08	①	09	④	10	③
11	④	12	③	13	④	14	③	15	②
16	③	17	③	18	④	19	④	20	④
21	①	22	③	23	①	24	③	25	②
26	②	27	③	28	①	29	②	30	④
31	③	32	④	33	④	34	③	35	①
36	②	37	④	38	③	39	①	40	②
41	①	42	①	43	①	44	③	45	③
46	③	47	②	48	④	49	①	50	①

01 언어논리력 문맥에 맞는 어휘 고르기

|정답| ②

|해설| 문맥상 '재물이나 기술, 힘 따위가 모자라다'는 의미이므로 '달린다'가 들어가는 것이 적절하다.

|오답풀이|

① • 닫히다 : '닫다'의 피동사
 • 닫치다 : 열린 문짝, 뚜껑, 서랍 따위를 세게 닫다.

③ • 늘이다 : 본디보다 더 길게 하다.
 • 늘리다 : 물체의 넓이, 부피 따위를 본디보다 커지게 하다.

④ • 데우다 : 식었거나 찬 것을 덥게 하다.
 • 덥히다 : '덥다'의 사동사. 또는 마음이나 감정 따위를 푸근하고 흐뭇하게 하다.

02 언어논리력 높임 표현 이해하기

|정답| ①

|해설| 경어법에 대한 설명이다. 경어법은 어떤 인물을 얼마나 또는 어떻게 높여 대우하거나 낮추어 대우할지를 언어적으로 표현하는 문법적, 어휘적 체계를 말한다.

|오답풀이|

② 주체 높임법 : 문장의 주체(주어)를 높이는 높임법이다.

③ 객체 높임법 : 문장의 객체(부사어, 목적어)를 높이는 높임법이다.

④ 상대 높임법 : 청자를 높이는 높임법으로 격식체, 비격식체가 있다.

03 언어논리력 내용에 맞는 속담 찾기

|정답| ④

|해설| 단보는 백성을 해치지 않기 위해 오랑캐에게 땅을 내주었으므로, 돈이나 물질보다 사람의 생명이 가장 소중함을 뜻하는 속담인 ④가 가장 적절하다.

|오답풀이|

① 개인뿐 아니라 나라조차도 남의 가난한 살림을 돕는 데는 끝이 없다는 뜻이다.

② 말 못 하는 사람이 가뜩이나 말이 안 통하는 오랑캐와 만났다는 뜻으로, 말을 하지 않는 경우를 이른다.

③ 사또가 길을 떠날 때 일을 돕는 비장은 그 준비를 갖추느라 바쁘다는 뜻으로, 윗사람 때문에 고된 일을 하게 됨을 이른다.

04 언어논리력 문맥에 맞는 단어 사용하기

|정답| ②

|해설| '힐책하다'는 '잘못된 점을 따져 나무라다'라는 의미를 지니므로 '수포로 돌아가다'와 의미상 차이가 있다.

|오답풀이|

① '깨어지다'의 준말로, 일 따위가 틀어져 성사가 되지 않음을 의미한다.

③ 잘못하여 일을 그릇되게 함을 의미한다.

④ 바라던 일이 어긋나 낭패됨을 의미한다.

05 언어논리력 글을 바탕으로 추론하기

|정답| ②

|해설| 활의 사거리와 관통력을 결정하는 것은 복원력으로, 복원력은 물리학적 에너지 전환 과정, 즉 위치 에너지가 운동 에너지로 전환되는 힘이라 볼 수 있다.

| 오답풀이 |

① 고려시대 때 한 가지 재료만으로 활을 제작했는지는 알 수 없다.

③ 활대가 많이 휘면 휠수록 복원력이 커지는 것은 맞지만 그로 인해 가격이 비싸지는지에 대해서는 제시된 글을 통해 추론할 수 없다.

④ 각궁은 다양한 재료의 조합으로 만들어져 탄력이 좋아서 시위를 풀었을 때 활이 반대 방향으로 굽는 특징을 가진다.

06 언어논리력 글의 주제 찾기

| 정답 | ③

| 해설 | 제시된 글의 마지막 문장을 통해 전체 주제를 파악할 수 있다. 즉, 책의 문화는 읽는 일과 직접적으로 연결되며 그것이 생각하는 사회를 만드는 가장 쉽고 빠른 방법이라는 것이다. 따라서 사회에 책 읽는 문화를 퍼뜨리자는 메시지가 이 글의 주제이다.

07 언어논리력 문맥에 맞는 어휘 고르기

| 정답 | ①

| 해설 | 빈칸이 있는 문장과 뒤 문장을 연계해서 살펴보면, 책을 읽는 문화를 통해 생각하는 사회를 만들자는 것이 핵심이다. 따라서 읽는 일이 퍼지도록 힘쓰고 북돋아 주어야 한다는 의미가 되어야 하므로 빈칸에는 '장려'가 들어가는 것이 적절하다.

08 언어논리력 문맥에 맞게 문장 배열하기

| 정답 | ①

| 해설 | 우선 감기를 예방하는 방법이라는 중심 소재를 제시하는 (나)가 와야 한다. 그리고 그 방법에 대한 구체적인 예시를 설명하는 (가)가 오고, '또한'이라는 접속사로 시작하며 또 다른 예시에 대해 설명하는 (라)가 온다. 마지막으로 어린이라는 특정 나이대에 중점을 두고 주의를 요하는 (다)가 이어진다. 따라서 글의 순서는 (나)－(가)－(라)－(다)가 적절하다.

09 언어논리력 글의 중심내용 찾기

| 정답 | ④

| 해설 | 첫 번째 문단을 보면 현재 하나의 사건이나 이슈에 대해 수많은 뉴스 생산 주체들이 다르게 보도하고 있다는 것을 알 수 있다. 이후 두 번째 문단을 보면 미디어 환경 및 뉴스 산업 구조로 인해 뉴스 생산 환경이 급속하게 변화했으며 기자, 블로거, 시민기자, 팟캐스터 등 다양한 사람들이 뉴스 생산에 기여한다고 이야기하고 있다. 마지막 문장에서는 '뉴스를 바르게 이해하기 위해서는 뉴스 생산자의 역할과 임무에 대한 이해가 선행되어야 한다'라고 말하고 있다. 이를 모두 종합하면 올바른 뉴스를 소비하기 위해서는 뉴스 생산자의 역할과 임무에 대해 소비자가 능동적으로 판단하고 이해해야 한다는 것을 알 수 있다.

10 언어논리력 올바르게 띄어쓰기

| 정답 | ③

| 해설 | '텐데'는 '터인데'가 줄어든 말로 의존명사 '터'에 '인데'가 붙은 말이다. 의존명사는 앞말과 띄어 써야 하므로 '할 텐데'가 적절한 쓰임이다.

| 오답풀이 |

① 동사 '보다'의 어간 '보－'와 '－라고 하는'의 준말인 '란'이 붙은 '보란'에 의존명사 '듯이'가 쓰인 것으로, '보란 듯이'와 같이 띄어 써야 한다.

② 수를 적을 때는 만(萬) 단위로 띄어 쓰므로 '스물다섯'은 붙여 써야 한다.

④ 'ㄹ걸'은 상황에 따라 어미 또는 의존명사가 된다. 제시된 예시의 경우 의존명사 '거' 뒤에 조사 'ㄹ'이 붙은 것으로 이때 '걸'은 의존 명사이다. 따라서 '후회할 걸 알고'와 같이 띄어 써야 한다.

11 언어논리력 글의 서술 방식 파악하기

| 정답 | ④

| 해설 | 제시된 글에서는 '불균등한 분배 → 계층 간 격차 확대 → 다음 세대로 전승'으로 불평등 구조가 재생산되고 있다고 말한다. 또 이 재생산 구조는 한국 특유의 배타적 가족주의와 만나 자기 가족의 안락과 번영을 위해 다른 가족

의 경제적 빈곤을 악화시키는 현상을 확대한다고 하였다. 따라서 사회현상의 연속적인 흐름에 따라 설명하고 있다.

12 언어논리력 세부내용 이해하기

| 정답 | ③

| 해설 | 첫 번째 문단에서는 글쓴이가 경주를 떠나 불국사로 향하고 있음을 알 수 있다. 두 번째 문단에서는 경주에서 불국사역까지 기차로 이동한 글쓴이가 자동차로 갈아타고 불국사까지 이동한 경로를 보여주며, 세 번째 문단에서는 토함산 등산길을, 네 번째 문단에서는 석굴암을 묘사하고 있다.

13 수리력 비례식 활용하기

| 정답 | ④

| 해설 | 총 10개의 사탕이 있으므로 형이 가지게 되는 사탕의 개수를 x개, 남동생이 가지게 되는 사탕의 개수를 $(10-x)$개라고 정한 뒤 식을 세우면 다음과 같다.

$3:2=(10-x):x$

$5x=20$

$\therefore x=4$

따라서 형이 가지게 되는 사탕은 4개이다.

14 수리력 방정식 활용하기

| 정답 | ③

| 해설 | 말하기, 독해, 문법, 듣기 네 영역의 점수를 각각 a, b, c, d점으로 나타내면 식은 다음과 같다.

$$\begin{cases} a+c=b & \cdots\cdots ㉠ \\ d=2c & \cdots\cdots ㉡ \\ a+b+c+d=250 & \cdots\cdots ㉢ \end{cases}$$

㉠과 ㉡을 ㉢에 대입하여 풀면 다음과 같다.

$2a+4c=250$

이때 $a=55$이므로 $110+4c=250$

$\therefore c=35$

c의 값을 ㉡에 대입하면 듣기 점수인 $d=70$(점)이다.

15 수리력 부등식 계산하기

| 정답 | ②

| 해설 | 어른을 x명이라 하면 어린이는 $(8-x)$명이므로 다음과 같은 식이 성립한다.

$12,900x+8,200(8-x)\leq 90,000$

$12,900x+65,600-8,200x\leq 90,000$

$4,700x\leq 24,400$

$\therefore x\leq 5.19\cdots$

따라서 어른은 최대 5명이다.

16 수리력 이동시간 계산하기

| 정답 | ③

| 해설 | A 등산로의 편도 거리를 $x$km라 하면 '시간=$\frac{거리}{속력}$'이므로 다음의 식이 성립한다.

$\frac{x}{2}+\frac{x}{4}=4.5$

$\frac{3}{4}x=4.5$

$\therefore x=6$

따라서 내려올 때 소요된 시간은 $\frac{6}{4}=1.5$(h), 즉 1시간 30분이다.

17 수리력 구매할 물품의 수 구하기

| 정답 | ③

| 해설 | 필요한 물품의 개수는 핫팩 500개, 기념볼펜 125개, 배지 250개이다. 구매 가격을 계산하면 기념볼펜은 $125\times 800=100,000$(원)이고 배지는 $250\times 600=150,000$(원)이므로, 핫팩의 구매 가격은 $490,000-(100,000+150,000)=240,000$(원)이다. 이때 필요한 핫팩 상자 수는 $500\div 16=31.25\leq 32$(개)이므로 핫팩 한 상자당 가격은 $240,000\div 32=7,500$(원)이다.

18 수리력 경우의 수 구하기

| 정답 | ④

| 해설 | 주사위 눈으로 만들 수 있는 5의 배수는 5와 10이므로 두 경우로 나누어 총 경우의 수를 구한다.

- 합이 5가 되는 경우(1번째, 2번째) :
  (1, 4), (2, 3), (3, 2), (4, 1)
- 합이 10이 되는 경우(1번째, 2번째) :
  (4, 6), (5, 5), (6, 4)

따라서 주사위를 두 번 던져 나온 눈의 합이 5의 배수가 되는 경우는 모두 7가지이다.

19 수리력 대각선의 개수 구하기

| 정답 | ④

| 해설 | 육각형의 대각선 개수를 구하면 된다.

따라서 $\frac{6(6-3)}{2}=9$(개)의 길을 더 뚫어야 한다.

20 수리력 집합의 연산 활용하기

| 정답 | ④

| 해설 | 세 회사를 모두 지원한 사람의 수를 x명이라 하면,

$n(A\cup B\cup C)=n(A)+n(B)+n(C)-n(A\cap B)-n(A\cap C)-n(B\cap C)+n(A\cap B\cap C)$

$70-4=45+48+48-31-32-37+x$

$66=41+x$

$\therefore x=25$

21 수리력 자료의 수치 분석하기

| 정답 | ①

| 해설 | 제시된 자료는 업무 편의상 교역 국가수 10개 미만인 기업과 20개 이상인 기업으로 구분한 것이며, 전체 기업 수와 비교해도 그 외의 교역 국가수를 가진 기업이 있음을 알 수 있다. 따라서 이 두 가지 기준으로만 구분된다고 볼 수는 없다.

| 오답풀이 |

② 전체 기업 수에서 차지하는 비중으로 확인할 수 있다.

③ 중소기업이 두 가지 기준에서 모두 대기업, 중견기업보다 월등히 많음을 알 수 있다.

④ 비율의 합이 100을 나타내는 지표가 어느 것인지를 확인하여 알 수 있다. 따라서 괄호 안의 비율은 해당 교역 국가수를 가진 기업 내에서의 비율임을 알 수 있다.

22 수리력 자료의 수치 분석하기

| 정답 | ③

| 해설 | ㉠ 자료를 통하여 학년이 높아질수록 장학금을 받는 학생들의 1인당 평균 교내 특별활동 수가 증가한 사실은 알 수 있지만, 장학금을 받는 학생 수에 대한 정보는 알 수 없다.

㉡ 장학금을 받지 못하는 4학년생이 참가한 1인당 평균 교내 특별활동 수는 약 0.5개이고, 장학금을 받는 4학년생이 참가한 1인당 평균 교내 특별활동 수는 2.5개 이상이므로 5배 이상이다.

㉣ 자료는 각각 장학금을 받는 학생과 받지 못하는 학생의 1인당 평균 교내 특별활동 수를 비교하고 있으므로 각 학년 전체의 1인당 평균 교내 특별활동 수는 알 수 없다.

| 오답풀이 |

㉢ 그래프를 통해 쉽게 확인할 수 있다.

23 수리력 그래프 해석하기

| 정답 | ①

| 해설 | 월 1 ~ 3회와 월 4 ~ 6회의 그래프는 동일하게 해당 기간 동안 지속적인 증가 추이를 보이고 있음을 알 수 있다.

24 수리력 그래프 해석하기

| 정답 | ③

| 해설 | 월 1 ~ 3회, 월 7 ~ 9회, 월 10 ~ 12회의 3개 항목이 응답자 수가 증가하였다.

| 오답풀이 |

① 월 1 ~ 3회의 1개 항목만 매년 증가하였다.

② 5개 빈도 항목 모두 응답자 수가 전년보다 감소한 시기는 없다.

④ 월 1 ~ 3회, 월 4 ~ 6회의 2개 항목이다.

25 수리력 자료의 수치 분석하기

| 정답 | ②

| 해설 | 연령계층별로 인원수를 알 수 없기 때문에 20 ~ 39세 전체 청년의 자가 거주 비중은 알 수 없다.

| 오답풀이 |

① 20 ~ 24세 청년 중 62.7%가 보증부월세, 15.4%가 순수월세로, 약 78.1%가 월세 형태로 거주하고 있으며 자가 비율은 5.1%이다.

③ 연령계층이 높아질수록 자가 거주 비율은 5.1 → 13.6 → 31.9 → 45.0으로 높아지고 있으나 월세 비중은 78.1 → 54.2 → 31.6 → 25.2로 작아지고 있다.

④ 25 ~ 29세 청년의 자가 거주 비중은 13.6%로 5.1%인 20 ~ 24세보다 높다. 25 ~ 29세 청년 중 임차 형태로 거주하는 비중은 24.7+47.7+6.5=78.9(%)이며, 월세로 거주하는 비중은 47.7+6.5=54.2(%)이다.

26 공간지각력 블록 개수 세기

| 정답 | ②

| 해설 | 가장 뒷줄에 위치한 블록의 개수는 19개, 뒤에서 두 번째 줄에 위치한 블록의 개수는 9개, 가장 앞줄에 위치한 블록의 개수는 4개이므로 총 32개이다.

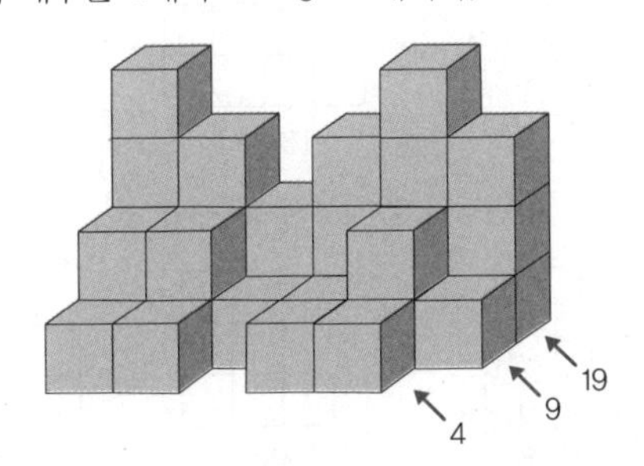

27 공간지각력 동일한 도형 찾기

| 정답 | ③

| 해설 | 제시된 도형과 동일한 것은 ③이다.

| 오답풀이 |

나머지 도형은 동그라미 친 부분이 다르다.

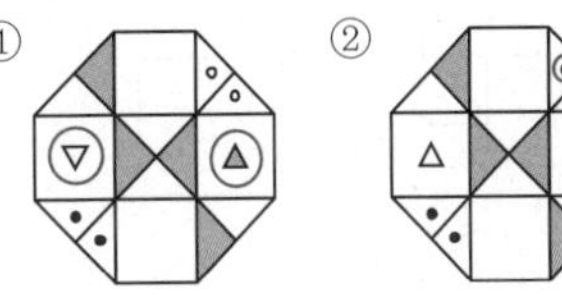

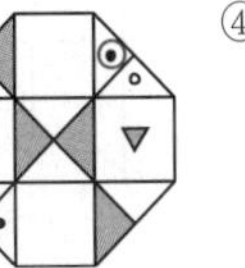

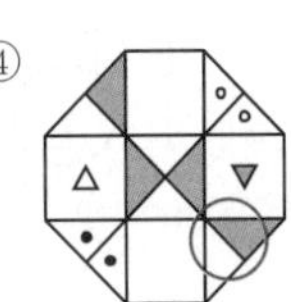

28 공간지각력 조각 배열하기

| 정답 | ①

| 해설 | 그림의 조각을 (가)-(다)-(라)-(나)의 순으로 배열하면 다음과 같은 그림이 완성된다.

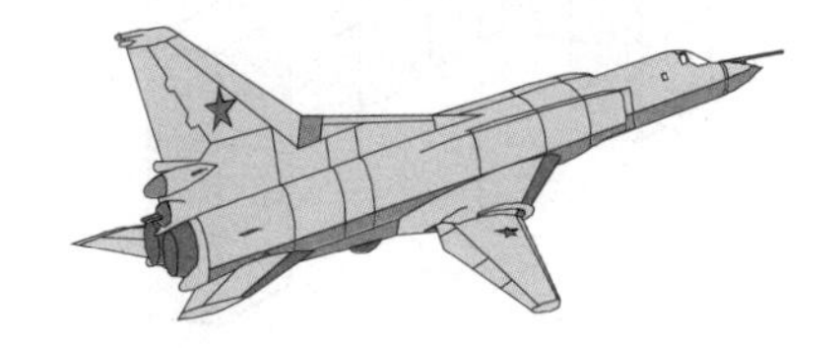

29 공간지각력 펼친 모양 찾기

| 정답 | ②

| 해설 | 접었던 선을 축으로 하여 역순으로 펼치면 다음과 같다.

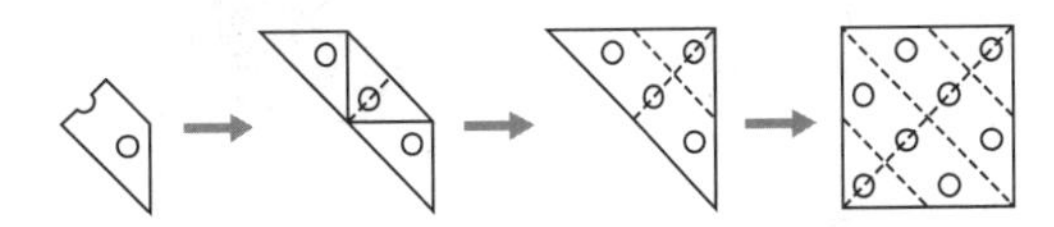

30 공간지각력 크고 작은 사각형의 개수 구하기

| 정답 | ④

| 해설 | 사각형 1개로 만들 수 있는 사각형은 9개, 사각형 2개로 만들 수 있는 사각형은 10개, 사각형 3개로 만들 수 있는 사각형은 4개, 사각형 4개로 만들 수 있는 사각형은 2개이다. 따라서 그림에서 찾을 수 있는 크고 작은 사각형은 모두 25개이다.

31 공간지각력 제시된 도형 합치기

| 정답 | ③

| 해설 | ③은 동그라미 친 부분이 잘못되었으며, 다음과 같이 수정되어야 한다.

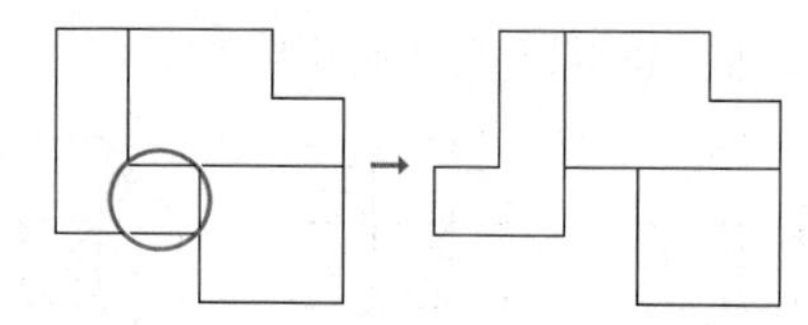

32 공간지각력 일치하는 입체도형 찾기

| 정답 | ④

| 해설 | ④는 제시된 입체도형을 다음과 같은 화살표 방향에서 바라본 모습이다.

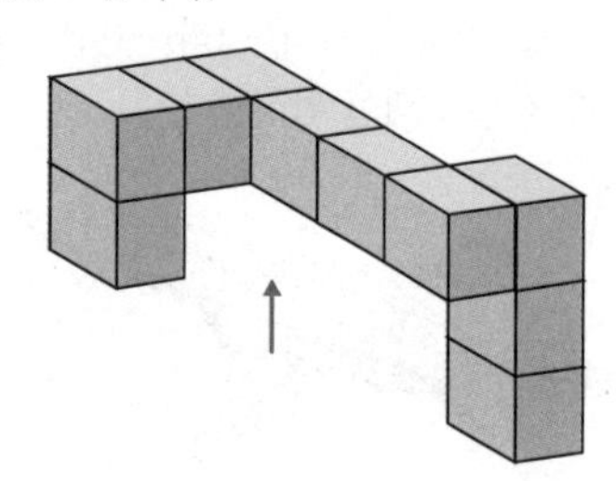

| 오답풀이 |

다른 입체도형은 점선 표시된 블록이 추가되고 동그라미 친 블록이 제거되어야 한다.

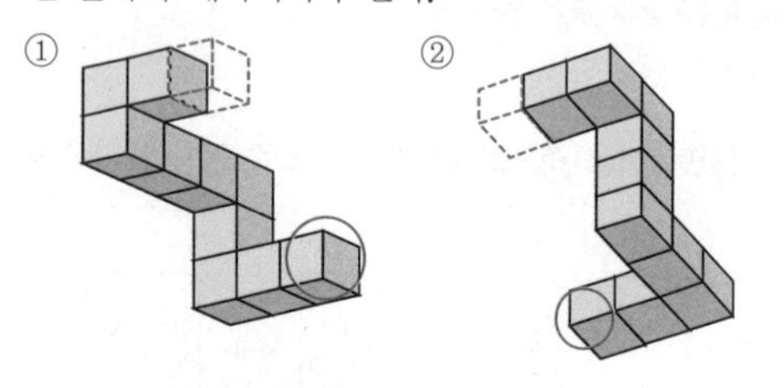

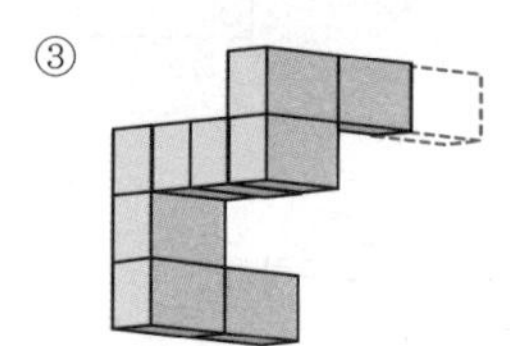

33 공간지각력 전개도를 접어 주사위 만들기

| 정답 | ④

| 해설 | 주사위의 앞면에 해당하는 곳을 전개도에서 찾은 후 앞면을 중심으로 뒷면을 찾으면 쉽게 해결할 수 있다. 뒷면 방향에서 바라본 모습을 찾는 것임에 유의한다.

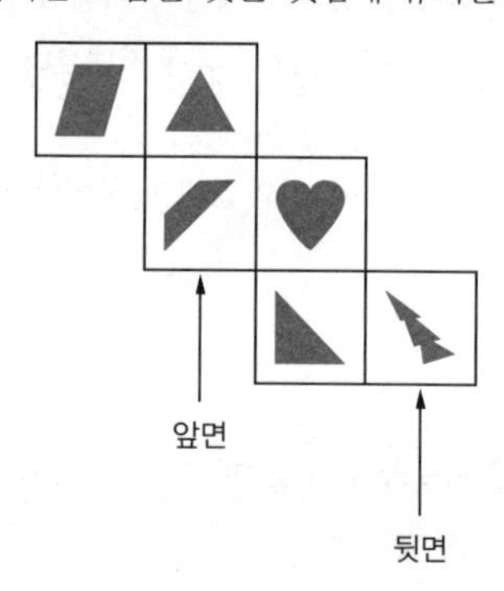

34 공간지각력 나타나 있지 않은 조각 찾기

| 정답 | ③

| 해설 |

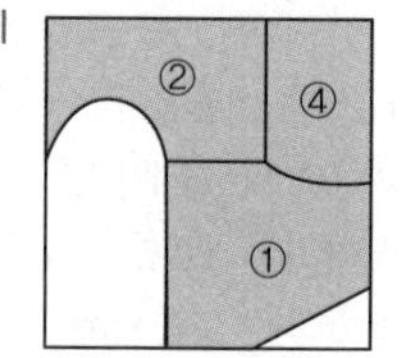

35 공간지각력 투상도로 입체도형 추론하기

| 정답 | ①

| 해설 | 정면도 → 평면도 → 우측면도 순으로 블록 개수를 각각 확인해 보면 블록 개수와 모양이 모두 일치하는 입체도형은 ①이다.

| 오답풀이 |

② 정면도와 우측면도가 일치하지 않는다.

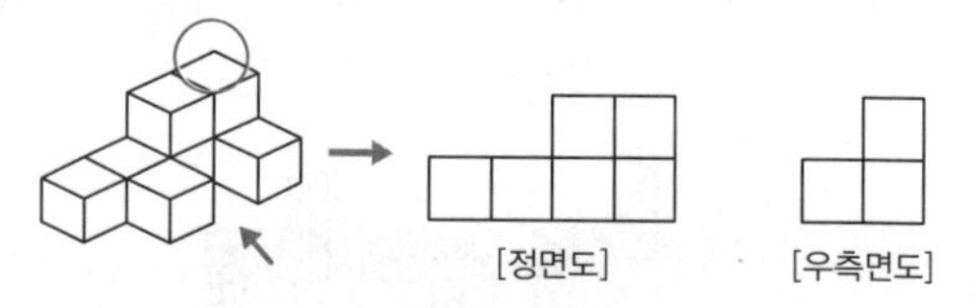

③ 정면도와 평면도가 일치하지 않는다.

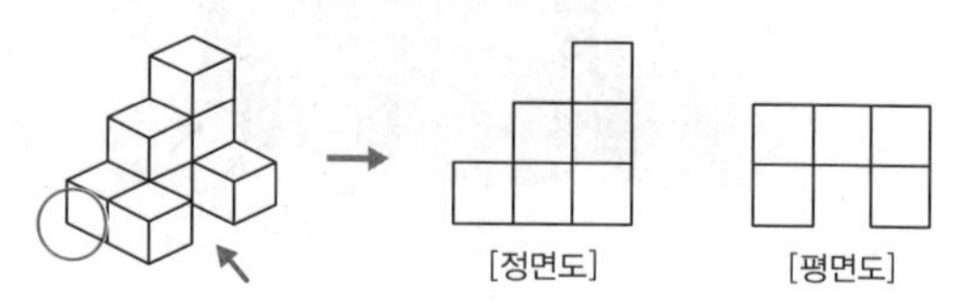

④ 평면도가 일치하지 않는다.

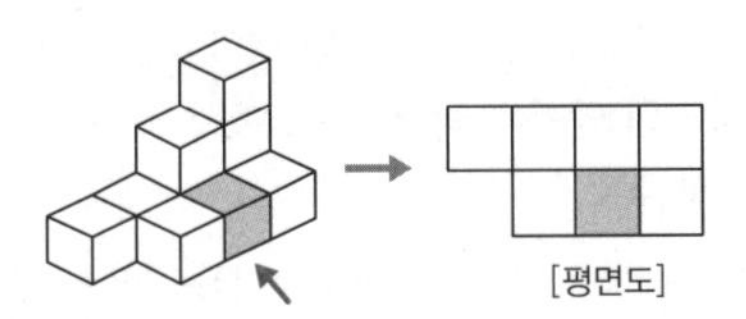

36 문제해결력 진위 추론하기

| 정답 | ②

| 해설 | 각각의 진술이 거짓인 경우를 추론해 본다.

1) 철수가 거짓일 경우 : 철수는 B 또는 C 팀에 들어간 것이 되는데 이때 영희와 세영이가 각각 B 팀과 C 팀에 들어가 있으므로 모순이 된다.
2) 승한이가 거짓일 경우 : 승한과 세영이가 C 팀이 되는데 C 팀은 1명을 충원했다고 하였으므로 모순이 된다.
3) 영희가 거짓일 경우 : 영희는 A 또는 C 팀에 들어간다. 나머지 참인 진술을 종합하면 철수는 A 팀, 세영이가 C 팀이므로 영희는 2명을 충원한 A 팀에 들어간 것이 되고, 승한이는 B 팀이 된다.
4) 세영이가 거짓일 경우 : C 팀에 들어간 사람이 한 명도 없게 되므로 모순이 된다.

따라서 거짓을 말한 사람은 영희이며, 이때 A 팀에 들어간 사람은 철수와 영희이다.

37 문제해결력 명제 판단하기

| 정답 | ④

| 해설 | 명제가 참이면 그 명제의 대우도 참이므로, '운동을 좋아하면 → 인내심이 있고 몸도 건강하다'의 대우인 '인내심이 없거나 몸이 건강하지 않으면 → 운동을 좋아하지 않는다'가 성립한다.

38 문제해결력 논리적 오류 파악하기

| 정답 | ③

| 해설 | 제시된 글에서 범하고 있는 논리적 오류는 순환논법의 오류이다. 이는 전제의 진리와 본론의 진리가 서로 의존하며 같은 하나의 이론이 그대로 되풀이되는 허위의 논증 방법으로, 선택지 ③이 이와 같은 오류를 범하고 있다.

| 오답풀이 |

① 무지에 호소하는 오류로, 단순히 어떤 명제가 거짓이라는 것이 증명되지 않았다는 것을 근거로 그 명제가 참이라고 주장하거나, 반대로 그 명제가 참이라는 것이 증명되지 않았기 때문에 그 명제는 거짓이라고 주장하는 오류이다.

② 성급한 일반화의 오류로, 특수하고 부족한 양의 사례를 근거로 섣불리 일반화하고 판단하는 오류이다.

④ 흑백논리의 오류로, 어떤 상황을 두 가지의 양강 구도로 나누어 보려고 하는 오류이다.

39 문제해결력 명제 판단하기

| 정답 | ①

| 해설 | 제시된 명제를 정리하면 다음과 같다.

- 2호선 → 5호선
- 9호선 → 7호선

'8호선을 이용하면 5호선을 이용한다'가 성립하기 위해서는 '2호선을 이용하면 5호선을 이용한다'와 삼단논법으로 이어질 수 있어야 한다. 따라서 '8호선을 이용하면 2호선을 이용한다'가 참이라면 '8호선 → 2호선 → 5호선'이 성립한다.

40 문제해결력 조건을 바탕으로 추론하기

| 정답 | ②

| 해설 | 13층짜리 건물에서 A ~ E가 탄 엘리베이터가 서는 층은 3, 5, 7, 9, 11, 13층이다. ㉠에 따라 13층에는 사무실이 없으므로 이곳에서 내리는 사람은 없다. 또한 ㉤에서 엘리베이터 외에 계단을 이용하여 사무실에 가는 사람도 없다고 하였으므로, 엘리베이터에서 내리는 사람과 해당 층의 연결 외에 다른 변수는 생각하지 않아도 된다.

먼저 ㉣에서 C가 내린 층이 D가 내린 층의 배수에 해당한다고 했는데, 층 가운데 배수의 관계를 가지는 수는 3과 9뿐이므로 3층에서는 D, 9층에서는 C가 내린다. ㉢에서 B는 C가 내린 후에도 엘리베이터에 타고 있으므로 B는 11층에서 내린 것이 된다. 또한 남은 A와 E는 ㉡에서 A가 내린 다음에 이어서 E가 내렸다고 했으므로 A는 5층, E는 7층에서 각각 내렸음을 알 수 있다. 따라서 A는 5층, B는 11층, C는 9층, D는 3층, E는 7층에서 근무한다.

41 문제해결력 조건을 바탕으로 추론하기

| 정답 | ①

| 해설 | A에는 3일마다 한 번씩 가방을, B에는 2일마다 한 번씩 시계를, C에는 3일마다 한 번씩 지갑을 진열하므로 A는 1, 4, 7일에 가방을, B는 2, 4, 6일에 시계를, C는 1, 4, 7일에 지갑을 진열한다. 가방은 매일 진열하되 같은 진열장에 이틀 연속으로 진열할 수 없으므로 2, 6일에는 C에, 3, 5일에는 B에 진열하면 된다. 지갑은 이틀 연이어 진열하지 않으므로 2, 3, 5, 6일에는 진열하지 않는다. 따라서 6일 A에는 구두를 진열한다. 이를 표로 정리하면 다음과 같다.

구분	A	B	C
1일	가방	구두	지갑
2일	구두	시계	가방
3일	시계	가방	구두
4일	가방	시계	지갑
5일	시계	가방	구두
6일	구두	시계	가방
7일	가방	구두	지갑

따라서 진열장 A에는 구두, 진열장 B에는 시계, 진열장 C에는 가방을 진열한다.

42 문제해결력 진위 추론하기

| 정답 | ①

| 해설 | 각각의 발언이 참인 경우를 나누어 생각해 보면 다음과 같다.

- A의 발언이 참인 경우 : C는 치킨을 먹고 E는 피자를 먹었다. 이때 D의 발언에 의해 E는 초밥을 먹은 것이 되므로 모순이 생긴다.
- B의 발언이 참인 경우 : A는 피자를 먹지 않았고 D는 초밥을 먹었다. 이때 D의 발언에 의해 E도 초밥을 먹은 것이 되므로 모순이 생긴다.
- C의 발언이 참인 경우 : B는 해장국을 먹었고 D는 치킨을 먹었다. B의 발언에 의해 A는 피자를 먹었고 D의 발언에 의해 E는 초밥을 먹었다. 따라서 C는 순댓국을 먹게 되어 모순이 생기지 않는다.
- D의 발언이 참인 경우 : C는 피자를 먹었고 E는 초밥을 먹지 않았다. 이때 B의 발언에 의해 A도 피자를 먹은 것이 되므로 모순이 생긴다.
- E의 발언이 참인 경우 : A는 순댓국을 먹었고 B는 초밥을 먹었다. 이때 D의 발언에 의해 E도 초밥을 먹은 것이 되므로 모순이 생긴다.

따라서 A는 피자, B는 해장국, C는 순댓국, D는 치킨, E는 초밥을 먹었음을 알 수 있다.

43 문제해결력 조건을 바탕으로 추론하기

| 정답 | ①

| 해설 | C의 진술에 따라 C는 독일어, 일본어, 중국어를 구사할 수 있으며, A와 D의 진술에 따라 A, D는 스페인어를 구사할 수 있다. 다음으로 B의 진술에 따라 B는 일본어, 중국어를 구사할 수 있다. 마지막으로 E의 진술에 따라 E는 B와 C 중 C만 구사할 수 있는 언어를 구사할 수 있다고 하였으므로 독일어만 구사할 수 있음을 알 수 있다. 이를 정리하면 다음과 같다.

구분	A	B	C	D	E
구사 가능한 언어	스페인어	일본어, 중국어	독일어, 일본어, 중국어	스페인어	독일어

44 문제해결력 명제 판단하기

| 정답 | ③

| 해설 | 각 명제를 'a : 법학을 공부한다', 'b : 행정학 수업을 듣는다', 'c : 경제학 수업을 듣는다', 'd : 역사를 공부한다', 'e : 철학을 공부한다'라고 할 때 〈보기〉를 정리하면 다음과 같다.

- $a \rightarrow b$
- $c \rightarrow \sim d$
- $a \rightarrow e$
- $\sim c \rightarrow \sim b$

'$c \rightarrow \sim d$'가 참이므로 이 명제의 대우인 '$d \rightarrow \sim c$'도 참이다. 또한 '$a \rightarrow b$'가 참이므로 이 명제의 대우인 '$\sim b \rightarrow \sim a$'도 참이다. 따라서 이 명제들과 '$\sim c \rightarrow \sim b$'와의 삼단논법에 의해 '$d \rightarrow \sim a$'도 참임을 알 수 있다. 따라서 '역사를 공부하는 사람은 법학을 공부하지 않는다'는 옳다.

| 오답풀이 |

①, ② 제시된 명제로는 알 수 없다.

④ '~c → ~b'가 참이므로 이 명제의 대우인 'b → c'도 참이다. 따라서 'a → b'와의 삼단논법에 의해 'a → c'가 참임을 알 수 있다.

45 문제해결력 진위 추론하기

| 정답 | ③

| 해설 | 성미는 다지가 네 명 중 가장 늦게 도착했다고 말했고 정혜는 다지의 바로 뒤를 따라 들어갔다고 했으므로 성미와 정혜의 진술이 상충하여 둘 중 한 명이 거짓말을 하는 것이 된다. 여기서 미란의 진술을 보면 정혜는 다지보다 먼저 도착해있던 사람이므로, 정혜가 거짓을 말하고 있음을 알 수 있다. 따라서 나머지 진술을 통해 은주－정혜－성미－다지 순으로 미란의 집에 도착한 것이 된다.

46 이해력 직장 내 전화 예절 이해하기

| 정답 | ③

| 해설 | 화가 나서 전화한 고객에게는 항의 내용에 공감을 표하고 제기한 문제점에 대해 인정하며, 해결 계기를 제공한 데 대한 감사를 먼저 전한 뒤 해결책이나 개선 방안에 대한 정확한 답변을 하는 것이 적절한 응대 방법이다.

47 이해력 정직의 의미 이해하기

| 정답 | ②

| 해설 | 정직은 신뢰를 형성하고 유지하는 데 필요한 가장 기본적이고 필수적인 규범이다. 부정직한 관행도 존재하기 때문에 관행을 무조건적으로 따르는 것은 정직의 예시로 적절하지 않다.

48 이해력 직장 내 명함 예절 이해하기

| 정답 | ④

| 해설 | 명함을 주고받을 때 유의할 점은 다음과 같다.

- 명함은 새것을 사용하여야 한다.
- 명함은 반드시 명함 지갑에서 꺼내고 상대방에게 받은 명함도 명함 지갑에 넣어야 한다.
- 상대방에게 명함을 받으면 받은 즉시 호주머니에 넣지 않고 명함에 대해 한두 마디의 대화를 건네는 것이 좋다.
- 명함은 하위에 있는 사람이 먼저 꺼내고, 상위자에 대해서는 왼손으로 가볍게 받치는 것이 예의이다.
- 쌍방이 명함을 동시에 꺼낼 경우, 왼손으로 서로 교환하고 오른손으로 옮긴다.

49 이해력 직업관 이해하기

| 정답 | ①

| 해설 | 제시된 글에서 설명하는 직업관은 직업을 수단으로 보는 도구적 직업관에 해당된다.

| 오답풀이 |

② 목적적 직업관 : 직업을 자아실현의 장으로 보거나 취미 활동의 연장으로 보는 직업관

③ 생업적 직업관 : 직업을 개인의 경제적 독립을 위한 가장 기본적이고 일차적인 수단으로 보는 직업관

④ 신분적 직업관 : 소속 사회의 신분과 계층, 인종 등에 따라 직업이 정해져 있으며, 낮은 계층이 하는 일은 천하게 생각하고 높은 계층이 하는 일은 귀하고 가치 있는 것이라고 생각하는 직업관

50 이해력 고객의 유형에 따른 대처 방법 파악하기

| 정답 | ①

| 해설 | 독촉하는 고객에게는 애매한 화법을 자제하고 시원스럽게 처리하는 모습을 보이는 것이 바람직한 응대 방법이다.

| 오답풀이 |

② 트집 잡는 고객을 응대하는 방식에 해당한다.

③ 거만한 고객을 응대하는 방식에 해당한다.

④ 의심이 많은 고객을 응대하는 방식에 해당한다.

7회 기출예상문제

▸ 문제 198쪽

01	④	02	④	03	①	04	④	05	②
06	①	07	④	08	①	09	②	10	③
11	④	12	①	13	②	14	②	15	②
16	④	17	③	18	②	19	③	20	③
21	②	22	②	23	④	24	④	25	④
26	①	27	③	28	②	29	①	30	④
31	③	32	④	33	④	34	④	35	②
36	③	37	④	38	①	39	①	40	③
41	③	42	②	43	④	44	④	45	④
46	②	47	②	48	②	49	②	50	③

01 언어논리력 올바른 맞춤법 사용하기

| 정답 | ④

| 해설 | ㉤은 경기가 전개되는 과정에 대해 설명하고 있으므로 '진행'이 들어가는 것이 자연스럽다.

| 오답풀이 |

㉠ 둑점 → 득점

㉡ 제개 → 재개

㉢ 샌터 → 센터

㉣ 정지 → 이동

02 언어논리력 다의어의 의미 파악하기

| 정답 | ④

| 해설 | 〈보기〉의 문장과 ④에 쓰인 '맞다'는 '어떤 대상의 맛, 온도, 습도 따위가 적당하다'의 의미를 갖는다.

| 오답풀이 |

① '어떤 대상의 내용, 정체 따위가 무엇임이 틀림이 없다'의 의미로 쓰였다.

② '어떤 행동, 의견, 상황 따위가 다른 것과 서로 어긋나지 아니하고 같거나 어울리다'의 의미로 쓰였다.

③ '모습, 분위기, 취향 따위가 다른 것에 잘 어울리다'의 의미로 쓰였다.

03 언어논리력 올바르게 띄어쓰기

| 정답 | ①

| 해설 | 성과 이름은 붙여 쓰고, 호칭이나 관직명은 띄어 써야 한다. 따라서 '김주원 박사'로 쓰는 것이 알맞다.

| 오답풀이 |

②, ④ 연결이나 열거할 적에 쓰이는 말들은 띄어 쓴다. 따라서 '스물 내지 서른', '부장 겸 대외협력실장'으로 쓰는 것이 알맞다.

③ 단음절로 된 단어가 연이어 올 적에는 띄어 쓰는 것을 원칙으로 하되, 붙여 씀도 허용한다. 또한 '떠내려가 버렸다'는 본용언이 합성 동사인 경우이므로 보조 용언과 띄어 쓰는 것만 허용된다.

04 언어논리력 세부내용 이해하기

| 정답 | ④

| 해설 | 제시된 글에 의하면 경험론자들은 정신에 타고난 관념 또는 선험적 지식이 있다는 것을 부정하고 모든 지식은 감각적 경험과 학습을 통해 형성된다고 보았으므로 생물학적 진화보다는 학습을 중요시하였음을 알 수 있다.

| 오답풀이 |

① 학습과 생물학적 진화 간의 우월성을 비교하는 내용은 나타나 있지 않다.

② 진화된 대부분의 동물들에게 학습 능력이 존재한다고 하였다.

③ 인간 사회의 변화는 생물학적 진화보다는 거의 전적으로 문화적 진화에 의한 것이라고 하였다.

05 언어논리력 사자성어 이해하기

| 정답 | ②

| 해설 | 제시된 글의 내용과 관계있는 사자성어는 '새옹지마(塞翁之馬)'로 인생은 변화가 많아서 길흉화복을 예측하기가 어려움을 의미한다.

| 오답풀이 |

① 유비무환(有備無患) : 미리 준비가 되어 있으면 걱정할 것이 없음을 의미한다.

③ 전화위복(轉禍爲福) : 재앙과 근심, 걱정이 오히려 복으로 바뀜을 의미한다.

④ 자업자득(自業自得) : 자기가 저지른 일의 결과를 자기가 받음을 의미한다.

06 언어논리력 어문 규정 이해하기

| 정답 | ①

| 해설 | flash[flæʃ]의 [ʃ]는 어말에 있으므로 '시'로 적고, sheriff[ʃerif]의 [ʃ]는 뒤따르는 모음 'e'에 따라 '셰'로 적는다.

| 오답풀이 |

② fashion[fæʃən]은 (B), mask[mɑ：sk]는 (A)에 해당한다.

③ vision[víʒən]은 (C), shim[ʃim]은 (B)에 해당한다.

④ mirage[mirɑ：ʒ]는 (C), thrill[θril]은 (A)에 해당한다.

07 언어논리력 글을 바탕으로 추론하기

| 정답 | ④

| 해설 | 제시된 글은 디카페인 커피에 대한 소개와 커피 원두에서 카페인을 추출하는 방법을 설명하고 있다. 커피 원두를 물에 담가 두는 시간에 따라 커피의 맛과 향이 달라진다는 내용은 제시되어 있지 않다. 또한 세 번째 문단에 따르면 커피 원두를 물에 닿게 하는 것은 카페인을 제거하기 위함일 뿐이므로 ④는 적절하지 않은 진술이다.

| 오답풀이 |

① 첫 번째 문단을 보면 디카페인 커피는 카페인에 민감한 사람도 흔히 즐길 수 있다고 나와 있다.

② 세 번째 문단을 보면 물을 이용하는 방법이 다른 방법에 비해 상대적으로 안전하고 열에 의한 원두의 손상이 적다고 나와 있다.

③ 세 번째 문단을 보면 커피 원두에서 여러 성분을 분리해 내는 것은 물이고, 활성탄소는 물에서 추출된 용액으로부터 카페인만을 분리하는 데 사용된다.

08 언어논리력 단어 관계 파악하기

| 정답 | ①

| 해설 | 세 번째 단어는 첫 번째, 두 번째 단어의 용도이다. 달력과 시계는 장식의 기능도 있지만 주된 목적은 정보 전달이다.

09 언어논리력 글의 서술 방식 파악하기

| 정답 | ②

| 해설 | 제시된 글은 이분법적 사고와 부분만을 보고 전체를 판단하는 것의 위험성을 예시를 들어 설명하고 있다. 특히 세 번째 문단에서는 '으스댔다', '우겼다', '푸념했다', '넋두리했다', '뇌까렸다', '잡아뗐다', '말해서 빈축을 사고 있다' 등의 예시를 열거해 주관적 서술로 감정적 심리 반응을 유발하는 것이 극단적인 이분법적 사고로 이어질 수 있음을 강조하고 있다.

10 언어논리력 세부내용 이해하기

| 정답 | ③

| 해설 | 제시된 글에 따르면 △△시 상징물 테마 열차는 '하늘 위에서 △△시를 내려보다'라는 구성으로 제작하였으며, △△시의 바다 테마 열차는 '우연히 만난 도시철도, △△시 바다를 여행하는 기분'이라는 콘셉트로 조성하였음을 알 수 있다.

11 언어논리력 반의어 파악하기

| 정답 | ④

| 해설 | '달변'은 '능숙하여 막힘이 없는 말'을 의미하고, '눌변'은 '더듬거리는 서툰 말솜씨'를 의미하므로 두 단어는 반의어이다.

| 오답풀이 |

① 능변(能辯) : 말을 능숙하게 잘함. 또는 그 말

② 배변(排便) : 대변을 몸 밖으로 내보냄.

③ 강변(强辯) : 이치에 닿지 아니한 것을 끝까지 굽히지 않고 주장하거나 변명함.

12 언어논리력 문맥에 맞는 어휘 고르기

| 정답 | ①

| 해설 | 빈칸에 들어갈 단어는 차례대로 '초래', '병행', '지속'이며 '치료나 종교 또는 그 밖의 이유로 일정 기간 동안 음식을 먹지 못하게 금해짐'을 뜻하는 '금식'은 들어가지 않는다.

| 오답풀이 |

② 지속 : 어떤 상태가 오래 계속됨. 또는 어떤 상태를 오래 계속함.

③ 병행 : 둘 이상의 일을 한꺼번에 행함.

④ 초래 : 어떤 결과를 가져오게 함.

13 언어논리력 글의 구조 파악하기

| 정답 | ②

| 해설 | • 주지 : 이야기를 이해하고 기억하는 데에는 글의 구조가 큰 영향을 미친다.

• 부연 : 그러한 글의 구조에는 상위 구조와 하위 구조가 있는데, 상위 구조에 속한 요소들이 더 잘 기억된다.

• 예시 : 왜 상위 구조가 더 잘 기억되는지를 심청전을 예로 들어 설명하고 있다.

따라서 제시된 글은 주지－부연－예시로 구성돼 있다.

14 수리력 금액 계산하여 인원수 구하기

| 정답 | ②

| 해설 | 돼지고기 1인분의 가격은 15,000(원)÷600(g)×50(g)=1,250(원)이다.

고깃값 총 187,500원에서 1인분 가격을 나누면 187,500÷1,250=150(명)이 회식했음을 알 수 있다.

15 수리력 연속된 짝수 구하기

| 정답 | ②

| 해설 | 연속된 세 개의 짝수이므로 가장 큰 숫자를 x라고 한다면 가운데 숫자는 $x-2$, 가장 작은 숫자는 $x-4$이므로 다음과 같은 식이 성립한다.

$x+(x-2)+(x-4)=54$

$3x-6=54$

$3x=60$

$\therefore x=20$

따라서 더한 값이 54가 되는 세 개의 연속된 짝수 중 가장 큰 수는 20이다.

| 별해 | 연속된 세 개의 짝수 : $x-2,\ x,\ x+2$

$x-2+x+x+2=3x=54$

$\therefore x=18$

따라서 가장 큰 수는 18+2=20이다.

16 수리력 방정식을 활용하여 회원 수 구하기

| 정답 | ④

| 해설 | 작년 바둑동호회 남성 회원 수를 x명이라 하면 작년 바둑동호회 여성 회원 수는 $(60-x)$명이다. 따라서 다음과 같은 식이 성립한다.

$1.05x+0.9(60-x)=60$

$0.15x=6$

$\therefore x=40$

올해의 남성 회원 수는 작년에 비해 5% 증가했으므로 40×1.05=42(명)이다.

17 수리력 벤다이어그램 활용하기

| 정답 | ③

| 해설 | 제시된 정보를 토대로 벤다이어그램을 그리면 다음과 같다.

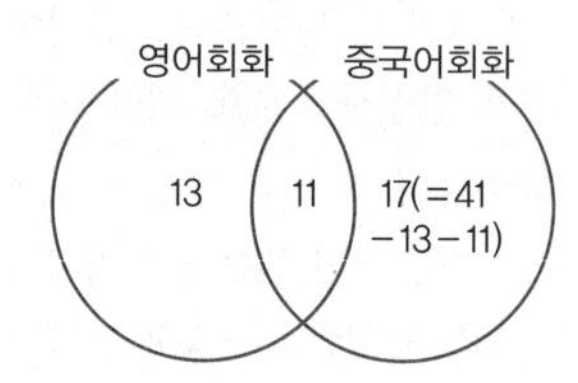

따라서 중국어회화 수업만 신청한 학생의 수는 17명이다.

18 수리력 일의 양 구하기

| 정답 | ②

| 해설 | 전체 일의 양을 1로 생각하면, 선진이와 수연이의 하루 일의 양은 다음과 같다.

- 선진이가 하루에 하는 일의 양 : $\frac{1}{8}$
- 수연이가 하루에 하는 일의 양 : $\frac{1}{12}$

따라서 둘이 함께 한다면

$1 \div \left(\frac{1}{8}+\frac{1}{12}\right)=1 \div \left(\frac{3}{24}+\frac{2}{24}\right)=\frac{24}{5}=4.8$, 즉 5일이 걸린다.

19 수리력 상품의 이익 구하기

| 정답 | ③

| 해설 | 상품의 원가를 x원이라 하면 다음과 같은 식이 성립한다.

$1.4x \times 0.85-x=2,660$

$0.19x=2,660$

$\therefore x=14,000$

따라서 상품을 정가로 팔 때의 이익은 $14,000 \times 0.4=5,600$(원)이다.

20 수리력 확률 계산하기

| 정답 | ③

| 해설 | 적어도 한 명이 합격한다는 것은 전체 확률인 1에서 모두 불합격할 확률을 뺀 것과 같다. 정수가 합격할 확률은 $\frac{1}{4}$이므로 불합격할 확률은 $\frac{3}{4}$이고, 현민이 불합격할 확률은 $\frac{4}{5}$, 지혜가 불합격할 확률은 $\frac{1}{2}$이다. 따라서

$1-\left(\frac{3}{4}\times\frac{4}{5}\times\frac{1}{2}\right)=\frac{7}{10}=0.7$이다.

21 수리력 조건을 만족하는 다각형 찾기

| 정답 | ②

| 해설 | 대각선의 개수가 14개이므로 n각형이라 하면 다음 식이 성립한다.

$\frac{n(n-3)}{2}=14$

$n(n-3)=28$

$\therefore n=7$

따라서 모든 변의 길이가 같고, 모든 내각의 크기가 같다고 했으므로 정칠각형이 된다.

22 수리력 자료 이해하기

| 정답 | ②

| 해설 | ㉠ 대도시와 대도시 이외 지역에서 사교육을 받지 않거나 30만 원 미만까지만 사교육비로 지출하는 비율을 비교하면 대도시는 61.9%, 대도시 이외 지역은 69.2%로 대도시 이외 지역이 더 높다. 대도시 지역에서 30만 원 이상의 사교육비를 지출하는 비율은 $19.7+18.4=38.1$(%)로 $\frac{1}{3}$ 이상을 차지한다.

㉢ 학교 성적이 상위 10% 이내인 학생이 사교육비로 10만 원 이상을 지출하는 비율은 $28.0+22.3+21.5=71.8$(%)이고 성적 11 ~ 30%인 학생이 동일한 비용을 지출하는 비율은 $28.5+23.4+18.2=70.1$(%)이다. 따라서 상위 10% 이내인 학생들의 경우가 더 높다.

| 오답풀이 |

㉡ 초 · 중 · 고등학교로 올라갈수록, 부모님의 평균 연령대가 올라갈수록, 사교육을 받지 않는 비율이 높아진다. 또한 사교육을 받지 않는 경우를 제외하면 초등학교와 부모님의 평균 연령대 모두 10 ~ 30만 원 미만의 지출이 가장 많으나 중학교는 30 ~ 50만 원 미만이, 고등학교는 50만 원 이상이 가장 많다.

㉣ 학교 성적이 하위권으로 내려갈수록 사교육을 받지 않는 비율이 높아지며, 사교육을 받지 않는 경우를 제외한 경우에만 모든 학교 성적 범위에서 지출 비용 10 ~ 30만 원 미만이 차지하는 비율이 가장 높아진다.

23 수리력 자료 이해하기

| 정답 | ④

| 해설 | 부서별로 인원수가 다르므로, 전체 평균 계산 시 가중치를 고려하여야 한다.

- 전 부서원의 정신적 스트레스 지수 평균점수 :

$$\frac{1\times1.83+2\times1.79+1\times1.79}{4}=1.80(\text{점})$$

- 전 부서원의 신체적 스트레스 지수 평균점수 :

$$\frac{1\times1.95+2\times1.89+1\times2.05}{4}=1.945(\text{점})$$

따라서 두 평균점수의 차이는 0.145이므로 0.16 미만이다.

24 수리력 수 추리하기

| 정답 | ④

| 해설 | 왼쪽 변의 수와 아래 변의 수를 곱하고 오른쪽 변의 수를 뺀 값이 삼각형 내부의 숫자가 된다.

- $3\times5-1=14$
- $4\times6-4=20$
- $5\times7-9=(?)$

따라서 '?'에 들어갈 숫자는 $5\times7-9=26$이다.

25 수리력 총열량 계산하기

| 정답 | ④

| 해설 | A가 자전거로 이동하는 거리는 $6\times2=12(\text{km})$이고, 속력이 10km/h이므로 A가 자전거를 타는 시간은 다음과 같다.

$$\text{시간}=\frac{\text{이동거리}}{\text{속력}}=\frac{12(\text{km})}{10(\text{km/h})}=1.2(\text{h})=72(\text{분})$$

10분에 85kcal를 소모한다고 했으므로, 72분 동안에는 $\frac{72}{10}\times85=612(\text{kcal})$가 소모된다.

26 공간지각력 조각 배열하기

| 정답 | ①

| 해설 | (나)-(가)-(라)-(다) 순서대로 배열하면 다음과 같은 그림이 완성된다.

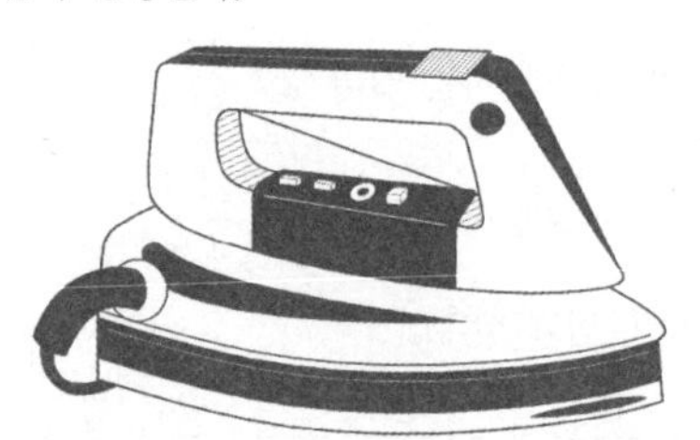

27 공간지각력 크고 작은 사각형의 개수 구하기

| 정답 | ③

| 해설 | 하나의 사각형을 이루는 칸의 개수별로 나누어 세면 다음과 같다.

- 1개 : 14개
- 2개 : 18개
- 3개 : 11개
- 4개 : 10개
- 5개 : 1개
- 6개 : 5개
- 8개 : 1개
- 9개 : 1개

따라서 사각형의 개수는 총 $14+18+11+10+1+5+1+1=61$(개)이다.

28 공간지각력 동일한 도형 찾기

| 정답 | ②

| 해설 | 제시된 도형과 같은 것은 ②이다.

| 오답풀이 |

나머지 도형은 동그라미 친 부분이 다르다.

①

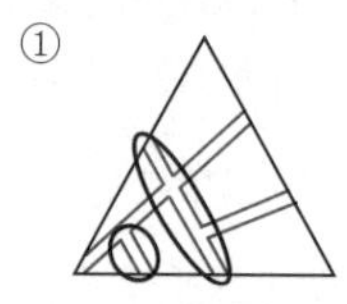

③

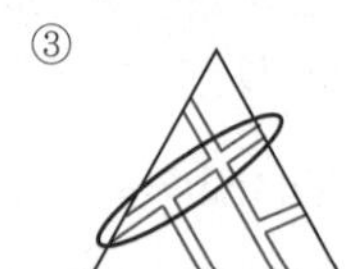

④

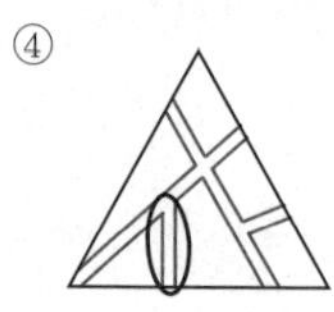

29 공간지각력 도형 회전하기

| 정답 | ①

| 해설 | 반시계방향으로 90° 회전한 모양은 다음과 같다.

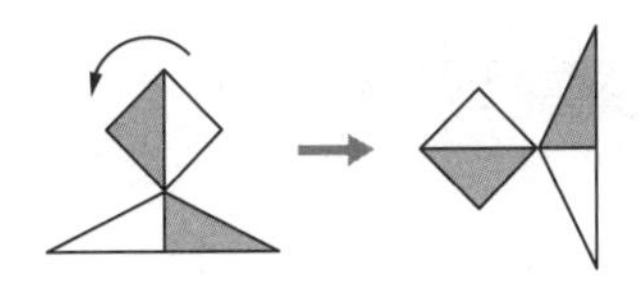

30 공간지각력 전개도 완성하기

| 정답 | ④

| 해설 | 전개도를 접었을 때 서로 인접하게 되는 면을 살펴본다.

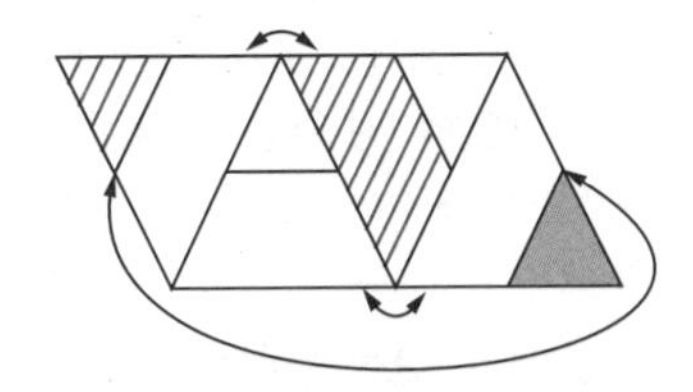

| 오답풀이 |

넓은 면을 기준으로 볼 때 ①의 경우 왼쪽에 이 와야 하고, ②는 , ③은 이 와야 한다.

31 공간지각력 제시된 도형 배치하기

| 정답 | ③

| 해설 | 제시된 도형을 올바르게 배치한 것은 ③이다.

| 오답풀이 |

확실하게 아닌 모양을 찾으면 다음과 같다.

①

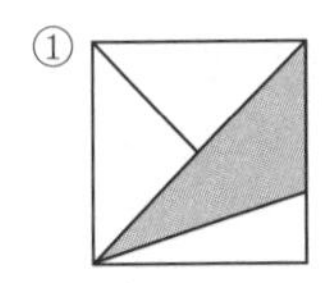

②

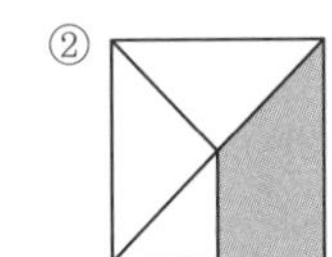

④

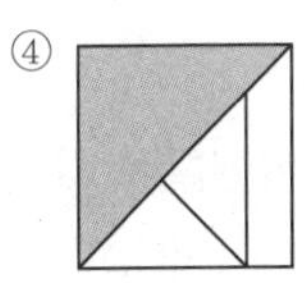

32 공간지각력 규칙 파악하여 도형 유추하기

| 정답 | ④

| 해설 | 사각형은 45°씩 회전하며 네 귀퉁이를 시계방향으로 이동하고 있다.

오각형은 반시계방향으로 90°씩 회전하며 네 귀퉁이를 반시계방향으로 이동하고, 번갈아가며 색반전 되고 있다.

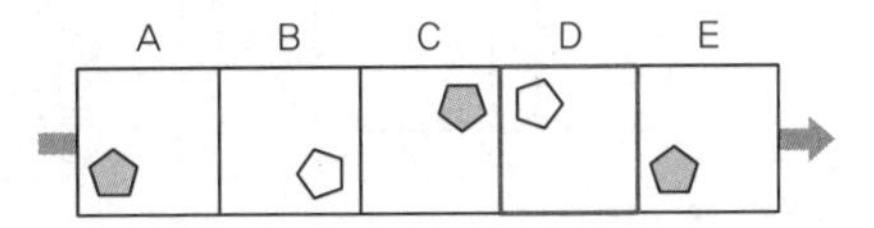

원은 네 귀퉁이를 시계방향으로 이동하며 색반전 되고 있다.

이를 합성하면 ④가 된다. →

33 공간지각력 제시된 도형 합치기

| 정답 | ④

| 해설 | 먼저 제시된 도형을 다음과 같이 구분한다.

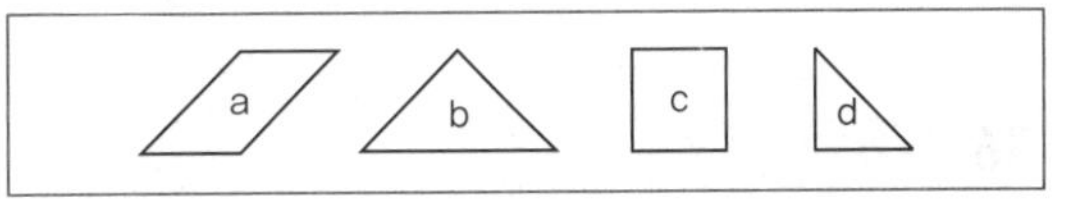

④는 다음과 같이 b가 2번 사용되었다.

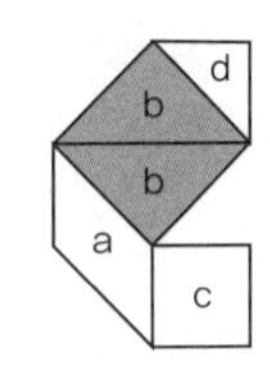

| 오답풀이 |

①

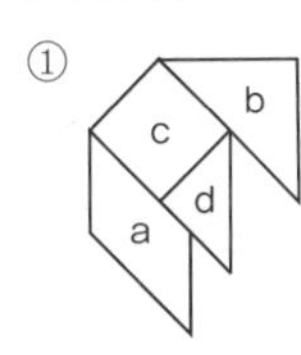

②

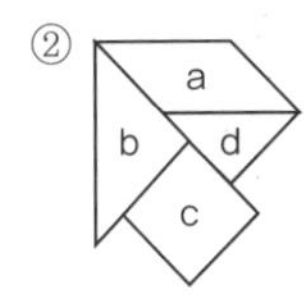

③

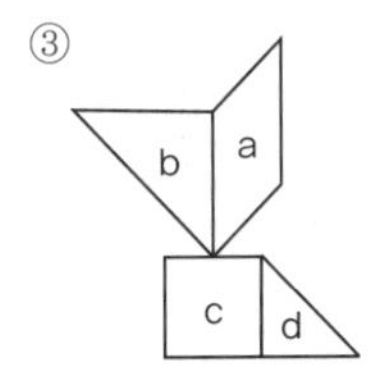

34 공간지각력 블록 개수 세기

| 정답 | ④

| 해설 | 블록의 개수는 총 14개이다.

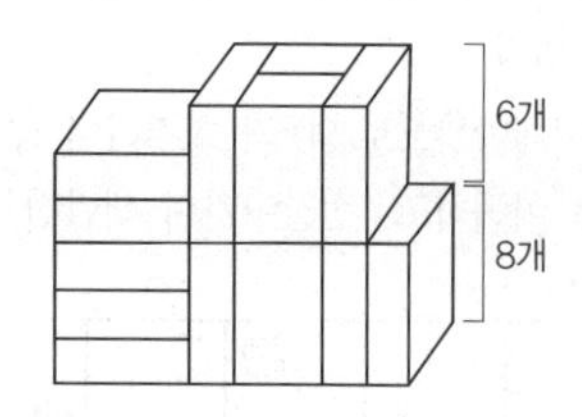

35 공간지각력 펼친 그림 찾기

| 정답 | ②

| 해설 | 접었던 선을 축으로 하여 역순으로 펼치면 다음과 같다.

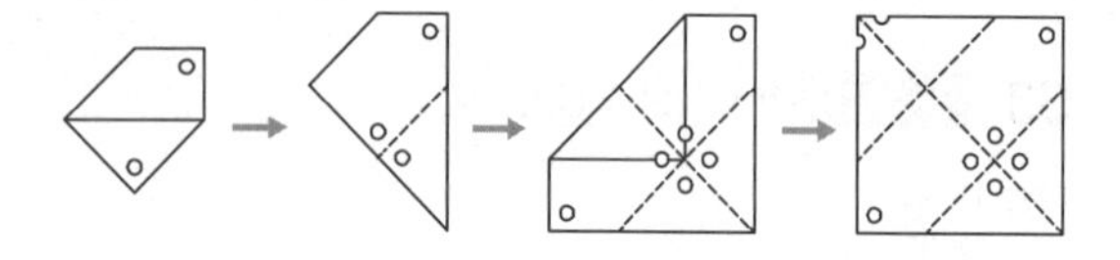

36 문제해결력 명제 판단하기

| 정답 | ③

| 해설 | 지아는 소설책과 시집을 많이 읽고, 소설책을 많이 읽는 사람은 글쓰기를 잘하므로 삼단논법에 따라 '지아는 글쓰기를 잘한다'가 성립한다.

37 문제해결력 명제 판단하기

| 정답 | ④

| 해설 | 각 명제를 'p : 요리를 잘한다', 'q : 청소를 잘한다', 'r : 키가 크다'라고 할 때 〈보기〉를 정리하면 다음과 같다.

• p → q • q → r

이때 나는 요리를 잘하므로 마지막 명제는 p로 표현할 수 있으며, 'p → q'와 'q → r' 두 명제의 삼단논법에 의해 'p → r'도 참임을 알 수 있다. 따라서 ④는 항상 옳다.

| 오답풀이 |

①, ② 주어진 명제로는 알 수 없다.

③ 'q → r'이 참이므로 이 명제의 대우 명제인 '~r → ~q'도 참이 된다. 따라서 옳지 않은 설명이다.

38 문제해결력 진위 추론하기

| 정답 | ①

| 해설 | 만약 A의 발언이 진실이라면 A는 어제와 오늘 이틀 연속으로 진실을 말한 것이고, 만약 A의 발언이 거짓이라면 A는 어제와 오늘 이틀 연속으로 거짓을 말한 것이다. 조건에 따르면 이틀 연속 거짓을 말하는 경우는 발생할 수 없으나 이틀 연속 진실을 말하는 경우는 (토, 일) 또는 (일, 월)이 발생할 수 있다. 따라서 A의 발언은 진실임을 알 수 있다.

이때 A가 거짓말을 하는 요일이 월, 수, 금요일이라면 제시된 발언은 일요일에 한 것이고, A가 거짓말을 하는 요일이 화, 목, 토요일이라면 제시된 발언은 월요일에 한 것이다. 따라서 오늘은 일요일 또는 월요일이며 두 경우 모두 B의 발언은 거짓임을 알 수 있다.

그런데 오늘이 만약 진실만을 말하는 일요일이라면 B의 발언이 거짓이라는 추론과 상충하므로 오늘은 월요일이 된다.

39 문제해결력 진위 추론하기

| 정답 | ①

| 해설 | 갑의 진술 중 갑이 찬성한 것이 진실, 을이 기권한 것이 거짓이라면, 을의 진술에서 을이 기권한 것이 거짓, 병이 찬성한 것이 진실이 된다. 병의 진술에서 병이 기권한 것은 거짓이 되는데 을이 기권한 것이 진실이 되면 앞의 진술들과 모순이 된다. 따라서 갑, 을, 병의 진술에서 을이 기권한 것이 진실이 되고 다른 진술은 거짓이 된다. 정과 무의 진술에서는 다음의 두 가지 경우가 발생한다.

1) 무가 반대한 것이 진실인 경우

정이 찬성한 것은 거짓이고, 갑이 반대한 것도 거짓이 된다. 이 경우, 갑은 찬성도, 반대도 하지 않고 기권을 했을 것이라 추론할 수 있다.

2) 무가 반대한 것이 거짓인 경우

정은 찬성하였고, 갑이 반대한 것은 진실이다. 이 경우, 갑은 찬성하지 않고 반대를 한 것이라 추론할 수 있다.

따라서 '갑은 찬성하지 않았다'는 반드시 진실이다.

| 오답풀이 |

④ 정은 찬성하지 않을 수도 있고, 찬성할 수도 있기 때문에 반드시 진실이라고 단정지을 수 없다.

40 문제해결력 명제 판단하기

| 정답 | ③

| 해설 | 각 명제를 'p : A 회사에 다닌다', 'q : 일본어에 능통하다', 's : B 대학교를 졸업했다', 'r : C 학원에 다닌다'라고 할 때 제시된 보기를 정리하면 다음과 같다.

• p → ~q　　• s → q　　• ~r → s

이때 'B 대학교를 졸업한 사람은 C 학원에 다니지 않았다'는 세 번째 명제의 역에 해당하므로 이에 대한 참 · 거짓의 여부는 확실히 알 수 없다.

| 오답풀이 |

① 세 번째 명제의 대우(~s → r)에 해당하므로 참이다.

② 두 번째 명제의 대우(~q → ~s)와 세 번째 명제의 대우(~s → r)의 삼단논법을 통해 '~q → r'이 참임을 알 수 있다.

④ 첫 번째 명제와 두 번째 명제의 대우(~q → ~s)의 삼단논법을 통해 'p → ~s'도 참임을 알 수 있다.

41 문제해결력 조건을 바탕으로 추론하기

| 정답 | ③

| 해설 | 두 번째 조건에서 파란색 코트를 입는 A가 B의 아래층에 살고, 세 번째 조건에서 C가 보라색 코트를 입는 사람의 아래층에 산다고 했으므로, A, C는 1층, B, D는 2층에 산다는 것을 알 수 있다. 또한 다섯 번째 조건에서 노란색 코트를 입는 일본인이 1층에 산다고 했으므로 이 사람은 C가 되고, 네 번째 조건의 초록색 코트를 입는 중국인이 B가 되며, 그 옆에 사는 D가 영국인이 된다. 그러므로 파란색 코트를 입는 A가 한국인이 되고, 이 내용을 표로 정리하면 다음과 같다.

2층	B – 초록, 중국	D – 보라, 영국
1층	A – 파랑, 한국	C – 노랑, 일본

따라서 한국인과 같은 층에 사는 사람은 C이다.

42 문제해결력 조건을 바탕으로 추론하기

| 정답 | ②

| 해설 | 4명이 타는 차는 B가 운전을 하고 3명이 타는 차는 B와 같은 차를 타지 않는 C와 D 중 한 명이 운전을 한다. A와 G는 같은 차를 타고 가야 하는데, C와 D가 있는 차에는 이미 2명이 있으므로 탈 수가 없다. 그러므로 B가 운전하는 차를 타고 가는 사람은 A, E(혹은 F), G이다.

43 문제해결력 진위 추론하기

| 정답 | ④

| 해설 | 서로 의견이 상충하는 G 사원과 L 사원의 말이 각각 거짓일 경우를 생각해 본다.

• G 사원이 참을 말하고 있을 경우 : L 사원을 제외한 나머지 사원들의 말이 모두 참이 된다. 따라서 안양천, 대곡천, 황구지천은 같은 결과를 받았다. 중랑천은 먹는 물 기준에 적합 판정을 받았는데, J 사원의 발언에 의해 남은 세 강 중 두 강만이 먹는 물 기준에 적합 판정을 받을 수 있게 된다. 따라서 조건과 상충한다.

• L 사원이 참을 말하고 있을 경우 : G 사원을 제외한 나머지 사원들의 말이 모두 참이 된다. 따라서 안양천과 대곡천은 같은 결과를, 대곡천과 황구지천은 다른 결과를 받았다. 중랑천은 먹는 물 기준 적합 판정을 받았는데, J 사원의 발언에 의해 남은 세 강 중 두 강만이 먹는 물 기준에 적합 판정을 받을 수 있게 된다. 따라서 대곡천과 안양천은 부적합 판정, 중랑천과 황구지천은 적합 판정을 받게 된다.

44 문제해결력 논리적 오류 파악하기

| 정답 | ④

| 해설 | 성인들의 56%가 청소년들의 길거리 흡연을 제지하지 못했다는 단 하나의 사실만을 가지고 성인들의 도덕심이 결여되어 있다고 생각하고 있다. 이는 몇 가지 사례나 경험만을 가지고 그 전체의 속성을 판단하는 성급한 일반화의 오류이다.

| 오답풀이 |

① 애매어의 오류는 논증에 사용된 낱말이 둘 이상으로 해석될 수 있을 때, 상황에 맞지 않는 의미로 해석하는 데에서 생기는 오류이다.

② 감정에 호소하는 오류는 자신의 주장이 옳다는 것을 상대가 받아들이게 하기 위해 알맞은 전제에 호소하지 않고 상대적 정서에 영향을 주려 할 때 생기는 오류이다.

③ 원천봉쇄의 오류는 어떤 특정한 주장에 대한 반론이 일어날 수 있는 유일한 원천을 비판하면서 반박 자체를 막아 자신의 주장을 옹호하고자 할 때 생기는 오류이다.

45 문제해결력 조건을 바탕으로 추론하기

| 정답 | ④

| 해설 | 먼저 네 번째 조건을 보면 E는 C와 성별이 같고, 세 번째 조건에 따라 D는 여자인데, 여자는 둘뿐이므로 C와 E는 남자임을 알 수 있다. 또한 E는 영국인 또는 프랑스인이라고 하였는데, 마지막 조건에 따라 프랑스인은 여자이므로 E는 영국인이 된다. 다섯 번째 조건과 마지막 조건을 살펴보면 F는 이탈리아인이 아니고, 남자이므로 프랑스인도 아니다. 그리고 두 번째 조건에 따라 A는 미국인이므로 F는 중국인 또는 일본인이며, C도 중국인 또는 일본인이므로 D는 이탈리아인임을 알 수 있다. 이를 표로 정리해 보면 다음과 같다.

구분	국적	성별
A	미국	남
B	프랑스	여
C	중국 or 일본	남
D	이탈리아	여
E	영국	남
F	중국 or 일본	남

따라서 B는 프랑스인이다.

46 이해력 집단윤리와 개인윤리의 관계 이해하기

| 정답 | ②

| 해설 | 사회 집단의 도덕성은 개인의 도덕성보다 현저히 떨어진다는 것이 A의 주장이므로, 개인과 집단의 양심에는 차이가 있을 수 있다는 을의 주장이 가장 유사하다.

47 이해력 악수 예절 이해하기

| 정답 | ②

| 해설 | 원칙적으로 여자가 남자에게 먼저 악수를 청하는 것이 올바른 예절이다.

48 이해력 네티켓 이해하기

| 정답 | ②

| 해설 | ㉠ 온라인 대화(채팅)에서의 네티켓에 대한 내용이다. 온라인 대화에서는 다양한 대화방에서 다양한 사람들과의 대화가 실시간으로 진행된다는 점에서 그에 맞는 네티켓에 각별히 신경을 써야 한다.

㉡ 인터넷 게시판에서의 네티켓에 대한 내용이다. 인터넷 게시판의 게시물은 회원이나 불특정 다수의 사용자들에게 공개되는 글인 만큼 많은 사람들이 게시물을 활용하는 곳임을 명심하고 그에 맞는 네티켓을 지켜야 한다.

49 이해력 올바른 인사 예절 이해하기

| 정답 | ②

| 해설 | 평상시 어른께 인사할 때, 출퇴근할 때, 감사의 표현을 할 때에는 고개를 살짝 숙여서 인사하는 것이 적절하다.

| 오답풀이 |

③ 90도로 숙여서 인사하는 것은 평상시 사용되는 인사방법으로 부적절하다.

50 이해력 갈등 해결 방안 파악하기

| 정답 | ③

| 해설 | 업무를 신 사원에게 전적으로 맡겼지만, 결재를 올리기 전 최종 검토를 안 한 김 과장의 잘못도 있으므로 신 사원과 함께 잘못을 인정하는 것이 바람직하다.

8회 기출예상문제

▸ 문제 222쪽

01	①	02	③	03	①	04	②	05	③
06	①	07	③	08	④	09	①	10	②
11	①	12	④	13	①	14	④	15	③
16	③	17	①	18	③	19	④	20	③
21	④	22	③	23	②	24	④	25	④
26	④	27	③	28	④	29	①	30	②
31	④	32	①	33	④	34	④	35	①
36	③	37	①	38	④	39	①	40	②
41	①	42	④	43	③	44	②	45	④
46	②	47	②	48	②	49	①	50	③

01 언어논리력 다의어의 의미 파악하기

| 정답 | ①

| 해설 | 〈보기〉의 문장과 ①의 '어쩌다가'는 '뜻밖에 우연히'라는 뜻으로 사용되었다.

| 오답풀이 |

②, ④ '이따금 또는 가끔가다가'라는 뜻으로 사용되었다.

③ '어찌하다가'의 준말로 사용되었다.

02 언어논리력 유의어 파악하기

| 정답 | ③

| 해설 | '무릇'은 '대체로 생각해 보아'의 의미이며, 유의어로는 '대저', '대범', '대컨' 등이 있다.

| 오답풀이 |

① '언제나 변함없이 한 모양으로 줄곧'의 의미를 가진다.

② '생각보다 매우'의 의미를 가진다.

④ '부정하는 말 앞에서 다만, 오직의 뜻으로 쓰이는 말'이다.

03 언어논리력 문맥상 적절한 단어 찾기

| 정답 | ①

| 해설 | 빈칸에 공통으로 들어갈 단어는 '참석'으로 '모임이나 회의 따위의 자리에 참여함'의 의미를 가진다.

| 오답풀이 |

② '새로운 영역, 운명, 진로 따위를 처음으로 열어 나감'의 의미를 가진다.

③ '이끌어 지도함'의 의미를 가진다.

④ '어떤 사실이나 내용을 분석하여 따짐'의 의미를 가진다.

04 언어논리력 표준발음법 이해하기

| 정답 | ②

| 해설 | '받침 뒤에 모음 'ㅏ, ㅓ, ㅗ, ㅜ, ㅟ'로 시작되는 실질 형태소가 연결되는 경우에는 대표음으로 바꾸어서 뒤 음절 첫소리로 옮겨 발음한다'라는 '표준 발음법' 제15항에서 받침 뒤에 오는 모음으로 'ㅣ'를 들지 않은 것은 '삯일[상닐], 홑이불[혼니불], 꽃잎[꼰닙]'과 같이 연음을 하지 않으면서 [ㄴ]이 드러나는 경우가 있기 때문이다. 따라서 값있는[가빈는]으로 발음해야 한다.

05 언어논리력 올바르게 띄어쓰기

| 정답 | ③

| 해설 | 단위를 나타내는 명사는 띄어 써야 하므로 '열 살'이라고 쓰는 것이 적절하다.

| 오답풀이 |

① '지내는지'의 '-ㄴ지'는 막연한 의문이 있는 채로 그것을 뒤 절의 사실이나 판단과 관련시키는 데 쓰는 연결 어미로 앞말과 붙여 써야 한다.

② '다치기밖에'의 '밖에'는 '그것 말고는', '그것 이외에는' 등의 뜻을 나타내는 보조사로 앞말과 붙여 써야 한다.

④ '실시되는바'의 '-ㄴ바'는 뒤 절에서 어떤 사실을 말하기 위하여 그 사실이 있게 된 것과 관련된 상황을 제시할 때 쓰이는 연결 어미로 앞말과 붙여 써야 한다.

06 언어논리력 속담의 의미 파악하기

| 정답 | ①

| 해설 | • 개구리 올챙이 적 생각 못 한다 : 형편이나 사정이 전에 비하여 나아진 사람이 지난날의 미천하거나 어렵던 때의 일을 생각지 아니하고 처음부터 잘난 듯이 뽐냄을 비유적으로 이르는 말이다.

• 소 잃고 외양간 고친다 : 소를 도둑맞은 다음에서야 빈 외양간의 허물어진 데를 고치느라 수선을 떤다는 뜻으로, 일이 이미 잘못된 뒤에는 손을 써도 소용이 없음을 비꼬는 말이다.

• 등잔 밑이 어둡다 : 대상에서 가까이 있는 사람이 도리어 대상에 대하여 잘 알기 어려움을 이르는 말이다.

따라서 세 속담과 공통적으로 관련이 있는 단어는 슬기롭지 못하고 둔하다는 뜻인 '어리석음'이다.

07 언어논리력 글의 흐름에 맞게 문장 넣기

| 정답 | ③

| 해설 | 제시된 글의 흐름상 공업에 의한 대량 생산과 소비는 사람들로 하여금 물질적 부를 즐기게 하고 또 사회의 가치 평가 기준을 생산과 부에 두게 하였으며, 그 결과 문화 경시의 현실, 인간 소외의 사회가 나타나게 되었다고 기술하고 있다. 제시된 문장을 보면 바로 앞에 물질 만능주의에 대한 이야기가 나왔음을 알 수 있다. 또한 (다) 직후에 물질 만능주의로 인한 결과를 서술하고 있으므로 제시된 문장은 (다)에 들어가야 한다.

08 언어논리력 세부내용 이해하기

| 정답 | ④

| 해설 | 마지막 문단의 "전문가들은 비타민 제품을 고를 때 자신에게 필요한 성분인지, 함량이 충분한지, 활성형 비타민이 맞는지 등을 충분히 살펴본 다음 선택하라고 권고한다."를 통해 시중에 있는 다양한 비타민 제품은 사람마다 다른 효과를 낼 수 있음을 알 수 있다.

| 오답풀이 |

① 과로로 인한 피로가 6개월 이상 지속되면 만성피로로 진단될 수 있다고 제시되어 있다. 따라서 피로가 1년 이상 지속된 철수는 만성피로로 진단될 수 있다.

② 만성피로를 내버려두면 면역력이 떨어져 감염병에도 취약해질 수 있다고 했으므로 피로는 독감과 같은 전염병에 걸리기 쉽게 만든다는 것을 알 수 있다.

③ 비타민 B군으로 대표되는 활성비타민은 스트레스 완화, 면역력 강화, 뇌신경 기능 유지, 피부와 모발 건강 등에도 도움을 준다고 언급되었다.

09 언어논리력 글에 맞는 한자성어 찾기

| 정답 | ①

| 해설 | 말라리아의 주요 증세가 고열이라는 점을 이용하여 병으로 병을 치료하였다. 따라서 '열은 열로써 다스린다'는 의미의 '이열치열(以熱治熱)'이 가장 적합하다

| 오답풀이 |

② 입술이 없으면 이가 시리다는 뜻으로, 가까운 사이에 있는 하나가 망하면 다른 하나도 그 영향을 받아 온전하기 어려움을 비유적으로 이르는 말이다.

③ 여름의 벌레는 얼음을 안 믿는다는 뜻으로, 견식이 좁음을 비유해 이르는 말이다.

④ 나무에 올라 물고기를 구한다는 뜻으로, 불가능한 일을 무리해서 굳이 하려 함을 비유적으로 이르는 말이다.

10 언어논리력 결론 도출하기

| 정답 | ②

| 해설 | (가)는 저소득층 가정에 보급한 정보 통신기기가 아이들의 성적향상에 별다른 영향을 미치지 못하거나, 오히려 부정적인 영향을 미친다는 것을 설명하고 있다. (나)는 정보 통신기기의 활용에 대한 부모들의 관리와 통제가 학업성적에 영향을 준다는 것을 설명하고 있다. 따라서 아이들의 학업성적에는 정보 통신기기의 보급보다 기기 활용에 대한 관리와 통제가 더 중요하다는 것을 결론으로 도출할 수 있다.

11 언어논리력 글의 중심내용 찾기

| 정답 | ①

| 해설 | 제시된 글은 언론사들이 정치적 지향을 강하게 드러낼수록 자신의 정치적 성향과 동일하다고 생각하는 구독자

들이 더 많은 후원금을 내고 이를 통해 수입을 얻어 언론사를 이끌어갈 수 있다고 하면서, 대안언론이 정치성을 드러내는 이유에 대해 설명하고 있다.

12 언어논리력 글의 흐름에 맞게 문장 배열하기

| 정답 | ④

| 해설 | 먼저 제시된 문장에서 중심소재로 등장한 미세플라스틱의 유해한 점인 화학물질을 상세하게 설명하고 있는 (나)가 오고, 미세플라스틱에 노출된 것과 관련한 실험 결과로 (나)의 내용을 뒷받침하는 (마)가 이어져야 한다. 또한 '더불어'로 미세플라스틱의 유해한 영향을 말하며 (마)의 내용과 이어지는 (가)가 오고, 이러한 상황이 필연적임을 말하는 (라)가 그다음에 위치한다. 마지막으로 '이처럼'으로 시작하여 내용을 정리하는 (다)가 위치하는 것이 적절하다. 따라서 (나)−(마)−(가)−(라)−(다) 순으로 배열해야 한다.

13 수리력 속력 구하기

| 정답 | ①

| 해설 | B가 한 시간 만에 A를 따라잡았으므로 A가 75분 동안 이동한 거리와 B가 60분 동안 이동한 거리는 서로 같다. B의 속력을 x라고 하면 다음 식이 성립한다.

$$6 \times \frac{75}{60} = x \times 1$$

$\therefore x = 7.5(\text{km/h})$

따라서 B의 속력은 7.5km/h이다.

14 수리력 연립방정식 활용하기

| 정답 | ④

| 해설 | 구매할 초콜릿의 개수를 x개, 사탕의 개수를 y개로 두면 식은 다음과 같다.

$$\begin{cases} 1{,}300x + 700y = 15{,}000 \\ x + y = 12 \end{cases}$$

두 식을 연립하여 풀면 $x=11$(개), $y=1$(개)이다.

따라서 구매할 수 있는 초콜릿의 개수는 11개이다.

15 수리력 저축 금액 계산하기

| 정답 | ③

| 해설 | x개월 후에 A가 모은 금액은 $(200+20x)$만 원이고 B가 모은 금액은 $(100+50x)$만 원이다. B가 모은 돈이 A가 모은 돈의 두 배가 넘는 시기를 구해야 하므로 식은 다음과 같다.

$2(200+20x) < 100+50x$

$10x > 300$

$\therefore x > 30$

따라서 지금부터 31개월 후부터 B가 모은 돈이 A가 모은 돈의 두 배가 넘는다.

16 수리력 평균 계산하기

| 정답 | ③

| 해설 | 네 과목의 평균이 89.5점이라고 하였으므로 네 과목의 총점수는 $89.5 \times 4 = 358$(점)이다. 다섯 과목의 평균 점수가 90점 이상이 되기 위해서는 총점수가 $90 \times 5 = 450$(점) 이상이어야 하므로 영어 점수를 x점이라 하면 다음과 같은 식이 성립한다.

$358 + x \geq 450$

$\therefore x \geq 92$

따라서 받아야 할 최소 점수는 92점이다.

17 수리력 확률 계산하기

| 정답 | ①

| 해설 | A 대리가 정각에 출근하거나 지각할 확률은 $\frac{1}{4} + \frac{2}{5} = \frac{13}{20}$이므로, 정해진 출근 시간보다 일찍 출근할 확률은 $1 - \frac{13}{20} = \frac{7}{20}$이다. 따라서 이틀 연속 제시간보다 일찍 출근할 확률은 $\frac{7}{20} \times \frac{7}{20} = \frac{49}{400}$가 된다.

18 수리력 그래프 해석하기

| 정답 | ③

| 해설 | 수도권이 지방보다 더 많은 재건축 인가 호수를 보인 해는 20X5년과 20X8년이며, 수도권이 지방보다 더 많은 재건축 준공 호수를 보인 해는 20X8년뿐이다.

| 오답풀이 |

① 수도권의 5년 평균 재건축 인가 호수는 $\frac{9.7+2.0+2.9+8.7+10.9}{5}=6.84$(천 호)로, $\frac{1.1+3.4+0.7+10.2+5.9}{5}=4.26$(천 호)인 평균 준공 호수보다 많다.

② 20X9년 지방의 재건축 인가 호수가 전년 대비 가장 큰 변동 폭을 나타내고 있다.

④ 지방의 재건축 준공 호수의 증감 추이는 증가, 감소, 증가, 증가로 이와 동일한 항목은 없다.

19 수리력 자료의 수치 분석하기

| 정답 | ④

| 해설 | 대상분포를 고려하여 예체능, 취미, 교양 과목의 전국 월평균 사교육비를 구하면 $(65,000\times0.178)+(39,000\times0.256)+(44,000\times0.415)+(35,000\times0.151)=45,099$(원)이다.

| 오답풀이 |

① 서울특별시의 일반교과 월평균 사교육비는 읍면지역의 $266,000\div156,000≒1.7$(배)이다.

② 광역시의 전체 사교육비 중 취업 관련 사교육비가 차지하는 비율은 $\frac{19,000}{186,000+39,000+19,000}\times100≒7.8$(%)이다.

③ 대상분포를 고려하지 않고 전국의 일반교과 월평균 사교육비를 구하면 $\frac{266,000+186,000+201,000+156,000}{4}$ $=202,250$(원)이 된다.

20 수리력 경우의 수 구하기

| 정답 | ③

| 해설 | 각각 낼 수 있는 것은 가위, 바위, 보 3종류이므로 3명이 한 번의 가위, 바위, 보에서 내놓을 수 있는 경우의 수는 모두 $3\times3\times3=27$(가지)이다. 이 중 적어도 한 명이 지는 경우는 한 명이 지거나, 두 명이 지는 경우까지 모두 포함하는 것이므로, 전체 경우의 수에서 아무도 이기지 않는 경우의 수를 빼는 것과 같다.

따라서 아무도 이기지 않는 경우의 수를 구하면, 3명 모두 같은 종류를 내놓을 경우인 3가지와 모두 다른 종류를 내놓을 경우인 6가지($_3P_3=3!$)로, 총 9가지가 된다.

그러므로 구하는 경우의 수는 $27-9=18$(가지)이다.

21 수리력 방정식 활용하기

| 정답 | ④

| 해설 | 벽걸이 달력의 개수를 x개라 하면 탁상용 달력의 개수는 $(12-x)$개이므로 다음과 같은 식이 성립한다.

$7,500\times(12-x)+9,000x+3,000=105,000$

$(9,000-7,500)x+90,000+3,000=105,000$

$1,500x=12,000$

$\therefore x=8$

따라서 A가 주문한 벽걸이 달력은 8개이다.

22 수리력 자료값의 비율 구하기

| 정답 | ③

| 해설 | A 유원지의 총매출액 중 소인 남자의 비율은 $100-(19.2+23.5+17.8+21.4+12.3)=5.8$(%)이다.

23 수리력 자료값의 비율 구하기

| 정답 | ②

| 해설 | D 유원지의 총매출액 중 여학생이 차지하는 비율은 34.4%이다. 이 중 37%가 고등학생이므로 D 유원지의 총매출액 중 여자 고등학생이 차지하는 비율은 $100\times\frac{34.4}{100}\times\frac{37}{100}≒12.7$(%)이다.

24 수리력 매출액 계산하기

| 정답 | ④

| 해설 | C 유원지와 D 유원지의 소인 남자 매출액을 각각 구하면 다음과 같다.

- C 유원지 : $3,284 \times 0.207 = 679.788$(만 원)
- D 유원지 : $1,819 \times 0.072 = 130.968$(만 원)

따라서 C 유원지의 소인 남자 총매출액은 D 유원지의 소인 남자 총매출액의 $\frac{679.788}{130.968} \fallingdotseq 5.2$(배)이다.

25 수리력 최대공약수 구하기

| 정답 | ④

| 해설 | 가로 42cm, 세로 60cm의 벽에 가장 적은 수의 정사각형 타일로 남는 부분 없이 붙이려면 가로, 세로 길이의 최대공약수에 해당하는 크기의 타일을 사용하면 된다.

$$\begin{array}{r|rr} 2 & 42 & 60 \\ \times\ 3 & 21 & 30 \\ \hline = 6 & 7 & 10 \end{array}$$

42와 60의 최대공약수는 $2 \times 3 = 6$이므로 정사각형 타일의 한 변의 길이는 6cm이고, 벽의 가로에는 $42 \div 6 = 7$(개), 세로에는 $60 \div 6 = 10$(개) 붙일 수 있다. 따라서 필요한 타일의 최소 개수는 $7 \times 10 = 70$(개)이다.

26 공간지각력 블록 개수 세기

| 정답 | ④

| 해설 | 1층에 7개, 2층에 4개, 3층에 1개로 블록은 총 12개이다.

27 공간지각력 세 면이 보이는 블록 찾기

| 정답 | ③

| 해설 | 세 면이 보이는 블록은 다음 색칠된 면으로 4개이다.

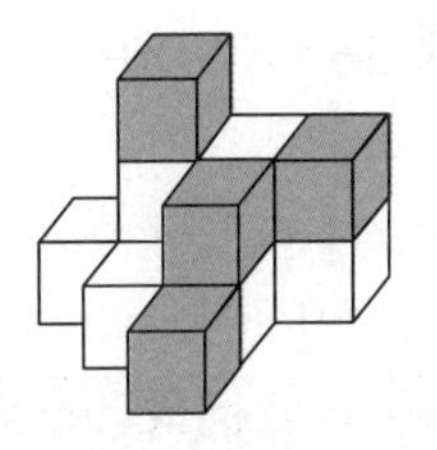

28 공간지각력 조각 배열하기

| 정답 | ④

| 해설 | 그림의 조각을 (라)-(다)-(나)-(가) 순서대로 배열하면 다음과 같은 그림이 완성된다.

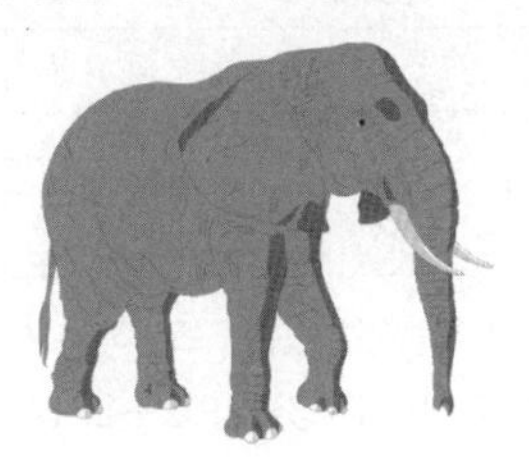

29 공간지각력 나타나 있지 않은 조각 찾기

| 정답 | ①

| 해설 |

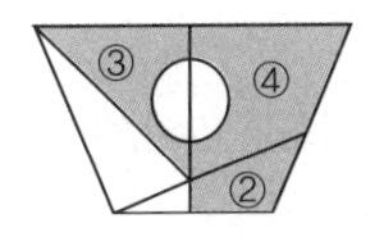

30 공간지각력 전개도 파악하기

| 정답 | ②

| 해설 | 전개도를 접었을 때 서로 만나게 되는 모서리를 표시하면 다음과 같다.

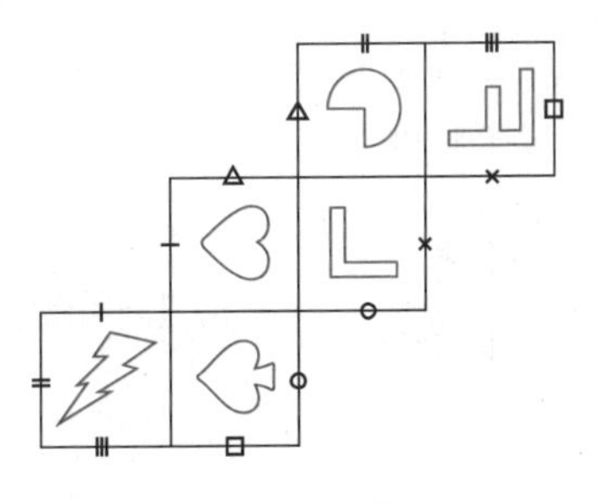

따라서 주사위 윗면의 모습은 [♡]이다.

31 공간지각력 크고 작은 사각형의 개수 구하기

| 정답 | ④

| 해설 | 하나의 사각형을 이루는 도형 개수에 따라 사각형의 개수를 정리하면 다음과 같다.

한 사각형을 이루는 도형의 개수(개)	개수(개)
1	16
2	12
3	11
4	1
5	4
6	3
7	2
9	2
16	1

따라서 도형에서 찾을 수 있는 크고 작은 사각형의 전체 개수는 16+12+11+1+4+3+2+2+1=52(개)이다.

32 공간지각력 일치하는 입체도형 찾기

| 정답 | ①

| 해설 | ①은 제시된 입체도형을 다음과 같이 반시계방향으로 90° 회전시킨 것이다.

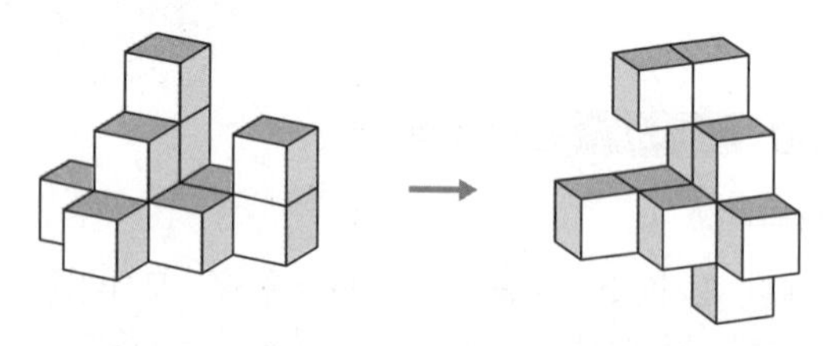

| 오답풀이 |

다른 입체도형은 점선 표시된 블록이 추가되거나 동그라미 친 블록이 제거되어야 한다.

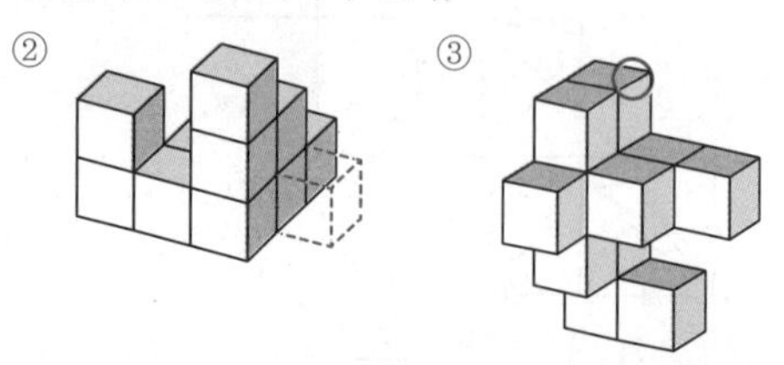

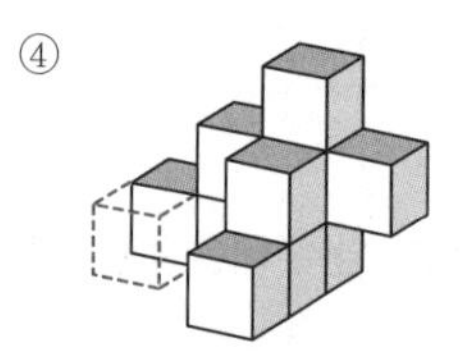

33 공간지각력 펼친 모양 찾기

| 정답 | ④

| 해설 | 접었던 선을 축으로 하여 역순으로 펼치면 다음과 같다.

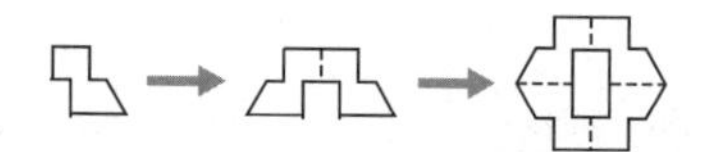

34 공간지각력 전개도 파악하기

| 정답 | ④

| 해설 | A는 다음과 같이 1과 마주 보므로 A에 들어갈 눈의 개수는 6개이다.

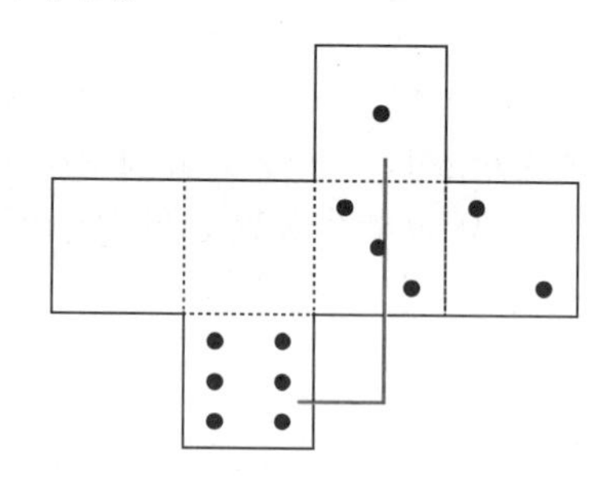

35 공간지각력 동일한 도형 찾기

| 정답 | ①

| 해설 | 제시된 도형과 같은 것은 ①이다.

| 오답풀이 |

나머지 도형은 동그라미 친 부분이 다르다.

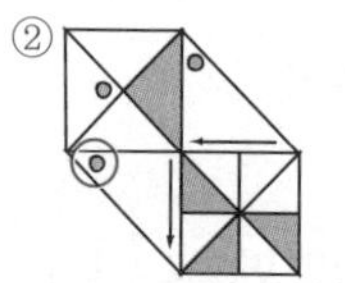

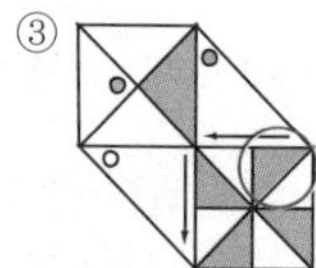

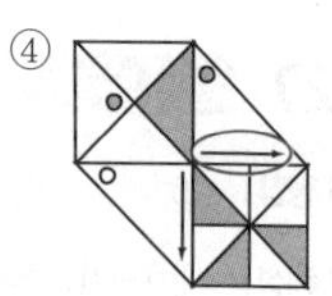

36 문제해결력 조건을 바탕으로 추론하기

| 정답 | ③

| 해설 | 가영이의 키는 170cm이고 라영이의 키는 155cm로, 가영이는 라영이보다 키가 크다. 그런데 라영이의 키가 마영이보다 크다고 했으므로 가영>라영>마영이 성립되어 ③은 바른 추론임을 알 수 있다.

37 문제해결력 진위를 판단하여 순위 추론하기

| 정답 | ①

| 해설 | W와 Z의 주장이 모순되므로 둘 중 한 사람이 거짓을 말하는 경우를 확인해 본다.

- Z가 거짓말을 한 경우(W가 4위) : V는 2등이며, X와 연이어 들어왔으므로 X는 1등 혹은 3등이 된다. X가 1등일 경우 Y가 3등, X가 3등일 경우 Y가 1등이나 꼴등이 되는데 이 경우 Z가 1등도 5등도 아니라는 Y의 주장도 거짓이 되므로 적절하지 않다.
- W가 거짓말을 한 경우(W가 5위) : V, Z에 의해 2등과 5등은 각각 V와 W가 되며 W와 Y의 순위 차이가 가장 크다고 했으므로 Y는 1등이 된다. V와 연이어 있는 X는 3등, 1등도 5등도 아닌 Z는 4등이 된다. 이를 정리하면 다음과 같다.

1위	2위	3위	4위	5위
Y	V	X	Z	W

38 문제해결력 조건을 바탕으로 추론하기

| 정답 | ④

| 해설 | 해미는 부정청탁을 받은 사실이 없어 제외되므로 유결, 문영, 기현 중 부정청탁을 받은 사람이 있다. 만약 유결이 부정청탁을 받았다면, 문영이나 기현 중 한 명도 부정청탁을 받은 것이 되는데 이때 문영이 부정청탁을 받았다면 다른 두 명도 받은 것이므로 기현도 부정청탁을 받은 것이 된다. 만약 기현이 부정청탁을 받았다면 기현 이외에는 부정청탁을 받은 사람을 확실히 알 수 없다. 따라서 반드시 부정청탁을 받은 사람은 기현이다.

39 문제해결력 명제 판단하기

| 정답 | ①

| 해설 | 각 명제를 'a : 빨간색을 좋아한다', 'b : 사소한 일에 얽매인다', 'c : 분홍색을 좋아한다', 'd : 애정과 동정심이 많다', 'e : 파란색을 좋아한다', 'f : 내성적이다', 'g : 박애주의자이다'라고 할 때 주어진 명제를 정리하면 다음과 같다.

- a → ~b
- c → d
- ~f → ~e
- f → b
- d → g

(가) '~f → ~e'가 참이라면 대우 명제인 'e → f'도 참이 된다. 또한 'a → ~b'가 참이라면 대우 명제인 'b → ~a'도 참이 된다. 따라서 삼단논법을 이용해 'e → ~a'가 참임을 알 수 있다.

(나) 주어진 명제로는 '분홍색을 좋아하지 않는 사람'에 대한 정보를 확인할 수 없다.

따라서 (가)만 항상 옳은 설명이다.

40 문제해결력 명제 판단하기

| 정답 | ②

| 해설 | 각 명제를 'p : 에어로빅 강좌를 신청한다', 'q : 요리 강좌를 신청한다', 's : 영화감상 강좌를 신청한다', 'r : 우쿨렐레 강좌를 신청한다'라고 할 때 〈조건〉을 정리하면 다음과 같다.

- ~p → ~q
- ~s → ~p
- 일부 r → q

'~p → ~q'가 참이라면 대우 명제인 'q → p'도 참이 된다. 또한 '~s → ~p'가 참이라면 대우 명제인 'p → s'도 참이 된다. 따라서 삼단논법을 통해 '일부 r → s'도 참이 되어 우쿨렐레 강좌 신청자 중 일부는 영화감상 강좌를 신청했음을 알 수 있다.

| 오답풀이 |

① 첫 번째 명제의 이에 해당하므로 반드시 참이라고 볼 수 없다.

③, ④ 주어진 명제로는 알 수 없다.

41 문제해결력 진위 추론하기

| 정답 | ①

| 해설 | B와 C는 둘 다 ㉡ 실험에서 오류가 나지 않았다고 말하고 있으므로 둘은 진실을 말하고 있는 것이 되며 A와 D 둘 중 한 명이 거짓말을 하고 있음을 알 수 있다.

- A의 증언이 거짓말일 경우 : B, C, D의 증언이 진실이 되며 이들의 증언은 서로 상충하지 않는다. A의 증언이 거짓이므로 ㉢ 실험에서는 오류가 발생한 것이 아니게 되고 B, C, D의 증언에 따라 ㉡과 ㉣ 실험에도 오류가 발생하지 않았으므로 오류가 발생한 실험은 ㉠이다.
- D의 증언이 거짓말일 경우 : A, B, C의 증언이 진실이 된다. D의 증언이 거짓임에 따라 ㉣ 실험에서 오류가 발생한 것이 되는데, 이 경우 ㉢ 실험에서 오류가 있었다는 A의 진술에 의해 오류가 있는 실험이 2개가 되므로 이는 조건에 상충한다. 그러므로 D는 거짓말을 하지 않았다.

따라서 거짓을 말한 사람은 A이고 오류가 발견된 실험은 ㉠이다.

42 문제해결력 논리적 오류 파악하기

| 정답 | ④

| 해설 | 제시된 내용은 한 사건이 다른 사건보다 먼저 발생하여 전자가 후자의 원인이라고 잘못 추론하는 잘못된 인과관계의 오류를 보인다. 이와 같은 오류를 보이는 것은 ④이다.

| 오답풀이 |

① 의도하지 않은 결과에 대해 어떤 의도가 있다고 판단하여 생기는 의도 확대의 오류이다.

② 어떤 대상의 기원이 갖는 특성을 그 대상도 그대로 지니고 있다고 추리하여 발생하는 발생학적 오류이다.

③ 상대방의 인품, 행적을 토대로 트집 잡아 상대의 주장이 틀렸다고 비판하는 인신공격의 오류이다.

43 문제해결력 조건을 바탕으로 추론하기

| 정답 | ③

| 해설 | 키패드 내에서 가로 일직선상에 위치한 숫자 세 개를 모두 합한 값이 남은 한 개의 숫자가 되는 숫자군은 1, 2, 3이고 남은 한 개의 숫자는 6이다. 마지막 조건에서 첫 번째, 두 번째 자리의 숫자를 더하면 네 번째 자리의 숫자가 된다고 했으므로 네 번째 숫자로 가능한 것은 3이다. 첫 번째, 두 번째 자리에 오는 숫자는 1 또는 2인데 네 번째 조건에 따라 첫 번째 자리에 2, 두 번째 자리에 1이 온다. 따라서 비밀번호는 2163이다.

44 문제해결력 조건을 바탕으로 추론하기

| 정답 | ②

| 해설 | 먼저 다섯 번째 조건에 따라 희은과 찬빈은 시사토론 강의를 수강한다. 여섯 번째 조건에 따라 예림은 두 개의 강의를 수강하고 있는데, 마지막 조건에서 예림은 영어회화를 듣지 않는다 하였으므로 예림은 시사토론과 수영을 수강한다. 네 번째 조건에 따라 은희와 유민은 두 개의 같은 강의를 수강하는데, 시사토론의 경우 남은 자리가 하나이므로 은희와 유미는 영어회화와 수영을 수강한다. 여섯 번째와 일곱 번째 조건에 따라 영준은 시사토론과 영어회화를 수강하고, 해진은 자리가 남은 영어회화를 수강한다. 이를 표로 정리하면 다음과 같다.

구분	영어회화(4명)	시사토론(4명)	수영(3명)
희은	×	○	×
찬빈	×	○	×
은희	○	×	○
영준	○	○	×
유민	○	×	○
해진	○	×	×
예림	×	○	○

45 문제해결력 논리적 오류 파악하기

| 정답 | ④

| 해설 | 피장파장의 오류는 상대방의 잘못을 들추어 서로 낫고 못함이 없다고 주장하며 자신의 잘못을 정당화하는 오류이다. 제시된 글에서 현수는 민규도 30분이 늦은 적이 있다는 사실을 들어 자신의 잘못을 정당화하고 있다.

| 오답풀이 |

① 성급한 일반화의 오류는 특수하고 부족한 양의 사례를 근거로 일반화하여 섣불리 결론을 내리는 오류이다.

② 허수아비 공격의 오류는 상대방이 제시한 주장 전체가 아닌 상대방 주장의 일부만을 고르거나 그 일부를 과장, 왜곡시켜 공격하기 쉬운 유사한 주장으로 바꿔 그를 반박함으로써 상대방의 본래 주장 전부를 반박하는 것처럼 보이려 하는 오류이다.

③ 동정에 호소하는 오류는 동정심에 호소해서 결론을 받아들이게 하는 오류이다.

46 이해력 절기 이해하기

| 정답 | ②

| 해설 | 망종은 소만과 하지 사이의 절기로 24절기 중 아홉 번째에 해당한다.

47 이해력 직장 내 전화 예절 이해하기

| 정답 | ②

| 해설 | 직장에서는 압존법이 적용되지 않는다. 따라서 '과장님께'로 바꿔 말해야 한다.

| 오답풀이 |

① 전화벨이 두 번 울린 후 받은 경우이므로 본인 소개부터 하는 것은 적절한 전화 응대이다. 전화벨이 3～4번 이상 울린 후 전화를 받았을 때에는 먼저 "늦게 받아 죄송합니다."라는 말을 하는 것이 바람직하다.

③ 통화 시 항상 메모할 준비를 해 두는 것이 좋으며, 메모하겠다고 언급하여 상대방의 지시를 정확하게 인지하겠다는 의사를 보이는 것이 바람직한 전화 예절이다.

④ 자신이 모르는 사항에 대해서 모른다고 답하는 것보다 담당자에게 확인하여 답을 하겠다고 대답하는 것이 적절한 전화 응대이다.

48 이해력 윤리적 가치관 이해하기

| 정답 | ②

| 해설 | 규칙을 준수하는 것은 나의 권리를 보장받고 다른 사람의 권리를 보장하는 준법정신을 의미한다.

| 오답풀이 |

① 개인의 사정보다 규칙을 우선하는 것이 바람직하다.

③ 회사 내규의 불합리 개선을 촉구하고자 하는 요구는 공식적인 형식을 따르는 것이 바람직하다.

④ 정직은 부정직한 관행을 인정하지 않고 이를 눈감아 주지 않는 것을 포함한다.

49 이해력 낮은 정직성의 원인 파악하기

| 정답 | ①

| 해설 | 한국 사회의 정직성이 낮은 이유 중 하나는 사적 신뢰가 공적 신뢰에 앞서는 경우가 많다는 것이다. 사적 신뢰보다 공적 신뢰가 더 중요시된다면 정직성이 낮을 가능성이 보다 작아진다.

50 이해력 직장 내 명함 예절 이해하기

| 정답 | ③

| 해설 | 명함은 만나는 자리가 끝나기 전까지 눈에 보이는 곳에 두는 것이 예의이며 받자마자 수첩이나 주머니에 넣는 것은 실례이다.

9회 기출예상문제

▸문제 246쪽

01	④	02	②	03	④	04	④	05	④
06	②	07	④	08	②	09	①	10	④
11	④	12	④	13	④	14	④	15	②
16	①	17	③	18	①	19	④	20	②
21	②	22	④	23	④	24	③	25	④
26	③	27	④	28	④	29	③	30	②
31	③	32	③	33	④	34	③	35	①
36	①	37	②	38	④	39	③	40	④
41	②	42	②	43	①	44	④	45	④
46	③	47	③	48	④	49	③	50	③

01 언어논리력 올바른 맞춤법 사용하기

| 정답 | ④

| 해설 | '장쾌하다'는 가슴이 벅차도록 장하고 통쾌하다는 의미로 문맥상 적절한 표현이다.

| 오답풀이 |

① 문맥상 몸의 살이 빠져 파리하게 된다는 뜻의 '여위고'로 표기해야 한다.

② '넘어질 것같이'로 표기해야 한다.

③ 지위나 자격을 나타내는 격조사인 '-로서'를 사용하여 '준마로서'로 표기해야 한다.

02 언어논리력 속담 의미 파악하기

| 정답 | ②

| 해설 | ②는 열 사람이 한 술씩 밥을 덜면 쉽게 밥 한 그릇을 만들 수 있다는 뜻으로, 여럿이 힘을 모으면 큰 힘이 됨을 비유적으로 이르는 말이다.

| 오답풀이 |

① 헤프게 쓰지 않고 아끼는 사람이 재산을 모으게 됨을 비유적으로 이르는 말이다.

③ 일을 열심히 하여서 돈은 많이 벌되 생활은 아껴서 검소하게 살라는 말이다.

④ 뭐든지 아무리 많아도 쓰면 줄어들기 마련이니 지금 풍부하다고 하여 함부로 헤프게 쓰지 말고 아끼라는 말이다.

03 언어논리력 단어 관계 파악하기

| 정답 | ④

| 해설 | '계산기'와 '계산'은 도구와 목적의 관계를 지닌다. '피아노'를 도구로 이룰 수 있는 목적은 '연주'이다.

04 언어논리력 세부내용 이해하기

| 정답 | ④

| 해설 | 퍼퓸은 향이 12시간 정도 지속된다고 하였으므로 향이 아침부터 밤까지 지속되게 하려면 퍼퓸을 구입하면 된다.

| 오답풀이 |

① 향수의 원액 농도와 가격의 관계에 대해서는 지문을 통해서 알 수 없다.

② 라스트 노트가 6시간 지속되는 향수가 가장 좋은 향수라고 나와 있다.

③ 마지막 문장을 보면 '귀 뒤나 손목, 팔꿈치 안쪽 등 맥박이 뛰는 부분'에 향수를 뿌리면 향력이 더 좋아진다고 하였으나 목에 대해서는 언급하지 않아 알 수 없다.

05 언어논리력 유의어 파악하기

| 정답 | ④

| 해설 | 제시된 문장의 '맡기다'는 어떤 일에 대한 책임을 지고 담당하게 하다는 뜻이다. '주선하다'는 일이 잘되도록 여러 가지 방법으로 힘쓴다는 뜻으로, '맡기다'의 의미와 뜻에서 다소 차이가 있다.

| 오답풀이 |

① 일임하다 : 모두 다 맡기다.

② 내맡기다 : 아주 맡겨 버리다.

③ 기탁하다 : 어떤 일을 부탁하여 맡겨 두다.

06 언어논리력 글의 중심내용 찾기

| 정답 | ②

| 해설 | 제시된 글에서는 상품과 경제 법칙은 그것을 만든 인간의 손을 떠나는 순간 자립성을 띠게 되며, 인간이 오히려 이러한 상품과 경제 법칙에 지배받기 시작하면서 인간 소외 현상이 나타난다고 하였다.

07 언어논리력 단어 관계 파악하기

| 정답 | ④

| 해설 | 화폐를 얻기 위해 상품을 내놓고, 건강을 얻기 위해 운동을 한다.

08 언어논리력 세부내용 이해하기

| 정답 | ②

| 해설 | 욜로 라이프는 현재의 삶이 행복해야 미래의 삶도 행복하다는 개념이 반영된 현상이지만 미래를 위한 투자에까지 중점을 둔다는 것은 아니다. 욜로족은 한 번뿐인 삶을 보다 즐겁고 아름답게 만들고자 현재의 여가와 건강, 자기계발 등에 투자하는 소비 경향을 보인다.

09 언어논리력 글의 흐름에 맞게 문장 배열하기

| 정답 | ①

| 해설 | 모든 선택지가 (라)로 시작하기 때문에 (라)와 이어지는 문장을 찾아야 한다. (라)에서는 농촌 고령화의 심각성을 언급하고 있으므로, 뒤에 그 원인을 설명하는 (가)가 오는 것이 자연스럽다. 다음으로 (가)의 상황에서 고령층이 하고 있는 일을 설명하는 (나)로 이어지고, 이러한 노력들에도 불구하고 고령화 문제 해결의 어려움을 이야기하고 있는 (다)가 올 수 있다. 따라서 (라)－(가)－(나)－(다) 순이 적절하다.

10 언어논리력 글의 흐름에 맞는 접속부사 고르기

| 정답 | ④

| 해설 | 빈칸의 앞 문장과 뒤 문장을 살펴보면 앞 문장에서는 ○○ 제작사의 변호사 A의 주장을, 뒤 문장에서는 △○ 제작사의 변호사 B의 주장을 말하고 있다. 각 변호사의 주장은 서로 상반되는 내용을 담고 있으므로 뒤의 내용이 앞의 내용과 상반됨을 나타내는 '반면'이 들어가야 한다.

11 언어논리력 올바른 맞춤법 사용하기

| 정답 | ④

| 해설 | ㉢의 '들렀다'는 기본형 '들르다'에 '－었－'이 결합된 것으로 올바른 표현이다. ㉣의 '대가'는 '노력이나 희생을 통하여 얻게 되는 결과'를 나타내는 말로 올바른 표현이다.

| 오답풀이 |

㉠ 오랫만에 → 오랜만에

㉡ 쉴려고 → 쉬려고

12 언어논리력 글의 흐름에 맞게 문장 넣기

| 정답 | ④

| 해설 | 제시된 글의 앞부분에는 언어가 사고 능력을 결정한다는 언어결정론자들의 주장과 그 근거가, 뒷부분에는 그에 대한 반박과 그 근거가 제시되고 있다. 〈보기〉의 문장은 언어가 사고 능력을 결정하지 않는다는 근거로, 글의 흐름상 언어결정론자들의 주장을 반박하고 있는 부분인 (나) 이후의 위치에 놓여야 한다. 즉, (다)나 (라)에 들어가야 하는데, (다) 뒤의 문장은 그 앞의 문장을 부연 설명하는 문장이므로 다른 내용을 담은 문장이 중간에 끼어들 수 없다. 따라서 〈보기〉의 문장은 언어가 사고 능력을 결정하지 않는다는 두 번째 근거로 제시될 수 있도록 (라)에 들어가는 것이 적절하다.

13 수리력 수 추리하기

| 정답 | ④

| 해설 |

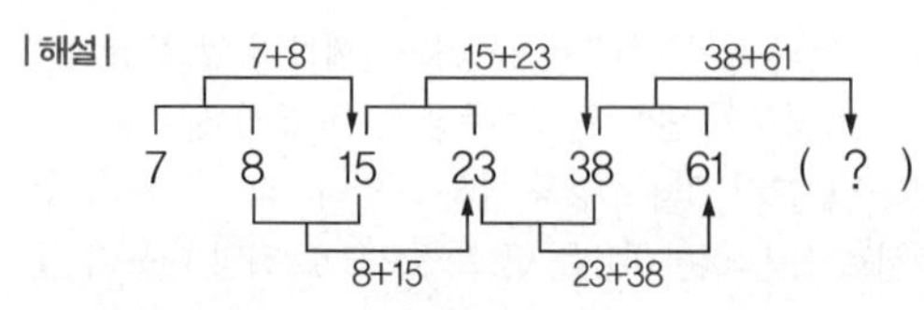

따라서 '?'에 들어갈 숫자는 38+61=99이다.

14 수리력 수 추리하기

| 정답 | ④

| 해설 | 앞의 두 수를 곱한 값에 1을 더하면 세 번째 수가 된다.

- 2 5 11 → $(2\times5)+1=11$
- 3 9 28 → $(3\times9)+1=28$
- 6 7 (?) → $(6\times7)+1=(?)$

따라서 '?'에 들어갈 숫자는 $(6\times7)+1=43$이다.

15 수리력 이동한 거리 구하기

| 정답 | ②

| 해설 | '거리=속력×시간'이므로, 철수가 시속 6km로 30분, 즉 0.5시간 동안 달렸을 때 이동한 거리는 $6\times0.5=3$(km)이다.

16 수리력 연립방정식을 활용하기

| 정답 | ①

| 해설 | 가위, 메모지, 형광펜 한 개의 가격을 각각 x원, y원, z원이라 하면 다음 식이 성립한다.

$$\begin{cases} 3x+5y+2z=25,000 & \cdots\cdots ㉠ \\ 5x+y+3z=23,000 & \cdots\cdots ㉡ \\ 6x+2y+z=27,000 & \cdots\cdots ㉢ \end{cases}$$

㉡×2−㉢을 하면,

$4x+5z=19,000$ ...... ㉣

㉡×5−㉠을 하면,

$22x+13z=90,000$ ...... ㉤

㉣×11−㉤×2를 하면,

$29z=29,000$

$\therefore z=1,000$

따라서 형광펜의 가격은 1,000원이다.

17 수리력 소금물의 농도 구하기

| 정답 | ③

| 해설 | '농도(%)$=\dfrac{\text{소금의 양}}{\text{소금물의 양}}\times100$'이므로, $\dfrac{75}{75+225}\times100=25$(%)이다.

18 수리력 방정식 활용하기

| 정답 | ①

| 해설 | 채린이의 현재 나이를 x세라 하면 삼촌의 나이는 $(x+18)$세이다. 4년 후 삼촌의 나이가 채린이 나이의 2배가 되므로 다음 식이 성립한다.

$x+18+4=2(x+4)$

$x+22=2x+8$

$\therefore x=14$

따라서 채린이는 현재 14세이다.

19 수리력 자료의 수치 분석하기

| 정답 | ④

| 해설 | 표에서 전체 학급당 학생 수가 우리나라 평균 학급당 학생 수와 같다고 볼 수 있다. 이때 울산의 중학교에서 학급당 학생 수는 27.1명으로 우리나라 평균인 27.4명보다 적다.

20 수리력 학급당 평균 학생 수 계산하기

| 정답 | ②

| 해설 | 시도별 학급 수는 동일하므로, 8개 지역의 각 학교급별 학급당 평균 학생 수는 다음과 같다.

- 초등학교 : $(23.4+22.0+22.6+23.0+22.4+21.7+22.8+21.6) \div 8 \fallingdotseq 22.4$(명)
- 중학교 : $(26.6+26.9+26.4+28.7+27.8+28.6+27.1+22.5) \div 8 \fallingdotseq 26.8$(명)
- 고등학교 : $(29.7+27.4+30.2+28.4+33.0+30.8+30.6+23.3) \div 8 \fallingdotseq 29.2$(명)

21 수리력 평균 점수 계산하기

| 정답 | ②

| 해설 | 나머지 한 명의 점수를 x점이라 하면 다음 식이 성립한다.

$$x = \frac{630+84\times 2+x}{12}+16$$

$12(x-16)=798+x$

$12x-192=798+x$

$11x=990$

$\therefore x=90$

따라서 학생 12명의 평균 점수는 $\frac{630+168+90}{12}=74$(점)이다.

22 수리력 자료를 그래프로 변환하기

| 정답 | ④

| 해설 | 20X8년 소비자 피해 구제 접수의 전체 건수(507건)에 대한 각 유형별 비율은 다음과 같다.

- 방문 · 전화 권유 판매 : $\frac{91}{507}\times 100 \fallingdotseq 17.9(\%)$
- 다단계 판매 : $\frac{51}{507}\times 100 \fallingdotseq 10.1(\%)$
- 사업 권유 거래 : $\frac{18}{507}\times 100 \fallingdotseq 3.6(\%)$
- 전자상거래 : $\frac{140}{507}\times 100 \fallingdotseq 27.6(\%)$
- 기타 : $\frac{207}{507}\times 100 \fallingdotseq 40.8(\%)$

따라서 그래프로 바르게 나타낸 것은 ④이다.

23 수리력 원가 계산하기

| 정답 | ④

| 해설 | 원가를 x원이라 하면 다음과 같이 정리할 수 있다.

- 정가 : $x\times(1+0.3)=1.3x$
- 판매가 : $1.3x\times(1-0.2)=1.04x$

'판매가−원가=이익'이므로 다음과 같이 식을 세울 수 있다.

$1.04x-x=2,000$

$0.04x=2,000$

$\therefore x=50,000$

따라서 원가는 50,000원이다.

24 수리력 비례식 활용하기

| 정답 | ③

| 해설 | 길이 비가 3 : 5이므로 면적 비는 $3^2 : 5^2$, 즉 9 : 25이다. 가로 길이가 3m일 때 투사하는 면적이 $12m^2$였으므로, 가로 길이가 5m일 때 투사하는 화면의 면적을 $x m^2$라 하면 다음과 같은 비례식이 성립한다.

$9:25=12:x$

$9x=25\times 12=300$

$\therefore x \fallingdotseq 33$

따라서 투사한 화면의 면적은 $33m^2$이다.

25 수리력 자료의 수치 분석하기

| 정답 | ④

| 해설 | 이메일을 선택한 20대가 아이핀, 공인인증서를 모두 선택했다면 이 외에 아이핀을 선택할 수 있는 20대의 비율은 36.0−24.1=11.9(%)이다. 따라서 신용카드를 선택한 20대 모두(16.9%)가 아이핀을 동시에 선택할 수는 없다.

| 오답풀이 |

① 30대와 40대의 순위는 1위 공인인증서, 2위 휴대폰 문자인증, 3위 아이핀 인증이다.

② 전체 응답자 퍼센트를 더하면 252.9%이다. 따라서 선호 인증수단 세 개를 선택한 응답자 수는 최소 52.9%이므로 40% 이상이다.

③ 20대와 50대의 선호도 차이가 가장 큰 인증수단은 공인인증서이다.

구분 / 인증수단	연령대		선호도 차이
	20대	50대	
휴대폰 문자인증	73.7	71.9	73.7−71.9=1.8
공인인증서	67.4	79.4	79.4−67.4=12
아이핀(I-PIN)	36.0	25.7	36.0−25.7=10.3
이메일	24.1	21.1	24.1−21.1=3
전화인증	25.6	21.2	25.6−21.2=4.4
신용카드	16.9	26.0	26.0−16.9=9.1
바이오 인증	9.4	9.4	0

26 공간지각력 블록 개수 세기

| 정답 | ③

| 해설 | 1층에 위치한 블록의 개수는 13개, 2층에 위치한 블록의 개수는 10개, 3층에 위치한 블록의 개수는 8개이므로 총 31개이다.

27 공간지각력 두 면만 보이는 블록 찾기

| 정답 | ④

| 해설 | 두 면만 보이는 블록을 색칠하면 다음과 같다.

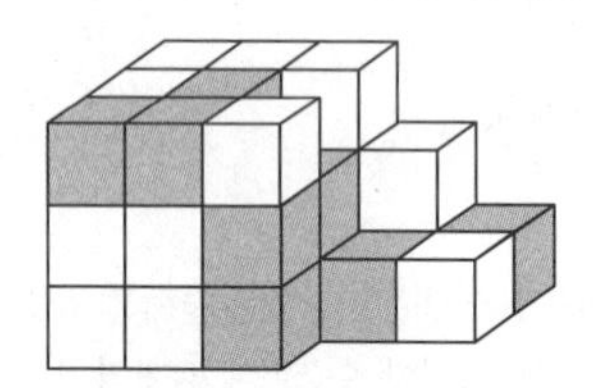

따라서 총 8개이다.

28 공간지각력 펼친 모양 찾기

| 정답 | ④

| 해설 | 마지막으로 접힌 모양부터 역으로 펼치면서 뚫린 구멍의 위치를 파악하면 다음과 같다.

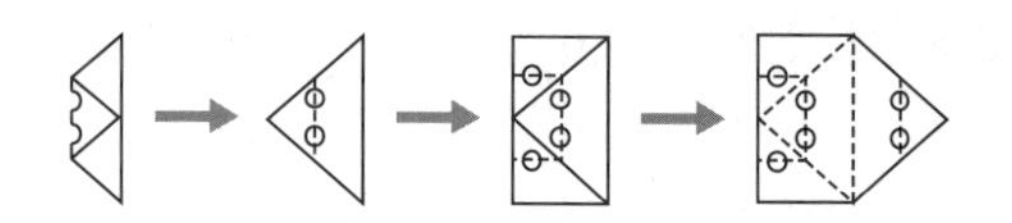

29 공간지각력 제시된 도형 합치기

| 정답 | ③

| 해설 | ③의 그림은 세 조각을 조합해 만들 수 없다.

| 오답풀이 |

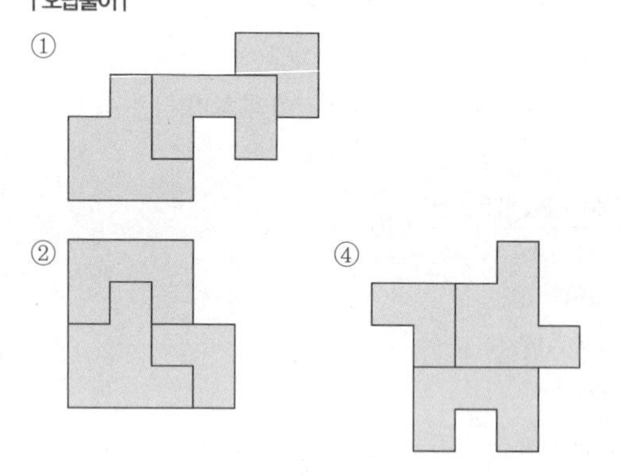

30 공간지각력 조각 배열하기

| 정답 | ②

| 해설 | 그림의 조각을 (가)−(다)−(나)−(라) 순으로 배열하면 다음과 같은 그림이 완성된다.

31 공간지각력 도형 회전하기

| 정답 | ③

| 해설 | 제시된 도형을 시계방향 혹은 반시계방향으로 180° 회전한 모양은 ③이다.

32 공간지각력 전개도 파악하기

| 정답 | ③

| 해설 | 전개도를 접었을 때 서로 만나는 변을 표시하면 다음과 같다.

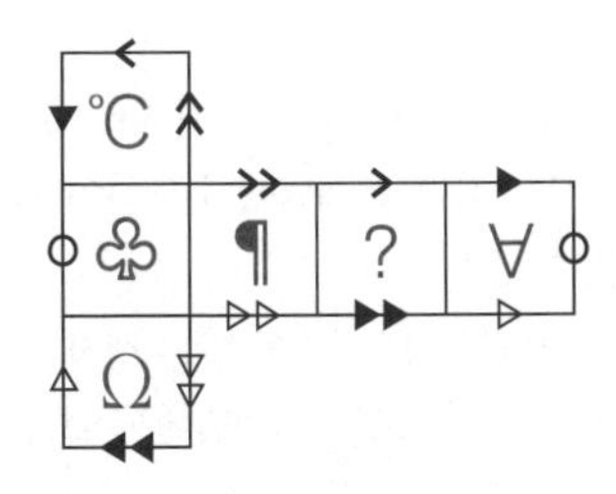

따라서 ③은 다음과 같이 바뀌어야 한다.

33 공간지각력 크고 작은 사각형의 개수 구하기

| 정답 | ④

| 해설 | 사각형 1개로 만들 수 있는 사각형은 8개, 사각형 2개로 만들 수 있는 사각형은 5개, 사각형 3개로 만들 수 있는 사각형은 6개, 사각형 4개로 만들 수 있는 사각형은 3개, 사각형 6개로 만들 수 있는 사각형은 2개, 사각형 8개로 만들 수 있는 사각형은 1개이다. 따라서 그림에서 찾을 수 있는 크고 작은 사각형은 모두 25개이다.

34 공간지각력 동일한 그림 찾기

| 정답 | ③

| 해설 | 제시된 그림과 같은 것은 ③이다.

| 오답풀이 |

나머지 그림은 동그라미 친 부분이 다르다.

①

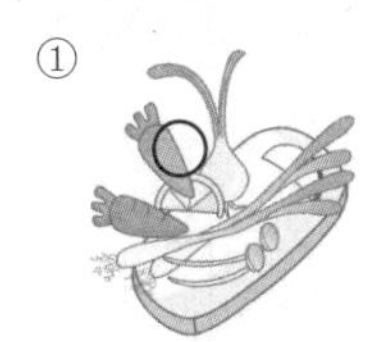

②

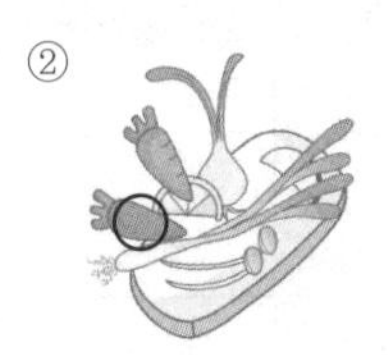

④

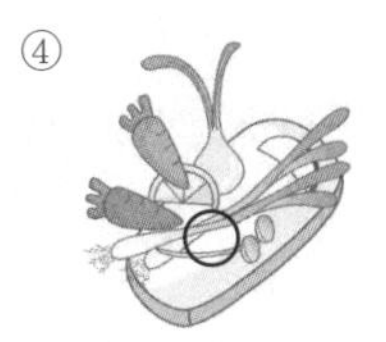

35 공간지각력 블록의 투상도 파악하기

| 정답 | ①

| 해설 | 제시된 모양을 위에서 바라보면 ①과 같은 모양이 나온다.

36 문제해결력 논리적 오류 파악하기

| 정답 | ①

| 해설 | 치료 원인이 의학적으로 증명되지 않았음을 근거로 자신의 주장을 내세우고 있으므로 증명할 수 없거나 반대되는 증거가 없음을 근거로 자신의 주장을 옳다고 정당화하는 '무지에 호소하는 오류'에 해당한다.

| 오답풀이 |

② 거짓 딜레마는 어떠한 문제 상황에 제3의 선택지가 존재함에도 이를 묵살하고 2개의 선택지만 있는 것처럼, 이른바 잘못된 흑백논리로 상대에게 양자택일을 강요하는 논리적 오류이다.

③ 복합 질문의 오류는 논쟁에서 한 질문에 사실상 두 개의 질문을 담음으로써 발생하는 논리적 오류이다.

④ 의도 확대의 오류는 결과 중심으로 의도를 확대 해석하거나 정당화하는 논리적 오류이다.

37 문제해결력 명제 판단하기

| 정답 | ②

| 해설 | • P : A 거래처에 발주

• Q : B 거래처에 발주

• R : C 거래처에 발주

• S : D 거래처에 발주

위와 같이 가정했을 때, 제시된 세 가지 명제를 순서대로 정리해 보면 P → ~Q, ~R → S, S → Q이다. ②는 ~Q → ~R로 나타낼 수 있는데, 제시된 명제와 그 대우를 통해 ~Q → ~S → R이 참이므로 ②는 거짓임을 알 수 있다.

| 오답풀이 |

① 첫 번째 조건에 의해 P → ~Q가, 세 번째 조건의 대우에 의해 ~Q → ~S가 참이다. 두 번째 조건의 대우인 ~S → R도 참이므로 P → R은 참이다.

③ 두 번째 조건에 의해 ~R → S가, 세 번째 조건에 의해 S → Q가 참이다. 첫 번째 조건의 대우인 Q → ~P도 참이므로 ~R → ~P는 참이다.

④ 세 번째 조건에 의해 S → Q가, 첫 번째 조건의 대우에 의해 Q → ~P가 참이므로 S → ~P는 참이다.

38 문제해결력 명제 판단하기

| 정답 | ④

| 해설 | 흐리지 않다면 날이 맑거나 비가 오는 경우이다. 이때 첫 번째, 세 번째 조건을 통해 흐리지 않은 날의 다음 날은 흐리거나 맑음을 알 수 있다. 따라서 흐리지 않으면 다음 날은 비가 오지 않는다.

| 오답풀이 |

① 비가 오지 않는다면 날이 흐리거나 맑은 경우이므로 두 번째, 세 번째 조건을 통해 다음 날은 비가 오거나 흐리게 됨을 알 수 있다. 따라서 비가 오지 않은 다음 날에는 비가 올 수도, 흐릴 수도 있다.

② 첫 번째, 세 번째 조건을 보면 비가 오거나 맑은 경우 다음 날은 흐리게 되므로 오늘 날이 흐렸다면 어제는 날씨가 맑았을 수도, 비가 왔을 수도 있다.

③ 날이 맑지 않으면 비가 오거나 흐린 경우이므로 첫 번째, 두 번째 조건을 통해 다음 날은 흐릴 수도, 맑을 수도, 비가 올 수도 있다.

39 문제해결력 조건을 바탕으로 추론하기

| 정답 | ③

| 해설 | 홍보팀 3층 복사기를 사용하며 총무팀은 홍보팀의 바로 아래층에 있다면 홍보팀과 총무팀은 각각 3층과 2층에 있게 된다. 또한 3층의 홍보팀이 마케팅팀의 아래쪽에 있고 4층에는 회계팀만 있으며, 마케팅팀과 기획관리팀이 같은 복사기를 사용하므로 두 팀 다 5층에 위치하게 된다. 즉 2층 총무팀, 3층 홍보팀, 4층 회계팀, 5층 마케팅팀과 기획관리팀이 된다.

따라서 회계팀만 타 층의 복사기를 사용하므로 총무팀은 2층 복사기를 사용한다.

40 문제해결력 진위 추론하기

| 정답 | ④

| 해설 | A, B, C가 각각 회계팀에서 일하는 경우로 나누어 생각하면 다음과 같다.

- A가 회계팀 직원일 경우 : A의 말은 항상 진실이어야 하는데, 이 경우 A와 C 모두 회계팀에서 일하는 것이 되므로 진술에 상충한다.
- B가 회계팀 직원일 경우 : B의 말은 항상 진실이어야 하므로 C는 영업팀에서 일하는 것이 된다. 이때 총무팀에서 일하게 되는 A의 말도 거짓이므로 진술에 부합한다.
- C가 회계팀에서 일하는 경우 : C의 말은 항상 진실이어야 하는데, 이 경우 C의 발언은 거짓이 되므로 진술에 상충한다.

따라서 A는 총무팀, B는 회계팀, C는 영업팀에서 일한다.

41 문제해결력 경우의 수 추론하기

| 정답 | ②

| 해설 | 조건 ㉤에 따라 B는 을 회의실을 사용하지 않으므로 B가 3시에 갑 또는 병 회의실을 사용할 경우로 나누어 생각해 본다.

- B가 3시에 갑 회의실을 사용할 경우 : 2가지

시간＼회의실	갑	을	병	정
1차(3시)	B	C	D	A
		D	C	
2차(4시)	C	D	A	B
		A	D	

- B가 3시에 병 회의실을 사용할 경우 : 2가지

시간＼회의실	갑	을	병	정
1차(3시)	D	C	B	A
	C	D		
2차(4시)	A	D	C	B
	D	A		

따라서 총 4가지의 경우가 가능하다.

42 문제해결력 조건에 따라 추론하기

| 정답 | ②

| 해설 | A가 3시에 병 회의실을 사용한다면 을 회의실을 사용하지 않는 B는 3시에 갑 회의실 또는 정 회의실을 사용해야 한다. 두 경우로 나누어 생각해 보면 다음과 같다.

• B가 3시에 갑 회의실을 사용할 경우

<table>
<tr><th>회의실 / 시간</th><th>갑</th><th>을</th><th>병</th><th>정</th></tr>
<tr><td rowspan="2">1차(3시)</td><td rowspan="2">B</td><td>C</td><td rowspan="2">A</td><td>D</td></tr>
<tr><td>D</td><td>C</td></tr>
<tr><td rowspan="2">2차(4시)</td><td rowspan="2">C</td><td>D</td><td rowspan="2">B</td><td>A</td></tr>
<tr><td>A</td><td>D</td></tr>
</table>

• B가 3시에 정 회의실을 사용할 경우

<table>
<tr><th>회의실 / 시간</th><th>갑</th><th>을</th><th>병</th><th>정</th></tr>
<tr><td rowspan="2">1차(3시)</td><td>D</td><td>C</td><td rowspan="2">A</td><td rowspan="2">B</td></tr>
<tr><td>C</td><td>D</td></tr>
<tr><td rowspan="2">2차(4시)</td><td>A</td><td>D</td><td rowspan="2">B</td><td rowspan="2">C</td></tr>
<tr><td>D</td><td>A</td></tr>
</table>

따라서 A가 3시에 병 회의실을 사용할 경우 B는 4시에 병 회의실을 사용한다.

43 문제해결력 명제 판단하기

| 정답 | ①

| 해설 | 제시된 명제를 정리하면 다음과 같다.

• 고양이 → 호랑이
• 개 → ~호랑이
• 치타 → 고양이

세 번째 명제와 첫 번째 명제의 삼단논법에 의해 '치타 → 고양이 → 호랑이'가 성립하므로 대우인 '~호랑이 → ~고양이 → ~치타'도 성립한다. 따라서 호랑이를 키우지 않는다면 치타를 좋아하지 않음을 알 수 있다.

| 오답풀이 |

② 두 번째 명제의 대우를 통해 '호랑이 → ~개'가 성립하므로 호랑이를 키우면 개를 좋아하지 않는다.

③ 제시된 명제를 통해서는 알 수 없다.

④ 두 번째 명제와 첫 번째 명제의 대우의 삼단논법에 의해 '개 → ~호랑이 → ~고양이'가 성립하므로 개를 좋아하는 사람은 고양이를 좋아하지 않는다.

44 문제해결력 명제 판단하기

| 정답 | ④

| 해설 | 제시된 명제를 정리하면 다음과 같다.

• 땅콩 → ~아몬드
• 밤 → 아몬드
• ~호두 → 잣

첫 번째 명제와 두 번째 명제의 대우의 삼단논법을 통해 '땅콩 → ~아몬드 → ~밤'이 성립하므로 땅콩을 먹으면 밤을 먹지 않음을 알 수 있다.

| 오답풀이 |

①, ③ 제시된 명제를 통해서는 알 수 없다.

② 두 번째 명제의 대우를 통해 '~아몬드 → ~밤'이 성립하므로 아몬드를 먹지 않는 사람은 밤을 먹지 않는다.

45 문제해결력 진위 추론하기

| 정답 | ④

| 해설 | A, B, E는 서로 상반된 진술을 하고 있으므로 셋 중 두 명은 거짓을 말하고 있다. 따라서 C와 D는 반드시 진실을 말하고 있는데, D의 말이 진실이므로 같은 내용을 말하는 A의 말도 진실이 된다. 따라서 거짓을 말하는 사람은 B와 E이다.

46 이해력 직장 내 전화 예절 이해하기

| 정답 | ③

| 해설 | 자신이 모르는 업무에 관한 전화를 받은 경우에는 담당 직원을 바꿔주거나 담당 직원이 전화하게 한다.

47 이해력 부정한 행동 분석하기

| 정답 | ③

| 해설 | 눈앞에 보이는 부정한 이득에 자신의 정직과 성실함을 지키지 못한 대표적인 사례이며, 이는 결국 더 큰 손해를 회사에 입히게 될 것이다. 최 대리를 믿고 지속적인 발주를 확신한 거래처는 좋은 품질을 유지함으로써 경쟁에서 이겨야 한다는 동기부여가 사라질 수밖에 없으므로 품질 유지에 노력할 것이라고 기대하기 어렵다.

48 이해력 갈등 해결 방안 파악하기

| 정답 | ④

| 해설 | 신입사원들의 업무 능력과 실무 능력 향상을 위해 진행하는 업무로, 신입사원 평가에 반영되기 때문에 선배 및 지인의 도움을 받지 않고 신입사원 본인들의 역량을 기반으로 끝까지 최선을 다해 완성해야 하며, 결과물에 대한 긍정적 혹은 부정적 피드백을 적극 수용해 반영하는 것 또한 필요하다.

49 이해력 직장 내 인사 예절 이해하기

| 정답 | ③

| 해설 | 사람을 소개할 때에는 성과 이름을 모두 함께 말하면서 소개하는 것이 바람직하며, 직함이 있는 경우 직함도 함께 소개해야 한다. 이때 과거 정부 고관을 지낸 사람의 직급명은 퇴직한 경우라도 사용하는 것이 좋다.

50 이해력 상황에 맞는 행동 파악하기

| 정답 | ③

| 해설 | 박규리 씨가 들은 것은 송 실장이 해당 용역 업체 사장과 친근하게 대화하는 내용뿐이므로, 아직 그들 간의 관계를 짐작하는 것은 섣부른 행동이다. 따라서 둘 사이의 관계를 확실하게 파악한 다음 행동하는 것이 적절하다.